本书系
国家社会科学基金项目（编号：11BZS073）
"近代江南乡民日常生活研究"
结项成果
苏州大学重点学科经费资助

小田 著

COMMUNITIES AND THEIR TIMING:
DAILY LIFE OF VILLAGERS IN
SOUTH-EASTERN CHINA VILLAGERS

风土与时运

江南乡民的日常世界

中国社会科学出版社

图书在版编目（CIP）数据

风土与时运：江南乡民的日常世界／小田著 . —北京：中国社会科学
出版社，2020.12

ISBN 978 – 7 – 5203 – 7458 – 3

Ⅰ.①风…　Ⅱ.①小…　Ⅲ.①乡村—社会生活—历史—
华东地区—民国　Ⅳ.①D693.9

中国版本图书馆 CIP 数据核字（2020）第 208407 号

出 版 人	赵剑英
责任编辑	耿晓明
责任校对	李　军
责任印制	李寡寡

出　　　版	中国社会科学出版社
社　　　址	北京鼓楼西大街甲 158 号
邮　　　编	100720
网　　　址	http://www.csspw.cn
发 行 部	010 – 84083685
门 市 部	010 – 84029450
经　　　销	新华书店及其他书店

印　　　刷	北京明恒达印务有限公司
装　　　订	廊坊市广阳区广增装订厂
版　　　次	2020 年 12 月第 1 版
印　　　次	2020 年 12 月第 1 次印刷

开　　　本	710 × 1000　1/16
印　　　张	35.75
字　　　数	602 千字
定　　　价	178.00 元

凡购买中国社会科学出版社图书，如有质量问题请与本社营销中心联系调换
电话：010 – 84083683

目　　录

绪　　论

史学的旨趣在于求既往社会"特殊的真"①。选择特定的时空及其特定群体而求其真，常常是体现这种特殊性的基本之法，但就我们的论题来说，仅仅着眼于江南显然不够，如果将江南与近代、乡民、日常诸要素同时考虑，则可以使我们的考察与既有的江南史研究区别开来。进行这样的选择，需要我们在日常生活史脉络中厘定思路：从小切口入手寻求对"大主题"的意义解读；在制度与社会、日常与非常的互动中展示日常图景；在底层民众中探寻历史动因；以当时、当地、当事人的立场体悟乡民生活。总之，在风土与时运的交集中展示江南乡民的日常世界。

求真方式的探求也是史学旨趣的应有之义。在我们看来，构建江南乡村日常生活图景，不仅仅因为既往的研究存在明显的明清—精英—"大事"的倾斜现象，而我们则致力于纠偏，提供另外的例证，更重要的考虑是，以此例证体现日常史独特的问题意识、提问方式以及书写风格，通过富有特色的史料处理手段，沉思日常意义，揭示日常生活维度与社会史的内在关联，在在表明我们的整体史视野，即立足于地域社会，从实证和理论两个层面达到预设的目标。研究涉及文化人类学、文艺和教育等多门学科，相信这对于推动人文社会科学的学科沟通当有所助益。

本书以日常生活诸要素为逻辑依据（第一章）架构论题，并特别注意相关要素的近代嬗变。依据这样的叙述逻辑，我们首先对江南乡民进行时空定位（第二章），以便确认乡民日常生活的性质和基本单元，接着从劳作与生计（第三章）、日常境遇（第四章）、人际关系（第五章）、婚姻生活（第六章）、休闲方式（第七章）和民众观念（第八章）诸面相进行横向的细部考察，而乡民生活的改进（第九章）则偏重于纵向轨迹的勾勒，

---

① 金岳霖：《知识论》，中国人民大学出版社 2010 年版，第 6 页。

最后从研究方法的角度对社会史的另类史料（第十章）和思维方式问题（第十一章）进行专门思考。以上这些方面可以说囊括了近代江南乡民日常史的主要问题，或者说涉及了前沿日常史研究必须直面的一些矛盾。类似问题的解决方式将在一定意义上决定着社会史的发展方向和路径选择。

本书的重要观点包括：

第一，作为长时段的生活要素，自然生态和物质生活方式构成江南乡民生活的根基，据此我们在"江南乡民的时空坐落"部分提出了中观、类型和共同体三个面相的江南乡村世界，这一发现要求我们重视过去常被忽略的乡土江南的某些类型（比如边缘的山居江南、东部的岛滩江南），特别是特定类型中的生活共同体。

第二，乡民的生计方式及其生命力与其劳作性质息息相关。通过对近代性江南乡村女红和特种劳作的考察，可以得出两个基本结论：就乡民自身而言，他们的常态行为总是表现为源于生计驱动的对经济结构和制度环境的应时而对；从外部环境来看，特种劳作的旺盛生命力从一定意义上说取决于广阔的外部市场体系，其所产生的积极的经济和社会意义，生动演绎了近代中国乡村所谓"内发型"发展道路的实际过程。

第三涉及乡民的社会身份和地位问题。以民国苏州轿妇为案例的考察表明，对她们构成真实影响的毋宁是其在家庭和共同体中的地位，是为日常地位，而在日常地位中，与外在的名声和收入相比，内在的人格定位是决定性的。另外一个案例关于江南乡村女巫。在崇尚进化、科学的近代世界里，她们的境遇在政权—精英与普通民众那里迥然有别；不同的境遇源自传统小世界和文明大世界的各别逻辑。

第四，关于共同体关系的性状与特征。乡土共同体意味着一种常态的日常空间，此间人们通过时常的直接互动而彼此熟识，形成属于一方的群体关系及其生活经验。通过对不同类型的江南共同体的考察，不难发现，共同体关系在时间维度上显示，已经进入近代的江南乡民基本上还处于前近代社会，而与外部文明大世界存在着明显的距离，尤其在边缘山村。在空间维度上，共同体关系以"地方性知识"和"当地人的话语"表达了明显的地方性。在生活维度上，不同群体对乡土共同体关系有着不同的体验或认识。在苏州东乡的佃农看来，租佃关系的日常状态，只是不同个性的地主及其代理人与自身生活交往的一部分，而与作为一个利益集团的地主阶级的劳动占有关系不大，是为租佃关系的日常意识，或称模糊的阶级意识，它体现了共同体的时空观和道义观。

第五，乡民婚姻生活与地方俗例密切相关。从婚姻的缔结（抢亲）和变故（孀居）两个重要环节考察俗例的生成与运行，可以看出，俗例是习惯法的民间—地方性表达，其特定形态和历史运行，既与乡土社会的家族、乡邻、政权和舆论等各种环境要素密切相关，也体现了新旧杂糅的时代征象。

第六，江南乡间休闲常常伴随着教化。在祠庙和茶馆等乡村公众空间里，共同体权威和外来艺人通过祭祀和戏文（包括曲艺）搬演等乡间流行的休闲方式，一方面进行着大传统（包括民族—国家观念）的传输，另一方面彰显着地方小传统，潜移默化地影响着乡民的知识、观念、信仰乃至审美世界，显示了特定时代对特殊群体的教化样态。这样的教化通过共同体的舆论互动，经过乡民能动的思想周转，最终内化为其生活意识。

第七，民间生活实态中的观念表达与存续机理。在梁祝故事的流布中，普通民众将历史素材杂烩为一体，消解着日常生活的负面状态，表达着他们的生活追求与活着的意义，从而与精英阶层表达思想的方式区别开来。与精英的文本呈现不同，民众观念依日常生活而得存续。在近代浙江上虞，曹家堡周边乡民呈现孝义观念的"曹娥文化"颇具典型性，借此扩展，可以发现民众观念的日常存续机理：从存活方式看，民众观念在口传和仪式等社会互动过程中自然呈现；以思想资源言，上层意识形态常常被转换为民众时常接触、能够理解和接受的日常版本；就社会基础论，类如孝义的观念颇为契合底层民众构建地方生活秩序的逻辑。近代以降民众观念存续的独特机理，体现了传统中国民众观念存续的一般性状，为民众观念史探究昭示了别样路径。

第八，在20世纪20年代后期至30年代前期乡村改进运动中，中华职业教育社和中国基督教青年会等社团置身于江南乡村，肆力改进乡村生活。在徐公桥共同体（江苏昆山），职教社戛戛独辟一条"教育救国"的日常路径。在苏州近郊唯亭山，秉持社会福音理念的苏州青年会，以其特殊的旨趣和行事方式面对社会福音与乡民文化之间的异质关系，诠释了乡村改进的青年会式，并以此明显区别于其他乡村改进模式。所有这些在日常生活领域发生的变化，并不因其社会改良性质而丧失特殊历史价值。

本书凸显问题意识，期望以地域生活的实证性研究为基础，探讨社会史的研究对象、素材、特征和范式等基本理论问题，说明日常生活史研究的独特性及其意义。具体说来，约为如下几端：

其一，书写框架。以一个地方的日常生活作为考察对象，是就生活的方方面面进行的编撰式问答，还是以问题为中心的生活要素聚焦？如果采取前者，涉及的生活要素显得非常齐全，但讨论难以深入；如果是后者，对某个要素的讨论可能非常深入，但由于某些要素的缺失，难见生活全貌。鉴于此，我们的考虑是，尽可能顾及乡民生活的多重要素及其嬗变，同时将这些要素与某些中心问题的深入讨论勾连起来。这就是问题导向下的乡民生活史书写。

其二，跨学科沟通。著作涉及多门学科，需要有相应的知识结构和宏阔的理论视野。多年来，笔者一直从事人类学和日常生活理论的教学与研究，积累了解决此类问题的知识学养。在具体研究中，对民间文艺，对以底层民众日常生活为基本考察对象的人类学，以及 20 世纪上半叶以降中西方思想界发生的日常生活批判等学科动向，关注良多，并汲取了其中的提问方式、整体性思维、素材提取及其处理手段、书写方式等有益成分。当然，跨学科对话只是为了拓展日常史研究的视野，以推动社会史研究的理论深入。传统史学的一些重要原则以及许多富有特色的基本方法，仍然是我们奉行的圭臬。

其三，史料特色。就乡民日常生活的研究而言，资料的获得尤需独到的眼光，除了习见的地方志、档案、报刊、文史资料和乡贤文集等资料外，笔者将传统史学所忽略或不屑的史料纳入视线，比如歌谣、竹枝词、图像、物质文化资料、口传和仪式等，特别是通过对另类史料正当性的讨论，期望给社会史的素材搜集以及在史实、史料与史家的关系等理论层面有所贡献。同时我们强调，上述史料的很大一部分包括文献资料，是在田野踏勘中"发现"的，也在田野中获得了生活的印证，从而被理解。

其四，理论关怀。整体思维是社会史最突出的徽识。与传统史学对制度性要素的倾斜性关注不同，社会史更重视日常生活要素，并将两者相提并论，以建构社会的整体框架。在此社会框架内尽可能多地充实相关日常要素，使历史趋于全面化，成为整体性的第一重要义；在地方世界中（典型者如共同体）更方便地体现诸多日常要素之间的深层相关性，使历史趋于具象化，成为整体性的第二重要义；在人物、事件和时空等历史维度内部和之间更明显地建立起呼应关系，使历史趋于谱系化，成为整体性的第三重要义。以整体性为追求的社会史通过这些方面明显区别于传统史学，亦给未来社会史研究以"理性的指示"。

　　体现本研究"系统化的关联性陈述"则为"两个世界"理论。所谓"两个世界"，具体地说，即乡民生活小世界与外部文明大世界。文明大世界的出现是社会变迁的必然结果，随着近代世界的一体化，它必然作用于传统小世界。两个世界之间存在明显的差异和隔阂，又不乏关联的方式；风土与时运在此形成交集。本书希望体现这样的研究价值：立足于乡民生活小世界理解日常逻辑，认识两个世界的关联方式，揭示两个世界连接的意义。

第 一 章

日常史的问题意识

历史上曾经存在过的人物和曾经发生过的事件如恒河沙数，从来的史家并没有将所有的包袱悉数背负，而是果断选择了其中非常有限的史实进行叙述。法国年鉴学派一代宗师马克·布洛赫（M. Bloch）明确肯定了这种历史选择的正当性："面对纷繁复杂的现实，历史学家必须开辟出一块供他耕耘的特殊领地。显然，他必须作出选择，这种选择不同于生物学家，但那必须是历史学家的适当选择。"① 选择的依据是什么？问题。对"问题"加以强调是"任何学术领域的特征"：历史学要研究"问题"而不是研究"时期"；考古学要研究"问题"而不是研究"遗址"；人类学要研究"问题"而不是研究"民族"②。所以说，在构建历史的过程中，"问题具有决定性的地位"；普罗斯特（A. Prost）认为：

> 历史学的潜在对象是无限的。人们能够（而且也确实是）以任何东西为对象写作历史……构成历史学对象的是问题，它在一个由事实和可获得资料组成的无限世界里进行前所未有的切割剪裁。从认识论的观点看，问题执行了一种基本的功能，因为正是它建立、构建起历史学的对象。③

在无数可能的历史书写中，我们为问题所牵引，将目光投向近代江

---

① ［法］马克·布洛赫：《历史学家的技艺》，张和声、程郁译，上海社会科学院出版社1996 年版，第 20 页。

② ［英］爱德华·埃文思－普里查德：《论社会人类学》，冷凤彩译，世界图书出版公司2010 年版，第 61 页。

③ ［法］安托万·普罗斯特、［阿根廷］石保罗：《历史学十二讲》，王春华译，北京大学出版社 2012 年版，第 67 页。

南，进入乡民的日常世界。

第一节　问题意识及其生成

何谓问题意识？在许多人看来，似乎不言自明。在实际历史写作中，通常有"问题（topic）的缘起""问题（problems）的凸显""问题（questioins）的探索"云云，[①]"问题"如许之多，以至于我们无法含糊关于"问题"的意识，而必须首先进行理论的追问。可以辨别的是，"学者发表见解，回答的是由归纳的具体观点引起的问题；外行人发表见解，回答的是由归纳普遍观点引起的问题。二者都是理论，一个是系统化的，另一个则是普遍的"[②]。我们需要的是前者。

但是，学术界热衷于探讨如何培养问题意识，却少有人追究"问题意识"本身，最多在讨论具体问题的过程中附带解释一下。讨论的对象不同，解释不免流于各说各话，五花八门。面对纷纭的解释，有从事学科教育的学者对"问题意识"概念进行了深究，致力于厘定：到底什么是问题意识？

这里涉及定义的规则。定义可分为两部分：一部分是对象的一般属性，一部分是对象的特有属性。一般属性通常都是用被定义概念的最邻近的上位概念来表示的，而特有属性则是在被定义概念中有、但在上位概念内涵中没有的属性，逻辑上称为"属差"。郎加明指出，定义就是由上位概念加上属差构成的。[③] 据此有如下界定：

> 问题意识是指主体在进行认识活动时，通过主体对认识对象的深刻洞察，怀疑，批判等多种方式，产生了认知冲突，经过深入思考后仍困惑不解时，出现了一种具有强烈的探索情境的真实问题或想做出发现式创新的一种心理状态。

[①] 在人文—社会科学研究中，通常有"问题的提起"作为问题意识的说明，而赵世瑜教授在《明清史与近代史：一个社会史视角的反思》中以附着英文说明的方式将历史叙事中的各种"问题"进行了集中展示。参见赵世瑜《小历史与大历史：区域社会史的理念、方法与实践》，生活・读书・新知三联书店 2006 年版。

[②] ［英］爱德华・埃文思－普里查德：《人类学与历史》，《论社会人类学》，第 46 页。

[③] 郎加明：《创新的奥秘》，中国青年出版社 1993 年版，第 64—65 页。

　　论者对这一定义进行了如下说明：问题意识派生于意识，问题意识的上位概念与意识的上位概念是一致的，都是一种心理状态，属于意识范畴，在这里，问题意识与一般意识的属差应该是，"时刻想着去探索情境的真实问题或想做出发现式创新"，即"在新奇的现象中探求出未来趋势，重复的现象中探求出客观规律，密集的现象中探求出事物本质"①。

　　如果说问题即矛盾的话，那么，问题意识不过是一种心理状态，一种发现矛盾的心理状态，一种探索矛盾情境的心理状态，一种试图创新解决矛盾的心理状态。由此可以看出，汉语世界中的"问题"实际包含了英语世界中的 topic、problem 和 question。所有这些"问题"的生成路径，即问题意识，是从事科学研究必须首先说明的方面。历史研究当然不能例外。在某种意义上，一部历史论著的价值就在于其问题的价值。

　　问题意识生成的路径之一源自时代。民众日常生活问题进入史家的视野反映了时代关切：

　　　　因为作为个人和群体的历史学家并非处在社会之外，而是生活于其中；他们提出的问题都难免沾染了所处时代特有难题的色彩，即使那些他们自认为"纯粹的"历史学问题也是如此……即使他刻意避免社会的影响，赋予历史学一种无关利害的纯粹的认识功能，然而，他还是处于其时代之中，对此他无可奈何。一切问题都渊源有自。②

　　民众日常生活之所以成为正当的历史问题，因为它是一个时代的课题，更具体地说，是近代以来几乎所有社会都在致力于解决的矛盾。这样的矛盾主要是两类：一类针对以技术理性为标志的现代化问题。在西方社会，从 20 世纪后期开始，人们突然发现，现代社会正日益侵蚀着人们自由选择生活的权利，日益强化的技术理性严重抑制着人类生活的多样性；另一类针对作为现代化"牺牲品"的劳动群众。"自工业革命，而劳资阶级分明，社会不公平的现象显著，自然而然的发生尊重劳工观念。因劳工占社会大多数，一切问题，皆以大多数的平民为总目标。"③ 这是社会发展

---

① 房寿高、吴星：《到底什么是问题意识》，《上海教育科研》2006 年第 1 期。
② ［法］安托万·普罗斯特、［阿根廷］石保罗：《历史学十二讲》，第 77 页。
③ 黄炎培：《我来整理整理职业教育的理论和方法》，《教育与职业》1929 年第 100 期。

的必然。斯大林说：

> 社会发展史同时也是物质资料生产者本身的历史，即作为生产过程的基本力量，生产社会存在所必需的物质资料的劳动群众的历史。历史科学要想成为真正的科学，就不能再把社会发展史归结为帝王将相的行动，归结为国家"侵略者"和"征服者"的行动，而首先应当研究物质资料生产者的历史，劳动群众的历史，各国人民的历史。①

由此，自古以来习焉不察的日常生活在现代社会成为一个严重的"问题"，有必要对其进行郑重的思考。与此同时，需要重新确定劳动群众在社会结构中的地位，重视他们在社会生活中的根本作用。一些左翼知识分子在质疑现代化"绝对合理性"的同时，还试图以丰富多彩的大众日常生活解构现代化的"铁律"，用日常生活的多元发展走向来说明社会生存的空间。② 日常生活史由此进入史学的视野。

时代面临的问题可以、也必须通过众多学科的共同努力来解决。涉及的学科方法很多，其中之一是，通过历史的考察提供某种答案，其中最重要的是，类似问题的历史场景是怎样的？但无论如何，这毕竟是在一个历史情境中的与现实相类似的问题，而不是现实问题。因此，历史学仅止于历史，而不必为历史续以现实启示之貌。

民众日常生活问题的提出，不可避免地与历史学者个人相关，实际地说，与历史叙述者的社会化经历、兴趣和追求相关。这可以说是问题意识生成的另一条路径。英国史家霍布斯鲍姆（E. Hobsbawm）称，"每个历史学家都有自己的生存时间，以此为基准来看这个世界……我的观察点是建立在20世纪20年代我在维也纳的童年，是希特勒于柏林崛起的时代，这决定了我在历史学上的政治立场与兴趣。"③ 就笔者来说，在1995完成的博士论文"后记"中，有过一段自白：

> 对乡村，我有彻骨的感受。我记事已经是"文革"后期了，村里

---

① 斯大林：《论辩证唯物主义和历史唯物主义》，《列宁主义问题》，人民出版社1964年版，第647页。

② 刘新成：《日常生活史与西欧中世纪日常生活》，《史学理论研究》2004年第1期。

③ ［英］霍布斯鲍姆：《论历史》，黄煜文译，中信出版社2015年版，第345页。

盛行"大寨记工法"，为多挣"工分"，邻里人家，经常把孩子从学校里叫回家；母亲不让，她独自拼命劳作，年终工分一直名列榜首，我的读书也一直没有被耽误。当我考上大学时，村里人都说母亲有远见。母亲那样做，是有所企求的，企求什么？我至今没有问她，我不想去问她，我怕会破碎我记忆中的童年和童年中的乡村。

在苏州成家后，每年寒暑假都要返回故乡。村子紧挨着通扬（南通—扬州）大运河。河对面就是县城。几年前造了一座桥，把村子与县城连成一片了。县外贸公司在河边建了个蚕茧仓库。村里人成了搬运工，农业倒成了副业；几年之间，便造起堂皇的楼房。江北变成了江南。我梦想全国所有的乡村都变成江南，因为那里住着千千万万位母亲。①

因此十分偏爱江南乡村这个选题。当然，偏爱、激情、好奇心、乐趣、梦想，等等，在某种意义上不过是史学的社会与时代根源的另一种表达。钱乘旦在翻译英国汤普逊的《英国工人阶级的形成》时介绍，这样一本专注于底层劳工的著作之所以在英国出现，别有一重人文背景：

第二次世界大战以后，劳动人民的社会、经济状况有所好转，生活水平有所提高，许多劳动人民子女接受了高等教育，成为新一代的知识分子。他们在思想上相对左倾，对受剥削受压迫的人抱有同情，他们对自己的父兄——曾用汗水浇灌了工业革命之花的普通劳动者追忆缅怀、又充满崇敬，同时又有一种神秘的好奇感，想在他们的经历中寻找自己的来源。这是一种"寻根热"，《英国工人阶级的形成》恰恰就满足了这种愿望。因此它的出现，既扎根在英国历史的传统中，又产生于时代特殊的召唤里。②

在这里，个人因素其实与社会因素同时存在于史学书写中，构成主客观混合体；在承认史学叙述含有主观性的前提下，如何呈现历史的客观，

①　小田：《江南乡镇社会的近代转型》，中国商业出版社 1997 年版，后记。
②　钱乘旦：《E. P. 汤普逊和〈英国工人阶级的形成〉》，见［英］E. P. 汤普逊《英国工人阶级的形成》，钱乘旦等译，译林出版社 2001 年版，第 994 页。

也是日常生活史的题中应有之义。

民众日常生活问题的历史正当性也来自于学科前沿，这是问题意识生成的第三条路径。史学前沿在哪里？并不完全在所谓史学的"热点"区域，而更应该着眼于真正推动史学发展的问题。这是厘清问题意识的关键意义。但是，哪些问题有利于推动历史学科的发展呢？

> 有很多种方式"推动"历史学发展。最简单的就是填补我们认识上的空白。而空白又是什么？……（对于研究村庄史的来说，）总会找到一个还没有人写过其历史的村庄，但是写出第 n 个村庄的历史就真的填补了一个空白么？它教给我们哪些以前不知道的东西？真正的空白不是还未有人书写其历史的漏网之鱼，而是历史学家还未做出解答的问题。①

简单地说，真正推动史学发展的问题不是多提供了一个例证，或者用一个不同的例证来重复别人已经给出的答案，而是史家"还未做出解答的问题"。对于日常生活史来说，哪些问题"还未做出解答"呢？这需要在进行学术史回顾后解答。

问题意识生成的路径还与史料相关。"问题和证据，在历史学中是相互关联的"，当历史学家提出一个问题的时候，"他在自己的心灵中对于他将可能使用的证据已经有一个初步的和尝试性的观念了……要提问你看不出有回答指望的问题，乃是科学上的大罪过，就正像是在政治上下达你认为不会被人服从的命令，或者是在宗教上祈求你认为上帝所不会给你的东西"②。几乎可以断言：没有资料，也就没有问题。或者反过来说，史学的问题意识往往生成于史料当中："从哪里可能找到资料，可以采用怎样的研究程序，这些想法将问题武装起来，要提出问题，就得已经具备对各种可能史料最低限度的认识，提问的时候就已想到怎样用其他历史学家尝试过的研究方法来运用这些史料。"③

一旦乡民日常生活进入历史的视野，马上面临着一个非常现实的问

---

① ［法］安托万·普罗斯特、［阿根廷］石保罗：《历史学十二讲》，第72—73页。
② ［英］柯林武德：《历史的观念》，何兆武、张文杰译，商务印书馆1997年版，第387页。
③ ［法］安托万·普罗斯特、［阿根廷］石保罗：《历史学十二讲》，第68页。

题：文献缺失。文献的缺失，首先是由底层社会的性质所决定的。比如在传统乡村（甚至在某些现代乡村）共同体里，"可以用来作象征体系的原料比较多。表情，动作，在面对面的情境中，有时比声音更容易传情达意。即使使用语言时，也总是密切配合于其他象征原料的"①。文字在乡村共同体中的有限地位，大大减少了文献在共同体内部的产生机会；以文献为生命的历史学家即使想让普通民众走上历史舞台的中心，也不免生出"巧妇难为无米之炊"之叹。与此同时，人们也发现，普通民众被"边缘化"，跟传统的文献编纂方式有很大的关系：

> 历史上能够掌握话语霸权的，却总是官方和有特权者，当然也都是男性，他们将自己的声音凌驾于、笼罩于其它声音之上，让人们以为只有他们才能构成历史。由于他们关注的，基本上都是政治的权力的斗争，他们编纂的文献便成为一系列政治制度兴废和权力交替的纪录和集成，而这些也便成为传统史学研究的主流，这不仅因为研究者主要是由上层社会的男人们组成，更由于史学研究的依据始终是由这些人记录的文献。②

看来，完全依赖现成的历史文献无法认识近代江南乡民。与乡民的"卑微"相类似，日常生活因为其琐屑，难以形成文献，有时即使有"文献"，也因"平常"而习焉不察，未加重视，更未作为"史料"保留。

于是，考察乡民日常生活史首先遇到的一个问题便是史料：史料的方位，史料的样式，史料的运用，然后对史料的提问，等等。这些问题的解决，同样是问题意识的题中应有之义。这需要专章（第十章）专门加以考察。

第二节 学术史：问题意识的检讨

问题意识的一个重要内涵是选题的学术方位，学术方位的确定首需了

---

① 费孝通：《乡土中国·生育制度》，北京大学出版社1998年版，第16页。
② 定宜庄：《最后的记忆——十六位旗人妇女的口述历史》，中国广播电视出版社1999年版，"前言"第5页。

解学术现状。我们的定位主要沿着两条先行研究路径：一条在日常生活史研究脉络中厘定思路；另一条在近世以来江南乡村史研究领域延展空间。

一 日常史研究及其检讨

日常生活史是世界性的课题，对于其学术脉络，国内外学界已有一些梳理。由这些梳理按图索骥，抵及相关学术论著，可见与本课题密切相关的若干要点。

1．西方的日常史研究先着一鞭

20 世纪初，中西方"新史学"都提醒人们注意民众生活，20 世纪 20年代末法国年鉴派史学所追求的"总体史"通向普通人日常生活的道路，但"日常生活史学"旗帜的揭橥是在 70 年代中期的德国和意大利，而后者冠之以"微观史学"。在法国《年鉴》、意大利《历史学季刊》、英国《过去与现在》和德国《历史人类学》等历史论坛上，日常史学拥有比较充分的话语权。

据汉堡大学历史学教授汉斯－维尔纳·格茨（Hans-Werner Geotz）的回忆，德国的日常生活史研究随着 20 世纪 60 年代以降对社会史问题的重视而凸显。社会史开拓了多层面的研究领域，这个领域对社会各阶层的人、对所有历史环境和生活范围内的所有空间的人都产生了兴趣，20 世纪80 年代前后，特别关注长期以来一直被忽略的社会群体，如农民、妇女、儿童以及一些在社会之外的人。与此同时，研究开始触及前人的"内在"层面：他们的想象世界、他们的心态、他们的情感，他们的生活圈子、生活方式以及生活交往，这便是日常生活史。作为一个新的研究领域，"日常生活史相当于这样一类历史科学，它对所有社会阶层人的生活，包括他们的'私人领域'都感兴趣，不仅是想要了解谁、什么对历史起了作用，而且还想知道历史是如何对人施加影响的，以及他是如何接受它的"。以日常生活的特点来概括，日常史可以被视作"来自下层的历史"，也可以说是"内在的历史"，因为它所能看到的、所涉及的对象，都来自于其自身经验的范围。① 德国的历史研究就这样悄无声息转变了方向："它离开了空气稀薄的办公厅与沙龙，离开了重大的国家行动，也离开了社会整体的

---

① ［德］汉斯－维尔纳·格茨：《欧洲中世纪生活》，王亚平译，东方出版社 2002 年版，"中文版序"第 1—2 页、"绪论"第 2 页。

结构与进程，走向了微小的生活世界，走向了日常生活的昏暗领域与边缘角落。"在向历史上的日常生活探身的过程中，人们发现了几乎没有研究过的领域：人们以前是怎样居住的？他们的吃穿情况如何？他们怎样欢度节日，怎样对待和料理生育、病痛、死亡等问题？德国的历史学家开始向"表面上无关紧要的"日常生活提问了。①

继格茨之后，德国"日常史学和历史文化学研究的最鲜明的代表人物"②之一、萨尔兰德大学教授里夏德·范迪尔门（Richard van Dulmen）聚焦于对欧洲近代史有着重要意义的三个体系——家庭生活、等级生活和信仰世界，1999 年出版三卷本《欧洲近代生活》。该著是 20 世纪 80 年代以来西方文化史潮流的一部分，重视探讨近代早期德国的文化和日常生活：《家与人》卷涉及城乡居民"从生至死的生活文化范畴"；《村庄与城市》卷叙述村庄和城市的"等级生活的世界"；《宗教、巫术、启蒙运动》卷"以宗教和巫术为题目，同时也论述了知识和启蒙运动"。作者是"从欧洲的角度"来写德国史的，因此也"可以把这几卷书看做是欧洲文化和日常生活史的一个模式"③。

意大利"最有代表性的两部著作"是卡罗·金斯堡（Carlo Ginzburg）的名著《奶酪与蠕虫：一个 16 世纪磨工的宇宙》（1975）④ 和乔凡尼·列维（Giovanni Livi）的《继承的权力：一个魔法师的故事》（1985）。两部著作体现了意大利日常史研究的一般特征，即专注于一个给定地点的某个个人，并力图强调该地方背景与更大范围的不同之处。他们精心重建了社会与政治的背景，聚焦某个地点而非更广阔的跨地域空间。然而，两人的"研究路数"却有所不同：跟列维相比，金斯堡的研究更加是"解释学"的，主要针对主角的心灵世界，而进入其心灵的途径主要是文本；而列维的关注更加是"社会科学"的，他所关心的主要是乡村中权力关系的模式，这是用经济因素或政治制度术语理解不了的。他论证说，理解农民世

---

① ［德］于尔根·科卡：《社会史：理论与实践》，景德祥译，上海人民出版社 2006 年版，第 75 页。

② ［瑞士］雅各布·坦纳：《历史人类学导论》，白锡堃译，北京大学出版社 2008 年版，第 67 页。

③ ［德］夏德·范迪尔门：《欧洲近代生活》，王亚平译，东方出版社 2003 年版，"中文版序"第 1—2 页。

④ 金斯堡另一本也被称为微观史学经典的著作是《夜间的战斗：16、17 世纪的巫术和农业崇拜》，中译本由朱歌姝翻译，上海人民出版社 2005 年出版。

界的决定性因素，乃是"对难以捉摸的象征性的财富（即权力和威望）的保持和接受"。为了确立这一论点，他诉之于传统社会史所运用的各种资料和方法，即根据教区文件、土地税测定数据和其他行政机构文献的集成。①

法国从 20 世纪之初的年鉴学派开始，由其经济—社会史的研究取向而注意到日常生活。20 世纪 30 年代布洛赫在他的著作《封建社会》中专辟"生活条件与精神状态"一章，对中世纪时期的水陆交通、人居环境、人口、饮食、安全等进行了简要介绍，并揭示了一些特点。受文化人类学影响，该书还涉及中世纪时期的教育、语言、人们的时空观、宗教意识、尚武精神等。这些内容均属日常史领域，可以说，布洛赫"是最早对西欧中世纪生活进行系统描述的史学家"，但其着眼点并非"个人生活"，而是把生活作为社会经济史的背景，通过这些现象阐释中世纪的经济关系和生产关系。② 年鉴学派第三代人物布罗代尔（Fernand Braudel）1979 年出版了三卷本《十五至十八世纪的物质文明、经济和资本主义》，其中第 1 卷《日常生活的结构：可能和不可能》，分别勾画了 15—18 世纪世界范围内的人口、食品、衣着、居住、技术、货币、城市等，并将之称作"物质生活"。物质生活即日常生活的一部分，而"日常生活无非是些琐事，在时空范围内微不足道"。为何要将它们纳入历史的范围呢？作者论证说，"历史事件是一次性的，或自以为是独一无二的；杂事则反复发生，经多次反复而取得一般性，甚至变成结构。它侵入社会的每个层次，在世代相传的生存方式和行为方式上刻下印记……社会各层次的衣、食、住方式决不是无关紧要的。这些镜头同时显示不同社会的差别和对立，而这些差别和对立并非无关宏旨"③。不过，伊格尔斯（Georg G. Iggers）批评说，《日常生活的结构》提供的日常史，由于只关注物质条件而非考察这些情况是怎样被人经历而未能触及要点，而社会史的要点应当是"面向种种日常生活的情况，正如它是被普通人民所经历的那样子"④。另一本社会史

---

① ［英］伊格尔斯：《二十世纪的历史学》，何兆武译，辽宁教育出版社 2003 年版，第128 页。

② 刘新成：《日常生活史与西欧中世纪日常生活》，《史学理论研究》2004 年第 1 期。

③ ［法］费尔南·布罗代尔：《十五至十八世纪的物质文明、经济和资本主义》第 1 卷，顾良、施康强译，生活·读书·新知三联书店 1992 年版，第 27 页。

④ ［英］伊格尔斯：《二十世纪的历史学》，第 117 页。

的经典著作《蒙塔尤：1294—1324 年奥克西坦尼的一个山村》（1975），出自法国史家勒华拉杜里（E. Le Roy Ladurie），他从当地宗教裁判所文件（这是其主要资料）出发，力图"把构成和表现 14 世纪初蒙塔尤社区生活的各种参数一一揭示出来"。刻画了"有血有肉的农民"，即"社区的生活本身"①。

引人注目的是，菲利浦·阿利埃斯（Gphilippe Ariès）和另一位法国著名史学家乔治·杜比（Georges Duby）主编的五卷本《私人生活史》，邀约法国、美国、英国和德国等国的 72 位著名史学家参与，作为国际合作项目的最终成果，于 1985 年出版，被誉为"革命性的成果"②。乔治·杜比解释道，"私人"与"公共"相对待，而"公共"趋向于民众，又受制于官方的权力。这样，所谓"私人生活"因此而有了特殊的、明确的界限：

> 这是一个免除干扰的，自省的、隐逸的领地。在这里，每个人都可以扔掉他在公共空间冒险时必备的武器和防范工具，可以放松，可以随意，可以身着"宽松的便服"，脱去在外面确保安全的那层招摇的硬壳。这个地方很随意，不拘礼节。这也是个秘密场所。人们拥有的最为珍贵的东西，被置放在最贴身的私人生活领地，只属于自己。

该书中译本的封三介绍称，这是法国年鉴学派创造的方法论的产物，它摒弃了以往把战争和政治作为研究对象的做法，而把研究的重点放在"平凡人的生活"上。封四引用《出版家周刊》（*Publishers Weekly*）的话说，"本书所述，事实上是很少有历史学家尝试过的、类似于考古学家挖掘出来的日常生活"③。乔治·杜比指出，私人生活的"发现"是中世纪以来西方双重文化运动的产物：一方面国家权力更具"进攻性和穿透力"，与此同时，喷薄而出的社会张力导致私人生活空间愈益多样化；与

---

① ［法］埃马纽埃尔·勒华拉杜里：《蒙塔尤：1294—1324 年奥克西坦尼的一个山村》，许明龙、马胜利译，商务印书馆 2007 年版，第 2 页。按，国内亦有将 Le Roy Ladurie 译作勒·罗瓦·拉杜里或勒鲁瓦·拉迪里。

② 常建华：《他山之石：国外和台湾地区日常生活史研究的启示》，《安徽大学学报》2015 年第 1 期。

③ ［法］菲利浦·阿利埃斯、乔治·杜比主编：《私人生活史》第 Ⅰ 册，李群等译，三环出版社、北方文艺出版社 2007 年版，封三页、封底页。

从前大为不同的私人生活引起了人们的注意。《私人生活史》的编撰则是"为了向人们展示在时间长河中影响私人生活概念和面貌的或争或缓的种种变化"①。

在英国，日常生活史与对社会史的两种理解相关。一种社会史"意指家庭、工作场所和社区中日常生活史"，另一种社会史"有关普通人或工人阶级的历史"。1963 年汤普逊（E. P. Thompson）的《英国工人阶级的形成》，涵盖了以上两者，成为英国史学界"一部划时代的著作"②。

汤普逊指出，阶级的含义是"人们在亲身经历自己的历史时确定"的，因此他的"工人阶级的形成"实际上是一部工人阶级的经历史，并以此与传统的结构史相区别："我强调阶级是一种历史现象，而不把它看成一种'结构'，更不是一个'范畴'，我把它看成是在人与人的相互关系中确实发生（而且可以证明已经发生）的某种东西。"③ 总之，工人阶级的经历是工人阶级"形成"的关键。因此，汤普逊详尽地考察了工人阶级经历中的每一个方面：从劳动到生活水平，从组织到政治活动，从宗教情绪到娱乐方式。所有这些，都包括在他的"工人阶级的经历"中，而正是这些经历，最终使多数英国工人"形成"了阶级。④ 很显然，汤普逊偏重于阶级形成中的文化因素。⑤

对工人阶级形成史的关注显示了汤普逊的远见卓识。直至从 20 世纪 70 年代后期，德国史学界才在结构史与经历史的比较中，强调后者的重要性：

> 不管是披着现代化理论、还是制度理论的外衣，（现代社会史）的注意力都集中在广泛的社会结构与进程上。至于人们是如何经历与对待这些结构与进程的问题，几乎从来没有被涉及。鉴于社会史的这

---

① ［法］菲利浦·阿利埃斯、乔治·杜比主编：《私人生活史》第 I 册，第 6—7 页。

② 钱乘旦：《E. P. 汤普逊和〈英国工人阶级的形成〉》，见 ［英］E. P. 汤普逊《英国工人阶级的形成》，第 989 页。

③ ［英］E. P. 汤普逊：《英国工人阶级的形成》，"前言"第 1—4 页。

④ 钱乘旦：《E. P. 汤普逊和〈英国工人阶级的形成〉》，见 ［英］E. P. 汤普逊《英国工人阶级的形成》，第 995—997 页。

⑤ 也正是侧重于阶级形成的文化因素分析，而"缺乏对结构的足够注意"，而使汤普逊的《英国工人阶级的形成》饱受批评。见 ［美］林·亨特编《新文化史》，姜进译，华东师范大学出版社 2011 年版，第 50 页。

一局限，有必要通过日常史将我们的观察面扩大到历史上人们的观察与自我解释的方面。①

在以上意义上，汤普逊毋宁也是日常生活史的先驱。

另外，瑞典史家奥维·洛夫格伦（Orvar Löfgren）、乔纳森·弗雷克曼（Jonas Frykman）的《美好生活：中产阶级的生活史》（1979）、俄罗斯学者 B. H. 米罗诺夫（Миронов）的《帝俄时代生活史：历史人类学研究（1700—1917 年）》（1999）和美国历史学教授苏珊·B. 韩利（Susan B. Hanley）的《近世日本的日常生活：暗藏的物质文化宝藏》也都是在国际史学界日常史研究中比较有影响的著作。②

据刘新成的概括，西方日常史研究的特色约有以下数端：（1）观照的范围微观化。日常史学家追求生动立体地再现千姿百态的日常生活，并探究其发生和变化机制，结果必然导致研究对象"微观化"，村落、街区乃至个人常常被视为最合适的研究对象。但是，研究对象的微观并不意味着结论意义的"微小"，以小见大是日常生活史学的真正主旨。（2）观察的"目光向下"。日常史倡导"让史学向历来被忽视的人群敞开大门""在小人物群体中探寻历史动因"，特别关注社会弱势群体。（3）"全面史"的追求。日常史的研究对象是日常行为，而日常行为既有"给定性"又有"创造性"，前者属于内在的文化范畴，后者则体现于外在的社会、政治、经济活动；说明两者的关系，就等于在文化模式与政治、经济、社会体制之间建立起联系。日常史学者建构的社会模型比社会史学者更加均衡、更加丰满，许多社会史结构无法说明的现象，在日常生活史结构中得到了差强人意的解释。（4）"他者"立场。日常生活史学家认为，史家赋予史料以意义，所以"历史解释"是必不可少的，但他们并不赞成对历史上的生活方式妄加评判或滥施同情，而主张以"他者"立场，亦即站在历史当事人的位置上，"设身处地地感觉和体会"③。

---

① ［德］于尔根·科卡：《社会史：理论与实践》，第 80 页。

② 三本著作都有中译本：《美好生活：中产阶级的生活史》由赵丙祥、罗杨等译，北京大学出版社 2011 年出版；《帝俄时代生活史：历史人类学研究（1700—1917 年）》由革和、张广翔等译，商务印书馆 2014 年出版；《近世日本的日常生活：暗藏的物质文化宝藏》，张键译，生活·读书·新知三联书店 2010 年出版。

③ 刘新成：《日常生活史与西欧中世纪日常生活》，《史学理论研究》2004 年第 1 期。

2. 关于中国的日常史研究

有关中国的日常史研究在两个场域进行，一在国外和中国台湾地区，一在中国大陆。关于前者，常建华有过比较详细的梳理。根据他的梳理，较早开展中国日常史研究的是法国学者。1932 年法国著名的中国学家马伯乐（Henri Maspero）利用 20 世纪初在中国西北发现的汉简结合其他文献资料，在法国出版《关于汉代的某些物品》和《汉代中国人的私生活》两书。另外较早者有法国另外一位著名汉学家谢和耐（Jacques Gernet），于 1959 年出版《蒙元入侵前夜的中国日常生活》，英国学者鲁惟一（Michael Loewe）1968 年出版英文著作《早期中华帝国——汉的日常生活》。随后的相关研究集中出现在 20 世纪 90 年代之后的美国，主要如韩森，于 1990 年和 1995 年分别出版《变迁之神：南宋时期的民间信仰》和《传统中国日常生活中的协商：中古契约研究》，对于前者，译者包伟民称之为"是关于当时普通民众对他们周围世事变迁的理解的一个研究"。又如查尔斯·本（C. Benn）于 2002 年出版英文著作《中国的黄金时代：唐朝的日常生活》。常建华注意到，美国史学界关于中国的日常生活史研究有两个特色：一是，从日常生活考察中国妇女与性别史，如 1993 年伊沛霞出版英文版著作《内闱：宋代的婚姻与妇女生活》，翌年，香港旅美学者高彦颐的《闺塾师：明末清初江南的才女文化》出版，1997 年曼素恩（Mann Susan）出版《缀珍录：十八世纪及其前后的中国妇女》。其中，美国在妇女与性别史研究中的科技、医疗与身体等视角尤为别出心裁，如费侠莉（Charlotte Furth）1997 年出版的《繁盛之阴：中国医学史中的性（960—1665）》从医学妇科入手探讨女性生活，在日常生活中把握医学，白馥兰（Francesca Bray）同年出版的《技术与性别：晚期帝制中国的权力经纬》则表明了在日常生活中融通科技、妇女和文化史的决心。二是，在中国近现代史，尤其是城市研究中的"文化"转向，"希望能够理解普通人生活的文化意义"，如叶文心（Wen-hsin Yeh）的《时钟与院落：上海中国银行的权威结构分析》，探索从日出而作日落而息的传统时间观到现代社会以时钟为准绳的整齐划一的生活与管理方式的转变；葛以嘉（Joshua Goldstein）的《从茶园到剧场：作为社会文本的 20 世纪早期中国戏园》指出，在茶园和剧场这些微缩的世界里，处处可见 20 世纪以降随着民族国家意识的成长，指导日常社会的根本原则也发生了变化；梅尔清（Tobie Myer-Fong）的《浩劫之后：太平天国战争与 19 世纪中国》从日常生活史角度研究太平天国战争，凸显了个人、社区、情感、体验、身体、记忆、意义等一系列与日常生活紧密关联的主题。常建华认为，两位旅美中国大陆学者研究近现代中国日常生活史的专著"达到了很高的学术水准"：一位是佐治亚理工大学历史系教授卢汉超的《霓虹灯外：20世纪初日常生活中的上海》（美国加州大学出版社1999年英文版，上海古籍出版社2004年出中译本，由段炼等翻译），一位是得克萨斯A&M大学历史系教授王笛的《茶馆：成都的公共生活和微观世界1900—1950》（斯坦福大学出版社2008年版）。在中国台湾地区主要是一批治明清史的学者从21世纪开始将日常生活史作为研究重点，代表性论文在胡晓真、王鸿泰主编的《日常生活的论述与实践》（允晨文化出版有限公司2011年版）中得到反映；代表性专著是巫仁恕对于明清江南消费生活的系列探讨，如《品味奢华：晚明的消费社会与士大夫》（联经出版有限公司2007年版）、《奢侈的女人：明清时期江南妇女的消费文化》（三民书局2005年版）和《优游坊厢：明清江南城市的休闲消费与空间变迁》（中华书局2017年版）。① 关于后者，胡悦晗和谢永栋有过"按研究方法"进行的基本线索勾勒，而李金铮的回顾聚焦于民国日常生活史研究，常建华在此主要涉及相关问题的理论思考。②

以上学者在梳理有关中国的日常史研究脉络时，似乎都有一种捉摸不定的感觉。李金铮说：

> 由于有意识地从"日常生活"视角对民国日常生活进行研究的时间很短，严格意义上的日常生活史成果并不多，所以基本上还谈不到学术史脉络的演变。在梳理相关成果时，也难免陷于"日常与非日常"之间的紧张、纠结与困难，这是在做其他领域学术史回顾中所不曾有过的经验。③

而就中国大陆的情况而言，常建华指出：

---

① 参见常建华《他山之石：国外和台湾地区日常生活史研究的启示》，《安徽大学学报》2015年第1期。

② 参见胡悦晗、谢永栋《中国日常生活研究述评》，《史林》2010年第5期；李金铮：《众生相：民国日常生活史研究》，《安徽史学》2015年第3期；常建华：《日常生活与社会文化史——"新文化史"观照下的中国社会文化史研究》，《史学理论研究》2012年第1期。

③ 李金铮：《众生相：民国日常生活史研究》，《安徽史学》2015年第3期。

文化史、社会史、历史人类学均关心生活史，生活史在相当大的程度上也是以社会文化史的面目出现的。对于生活史的理解，学者各有侧重，使用的概念不一，有日常生活、社会生活、生活方式等，我国学者以使用"社会生活"一词最为普遍。①

总体说来，目前日常史研究中的"日常生活"概念还显得相当日常：

> 历史学层面的"日常生活"一直以来缺乏清晰的界定，多被视作衣食住行及工作、休闲娱乐等延续个体与社会再生产的活动总和，故其一直等同于"社会生活"而作为社会史研究的一个分支。许多学者将日常生活划分为物质生活与精神生活两大类，前者主要指日常物质产品（如衣食住行、日用品等）的获取与消费；后者多指为满足个人日常精神需要的一切重复性观念活动，如读书看报、情爱、宗教活动、参观旅游、文体活动等。②

换句话说，绝大多数成果只是与日常生活相关，很少有以日常生活作为特定对象的研究，而有意识地关注特定对象，必须进行系统而专门的理论思考。

尽管中国的日常生活史研究大多流于经验，但在相关研究中也不时可见零星的思考和特色。比如在谢和耐《蒙元入侵前夜的中国日常生活》中，有以下的"总结性描绘"：

> 生活方式与隶属于它的思想观念有着微妙而不可分割的关系。毫无疑问，当我们研究人类历史的时候，正是这一点使得我们对日常生活的细节发生了兴趣。人们的习惯和风俗为我们揭示了人类一般经验的一种特殊形式，某种确定的个性类型正是由此产生的。③

---

① 常建华：《日常生活与社会文化史——"新文化史"观照下的中国社会文化史研究》，《史学理论研究》2012 年第 1 期。
② 胡悦晗、谢永栋：《中国日常生活史研究述评》，《史林》2010 年第 5 期。
③ ［法］谢和耐：《蒙元入侵前夜的中国日常生活》，刘东译，江苏人民出版社 1998 年版，第 186 页。

　　寥寥数语，给了我们关于日常史转向的一种说明，即生活方式应该与思想观念密切关联，至少在法国史学中存在这么一种倾向。一旦涉足日常生活史，某些史学维度的独特性便显现出来。就时空来说，谢和耐指出，"中国的幅员辽阔，也意味着它在气候、风光、生活方式、习俗和方言等千差万别……因此对它的任何有效论述都必须涉及确切的时间和地点"，或者说，日常生活史研究有必要对时空进行"更精确的限定"。就史料来说，同样是人们熟悉的文献，然而，谢和耐"抽取"的有关"日常生活的文本"大多来自生活琐记、轶事汇编、笔记小说、地方志等，因为只有这些材料才能提供"大量翔实准确和栩栩如生的细节"。另外一类资料是由"城池"提供的："人们做每一类买卖的精确地点，以及每一座寺庙的准确位置。我们甚至获知了当时最红的歌妓的姓名、主要街道上铺路石板的块数，以及各个最佳的去处：诸如在哪一座桥边，在哪一家店铺，可以寻觅到最好的蜜饼；又在哪一条街巷有最好的房子待售等等"——这些所谓的物质文化资料。就考察视角看，谢和耐致力描绘的当然是传统中国一隅的日常生活，然而又毋宁是整个中国的日常生活，尤其在传统道德观念上。在他看来，"中华帝国占统治地位的秩序乃是一种首先的秩序，专制国家可将这种秩序一步步地强推到最小的社会单位——独立的家庭。在一个人的私人生活和他的公共生活之间，以及在他对家庭的责任和他对国家责任之间，并无任何确定的界限，这种现象乃基于中国政治的观念——道德和政治是一回事"；这也是中国传统政治的手段："能以最少的直接干预去统治最大数量的人民。此中最关键之点在于，应当在最小社会群体的水平上维持统治秩序。"① 以上只是西方日常生活史转向初期的一些零星思考，更系统的理论思考跟相关学科背景相关。

　　3. 日常史学的学术背景

　　日常生活史渐成气候与现代西方学术的发展趋势密切相关。主要的趋势有两种：一是思想界的日常生活转向。西方自文艺复兴以来，以技术理性为主要内涵的理性主义，包括科学、理性、人性等文化要素在内，凝成不同于传统的技术理性主义文化模式，成为工业文明的精神支柱。至 19 世纪下半叶和 20 世纪上半叶，在这种文化模式的内部，工具理性与价值

① ［法］谢和耐：《蒙元入侵前夜的中国日常生活》，第 2、6—7、186—187 页。

理性之间的矛盾性日益暴露，最明显的是，渗透于整个社会生活领域的现代技术逐渐成为不受人类控制的异己力量，出现了所谓"理性主义文化危机"：

> 在这样的社会中，人表面上是自由的，实际上从生产到消费、从工作到私人生活均受着意识形态、大众文化、技术理性等无形的异己力量的摆布。面对按照技术原则组织起的庞大的、自律运转的社会机器，个人渺小感、孤独感和无助感会油然而生，他只能是这部庞大机器上的一个嵌齿，稍不留意就会打得粉身碎骨。①

面对深刻的文化危机，西方世界的一些思想精英进行了理性反思。德国现象学家胡塞尔（Edmund Husserl）在 20 世纪 30 年代认为，文化危机的根源在于，科学世界在自己的建构过程中，悄悄抽取并遗忘了日常生活世界。与科学世界相比，日常生活世界具有优先性，因为在生活世界中，"人和世界保持着统一性，这是一个有人参与其中的，保持着目的、意义和价值的世界；而科学世界是从这一前科学的生活世界中分化出来的，它把生活世界的一部分抽取出来加以形式化和片面化，结果把人从统一的世界图景中作为主观性而排斥出去，形成了一幅没有人生存于其中，没有目的、意义和价值的科学的世界图景"②。因此，要摆脱这场文化困境，只有回到"素朴的"的现实世界，将"作为源泉滋养技术意义形成的、前科学的和外于科学的生活世界提到首位"③。

在英国哲学环境中成长的维特根斯坦（Ludwig Wittgenstein）始终关注着语言符号与生活世界的关系。在 1921 年出版的《逻辑哲学论》中，维特根斯坦认为，作为事实的世界即生活现实，就在语言结构之内，要认识生活世界，只要进行语言的逻辑分析。至于日常语言，因为其充满含混和歧义，应当以科学语言（即人工语言）加以消除。然而，晚年维特根斯坦的思想发生了根本性的改变。在《哲学研究》中，他放弃了对科学语言的追求，回到了异彩纷呈的日常语言，他承认，语言游戏的意义归根结底源

---

① 衣俊卿：《文化哲学十五讲》，北京大学出版社 2004 年版，第 99 页。
② 衣俊卿：《文化哲学十五讲》，第 102—103 页。
③ ［奥地利］埃德蒙德·胡塞尔：《欧洲科学危机和超验现象学》，张庆熊译，上海译文出版社 1988 年版，第 70 页。

自于"必须接受的""给定的"生活形式。通过语言的批判，维特根斯坦同样回归到生活世界中。

出生于奥地利维也纳的思想家阿尔弗雷德·许茨（Martin Herdegger）在 1940—1959 年间写成的《社会实在问题》展开了他的生活世界理论。许茨指出，近代哲学家只是在通过经验给定的世界领域中寻找"客观真理"，而不去质疑生活世界本身，不去探究心灵的各种主观活动。在他看来，生活世界是从人们经验性的、前科学生活的各种活动中产生的一种主观构造物，是一切科学的基础，只有返回作为预先给定领域的生活世界，才能说明人本身。①

东欧马克思主义重要代表人物阿格妮丝·赫勒（Agnes Heller）是匈牙利人，她是在生活改造的意义上关注日常生活的。从社会存在领域的角度出发，赫勒认为，可以把"日常生活"界定为"那些同时使社会再生产成为可能的个体再生产要素的集合"②。她指出，日常生活图式具有自在性、重复性、给定性、经验性等特征，它所带来的"经济"和"实用"的效果，便利了人类生活的成功进行，为人们在制度性领域的活动提供条件，为烦劳的人们提供"在家"的安全感，另一方面，它也可能侵蚀人们的创新思维和创造性实践，因而需要对日常生活进行人道化改造，使个体以"相对自由的方式"建立起与日常生活的关系。

此外，德国存在主义思想家海德格尔（Martin Herdegger）对日常生活异化现象的揭示，法兰克福学派后期代表人物哈贝马斯（Jurgen Habermas）在建构交往行动理论时引进的生活世界概念，等等，都显示出西方思想界的日常生活转向趋势。正是在这一转向的过程中，思想家们对人们熟视无睹、习以为常的日常生活进行了理性审视，为日常生活史研究提供了思想资源。由此在 20 世纪 70 年代和 80 年代，西方的一些历史学家们不断质疑社会科学历史学的世界观。这一世界观的关键在于："相信现代化乃是一种积极的力量"；在 20 世纪 70 年代后期意大利微观历史学家看来，宏观历史观念以及伴随着它们的社会科学历史研究方法之所以衰颓，其关键原因应该是，"对技术进步的有益的社会政治后果这种乐观主义的见解

---

① 何林、李晓元：《日常生活世界的意义结构——许茨〈社会实在问题〉初探》，知识产权出版社 2005 年版，第 15 页。

② ［匈］阿格妮丝·赫勒：《日常生活》，衣俊卿译，重庆出版社 1990 年版，第 3 页。

丧失了信心"①。在此我们也不妨重温历史唯物主义经典作家早已简明的两种生产理论。作为"历史中的决定性因素",恩格斯指出,"直接生活的生产和再生产"包含两层意义:"一方面是生活资料即食物、衣服、住房以及为此所必需的工具的生产;另一方面是人类自身的生产,即种的蕃衍。"② 很显然,这里的两种再生产都属于日常生活范畴。

蔚成日常史研究气候的另一现代西方学术发展趋势是历史学的人类学转向。③ 这一转向对日常生活史学发展所产生的影响更为直接,也更为强烈。

尽管有西方学者将史学的人类学转向追溯到 20 世纪 20 年代,④ 但根据英国史家彼得·伯克(Peter Burke)更一般的意见,历史学向人类学的明显转向出现于 20 世纪 60 年代到 90 年代。伯克自陈,从 60 年代早期以来,他就阅读了大量的人类学论著,包括许多来自世界不同地方的田野工作报告。之所以爱读这些叙述,"部分是因为它们清楚地表明了人类生活方式、习俗、态度或心理的多样性"⑤。这些方面,都被囊括在人类学(日常生活是其关注的焦点)的"文化"概念中,日常文化因而成了相关研究的核心,特别是其中的日常规则或惯例。⑥ 由此可以看出,历史学的人类

---

① [英] 伊格尔斯:《二十世纪的历史学》,第 116—117 页。

② 恩格斯:《家庭、私有制和国家的起源》,《马克思恩格斯选集》第 4 卷,人民出版社 1972 年版,第 2 页。

③ 国内外学界有时将历史学的人类学转向称为"历史人类学"。无论从事实本身,还是从语词结构上说,"历史人类学"的表述都欠准确。英国学者伯克在《什么是文化史》(蔡玉辉译,北京大学出版社 2009 年版,第 34 页)中说,将历史学的人类学转向"称作'人类学历史'(antropological history)也许更合适一些";瑞士学者雅各布·坦纳在《历史人类学导论》(白锡堃译,北京大学出版社 2008 年版,第 74 页)中引马克·奥热的话称,"历史人类学"这个称谓更具迷惑性,相比之下,"人类学历史"(die antropologische historie)这个称谓"听起来倒是更为合适些。"尽管两人都认为"历史人类学"这个表述不恰当,但他们仍然在使用它;只是伯克在另外一本著作《文化史的风景》(丰华琴、刘艳译,北京大学出版社 2013 年版,第 214 页)中使用了"人类学的历史学"的标题。

④ 雅各布·坦纳称,20 世纪 50 年代法国年鉴学派就尝试着朝历史人类学方向扩充结构史学,而这一学派的第一代代表人物布洛赫在 1924 年出版的《创造奇迹的国王们》"堪称实践这一建议的第一本典范之作"。在后来数十年中,年鉴学派提出的结构、心态、长时段和时代错置等概念和构想,都"显示出它们跟一种人类学传统拥有种种接触点"。见 [瑞士] 雅各布·坦纳《历史人类学导论》,第 53—58 页。

⑤ [英] 玛丽亚·露西娅·帕拉蕾丝 - 伯克编:《新史学:自白与对话》,彭刚译,北京大学出版社 2006 年版,第 161 页。

⑥ [英] 彼得·伯克:《文化史的风景》,第 218 页。

学转向主要发生在社会文化史中。① 学界有时也将这一转向称作历史学的文化转向，所谓"新文化史"②。

是什么原因导致了社会史的人类学转向？伯克指出，"学科之间的碰撞，就像文化之间的碰撞一样，往往会遵循和谐与趋同的原理。吸引某种文化中的人们对另一种文化产生兴趣的东西往往是与自己的观念或习俗相类似的观念和习俗，在十分熟悉的同时又那么陌生"。新的社会文化史就是对历史学和人类学的"碰撞"做出的反应："显微镜成为取代望远镜的一种有吸引力的选择，它使得具体的个人或地方性的经历重新走进了历史学"。一旦对大众生活及其文化感兴趣，社会史家便意识到，"人类学与他们有着更密切的关系"，因为人类学家已经"抛弃了过去那种居高临下的主张，亦即认为他们所研究的那些民族并不理解自己的文化"③。基于此，一部分社会—文化史家从 20 世纪 70 年代开始追随着人类学家的脚步，在关注民众社会文化的同时，其旨趣也发生了"从社会结构到意义"的转变，④ 即热衷于对民众文化意义的理解。

对社会—文化史家影响较大的人类学家主要有，擅长研究礼物的马塞尔·莫斯（Marcel Mauss），研究巫术的爱德华·埃文思－普里查德（Edward Evans-Prichard），研究"纯净"的玛丽·道格拉斯（Mary Douglas），以及研究象征意义的克利福德·格尔兹（Clifford Geertz）。20 世纪 60 年代和 70 年代，列维－斯特劳斯（Levi-strauss）的名声如日中天，当时就有一些历史学家被他的结构主义方法所吸引。其中，"给予大多数上一代文化史家以灵感的"是格尔兹。⑤ 因为在文化史的意义上，格尔兹的

---

① ［英］彼得·伯克：《什么是文化史》，第 34—35 页。伯克特别提及，其实在 20 世纪 30 年代就有一些史学家关注人类学，其中最著名的当推荷兰文化史家约翰·赫伊津哈（Johan Huizinga，1872—1945），他为了写作《中世纪的秋天：14 世纪和 15 世纪法国与荷兰的生活、思想与艺术》而专门学习了当时的人类学，对日常生活的符号进行过研究，从中获得了有关的知识。见［英］彼得·伯克《什么是文化史》，第 46 页。

② 一般认为，作为历史学主流之"文化转向"（the cultural turn）标志的，是 1989 年美国学者林·亨特（Lynn Hunt）主编出版的《新文化史》。见林·亨特编《新文化史》，姜进译，华东师范大学出版社 2011 年版，"总序"第 4 页。

③ ［英］彼得·伯克：《什么是文化史》，第 45—50 页。

④ ［英］奈杰尔·拉波特·乔安娜·奥弗林：《社会文化人类学的关键概念》，鲍雯妍、张亚辉译，华夏出版社 2005 年版，第 304 页。

⑤ ［英］彼得·伯克：《什么是文化史》，第 38—41 页；［瑞士］雅各布·坦纳：《历史人类学导论》，第 62、64—65 页。

阐释人类学"比之无论是结构主义还是结构—功能主义都更加接近于通常的历史学"①。

在人类学中，格尔兹以对意义的阐释而闻名。他在 20 世纪 70 年代初发表的《深层的游戏：关于巴厘岛斗鸡的记述》和《深描：迈向文化的阐释理论》成为阐释人类学的核心文本。格尔兹借用哲学家吉尔伯特·赖尔（Gilbert Rule）的"深描"概念来阐释个体行为象征的文化意义。在格尔兹看来，文化是指"从历史沿袭下来的体现于象征符号中的意义模式，是由象征符号体系表达的传承概念体系，人们以此达到沟通、延存和发展他们对生活的知识和态度"②。一般地，人类学家对概念的抽象"以小范围的细节为基础"，格尔兹的深描即以巴厘人的斗鸡为例证。他主张，大部分巴厘文化都"表现"在斗鸡场上，而斗鸡是一种流行的（有时不合法）魔魇，对它的解读能够对作为一名巴厘人这到底意味着什么提供重要的洞察。③

美国学者罗伯特·达恩顿（Robert Darnton）的著作《屠猫记：法国文化史钩沉》（1984）是"大胆应用'深描'技术的示范研究"④，从中可以看到人类学（特别是阐释人类学）对史学家的深刻影响。《屠猫记》的故事非常简单：1730 年前后，巴黎一家印刷作坊的学徒工屠宰了几只猫。以此作为史学的题材，作者说，它"可以让我们看到，人类学的理论怎样才能有助历史学家分析历史问题"⑤。

当然，伯克指出，如果仅仅从史学史去说明人类学的转向，"那就目光短浅了"。与思想界的日常生活转向（也称为"日常生活批判"）一样，这些历史学家，无论是有意识还是无意识，他们的人类学转向其实是"对一个更为广阔的世界里所发生的变化……所做出的反应"⑥，其中包括进步信念的丧失、反殖民主义运动和女权主义思潮等，也就是说，史学的人类学转向其实是整个社会变革的一个有机组成部分。正如霍布

① ［英］玛丽亚·露西娅·帕拉蕾丝－伯克编：《新史学：自白与对话》，第 162 页。

② ［美］克利福德·格尔兹：《文化的解释》，纳日碧力戈等译，上海人民出版社 1999 年版，第 103 页。

③ ［英］奈杰尔·拉波特、乔安娜·奥弗林：《社会文化人类学的关键概念》，第 306 页。

④ ［英］约翰·托什：《史学导论》，吴英译，北京大学出版社 2007 年版，第 250 页。

⑤ ［美］罗伯特·达恩顿：《拉莫莱特之吻：有关文化史的思考》，萧知纬译，华东师范大学出版社 2011 年版，第 304 页。

⑥ ［英］彼得·伯克：《什么是文化史》，第 50 页。

斯鲍姆所指出的：

> 草根史之所以能够在传统史学（主要都是描写重要的政治决策与大事）中出现，往往是因为平民已经成为能够影响决策与事件的要素了。不只是在不寻常的民众动员中出现而已，如革命，而是在平日就予以注意……平民史，作为一个特殊领域，它的开展是源自 18 世纪的大众运动史……事实上，它真正的进展开始于 20 世纪 50 年代中期，也就是马克思主义真正能开始对这方面做出贡献的时候。[①]

4. 对日常史研究的检讨

综观学界的日常史研究状况，不难看出，所谓日常生活史，其实就是社会史，是从历史事件维度界定的社会史，因为其倾向于日常生活而与倾向于政治（包括军事、外交等宏观制度）史的传统史学相区别。[②] 值得注意的是，这种倾向常常在历史的诸多维度之间形成相互照应。就历史人物维度来说，尽管社会精英们也有属于自己的日常生活，但历史学家们已经从他们所称为权力的"中心"转移到了"边缘"、转移到了多数人，而这些多数人在他们看来，"绝大部分都是并未得利的人和被剥削的人"[③]。与此同时，历史空间的地方化，历史时间的长时段等等，都从不同的维度照应着日常生活史。除了历史构成本身，更为重要的是历史认识维度中的个体维度，因为正是在个体与社会的对待认识中，日常生活经典理论家（尤其是唯物主义）才获得了对"历史中的决定性因素"的认定，日常生活史也因之而产生了特定的研究对象。所有这些维度的倾向域便显示出社会史的特色。

需要指出的是，对于不同的社会史新维度，学界的认同度存在着较大的差异。笔者虽认同前辈学者的不少尝试，而且也愿意通过自己的尝试丰富和完善相关维度以及构成的史学范式，然而愿意尝试并不等于无条件地

---

① ［英］霍布斯鲍姆：《论历史》，第 309—310 页。

② 到底哪些历史事件属于日常生活史应当关注的事件？这跟人们对日常生活外延的容纳倾向有很大关系，一般说来，衣食住行是其中最核心的部分，有的也包括休闲、娱乐、消费甚至风俗习惯等。参见李长莉等《中国近代社会生活史》，中国社会科学出版社 2015 年版，"引言"第 1 页。

③ ［英］伊格尔斯：《二十世纪的历史学》，第 118 页。

加以接受，即使对于在某些范围内已经非常流行的历史维度。因此，对日常史的书写进行一定的检讨是必要的。

第一个需要检讨的问题是日常史的文献。

达恩顿承认，《屠猫记》受到的人类学帮助首先在史料方面。杀猫这件事是作者从一个参与其事的人那里知道的，这个人叫康塔德，他在事件发生几年后把它写了下来。这种文字在当时的印刷工人中很流行，属于劳工阶层特有的一种自传体，有一种"诉苦"的传统，"专门讲某些行业的工人日子过的怎么艰辛"。对于这种记述，达恩顿认为，"不能够把它当作忠实反映实际发生的事情。我们应该把它当作是一桩事件的孔塔（即康塔德）版本，我们从中讲到他讲故事的用心所在"①。两年后，作者说明了他解读这种文献的特殊方法：

> 如果真想知道某件发生在过去的事情的含义，我们就得在阅读流传下来的文献时，从字里行间体会出那些文献中没有说或说得有偏差的东西。一个作者写东西时总要考虑到一定的语境，并借用现成的意象，在读者心中唤起一定的联想……因为理解一个人或一篇作品取决于大家共享的意义系统。所以，我们读康塔德的记述时，不必去细究事件当中的具体人物、怎么回事、在哪里发生和什么时候发生的等等；相反，我们要知道的是这件事对于当事人有什么含义。一旦我们对此有了初步的推测，便可以去参阅其他文献来验证，比如同时代的人搜集的民谚、民间故事、自传、印刷说明书和"诉苦"故事。通过对文本"入乎其内，出乎其外"的阅读，我们就能够弄清楚它们的社会意义。②

作者强调，阅读这类史料，务必牢记人类学的关键理念："别人的思考方式与我们不一样。"以历史学家处理史料的观点来看，这句话听来可能只是老生常谈，无非是告诫我们别犯"时代误置"的毛病，但这话还是值得重复申明，"因为稍一不慎就可能指鹿为马还觉得心安理得，误以为

---

① ［美］罗伯特·达恩顿：《屠猫记：法国文化史钩沉》，吕健忠译，新星出版社 2006 年版，第 80 页。

② ［美］罗伯特·达恩顿：《拉莫莱特之吻：有关文化史的思考》，第 305 页。

两个世纪以前欧洲人就像我们今天一样思考与感受，误以为差别只在于他们头戴假发、脚穿木鞋。我们（历史学家）有必要不断摆脱看过去觉得眼熟这样的错觉，有必要持续服用治疗文化震撼的药剂"①。事实上，不仅仅在文献的解读方面，从史料的类型上说，社会—文化史所做的，也让传统史学感到耳目一新。达恩顿在一篇总结 20 世纪 70 年代美国思想文化史的论文中提到：

> 如今流行的社会观念史讲究自下而上，学者们不但要读那些大思想家的有名作品，还要读很多名不见经传的小人物所写下的文字，因为要研究思想观念在社会上的传播和流行，就不能只停留在名家名作上，而必须做全方位的跟踪考察。光是体察大思想家的精神情怀是不够的，还要能体察草民百姓的内心世界才行。但大部分草民百姓都没有留下文字，这给后人的研究带来巨大困难。②

面对困难，社会—文化史努力开拓，当 21 世纪到来的时候，它们的史料范围空前扩展，从仪式、个人的口述史、小报、民间传说、戏剧、小说、绘画、流行歌曲到服饰，都可以成为史料。③ 史料并无一定的形式，"无往而不存在，端在史家凭卓识发现"④。达恩顿对人类学的欣赏，很重要的一个理由就是其发现和处理史料的本事："人类学家已经发现最不透光的地方似乎就是穿透异文化最理想的入口处。当你了解到对在地人物具意义，而你却不得其门而入的东西，不论是一个笑话、一句谚语或一种仪式，你就能够晓得从什么地方抓得到可以迎刃而解的一套素昧平生的意义系统。"由此，达恩顿自信地认为，就可能掌握"旧制度之下技工文化的要素"⑤。不难发现，人类学对史学施加的影响方式之一是，"为历史学家研究那些文字档案很少或者根本没有的有关地区……提供了工具"⑥。在这方面，明清史专家郑振满所受到的人类学影响非常明显。他指出，对于民间文献的解读，比较

---

① ［美］罗伯特·达恩顿：《屠猫记：法国文化史钩沉》，"序"第 2 页。
② ［美］罗伯特·达恩顿：《拉莫莱特之吻：有关文化史的思考》，第 186 页。
③ ［美］林·亨特编：《新文化史》，"总序"第 8 页。
④ 王尔敏：《史学方法》，广西师范大学出版社 2005 年版，第 124 页。
⑤ ［美］罗伯特·达恩顿：《屠猫记：法国文化史钩沉》，第 80 页。
⑥ ［英］杰弗里·巴勒克拉夫：《当代史学主要趋势》，杨豫译，上海译文出版社 1987 年版，第 80 页。

好的办法"是从区域社会的整体性出发，把它们跟区域社会的其他资料结合起来，放到区域社会的脉络里去解读"①。即借助人类学所谓的"地方性知识"来解释。陈春声也承认，人类学视角对社会史学者的主要价值在于："在历史现场中发现理解历史文献的能力。"② 另外，已经进入新文化史视野的这些"文艺性"非常浓厚的史料，需要接受历史学的进一步审视，穿透弥漫其中的情感迷雾，以见事实真相，此项功夫或不妨称为"去文艺化"③。

第二个需要检讨的问题是日常史的论题。

最近 20 年来，日常史的论题范围有了奇异的扩展，这在很大程度上应该归功于人类学。日常生活史的一些提问方式受人类学的影响非常明显。他们利用人类学所钟情的口述史料，开始关注孩子们和学生们的各种经历，考虑士兵的生活条件、娱乐和士气，思考赤贫人的救济及其"遭到拒绝以后如何存活下来"的问题，等等。④ 伯克认为，对历史学家而言，最有用的是人类学中或许可称之为"日常人类学"的那种，它的论题接近于需要进行历史性的研究。⑤ 社会史的旨趣因此而有所改进：它不再满足于描述下层人民生活的客观状况，而是"要了解文化体系是如何塑造了民众的身份认同、情感和日常生活的"⑥。为此，达恩顿颇为激动地写道：

> 最有创意的历史研究应该挖掘出事件背后我们的前人所经历和体验的人类的生存状况。这类研究有过不同的名字：心态史，社会思想史，历史人类学，或文化史（这是我的偏好）。不管什么标签儿，目的是一个，即理解生活的意义：不是去徒劳地寻找对这一伟大的哲学之谜的终极答案，而是从前人的日常生活和思想观念中去探求和了解前人对此问题的回答。⑦

新文化史在论题维度上的问题意识确实启发了我们的思路：一是，应

---

① 张小也：《历史人类学：如何走得更远》，《清华大学学报》2010 年第 1 期。
② 徐桂兰：《历史学与人类学的互动》，《广西民族学院学报》2001 年第 6 期。
③ 具体的论述参见第十章第三节"乡村文献的生成：故土记事"。
④ ［英］保尔·汤普逊：《过去的声音——口述史》，覃方明、渠东、张旅平译，辽宁教育出版社、牛津大学出版社 2000 年版，第 7 页。
⑤ ［英］玛丽亚·露西娅·帕拉蕾丝－伯克编：《新史学：自白与对话》，第 162 页。
⑥ 姜进：《总序》，见［美］林·亨特编《新文化史》，第 8 页。
⑦ ［美］罗伯特·达恩顿：《拉莫莱特之吻：有关文化史的思考》，"导论"第 6—7 页。

该关注"特定的群体在特定的时代和特定地点所持有的价值观"；二是，"实践"（或称"经历"）的口号："应当研究宗教实践的历史而不是神学的历史，应当研究说话的历史而不是语言的历史，应当研究科学实验的历史而不是科学理论的历史。"① 另外，新文化史家对于论题的自我反思也让我们在研究中有所警觉。达恩顿指出，分析大众文化固然是社会史家的强项，但除了少数像海登·怀特这样的例外，大部分史学家都是东一榔头、西一棒子，撞上什么就研究什么，而没有仔细想过大众文化是否能名正言顺地自成一个学术领域。② 作为整体的大众文化，可以作为史学考察的对象，这应该是毫无疑义的；在这里，达恩顿意在告诫我们，不能只根据碎片的研究论题来进行文化史的拼图：

> 正如社会史有时会从一个群体转向另一个群体——如工人、妇女、儿童、族群、老人和青年等——却没能在课题之间找到联系性和互动性，由研究题目界定的文化史也会退化到只会无休止地探寻可供描述的新的文化实践，不管是嘉年华、屠猫、还是关于性无能的审判。③

这样的批评提醒我们，各别的社会文化史论题的意义，并不能独立地自我获得，而只能它们在整体的生活框架中作为其中的一个要素得以体现。比如，由台湾学者率先提出所谓"生命史学"的论题，近些年来之所以获得大陆学者的热烈呼应，在很大程度上缘于其与"直接生活的生产和再生产"的密切关系。这是唯物主义经典理论的应有之义。④ 不过台湾学

---

① ［英］彼得·伯克：《什么是文化史》，第2、67页。
② ［美］罗伯特·达恩顿：《拉莫莱特之吻：有关文化史的思考》，第188—189页。
③ ［美］林·亨特编：《新文化史》，第9页。
④ 尽管在唯物史观经典理论家那里，"直接生活的生产和再生产"的明确内涵只有两项：生活资料的占有与消费；生命的繁衍。但沿此思路追索，在更原始、更纯粹的意义上，"直接生活的生产和再生产"自然内含了"防范肉体的意外灭没或缺损"，或不妨正向表达为求生，即追求"活着"的本能。李泽厚的"人类学历史本体论"之出发点便是"人活着"这一原始现象（李泽厚：《人类学历史本体论》，天津社会科学院出版社2008年版，第4页）。德国的滕尼斯（Tonnies）从社会学的角度更明确地析出"直接生活的生产和再生产"的基本外延。在《共同体与社会》（商务印书馆1999年版，第153页）中，他指出，在人的意志中，存在着天生的对某些事物或某些活动的乐趣，可称为"普通的、动物本能的本性"；这种意志可以"用三重属性来理解：A. 作为一般求生的意志，即肯定促进生命和否定妨碍生命的活动或感觉；B. 作为要求饮食以及与此相关的活动或感觉的意志；C. 作为要求繁衍后代的意志"。在这里，滕尼斯将"求生"在与"饮食以及与此相关的活动"和"繁衍"的对比中，专门提出来，丰富了日常生活史在生命史学方面的基本论题。

者的"生命史学"仅止于"建构一个完整的古典医学研究体系"①，余新忠指出，生命史学不能将其仅视作一个医疗领域，同时更指生命意识和研究理念，包括新文化史思潮；生命史学的核心内容是"直接关注健康并聚焦于健康的医疗史"，但"不仅仅局限于医疗史"②。在新文化史理路中，与生命相关的文化意义的挖掘自然应该成为日常生活史的论题。

新文化史的自我反思是非常有限的。反顾整个史学史脉络不难看出，新文化史原初标新立异的思路，随着一部分人的热捧和影响的扩散，开始自我膨胀，自限门户，趋于狭隘。这从文化史对语言等象征符号的特别青睐中可见一斑。早在 20 世纪 70 年代初，法国一些历史学家就预言："语言学从今以后将成为社会科学的王后。"③ 经过一段时间的拓殖，语言史，"尤其是言语史"渐渐出现了一个新天地。最近几年，"关注符号以及对符号内涵的解释"已经成为"文化史学家的共同基础"④。在此基础上，一些文化史学者在所谓"后现代主义"旗帜下，将语言符号在史学中的地位进一步抬高：

> 在后现代的批判中，语言符号与其所指之事物之间并不一定是一一对应的，符号在使用过程中会脱离原来所指之事物而成为某种意义的象征。语言所构成的意义世界绝非其所处客观世界的镜像，反而是形塑人们感知客观世界的滤镜。简而言之，存在并不一定决定意识，而意识反过来却一定有塑造存在的功效。这就打破了形形色色的决定论，包括马克思主义的经济决定论或年鉴学派的地理环境决定论，只有人类才拥有的语言及其抽象能力被看作塑造人类生存状态的特殊重要的力量，从而成为史学研究的出发点。史学研究也从调查人类社会的客观状态转而找寻文化体系是如何塑造和改变人类生存状态的，也就是说语言是如何通过知识的生产去形塑和改变社会、政治、经济的权力结构的。⑤

---

① 李建民：《生命史学：从医疗看中国历史》，复旦大学出版社 2008 年版，自序。
② 余新忠：《生命史学：医疗史研究的趋向》，《人民日报》2015 年 06 月 03 日。
③ ［法］伊曼纽埃尔·勒鲁瓦·拉迪里：《历史学家的思想和方法》，杨豫等译，上海人民出版社 2002 年版，第 4 页。
④ ［英］彼得·伯克：《什么是文化史》，第 68、3 页。
⑤ 姜进：《总序》，见［美］林·亨特编《新文化史》，第 5 页。

本来，知识（通过语言符号等）形塑和改变日常生活应该是日常史研究的题中应有之义。然而，完全脱离生态环境和社会生活基础等"长时段"因素的日常史研究，不但失去了社会史既已形成的特色，也只能煞有介事地给人们展示生活的海市蜃楼。对此，法国著名日常史学家勒华拉杜里婉转地表示了他的批评：

> 我当然不会低估语言学家所发挥的重大作用，但这毕竟超出了我力所能及的范围。一方面我承认对词语抱有很大的研究兴趣，但另一方面我也必须承认，迄今为止，我个人的纯粹爱好将我引向用更少的时间去对待词语本身，而用更多的时间去关心这些词语所指称的事物，尤其是当这些从档案中反映出来的"事物"至少是以集体的形式表现出来的时候，因为它们具有现实中的基础，不能把这些事情简单地降为人们谈论事情的方式。例如我正在思考的土地所有制问题。①

关键的问题是，语言符号有其"现实中的基础"，在某些特定情况下，这些基础未必是决定性的，但抽开这些基础而侈谈符号的"形塑和改变"，不啻在进行一场语言符号的游戏。伊格尔斯正确地指出，历史叙述"哪怕使用的是紧密地以文学模型为范本的叙述形式，也还是要求勾绘或者重建一种真实的过去更有甚于只是文学想象的那种情况"②。

第三个需要检讨的问题是日常史的视野。

当日常生活史以生息于特定共同体中的普通民众作为自己的考察对象时，共同体—日常经历便以特写的面貌出现在史学叙述中。人类学强烈暗示，历史学应该"尊重过去人们的文化，并乐于通过他们的眼睛来观察世界"③。受此影响，一些社会文化史学者特别注意从当时人、当地人、当事人的角度观察问题，所谓主位观（emics）。④ 应该说，传统史学并不完全缺失这样的视角，中国史料学一直提醒人们注意史料"创造者"的身份、史料产生的环境，但是，史学家始终"像法官"，"根据广泛搜集的证据以

---

① ［法］伊曼纽埃尔·勒鲁瓦·拉迪里：《历史学家的思想和方法》，第4页。
② ［英］伊格尔斯：《二十世纪的历史学》，第153页。
③ ［英］约翰·托什：《史学导论》，第251页。
④ ［美］马文·哈里斯：《文化人类学》，李培茱等译，东方出版社1988年版，第16页。

下考证的结论"①。也就是说，历史的参与者仅仅是被拷问的对象，永远成不了历史的主角。而人类学强调的是，研究者应该首先尊重"知识创造者"，与其保持在一定历史时空内的视角一致性，从而重视他们的看法，并检视这种看法的存在理由和历史合理性。这样的迁就丝毫不妨碍史家的客位判断（etics），在人类学看来，观察者并不是一味地以"主位观"为绝对真理，而是认为，从主位和客位"两种角度都可以做出科学、客观的评价"②。如此看来，人类学并没有放弃研究者的裁量，它与传统史学所不同的，是更加重视在裁量中的被裁量者的权利。注意及此，历史没有理由放弃富有特色的法官角色，而且，由于注意了"知识创造者"的主位观而获得了更多的认识过往的维度，正是这些维度的进入以及与旧维度的融通，更新了传统史学，产生了整体的社会史。③

在人类学的影响下，一些历史学者将目光投向日常生活领域，专注于普遍民众的日常事件，因为那是主位观的所在。然而客位观之获得，却不能止步于此，而只有进入宏阔的社会结构之中。唯其如此，微观写作才能体现普遍价值，从而触及人类生活的普遍意义。所谓"以小见大"之"大"，意味着日常史书写必须具备整体的社会结构视野。

然而，一部分社会文化史学者因为太过强调日常生活维度的"专门"性，结果出现了所谓的"碎片化"现象：

> 最古老的观点认为社会史是关于生活方式、闲暇状况和一系列社会活动的历史，这种历史所包含的内容不受政治制度、经济制度、军事制度和另一些制度的支配，因为这类制度是各种专门史所要研究的内容。这是把社会史视为政治活动、经济活动、军事活动以外的社会活动所构成的历史。伴随着这种观点而来的一个问题是，那些研究妇女、家庭、闲暇状况和教育的历史学家缩小了自己的研究范围，并把自己所研究的领域发展为一些专门的学科。

在这里，日常史力图摆脱"制度的支配"，而自绝于"政治活动、经济活

---

① 杜维运：《史学方法论》，北京大学出版社 2006 年版，第 119 页。
② ［美］马文·哈里斯：《文化人类学》，第 16 页。
③ 参见小田《人类学方法在地域社会史研究中的应用》，《史学理论研究》2008 年第 3 期。

动和军事活动"，缩小"自己的研究范围"，自划"专门的学科"牢笼，一句话，"由于把政治、经济等各种观念排斥在研究的范围之外，结果使自身变得琐碎而浅薄"①。法国学者多斯（Dosse）也注意到，第三代年鉴学派与其第一代前辈出现了一定程度的断裂，最重要的断裂表现是对历史知识的解构，对整体观念的放弃，如今的历史"被分解成一摊碎屑"②。

　　历史的否定注定要走过这一段：不向特定的日常史维度倾斜，无以区别于传统史学；与传统史学维度的过分离异又导致了史学的碎片化，而碎片的整理则最终有赖于日常史维度与传统史学维度的关联。纵观这一否定之否定过程，不难发现，其目标指向非常明确，那就是整体性：前一个否定为了构建整体性，后一个否定为了完善整体性。多斯对第三代年鉴学派的批评并非完全公平，因为在这一学派的内部，看法也是异质的。"被视为第三代年鉴学派的核心人物"的雅克·勒高夫一直强调整体社会史与宏观社会结构的关联，将社会史称之为"一种总体的历史"③。按照这样的路数，历史的碎片将被摒弃。近些年来，国际社会史学界"立志提供一种社会结构史"代表的也是这种努力：

　　　　"社会结构"的概念是一种使用起来方便、内涵模糊的社会学抽象，它被许多理论表象所掩盖。但它的本质是指社会中许多不同集团间的社会关系的总和。在马克思主义思想的影响下，阶级受到了最多的关注，但它绝非是唯一要考察的集团；还存在着年龄、性别、种族和职业的横向联系。④

　　如果不把社会结构作过分学科化（社会学）的理解，那么，这种意义上的社会史，正是我们所需要的：重视要素整合的结构，而非斤斤于散落的要素；而且，这些要素从时空、主体、史观到方法都属于历史学。

　　总之，日常生活史应当体现整体的学术视野。自20世纪70年代以来，

---

　　① ［英］J. 布雷维里：《何谓社会史》，肖朗译，蔡少卿主编：《再现过去：社会史的理论视野》，浙江人民出版社1988年版，第145页。
　　② ［法］弗朗索瓦·多斯：《碎片化的历史学——从〈年鉴〉到"新史学"》，马胜利译，北京大学出版社2008年版，第234页。
　　③ ［法］雅克·勒高夫：《新史学》，见［法］J. 勒高夫等主编《新史学》，第19页。
　　④ ［英］约翰·托什：《史学导论》，第114页。

西方日常生活史学"似乎都受到一个法则的制约，即把学术思想的收获缩小为一种特定的研究方法。其中有一个大问题，就是分析社区与外部世界关系"①。德国史家科卡提醒说，将众多"小人物"的观察史与经历史的方法绝对化的做法是不对的，"因为历史不仅仅是人们观察与经历到的事物。要对历史作整体性的了解与再造，只对过去的观察与经历（注释学的理解式）的描写是不够的"。他举例说，一个研究德国乡村反犹主义思潮的历史学家，如果仅限于再现那些身负重债、走投无路、承受着（常是犹太人的）债主与牲口贩子逼迫、因此有充分理由怀有反犹情绪的上黑森地区的农民的主观经历，那将是十分糟糕的：其后果将是对当时平民百姓的现实经历与偏见进行"完全不充分的重复性解释"。因此，一个历史学家虽然必须认真对待当事人的经历与态度，但他同时又必须联系当事人本身的（当事者不了解或不完全了解的）背景来理解。只有这样，他才能正确理解那些农民，认识历史真相。概言之，体现整体性的社会史应该两者兼备："它既是结构史又是经历史。只有通过两者的结合，它才能得到完全的的实现。"② 对此，主流日常生活史家的立场是非常明确的："没有任何理由说，一部研究广阔的社会转型的史学著作和一部把注意力集中在个体生存上的史学著作就不能共存并且互相补充。历史学家的任务应该是探索历史经验在这两个层次之间的联系。"③ 这样的两个层次在具体的历史写作中可能有更为具体而丰富的表达，如社会结构与个体经历、地方社会与外部世界、微观生活与宏观制度、大传统与小传统，等等。应该说，这样的视角对日常生活史的写作非常有益，只是还需要在实际的写作中加以体现。

第四个需要检讨的问题是日常史的旨趣。

在目标指向上，达恩顿直接将新文化史界定为"诠释性的科学"，以为文化史的目标在于"寻求意义"——当时人"所铭记的意义"④。不只是屠猫，事实上，达恩顿的文化史有着一以贯之的旨趣。他试图陈明的，"不只是人们想些什么，而且包括他们怎么思考——也就是他们如何阐明

---

　　①　［英］彼得·伯克：《什么是文化史》，第53页。

　　②　［德］于尔根·科卡：《社会史：理论与实践》，第81—87页。据该书第81页：德国乡村（如在上黑森地区）的反犹主义思潮活跃于19世纪80年代，而1890年以后就消失了。

　　③　［英］伊格尔斯：《二十世纪的历史学》，第119页。

　　④　［美］罗伯特·达恩顿：《屠猫记：法国文化史钩沉》，"序"第3—4页。

这个世界，赋予意义，并且注入感情"。这与阐释人类学已经非常相似了。在此意义上，达恩顿将自己视为"民族志历史学家"，主要的工作就是研究"寻常人如何理解这个世界"，陈明他们"如何在心智上组织现实并且将之表现在行动中"。他得出的结论，简单地说就是，寻常人思考问题"不是根据逻辑命题，而是根据事物，或是他们自己的文化中唾手可得的任何其他事物，比如故事或仪式"①。于是，文化史的中心任务变成了破解含义，而不是因果解释，正如格尔兹将破解含义认作人类学的中心任务一样。② 这样史学与人类学的目标指向开始趋同。深受人类学影响的英国史家娜塔莉·戴维斯（Natalie Zemom Davis）发现，人类学能帮助历史学家深刻感受人类经验的丰富性和多样性。③ 客观地说，人类生活方式的差异性揭示也应该成为历史学家的重要目标，或者也可以说，作为史学研究基本目标的因果解释首先应该立足于特殊生活方式，然后才可能进行一般的因果解释。

然而，一部分日常史家（主要是文化史领域）却将历史的因果解释完全抛到一边，因而招致西方史学史学者的批评。这些批评主要集中在：一方面因为迷恋人类学的阐释，在某种程度上使历史研究陷入了不可知论的困境。作为人类学阐释学派的创始人，④ 格尔兹认为，"人类学写作本身就是阐释"，而且是第二层和第三层的阐释；第一层的阐释只有"当地人"才能做出，因为这是他的文化。直接地说，人类学著述就是小说；说它们是小说，意思是说它们是"虚构的事情"⑤。按照这种思路走下去的日常史几乎"就成为在重现过往的同时重新想象过往的一种尝试"⑥。由此，"冷静的分析是被一种难以言传的顿悟所取而代之"，而在史学史学者伊格尔斯看来，格尔兹的"深描"知识论包含着一种无法解决的矛盾：

（"深描"）把它的研究题材看做与观察者全然不同。它正确地警

---

① ［美］罗伯特·达恩顿：《屠猫记：法国文化史钩沉》，"序"第1—2页。
② ［美］林·亨特编：《新文化史》，第11页。
③ ［美］林·亨特编：《新文化史》，第51页。
④ 王铭铭：《"格尔兹文化论丛"译序》，见［美］克利福德·格尔兹《文化的解释》，"译序"第11页。
⑤ ［美］克利福德·格尔兹：《文化的解释》，第17—18页。
⑥ ［美］林·亨特编：《新文化史》，第73页。

告说，不要把观察者的思想范畴投射到被观察者的身上。重笔濡染的描述，应该使得"另一个人"以他的或她的"另一个人的性质"呈现于观察者之前。这就赋予了观察者的主体的一种"客观性"的成分，并使之呈现为一个被嵌入现实之中的客体。而另一方面，这种人类学的研究路数也就是在向世界的客观性挑战。它把别人看做是需要加以阅读的文本，非常之像是阅读一篇文学的文本那样。然而，一个文本可以用各种各样的方式来阅读。这种研究路数的逻辑后果，将会是取消了事实与虚构之间的界限。①

失去了对历史客观性追求的历史似乎就没有存在的必要了，也就是说，历史学的专业目标已经被人类学的旗帜基本遮蔽了。

另一方面因为迷恋人类学的"美学和谐结构"，忽视了历史变迁。功能主义为现代人类学奠定了理论和方法的基础，在 20 世纪 50 年代盛行期"被尊为人类学研究的唯一科学方法"。该学派重视文化的共时性研究，将文化看成一个整合的体系，在此体系中，文化的每一要素都扮演着特定的角色，发挥着一定的功能。功能主义人类学对结构的重视，使其背负了非历史主义的冤名，长达半个世纪之久。事实上，功能主义祖师爷马林诺夫斯基（B. Malinowski，又译马凌诺斯基）明确指出："科学的"人类学"在任何意义上都不排斥或否认进化或历史研究的有效性"，因为这样的研究可以给功能分析"提供一个科学的基础"。马氏弟子普里查德认为，该著代表了老师"最成熟的见解"②。另外一位弟子费孝通，他的态度更明确："所有文化都必须是积累的，没有积累，没有超越生死、时空的这种积累，文化就不可能存在……看文化，必须历史地看，只有在历史中，文化才显示出其真实的意义。"③

需要特别指出的是，作为功能主义的一代传人，费孝通尤其关注社会变迁。走进费孝通的学术世界，可以真切地看到，以 1938 年《江村经济》的问世为里程碑，功能派人类学已经将生活方式的变迁作为重要

---

① ［英］伊格尔斯：《二十世纪的历史学》，第 134 页。
② ［英］马凌诺斯基：《科学的文化理论》，黄剑波等译，中央民族大学出版社 1999 年版，第 57、16—17 页。
③ 费孝通：《费孝通在 2003：世纪学人遗稿》，中国社会科学出版社 2005 年版，第 101—102 页。

议题纳入研究范围。马林诺夫斯基早在 20 世纪 30 年代末 40 年代初对此已经有过一些初步思考，费孝通的社会变迁研究几乎贯穿了他的整个学术生涯，其间所包含的历史观，包括对历史意识的否定之否定，与此前人类学和史学的异同，历史的日常生活形态，重构社会史的思路与方法，等等，在在特色鲜明，粲然可观。然而，这一切却如明珠暗藏，鲜为人知，只有一些中国历史学者零星地引用其田野工作文本，[①] 或者借用其"差序格局""文化自觉"等概念理解各自学科的问题。[②] 至于西方人类学者，他们出现了选择性失忆：只记得马林诺夫斯基的文化论，而不记得费孝通的变迁论；只记得西太平洋的特罗布里恩德群岛（Trobriands），而不记得东太湖的开弦弓；只记得早期功能主义的马林－布朗时代，而不记得筑起功能主义新碑的费孝通时代。总之，他们只认识西方变化历程，不了解中国发展道路；只认同西方理论，不承认中国话语。质言之，这就是话语霸权。因此，重视功能主义中国学派的社会变迁理论，可以为社会史的理论建树提供思路。

事实上，人类学的负面影响还不止这些。对此，伊格尔斯曾经有过简单的概括：日常生活史学者大多关注前工业世界，或者是从前工业世界向工业化早期过渡的地方，这些地方相对而言大都是"自我封闭的和自足自给的，哪怕它们不能完全逃避国家行政的和市场的冲击"；因为着意于相对稳定的文化，他们就未能研究以迅速变化为其标志的近代和当代世界；因为太过专注于微观历史，他们就把历史学归结为对轶闻逸事的发思古之幽情，或者说，将以往的文化浪漫化了。[③] 这些批评未尽完全精准，但大体不离。

---

①　如樊树志在《江南市镇：传统的变革》（复旦大学出版社 2005 年版，第 427—428 页）中涉及费孝通对民间信仰的考察，小田在《江南乡镇社会的近代转型》（中国商业出版社 1997 年版，第 190 页）中涉及费孝通在开弦弓调查过的"航船制度"，冯贤亮著《太湖平原的环境刻画与城乡变迁（1368—1912）》（上海人民出版社 2008 年版）和吴宏岐、郝红暖的《费孝通城乡社会研究的历史地理学视野》（《陕西师范大学学报》2010 年第 4 期），则从"历史地理学视野"采集了费孝通著作中的资料。

②　如，刘悦笛《儒家政治哲学当中的"情之本体"——从费孝通的"差序格局"谈起》（《中国文化研究》2010 年冬之卷），乐黛云《中国传统文化的一些特点及其对世界可能的贡献》（《浙江大学学报》2007 年第 4 期），刘瑜《从费孝通的乡土理论看〈白鹿原〉的乡土特性》（《贵州社会科学》2005 年第 9 期）和苏力《费孝通、儒家文化和文化自觉》（《开放时代》2007 年第 4 期）等。

③　［英］伊格尔斯：《二十世纪的历史学》，第 129—131 页。

二 近世以来江南乡村史研究及其检讨

本研究定位所沿循的第二条路径是，在近世以来江南乡村史研究领域延展。以选题划分，既往研究择其大端约有：

1. 以市镇为中心的乡村经济社会考察

部分地源于对明清资本主义萌芽问题的讨论，傅衣凌等经济史家从20世纪60年代就开始关注宋元以降江南市镇的勃兴及其新质经济因子，承此之绪，刘石吉、樊树志、王家范、包伟民、范金民、王振忠、小田、陈忠平、张海英、陈学文、陈国灿等学者，将市镇置于乡村市场经济体系和社会结构中，以揭示乡村经济社会发展的特色。根据任放的不完全统计，在江南市镇研究最繁盛的1980—1999年间，国内学者发表的有关明清市镇经济的论文共约690篇，其中，有关江南市镇研究的论文约240多篇，占35%。[①] "由于历史和现实的多重因素，江南市镇依然是明清市镇经济研究领域的热门话题。"[②]

2. 以小农经济为焦点的农家经济结构分析

这里首先涉及对一个相关理论问题的热烈讨论。即所谓"过密化"理论。这一理论由美国学者黄宗智于20世纪90年代初提出。他认为，"中国社会、经济史研究正处于一场规范认识的危机之中"，中西方学术界概莫能外，且"出人意料地""相似"：中国史学界的主导模式是封建主义，即与进步的近代资本主义相对立的停滞的旧中国，它"源自马克思的古典理论"，具体地说就是斯大林"五种生产方式"的公式，重点研究封建阶级关系；主导西方史学界的是"传统"中国与"近代"中国对立模式，研究的重点是传统制度与意识形态，在社会、经济领域则强调人口对停滞经济的压力，其理论渊源"先是马尔萨斯，后是亚当·斯密"。尽管中西方的学术研究有着种种不同，却导致了"一个规范认识"，即两个学术派别均把停滞与前商品化经济相联系，把近代化等同于商品化：

　　　　商品化会导致近代化的构想是贯穿"封建主义论"与"资本主义

---

① 相关论文的篇目，在任放《明清长江中游市镇经济研究》（武汉大学出版社2003年版）第一章《明清市镇经济研究的回顾及相关问题》（第1—43页）中有比较详细的列举，兹不赘。

② 任放：《明清长江中游市镇经济研究》，第6页。

萌芽论"模式、"传统中国论"与"近代早期中国论"模式的规范信念的一个例证。它贯穿了大洋两岸学术界的两代人，也贯穿了斯密理论与马克思主义理论。①

经过多年的思考，20 世纪 90 年代黄宗智觉得他"清楚地看到了历史的悖论现象，向以往两代学术和两种理论共享的不言自明的规范信念提出了挑战"，著名的"过密化"（involution）理论由此而生：

> 过密化，即以单位劳动日边际报酬递减为代价换取单位面积劳动力投入的增加。长江三角洲的过密化主要通过扩大经济作物经营的形式进行，尤其是植棉与帛纺织手工业。棉花经济增加了劳动力的投入，比起单一粮食作物来增加了单位土地面积的产值，然而单位工作日的收益却是下降的。这是一种应付人口压力下的维持生计的策略，而非为了追求最高利润的资本主义式的策略。它不会带来资本积累。这样的主要由人口压力推动的过密型的商品化，必须区分于推动近代发展的质变性的商品化。

在这里，黄宗智特别指出：

> 过密型商品化可能通过充分地利用家庭劳动力而带来较高的家庭收入。它甚至可能通过每个劳动力每年工作更多天数而带来每个劳动力较高的年收入。但是这并不意味着单位工作日生产率和收益的发展，后者通常唯有通过劳动组织的改良、技术的进步、或更多的单位劳动力资本投入才可能实现。换句话说，过密化解释了没有发展的增长这一悖论现象。②

黄宗智的学生程洪专注于民国时期长江三角洲地区的乡村商行，从另一侧面——商业资本的角度证明了资本主义在近代江南乡村难以发展的事实，并得出结论："乡村商业资本不是近代资本主义体系的一个有机组成

---

① ［美］黄宗智：《长江三角洲小农家庭与乡村发展》，中华书局 2000 年版，第 420 页。
② ［美］黄宗智：《长江三角洲小农家庭与乡村发展》，第 427 页。

部分，也不等同于封建地主制和高利贷。商业资本的独特的双重性是时代的产物，并影响到长江三角洲乡村近代化的进程。"①

此后，许多学者通过具体的考察对黄宗智的"过密化"理论提出了质疑。张佩国在对近代江南农家生计的研究中指出，"妇女劳动力的较多使用是否就是农业密集化的表现形式，还值得进一步讨论"。在他看来，在贫困农家普遍兼业的情况下，使用妇女、儿童劳动力恰恰是农业生产中劳动力投入减少的标志。对于经营工商业的富裕农户来说，土地耕作甚或已成了他们的副业，妇女、儿童劳动力投入农业生产中，可以缓冲工商业经营的风险。在这两类农户中，农业生产的"过密化"恐怕是不存在的。特别是在地近城市的郊区农村，商品化程度较高，农户农业外的就业机会多，农业生产中的劳动力投入相对减少，如"土改"前上海近郊的杨思区沈家宅村，男子从工从商者为多，妇女成为生产上的主要劳动力，在被调查的 37 个农业劳动力中，妇女 32 人，男的只有 5 人。看来，商品化导致"过密化"的观点是不成立的。②

柳平生和葛金芳试图对"过密化"理论做出修正，认为，近代农业经济存在"过密化"现象的条件是小农劳动的边际收益小于边际成本（MR < MC），而不是如黄宗智所说的"劳力边际产量开始递减之后"，他们比较了江南小农种植一季一亩水稻转向一季一亩棉花所造成的成本与收益的变动。统计资料的验证表明，多数年份中植棉收益不如种稻，而劳动耗费却更多，证明"过密化"现象在近代农村经济中普遍存在。市场化条件下的工业化和城市化是过密化进程得以延缓、中止并最终逆转的根本途径。③

在江南农家经济结构中，手工业是十分关键性的要素，关于这一方面的探讨非常多。近十年来彭南生集中关注过乡村手工业。他认为：

> 乡村手工业在不同地区、不同行业表现出了不同意义，不能等量齐观，把乡村手工业笼统看作农村副业的观点也不符合近代乡村工业的实际状况。因此，进一步研究近代乡村手工业的问题在于：哪些地

① 程洪：《资本主义与长江三角洲的乡村市场（1920—1940）》，王晴佳、陈兼主编：《中西历史论辩集——留美历史学者学术文汇》，学林出版社 1992 年版，第 54 页。
② 张佩国：《近代江南农家生计与家庭再生产》，《中国农史》2002 年第 3 期。
③ 柳平生、葛金芳：《近代江南农村"过密化"问题的微观分析和统计验证》，《浙江学刊》2011 年第 5 期。

区、哪些行业存在着不同于传统副业的乡村手工业。①

彭南生注意到，关于近代中国乡村手工业，许多著名学者已经进行过相当多的研究，比如，方显廷、严中平、汪敬虞、陈诗启、丛翰香、黄宗智、段本洛、戴鞍钢、王翔、马俊亚等，② 彭南生充分肯定了这些成果，"从总体上看，这种认识并不错"，但由于关注焦点的不同，一些总体认识或者"掩盖了某些例外，掩盖了乡村手工业某种程度的发展，这种发展恰恰显示了乡村手工业的进步趋势"，或者"对乡村手工业缺乏具体入微的探讨"。"为了弥补工业化史学者这种有意无意的忽视"，彭南生特意将一部分进步的乡村工业从近代乡村手工业经济中剥离出来，名之曰"半工业化"，它包括以下内涵：

> 在工业化的背景下，以市场为导向的、技术进步的、分工明确的乡村手工业的发展，从微观上看，单个农民家庭手工业或手工业作坊延续了明清以来乡村手工业的发展势头，从中观层次上看，区域性的乡村手工业有明显的发展，这是我们分析的着眼点，但在宏观上，我们并不认为整个近代中国农村手工业都出现了半工业化现象。③

彭南生重点关注的"包买主制下的依附经营"与近代江南乡民日常生计在研究对象上有许多一致性。

---

① 彭南生：《半工业化——近代中国乡村手工业的发展与社会变迁》，中华书局2007年版，第131页。

② 分别参见方显廷编《中国经济研究》，商务印书馆1938年版；严中平《中国棉纺织史稿（1928—1937）》，科学出版社1955年版；汪敬虞《中国近代手工业及其在中国资本主义产生中的地位》，《中国经济史研究》1988年第1期；陈诗启《甲午战前中国农村手工棉纺织业的变化和资本主义生产的成长》，《历史研究》1959年第2期；丛翰香主编《近代冀鲁豫农村》，中国社会科学出版社1995年版；黄宗智《华北的小农经济与社会变迁》，中华书局2000年版；黄宗智《长江三角洲小农家庭与乡村发展》，中华书局2000年版；段本洛、张圻福《苏州手工业史》，江苏古籍出版社1986年版；戴鞍钢《中国资本主义发展道路再考察——以棉纺织业为中心》，《复旦学报》2001年第5期；张忠民《近代上海农村地方工业的演变及其趋向》，《上海社会科学院学术季刊》1994年第2期；王翔《近代中国传统丝绸业转型研究》，南开大学出版社2005年版；马俊亚《工业化与土布业：江苏近代农家经济结构的地区性演变》，见范金民、胡阿祥主编《江南地域文化的历史演进文集》，生活·读书·新知三联书店2013年版；马俊亚《混合与发展：江南地区传统社会经济的现代演变（1900—1950）》，社会科学文献出版社2003年版，等。

③ 彭南生：《半工业化——近代中国乡村手工业的发展与社会变迁》，第131—132页。

　　戴鞍钢曾有系列论文关注近代上海与周边乡村的关系。他指出，晚清上海周边农村的社会变动明显，这在很大程度上是受近代上海城市经济的促动。正是依托城市的上海，周围农村旧有经济结构、思想观念、生活习俗和行为规范的束缚逐渐被打破，也为其农业、手工业等传统经济模式的转型提供了契机、可能和较平衡的途径，从而推动了这一地区的社会近代化进程。它从一个侧面较为生动地显示，与外部世界相联结的近代都市经济和文明，是引导中国农村推陈出新，逐渐走出中世纪的主要助力；而农村的这种变革，则有助于近代城市的进一步发展。两者的互动关系，大可探究。①

　　3. 近代江南农事节律

　　小田②和王加华就此展开过讨论。王加华指出，乡村戏剧、社会交往及赌博是近代江南乡村地区几种比较重要的娱乐活动，但细究之下，这些活动并非在一年之中的每一个时段都会均匀地进行，而总是会伴随着农事活动的开展显示出一定的周期性，即通常集中在农闲时期进行，一入农忙就很少发生。这实际上反映出一种社会节奏与自然节律间相契合的关系。③在另一篇论文中，王加华根据现代生活时间的分类指出，在乡村，农事时间安排更是在整个乡村年度时间生活中占据主导地位。在具体安排与组合过程中，除生活必需时间及家务劳动时间因具刚性、每日性等特点而较为特殊外，其他社会活动时间安排，均以农事时间为核心展开进行，分别依其在整个社会生活中的意义之不同而依次镶嵌于年度时间线条之上，并表现出非连续性、相对集中性、稳定性及循环往复性等特点。不过在实际社会生活中，这一结构原则会受性别、经济发展状况、行政力量、活动空间等多用因素的制约与影响。④

------

　　①　戴鞍钢：《晚清上海农村社会的变动》，《探索与争鸣》2002 年第 10 期；戴鞍钢的其他相关论文主要有：《近代上海与周围农村》，《史学月刊》1994 年第 2 期；《租界与晚清上海农村》，《学术刊刊》2002 年第 5 期；《近代外来文明的地方性回应——以上海城乡为中心》，见梅新林、王嘉良《江南文化与中国社会研究专辑》，学苑出版社 2010 年版；《近代江南农副业的嬗变——基于地方志等文献的考察》，见唐力行主编《江南社会历史评论》第 7 期，商务印书馆 2015 年版。

　　②　参见小田《休闲生活节律与乡土社会本色》，《史学月刊》2002 年第 10 期。

　　③　王加华：《社会节奏与自然节律的契合——近代江南地区的农事活动与乡村娱乐》，《史学月刊》2006 年第 3 期。

　　④　王加华：《传统中国乡村民众时间生活的类型划分及其结构关系——以江南地区为中心的研究》，《民俗研究》2013 年第 2 期。

4. 近世以来江南村妇生活

在近代江南乡村史的讨论中，村妇生活受到学术界的特别关注。

近代中国村妇生活在当时就被一些学者视作社会问题加以关注，主要涉及村妇的特性、婚姻、职业、教育、卫生、休闲和社会地位等方面。[①]从学科分类上说，那应该是社会工作的一部分。五四新文化运动以来，一些主张和从事妇女解放运动的新文化健将，如陈独秀、李大钊、恽代英、向警予、陈望道、胡适、鲁迅、李达、毛泽东等，撰写了一大批有关妇女问题的论著。其后 20 年中，"中国妇女史研究出现了第一个高潮"。一些著名学者纷纷参与讨论，对中国妇女史的研究起了"开创性的作用"[②]。中华人民共和国成立后 50 年间，近代江南村妇生活作为近代整体中国村妇生活的地域案例受到重视。如郑永福等的《近代中国妇女生活》，从农村妇女的家庭生活、岁时风俗与交游、农业生产活动、家庭手工业的地位等方面，论述了近代农村妇女生活的变化。书中尝试对农妇的生产劳动量在农业生产总量中所占比例进行定量分析。[③]罗苏文运用社会学方法，选择华北定县与江苏的江村（吴江开弦弓村），对南北农妇的生活环境、两性在生产中的分工、女性的家庭地位等进行了对比分析，还对华北、华中东部、华南等不同地区农妇在家庭及生产中的角色与地位进行了对比研究。[④]总体的研究现状，据郑永福等的判断，"还处于初级阶段"：

> 对近代中国妇女生活的研究，相对妇女运动研究来说明显滞后。同时，由于中国地域辽阔、民族众多，各地区各民族妇女的社会、家庭地位与生活习俗差别较大，甚至迥然不同。中国传统思想观念、礼

① 鸿鹰：《乡村妇女的特性》，《现代妇女》1944 年第 3 卷第 2、3 期；金文观：《谈谈乡村妇女的卫生问题》，《锄声》1935 年第 1 卷第 7 期；霞飞：《救济农村妇女之我见》，《新东方》1940 年第 1 卷第 2 期；宝珊：《乡村妇女与建设》，《新建设》1935 年第 3 卷第 4 期；邱盛铎：《被忽视的农村妇女问题》，《妇女共鸣》1938 年第 8 卷第 3、4 期；金秀：《中国农村妇女生活》，《妇女生活》1936 年第 3 卷第 6 期；石敬一：《农村妇婴卫生问题及刍议》，《新妇女月刊》1941 年第 1 卷第 6 期；谊：《农村妇女问题》，《妇女共鸣》1935 年第 4 卷第 1 期；林缵春：《中国农村妇女问题》，《农声汇刊》1934 年第 1 期。

② 郑永福、吕美颐：《妇女史》，曾业英主编：《五十年来的中国近代史研究》，上海书店出版社 2000 年版，第 382 页。

③ 郑永福等：《近代中国妇女生活》，河南人民出版社 1993 年版，第 320—337 页。

④ 郑永福、罗苏文等：《女性与中国近代社会》，上海人民出版社 1996 年版，第 205—228 页。

法在由中心到边缘的发散中，对各阶层各地域妇女产生的影响有很大差异；而近代新思潮、新观念在由沿海或中心城市向内地和农村的逐渐扩散中，也存在不平衡性。我们在妇女史研究中考虑这些因素还很不够，因此，对处于不同时代、地域、阶层、民族的妇女进行具体分析，是提高中国近代妇女史研究水平的重要环节之一。[1]

最近十多年来，近代江南村妇生活的研究得到部分改善，主要的研究集中于以下一些论题。论题之一：从"夫妇并作"到"男耕女织"的演变。李伯重的讨论[2]从对一个常识性的"男耕女织"命题的质疑开始。早在1981年，经济史学者吴承明就精辟地指出："男耕女织"是农民家庭内的自然分工，但是这一分工并非在所有时期和所有地方都存在，而且这一分工所代表的农业与家庭手工业的结合，也不是一成不变的。他进而指出：在传统中国社会中，只有在农村棉纺织业发达的地区，"男耕女织"才得到加强。[3] 以此为由头，李伯重获得一个基本认识：

> "男耕女织"这种农家男女劳动安排的方式是有条件的，绝非放之四海而皆准的普遍模式和万古不变的固定模式。不仅如此，我们还要进一步指出："男耕女织"也不是近代以前中国农家劳动安排的惟一方式。除了这种模式之外，还有其他的许多模式。因此，对于一直盛行于史坛的"男耕女织"是近代以前中国农家劳动安排的支配性模式之说，尚需重新进行检讨。

在具体检讨之后，他勾勒出从"夫妇并作"到"男耕女织"的历史过程：

> 大体而言，在明代后期以前，以"夫妇并作"为代表的男女同工模式仍然占有重要的地位。一直要到了清代中期，以"男耕女织"为典型

---

[1]　郑永福、吕美颐：《妇女史》，曾业英主编：《五十年来的中国近代史研究》，上海书店出版社2000年版，第427页。

[2]　李伯重对村妇劳作问题进行了充分关注。尽管其关注的重点时段在近代以前（19世纪50年代以前），但他常常以晚清—民国的例证进行反推，结论也自然地延伸至近代，从而与我们的论题颇多交集。

[3]　参见吴承明《论男耕女织》，《中国社会经济史论丛》1981年第1辑。

形式的男女劳动分工，才真正得到充分的发展。因此，"男耕女织"之成为江南农家男女劳动安排的支配性模式，应当是清代中期的事。

对于"男耕女织"，李伯重认为，这是近代以前江南农家劳动安排的最佳模式：

> 因为在这种"男耕女织"的分工模式下农民家庭的劳动生产率可以得到最大程度的发挥，所以这种模式最终变成了江南农家劳动安排上的支配性模式，并有力地促进了江南经济的发展。不仅如此，即使外部条件发生了很大变化，只要此合理性还存在，这种模式仍然可以生存下去。这一点，最明显地表现在 1850 年以后的江南……更加合理的解释应当是：在 19 世纪中期以后的近一个世纪中，与其他可选择的劳动安排模式相比较，"男耕女织"的模式仍然还具有相对的优越性。当然，在这个世纪中，这种优越性正在不断地丧失，并因此而导致了农村危机的日益加剧。但是在它还没有彻底丧失之前，以它为依据的农民家庭经济形式也就还能顽强地生存下来。①

关于男女分工问题，王加华就具体过程专门进行了展开和探讨：

> 基于农事周期的考虑，近代江南农村男女劳动力呈现出一种季节性分工与协作的模式：农忙期间，大田劳作主要由男子承担，女子只是间或参加一些大田劳作；农闲期间的手工业生产则主要是女子承担，男子则又处于一种相对次要的地位。最终，一年之中，男女劳动力投入呈耦合态势，一者上升，另一者则下降，从而共同维持着家庭经济的正常运转。②

论题之二，村妇的半边天角色。这一讨论同样是从一个常识性命题开始的，即中国语汇中流行的"半边天"一语。李伯重说，从现实的状况

---

① 李伯重：《多视角看江南经济史（1250—1850）》，生活·读书·新知三联书店 2003 年版，第 273、288、313—314 页。
② 王加华：《分工与耦合——近代江南农村男女劳动力的季节性分工与协作》，《江苏社会科学》2005 年第 2 期。

看，即使到今天，这仍然还是一个需要努力去争取实现的理想目标。然而，正如任何事物都会有例外一样，尽管"妇女能撑半边天"通常只不过是一句并无实际意义的空话，但是我们也不能排除在某些时候和地点，在某种条件之下，妇女确实有可能在社会生产中起到"支撑半边天"的作用。分析表明，在清代江南乡村的社会生产中，农家妇女的劳动生产率并不如许多学者所认为的那样非常低下，相反，由于她们在纺织业中的劳动生产率相当高，所以她们在社会生产中确实起到了"半边天"的作用。①

　　论题之三，村妇劳作与家庭地位的关系。张佩国同意李伯重所谓的村妇在家庭再生产过程中的"半边天角色"，但他注意到，"尽管妇女的劳动对农家生活是举足轻重的，然而妇女在家中的权利与此却是不相称的"②。由此他一步追问：农家妇女在家庭生计中的心态变化和社会又当如何？农家妇女的社会身份、家庭角色、财产观念的研究，对理解农家生计是必不可少的环节。王仲指出，近代江南妇女们的养蚕和棉纺收入为家庭完赋纳税做出很大贡献，甚至还有些使家庭致富。因此，江南妇女经济上的自立使她们的社会地位也大有改观，在风俗上的反映表现在妇女们服饰上敢于追求新鲜；女孩出嫁时，家中父兄多索要彩礼，以补偿女子出嫁后的经济损失。另外妇女们也敢于参加集体活动，参加庙会和冶游。③ 张佩国认为，"单靠地方志资料根本无法回答这一问题，而民俗学和人类学家所留给我们的资料乃至方法则足以胜任"④；时下流行的所谓"女权主义"妇女史"对于正确理解妇女在家庭生计中的作用恐无积极意义"。他以为，"从妇女切入历史，或从历史场境中认识妇女，应强调女性社会角色在历史时空坐标中的位置，以纠一般史学'性别歧视'之偏，似为正道"⑤。鉴于此，张佩国利用民间歌谣等另类资料，展示了对于农家妇女的家庭角色的"除经济因素之外的社会伦理评价"，以"说明农家妇女纺花织布对于家庭生计的重要性"。这样的重要性随着近代棉纺织业的衰败，发生了重大变化，"直接改变了农家妇女的生存空间……引起了劳动力资源的社会性别冲

---

　　① 李伯重：《多视角看江南经济史（1250—1850）》，生活·读书·新知三联书店 2003 年版，第 296、310 页。
　　② 张佩国：《近代江南乡村妇女的"财产权"》，《史学月刊》2002 年第 1 期。
　　③ 王仲：《明清江南农业劳动中妇女的角色、地位》，《中国农史》1995 年第 4 期。
　　④ 张佩国：《近代江南农家生计与家庭再生产》，《中国农史》2002 年第 3 期。
　　⑤ 张佩国：《近代江南乡村妇女的"财产权"》，《史学月刊》2002 年第 1 期。

突"。在江南农村更为普遍的蚕桑业中，从民间歌谣可知，村妇的劳作技艺甚至会影响"新媳妇的身份地位"和"娘家的声誉"；至民国年间，在一些近代缫丝业工厂工作的村妇，如费孝通所考察过的吴江县开弦弓村，"妇女在家庭中的地位""自然提高了"，但张佩国指出，"在当时的社会历史场境中，农家妇女要想获得自己的独立经济自主权和社会身份，仍然是相当困难的事情。至于未出嫁的女儿，在家庭中的经济贡献与其地位也是不相一致的……从财产分配的经济预期来看，女孩子养蚕为家庭创造的经济收益并不能为她提供获得家产继承权的资格"①。

陈晓燕的研究表明，至 20 世纪二三十年代，江南农村地区就业机会较多，为妇女社会地位有意义的变迁提供了较为普遍的经济基础。但他指出，一些具有近代性的工业，如草帽业、放线收绣的刺绣业等，实质上都属于江南农村地区的近代家庭手工业。这类手工业继承了江南农村地区传统家庭手工业的形式，而这种形式对于妇女社会地位的变迁，具有不太积极的影响。这可以从两个方面来看：一是这种生产结构或形式，使得妇女分散在家庭中劳动，而不是进入厂家集中做工，相对就不容易团结集中，并在共同劳动中引发对自身地位与命运的讨论，争取女工应得的权利；二是妇女在家中劳动，虽然由于具有一定经济实力，在家庭中的实际地位会有所提高，但许多方面仍然难免受到传统礼教和家庭势力的影响甚至控制，影响到妇女走出家庭，参与社会活动，不利于妇女社会地位的提高。因此，尽管江南农村地区妇女就业的途径不少，但这并不意味即时直接地会对广大妇女社会地位的变迁产生积极的影响。考虑到以下两个基本事实，一是中国农村人口占绝大多数，二是就全国农村范围来看，江南农村妇女一直都属于从事经济生产劳动较多因而较为重要的一支经济力量，可以这样认为，中国广大农村地区近代工业化的曲折进程及妇女社会地位的缓慢变迁，不仅贯穿整个中国近代社会，甚至一直延续到现代。② 这些结论，与张佩国的上述结论比较相似。

5. 近世以来江南乡村社会结构

乡绅和宗族是这一选题关注的重点。关于乡绅，范金民在相关回顾中，特别注意到日本学者在此方面的成果。据其介绍，20 世纪 60 年代以

---

① 张佩国：《近代江南农家生计与家庭再生产》，《中国农史》2002 年第 3 期。
② 陈晓燕：《近代江南农村工业化与妇女社会地位的变迁》，《浙江学刊》2001 年第 6 期。

来，滨岛敦俊撰写了系列论文，探讨元明以至清初江南乡居地主和江南农村的社会实态。他的《明末江南乡绅的家庭经济——关于南浔镇庄氏的家规》，利用北京图书馆所藏的庄元臣的《庄忠甫杂著》，专门探讨湖州南浔方氏的家庭经济状况。后来又发表《从"民望"到"乡绅"——十六、十七世纪的江南士大夫》（《"民望"かう"乡绅へ——十六·十七世纪の江南士大夫"》），详细考察了明后期士大夫居住地和角色的变化，认为乡绅主要生活并掌握着以县城为中心的舞台，而很少在乡下。檀上宽有《明清乡绅论》一文，深入探讨明清时期江南乡绅的特征。稻田清一主要利用《柳兆薰日记》，细致考察和分析了晚清时期吴江乡居地主柳兆薰的生活情形和活动空间，发现其很少走出县境，活动范围基本上限定在直径二三十公里的周边四镇。①

徽州是山居江南。明清时期形成于特定地理、人文环境中的徽州宗族，其结构和功能独特，徽商在这一结构的形成中起了重要的作用。这一结构形成后，又以其独特的功能作用于徽商，及至整个徽州社会，并在传统社会的变迁过程中，以静制静，以变制变，始终保持着自身的稳定。20世纪80年代末90年代初，唐力行就徽商与宗族势力、地域宗族与社会变迁之间的互动关系进行过系列考察。② 近20多年来，一些中国学者对江南乡绅的生活实态产生了浓厚兴趣。洪璞在稻田清一的基础上，对清末—民国江南地主日常生活中截然不同的社会交往圈和空间活动范围进行后续研究，从中归纳出地主由乡居到镇居再到城居的"单线"离乡过程。③ 吴滔选取清代吴江、震泽二县作为个案，从士绅住所的变动、士绅在耕读与服贾之间的职业选择及乡村公益活动组织者身份的变化等几方面，揭示了清代江南乡绅的生活空间及对乡村社会的影响力。④

乡村宗族的研究常常与乡绅问题相关。据范金民的介绍，日本学者井上彻对明中叶苏州宗族形成的原因、表现形式进行探讨，指出，其时无论

---

① 参见范金民《江南社会经济史研究入门》，复旦大学出版社 2012 年版，第 176—177 页。

② 唐力行：《论徽商与封建宗族势力》，《历史研究》1986 年第 2 期；唐力行：《明清徽州的家庭与宗族结构》，《历史研究》1991 年第 1 期；唐力行：《徽州方氏与社会变迁——兼论地域社会与传统中国》，《历史研究》1995 年第 1 期。

③ 洪璞：《乡居·镇居·城居——清末民国江南地主日常活动社会和空间范围的变迁》，《中国历史地理论丛》2002 年第 4 期。

④ 吴滔：《在城与在乡：清代江南士绅的生活空间及对乡村的影响》，[美] 黄宗智主编：《中国乡村研究》第 2 辑，商务印书馆 2003 年版。

都市还是乡村都以在乡士大夫为中心，所以宗族的形成具有地域普及的特征，即由府城向县城以至乡村扩展。井上彻后来更有《清代的苏州社会与宗族》和《宗族普及的一个实例——以江苏洞庭东山为对象》等文，进行了进一步的探讨。[①] 徐茂明注意到，传统的江南士绅研究多集中于揭示他们的政治角色和经济地位，他另辟蹊径，利用"文化权力"概念，立足于大、小传统之间的关系，着重探讨江南士绅群体在国家与民众之间的社会角色。在《江南士绅与江南社会（1368—1911）》中，徐茂明着重揭示了江南士绅与社会基层组织的关系；深入书院、乡约、义庄、社仓等组织的运行机制中，提示江南士绅所发挥的规范社会文化秩序的功能；作者还分析了 20 世纪 60 年代后江南社会的秩序危机以及江南士绅在秩序重建中的建树。[②] 所有这些都与本课题所特别关注的江南乡民日常生活有相当的交集。汪庆柏的明清苏南望族文化研究，涉及宗族与地方社会的关系，从一个特别角度刻画了乡民生活的日常环境。[③]

6. 近代江南乡村社会风气

学界普遍认为，江南社会包括乡村，自明代中叶以后，随着商品经济的发展，经济进入高度成长时期，由此带来社会风尚日渐奢靡。王卫平、常建华等学者都指出，明中叶以降的奢侈风气，"是全国范围内的普遍现象"，但是"江南地区得风气之先，具有开源导流之功"[④]。樊树志在对以市镇为中心的江南乡村进行了"奢侈风尚的典型分析"后，着重强调，江南社会的奢侈风尚"并没有导致资本主义，却名副其实地使传统经济转型为市场经济"[⑤]。王家范曾有关于江南消费结构、消费风气的系列论文，涉及饮食、住宅、服饰、陈设用具、婚丧寿诞、文化娱乐、民俗信仰、科举官场、纳妾宿妓等等多方面的消费行为。[⑥] 牛建强以系列论文为基础，出

---

① 参见范金民《江南社会经济研究入门》，第 180 页。井上"后来"的研究，被收入［日］井上彻《中国的宗族和国家礼制——从宗法主义角度所作的分析》，钱杭译，上海书店出版社 2008 年版。

② 徐茂明：《江南士绅与江南社会（1368—1911）》，商务印书馆 2004 年版。

③ 汪庆柏：《明清苏南望族文化研究》，南京师范大学出版社 1999 年版。

④ 王卫平：《吴文化与江南社会研究》，群言出版社 2005 年版，第 200 页；常建华：《论明代社会生活性消费风俗的变迁》，《南开学报》1994 年第 4 期。

⑤ 樊树志：《江南市镇：传统的变革》，复旦大学出版社 2005 年版，第 457 页。

⑥ 系列论文后以"近世经济变迁的曲线"为题，收入王家范《百年颠沛与千年往复》，上海远东出版社 2001 年版。

版《明代中后期社会变迁研究》，揭示了此一时期江南风尚的巨大变化，以论证社会变迁。① 在王氏和牛氏的论题中，有些部分涉及乡村。

在近代江南乡村社会风气的研究中，与本书相关度比较高的是关于晚清以降的江南婚姻礼俗。近年来，董笑寒关注到江南乡村甚为泛滥的"侈婚现象"，具体表现为社会中上层阶级举办婚礼花费甚巨，因而助长了婚嫁论财的风气，导致社会下层民众纷纷效尤，由此产生了男家无力聘娶致使抢亲等类犯罪频发，妇家无力置备妆奁而溺女成风，以及适龄男女婚嫁失时等社会问题。侈婚风气并未得到有效遏制，一直延续至民国时期。② 宋立中接续了董笑寒的婚姻礼俗研究，将目光投向清末民初的江南婚姻礼俗嬗变。他指出，受欧风美雨的冲击，以上海为中心的江南地区表现出某些与传统社会迥异的时代风气。婚礼俗尚的变化极为明显，表现在：婚姻媒介的转换、择偶标准的更新、婚姻礼仪的文明化、离婚再婚禁律被打破以及早婚之弊的被遏制，等等。从表面的婚姻形式到深层的婚姻制度都较以往发生了明显的变化。清末民初江南婚姻礼俗嬗变之所以呈上述特征，是当时政治经济变革和地域差异造成的。③ 不过，宋立中的研究并不专门针对乡村。另外，宋立中曾以明中叶到清代的江南为中心，讨论过婚嫁论财与婚姻礼俗变迁情况，④ 其中，论及婚嫁论财对婚姻家庭关系的消极影响时，涉及抢婚（抢亲）、孀妇等现象，对我们了解相关问题的前史有帮助。

黄敬斌对婚嫁奢靡现象的考察不是就事论事，而是在社会伦理和经济理性的关系中进行具体分析，显得更为深刻一些。在对清初到民国时期江南居民的消费的观察中，他指出，婚嫁之奢靡催生了许多非正常状态的婚嫁方式和相关的社会问题，如童养媳、抢婚、溺女婴等。婚丧花费的铺张，其原因首先应是社会性的，但更重要的是，它反映着江南地区经济的发达和居民收入及生活状况的相对优裕；可以得出这样的结论：经济状况的好坏，仍然是决定婚丧消费丰俭程度的根本因素。⑤ 田峰注意到，由奢侈风而起的这股婚嫁论财习气，对江南社会造成了很大影响，它导致人们

① 牛建强：《明代中后期社会变迁研究》，文津出版社 1997 年版。

② 董笑寒：《晚清江浙地区侈婚现象研究》，《西北大学学报》2013 年第 2 期。

③ 宋立中：《清末民初江南婚姻礼俗嬗变探因》，《浙江社会科学》2004 年第 2 期。

④ 宋立中：《婚嫁论财与婚姻礼俗变迁——以明中叶到清代的江南为中心》，见范金民主编《江南社会经济研究》（明清卷），中国农业出版社 2006 年版。

⑤ 黄敬斌：《民生与家计：清初到民国时期江南居民的消费》，复旦大学出版社 2009 年版，第 215—217 页。

惯于用金钱作为个人价值的标准，随之而来亦产生诸多社会陋习，主要有溺女之风盛行、早婚现象普遍、抢亲恶习流行；该文具体揭示了婚姻论财与上述社会陋习之间的历史关联。[①]

洪璞对相关问题的考察虽说以吴江县为中心，涉及时段也比较长，但其分析细致，实证性强。通过 1923 年《分湖柳氏第三次纂修家谱》（柳氏胜溪草堂刻本）吴江柳氏一世至十四世的世系传承进行数理分析，作者就江南村妇生活的基本方面得出了一系列结论。关于妇女生育，有如下结论：柳妇生育年龄跨度达 30 多岁，其中 26—35 岁这一年龄段妇女的生育贡献率占 76%，而 26—30 岁为妇女生育高峰年龄，这 159 名妇女平均终身生育男子 1.59 人。另外一种现象是：柳妇终身未育者的比例是比较高的，因而平均终身生育数量也是比较低的。对此可以做出的解释是，由于妇女再嫁遭到传统观念反对，男子在较低年龄段上较高的死亡率便导致了妇女生育数量的低下。关于通婚半径，有如下结论：其密集程度从高到低依次为：5—10 公里、5 公里以下、10—20 公里和 20 公里以上边际不清处。婚姻关系的地域分布在 5—10 公里这一组的所占比重将近一半。当然，这一适度距离并不是固定不变的，它在不同的地区会表现为不同的数据，只在汾湖柳氏这一例子中才是 5—10 公里。关于婚龄，有如下结论：婚姻双方的年龄关系以男大女为主；年龄差距的程度在女方作为原配或继配这两种情况中有显著的不同，在所有女子作为原配的婚姻中，男大女的平均数仅为 0.8 岁，还不到 1 岁，而在所有女子作为继配的婚姻中，男大女的平均数却高达 8 岁。[②]

7. 近代江南乡村的信仰与休闲

近代江南乡村的信仰与休闲存在着很大的关联性，这一现象被近代以来的许多学者注意到了。赵世瑜的研究显示，明清以来，妇女可以借口参加具有宗教色彩的种种活动，以满足她们出外参加娱乐活动的愿望，这样，宗教活动与闲暇娱乐活动就发生了联系：一方面，妇女的闲暇娱乐活动往往都是一些宗教性的活动；另一方面，女性参加娱乐活动与投身宗教活动往往具有类似的动机和社会背景。[③]村妇日常劳作尽管非常辛苦，但

①　田峰：《近代江南婚嫁论财风及其负面影响》，《福建社会主义学院学报》2001 年第 2 期。

②　洪璞：《明代以来太湖南岸乡村的经济与社会变迁》第九章，中华书局 2005 年版。

③　赵世瑜：《狂欢与日常——明清以来的庙会与民间社会》，生活·读书·新知三联书店 2002 年版，第 259—260 页。

烧香拜神等活动却似乎为其所"专有"，于是拜佛游春几乎成了她们休闲的基本方式。小田①、赵世瑜等在对江南庙会、蔡丰明对江南民间社戏、日本学者滨岛敦俊②和王健对江南民间信仰等的关注都多少不同地涉及乡村社会的信仰与休闲问题。蔡丰明就江南民间社戏的基本方面如历史渊源、主要类型、演出功能、宗教色彩、社会基础、班社组织和演出习俗等进行了具体勾画；他"有感于社戏活动中所蕴藏的如此深厚而丰富的学术内涵"，在 1990—1993 年间先后到过浙北、浙中、浙东和苏南等许多地方进行实地调查，"从当地群众中搜集了大量的第一手资料"，并以此为基础，勒为专著。③ 赵世瑜注意到，村妇的宗教活动可能与其家庭职责相关：妇女出外参加宗教性的活动，实际是讲经念佛活动的合理延伸。即使从对信仰的虔诚来说，她们认为到寺庙佛像前去祈祷还愿，比在家中更能收到效果，与神的联系更为直接。则由于传统赋予妇女"主内"的职责，使她们具有对家庭成员的平安幸福负责的意识。④ 王健在对明清以来苏松地区民间信仰的考察中，特别关注到所谓"信仰活动的核心群体"的"地方巫觋"，他指出，巫师、太保的存在，其重要的意义是满足了民众的心理需求，实际效果反而是其次的。与此同时，他发现了一条围绕地方信仰活动，由巫师、庙祝、太保等等共同参与，分工合作所构筑的利益链条，可以肯定地说，这一利益链的存在，是导致民间信仰活动在江南地区持续兴盛的重要原因之一。王健的另一关注是作为"一个重要的信仰群体"的女性，在这里颇具价值的结论是，如果只是笼统地认为，明清时代的江南妇女都可以自由地参加各类赛会活动，恐怕也是有失偏颇的。实际上与下层妇女相比，上层女性外出参与民间信仰活动的空间恐怕要狭小得多。总体来说，无论是上层还是下层妇女，她们中的多数人实际上都将民间信仰看作其日常生活的一部分，并以其自身的方式对地方信仰活动的发展产生着特有影响。⑤ 朱琳在对昆曲与江南社会生活的考察中提到，明清时期因诸多原因使昆曲得以在农村广泛流播，但至近代，社会已经发生巨大的变

---

　　① 参见小田《在神圣与凡俗之间：江南庙会论考》，人民出版社 2002 年版。

　　② ［日］滨岛敦俊：《明清江南农村社会与民间信仰》，朱海滨译，厦门大学出版社 2008 年版。

　　③ 蔡丰明：《江南民间社戏》，百家出版社 1995 年版。

　　④ 赵世瑜：《狂欢与日常——明清以来的庙会与民间社会》，第 270 页。

　　⑤ 王健：《利害相关：明清以来江南苏松地区民间信仰研究》，上海人民出版社 2001 年版，第 69—80 页。

化，昆曲在农村演出的许多有利条件丧失。各种戏曲大发展，农民也可以随意选择他们所喜好的戏曲，而不必唯昆曲是尊了。① 朱海滨对于清代浙江地方戏的分布格局有一个比较全面的勾勒。② 日本学者田仲一成曾以香港新界农村的祭祀戏剧演出为案例探讨宗族与戏剧之间的关系，作为比较，作者一直关注民国时期的江南乡村（主要是宁绍地区）戏剧。通过考察，作者指出，作为一种社会制度，中国乡村的祭祀戏剧发挥着特定的社会功能，即"通过娱乐强化和维系农村的社会组织"③。

8. 相关检讨

以上学术回顾仅涉及与本书所关注的乡民日常生活关系密切者，其他一些成果，如余新忠（以及梁其姿、曹树基等）等的医疗社会史研究，王卫平、吴滔等关注的社会赈济，顾颉刚等关注的歌谣，朱海滨（以及顾希佳、刘平、姜彬等）关注的民间信仰，吴建华和马学强等关注的人口问题，邹逸麟（以及王建革、冯贤亮）等的生态史考察，钱杭、王振忠等对近世以来江南宗族生活的再现，冯尔康、赵世瑜、常建华等在相关专题研究中常常将江南作为对比的样本，与本书的细节讨论都有一些关系，不暇一一列举。

与近代江南乡民日常生活相关的既往研究，是我们讨论的基础和起点。李伯重的国际视野和独到论题，让我们注重地域比较、历史计量以及近代乡村的外部环境影响等问题。对于黄宗智"过密化"问题的讨论，促使我们既重视乡民的经济理性，又注意其"道德经济"的特点。④ 关于近代江南农事节律的讨论，带有明显的社会史气息，笔者以近代江南庙会为案例的讨论将会丰富上述某些观点。诸多学者都注意到，在乡村家庭生活中，村妇的劳作地位与社会地位具有不一致性，对此无法简单地用经济基

---

① 朱琳：《昆曲与江南社会生活》，广西师范大学出版社2007年版，第251页。

② 朱海滨：《近世浙江文化地理研究》，复旦大学出版社2011年版。

③ ［日］田仲一成：《中国的宗族与戏剧》，钱杭、任余白译，上海古籍出版社1992年版，"中译本序"第3页。

④ 英国学者格雷戈尔·本顿（Gregor Benton）在《道德经济与中国革命》（冯崇义译）中，将道德经济学理论归纳成如下要点：农民是理性的，他们将安全视为第一要求，他们的行为模式总是趋向于：逃避风险；随时都愿意与地主或国家当局确立分成地租或赋税，即使比固定地租或固定赋税更高也在所不惜，因为分成租税会使农民们在荒年好过一些；他们很乐于与乡亲们进行交易，以互相帮助，共渡难关；而且，当他们的生活环境因为帝国主义的侵略而恶化时，他们就会动员起来去恢复往日的权力。见江沛主编《二十世纪的中国农村社会：魏宏运先生七十华诞之庆》，中国档案出版社1996年版，第303—304页。

础决定意识形态等"原理"进行解释，更符合实际的理解只有在地方社会人文环境中才能获得。这样的现象，在我们的考察中也遭遇到了，以上讨论为笔者的进一步思考和对具体问题的理解提供了帮助。在近代江南农家婚姻论题上，学者们涉及的以上方面，为我们对婚姻问题的讨论"设定"了一个基本起点，即乡村的基本婚姻状态已经清楚，但一般的状态在具体婚姻事项中如何呈现，需要细节的丰满，更关键的是，只有通过历史细节的展开，才有可能印证或否证以往的结论。学者们对江南乡绅的生活空间和实态的考察，对于我们确定近代江南乡民的日常空间提供了历史情境和空间参照。由医疗社会史发展而来的生命史学让我们在涉及乡民健康论题时，更加注重生命意识，特别是将这种意识置于乡村共同体生活中进行考察，一旦注意及此，我们发现，类似的问题常常与乡民信仰、习俗等问题联系在一起，女巫、轿妇等论题就这样进入了我们的考察视野。学者们已经呈现出近世以来江南乡村信仰和休闲的基本轮廓，或许由于专题研究的需要，一般都将江南乡村信仰和休闲分立而论，但信仰与休闲的关系以及它们与乡民教化之间的关系等还有待揭示。

从以上回顾，结合整个中国社会史的研究，不难发现有这样几个明显的偏向：

第一，宏大结构考察多，微观角色观察少。与近代政治和社会结构的变动相一致，以人类自身对两性社会关系的重铸和协调为宗旨，不同历史时期（从太平天国到清末维新，而民初鼎革，而现代各党派的政策实施）的民众解放斗争（包括妇女解放运动），从思想到实践都受到学界的全面关注。很明显，这些解放运动中民众其实是作为革命事业的拯救对象而出现的，民众问题构成政治（思想）史的一个组成部分。即使在一些以社会生活为论题的论著中，仍然难见普通民众的身影。以江南社会生活史为例，根据陈江的观察，在关于特定社会阶层、社会群体生活状况的研究中，学者们盯住的还是"仕宦之家""书香门第"，"因此，关于文人阶层生活状况的研究尤多"。作者提议，"今后的研究，似应就士、农、工、商、妇女、儿童等各个阶层和社会群体的生活状况作进一步的探究"[1]。以上情况再正常不过，因为它是以政治事件为主体内容的传统史学处理历史

---

① 陈江：《江南社会生活史研究的回顾与展望》，王家范主编：《明清江南史研究三十年（1978—2008）》，上海古籍出版社 2010 年版，第 418 页。

角色的基本思路：微观的角色隐没于宏观的结构之中；比如在对劳工阶级的特征揭示中会涉及产业女工的苦难、农民生活的困境等。因为学术史的回顾考虑到与课题的关系，或许会给人一个误会：史学研究中对微观角色的观察并不少，其实不然。从总体来说，对社会微观角色的观察在整个的历史研究中可以说微乎其微。

第二，凸显非常角色而淡化日常角色。比如女性研究，娼妓、女侠、慰安妇、自梳女等非常角色以及相关的女性身体史，如缠足、贞操、乳房史等，或许因为政治原因，或是出于猎奇心理，抑或其他理由，不断成为探讨对象（其中的主要部分当然可以、也应该成为研究对象），可是，一个女性，作为妻子、作为母亲、作为女儿、作为媳妇、作为劳动力……她们在家庭和地方生活中实际扮演着怎样的角色？这样的话题由于其过于普通而"缺乏"意义，迄今未能受到史学的真正关注。

第三，抽象提纯多，具象刻画少。比如对乡村（手）工业的研究，由于理论视野的差异，大部分讨论与近年来一些学者进行的农家生计探讨颇多异趣，对此，张佩国进行了区别：

> 要对农民的日常生活有一个正确的认识，首先就要真正地贴近农民，展示他们的日常生计，用农民自己的语言来说，就是"看一看人家一家一户的日子咋过的"。目前中国农村社会经济史研究领域普遍流行的概念是"农家经济"，还不等于农家生计本身。因为所谓"农家经济"实际是带有方法论意义的学理概念，准确地说应为"农家经济学"或"农家经济的经济学分析"，离真正的农民日常经济生活尚有一定的距离。这一概念的解释策略存在两个问题，一是单一化的成本效益分析，二是价值预设的成分太浓，或者说以现代化理论的价值标准评价农家经济的发展。①

以上学者所关注对象的一部分也是我们在对近代江南乡民劳作时需要探讨的。从以上讨论中不难看出，制度性经济与家庭生计在理论视野上存在视角的差异，与本书契合的毋宁是后者；而后者在很大程度上需要通过跨学科的对话才能济事，在这方面，经济人类学可以为我们提供方便。

---

① 张佩国：《近代江南农家生计与家庭再生产》，《中国农史》2002 年第 3 期。

经济问题研究常常涉及经济理论，一旦中国的民众研究被赋予"过密化""经济理性""施坚雅模式""近（现）代化""文化权力""女性主义"等西方范畴，充满活力的民众生活常常隐约在灰色理论之下，与此同时，以全盘中国替代特色地域，城乡民众无分彼此，在某种抽象的理论框架内便获得了某种解释。至于说乡民有无理想和信仰？他们如何表达情感？他们处于怎样的历史现场之中？诸如此类，似乎因为深度"不够"，连以"讲故事"为职志的史学都失去了应有的热情。这里应该不是理论本身的问题，而是理论与经验之间平衡的问题。需要特意指出的是，我们不但不反对理论，相反，乡民史与进入社会史视野的其他对象一样，需要理论的阐释。从现有情况看，许多成果要么欠缺理论思考，要么简单套用西方理论，缺乏史学本位意义上的理论融通。

第四，集成史料利用多，散落史料衰集少。之所以市镇研究多、风俗研究多、妇女运动研究多，很重要的原因应该跟相关的史料整理成果比较多有关。肇始于 20 世纪 90 年代初的妇女口述史毫无疑问可以"弥补"文字资料的不足，但也只限于"弥补"。要讨论我们所确定的乡民生活论题，需要深入许多资料的角落，面对不同类型的材料。

第五，江南空间模糊。何处是江南？由于历史（文献）话语的沿袭，也由于研究者的各自偏好，这个问题显得有些复杂，不少研究者对此进行过专门考论。进行具体事项研究的学者在处理这个问题时，或者任意伸缩江南，或者自立一说。这两种做法都会受到学界的批评。对前者进行批评是必需的：不能因为资料使用的方便，或者意见不一，回避了事；对于后者，当然允许批评，关键是批评者不能师心自用。既然问题复杂，对一些界定应该宽容。各有各的界定依据，各有各的研究论题，只要持之有据，自圆其说，说理透彻，都应该得到理解。批评者不能因为与自己的依据不同，就简单否定别人。在这里，恐怕不存在是非之分，而只有体系之别。一个有创新的论者当然不会一味讨好、迁就读者，相反，他应该引领、启发读者。

就江南史的研究拓展空间，王家范曾有过非常重要的提示。他在综合观察过去的明清江南研究群体后，概括出三个明显的特点：（1）多数止步于 1840 年前，延伸至晚清的不多，更少"入侵"到民国时期；（2）多数偏好于狭小的太湖流域，江南成了只有"中心"而无层级、边缘推衍演变的"琼岛"，研究的整体意义大为减弱。（3）主要以开发方志、笔记（附以少数文集）见长，以全"江南"、大时段的综合居多，各种专题分解不全（集中于城镇经贸），较小单位（一县一乡一村）个案考察与区域内比较研究也相对薄弱，且没有形成扩散性效应，一定程度折射出目前存在史料取材重复、开发不足的缺陷，这成了制约明清江南研究的瓶颈。没有这方面的显著突破，新的局面就不容易打开。① 如何打开江南史研究新局面，王家范已经说得非常明确。至于他提到的史料问题，任放在谈到明清市镇研究的缺憾时也认为，既往研究者"在史料的全面网罗和详尽考订方面所花的力气较少，大多局限于方志材料，对现存档案以及诗文、谱牒、碑记、方言、民歌、戏曲、田野调查等不够重视"②。总体上，史料应用方面的问题是确实存在的，事实上，在这里，对于任放提到的这些另类史料，所谓史料的考订，已经不仅仅是史实的真伪辨析那么简单了，其中更重要的，是诸如"去文学性""去艺术性"处理以及史料的应用方法问题。

通过学术史梳理，结合前辈学者的提示，本书拟就几个关键历史维度，着意偏向与上述成果不同的空间。最重要的体现在时段上：已有成果多侧重于明清时期，而我们则聚焦近代，尤其是社会变迁和离乱更为显著的民国时代；在空间上，过去大多数学者习惯于将江南社会视为统一"板块"以凸显整体特色，而我们特别注意地域内部的不同类型和层次，并以此选择作为基本考察单元的共同体；在论题选择时，已有成果热衷于挖掘近世以降地域社会中的近代性因子，而我们则在风土社会与"文明"世界的关系中构建日常生活场景。与特定的群体、特定的时段、特定的空间单元以及特定的论题等维度相一致，一些另类史料的应用及"考古"便成为必须，而为了解决这些问题，跨学科方法的"为我所用"也就是必然的了。这些维度之间的一致性，显示出问题意识的内在逻辑。我们期望，在这样的逻辑结构中呈现出来的江南乡村史从时空到论题、而材料、而视角、而观点，等等，在相当程度上能够改变或深化以往的相关书写。

第三节　问题导向与叙述框架

日常史如何书写？方便参考的蓝本有两种：一种是社会生活通论。撇

---

① 王家范：《明清江南研究的期待与检讨》，《学术月刊》2006 年第 6 期。
② 任放：《明清长江中游市镇经济研究》，第 38 页。

开那些地方志式的仅作各种简单列举的著作外，① 值得注意的是一些含有明显主题意识的生活叙述，如 20 世纪初年美国传教士明恩溥（Arthur Henderson Smith）的《中国乡村生活》，按道路、商店、戏剧、学堂、教育、宗教、市场、经济、家庭、社会结构、人生礼仪和社会角色等诸多乡村生活要素，组成了"不同性质又不太连贯而且相当不精致的章节"，给想要了解中国的外国人展示了"关于中国实际生活现象"②。比明恩溥的著作"精致"一些的，如差不多同时期的一位中国人——陈季同的《中国的自画像》，其轮廓也是由家庭、宗教、哲学、婚姻、社会阶层、语言、教育、慈善、诗歌和娱乐等方面构成的，但其旨在说明中国文化的"优越"之处。③ 另一种是人类学的"族群志"，或称"田野工作志"。这是人类学的成果展现方式。族群志尽管多种形式多样，④ 但其基本"套路"是相近的，即对特定共同体生活要素进行阐释，以完成对某种理论的概化。⑤ 这些要素，或者是"连贯叙述"中的各种生活面相，如林耀华《金翼》所展示的贫困、官司、居所、教育、节日、农业系统、商业贸易、求学、分家、土匪、家族、地方政治和交通等；⑥ 或者是"生活周期族群志"中围绕生命仪式的生活要素，如米德（Margaret Mead）《萨摩亚人的成年》中的教育、家户、同龄人、性关系、舞蹈、信仰、人格和生命周期等；或者是"社会系统构建"中的生活体系要素，⑦ 如布朗（A. R. R-Brown）《安达曼岛人》中的社会组织、仪式、信仰、传说、技术文化和语言等。⑧

---

① 比较"经典"的列举内容有体育、卫生、教育、文学、艺术、风俗、宗教、文物和人物等。

② ［美］明恩溥：《中国乡村生活》，牛晴、唐军译，时事出版社 1998 年版，第 5 页。

③ 陈季同：《中国人的自画像》，段映虹译，广西师范大学出版社 2006 年版。

④ 据英国人类学家的意见，族群志的主要形式有：（1）连贯叙述——这种叙述通常详细而冗长，它将社会生活的方方面面纳入一个整体，而不是以分散的话题形式出现；（2）生活周期族群志——以人从幼年到老年的发展为框架，借助人生中的每个阶段来组织社会生活、仪式以及表现信仰；（3）社会系统构建——根据环境、经济、政治、法律、社会及亲属仪式和信仰等社会系统的各个方面来组织材料，特别是以社会的变迁作为总结。见梅瑞·威·戴维斯、皮埃罗《视读人类学》，张丽红译，安徽文艺出版社 2009 年版，第 135 页。

⑤ ［美］詹姆斯·皮科克：《人类学透镜》，汪丽华译，北京大学出版社 2009 年版，第 114—115 页。

⑥ 林耀华：《金翼——中国家族制度的社会学研究》，庄孔韶、林宗成译，三联书店香港有限公司 1990 年版。

⑦ ［美］玛格丽特·米德：《萨摩亚人的成年——为西方文明所作的原始人类的青年心理研究》，周晓虹等译，商务印书馆 2008 年版。

⑧ ［英］拉德克利夫·布朗：《安达曼岛人》，梁粤译，广西师范大学出版社 2006 年版。

以上两类著作给我们的最大启发是，日常史与其他任何"有思想"的著作一样，应该有一以贯之的主题及其与之密切相关的理论。如果说主题的存在更多地跟书写技术相连，那么，确定何种主题，则与前沿理论相关。纵观整个学术史，无论是自然科学还是人文科学都表明，"在考察和选择中，在没有理论指导下对所谓的事实的收集几乎没有价值可言"①。费孝通20世纪30年代在撰写《江村经济》时，"常常感到痛苦"的就是缺少理论：

> 在实地调查时没有理论作导线，所得到的材料是零星的，没有意义的。我虽则在这一堆材料中，片断地缀成一书，但是全书并没有一贯的理论，不能把所有的事实全部组织在一个主题之下，这是件无可讳言的缺点。②

与某个确定主题相联系的史学理论更是这样：源自基于史料的史实经验的归纳。就日常史来说，即为往昔日常生活"特定方面的系统化的关联性陈述"③。从具体研究中笔者发现，体现本课题的"系统化的关联性陈述"则为"两个世界"。

所谓"两个世界"，具体地说，即乡民生活小世界与外部文明大世界。前者体现为实际的生活共同体，后者体现为抽象的观念共同体；前者主要由底层民众主导，后者主要由权力—知识阶层主宰。④两个世界之间存在明显的差异和隔阂，又不乏关联的方式，但对于生活于近代的乡

---

① ［英］爱德华·埃文思-普里查德：《论社会人类学》，冷凤彩译，世界图书出版公司2010年版，第46页。

② 费孝通：《〈禄村农田〉导言》，费孝通、张之毅：《云南三村》，社会科学文献出版社2006年版，第11页。

③ ［美］艾尔·巴比：《社会研究方法》（上），邱泽奇译，华夏出版社2000年版，第69页。

④ 对于"两个世界"的分别，我们从美国人类学家罗伯特·芮德菲尔德（R. Redfield）那里受到启发。在《农民社会与文化》（王莹译，中国社会科学出版社2013年版，第94—95页）中，芮德菲尔德指出，如果我们想去深刻理解农民文化，必须先承认一个前提，即"在大传统和小传统之间确实存在着差异……在某一种文明里面，总会存在着两个传统：其一是一个由为数很少的一些善于思考的人们创造出的一种大传统，其二是一个由为数很大的、但基本上是不会思考的人们创造出的一种小传统。大传统是在学堂或庙堂之内培育出来的，而小传统则是自发地萌发出来的，然后它就在它诞生的那些乡村社区的无知的群众的生活里摸爬滚打挣扎着持续下去"。结合近代世界的实际情况，笔者认为，大小传统的创造主体既不是完全按社会群体进行划分的，也不存在思考水平上的性质差异。

民来说，这样的两个世界他们必须同时面对。近代江南乡民（从一定意义上可以说整个近代中国社会）无法置身于文明大世界之外。晚清以降，从近代军事力量的炫耀，到机器工业技术的引进，而整体世界观念的渗透，而西洋生活方式的模仿，凡百近代文明的要素逐渐被知识—权力阶层所认识、理解甚至接受，由此衍成一个与传统的天下"王朝一统"不同的文明大世界意识，一个世界整体观念。虽说它以抽象的观念形态出现，也仅仅局限于较小的社会圈子中，而与普通民众保持着相当大的隔离，然而，经由知识—权力社会的中介、相应的舆论压力和国家政策的施行，文明大世界就会缓慢而坚定地作用于民众生活的小世界。乡民们基本上不会去确认其所属的时代，但他们身不由己地进入了近代，并受到文明大世界的左右。

文明大世界的出现是社会变迁的必然结果，随着近代世界的一体化，它必然作用于传统小世界。当两个世界相遇时，彼此的错愕、误解和冲突在所难免，当然也存在着沟通，哪怕这种沟通是被迫的。关键的问题是，日常逻辑自然应该在日常世界里理解。这正是本书的研究价值所在：立足于乡民生活小世界，发现两个世界的存在，认识两个世界的关联方式，揭示两个世界连接的意义。

以上两类著作的聚焦点也引发了我们的反思。以一个地方的日常生活作为考察对象，是就生活的方方面面进行编撰式问答，还是以问题为中心的生活要素聚焦？很明显，如果采取前者，涉及的生活要素显得非常齐全，颇似通论，但讨论难以深入；如果是后者，对某个要素的讨论可能非常深入，但由于某些要素的缺失，难见生活全貌。鉴于此，我们的考虑是，尽可能顾及乡民生活的多重要素及其嬗变，同时将这些要素与某些中心问题的深度讨论勾连起来。这就是问题导向下的乡民生活史书写。

这一思路与欧洲日常史研究颇多相像。在欧洲中世纪日常生活史研究方面，位于奥地利克雷姆斯市的"中世纪和近代早期现代科学研究所"是"最重要的机构"。据格茨介绍，该研究所的研究大体经历了三个阶段：先是对于日常生活各个领域的考察，接着着重于日常史理论，接下来提出了大量问题，对"日常"进行了广泛的解释。20 世纪 90 年代初，格茨在回顾这一研究历程时说，"概述的阶段已经结束了，取代*编撰*日常生活史的是*研究*日常生活史，以及满足于有目的的理论要求的细节研究"①。在格茨看来，如果是研究而非编撰日常生活史，则应当采取问题导向的叙述框架。

在这样的叙述框架中，我们首先对江南乡民进行时空的定位，以便确认乡民日常生活的性质和基本单元，接着从生计、生活境遇、人际关系、婚姻、休闲和民众观念诸面相进行横向的细部考察，而乡民生活的改进则偏重于纵向轨迹的勾勒，最后从研究方法的角度重点对社会史的另类史料和思维方式问题进行专门思考。以上这些方面可以说囊括了近代江南乡民日常史的基本要素。所谓基本要素，固然意味着这是日常史的主要方面，更重要的含义在于，我们的研究涉及乡民日常史的主要问题，换言之，这些方面直面既往日常史研究的一些矛盾。类似问题的解决方式将在一定意义上决定着社会史的发展方向和路径选择。

作为长时段的生活要素，自然生态和物质生活方式构成江南乡民生活的根基，据此我们在《江南乡民的时空坐落》一章（第二章）中发现了中观、类型和共同体三个层次的江南乡村世界，这一发现要求我们重视过去常被忽略的乡土江南的某些类型，特别是特定类型中的生活共同体。以村妇生活为专题的研究表明，近代江南乡民实际生息于特定共同体之中。这是乡民日常生活的基本单元，它们是存在于近代文明大世界并受其影响的一个个传统小世界。具体的影响广度、速度和程度将在以下各部分的考察中渐次展现。

近代江南乡民的生计方式及其生命力与其劳作性质息息相关。在第三章《近代性劳作与生计》中，我们以两种视角关注乡民生计：一种是侧重于劳作主体的近代性女红。这是地方传统女红纵向濡化与近代世界市场横向渗透相结合的产物，并作为关键性要素，与其他各种劳作形式相互依存，稳定着家庭经济结构的基本样态。在村妇，既已形成的经济结构或制度环境常常被视作毋庸考虑的自然事实，她们的常态行为，总是表现为源于日常生计驱动的对经济结构和制度环境的应时而对，从这一意义上说，村落女红其实是村妇在经营属于自己的一份生活。比之于片面强调外在结构和环境对个体（村妇）制约的同情式批判而言，社会史更需要置身于共同体生活的同情式理解。另一种是侧重于劳作内容的特种劳作。攸关共同

① ［德］汉斯－维尔纳·格茨：《欧洲中世纪生活》，"中文版序"第5页。按，斜体字体"编撰"和"研究"原文如此。

体经济命脉的特种劳作能够以旺盛的生命力长久地在近代江南乡村存在和发展，从一定意义上说取决于广阔的外部市场体系，其所产生的积极的经济和社会意义，生动演绎了近代中国乡村所谓"内发型"发展道路的实际过程。

第四章《日常境遇：以村妇为中心》涉及乡民的社会身份和地位问题。乡民，尤其是村妇，既已被归于社会最底层，在公共领域便几乎"没有"地位可言，而在家庭和共同体中，"没有"地位的她们则"有了"地位。对她们构成真实影响的毋宁是这样的地位，是为日常地位。以民国时期苏州轿妇为案例的考察表明，在影响日常地位的诸多变量中，所谓声望，不是抽象的体现一般社会价值观的社会承认，而是特定共同体中体现"妇道"的村妇名声；所谓财富，不是对生产资料的私人占有量，而是村妇兼任多种劳作而获得的家庭收入；而特权，不是一般社会结构意义上的控制或影响他人行为的能力，而是主要在家庭关系中村妇决定自身权利、义务的主体资格，或称为人格。与外在的名声和收入相比，对村妇的日常地位来说，内在的人格定位是决定性的。另外一个案例关于江南乡村女巫。在崇尚进化、科学的近代世界里，她们的行迹时常引起精英阶层的评议而多被否定，不断遭遇政权的取缔又总是屡禁不止。与此同时，普通民众尤其是江南村妇积极崇奉女巫，女巫由此获得的境遇与在政权—精英那里迥然有别。完全不同的境遇源自传统小世界和文明大世界的各别逻辑。

第五章《乡土共同体关系》致力于揭示共同体关系的性状与特征。近代徽州仁里花朝会所表现的共同体关系在时间维度上显示，已经进入近代的江南乡民基本上还处于前近代社会，而与外部文明大世界存在着明显的距离，尤其在周边的山村江南。在空间维度上，共同体关系体现了明显的地方性。从蒋梦麟曾经的日常江南共同体铺陈开去，我们发现，乡土共同体意味着一种常态的日常空间，此间人们通过时常的直接互动而彼此熟识，形成属于一方的群体关系及其生活经验，或称为"共同体知识"；共同体关系的地方特质还体现为当地人话语的表达：话语权属于当地民众，观念折射出浓重的环境底色，历史的情境在日常表达的过程中显现。不同的生活群体对于乡土共同体关系有着不同的体验或认识。作为租佃关系的一方，生活于苏州东乡的佃农在20世纪30年代经济不景气的境况下，撕破平素温厚的面纱，对强横逼租的催甲发起攻击，并衍为集合行为。在佃农看来，租佃关系的共同体状态，无论是日常维持，还是一时变故，只是不同个性的地主及其代理人（催甲）与自身生活交往的一部分，而与作为一个利益集团的地主阶级的劳动占有关系不大，是为租佃关系的日常意识，或称模糊的阶级意识，它体现了共同体的时空观和道义观。与佃农的日常意识不同，社会精英关于租佃关系的阶级意识源自对抽象社会结构的理性剖析，是为租佃关系的非日常认识。这样的认识既难以改变佃农的生活选择及其日常逻辑，也不能排斥社会史学者对农民生活世界的关注。

乡民婚姻生活与所在地方的俗例密切相关。第六章《婚姻生活与乡里环境》从婚姻的缔结（抢亲）和变故（孀居）两个重要环节说明俗例的生成与运行。俗例是习惯法的民间—地方性表达。作为婚约俗例的一部分，抢亲现象频繁发生于近代江南乡村社会。倘若立足于民间—地方世界，构成抢亲存在的民间和官府等环境要素，能够得到合理的认识；在历史的长时段里探寻，不仅抢亲发生的经济结构、消费观念和社会风气等要件，而且俗例显现的特定形态（抢亲），都可以得到比较贴切的解释。在江南乡村，冲喜、嫁殇、早婚（包括童养媳）和媒妁等诸多地方风习历久相沿，人为助成了孀妇现象。孀居一旦发生，家族、乡邻和地方权力等乡里群体或自行其是，或彼此奥援，或相互牵制，共同作用于乡居孀妇，构成其日常生活的基本环境。这一复杂的生活环境隐含着内在的日常机制：以夫族为主体的家族，常常漠视孀妇权益，随意介入她们的生活；乡邻虽能感受寡居生活的艰辛，却总是囿于节操观念，对孀妇闲话聒噪；乡里权力在一定程度上制约了家族和乡邻的干预，却难以减轻孀妇的痛苦，更无法阻止因为自身的蛀蚀而对孀妇造成的伤害。江南孀妇的乡居环境是近代中国的地方—日常面相。

江南乡间休闲常常伴随着教化，第七章《乡间休闲及其教化》即以此作为论题，主要关注庙会、戏文和茶馆三种休闲生活方式。庙会应和着乡土岁时节奏，从年度周期、岁时节令和特定时段等侧面，体现着共同体休闲节律。庙会休闲以多样而富有特色的活动有助于改变人们长期以来对近代中国乡村社会单调而刻板的印象。与祠庙一样，茶馆以休闲功能为主，又含有社会教化意味，是颇具江南特色的乡村公众空间。在江南民间戏文的整体场景中，风格独到的庙会戏文是确定民间戏文与乡村教化关系的有利揳入点。游移于神圣—凡俗系谱之间的庙会戏文，依其典型性可分别为"神圣戏文"和"凡俗戏文"。由自然压力、仪式象征和戏文符号相互演生促成的神圣戏文，激活起共同体感性的力量，就在这"内在的自然"过程中实现对民众的教化。共同体教化权威（主要是乡绅），借助理性的力量，赋予庙会戏文以神圣性而导向教化，这是"外在的自觉"的产物。凡俗戏文更多地体现出与一般民间戏文的共性：一方面是在乡绅主导下的大传统（包括民族—国家观念）的传输，另一方面是地方小传统的彰显。充溢着吴地腔韵的苏州评弹深入水乡共同体，潜移默化地影响着近代江南乡民的知识、观念、信仰乃至审美世界，显示了特定时代对特殊群体的教化样态：就教化内容看，评弹教化在近代文化日益光大的时代更多地体现了传统性；以教化方式论，评弹艺人凭借独到的技艺，在休闲氛围中陶冶乡民的思想，同时将乡谈、乡闻和乡情等地方元素纳入书路，从而使乡民在感知生活的同时，亦能感知评弹所展现的他者世界及其艺人的思想导向；从教化机制观察，评弹艺人的教化通过共同体的舆论互动，经过乡民能动的思想周转，最终内化为其生活意识。

　　民众观念藏诸实际生活过程中，第八章《乡民观念的表达与存续》循迹进入乡民日常世界，从民间生活实态揭示观念的表达与存续机理。以江苏宜兴梁祝故事的流布为中心进行考察可以看出，梁祝故事的流布支撑着民众观念的表达。作为历史素材的梁祝故事不仅仅是传说，还包括文献和实迹。故事中的实迹（依附点）凸显了民众观念的地方特性，固定故事口传者及其地方生活空间成了说明民众观念的关键途径；通过传说与地方文献的比勘，民众观念的历史脉络隐约可见；普通民众将历史素材杂烩为一体，在梁祝故事的流布中，消解着日常生活的负面状态，表达着他们的生活追求与活着的意义，从而与精英阶层表达思想的方式区别开来。与精英思想的文本呈现不同，民众观念依日常生活而得存续。在近代浙江上虞，曹家堡周边乡民呈现孝义观念的"曹娥文化"颇具典型性，借此扩展，可以揭示民众观念的日常存续机理：从存活方式看，民众观念在口传和仪式等社会互动过程中自然呈现；以思想资源言，民众观念主要以渗透于日常生活中的上层意识形态为取资对象，而这种意识形态常常被转换为民众时常接触、能够理解和接受的日常版本；就社会基础论，类如孝义的民众观念颇为契合底层民众构建地方生活秩序的逻辑。社会互动、日常版本和地方生活过程的有机结合，构成近代以降民众观念存续的独特机理，体现了传统中国民众观念存续的一般性状，为民众观念史探究昭示了别样路径。

　　与以上各章（第二至八章）的横向考察不同，第九章集中关注乡民生活的变迁问题。在 20 世纪 20 年代后期至 30 年代前期民国乡村改进运动中，中华职业教育社和中国基督教青年会两个社会团体置身于江南乡村，肆力改进乡村生活。在徐公桥共同体（江苏昆山）职教社戛戛独辟一条"教育救国"的日常路径。就实践主体而言，以客卿自居的乡村工作者认定，在徐公桥改进试验中，乡间领袖的倚重、地方干部的训练以及乡民的动员固然是他们应尽的社会责任，但共同体的成功自治端赖当地人自动自主的改进，所谓主位角色的扮演。从方式方法上说，作为"富教合一"主义的日常实践，以生计为中心的生活教育在徐公桥改进试验中居于枢纽地位，具体呈现了"富"与'教"之间辩证而统一的关系。由生活理想来看，怀抱传统桃源梦想的知识人在时世洗礼中，科学导引，古今合璧，为徐公桥设计出具有近代生活气息的小康世界。在苏州近郊唯亭山，秉持社会福音理念的苏州青年会，以其特殊的旨趣和行事创新面对社会福音与乡民文化之间的异质关系，诠释了乡村改进的青年会式，并以此明显区别于其他乡村改进模式。青年会服务者不仅以自身的人格力量开启了乡民文化之门，亦将基督人格灌注于全部改进事业当中，以期奠定乡村改进的基石。青年会服务者着意培育朝气蓬勃的乡里领袖作为乡村改进的先锋，不仅显示了青年会运动生机勃勃的主体和主题，亦寄寓了青年会对未来社会的期望。青年会服务者以宽容之爱驱动乡村改进，不仅促进了不同文化背景人们之间的信任与了解，亦且使地方传统获得了时代更生。西方社会福音与乡土中国文化的冲突与调适贯穿整个生活改进过程。所有这些在日常生活领域发生的变化，并不因其社会改良性质而丧失特殊历史价值。

　　本书除了对江南生活实态进行历史考察外，更期望在解决具体问题的基础上进一步思考与日常生活史相关的社会史理论及其方法问题，以体现我们贯穿于实际研究中的理论关怀。第十章《日常史的凭据》关注的社会史史料问题不妨视为研究法，而第十一章《日常史的整体思维》所揭示的社会史特征则更多地源自理论思考。

　　在传统史学看来，本书所使用的史料显得有些另类。这里重点讨论三种另类史料：一是歌谣。吴越歌谣以民间—民众—乡村—地方—日常的黏着性可以成为乡民生活的凭据，但歌谣首先依循艺术理路：聚焦实际生活，着意渲染情感，凸显主要特征。对歌谣的史料学考量，一方面需要从歌谣中析出相关元素，解构原有歌谣，滤化艺术情感，抽象民众观念，进行"去艺术化"处理；另一方面，依据歌谣的内容和歌谣的存在环境及其存在方式对其进行时代性确认。二是（漫）画（记事）文。包括漫画在内的图像在何种意义上成为社会史素材？以丰子恺写实漫画及其记事文字为对象的考察可以发现：作为往昔社会生活的存留方式和认识理念，画文以其独特的艺术话语，展现了一个时代日常角色在共同体网络中的互动和流动场景，并让历史角色发出自己的声音，宣示了蕴含于底层—日常生活中的社会史意义，贡献了作者自己的观念。通过艺术话语的历史转换，所有这些画文、场景、声音、意义和观念，便构成了重要的社会史素材。三是故土记事。知识人既富在乡的经验，又经离乡后的历练，在 20 世纪以降的现代性追求中回望故土，留下了堪作社会史文献的故土记事。江南记事所关怀的底层社会，所触及的风土经验，所关照的日常共同体都是社会史特别倾心的生活面相。基于不同的价值观，知识人在对江南底层社会的现代性关怀中着意凸显某种生活状貌；依凭早期积累的日常经验，知识人深度理会江南风土世界的隐秘逻辑；通过对基本生活单元的特别关注，知识人在纵横交错的全盘视野中观照江南日常共同体的内部结构、历史情境及其与外部环境的关系。作为一手生成的社会史文献，江南知识人的清末民国故土记事以非常个性化的方式，区别于传统时代的文人浪漫书写，不仅在生活素材、历史解释和思维方式等方法层面，更在史实、史料与史家的关系等理论层面，对社会史书写贡献良多。

整体思维是社会史最突出的徽识。整体性何谓？言人人殊；但一个明显的趋向是，社会史总是围绕着完善"历史的结构"书写而展开。与传统史学对制度性要素的倾斜性关注不同，社会史更重视日常生活要素，并将两者相提并论，视为建构社会结构的基础。在社会结构内尽可能多地充实相关日常要素，使历史趋于全面化，成为整体性的第一重要义；在地方世界中（典型者如共同体）更方便地体现诸多日常要素之间的深层结构性联系，使历史趋于具象化，成为整体性的第二重要义；在人物、事件和时空等历史维度内部和之间更明显地建立起呼应关系，使历史趋于谱系化，成为整体性的第三重要义。以整体性为追求的社会史通过这些方面明显区别于传统史学，亦给未来社会史以"理性的指示"。

日常史的整体性重在说明历史维度之间的关系。在史学视野中，历史由诸多维度共同刻画，主体（人物）、时间、空间、行为（事件）是几个基本维度。事实上，每一维度都体现为一种谱系，比如时段的长短便构成时间谱系。特定的时代、不同的考察者常常偏向某一历史维度谱系中的一端，而忽略另一端。茅盾以《中国的一日》留下的"一日史"，实际意味着一种历史的时间维度极端，随之，其他历史维度发生了相应的变化：人物维度由社会精英变成了平民百姓，由庞杂的个体行为构成无数的社会角色；事件维度由重大社会现象变成了日常生活，由重复的琐事敷演为碌碌的生活影像；空间维度由抽象的全盘世界变成了具象的生活共同体，通过芸芸众生的人际关系呈示出鲜活的历史情境。"一日史"所凸显的历史维度谱系之间，桴鼓相应，以鲜明的平民史观，区别于传统的精英史观，构成史观维度谱系。历史维度谱系的所有端绪合成整体的社会史。整体史需要加强历史维度谱系内部的牵连，克服碎片化倾向，在世界视野中观照共同体，在社会结构中考察边缘角色，在特定时代中确定日常事件的意义。

日常史在历史维度上向民众—日常—共同体方向的着意倾斜，使其在研究对象上与人类学更接近了，而以分析底层共同体结构—功能见长的功能学派人类学更具借鉴价值。人类学的基本方法是所谓田野工作法。在人类学视野里，田野首先意味着空间，对于其空间特征的揭示，有助于培养历史学家的疏离感和想象力，认识不同共同体类型对于地域社会完整性的意义，从而在空间维度上将概念中国转换成地域中国。田野其次意味着地方。人类学特别重视地方"小事"及其存在环境的价值，并将之视为一种地方性知识加以理解，所有这些，与社会史的整体性追求暗合，启发我们从不同的侧面认识传统史学专注的中心事件和日常史关注的地方事件的不同价值。田野还意味着缩影。人类学对于困境中的"社会缩影论"的省思，重新梳理了小地方与大社会关系，不但使共同体研究获得了理论支撑，也明晰了从地域中国到全盘中国的具体考察路径。

在跨学科对话中，社会学和文艺学的想象力拓展了日常史研究的视野，但史学的借鉴旨在解决学科问题，只有坚持史学本位，才不致在解决问题的过程中迷失自我。

第 二 章

江南乡民的时空坐落

日常史的特征或许还难以准确地把握，但它与地方的紧密关联则是显而易见的；"日常生活是由各方面的因素决定的"，德国社会史家格茨认为，其中两个因素"非常重要"，一是，一定社会群体的阶层归属性，二是，制约居民的生活空间，而且前者取决于后者；因为，人是居民，是所居住地的一员，所谓时空坐落，或者生活化地表达为"地方"。如果说传统世界存在着各种各样的生活方式，"首先是因为（人们的）生活是在不同的生活空间中进行的"[①]。理由是如此的常识而充分，以至于社会史脱离了地方背景根本就无法成立，包括其中的日常史。

第一节　中观江南

在历史学中，强调空间因素的研究常被称为地域研究。但地域空间究竟是多大？这是一个相对的概念。就传统史学视野中的地域而言，大，可能会超过整个中国的疆域；小，却不会小于一个市镇，前者人们一般目之为宏观（在这种情况下，多数人已经不在意空间了），后者人们一般称之为微观（传统史学极少涉足这样的空间）。如此说来，地域总是介于宏观与微观之间，就如江南；这在理论上被界定为"中观"。如此，地域研究其实是一种中观研究。[②] 作为日常生活史的环境，宏观、中观和微观各有其特定的意义，需要分别加以讨论。我们首先讨论作为中观地域的江南。

---

① ［德］汉斯－维尔纳·格茨：《欧洲中世纪生活》，王亚平译，东方出版社 2002 年版，第 5—6 页。

② 参见王慎之《中观经济学》，上海人民出版社 1988 年版，第 2 页。

中观江南对乡民日常生活的影响表现在多个方面，其中变化非常缓慢、而作用深刻的因素尤其值得关注。法国年鉴学派史家布罗代尔在考察现代资本主义的发生时，一再提醒人们要注意这一历史认识的视角，即所谓"长时段"要素。它主要包括自然和人文两个方面。

一　自然要素：生态环境

关于江南地域范围，自古以来，歧说纷纭，言人人殊。[①] 引发争议的原因不一而足，而有一点是基本的，论者据以确定地域范围的标准各各不一：或者行政区划，或者经济区划，或者方言系统，或者风土人情……抑或几者的综合。笔者以为，综合考虑多种因素当然是必需的，但作为标准的这些因素不应等量齐观：一些变动不居的因素，典型者如行政区划；或者模糊不清的因素，典型者如风土人情，无法成为基本的标准。那么相对稳定而清晰的要素是什么呢？自然生态。地域江南之所以成立，自然生态的独特性和整体性应该是不容置疑的。

美国学者施坚雅（W. Skinner）在确定中国农业社会中"区域体系"的概念时，特别提到18世纪菲利普·布茨（Philippe Buache）"独特的学说"：地表由山脉分割的江河流域所构成，山脉是天然的分界线。据此，施坚雅认为，就农业中国来说，以江河流域作为区域的要素是特别适宜的，"虽然各流域区界限的确定包含有一些计算上的问题，但山脉形成的分水岭还是容易鉴别的，以此作为区域分界线就能说明所有地区的地理范围"[②]。江河流域—山脉分界线或可粗略地视之为自然生态。从自然生态要素出发，江南地域景观一目了然：从西部由北向南转东一线缘饰着山丘，有宁镇山脉、宜溧山地、黄山、莫干山、天目山、龙门山、会稽山、四明山、天台山，山体一般在700米以上；中部核心地带以太湖为中心，是苏南平原和浙北平原，地势低平，呈浅碟形，一般海拔2.5米；介于高低层级之间的垄冈高地，从北部沿江，由东向西、而南、而东，连属成环；东

---

① 小，仅止于太湖周边，大，大到长江以北，南岭以北；南岭以南便称岭南了。参见李伯重《简论"江南地区"的界定》，《中国社会经济史研究》1991年第1期；李伯重《江南的早期工业化（1550—1850）》（社会科学文献出版社2000年版）第一章第二节第一目；陈学文《明清时期太湖流域的商品经济与市场网络》（浙江人民出版社2000年版）第一章第二节。

② ［美］施坚雅：《中国封建社会晚期的城市研究——施坚雅模式》，王旭等译，吉林教育出版社1991年版，第152页。

部延伸至东海，形成岛滩。① 整个江南以太湖为枢纽，上纳山地之水，倾注入太湖，下泄至东海。宁绍北部虽被杭州湾喇叭口与杭嘉湖南部切开，但同属浙北平原，呈现出与太湖地区基本相同的水乡景观。见图2－1：

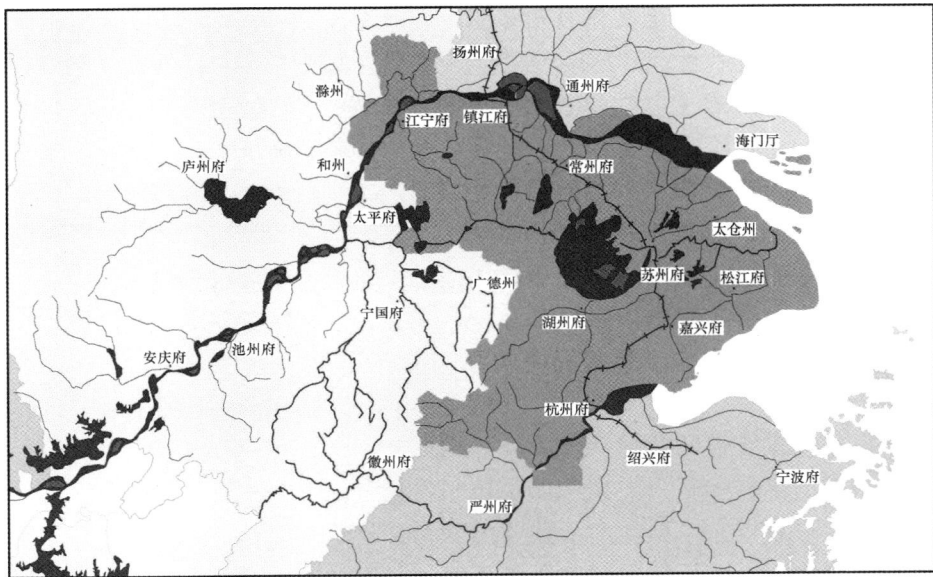

图2－1 江南地域图

布罗代尔强调，自然生态"也是历史研究的一个方面，而且与其说研究地理，不如说研究历史"，在这种情况下，"地理不再是目的本身，而成了一种手段。地理能够帮助人们重新找到最缓慢的结构性的真实事物……这样的地理学就特别有利于烘托一种几乎静止的历史"②。

江南属热带湿润季风气候。年平均气温15—18℃，全年无霜期240—280天，年平均降水量1000—1500毫米。江南分布匀称而降落温和的雨水，使得这块肥沃的三角洲地带既无北方干旱之虞，又免华南不少地区因雨量急剧而造成的石灰质流失。在这样的生态条件下，江南作物布局的合

---

① 按照现今的行政区划，大体上相当于上海市、苏州市、无锡市、镇江市、南京市、湖州市、嘉兴市、杭州市、绍兴市、宁波市、舟山市、金华北部和黄山市。

② ［法］费尔南·布罗代尔：《菲利普二世时代的地中海和地中海世界》（上卷），唐家龙等译，商务印书馆1996年版，第20页。

理性和独特性，不仅体现为可以获得较高的经济效益，也呈现出商品经济的自然倾向性。这样，江南社会在微观和中观层次上的内循环生生不息，在宏观层次上获得了统一的大市场。

台湾学者李国祁在专门讨论地域社会现代化问题时指出：自然生态环境对现代化的影响至大，尤其该地区经济方面的发展，多受自然因素影响。居民之所以能致富，乃地利使然，尤其工业技术尚未发达时，则全视地利而定。气候不仅影响植物的生长，更影响人类的思维活动，太热太冷，皆非所宜；地理位置，交通条件，又影响商业的发展，而商业不全是现代化的一项刺激因素，其发展与否，多由该地区之交通与产品而定。总之，自然生态环境是决定现代化的基本因素之一。[①] 这样的"决定"性和"基本"性，在我们考察近代江南乡民生活过程中将不断地体现出来。

二　人文要素：物质生活方式

在影响日常生活的长时段要素中，与自然要素同等重要的，是千百年来累积而成的物质生活方式。所谓物质生活，"无非就是人和物，物和人。研究物——包括食物、住房、衣服、奢侈品、工具、货币、城乡设施，总之，人使用的一切——并不是衡量人的日常生活的唯一方法"[②]，更关键的，是这些以物的形态出现的生活资源与汲取这些资源的人的结合方式，即物质生活方式。在江南，具有普遍意义的两种物质生活方式对乡民日常生活影响深远。

其一，发达的经济作物经营。

经济作物经营包括生产和加工两个基本环节，生产环节显示了农业的特性，而加工环节体现了（手）工业的特性。近世以降，在经济作物经营发达的江南乡村，自然经济发生了很大的变异：一方面，小农业与手工业仍然结合在一个家庭内部，表现出典型的自然经济特征，另一方面，"农工混合的乡土经济"因为经济作物经营的发达而与市场紧密相连，表现出强烈的商品经济倾向。在江南不同类型的生态环境中，虽然所经营的经济作物种类不一，但都很发达。周边山区主要是茶业，在中心水乡主要是蚕

---

① 李国祁：《中国现代化的区域研究·闽浙台地区，1860—1916》，"中研院"近代史研究所1987年版，第48页。

② ［法］费尔南·布罗代尔：《十五至十八世纪的物质文明、经济和资本主义》第1卷，施康强、顾良译，生活·读书·新知三联书店1992年版，第28页。

丝业，介于两者之间的环状高地主要是棉纺织业，东部岛滩则主要是渔盐业。除了部分含有自给成分的棉纺织业外，其他经济作物经营完全是商品性的。以丝织业为例，丝织衣料轻盈、柔滑、剔透而富光泽。这种自然属性赋予其一个明显的经济特点：织穿分离。农民辛勤劳作，治丝织帛，不是为自身日常消费；丝织物是富裕阶层的消费对象，具有奢侈品的性质。对此，历史文人愤然命笔："遍身罗绮者，不是养蚕人"；"如何织纨素，自著蓝缕衣"？富裕阶层不专指中国人，也包括外国人。织穿分离的特点给丝织业带来两个突出的倾向性：

首先是商品性。农民织绸，或是为了纳税，或是用以换取其他生活必需品，都必须通过市场，完成其物质形态的交换，因而，丝绸业从一开始基本上就具有商品经济性质，当然属于简单商品经济。丝绸这种"天生"性质，决定了丝织业在社会经济发展过程中生发出不可小视的能量。其次是外向型。据载，从公元前五六世纪起，中国的丝织品就开始传到西方。花团锦簇的中国丝绸在欧洲一经出现，便受到贵族阶层的极度欢迎，他们以穿着中国丝绸为高尚的时髦。丝绸之路成为东西交通的代称。此后中国的丝绸外销不断。直到近代，生丝仍是出口贸易中的大宗物品，其中白丝质量最高，拥有的国外市场也最大，白丝中最负盛名者是江南农民在家内缫制的辑里丝。[①] 丝织业的外向型特征，使其获得了一个广阔的国外市场，加速了自然经济的瓦解。

依仗发达的经济作物经营，数百年来的江南乡村生计裕如。绍兴上虞由于特殊的地理位置，有山、有田、有滩，兼具江南数种类型的生态环境，即几乎囊括了江南主要的经济作物经营。据 20 世纪 20 年代资料，上虞大多宜于栽桑，家家户户都有育蚕的经验；沿海一带所出产的食盐为数甚巨，"拥有渔盐的大利"；至于茶叶，仅章镇一地，"每年已不下二三百万元的出品"[②]。20 世纪 20 年代，上虞出身的农业经济学家吴觉农与友人谈起地方生活景况时说，只要年成比较丰熟，或者某种出产价格高涨，则该地生活便觉裕如。以茶叶为例，1926 年茶价比前两年贵一倍多，备有茶山的农人，尽管当年遇到了水旱灾害，生活也还过得去。其实，"也不仅

①　李明珠：《近代中国蚕丝业及外销（1842—1937）》，徐秀丽译，上海社会科学院出版社1996 年版，第 89 页。
②　吴觉农：《论本县的富源》，《上虞声》1926 年 10 月 9 日第 2 版。

上虞一县如此，无论在工商本位的大小都市，在农业本位的乡村，在中国或在外国，只要某种生产事业比较的发达，他种事业没有特异的变动，一都市，一乡村，或一省一国的金融上，便很能安安稳稳的度日了"[1]。在这一意义上，发达的经济作物经营就是地方社会的"富源"。

然而在总体上，江南乡村的自然经济结构并没有因为经济作物的发达而自行瓦解，在历史时期，农业与手工业仍然稳定地结合于家庭内部。究其原因，一方面缘于人口压力造成的人地关系紧张。小农业与家庭手工业的结合，是一切传统乡村经济结构的常态表现。任何社会的再生产都包括物质资料的再生产和人口的再生产，物质资料再生产的扩大必须适应人口不断增长的需要。在传统乡村社会，农业活动是最主要的经济活动，土地是最主要的物质生产和生活资料。在这里，传统乡村社会再生产内部的矛盾，主要表现为人地之间的矛盾。为了缓和日趋紧张的人地矛盾，东西方传统社会都把增加新的生产内容作为扩大物质资料再生产的一种重要方式，称之为农家副业。与农业生产同一性质的副业主要是经济作物的种植，与农业生产不同性质的事业便是乡村手工业；大多数乡村手工业就是经济作物的加工。小农业与家庭手工业就这样自然地结合在一起。

另一方面，传统中国社会晚期的地主制经济强化了小农业与家庭手工业的结合。明清时期，江南人地矛盾为他方所不及。清嘉庆年间，江南松江府人均仅有土地 1.61 亩，苏州府只有 1.05 亩。[2] 人地关系既紧张，土地占有又极不平均。在这种情况下，大量的过剩人口为地主提供了充沛的劳务来源。闲人既多，则不论租佃条件多么苛刻，也要忍痛承佃。由此，农民不但被地主剥夺了全部剩余劳动，甚至被侵吞了大部分必要劳动。在强大的生存压力下，农民不能专靠佃耕少量土地谋生，而必须同时经营一些家庭副业作为补充。这样，小农业与家庭手工业就结合在一起。费孝通清楚地揭示了地主制与自然经济结构两者之间的关系："只有这种农工混合的乡土经济才能维持原有的土地分配形态……同时也使传统的地主们可以收取正产量一半的地租，并不引起农民们的反抗。"[3]

综上，在传统社会晚期的江南乡村，自然经济结构依然坚韧，但它已

---

① 吴觉农：《论本县的富源》，《上虞声》1926 年 10 月 9 日第 2 版。

② 许涤新、吴承明主编：《中国资本主义发展史》第 1 卷，人民出版社 1985 年版，第 200、677 页。

③ 费孝通：《乡土重建》，上海观察社 1948 年版，第 84 页。

经不是一种纯粹的自然经济，而是包含着相当程度的商品经济成分。傅衣凌指出，明清地主制经济"不纯是自然性的。为的封建的自然经济需要有一定的交换。因此，地方经济中就包括有商品经济因素在内"①。在商品经济发达的江南，这一倾向更为明显。

其二，集约化的稻作生产。

布罗代尔注意到，小麦、水稻和玉米这三种农作物在世界范围内以其"辉煌的成果"成为"文明作物"，"构成了人的物质生活乃至精神生活的内涵，因而起着几乎不可改变的结构的作用……作为'文明的决定因素'，它们左右着农民和人的日常生活"②。在这一意义上，小麦和水稻可称决定中国农业文明的因素。"集约种植五谷作物的农民构成了中国绝大多数的人口，他们是中国文化源远流长的深厚基础……几千年来，汉族人赖以生存的经济基础主要是简单的农业生产方式，通过种植业的收获取得食物。种庄稼的悠久历史培植了中国的社会结构。其中的上层建筑、意识形态是用来维护这个经济基础的。"③

作为江南核心区域的太湖流域，是全国最大的稻米产区。这里地势低平，河湖密布，水热资源丰富，宜于稻作，种植历史悠久。④ 稻作在江南、在中国文明发展过程中的作用被外国社会史学者充分注意到："中国最早的文明建立在北方，那里不种稻米……随着水稻的种植，中国生活的重点完全颠倒了过来：新兴的南方代替了历史悠久的北方"，因此，中国的经济重心后来南移，"水稻要负一定的责任"；对于稻作对江南地区"广泛的影响和深远的"影响，布罗代尔概括道："稻田占地不多，这是第一个要点。其次，高产的稻米能养活众多的人口和保证人口的高密度"；另外，由于稻作，江南城乡的相互依存关系比在西方更加紧密："城市的垃圾和人粪尿以及街头脏土可以肥田。因此，农民不断去城市收集宝贵的肥料。"⑤ 在更广阔的视野中，布罗代尔指出，江南稻作塑造了传统中国的物

---

① 傅衣凌：《明清社会经济变迁论》，人民出版社1989年版，第88页。

② ［法］费尔南·布罗代尔：《十五至十八世纪的物质文明、经济和资本主义》第1卷，第121—122页。

③ 费孝通：《社会调查自白》，知识出版社1985年版，第32—33页。

④ 太湖地区的水稻种植出现于新石器时代。参见游修龄《太湖地区稻作起源及其传播和发展问题》，《中国农史》1987年第1期。

⑤ ［法］费尔南·布罗代尔：《十五至十八世纪的物质文明、经济和资本主义》第1卷，第167、177、180页。

质形象——兴修水利和集约经营。这一形象的塑造始于汉代，但其"完全形成却要等到早稻在南方种植成功"；这是一场漫长的农业革命，"这场革命不但打破了和革新了传统的结构，而且对远东的历史无疑起着决定的作用"①。在经济生活中，这些作用集中而突出地表现为，至明清，集约生产直接促成了经济作物的经营：

> 早在明初，那儿已出现了人力非常密集的经济。水稻和桑蚕生产已很先进。在自然条件适宜的区域，冬小麦已作为水稻收获后的第二茬作物种植，人口增长到 470 万，而人均耕地面积下降到 3 至 5 亩。提高作物复种程度已几无余地，因此进一步的农业密集化一般就意味着转向劳动更为密集的经济作物的生产。②

以水稻为代表的集约生产和经济作物经营，将江南社会推向了农业文明所达到的极限高度，并从中滋生了新的生产关系萌芽，尽管这些稀疏的萌芽后来并未获得优越的历史环境，但乡土江南的这些物质生活方式为地域社会的近代成长提供了有利的人文条件。

第二节　类型江南

整体地看，中观江南呈环状梯级分布格局：中心水乡，边缘山丘，中环沙地，东缀岛滩；在这些特定的自然生态环境中，数千年来生息着不同的地方群体，衍为各具特色的生活形态，是为"类型江南"。类型江南必须进行专门的考察，无法由中观江南替代。

一　不同类型的生活形态

在许多人的印象中，江南文化似乎就是以太湖为中心的太湖文化。由于春秋时代这里曾经存在过句吴和于越两国，③ 不少人又将江南文化等同

---

① ［法］费尔南·布罗代尔：《十五至十八世纪的物质文明、经济和资本主义》第 1 卷，第 178—179 页。

② ［美］黄宗智：《长江三角洲小农家庭与乡村发展》，中华书局 2000 年版，第 77—78 页。

③ 一般认为，在今天的江浙之间，南起宁绍，北至杭嘉湖，及至苏南，在地理上常被称为吴越之地；见陈桥驿《吴越文化论丛》序，中华书局 1999 年版。

于吴越文化。一旦作如是观，江南社会从自然到人文而社会，就变得非常纯然：港汊密布交错，农人共话桑麻，苏杭一体天堂，便是全部的江南。其实，这只是江南整体社会的一个部分；所谓"小桥、流水、人家"只是中心地带的地域影像。而在徽州山区，在莫干山区，在天目山区，在四明山区，在天台山区，草木葳蕤，瀑布飞溅，炊烟袅袅，这些边缘山里人家与中心部位的水乡人家，尽管在自然和人文景观等方面相去甚远，但他们同是江南人家。在经济形态方面，江南内部的差异亦然。近世以来，"近湖诸山家户，蓄取棉丝"①，如吴县光福一带，"蚕事尤勤于他处……惟地无木棉，故纺织则不习也"②。习于棉纺织的则是滨临江海的沙地：苏南的松江、嘉定、太仓、常熟、江阴等地皆沙土，广种棉花；浙东"三北"③沙地从清康熙时开始植棉，徐玉《春花歌》云："沙地种树宜木棉，万家衣食出其里"即吟此。④ 放眼江南周边山区，自是另一番景象；20 世纪 30年代杭县凌家桥的经济作物种植自古以来就是如此："种茶栽竹便成为本区农民主要的副业，全区茶山和茶地计约二万六千亩，竹林亦有一万四千余亩。"⑤ 在东部岛滩的舟山渔场，人们看到的是这样一种情形：其地有钱塘江、长江之有机物流入，浮游生物丰富。五、六月间寒暖流交错，水温渐增，乌贼次第来游。乌贼渔场分两大区域，北为江苏崇明县，属马鞍群岛，南为浙江定海县，属中街山群岛，南北长达八十里。每年渔期自农历四月初至五月底止，为期仅两月。浙东居民多赖此为生。⑥

在不同类型的江南乡村，人文景观明显不同。比如在水乡江南，船已经成为一种生活方式。江南农民散处四乡，为了克服分散性带来的规模不经济，一部分人利用定班航船进镇买卖，一部分人干脆把交易活动托付给了航船主，因此，航船制度"在太湖周围地区非常普遍"⑦。民国时的大体

---

① 姜顺蛟、杨绳武、叶长扬修，施谦纂：乾隆《吴县志》卷 23 "物产"，清乾隆十年（1745）刻本。

② 徐傅编、王墉等补辑：（光绪）《光福志》卷 1 "风俗"，苏城毛上珍铅印本 1929 年。

③ 原镇海、慈溪和余姚三县北部，俗称"三北"或"三北平原"，1954 年，"三北"被划建为新的慈溪县。见慈溪市地方文献整理委员会编《慈溪文献集成》第 1 辑，龚建长序，杭州出版社 2004 年版。

④ 杨积芳总纂：民国《余姚六仓志》卷 17 "物产"，1920 年铅印本。

⑤ 郭人全：《杭县凌家桥的土地关系及农业经营》，俞庆棠主编：《农村生活丛谈》，上海申报馆 1937 年版，第 19 页。

⑥ 《舟山群岛之渔场》，《银行周报》1933 年第 17 卷第 5 期。

⑦ 费孝通：《江村经济》，江苏人民出版社 1986 年版，第 177 页。

情形是，"每晨由各乡村开船来镇，中午由镇返乡。到镇后即步入茶馆。茧、丝、新米上市时，乡人即以此地为探听市价之所，因而经营茧丝米及其他产品之捐客，亦往往出没于其间，从事撮合，赚取佣金"①。本来，村子里大都是有杂货店的，但是，"这些在村坊上的杂货店是只在有客人来，航船已经开了，等着用时才去做买卖的"。在他们的共同体生活中，比"店"更重要的是"航船"②。

来到村子里的货郎也是摇船来的，那是"船店"："平常一个人摇着橹，到得行近一个村庄，船里有人敲起小锣来，大家知道船店来了，一哄的出到河岸头，各自买需要的东西，大概除柴米外，别的日用品都可以买到，有洋油与洋灯罩，也有苎麻鞋面布和洋头绳，以及丝线。"③

实际上，水乡的各种活动几乎都离不开船。从事书籍交易有"书船"；专门运送戏班子的有"班子船"，露天戏台搭在船上，那是"戏船"；收租船称"账船"；远路朝山进香乘"烧香船"，近路参加庙会搭"拜香船"，供奉、祭拜神明的是"佛台船"；有名气的郎中出诊有专门的"郎中船"；里人迎娶新娘的"花船"和"迎船"统称"迎亲船"……不一而足。④ 吴江唱佛班子船称"宝卷船"，比乌篷船要大，能容纳整个班子及摇船人 10 位，是必备的家当。演出转场固然不可或缺，还可以受雇于大户人家赴杭州等地还愿进香。据吴江宣卷琴师沈宝根回忆，民国年间去杭州大多乘夜航船，长夜漫漫，宣卷班子便在船上唱上几出宝卷，唱着唱着就到杭州了；到了庙里，再唱给佛主菩萨听。⑤ 总之，水乡地方，河流四通八达，"这环境娇养了人，三五里也要坐船，不肯步行"⑥。船成为乡土江南生活形态的基本要素。

揆诸既往的研究，对于江南不同类型的地域生活形态，学者们的关注度存在着很大的差别；中心水乡最受重视，东部岛滩形态明显地被冷落

① 刘大钧：《吴兴农村经济》，上海文瑞印书馆 1939 年版，第 133 页。
② 费孝通：《芳草茵茵——田野笔记选录》，山东画报出版社 1999 年版，第 83 页。
③ 周作人：《水乡怀旧》，香港《新晚报》1963 年 8 月 11 日。见钟叔河编订《周作人散文全集》第 14 卷，广西师范大学出版社 2009 年版，第 86 页。按，该文发表时署名"岂明"。
④ 参见费三多《湖州船谱》（内部资料），湖州市政协文史资料委员会、湖州市港航管理局 2006 年；朱惠勇《中国古船与吴越古桥》，浙江大学出版社 2000 年版。
⑤ 殷秀红：《宣卷船》，《苏州杂志》2016 年第 2 期。按，宣卷，宣唱宝卷。
⑥ 丰子恺：《塘栖》，《丰子恺文集》第 6 卷，浙江文艺、浙江教育出版社 1992 年版，第 673 页。

了。作为江南社会的天然组成部分，东海一方的生活形态自然应该列于其中；在学理上不妨称之为"东海类型"。东海岛滩生活以其迥然不同于其他生活形态的特性，戛戛成为一种类型。比如在舟山岛，聚落景观便别具一格：

> 大小聚落，多位于一百公尺以下之地……最足注意者，主要聚落，既不在平原本部，亦不在海边，最常见之"位址"（site），厥为山地与平原接触之处。定海县城如此，较大之十余村镇，除沈家门、岑港镇，与县城之码头聚落外，亦如此。小村与独户，概以此为原则。良由本岛山地多平地少，凡有平地，理宜用于生产，毋使为屋宇所占。居民宅于山麓，固也。[①]

舟山岛民的经济活动，以渔盐与耕作为主，依岛屿生态而呈现出鲜明的特征："耕地为各河谷与滨海平原，面积小而分散，大农制自难存在，反之，小村与独户之多，表露小农之象征"；该岛南北两岸之沙滩和泥滩及附近小岛，皆有盐田，因"各岛间海水之化学成分"优良，其盐田利益不薄；但岛内之棉花，因"土壤本身之缺点"，"其产量较低于大陆各县"[②]。单单其中的岱山：

> 这仅有三千余万公尺面积的小岛，它是浙江省渔业的唯一根据地，同时，也是年产食盐六十万担的制造场，它负荷着十四五万渔盐民生活的重任，从有历史以来，便一直尽着这种最大的义务。[③]

所以，以下岱山盐民的生活场景虽说被记录于20世纪30年代，其实"从有历史以来，便一直"是这样的："海水在高热度的热气中蒸发着，喷出腥湿的浊氛，但他们不害怕头上燃烧似的阳光，也不害怕脚下沸滚般的热水，男的，女的，老的，少的，在继续不断地工作着。"[④]

岛民生活中的某些特殊风俗，咋闻之下，让人匪夷所思。在岱山，

---

① 罗开富：《舟山岛》，《地理》1948 年第 6 卷第 1 期。
② 罗开富：《舟山岛》，《地理》1948 年第 6 卷第 1 期。
③ 圣旦：《岱山的渔盐民》，《光明》（上海）1936 年第 1 卷第 8 期。
④ 圣旦：《岱山的渔盐民》，《光明》（上海）1936 年第 1 卷第 8 期。

"憎恶女孩已成为劳苦父母的普遍心理，所以她们一生下来就有被溺死的机会……但幸运的是他们惧怕天打，因此从迷信的权力下，许多姊妹得能活下来"①。实际上，能够活下来，却未必是她们的幸运：

> 从襁褓起到自己能行动止，这时候做母亲的除稍稍照顾衣食外，终日把孩子放在盐田边，自己去工作。特别是女孩，是不会引（起）母亲爱惜的，她们是足够倦劳了，那（哪）里能有时间去照顾女孩，她能自己死去，是一件求之不得的事情，所以她们在盐田爬的时候，爬到远了往往被野狗咬，或跌得头破血流，成为终身残疾的。比起睡在摇篮里的女孩，她们同样是人类呀！为的是她们父母要挣扎吃一口仅能充饥的饭。
>
> ……到了青春的时期，她们中一部份（分）的命运是转变了！由体力的劳动被饥饿迫着出卖肉体的路。因为这种生活在物质上的报酬较丰，家庭间无可奈何，往往使女儿媳妇去度此生涯，这种生涯是被经济较宽者所极看不起的下流人。②

面对这样的风尚，某些不明就里的"外乡人"便在报纸上发表议论，称"岱妇素性淫荡"。20 世纪 40 年代有调查者诘问：做父母的"何尝不知，但是什么能解救家中的穷呢？"做女儿的难道不知耻辱吗？当然不是！实情是："她们所得的代价依旧是很低的，不过比她们父亲劳动血汗换来的一担盐只能卖几毛钱，还要抽捐税是足够可观了！因此养成一般贫苦姊妹出卖肉体的风尚。"③近代中国许多地方都存在重男轻女的心理，都遗存着溺婴的恶习，都流行着童养媳的风俗，都处于穷窘的境地，然而岱山岛的女性生活将这些怪风恶俗推向了极致。

显然地，这是一个从自然生态到日常生活的各方面都独具特色的类型——东海类型，它无法由江南社会的其他类型所取代，正如东海类型不能取代其他类型的江南社会一样。

作为鸦片战争后第一批被迫开放的通商口岸，宁波是中国最先走向近

---

①　吕紫：《岱山的妇女》，《妇女生活》1937 年第 4 卷第 5 期。
②　吕紫：《岱山的妇女》，《妇女生活》1937 年第 4 卷第 5 期。
③　吕紫：《岱山的妇女》，《妇女生活》1937 年第 4 卷第 5 期。

代化的地区之一，其近代化历程自然受到学者的普遍关注，但在中心城市（宁波）的近代化大潮中，近在眼前的东海普通岛民的生活如何？少有人研究。

以岛居安全说，在一个岛屿上，"滨海之处，除渔人不能不就近建居外，一般农民，似无靠居住之必要……对外治安不静之世，靠海尤恐孤立无援"①。民国后期正值"治安不静之世"，在象山、定海等海岛上，盗匪劫货架人之事时有发生。据20世纪40年代《宁波人周刊》：

> （象山渔山）石浦海外南渔山岛（属三门南田区）近被台州股匪盘踞，势甚猖獗，日前派匪向北渔山渔网户强借粮款三百万元，向住户勒索二百万元，否则倾巢劫扰，该岛远悬海外，政府鞭长莫及，现岛民纷纷挈妇携孺，搬箱带笼，渡海向象南廷昌乡逃避。
>
> （定海）高亭镇江南系一孤悬小岛，住民仅百余家，本月二（日）夜十一时许，突来匪徒十余人，手持木壳，破门而入，大肆劫掠，因本年渔汛不佳，民家均无积蓄，故损失尚轻，匪徒在虞成满、任小国等六家挨户搜劫，历三时许后，始扬帆而去。②

而在此之前的20世纪30年代日伪统治时期，舟山的海盗又是另外一副嘴脸：

> 随着敌舰的横行，敌人又一手造成了"以华制华"的海盗，四出在海面上掠盗自己亲爱的同胞，间接的帮助了敌人的捣乱。最近在舟山海面上的海盗，据说已经多过一百四十多股，这些使军警也有了"鞭长莫及"之叹了。
>
> ……海盗方面，也竟可以（要求渔民）向他们领买"通行证"，每张索勒费用自数十元至数百元不等。这样就可以避免各种的麻烦。这类海匪枪械常常是很齐全，他们趁着政府力量不及的时候，竟敢"这样丧心病狂"地杀害自己的同胞。③

---

① 罗开富：《舟山岛》，《地理》1948年第6卷第1期。
② 《定象盗匪，劫货架人》，《宁波人周刊》1946年第10、11期。
③ 扬子江：《救救舟山群岛的渔民》，《战时生活》1938年总第14期。

从海盗在近代舟山的横行，我们可以看到东海岛民生活的常态及其在不同时代的历险，这样的常态及其历险在类型比较中的样本意义自不待言，应该引起我们的重视。

在此需要强调的是，地域社会仍然是日常史研究的必要空间单位。因为江南的任何一种类型首先从属于江南，是江南的类型之一。在这里，我们应该认识到，地方特色的赋予是以地域的某种类型、而非整个地域为单位的。我们认识了水乡生活样式，但它无法代替对于山庄、海岛和渔村等他种生活样式的认识，只有分别认识了这些类型，才能全面地认识整体江南，因为很显然，江南社会是由所有这些不同类型的自然生态及其人文环境共同作用而成的。

可以想见，由于在自然生态、人文景观以及生活状态等方面的差异，其他类型的江南共同体生活将会呈现各各不同的特色，但它们同为江南人家的生活。

二　类型江南的自然根基

很明显，不同形态的地域生活基本上取决于自然生态环境。布罗代尔在考察 16 世纪后半期地中海岛屿时，批评"拘泥于政治文献的历史学家最初总是看不到"的事实：

> 任何一个岛屿不但有独特的风土人情，并且有独特的植物和动物……这些珍奇资源决不意味着富足。没有一个岛屿的生活能确有保障。每个岛屿尚未解决或者解决不了的大问题，就是怎样依靠自己的资源、土地、果园和畜群生活，以及由于做不到这一点而怎样向外求援。①

布氏在这里一再强调"任何一个岛屿"都具有这样的特征，并非以抽象的概念取代实际的海岛生活，而意在提醒我们，类如地理、生物、气候等这些生态环境要素，与当地族群之间所形成的关系，形成了一种"几乎静止的历史……这是一种缓慢流逝、缓慢演变、经常出现反复和不断重新

---

① ［法］费尔南·布罗代尔：《菲利普二世时代的地中海和地中海世界》（上卷），唐家龙等译，商务印书馆 1996 年版，第 203 页。

开始的周期性的历史", 是为历史的长时段要素。[①] 年鉴学派史家之所以特别注意日常史中的自然生态因素, 原因正于此。

作为一种典型的江南生活类型, 浙江余姚蒋村的岛滩生活别具一格。在《西潮》中, 除了人文的西潮, 蒋梦麟特别意识到自然意义上的"西潮"——东海的潮流, 对于地方生活方式的"长时段"形塑:

> 几百年来, (钱塘江)江水沿岸留下肥沃的泥土, 使两岸逐步向杭州湾扩伸。居民就在江边新生地上筑起临时的围堤截留海水晒盐。每年的盐产量相当可观, 足以供应几百万人的需要。经过若干年代以后, 江岸再度向前伸展, 原来晒盐的地方盐份(分)渐渐消失净尽, 于是居民就在离江相当远的地方筑起堤防, 保护渐趋干燥的土地, 准备在上面蓄草放牧。再过一段长时期以后, 这块土地上面就可以植棉或种桑了。再把这种土地改为稻田, 也许要再过五十年。因为种稻需要大量的水, 而挖池塘筑圳渠来灌溉稻田是需要相当时间的, 同时土地本身也需要相当时间才能慢慢变为沃土。[②]

决定水乡江南生活形态的自然生态与岛滩环境大相径庭。这里以水网格局闻名于世。太湖自然水系由两溪三江五湖构成。[③] 这些大大小小的河流湖泊交织通畅, 以太湖为中枢, 上纳下泄, 形成自然水网。太湖流域的自然水系基本上呈东西走向, 水系之间无法自成网络, 各种南北向的人工水系(主要是运河和塘浦系统)的凿修, 弥补了自然水系的不足。至迟到宋元, 太湖水网已基本形成, 见图 2-2:[④]

根据相关研究, 太湖平原的形成是在太湖凹陷的地质基础上, 经过更新世下蜀黄土层形成之后, 由周围泥沙不断淤积、发育而成的平原形

---

① [法]费尔南·布罗代尔:《菲利普二世时代的地中海和地中海世界》(上卷), 第一版序言; 参见赖建诚《布罗代尔的史学解析》, 浙江大学出版社 2009 年版, 第 4—7 页。

② 蒋梦麟:《西潮》, 天津教育出版社 2008 年版, 第 10 页。

③ 两溪, 即荆溪和苕溪, 是太湖上游的水系; 荆溪源出西部茅山及宜溧山地, 主要支流流经宁镇地区, 在宜兴大浦港与百渎口附近汇成干流注入太湖。三江, 位于太湖下流, 说法不一: 有松江、娄江、东江说, 有松江、浦阳江和钱塘江说, 有吴淞江、娄江和钱塘江说, 总之是介于长江与钱塘江之间的几条河流。五湖, 太湖及附近几个较小的湖泊。

④ 褚绍唐:《历史时期太湖流域主要水系的变迁》,《复旦学报》(历史地理专辑), 1980 年 12 月。

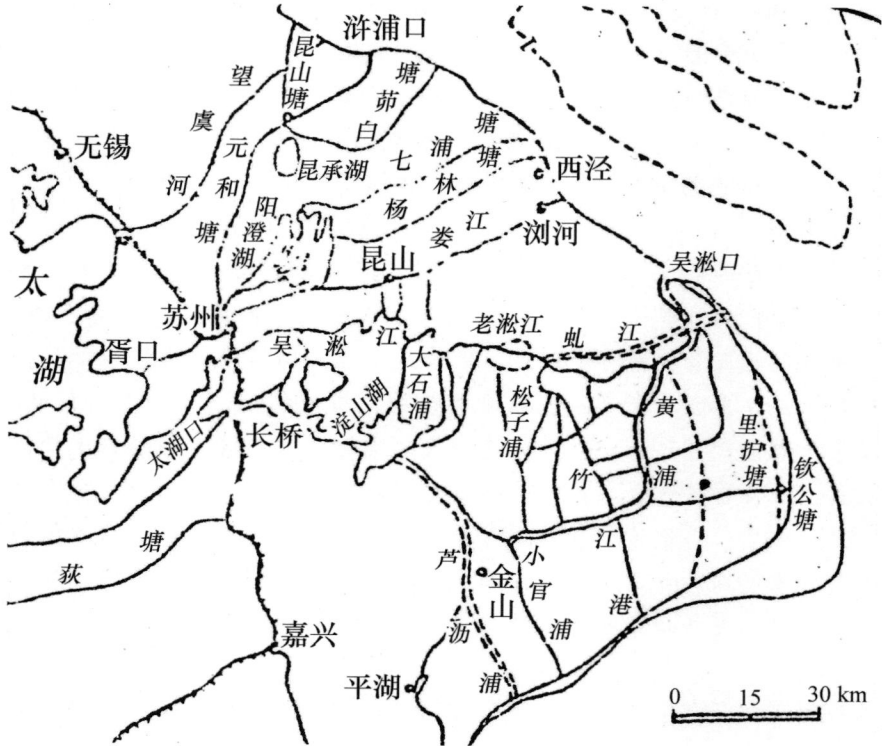

图 2－2　太湖水系图

态。① 平原上日积月累、冲淤堆积的现代土层，经过人类的长期开垦，大多变为水稻土，约占耕地的 90％。由于其土壤中有机质的含量较高（大多在 2％—3％左右），所以肥力和土性一般较全国其他地区的水稻土为优。

　　自然土壤是在以生物为主导的母质、地形、气候、植物和年龄等因素的综合作用下形成的，它的特征和特性随着地区的不同而不同。江南东北部的太仓、松江地区，属垄冈地形，由于历史时期处于古海岸地带，成土母质多由河口泥沙堆积而成，属壤性土中的轻壤土型。该土质地轻松，通透性良好，肥力较高，碱性重，适宜于棉花生长。

　　水乡江南的气候特别适于蚕桑的养植。世界蚕桑的养植集中于亚洲东

---

　　① 宫春生：《太湖地区土地类型特征》，《太湖流域水土资源及农业发展远景研究》，科学出版社 1988 年版，第 60 页。

部的季候风地域是有理由的：蚕的生长要求适宜的温度和湿度，亚洲东部夏季的季候风带来了和暖的温度，又有不间断的小雨，保持适当的湿度。中国具备了蚕的生长条件，但并不是遍地有蚕，只有那么四五个地域，而以"靠着太湖附近的各县，生长的蚕最多"①。因为这里的黏性土壤特别适宜于植桑，密布的水网又为桑树的生长提供了"充足"而"最好的肥料之一"——河泥。②江南湖桑由其他桑种嫁接而成，"叶大而圆，汁多而甘"，为各地桑种之冠。③蚕以此肥润之叶，茁壮成长。

山区江南多山货。在著名的竹乡安吉，毛竹获得了非常适宜的水温条件。在那里，最冷月份（1月）的平均气温不低于零下4℃，地下幼笋可以完全越冬；在孕笋季节（6—10月份），温度高，梅雨、台风雨和秋雨为竹鞭发笋提供了丰富的水分；春季的竹笋随着春雨破土而出。④山区尤以茶叶为大宗出产。茶树的生长离不开三个生态条件：一是红土。茶树之所以多生长在中国的南部和西南部，因为这里有一种红土。这是由红色的岩层风化而成的沙土，疏松而肥沃。黏性的土壤，对茶树就不适宜。二是气候。红土地带气候温和，雨量丰沛，常常阴云密布，地气富于水分，土壤非常潮湿，很适合茶树的脾胃。三是地形。茶树喜欢生长在茶山向南的地方，或小山，或土堆，或丘陵，以及大山脚下。它靠着大山，免受寒风吹打；它长在小山，因为多量的雨水，把大山上烂草和腐化的树叶冲下来，变为它的养料；它朝着南方，是因为喜欢阳光。按照这样的条件，江南周边山区以其山脉盘亘、峰峦丛峙成为主要的产茶地，而皖南之徽州，浙西遂昌、淳安一带，产量之多，品质之佳，尤居江南其他各地之冠，"当地民生，十九惟茶是赖"⑤。

近代江南乡民的日常生活细节就这样深深根植于不同类型的自然生态

---

① 王冰：《中国的茶和丝》，（上海）文通书局1948年版，第22页。按，中国集中养蚕的五个区域是：珠江三角洲、长江三角洲、四川盆地、山东半岛和辽东半岛。

② 李明珠：《近代中国蚕丝业及外销（1842—1937）》，徐秀丽译，上海社会科学院出版社1996年版，第11—13页。

③ 张保丰：《中国丝绸史稿》，学林出版社1989年版，第10页。

④ 刘谨荣主编：《中国的竹乡——安吉》，安吉县志办公室、安吉县教育委员会编，2000年，第17页。

⑤ 举其要者，如歙县之"松萝"，婺源大鄣之"熙春"，休宁白岳之"金芽"、淳安鸠坑之"毛尖"以及所谓"祁红婺绿"者，均系自昔驰名，蜚声中外。见吴觉农编《皖浙新安江流域之茶业》，农村复兴委员会委托调查报告，1934年6月，第1页。

环境中，由此，类型江南必然成为中观江南社会史研究的取径单位。

第三节　共同体江南

从一般意义上刻画江南乡民的空间身份，可以称某位乡民是江南人，当然也可以认为他（她）是南方人，是中国人。但论及乡民的日常生活，我们必须确定其具体的时空坐落，这个坐落只能是共同体。[①] 在微观的意义上，江南乡民生活的研究需要重视共同体江南。

一　共同体：日常空间

作为乡民生活共同体，日常空间意味着一种常态的生活范围，在此范围内人们通过比较密切的互动而彼此熟识；它由以家庭为中心的多种生活半径而延展。这是传统中国民众生活的基本单元。

以俗民大众为中心的人类学，特别关注作为日常空间的共同体，理由很简单：以全盘社会结构作为研究对象，这对象并不能是抽象的，必须是具体的空间，因为联系着各个社会制度的是人们的生活，人们的生活有时空的坐落，这就是共同体；共同体分析的"初步工作是在一定时空坐落中去描画出一地方人民所赖以生活的社会结构"；费孝通认为，"如果历史材料充分的话，任何时代的社区（共同体）都同样可作分析对象"[②]。

事实上，不少中外历史学者早已注意到近代中国的日常空间，并进行了更具历史本位的界定。这些学者或多或少地受到德国人文地理学家克里斯塔勒（W. Christaller）"中心地学说"的影响，[③] 尤其是美国学者。

施坚雅指出，"市场共同体"首先是一种基层市场，它满足了农民家庭所有正常的交换需求："家庭自产不自用的物品通常在那里出售；家庭

---

① "共同体"概念是由德国社会学家滕尼斯（Ferdinand Tonnies，1855—1936）在其名著 *Gemeinschaft und Gesellschaft*（《共同体与社会》，林荣远译，商务印书馆1999年版）中建构的，着眼于社会联结纽带，被翻译成英文"community"后，突出了自然空间的含义。目前，此词的中文翻译有三：社群、社区和共同体。考虑到这一概念的原意、翻译及其演变过程，笔者认为，在中文使用过程中，如果强调群体关系，使用"社群"较确切；如果强调自然空间，使用"社区"较确切；而"共同体"作为母词，更具包容性，含有自然空间、群体关系以及其间的生活意识等意义。

② 费孝通：《乡土中国·生育制度》，北京大学出版社1998年版，第92页。

③ ［法］沃尔特·克里斯塔勒：《德国南部的中心地原理》，常正文、王兴中译，商务印书馆1998年版。

需用不自产的物品通常在那里购买。基层市场为这个市场下属区域内生产的商品提供了交易场所，但更重要的是，它是农产品和手工业品向上流动进入市场体系中较高范围的起点，也是供农民消费的输入品向下流动的终点。"① 这个共同体虽冠以"基层市场"之名，但它也是"重要的社会范围"，甚至可以将之"当作一个文化载体——雷德菲尔德的'小传统'在中国的表现——来分析"②。

小传统自发地萌发于乡村共同体，然后在"群众的生活里摸爬滚打挣扎着持续下去"③。小传统的意义需要通过语言加以展示。语言的使用有一定的边界，它"只能在一个社群所有的相同经验的一层上发生"。另外，"在一个社群所用的共同语言之外，也必然会因个人间的需要而发生许多少数人间的特殊语言，即所谓的'行话'。行话是同行人中的话，外行人因为没有这种经验，不会懂的"④。其实，解读共同体语言仅仅是理解小传统的初步。小传统展示的另外一个重要方式是仪式。经典社会理论家们"总是把仪式与共同体的整合联系在一起"。他们认为，"仪式被视为一种象征性和富于表现性的行动，一种制度化的创造特殊时空的手段，个体在其中可以体验到自己是这个共同体中的一分子"⑤。仪式与共同体的这种特殊关系，使仪式的象征意义成为一种需要专门解读的小传统。其实无须更多地列举小传统的展示方式，关键性的意义在于：同一共同体的成员，"共享一系列使他们用大致相似的方式思考和感知世界、解释世界的概念，意象和思想。概言之，他们一定分享同一文化的'代码'"⑥。总之，小传统是与特定的日常空间——共同体——中的乡民生活紧密相连的。也就是说，这是包括了生计、社会和小传统等所有生活要素在内的日常空间，并且，这样的空间由于生态环境的不同，滋长出独特的生活样式。长年漂泊

① ［美］施坚雅：《中国农村的市场和社会结构》，史建云、徐秀丽译，中国社会科学出版社1998年版，第6页。

② ［美］施坚雅：《中国农村的市场和社会结构》，第40页。

③ ［美］罗伯特·芮德菲尔德：《农民社会与文化——人类学对文明的一种诠释》，王莹译，中国社会科学出版社2013年版，第95页。在另一位美国人类学家格尔兹那里，与"小传统"相类似的表达是"地方性知识"（local knowledge），见［美］吉尔兹《地方性知识》，王海龙、张家瑄译，中央编译出版社2000年版。按，吉尔兹即格尔兹。

④ 费孝通：《乡土中国·生育制度》，第16页。

⑤ ［美］约翰·R. 霍尔、玛丽·乔·尼兹等：《文化：社会学的视野》，商务印书馆2004年版，第98页。

⑥ 庄孔韶：《文化与性灵》，湖北教育出版社2001年版，第29页。

在阳澄湖上的渔民以船为家，船居生活很是别样，当地渔歌唱道：

> 一条网船做世界，芦菲当瓦舱当床。
> 船头行灶烧饭吃，船梢吭处晾衣裳。
> 吭凳吭桌吭靠傍，半夜起风全家晃。①

　　来自浙江余姚的蒋梦麟，早年生活于蒋村。蒋村位于钱塘江南岸的冲积平原上，离杭州湾约二十里之遥。这是一个很小的村庄，只有六十来户人家，约三百人，三面环绕着河汊，南面一条石板路通向邻近的村庄。与邻村牵连在一起的场合很多："碰到过年过节，或者庆祝神佛生日，或者其他时节，活动的戏班子就到村庄上来表演。"最吸引人的要算庙会，"迎神赛会很普遍，普通有好几百人参加，沿途围观的则有几千人。这些场合通常总带点宗教色彩，有时是一位神佛出巡各村庄……迎神行列经过时，掉狮舞龙就在各村的广场上举行"。某家有了喜事，邻村的亲友会来贺喜。1903年蒋梦麟中了秀才，"好几百亲戚朋友，包括妇孺老少，齐来道贺，一连吃了两天喜酒。大厅中张灯结彩，并有吹班奏乐助兴。最高兴的自然是父亲"。蒋父是位小地主，为人自奉俭约，"忠厚而慷慨，蒋村的人非常敬重他，同时也受到邻村人士的普遍崇敬"。蒋父声望所及，就是由蒋村及其邻近数个自然小村落构成的共同体，是为日常生活空间。通常情况下，村人的"足步"不会"逾越邻近的村镇"②。在童稚的蒋梦麟和邻人们看来，外面的世界或许很大，但只有蒋村及其邻村才是日常生活的所在。在乡民们来说，共同体不仅仅是一种意识，更是实际的生活范围。两者以及滋生其间的日常意识，共同界定着作为基本生活单元的共同体。

　　蒋村让后来的蒋梦麟魂牵梦萦。以此日常经验为基础，结合着对传统社会生活的一般认识，他认为，在近代中国，"更切近事实"的日常空间可称之为"自治的小单位"：

> 千千万万的这种单位，由几千年来累积下来的共同的语言，共同

---

① 苏州市相城区文学艺术界联合会、苏州市相城区阳澄湖镇人民政府：《阳澄渔歌》，大众文艺出版社2007年版，第100页。

② 蒋梦麟：《西潮》，第12、19、53、28、36页。

的文化和共同的生活理想疏松地联系在一起。这些或大或小的单位是以家庭、行业和传统为基础而形成的。个人由这些共同的关系与各自治团体发生联系，因此团体内各分子的关系比对广大的社会更为亲切。他们对地方问题比对国家大事了解较深……个人如非特殊事故与所属社会破裂，永远是小单位的一部分。[①]

　　"（基层）市场共同体""自治的小单位"云云，都指向一个基本事实：直至近代，它们是中国民众的基本生活单元。应该说，学界关于祭祀圈（信仰圈或庙界）和婚姻圈（婚姻半径）等[②]问题的讨论也与村妇日常空间的论题相关。社会史当然不能满足于这些泛化的模型建构，而应该赋予相应的日常空间以更加具体的历史内涵。毕竟，这一空间里"总是存在着进行日常生活的人。正是他的日常生活结合着他的空间"[③]；特定时代特定群体的实际生活经历，界定着他们的日常空间。

二　农家生计半径

　　这里我们以村妇生活为例，说明近代江南乡民的日常空间。她们的日常空间状态，主要通过生计和信仰追求得以呈现。在近代农家生计活动中，妇女们需要与一定地域内的诸多经济结点保持着经常性联系，家庭与结点之间构成农家生计半径；村妇的日常空间就生成于这经常性的经济联系之中。

　　依傍村市的简单商品交换是村妇们最经常的行为。晚清苏州光福山中，山农与渔民生计不同，但都离不开村市："卖花挑菜踏歌连，村女邻娃袂共牵"[④]；"渔家生计太湖边，网得鲜鲜趁市廛"[⑤]。民国前期，来自上

---

　　① 蒋梦麟：《西潮》，第 160 页。

　　② 相关理论参见林美容《由祭祀圈到信仰圈——台湾民间社会的地域构成与发展》（张炎宪编《中国海洋发展史论文集》第 3 辑，"中研院"三民主义研究所 1988 年版），以及王健（《利害相关：明清以来江南苏松地区民间信仰研究》，上海人民出版社 2010 年版）、张宏明（《民间祭祀中的义务性和自愿性——祭祀圈与信仰圈辨析》，《民俗研究》2002 年第 1 期）等学者的学术回顾。

　　③ ［匈］阿格妮丝·赫勒：《日常生活》，衣俊卿译，重庆出版社 1990 年版，第 255 页。

　　④ 汪芑：《光福竹枝词》，见王利器等辑《历代竹枝词》（4），陕西人民出版社 2003 年版，第 3036 页。

　　⑤ 何广生：《光福后竹枝词》，见王利器等辑《历代竹枝词》（4），第 3084 页。

海枫泾的著名画家丁悚给我们留下了这样一幅写生：在"水流人外"的村落，一位少妇薄暮从村市转归，诗云："沽酒摘花归去早，省教老父出柴门。"① 江阴青阳村妇们常常将家庭日用品的购买安排在雨日：趁得空闲上街去，买点农具买点盐。② 事实上，简单商品交换普遍存在于前近代乡土中国——小农家庭无法完全自给自足，而必须以商品交换进行周济。这样的交换在明清江南乡村获得了突飞猛进的增长，并催生出大量的专业性市镇。日本学者滨岛敦俊注意到，"农民们与流通过程经常接触，必然引起其生活空间的扩大"，——超越了聚落或"社"的层次，并向以市镇为中心的领域扩展。③

20 世纪 50 年代以降，伴随外国资本主义经济势力的渗透，江南乡村日益商业化，农家生计更深地依赖乡村市场的枢纽。清末时女子的"裹脚布"都可以在乡下市场买到了："包脚布，的四方，卖来好包脚一双"，有人觉得奇怪："如何（宁波）脚带竟出名，四乡八镇销场远"？晚清洋货毛巾取代了"揩面布"，"乡妇近来思想新，也能机上织毛巾，携来一并街头卖"④。诸多的家庭消费需求无法自给，村妇为此频繁奔波于庭院与市镇之间。这些日常需求在村市⑤就可以基本得到满足。在这里，庭院—村市，构成村妇们的基本生活半径：庭院是日常空间的中心，村市是边缘点。

然而，市镇在村妇日常空间中的意义绝不止于简单商品交换；作为江南村妇最重要、最基本的活计，近代性女红⑥首先必须依赖市镇的周转而实现价值。以常熟为例，近代棉织女红需要的布机常常由工场主提供，俗称

① 丁悚：《民国风情百美图》，中国文联出版社 2004 年版，第 98 页。

② 江阴市青阳镇委、镇政府：《青阳镇志》，苏州大学出版社 1999 年版，第 461 页。

③ ［日］滨岛敦俊：《明清江南农村社会与民间信仰》，朱海滨译，厦门大学出版社 2008 年版，第 177 页。

④ 《图画日报·营业写真》，见王稼句编纂《三百六十行图集》（下册），古吴轩出版社 2002 年版，第 379、345 页。

⑤ 樊树志在《明清江南市镇探微》（复旦大学出版社 1990 年版，第二章第四节）中根据居民户数对江南市镇进行过一个粗略的划分：数十家者为村市，千户以上市镇称为大镇，介于两者之间的市镇为大多数，一般在一百至三百家者之间。以此我们将江南市镇层次简单概括为：大镇—中型镇—村市。实际的情形，在费孝通《江村经济》（江苏人民出版社 1986 年版，第 181—183 页）中有描述：开弦弓村市是"消费者直接购买货物的初级市场"，"村庄所依托的城镇，就是航船每天去的镇，叫震泽，在村庄以南约 4 英里的地方。其实，这个镇没有垄断这个村庄的全部贸易活动。在北面，还有一个镇，叫大庙港，离村庄约 1.5 英里，在太湖边上"。大体上，开弦弓村—大庙港—震泽对应于村市—中型镇—大镇。

⑥ 参见本书第三章第一节。

"放机":商人或工场主事先置备原料和工具,之后回收制成品。① 花边出产程序与此类似:商人将已经印好花样的原料如竹或麻布、花线等分发给村妇,村妇逐日编织,完工后交花边商,领取工资。② 从中不难发现,工场主或商业家在支配女红生产的同时,也引导着村妇的行踪。千年滨(长)江古镇福山,向为防务要冲,也是鱼盐集散港市,同时满足着周边村落的日常生计所需。当地农家大多自备土纺土织工具,妇女们自种棉花,加工成絮棉,自纺自织;贫困之家少量自用,大部分销售给镇上商行"纱布庄"。从清末民初开始,镇西及西南各村妇女为棉织工场主所控制,盛行所谓"织交布"。福山镇规模最大的纱布庄是"吴大隆",稍后继起者有永丰、永盛、赵章记、谢宝泰、慎余、慎和、慎昌、洽和、曹芳记等。交还土布的村妇为此常常往返于村落与福山镇之间。福山南部村落的农妇则将花边刺绣就近交于王市镇;王市有代理花边商。③ 看起来,只有周边村落的花边刺绣达到一定数量,花边商才会在某一市镇设点收发。当然,花边商也可能先在市镇设点以鼓励村妇从事该项劳作。1917 年,以浒浦村姑季根仙为先导、从上海学得的花边刺绣技艺迅速普及于常熟乡村,许多商人通过各自的关系与上海花边商联系,在市镇代发花边。据 1921 年的资料统计,邻近浒浦的白宕桥、西周、碧溪和周泾 4 市镇,花边商达二十多家。1922 年,由王式金、王兴山为首集资 2000 银元,成立"茂源花边公司"。于是,花边女不得不经常与镇上花边商打交道,《担花边》谣:

> 中华民国十三年,条条巷埭做花边。头发梳得蛮光鲜,士林布旗袍罩外头,长统丝袜吊起点,鸭舌头鞋子丝沿边。扯歪扯歪担花边,一担担到花边店。俚块花边做末做得蛮光鲜,可惜摸勒黑则点!先生先生铜钿有处少额点?一额额则二、三千,转去克煞、浮尸骂则三日三夜天。④

---

① 《常熟之经济状况》,《中外经济周刊》1927 年总第 214 期。
② 华东军政委员会土地改革委员会:《江苏省农村调查》(未出版),1952 年,第 408 页。
③ (常熟)福山镇人民政府:《福山镇志》,东南大学出版社 1992 年版,第 197—198 页。"交布"亦称"还娘布",即"放机布"。
④ 殷业成主编:(常熟)《碧溪镇志》,百家出版社 1995 年版,第 191、50、360 页。按,歌谣中,担:交、送;光鲜:好;扯歪:走路声;摸勒:摸着;黑则点:就黑了些;有处:能否;额:克扣;克煞、浮尸:骂男人的贬语。

生计所系，尽管哀怨纠结，村妇们却不会轻言放弃。

与简单商品交换不同，市镇在此集散着（手）工业品。出于集聚效益的考虑，女红支配者一般以大中型市镇作为村妇交付点。在上述驻留花边商的 5 个市镇中，王市和碧溪当属大镇，而白宕桥、西周和周泾等则为中型镇。白宕桥位于碧溪镇域之西 4 里，辐射 10 个自然村；西周位于碧溪镇域之北约 8 里，辐射 10 多个自然村；周泾位于碧溪镇域之南 6 里，辐射 9 个自然村。① 散布于这些村落中的妇女，视女红为太平生计，纷纷趋附于大中型市镇。在这里，庭院—大中型市镇，构成村妇们的重要生计半径：庭院是日常空间的中心，大中型市镇是边缘点。

一部分乡村女工在市镇上班。从 19 世纪末 20 世纪初开始，一些江南市镇出现近代工（场）厂，以棉织企业居多，多集中于上海、常熟、江阴、平湖等棉产地，一部分乡村妇女成为其间的雇佣劳动者。江阴华墅一个织袜机的老板，有一百多架织袜机，一般都只留着二十多架机子，雇佣工人来工作，其余机子，完全发给一般家庭劳动妇女，听任她们织成袜子。② 20 世纪 30 年代，苏州震泽震丰缫丝厂开工，竟使全镇男女比例失调，"妇女之所以超过男子者，盖附近乡村妇女，多至该镇丝厂做工，故妇女人数因之骤增矣"③。近代乡村企业多设立于大镇，④ 庭院—大镇，就构成乡村女工们的生计半径：庭院是日常空间的中心，大镇是边缘点。

需要注意到，为了家庭生计，村妇也会选择市镇以外的出行方向。近代经营性农场由于产业的性质显然不可能设于市镇，但它与丝棉工（场）厂一样，吸引着周边村落的妇女们。1936 年 5 月 21 日，是邻近松江的经营性农场播种的第三天，周边"差不多四五里之内的妇女们，都成群结队的一黑早就奔往那里去……在农场附近的，到场里有工做的时候，如播种呀，拔秧呀，稻田拔草呀，耘田呀……等，她们都停了摇袜，裸了腿奔集拢来了！因为每天的工资是大洋四角"。客观地说，经营性农场数量和规模有限，能够容纳的村妇也不会很多，就如松江农场，"因为每天工作的

---

①　殷业成主编：（常熟）《碧溪镇志》，第 47—68 页。

②　罗浑：《江阴华墅的劳动妇女》，《申报》1935 年 6 月 2 日第 18 版。

③　《江苏吴江县震泽镇经济概况》，《中央日报》1934 年 4 月 20 日第 7 版。

④　当然这不是绝对的；比如，著名蚕丝业专家费达生在苏州震泽开弦弓村（江村）进行蚕丝业改革，开办了"合作工厂"，部分女青年进厂。见费孝通《江村经济》第十二章和余广彤《蚕魂——费达生传》（苏州大学出版社 2002 年版）"租厂搞改革"部分。

需要额是有一定的，自然不能无限制的来者不拒，因此，以工作的速度和熟练为标准，在上一天放工时预先选定额数，各给予'下田证'一纸，备第二天凭票下田工作。但是没有'下田证'的，往往也是奔来，希望侥幸获得工作"①。在这里，村妇们在市镇之外找到了生计半径的特殊边缘点。

更特殊的生计半径边缘点出现在苏州乡村。20世纪二三十年代，凡是游过苏州西部山水的，如天平山、灵岩山等，大都会对他处所不易看到的轿妇留下深刻的印象。她们来自左近村落，一俟"游客上山，都抢着来抬轿子"②。这里的"女子完全天足，除在家刺绣外，下田涉水，兼抬山轿，其耐劳苦甚于男子"③。从下文的论述可见，这种生计边缘点的出现其实跟特定地方的生态环境和文化传统关系颇大。

祠庙也是经营生计的村妇们经常光顾的地方，特别是在庙会期间。从经济交换关系上说，庙会也称为"庙市"。庙会期间，祠庙周边哄为市集。20世纪20年代，宁波上虞北乡的小越神会热闹异常，"自百官、马家堰、上塘、谢家塘来越之船纷集，船户利市三倍，缸甏摊设于上街九如堂门口，买者甚众。此外洋广货，衣服、鞋帽、笔墨、农器、无不齐备。本镇京货业如成丰泰、采生、采彰、泰生各号，顾客猥集，昼夜不绝"④。村妇们不但是购买者，同时也可能是出卖者。她们借庙会之机，出售农副产品，购入生产和生活用品。嘉兴乌镇香市期间，四乡农民成群结伴，乘了航船或摇着"赤膊船"去赶香市。他们或背黄布香袋，或拎竹编香篮，顺便捎带自己编制的竹器、芦帚以及各种农产品，去庙中烧香后，便出售自己带来的产品，选购急需的用品。⑤ 在这种情况下，祠庙失去了神圣性，对村妇而言，它是与市镇同样的商品交换场所。⑥ 从日常空间看，庭院—祠庙，构成村妇们的又一生计半径，不过，祠庙这一边缘点的出现，根本

① 更生：《这一日在省农场》，茅盾主编：《中国的一日》第4编，江苏，（上海）生活书店1936年版，第61页。

② 朱维明：《苏州天平山下的抬轿妇女》，《申报》1934年8月11日第15版。

③ 王洁人、朱孟乐编：《善人桥的真面目》，吴县善人桥农村改进委员会印行，1935年，第4页。

④ 《小越神会之热闹》，《上虞声》1928年11月30日第3版。

⑤ 童闻整理：《乌镇香市》，见桐乡县文化馆编《茅盾故乡的传说》（未出版），1983年，第67—68页。

⑥ 所不同者，祠庙是"农村短期市场"。见冯和法编《中国农村经济资料》（续编），上海黎明书局1935年版，第916页。

上并不源自生计，而缘于民间信仰；而民间信仰在生发边缘点（祠庙）时依循着自身的理路。

特别需要注意的是，村庄与村庄之间经济交流很少，换句话说，他村难以生发为村妇的边缘点。据费孝通的观察，我们可以看到，在太湖流域的乡村里，尽管村庄以大中市镇为经济生活的中心，但村庄"彼此之间都是独立的。这些村子，做的是相同的工作，生产同样的产品，互相之间很少需要进行贸易往来"①。这表明，在农家生计的意义上，庭院—他村，无法构成村妇的生计半径。

三　信仰及相关活动半径

对于江南乡村妇女来说，与外部环境更必要的联系在于民间信仰。民间信仰常常与某个圣址有关。

主要圣址是祠庙。村妇大致在两种场合赴庙：或者例祭，或者会汛。江南淫祀由来已久，乡村妇女佞神尤笃。苏州盛泽镇祠庙极多，东西两社庙外，有东城隍庙、西城隍庙、二老太庙、关帝庙、东岳庙、地藏庙，此外如刘王庙、路头堂、观音堂、圣堂等指不胜屈；婚姻疾病皆往祈祷。每届朔望，"烧十庙香"的村妇络绎于道，所谓"女流百事与神谋，十庙香烧心愿酬"②。正月二十日，是青浦金泽镇庙宇里的"阴官"开印之日，各庙大门上贴着"某某年正月二十日，开印大吉"的红纸，善男信女们至各庙烧"开印香"③。例行故事，此为例祭；更受村妇重视的是庙会，"三春无事，疑神疑鬼"，形如汛情，是为"会汛"。期间，"观者如堵，妇女焉得不出？"④余姚芦城庙会期间，乡村各个年龄段的妇女都激动异常：

> 二月十九芦城庙，黄花闺女都赶到。光棍老倌双脚跳，勤力媳妇饭勿烧。若有一个勿赶到，头痛瘝发脚筋吊。
>
> 二月十九芦城庙，礼拜社头真热闹。年轻老妪兴致高，胭脂花粉打扮俏。东约姑娘西约嫂，又借罗衫又借袄。庙前庙后都赶到，一世

---

① 费孝通：《江村经济》，第 81 页。
② 沈云：《盛湖竹枝词》，沈莹宝：《沈云〈盛湖竹枝词〉新注》，古吴轩出版社 2012 年版，第 141 页。
③ 潘明朝主编：（上海）《金泽志》（未出版），2003 年，第 500 页。
④ 钱泳：《履园丛话》，张伟校点，中华书局 1979 年版，第 576 页。

为人难得到。①

至近代，劳动讲究张弛有节，庙会的现实价值受到一部分人的肯定，对于农民而言，"终年辛劳，并无一正当娱乐，调剂精神，尤以女子为甚"②。从休闲的角度说，这乐事毋宁是旅游，春日融融，"春游更是一种适合人性的要求，这类的情兴结合了宗教的信仰，就成了春天的进香，所以南方有'借佛游春'一句谚语"③。这样，家庭与祠庙之间构成村妇信仰半径；日常空间就成长于表达和实践信仰的持续活动之中。

村妇信仰半径与圣址覆盖面相关。祠庙覆盖面称"庙脚"，宁波奉化人的俚俗解释颇为形象：当地神庙的神，是各村信徒的保护神；村民们都认为自己是某神脚下的弟子，神能保障他们风调雨顺、五谷丰登，能为自己脚下的弟子排难消灾，永保太平。④ 庙神常常是在庙会中被唤醒的，⑤ 所以"庙脚"也不妨称之为"会脚"，即庙会的覆盖面。很明显，会脚的大小限定了与会村妇的信仰半径。

最小祠庙的庙脚可能仅及一自然村。湖州乡村每每建有社庙（土地庙），一村之公共机关而已，"平日庙中无甚大事。逢神佛诞日，乡村妇女，多往礼拜，不啻妇女之社交场所"⑥。此地东乡郑家汇，相传九月二十五日是土地公公的诞辰，组织者"每雇名优试演各剧，藉答神麻……居民扶老携幼，蚁聚蜂屯，图饱眼福"⑦。建德三都的"二月半庙会"，执事者率一村青年男子参加，规模甚小。⑧ 镇海县的祈雨节，也是以每一村落为单位，"公推大佃户主其事"⑨。因为祠庙就位于本村，村妇的信仰半径不

①　按，民谣中，"痨发"，"发烧"意；"老妊"，"少妇"意，见余姚市政协文史编委会《姚江风情》，中华书局2001年版，第217页。

②　王洁人、朱孟乐编：《善人桥的真面目》，吴县善人桥农村改进委员会印行，1935年，第41页。

③　顾颉刚编：《妙峰山》，上海文艺出版社1988年版，第11页。

④　尹树民：《从戏子拜庙说起》，《中国民间文化》第18辑，学林出版社1995年版，第304页。

⑤　［法］爱弥尔·涂尔干：《宗教生活的基本形式》，渠东、汲喆译，上海人民出版社1999年版，第452—453页。

⑥　刘大钧：《吴兴农村经济》，上海文瑞印书馆1939年版，第131页。

⑦　吴友如等绘：《点石斋画报》第12册，上海画报出版社2001年版，第313页。

⑧　程策荣：《建德三都二月半庙会》，《浙江民俗》（未出版）1987年第2期。

⑨　基隆客：《祈雨和稻花会》，（台北）《宁波同乡》1969年第41期；见［日］田仲一成《中国的宗教与戏剧》，钱杭、任余白译，上海古籍出版社1992年版，第313页。

过一二里。

绝大多数祠庙的庙脚在十里左右。这样的祠庙最普遍地存在于江南大中型市镇上，[1] 它们的庙脚触及周边十里左右的村落妇女。著名作家徐迟的故乡南浔镇，"虽然不大，却有庙宇一百多座"[2]。这些祠庙的实际影响力当然是有差别的，经常出会的祠庙，对村妇的影响应该更大。在上海金泽古镇，宋元以来共建有 42 座祠庙，平日不少村妇前去例祭，但周边村妇津津乐道的庙会也就两个：三月"念八汛"和九月"重阳汛"[3]。从中可以看出两者的区别：庙脚不同于会脚；会脚是动态的，在会汛中运行，显然，运行着的会脚对村妇更具影响力。既然祠庙的会脚在十里左右，那么，村妇的信仰半径一般在十里以内。在常熟支塘镇，正月十三日谓之杨公忌，是夜各庙试灯，"侠少异花爆至庙场赌放，村女络绎来观十余里"[4]。

具有特殊影响力的一些祠庙庙脚远远超过十里。苏州唯亭之龙墩山，山中某庙于三月二十八、二十九两日演戏，"四围百里内各村妪金赴会集，都十万众，舰舟千数百艘，河面为蔽"[5]。无锡甘露镇的列帝庙"管到十八图地盘的香烟"[6]；余姚陆埠永观东岳会有 162 个自然村落参与赛会。[7] 西湖灵隐寺的庙脚踩踏整个江南，村妇们总盼着去那里朝山进香。20 世纪 40 年代后期，丰子恺住在西湖的时候，每届春秋农闲，成批的村妇经过门口，很入画，便写生一幅漫画《不是急来抱佛脚，为乘农隙去烧香》；[8] 20 世纪 50 年代初，丹麦画家比茨特鲁普还速写过杭州庙内"村妇虔诚地拜佛"的情形。[9] 这种场合，村妇的信仰半径依村妇所在地距祠庙的远近而

　　① 寺与镇的成长常常相辅相成：或者因寺成镇，或者寺借镇盛。参见小田《在神圣与凡俗之间：江南庙会论考》，人民出版社 2002 年版，第 190 页。

　　② 徐迟：《江南小镇》，作家出版社 1993 年版，第 45 页。

　　③ 潘明朝主编：（上海）《金泽志》（未出版），2003 年，第 533—535 页。

　　④ 姚文起：（常熟）《支川竹枝词》，赵明等编：《江苏竹枝词》，江苏教育出版社 2001 年版，第 761 页。

　　⑤ 怀冰：《三二八之龙墩山》，《申报》1931 年 5 月 25 日第 12 版。

　　⑥ 十郎：《菩萨上了身》，茅盾三编：《中国的一日》第 4 编，江苏，第 31 页。

　　⑦ 邹松寿：《余姚庙会调查》，《浙江民俗》1987 年第 2 期。

　　⑧ 丰子恺绘，丰陈宝、丰一吟：《爸爸的画》第 2 集，华东师范大学出版社 1999 年版，第 144—145 页。

　　⑨ ［丹麦］赫尔鲁夫·比茨特鲁普：《一个外国人眼中五十年前的江南》，王立刚、冯屏译，山东画报出版社 2002 年版，第 91 页。

各各不同。

庙脚的大小跟祠庙所在的聚落性质没有必然的关联。村落祠庙的庙脚未必只有一个村落那么大，它可以达到一个市镇祠庙会脚的规模。城司是苏州芦墟镇最大的自然村，村中城隍爷在四乡八邻中影响很大。[①] 更大会脚的村落祠庙在湖州石冢村，是个村市，有庙曰南堂殿。四乡男女奔走若狂，每年七至九月，烧香船麇集湖滨，每日数十艘。[②] 其中有数十里外的盛泽船。

民间信仰半径所标示的不仅仅是空间距离，更重要的是活跃于其间的社会关系，而只有社会关系的演绎才能实际营造出村妇的日常空间。主要包括：（1）人神关系的沟通。上海金泽村妇每逢灾难病伤，就至寺庙求签拜佛，祈求神祇指点迷津，冀望逢凶化吉。[③] 庙会时节通常的戏文搬演，也在神的名义之下进行："乡间各庙，多有酬神之举，而观戏之风各乡若狂。"[④]（2）隶属关系的折射。庙会仪式多表现神明的种种进对揖让，其所折射的毋宁是现实社会的权力关系。江南庙会中常有的土地公向东岳帝解饷的仪式，正折射了其中的隶属关系。沪北江湾镇，乡人每至秋收丰稔，辄由好事之徒刷刊完饷单，挨户给发，每 3 年解天饷一次，用箔糊之大元宝、黄阡，共舁各乡土地，解至"东岳庙"焚化；又舁土地神像出游各村庄，轰动男女，闹热非常。[⑤] 嘉善县西塘镇的金七老爷庙会，活动虽然都在镇上，但通过另一种方式表明了村庄对市镇的隶属性。庙会时，沿街搭有 42 个"社棚"，七老爷以盛大的排场巡行这些社棚，并在各社棚前停驻，鼓乐齐鸣。[⑥] 这里的"社棚"之"社"当指"村社"；"社棚"之类，是为安置从村社来镇参诣的社神而临时搭建的小屋。众多"社棚"浓缩了西塘东岳庙的会脚。（3）亲属关系的粘洽。时逢庙会，为尽地主之谊，四面八方的亲友，自当款待，所谓"留戏饭"。1936 年，一位去太仓璜泾采访猛将会的记者，"踱出庙门，至亲

①　俞前主编：《时光里的温馨与惆怅——吴江古村落寻访》，上海文艺出版社 2008 年版，第142 页。

②　沈云：《盛湖竹枝词》，沈莹宝：《沈云〈盛湖竹枝词〉新注》，古吴轩出版社 2012 年版，第 196 页。

③　潘明朝主编：（上海）《金泽志》（未出版），2003 年，第 492 页。

④　刘大钧：《吴兴农村经济》，第 133 页。

⑤　吴友如等绘：《点石斋画报》第 11 册，第 282 页。

⑥　浙江民俗学会：《浙江风俗简志》，浙江人民出版社 1986 年版，第 323 页。

戚家里去吃饭，知道此地的居户，几乎有十分之八，都在当'招待亲友'的差使"①。苏州东郊的胜浦人相信，请了"留戏饭"可以避邪驱恶，祈福禳灾，保佑全村太平无事。② 久而形成俗例：农历三月二十八日，凡新嫁娘，"均须偕新郎归宁，赴母家宴，以陪桌愈多为愈有面子，同时新夫妇由亲友辈伴乘快船，开赴龙墩山观剧。若新婚礼中之度蜜月然，视为紧要之礼节"③。余姚梁弄九姥山庙会前几日，家家忙着接亲戚，外嫁的女儿必须请回，故俗有"梁弄的囡女看一世"④。亲属关系就在"一世看会"中黏合得很紧密。

生计和信仰半径只是生活半径之荦荦大者，另外可能对村妇日常空间的营造产生一定影响的生活半径还有两类应当提到：探访和休闲；此二者常常与会汛重合。

探访的主要方向是村妇的娘家——村庄偶或镇上，⑤ 至娘家的距离即婚姻半径，大约 10 里。丰子恺有个妹妹雪雪，嫁在离镇四五里的南沈浜村。⑥ 这是水乡的情况。江南山村里的情况，在地方志书《龙井春秋》里记载：皖南绩溪宅坦村人受到社会环境和经济水平的制约，宋明以来，通婚半径局限在 20 里范围内。⑦ 从胡适叙述母亲的故事里我们知道，宅坦的近邻上庄村，通婚半径 10 里开外：母亲家在十里外的中屯，她有个姑妈嫁在上庄；14 岁时，那是 19 世纪 80 年代，"轮着上庄做会，故她的姑丈家接她姊弟来看会"。这是皖南"秋天最热闹的神会"，"在上庄过了会场，她姑丈送她姊弟回中屯去。七月里天气热，日子又长，他们到日头快落山时才起身，走了十里路，到家时天还没全黑"⑧。山村山高水长，婚姻半径即探访半径略长于 10 里。

休闲多趋邻近镇村。元宵观灯是村妇休闲的好机会。正月十四日夜，

① 严洗尘：《五月廿一的太仓》，茅盾主编：《中国的一日》第 4 编，江苏，第 68 页。
② 马觐伯：《乡村旧事——胜浦记忆》，古吴轩出版社 2009 年版，第 14 页。
③ 怀冰：《三二八之龙墩山》，《申报》1931 年 5 月 25 日第 12 版。
④ 余姚市政协文史编委会：《姚江风情》，第 219 页。
⑤ 费孝通指出，在其所考察的开弦弓村，存在着"地方性外婚"的原则：不同村的人互相通婚更为经常，但各村之间在婚姻关系并无特殊的倾向，因而，姻亲关系并没有在同村人之中或在各个村庄之间保持密切的纽带关系。见费孝通《江村经济》，第 65 页。
⑥ 丰子恺：《辞缘缘堂》，《丰子恺文集》第 6 卷，浙江文艺、浙江教育出版社 1992 年版，第 135 页。
⑦ 胡昭璧：《龙井春秋》（未出版），2000 年，第 171 页。
⑧ 胡适：《四十自述》，《新月》1931 年第 3 卷第 1 号。

宁波嵊县"各社庙悬灯，妇女结队同游，谓之'游十四'"①；灯会与庙会合一。村妇游春未必在庙会汛期；出游多向山野。松江"男女游山率以三四月，村家居多"，有竹枝词云：姊妹同登放鸭船，柏枝棚下记山前。村妆不羡衔珠凤，只买荆钗数布钱。②

探访和休闲，或者纯粹的，或者与会汛重叠的，在营造日常空间的意义上与会汛大致相同。

四　影响生活半径的因素

基于以上基本生活半径的梳理，可以对近代江南村妇的日常空间做出初步结论：以村妇家庭为中心的 10 里辐射范围及其常态。这个辐射距离跟几个因素相关：

其一，市镇布局。江南核心区的大镇间距平均为 24 里，因而对于四乡农家来说，到达邻近市镇的距离大致为 12 里。③ 而许多中型市镇就能满足村妇的基本生活愿望了，在这一意义上说，村妇的生活半径当在 10 里以内。

其二，交通工具。江南核心区的交通工具多为小木船。水网地带，"柳陌菱塘，板桥茆店……三里五里之往还，必藉扁舟以从事，否则近在咫尺，鸡鸣犬吠相闻，而带水差违，一如避秦桃源，可望而不可即。故生长于此者，不独丈夫能操舟，妇女亦能之"④。村妇平日到他方的可能距离，1930 年刘大钧对太湖乡村航船制度的描述可做参考：湖州市镇各有定班船，直通附近各村。船系木制，一二摇橹，可坐十余人，"大约每晨由各乡村开船来镇，中午由镇返乡……惟距镇市较远之乡村，开船赴镇，费时甚久"⑤。这是镇乡间的固定线路，倘若趋于另外的生活半径指向，则常常自驾而往。南浔乡下姑娘至苏州震泽，虽已越省，亦不过十里左右的航程。南浔谣吟：乡下姑娘春气发，未到清明游震泽。细钢钿，掮一百；冷

---

①　牛荫麟等修，丁谦等纂：《嵊县志》，1935 年铅印本；见丁世良、赵放主编《中国地方志民俗资料汇编》，书目文献出版社 1995 年版，第 842 页。

②　陈金浩：《松江衢歌》，见顾炳权编著《上海历代竹枝词》，上海书店出版社 2001 年版，第 11 页。

③　樊树志：《明清江南市镇探微》，第 115 页。

④　吴友如等绘：《点石斋画报》第 6 册，上海画报出版社 2001 年版，第 127 页。

⑤　刘大钧：《吴兴农村经济》，第 132 页；参费孝通《芳草茵茵——田野笔记选录》"江村通讯"篇，山东画报出版社 1999 年版。

粽子，塞两只。摇船无人摇，叫声东边三大伯。①

其三，共同体关系。生活半径远远超过 10 里的活动不能独立构成常态行为，但加强了 10 里内的日常行为。远行的村妇大抵是去参加长途庙会的，② 她们总会结伴而行，无论是路途聚首的，还是在庙会时交往的，大都为熟人，即在生活半径 10 里内空间中经常互动的人，处于同一共同体之中。清末四月的一天，余姚姜家渡姜家妇人到百里外的镇海灵寺峰朝山进香，在烧香船中遇到了与姜家渡一水之隔的邵家渡何家妇人，"在香船里（两个）老婆子说来说去总不脱各人的儿女事，于是，慢慢地提及到姜何两家的对亲来了，中间自然有不少的同伴吹嘘着……姻缘天定，一说就成"③。看起来出了远路，但交往者还是日常空间中人。

应该指出的是，以上所谓日常空间其实只是一种理想类型（ideal type），近代江南村妇日常空间的实态还应该在共同体之外，从整个地域范围考虑时地因素，以纠正可能的偏差。

首先是生态环境因素。作为整体的地域生态系统，江南地貌呈环状梯级分布：核心低地，中夹高地，外缘山丘。④ 不同类型的生态环境，适宜于种植不同作物。比如，棉、桑在水乡、高地和山村皆有生长，但很明显，棉花基本在滨江（湾）高地，而蚕桑主要在水乡。不同的作物布局，决定了不同地方村妇的女红类型，从而影响她们的生计半径，进而间接地作用于日常空间。平湖称为水乡，盛产稻谷，水稻区内只在零星高地种植棉花，不敷自给，"妇女燃脂夜作，纺织所成或纱或布，侵晨入市，易棉花以归"⑤。

处于不同生态环境中的村落，交通条件不同，经济发展水平有别，历史传统各具特色，遂渐渐铸就村妇的特定生活模式。这样，在不同类型的村落，妇女的日常空间状态呈现不小的差异，虽说同处江南。上文所涉，苏州西部村落出现的轿妇生计边缘点，便与生态环境相关："附近因为多

---

① 金江波编：《浔溪文苑》，当代中国出版社 2001 年版，第 50 页。

② 在嘉善西塘，村妇们的远足有两个基本去向：俗以二三月游杭州天竺寺，谓"烧春香"，秋八月往苏州穹隆山，谓"烧秋香"，所谓"春来天竺好烟鬟，七日烧香往复还。秋棹吴门钟记里，声余单八到寒山"即指此；西塘村妇的远足方向代表了乡土江南的一般情形。倪以埴：《斜塘竹枝词》，见王利器等辑《历代竹枝词》（4），陕西人民出版社 2003 年版，第 2031 页。

③ 姚业鑫主编：《姜枝先纪念文集》，天马图书有限公司 2002 年版，第 138 页。

④ 参见本书第二章第一节。

⑤ 张力行修纂：《平湖县志》卷 6 "风俗习尚"，乾隆四十五年（1780）刻本。

山，土地生产力薄弱，山田是不值钱的，山上又没有出产。男子无所事事，整天都坐在茶馆里谈天"①，"家中的开门七件事，不用说得，是完全由妻子们维持着的"②。人文生态加强了自然生态，共同作用于村妇日常空间。

信仰以及相应的休闲所构建的日常空间，在江南各处的差异也很显著。苏州盛泽与余姚梁弄，前者是典型的水乡，塘浦纵横，丝绸之都，后者是典型的山村，层峦叠嶂，竹茶满坡；村妇参与镇域庙会的频率、庙会活动内容、庙会类型、社会关系的演绎过程等等，两者不可同日而语。

其次是历时性因素。宋元以来，随着江南市镇的勃兴，乡村妇女的日常空间已经发生了很大的变化，并逐渐定型；上文笔者在"近代"共时性的前提下进行了观察。事实上，村妇的日常空间在近代期内亦不是一成不变的，而以20世纪前后的变化更为明显，尤其在受西方资本主义经济势力渗透比较深的上海周边地区。如青浦盘龙镇，俗务纺织，晚清同（治）光（绪）年间，"里妪抱布入市，易木棉以归，明旦复然"③。在这同时，洋纱洋布逐渐盛行，女红被夺，村妇与市镇的联系被另一种纽带所取代。20世纪30年代中叶后，嘉定近城一带如东门外、澄桥、徐行等处有新兴之毛巾工业，农家妇女于农隙时前往工作。④ 在沪西"一个聚族而居的村庄"里，没有可供选择的女红，村妇们便进了工厂，"早上绝早就起床，工厂路远的得跑三五里，十二个钟头的劳动"⑤。至1936年，在上文所及"邻近松江的经营性农场"渐兴，"周边四五里之内的村妇们"便有了更多的生计选择："平日除帮助父兄农作外，唯一的副业就是摇洋袜，有的直接到厂里去做，有的就拿到家里来做……到场里有工做的时候"，又会去做工；⑥ 她们的生计半径方向为之增多。民国末年，嘉定新泾镇西岸有毛巾厂，以达丰棉织厂为最大，妇女得有工作，农村赖以挹注。⑦ 上海乡村的有利区位和相对发达的经济水平成为江南村妇日常空间变化的前沿指

① 朱维明：《苏州天平山下的抬轿妇女》，《申报》1934年8月11日第15版。
② 周贤：《苏州的女轿夫》，《申报》1936年4月11日第14版。
③ 金惟鳌辑：《盘龙镇志》"风俗"；姜汉椿、朱幼文校点，上海社会科学院出版社2005年版。
④ 吕舜祥、武誐纯编：《嘉定疁东志》，1948年云庐油印本。
⑤ 华：《沪西乡村妇女生活》，《申报》1935年3月24日第16版。
⑥ 更生：《这一日在省农场》，茅盾主编：《中国的一日》第4编，江苏，第61页。
⑦ 吕舜祥、武誐纯编：《嘉定疁东志》，1948年云庐油印本。

示器。

考虑到这些因素，实态的村妇日常空间应比"理想类型"更为具体而生动。

普通民众的日常空间应该成为一个独立的研究论题。先行的共同体和"××圈"理论叙述有一些养分可以汲取。从村妇活动指向看，其日常空间最重要的辐射方向是邻近的市镇，因为多条生活半径都指向市镇；这就是"××圈"的实质，它着眼于某种客观事物作用的边沿。而共同体更强调关系的互动，因此，所谓乡民日常空间不仅是辐射范围，更指一定范围内的生活状态，是生活关系的动态显现。两种思路相结合，我们发现，由常态生活行为作用而成的日常空间，从距离上看就是对某些生活半径的经常性重复。

乡民日常空间的考察以不同的思路接着说。日常空间首先体现为辐射范围，也体现为社群关系的互动。然而，注目于社群或圈子里的特定群体，我们发现，实际的社群关系总是某类人的关系，圈子里事物的作用也只能依赖于人的互动，而以不同群体为中心产生的互动关系存在着很大的差异：地位不同，性别不同，劳作不同，年龄不同等等，与他人的关系状态就会完全不同；以某类群体为中心的关系圈子，也无法以现成的"××圈"来概括。

我们无意于批评作为比照对象的相关理论和叙述：各有各的关照焦点；焦点不同，结论自然不同。对乡民日常空间的观照，首先源于庶民俗众的生活特点：他们没有惊天动地的丰功伟绩，只有日常生活，而"日常生活具有边界，它是我们行动和运动的有效幅（辐）射的极限。对一个终生从未离开他的村庄的村民而言，村庄就是他的边界。它包含双重含义：首先，他们从事的一切，都必然以他在这一范围内而不是别处所经历的东西为动机。其次，他的活动的有效半径，不会拓宽到这一边界之外"。原来，日常空间对于传统社会民众的影响是决定性的，日常空间"根本的是我们活动的有效范围问题"[1]。空间的本质恰在于此；一定时期乡民的生活体验、价值观念、活着的意义，等等，都与他们的日常空间密切相关。

---

① ［匈］阿格妮丝·赫勒：《日常生活》，衣俊卿译，重庆出版社 1990 年版，第 256—257 页。

第 三 章

近代性劳作与生计

第二次世界大战之后，在世界范围内，特别是在发展中国家，各种现代地域发展模式异彩纷呈。由此，隐含着西方中心主义的现代化即西化论，遭到了许多从事发展问题研究的中外学者的质疑和批判。他们提出了诸多崭新见解，其中，日本社会学家鹤见和子教授的"内发型发展论"格外引人注目。这一理论特别强调，现代化必须依靠特定地区的人和集团立足于特定的生态环境，依据自己的历史文化遗产，参照外来文明，自律地进行创造。① 无疑，这一理论具有重要的思想方法和社会实践价值。那么，各地区自然、社会乃至思想的历史沉淀究竟是什么呢？江南乡村生动的近代发展给出了一份答案。这里，我们的讨论集中于乡民生计。

第一节　女红的近代性

无数散居村落的妇女，待在家里，"加工从企业主那里领来的材料以取得计件工资"②，这种劳作几乎是一个世界性的历史现象：伴随资本主义发展的不同阶段，曾在西欧，在俄国，在中国广泛蔓延。而在近代江南，百姓视之为千百年来女红③的衍生，乡村妇女们对此更是情有独钟。作为

---

① 费孝通、〔日〕鹤见和子等：《农村振兴和小城镇问题》，江苏人民出版社 1991 年版，第 44 页。

② 列宁：《俄国资本主义的发展》，《列宁全集》第 3 卷，人民出版社 1984 年版，第 401 页。

③ 女红，顾名思义，女性劳作，故女红之"红"发为 gōng 音，训为"工"意：劳作；另作"女工"。"红"又作"功"，亦"劳作"之义。既为女性之"红"，一般指适合女性特点的纺织、刺绣、针黹等劳作，但在实际生活中，女红的上述内涵，依不同情况，表现出广泛的外延。明末清初浙江桐乡张履祥《补农书》卷下（周膺、吴晶点校，当代中国出版社 2014 年版，第 151 页）所记几乎囊括江南主要女红："西乡女工，大概织棉、绸素绢，绩苎麻、黄草以成布匹；东乡女工或杂农桑，或治纺织；若吾乡（桐乡炉头）女工，则以纺织木棉与养蚕作绵为主。随其乡土，各有资息，以佐其夫。"此外，拙作涉及的余姚草帽、光福席子等特色女红亦不一而足。

近代资本附属物的家庭劳作，女红以其在近代中国经济结构中的一席地位早已受到特别关注，不过，这种关注基本上是在经典理论家的社会形态话语体系中进行的，由此而生的问题意识更多地围绕着近代经济结构的特征而展开。应该说，在近代中国经济结构中把握女红是完全必要的，倘若变换一下视角，在世界一体化市场体系中，在实际的地域生活中还原女红作为日常生计的本来面目及其固有特质，或许，对这一现象的叙述将更立体，对相关问题的理解会更全面，对相关史实的价值判断当更有利于认识当代中国道路的历史必然性。

一　作为农家经济结构的要素

19 世纪末 20 世纪初，在江南城乡，资本主义工场手工业和机器大工业渐次出现，小手工业时代就已存在的家庭劳动，与近代工业形式发生了重要联系，"变成了工厂、手工工场或商店的分支机构。资本除了把工厂工人、手工工场工人和手工业工人大规模地集中在一起，并直接指挥他们，它还通过许多无形的线调动着另一支散居在大城市和农村的家庭工人大军"。从生产关系性质上说，这种家庭工业"与那种以独立的城市手工业、独立的农民经济，特别是以工人家庭的住宅为前提的旧式家庭工业，除了名称，毫无共同之处"①；它被赋予了近代性。

一个基本的事实是，近代性女红已经散布江南社群世界，进入千家万户，成为影响百姓生活不可小觑的日常经济行为。据 1950 年资料，吴县光福镇从事刺绣业的妇女约占总户数（405 户）的 81.7%。② 近代性女红，在经典理论家那里被称为"现代家庭劳动"或"资本主义家庭劳动"③。从家庭劳作前的冠名可见，无论是"现代"还是"资本主义"，都强调劳作的生产关系性质，更具体地说，着重于家庭劳作的近代性，即资本主义性质。江南村落女红亦可作如是观。常熟棉织女红需要的手工布机，常常由工场主提供，俗称"放机"：将布机置放于工人之家，例如布厂有布机

---

①　马克思：《资本论》第 1 卷，人民出版社 1975 年版，第 506 页。
②　华东军政委员会土地改革委员会：《江苏省农村调查》（内部资料），1952 年，第 413 页。
③　拙作所称"近代性女红"，与马克思《资本论》所谓"现代家庭劳动"和列宁《俄国资本主义的发展》所谓"资本主义家庭劳动"在劳动性质上是一样的，但在中国，尤其在江南，从事这种家庭劳作的以乡村女性居多，所以在术语上，笔者认为，"近代性女红"之谓更具体，也更贴近。

100 架，招女工 100 人，此百人具保将厂中之布机领去，而置之自己家中，随时交货。① 整个生产工序，商人或工场主事先置备原料和工具，之后回收制成品，村妇因此丧失了生产的独立性，实质上无异于雇佣劳动者了：不但产品完全为了出售，村妇的劳动力也变成了商品。女红的近代性以此体现出来。

确定村落女红的近代性，对于认识中国经济结构的性质，进而判明近代中国社会的性质无疑是有意义的，不过这样的意义，是在一番理论推导之后，事实上，与近代性女红关系更实在、也更为密切的毋宁是农家经济结构：近代性女红是农家经济结构的关键要素。这是近代江南村落经济生活的实态。1936 年 5 月 21 日是邻近松江镇的经营性农场播种的第三天，周边四五里之内的村妇们，成群结队地一黑早奔往那里：

> 她们平日除帮助父兄农作外，唯一的副业就是摇洋袜，有的直接到厂里去做，有的就拿到家里来做。普通摇一打是一角八分，断针等零星损失，全由自己负担，拿回家来的还需出一块钱一月的机租。据说摇得最快的，每天一刻不停也只能摇满二打；所以，在农场附近的，到场里有工做的时候，如播种呀，拔秧呀，稻田拔草呀，耘田呀……等，她们都停了摇袜，裸了腿奔集拢来了。②

在松江，两种农作与近代性织袜女红紧密联结：一是家庭农务；近代性女红以此附着于宗法性的自给性生产之中。在这里，促使两者联结的生产关系因素是传统的土地分配制度。在半自耕农或佃农家庭，租佃关系中的农家不能专靠佃耕少量土地谋生，而必须同时经营一些家庭副业作为补充，女红则是这样的副业，但在另外的意义上可以这么说，正是近代性女红维持着传统的租佃关系："只有这种农工相混的乡土经济才能维持原有的土地分配形态……同时也使传统的地主们可以收取正产量一半的地租，并不引起农民们的反抗。"③

二是农场农作，这是近代性经营。在这一劳作中，农妇与农场主形成

---

① 《常熟之经济状况》，《中外经济周刊》1927 年总第 214 期。
② 更生：《这一日在省农场》，茅盾主编：《中国的一日》第 4 编，江苏，第 61 页。
③ 费孝通：《乡土重建》，上海观察社 1948 年版，第 48 页。

近代性的农业关系。近代性女红与农场劳作之间彼此推拉：农场之吸引村妇，"因为每天的工资是大洋四角，当然比摇袜好些"，但是，季节性的"大洋四角"又无法满足生计所需，洋袜还得"每天一刻不停"地继续摇下去！在这里，促使女红与农作联结的生产关系因素是近代雇佣劳动。

近代性女红与传统女红的关联从浙江平湖村妇忙碌的身影中清晰可见：

> 除了农产的收获外，还有育蚕也是一种主要的副业。不过，担任这工作的，应该是妇女们，每年的春秋两季，就是伊们最忙的时候。妇女们除了育蚕，平时的唯一职业，便是织袜子了。你们只要有机会走到平湖去，那末在十家之中，至少会给你发现七八家，有几部织袜机的，而在每一个村庄里，都能够听到一片摇袜的机声。

平湖农家的收入构成主要有三部分：农产收获、育蚕和织袜所得。作为近代性女红，织袜收入"平均每月至多只有十多元……在那儿是足够一个人的生活而有余了"[1]，但养活不了全家，农妇还必须从事农作和育蚕。在这里，促使女红之间联结的生产关系因素是传统与近代劳动关系的丛集。

近代各种性质的经济关系是基本的社会事实存在，它们以个体无法抗御的结构性力量，驱使着江南村妇编织劳作关系网络，以求自我保护。在日常生活中，这种力量实际凝聚为指向家庭生计的压力：众多劳作的任何一种都无法单方面满足居家生活的全部需要，对于整个家庭经济结构来说，各种劳作形式彼此需要；近代性女红就这样成为农家经济结构的关键要素之一。

结构性力量滋生的基本土壤是传统经济关系；需要追问的是，传统经济关系中内含什么样的因子长期滋长着结构性力量，从而让村妇将太平生计的念想寄托在女红上？依据以上分析，结合江南的情形大体可以得知，这其中，既含自然的矛盾，如人多地少；亦因生产能力的制约，如农业技术；还有经济制度的成分，如土地分配，等等。如果说传统经济关系给了女红以必要的驱使，那么，近代性经济关系则给女红的发育提供了可能性。段本洛在考察近代苏南工业结构时指出：在近代中国历史条件下，发

---

① 罗正：《平湖妇女的生活》，《申报》1937 年 5 月 1 日第 18 版。

展不充分的城市大型民族工业，不可能充分发挥机器工业摧毁手工业的历史作用，全部剥夺工场手工业和个体手工业的市场；相反，不仅需要中小民族工业、工场手工业以及个体手工业作为补充，而且还要以其作为生存和发展的条件，由此形成一个多层次的工业结构；① 近代性女红很明显地处于这一工业结构的较低层次，但是，低层次的女红却自有其存在的现实理由："手工工场所以会产生，主要是由于资本家需要在自己手里拥有一支能适应需求的每一变动的后备军，但这些手工工场又允许分散的手工业生产和家庭生产作为自己的广阔基础与自己一起并存下去。"② 以苏州刺绣女红为例，1927 年北伐战争后，全国统一市场形成，绣庄营业额达 86 万元，为 1917 年的四倍，绣工近两万人。③ 刺绣业的发展需要大量的贡缎和锦缎作绣地，而绣地的手工真丝原料凭借其特殊技艺，一时还没有被机器工业替代，这就为手织真丝绸缎留出了广阔的市场，从社会需求看，在丝织领域内不同手工业种类之间形成了必要的互补关系。

经济关系的结构性力量，不论传统的，还是近代的，当它们渗入地域，涌向村妇，影响到日常，就幻化为农家经济结构，就如我们在松江和平湖所看到的那样。通常的江南农家，村妇劳作涉及一个家庭的全部劳作形式，如果将其全部劳作视为一个集域，村妇劳作的内部关系体现了一般农家的经济结构：勤快的村妇分别扮演着地主的佃农、农场的农妇、袜庄的工人、育蚕的能手等诸多角色，多种角色之间并不冲突；各种劳作错落而成一体，其中，近代性女红始终处于很关键的地位，而与其他劳作相互依存，稳定着家庭经济结构的基本样态。

作为江南农家经济结构中的关键要素，近代性女红暴露出明显的传统性。女红的近代性主要是就其雇佣关系而言的，但它并非专业化生产，操作仍是手工的，工作场所在家庭，从形式上看，与简单商品生产几乎没有差别。这种中世纪式的近代性劳作，在 19 世纪末的俄国乡村已经出现过：恶劣的工作环境、冗长的工作日、非常低廉的工钱等等。④ 同样的情形出现在 20 世纪 30 年代的江南："许多能力薄弱而年大的老妪们，和一般年

---

① 段本洛：《历史上苏南多层次的工业结构》，《历史研究》1988 年第 5 期。
② 马克思：《资本论》第 1 卷，第 517 页。
③ 朱凤：《苏绣发展简史》，苏州市政协文研委：《文史资料选辑》第 8 辑，1982 年；转引自段本洛《中国资本主义的产生和早期资产阶级》，苏州大学出版社 1996 年版，第 295 页。
④ 列宁：《俄国资本主义的发展》，《列宁全集》第 3 卷，第 402—404 页。

幼的女童们，她们不能织布，又不会织袜，可是为了生活，不得不工作。缝袜头和剪贴商标，是她们藉以生活的唯一工具……剪得手肿生泡，每天也剪不到二十个铜板呀。"①

近代性女红的传统性在日常生活中发挥作用，成为村妇必须承受的沉重负担，而在社会结构中产生影响，则构成经济发展的障碍。就近代性女红的兼业化而言，"一个人兼做许多种事情的结果，是减少劳动的熟练，从而，减少劳动的生产力。所以，工业发展的趋势，不是增加农村副业，只是农村副业从农民手中被剥夺"②。就村妇的工作环境和她们得到的可怜收入看，近代性女红最大限度地占有了她们的闲暇，牺牲了她们的健康，这样的占有和牺牲降低了近代性女红的产品成本，增强了它们对于近代工业的抵抗力，从这一意义上说，它壁立起资本主义扩张的一道障碍。在村妇的劳作空间上，近代性女红缩短了工作场所和生活空间的距离，同时也就更加离不开田间地头，不仅在生活社区中，更在抽象的经济学意义上将村妇束缚在土地上；村妇既无法像"飞鸟一样自由"，便只能屈膝于地主面前任其盘剥。

近代性女红的传统性及其对村妇的无情姿态，引发了人们不断的訾詈，这些訾詈很大程度上意味着对近代性的肯定。传统性也好，近代性也罢，不过都是现代人的价值判断；对史学来说，比价值判断更重要的，是关于事物发生必然性的探讨。

二　在市场中实现近代转换

在传统江南乡村社会，丝棉纺织是村妇的主要女红，依地区而呈不同的分布。大体说来，环太湖流域的杭嘉湖和宁绍地区，以及苏锡乡村，以丝织女红为主；沿长江和东海的苏松地区，以棉纺织女红为主。当然，丝棉织造只是江南村落女红的基本概括，他种女红亦所在多有。

传统女红中的很大一部分是近代性女红的传承基础。历史悠久的宁绍席草帽编织，虽然在原料来源、工艺品质、产品样式，特别在组织形式等方面与传统女红存在着不小的差别，但因其基本技艺和民间传统等方面与

---

① 罗浑：《江阴华墅的劳动妇女》，《申报》1935 年 6 月 2 日第 18 版。
② 郭大力：《生产建设论》附论十五"论农村副业"，经济科学出版社 1947 年版，第 234—235 页。

近代性女红的内在统绪，面对民国时期金丝草帽女红的勃兴，人们宣称："编结草帽工业遂告复兴"①，"复兴"云云，其指向即为传统时代的席草帽女红。

　　女红在江南乡村的存在，体现了传统经济结构的一般特征，即小农业与家庭手工业的紧密结合，通常所谓的男耕女织，突出了家庭劳动的性别差异而显示的女红专门化，尤其适切近世以来的江南乡村。更重要的是，江南女红在农家经济结构中的地位非同一般：它不仅是地主制经济稳定运行的必不可少的要素，也成为富足一方的利益驱动器。②

　　传统村落女红及其农家经济结构一直维持到晚清时期，随着外国资本主义经济势力的不断冲击而渐趋解体。传统女红的败落是必然的。在近代大机器工业面前，无论是制作成本、出品质量，还是审美意象，传统女红的劣势都是非常明显的，缺乏与机制品的竞争力。竞争的结果似乎不公平，但人们欲言又止，因为这是市场的铁律，非人格的力量，应该无话可说。任何经济人只有认可既已成为事实的制度环境，投身于逐渐形成的市场体系，舍此别无他途。当资本拥有者涉足市场时，败零的女红让一部分人倍感亲切，意欲支配它们。

　　一些支配者是工场主。19世纪末20世纪初，江南一部分商人、官僚和地主在一些乡镇兴办了一批手工工场。他们在进行工厂经营的同时，支配着村落女红。工场主本来就是工人的雇主，作为家庭女工的雇主，并不需要特别的身份转换。1935年的江阴华墅，开有三家织布厂，其生产方式可分为两种不同的形态：一种是资本家把纱发给许多贫苦妇女，让她们使用自己的工具，织成布匹后，给她们一些津贴；另一种，资本家雇用了两百多个工人在一个工场里工作。③前者是家庭手工业，后者是工厂工业。在雇佣关系上，从事家庭劳作的华墅村妇是工场的雇佣者，她们的雇主是典型的产业资本家。

　　大部分雇主明显是商人。在苏州传统的刺绣女红中，绣娘们所依附的是比较纯粹的商人。吴县西部的浒墅关、木渎、光福及香山一带村镇，民间妇女"类能操是业"，她们从顾绣庄领取绸缎绒线，在家中刺绣，以成

---

① 《中国实业志》（浙江省）第七编，实业部国际贸易局，1933年，第695页。
② 参见小田《江南乡村妇女职业结构的近代变动》，《历史档案》2001年第3期。
③ 罗浑：《江阴华墅的劳动妇女》，《申报》1935年6月2日第18版。

品从绣庄那里计件领取工价。① 1925 年，余姚长河镇小本商人范永全，将"金丝草分给妇女们，让她们照他所指示的模型编制，编制好了，就由他出工资收回帽坯，——未经漂白装带的帽子——运销到上海洋行里"②。至此，村妇的"经营虽还是手工业的，而且其历史也多半是封建时代传来，但他们早已为商业资本所买占，成为一种形式的手工工厂，而结合于资本主义经济体制了"③。

就一个行业来说，支配者并不纯然。在 20 世纪 20 年代的常熟棉织业中，有全部进行工场生产的，也"有完全放机者；有一半放机，一半自置厂内者"，其中，"完全放机者"与商行主无异；他们的工场"仅一小事务所，已足办理，并无厂屋，亦不见布机"④；"一半放机"者应该是工场主。支配者总是基于利益最大化原则，进行不同的资本运作。

在这里，支配者是商人还是工厂主，已经没有多少分别的意义，因为他们套用着相同的利润计算公式，而被称作资本家。包工制度，实是工场主多方权衡之后的行为：一方面省却了工场的基本设施和管理成本："无须备巨大之厂屋，实际上得多数人之工作……厂主只须备货栈数间，及批发所或发行所房屋三、四间耳，是不啻将工场分寄于各织户家庭间，厂主既不备巨大之厂屋，又无须多数管工之员司及杂费等项"⑤，这样，业主"就可以不花费大量资本和很多时间去建造作坊等等，而把生产规模迅速地扩大到自己所期望的程度"⑥。

农家在市场中的窘迫，对于支配者来说就是控制村落女红的机会。村妇在市场中的步步退却与支配者的步步为营贯穿了村落女红蜕变的全部过程。1907 年之后，当平湖刚刚出现来自上海的洋纱时，村妇们发现，洋纱坚韧光洁，不像自纺土纱那样，粗松易断，时间也可以节省不少，于是以洋经土纬织而成布。不过，贫苦的农妇常常买不起洋纱，土布商便投其所好，将洋纱放给村妇，加工定织，包买出品，⑦ 这样割断了村妇与原料市场和产品市场的两端联系。资本主义生产方式的产生离不开市场参与者的

①　《中国实业志》（江苏省）第二编，实业部国际贸易局，1933 年，第 74 页。
②　茅可人：《余姚农村的续命汤——草帽业》，《东方杂志》1936 年第 32 卷第 12 号。
③　汪疑今：《江苏的小农及其副业》，《中国经济》1936 年第 4 卷第 6 期。
④　《常熟之经济状况》，《中外经济周刊》1927 年总第 214 号。
⑤　《浙江平湖织袜工业之状况》，《中外经济周刊》1926 年总第 147 号。
⑥　列宁：《俄国资本主义的发展》，《列宁全集》第 3 卷，第 406 页。
⑦　徐新吾主编：《江南土布史》，上海社会科学院出版社 1992 年版，第 680 页。

两极分化，过程是如此顺理成章，强势的资本对弱势的村妇不断进行生产资料的剥夺，最终迫使其就范。脱离市场的枢纽，无法形成支配者与村妇之间对立的两造关系。伴随着村妇的被支配，江南村落女红完成了从传统向近代的转换。

村落女红的存留完全取决于市场规则："在小工业和大工业竞争市场时，便要被打倒。但如果小工业作为大工业的外在部分，则被维持或创造出来了。"① 所谓创造，实际表现为传统女红的更生。这种更生不可能是别的，必须植根于既往的乡土，承袭传统的合理成分，而又有所变化。土布女红的根本性变化是其劳动关系以及相应的与市场的联系方式，但它的传统连续性让已经纳入近代经济范畴的村妇并无明显的不适，因为，在农工相辅格局下，村妇过去都曾是加工业的劳动者，因此她们可以对工业的性质与现代技术的发展一无所知，但这丝毫不影响她们参加工业劳动的热情。因为在江南农民最初的眼光里，乡村工业就是家庭副业，是他们自认为非常熟悉的东西。②

传统女红中的合理性成分，当然不会自行发挥作用，在很大程度上，它取决于近代市场条件下的资本嗅觉。资本触须所及，传统女红的潜质得以显露。以民间刺绣与编织传统为基础、吸收欧式抽纱技艺的花边业，是清末民初发展起来的为出口贸易服务的新兴女红。1923年，江南花边女红已称发达，杭州萧山还未见此业。上海花边商判断，此地工资低廉，有利可图，便来萧传授花边织造之法，同时"发给花线，收买出品"。首先开办者称"沪越花边厂"，工人只有四五百名，四五年间踄起不歇，至1930年，萧山之花边厂几达三十余家，织造女工多至二万余人。③

近代性草帽女红亦赖人为努力不少。自海外新式麦秆草帽输入以来，宁波土产草帽日渐淘汰。1911年，外人利用我土产衰落之际，把外国之金丝草、玻璃草、麻草发给工人，以低廉工资，并指示式样，编制欧美式草帽，浙省编结草帽工业遂告复兴，始在宁波西乡南乡，继而推及余姚、慈溪等地，④ 乡村妇女，"不论老幼，均视编织草帽为副业"⑤。余姚"草帽

---

① 汪疑今：《江苏的小农及其副业》，《中国经济》1936年第4卷第6期。

② 沈关宝：《一场悄悄的革命》，云南人民出版社1993年版，第118页。

③ 《中国实业志》（浙江省）第七编，实业部国际贸易局，1933年，第76—77页。

④ 《中国实业志》（浙江省）第七编，实业部国际贸易局，1933年，第353页。

⑤ 《上海之草帽业》，《申报》1936年4月15日第13版。

之发达为全浙冠"①，在有着"草帽之乡"美誉的姚北长河镇，前清年间从邻近的鄞县传入了席草帽编织技艺。1923 年，章家路人陆志尧从宁波永兴洋行取少量金丝草到长河，交由村妇试编。② 后又有范永全"偶然从鄞县西乡学来编制金丝草帽的方法，传授给一般邻近的妇女"③。姚北是棉区，村妇们本来精通经纬土布的技术，又有编织席草帽的基础，再说编织金丝草帽，"手续简便，易于学习，应用工具只立体圆木一块"④，聪慧的村妇编织技艺驾鄞县而上。1925 年，闻风而至的宁波美商代理沈德佑来到长河，在方东村诚富庵首开"坤和"金丝草帽商行，聘长河人卢福林经理放草和收帽业务。⑤ 几年内，小小一镇的草帽行竟有百家之多。草帽行越多，对编帽妇女的需求量也越大，逐渐由长河市镇蔓延到县内各个村落。⑥有诗为证：十里长街无闲女，家家尽是编帽人。⑦ 草帽女红的转型让我们充分领略到市场的魔力。作为江南著名的土布产地，进入近代世界市场体系的余姚土布女红，依靠巨大的时间节省和成本节约，迨遝至 20 世纪 20年代中叶，当"别省别县多半在闹穷，而且闹得很严重，余姚却因为草帽业的突兴显现出畸形的繁荣"⑧。女红的宠儿是在市场中成长的。

三　被纳入近代世界市场体系

在市场中实现近代转型后的村落女红，便成为近代世界市场体系中的一环。

近代性女红的原料市场已经不是传统女红时代的区域市场，即便其中的原料完全来自区域，那也是世界性市场的一部分，这对于 19 世纪 70 年代之后的江南来说尤其如此。传统时代的女红原料大多自产自销，丝棉纺织都是这样，特色女红常常亦取此道。据《鄞县通志》，唐代开元年间鄞西生长席草，远销他方，望春桥、黄古林、集仕港等乡都有较多出产。明

① 诸伯钧：《余姚境域县政概略》，中国文化出版社 2006 年版，第 202 页。
② 戴尧宏：《长河草帽业》，慈溪市政协文史委：《慈溪文史资料》第 4 辑（慈溪工商经济资料），1996 年，第 67 页。
③ 茅可人：《余姚农村的续命汤——草帽业》，《东方杂志》1936 年第 32 卷第 12 号。
④ 《上海之草帽业》，《申报》1936 年 4 月 15 日第 13 版。
⑤ 戴尧宏：《长河草帽业》，《慈溪文史资料》第 4 辑，1996 年，第 67 页。
⑥ 茅可人：《余姚农村的续命汤——草帽业》，《东方杂志》1936 年第 32 卷第 12 号。
⑦ 姚业鑫主编：《姚江风情》，中华书局 2001 年版，第 168 页。
⑧ 茅可人：《余姚农村的续命汤——草帽业》，《东方杂志》1936 年第 32 卷第 12 号。

代鄞县村妇编成的席草帽即取自当地原料。前清年间鄞县席草帽渐次传入余姚北部长河、高王、悦来市、道林等处时，原料也购自鄞县。[①] 民国兴起的草帽女红，唯一的原料为金丝草，来自东南亚，由野生棕榈的叶茎加工而成，其他原料似无法取代。[②] 宁波地方的金丝草帽女红，完全倚重于这种进口原料，而由女红支配者从上海洋行整箱批发，组织发料给村妇。这是村妇们无法操心、也无须操心的市场化运作。

象宁波草帽编织这样的外贸性村落女红，没有环环相扣的服务市场体系是无法想象的。民国而还，英美商人纷纷来到上海、宁波等通商口岸开设洋行，经营草帽的出口。最早来宁波经营此项业务的永兴洋行，由法国人开设，总行设在法国巴黎，菲律宾、上海、宁波设有分行。嗣后，华商经营的草帽出口行亦于宁波相继开设。当宁波洋行代理人来到余姚长河开设草帽商行时，草帽女红便与村妇及其农家生活紧紧联系在一起了。星居于村落的村妇，不会了解她手头的活计与消费者之间的重重关联。以草帽服务市场为例，上海出口行在纽约、伦敦、巴黎、汉堡均有代理人；出口行随时向国外各行报告货品价格，以电报协商，倘有成交，立即开出货单，记载花色、数额、价格及交货日期。一般规定，洋庄客户必须由银行电告开立银行信用状，亦有洋行信用国外客户，自行押汇或脱手发去草帽。[③] 从中不难看出村落女红与无数资本形式之间的密切关系。列宁感叹道：没有大量商品经营资本和货币经营资本，发达的资本主义是不可想象的，"资本主义把这些市场联结起来，把它们结合成一个巨大的国内市场，以后又结合成世界市场"[④]。

外部市场的种种需求是通过资本家传达给村落女工的，近代土布女红对土布庄的不同隶属便反映了外部世界市场的需求。在平湖，放纱收布的品种规格悉由布庄规定。由于各家布号经营特色不同，销场不同，放织的品种亦有所不同：葛寿康、顺康以放"二三套"为主，戈兴顺以"一六标"为主，恒泰祥有一六档，亦有"绍坯"，范泰记"新套"业务占五

① 戴尧宏：《慈溪草帽经营的变迁》，浙江省慈溪市政协文史资料委员会：《慈溪文史资料》第 1 辑，1986 年，第 70 页。

② 诸伯钧：《余姚境域县政概略》，第 202 页；戴尧宏：《长河草帽业》，《慈溪文史资料》第 4 辑，1996 年，第 68 页。

③ 《上海之草帽业》，《申报》1936 年 4 月 15 日第 13 版。

④ 列宁：《俄国资本主义的发展》，《列宁全集》第 3 卷，第 345 页。

成，"二三套"占三四成，另有"一六标""腰套""二八套"等零星业务。一般每家商号必有一个主要品种，兼营其他品种。村妇必须按照指定的规格织制，否则会遭到拒收。①苏州刺绣女红的特长很明显地在不同乡镇之间区别出来，绣庄便根据客户的需求支配不同乡镇的村妇。苏州绝大部分绣娘分布在西南各乡，各有所长：平金在横塘，打籽在蠡墅，刻鳞绣龙在向街、白马涧，袍褂铺子在善人桥，被面、枕套在光福、西华、东渚，寿衣、寿被在香山。②资本支配者正是在市场需求与女红产品的矛盾中应运而生的。"在大市场上，销售应当是大规模的、整批的。因此，生产的小规模性质同大规模的、整批销售的必要性产生了不可调和的矛盾"，要解决这个矛盾，列宁认为，在近代社会经济条件下，在小生产者孤立和分化的情况下，"就只有由少数富裕者独揽销售，把销售集中起来"③。

事实上，面对如此复杂的外部需求、如此繁杂的村妇特长以及如此分散的空间格局，少数富裕者要想独揽销售，必须依靠层层负责的中间人。一个看起来并不复杂的糊火柴盒的发料加工，也有周密的网络：各发料点先将原料发给糊盒包头，再由包头将料发给城乡劳动者。④时人认为，苏州刺绣女红是"最为适当"的研究中（间）人制的实例。在苏州顾绣商号，锦绣先经号内工人剪裁整理，缀成各种品件之后，再分送于各种家庭女工刺绣。分送工作往往由另一商号包揽，称为"代绣商号"。代绣商号"对于某妇娴于何等工作，以及各女工有无暇时之情形，知之甚悉"。所以，顾绣商号是通过代绣商号"再分配于技能适当之女工"的，"一俟各种货品制成之后，即由代绣商号交予顾绣商号，以便出售"；代绣商号是其中的中间人。依顾绣商号"与中间人之工作契约论，中间人事实上为商人雇主（按：顾绣商号）之雇员，但有再与其他代理中间人或散处工人定立工作契约之自由"⑤。其中，"其他代理中间人"称"绣头"，与村落女工直接接触。据清末绣头陶幼亭20世纪90年代初回忆，他专门承接宫廷订货。专办宫货的绣庄在北京有广源京庄，京庄在苏州设分庄。苏州绣庄

---

① 徐新吾主编：《江南土布史》，第686页。
② 朱凤编：《苏绣》，教育科学出版社1993年版，第9页。
③ 列宁：《俄国资本主义的发展》，《列宁全集》第3卷，第325页。
④ 张圻福、韦恒：《火柴大王刘鸿生》，河南人民出版社1990年版，第28页。
⑤ 彭泽益编：《中国近代手工业史资料（1840—1949）》第3卷，中华书局1962年版，第224页。

承接宫货后，购料、打样、绘画，经朝廷钦差同意后，发画开料投产。绣庄制成绣片，交发绣人，有时发绣人委托绣头转发至村落绣户。①

与以上情况不太一样，在村妇与土布包买主之间，中间人仅仅发挥媒介的作用。在平湖，承担这一角色的是所谓"傲船主"。傲船，是在水网江南极为普遍的小型航船，每日往返于镇（城）乡之间。傲船主多系土著，因为工作关系，多方沟通，接触面广，情况熟悉，便充当起布商与村妇的中介人。村妇必须通过傲船主的介绍作保，始可向布庄开折领纱，织成布后凭折缴布，傲船主亦负有向逾期村妇催缴之责。海宁硖石的土布中介人称"领头人"，是乡里有一定威信的土著，村妇通过他在布庄开立户头，领取折子，成为某个布庄的机户。一个领头人可以介绍的机户多达一百多个。②

从遥远的外部世界到僻远的江南村落，通过无数的中间环节，近代性女红被纳入世界市场体系。余姚草帽出口海外，式样倏忽千变，时而高顶，时而平顶，"遇有变动，随时用传单或鸣锣通告，彼辈（村妇）亦乐于接受"，村妇在长长的市场链条末端感知着市场讯息；时人感叹不已："此辈结帽女工，须富有艺术思想。"③村落女红的生命力，就孕育于这样的艺术想象力中。

与近代性女红相关的繁缛环节，是跟村妇的分散性联系在一起的，而分散性将近代性女红的"有害方面"暴露无遗："家庭工人的分散性以及中间人的众多，自然要使盘剥盛行起来，要造成各种形式的人身依附。"④俄国曾经的情况在江南近代性女红中也不鲜见。常熟花边商可分三类：一类是现货花边商，自备材料，直接发出，直接运销；一类是订货花边商，即出口商委托发放；另一类是花边代发商，即代以上两者发放，中间剥削最多：从花边商到农户，要经过二、三层的中间剥削。⑤类似的材料并不稀见，这就是所谓"商业资本的盘剥"例证。

进入近代世界市场体系的村落女红，便随着这种制度环境的变化，颠簸不已。其中，与外贸相关的草帽女红和花边女红表现尤为明显。以花边

① 朱凤编：《苏绣》，第9页。
② 徐新吾主编：《江南土布史》，第685、700页。
③ 《上海之草帽业》，《申报》1936年4月15日第13版。
④ 列宁：《俄国资本主义的发展》，《列宁全集》第3卷，第404页。
⑤ 华东军政委员会土地改革委员会：《江苏省农村调查》（内部资料），1952年，第408页。

女红为例，民初三四年间，江南各地花边女红风起云涌，乃花边业全盛时代。第一次世界大战爆发，日形中落。大战告终，销路逐渐恢复，而尤以运美者为大宗。1922 年后，美国政府采取关税保护政策，"成本既贵，销路随之困难"①，处于维持之中。20 世纪 30 年代初期，常熟"梅李一带，开设花边行殊多"，村妇以做花边为隙时唯一副业，嗣因供过于求，一度衰落，工价被压，村妇"已无余利，亦视此为鸡肋"②。1936 年左右，因上海洋庄畅销，急需各地供应，至 1937 年春天，"营花边者，犹如雨后春笋"。不意两个月后，销路呆滞，工价日跌，"致女工每日所得，尚不能维持生活，而经营者仍亏耗甚巨"③。1937 年"八一三"淞沪抗战爆发，花边业出口一时中断；直至抗战结束后，销路复畅。民国终结前，常熟每月输出 15 万美金，④ 接近太平洋战争爆发前正常年份的水平。

　　表面上，近代性女红的变化走势莫测高深，但其背后的决定性因素还是比较清楚的，主要有二：一为市场性因素，二为政治性因素。市场"无形之手"对近代性女红的影响体现了市场机制的作用，是市场经济的内中之义；而国际政治的变迁，亦不过是近代民族—国家间的利益之争。两者合而为一体，构成近代经济生活的制度环境。处于这种制度环境中的江南村落女红，命运之多舛是注定了的；认命？还是应对？村妇们所能做的非常现实，因为她们把近代性女红当作一种日常生计方式。

四　作为家庭生计方式

　　要素缠结的农家经济结构让村妇们无奈，云谲波诡的市场环境让村妇们焦虑，由此，村落女红若不是因为其沾染的近代色彩，似乎就没有多少探讨的价值；或者不过就是为揭示近代经济结构的"封建"以及批判外国列强经济殖民提供佐证。批判是必要的，改变不合理社会结构需要这种批判。不过稍稍有些遗憾的是，倘若要寻找批判的素材，江南村落女红实在说不上典型。就事情的本身来说，它不过是个村妇家庭的生计问题，而有关底层民众的生计论题更宜在日常生活的层面上进行探讨。所有的问题都可以归结为一个常识性的公理，即包括村妇在内的所有人都有生存的权

---

①　《中国实业志》（浙江省）第七编，第 76 页。

②　《花边业复兴》，《申报》1937 年 4 月 23 日第 7 版。

③　《花边业重遭败颓》，《申报》1937 年 6 月 6 日第 8 版。

④　华东军政委员会土地改革委员会：《江苏省农村调查》（内部资料），1952 年，第 58 页。

利，她们为此而付出的努力总是在可以为他人理解的逻辑下进行的，所以，同情式批判不能替代同情式理解，社会史更需要后者。在村妇，经济结构或制度环境常常被视作毋庸考虑的自然事实，她们的常态行为总是表现为村妇与经济结构和制度环境的互动；模式化的互动，便是日常生计方式。

对于村妇与经济结构和制度环境的关系，有两种不同的思路：一者注重后者对前者制约，一者关注前者对后者的应对；或不妨分别为制约派和应对派。不同的思路对近代性女红的观点自然不一样，甚至截然相反。

在制约派看来，村妇手自编织的农家经济结构无异于作茧自缚。证据当然是十分有力的，因为在这样的经济关系中，村妇的工作环境是那样的恶劣，劳作时间是那样的漫长，酬劳是那样的微薄……总之，这是一个令人窒息的经济结构；变幻莫测的制度环境更让村妇们焦躁不堪。但另外的记录大为不同；1926—1936 年间，余姚北部以长河为中心的邻近十多个乡镇，编帽农妇的收入超过公务员、教师和工匠；[1] 以 1930 年为例，"每人按月工资，平均可得二三十元"[2]。按一般情况，有人算过一笔账：假使一个普通的女工，赚普通的工资，一年编 50 顶帽坯，就有 100 元的收入，假使一个农家有一妻一女在编帽，那么她家里就添了二百元的收入，这岂不是比她们种十亩田的家长还多吗？[3]

在制约派眼里，这也就是不同时期的情况而已。是的，20 世纪 20 年代至 30 年代世界性经济危机波及前，近代性女红与整个中国经济状况一样，整体上是景气的；村妇较高的收入水平是社会宏观经济状况的反映。但在应对派看来，景气与萧条本来是经济和社会发展过程中的常态现象，没有一直的景气，也没有永远的萧条；这与成因无关。在任何情况下，生活总要继续，对于村妇来说，她们难得考虑生计以外的宏大经济问题。需要我们深思的是，在不景气的岁月里，村妇为什么还在既定的农家经济结构中谋生？不假思索的回答是，她们无可奈何；信哉！但还是制约派的思路。应对派认为，这其中定然存在可以谋生的空间；更进一步，如果把农家经济结构看作各种经济要素的组合，作为组合者的村妇其实不是完全被

---

① 戴尧宏：《长河草帽业》，《慈溪文史资料》第 4 辑，1996 年，第 66 页。

② 《上海之草帽业》，《申报》1936 年 4 月 15 日第 13 版。

③ 茅可人：《余姚农村的续命汤——草帽业》，《东方杂志》1936 年第 32 卷第 12 号。

动的，或者具体地说，包含近代性女红的农家经济结构并不是唯一可以选择的组合，但是这样的农家经济结构却也包含着应对外部环境的韧性。这样的韧性不啻自然经济的保护层；然而，谁又能说它不是经济萧条境况下村妇的生活掩体呢？

在近代历史条件下，充当掩体的江南农家经济结构以其内部要素的权重变化不断进行调节。近代工商业促进了农业的商品化和专门化，农民投身农业经营，同时前近代的很多传统女红，"仍然是保存着的，所以一等到农业在其农业收入不能维持家庭时，手工业又博得器重了"[1]。传统女红中的一部分在器重中被赋予近代性。在这一意义上说，对于农家来说，专业性的强化意味着风险的增大，而兼业则降低了风险。将近代性女红置于这样一个农家经济结构中，并给予其一个不确定的地位，对于村妇来说，就是应对；看起来是对付外在的环境，根本的意义在于：经营属于自己的生活。孜孜矻矻的生活意味着，村妇的应对是对身边生活矛盾的解决，此其一。比如，近代性女红的兼业化，内中固然有租赋的压力，但在上海南汇，"农家村妇，不论是否为生活所迫，一到农闲时期，便从事生利的工作——挑制花边。十一，十二，一，三，四，这五个月是农闲时间，也就是挑花最忙时期。每日料理家常琐务外，就埋首工作，约计六七个小时……在农忙时期，不能胜任田间工作的幼女，仍都在家挑花，不过也须料理家务"[2]。可见在江南村妇，兼业化的近代性女红更便于解决日常经济生活的矛盾：农忙与农闲的矛盾；近代劳作与家务劳动的矛盾。

众所周知，农业劳动是有季节性的，农忙与农闲期间的劳动力需求差别很大：即使农业在短时期内需要大量的劳动力，一年之中差不多有三分之二的时间也无业可就。这是一种隐形失业。[3] 鉴于此，传统土布女红之所以与农家生活紧密结合，则极易明了了：农事是有季节性的，冬季收成后农民有极长时间的余暇，利用余暇来做工是最合理、也是必然的结果，织布便是农隙工业之一，而因为习俗的重视，在各种农隙副业中尤占重要地位。[4] 当土

①　汪疑今：《江苏的小农及其副业》，《中国经济》1936 年第 4 卷第 6 期。

②　彭泽益编：《中国近代手工业史资料（1840—1949）》第 3 卷，第 769—770 页。

③　20 世纪三四十年代，许多中国乡村问题专家都提到这种失业现象。费孝通在《中国绅士》（中国社会科学出版社 2006 年版，第 77 页）中称之为"季节性的失业"。

④　王子建：《中国土布业之前途》，千家驹：《中国农村经济论文集》，（上海）中华书局1936 年版，第 138 页。

布女红被赋予近代性而整合于农家经济结构之中，仍然保持着季节性利用的特征。南京马群镇村妇以刺绣为主要职业，但"大多作为副业"；据该镇郭有滨 1935 年介绍，村妇刺绣的时间，概自十月中旬到来年四五月间止。① 对于女红，村妇的姿态是主动的。

这种主动性同样有利于解决近代劳作与家务劳动的矛盾。所以，时人所称近代性女红惠及村妇及农家，不仅仅指工资，也包括了给家务劳动带来的便利。先是，平湖村妇"凡管理家务不能出外工作之妇女，亦多在家织袜，人人有生产之能力"②。在解决生活矛盾的同时，江南村妇实际给出了解决隐形失业问题的一份答案。

其二，村妇的应对是对日常劳作环境的选择。江南村妇将近代性女红纳入农家经济结构，也就意味着选择了一种劳作空间。近代社会为包括村妇在内的普通民众提供了许多新的职业，与宅院的分离是这些职业的一个基本特征，职业的流动与地理空间的流动相伴相随。因此，对劳作空间的选择从一个侧面表达了村妇对不同职业的看法，也体现了她对社会流动的态度。

与近代性女红不同的职业及其空间主要有两种类型可供村妇选择：一是江南大中都市，"伊们只能做女工佣妇"③。都市工业能容纳的女工实在有限，"在工厂找到女工工作，这要算是她们最大的幸运"④。在当地，也可以选择进厂做工。这一选择虽算不上异地流动，但与近代性女红相比，村妇们自有一番判断。在江阴华墅，因为有织袜女红可供选择，村妇们对进厂做工自然是不感兴趣的，而外地的村妇，就大批地跑到华墅来找出路；"做厂"，是他们维持生活的唯一出路。⑤ 比较之下，一般村妇宁愿家庭女红，除非迫不得已。资本对村妇剥夺的结果可以为大工业提供自由的劳动力，但剥夺的过程是需要村妇们实际承受的；逃避这一过程是一种本能，更是一种理性的选择。所以，对常熟土布"放机制"，调查者以为"法颇善也"：在村妇方面，既可免除每日往返之劳，且可兼顾家事，利益均沾。⑥

---

　　① 郑林庄、柯象峰：《实业部中业实验所附近二十三村农民职业调查》，《中国实业》1935 年第 1 卷第 6 期。

　　② 《浙江平湖织袜工业之状况》，《中外经济周刊》1926 年总第 147 号。

　　③ 忽戈：《谈妇女职业》，《申报》1936 年 5 月 16 日第 17 版。

　　④ 陈碧云：《农村破产与农村妇女》，《东方杂志》1935 年第 32 卷第 5 号。

　　⑤ 罗浑：《江阴华墅的劳动妇女》，《申报》1935 年 6 月 2 日第 18 版。

　　⑥ 《常熟之经济状况》，《中外经济周刊》1927 年总第 214 期。

　　家务兼顾，工资待遇，工作场所差异，人格意识……村妇们对劳作空间的选择，其实包含着丰富的内容。江南村妇们的工作情状究竟怎样？这涉及村妇从事女红时的心态，历史学者不便臆测，但可以状描，在尽量逼近历史事实的状描中，村妇的生活观念从中显露。这是村妇应对外部环境的另一重表现。需要强调的是，这一应对，无关乎社会发展的宏旨，其意义仍然局限于日常生活领域。

　　不妨从近代性女红的辐射过程探测村妇心态。以常熟花边女红在地方世界的传播为例。清光绪末年，上海徐家汇天主堂修女向"该地教民之妇孺"传授花边女红。[①] 1917 年，来自常熟北部问村的季根仙正在上海探亲，得便从外国修女那里学得花边工艺，回乡转授他人，附近的白茆、师桥、赵市等集镇最先受到影响。之后十年间，问村秦姓人家将绣法传给了梅李的陈月林，由梅李绣艺人又传入珍门。赵市的杨学仁在师桥发放花边，扩散至塘坊桥、何村等地。1947 年，师桥有二十余家花边商，营业范围东至塘桥、梅李，南达周行、何村，西至王市、邓市。一位亲历者回忆：梅李始有花边约在民国十五年（1926），有一潘家老太太，其胞妹是浒浦"罗生花边公司"的老板娘，一时取来部分样品，借潘家廊下"张启盛"猪行的多余房屋，传播绣法。就这样，在常熟北部社区，花边商以镇为点，由点及村，连点成片，层层深入；村妇之间，亲友相传，妯娌相学，姑嫂相长，姐妹互帮，学做结合，遍布闾巷，成为一项与家庭生计关系不小的技艺。[②]

　　从花边女红的传播方式和乡村妇女的学习热情，可以推知，村妇们对于花边业未必劳而无怨，但确实莫不乐为。常熟白茆山歌《窗前阿姐绣花边》咏唱劳作情景道：

　　　　一塘清水三分田，
　　　　半亩竹园窗门前。
　　　　窗前阿姐绣花边，

　　① 赵如珩：《江苏省鉴》（下册），成文出版社有限公司 1935 年版，第 155 页。
　　② 罗汾庆、胡振青（常熟）《浒浦志》（内部资料，1990 年）第 80 页；（常熟）《梅李镇志·梅李卷》，上海辞书出版社 2006 年版，第 292 页；（常熟）《梅李镇志·赵市卷》，上海辞书出版社 2006 年版，第 292 页；（常熟）《梅李镇志·珍门卷》，上海辞书出版社 2006 年版，第 221 页。

小妹妹窗外衬丝线。

针头戳出春风夏雨来，

丝线穿过秋景冬雪去。

小妹妹呀跟着姐姐学绣花，

四季好花开在姐心里。①

源于社群生活的山歌所描述的工作环境应该是真实的，所透露的当地村民对花边女红的感受也应该是真实的，而这种感受至少寄托了一部分村妇的生活希冀。在忙碌的操劳中，弥散于村妇心头的如果是生活的希冀，而不总是对于资本剥削的仇恨，那么，这是村妇生活得以进行下去的生理和心理基础。

在此基础上，近代江南村妇的生活态度也悄悄地发生了变化。1927—1930 年间，余姚织帽女工的装饰，就是草帽女红繁荣的标记：金戒指没一个人不带；绸衣服没一个不做；鞋子自己没工夫做，都到鞋子店里去买；剪发的风气，本来进行得很迂缓的，也突然加速了。传统的礼教，也受了重大的震撼。草帽行的男伙计们借放草搜坯，一班一班不计其数地在农村的各家来往出入，毫不忸怩地和女工们谈价、搭讪、扭摸、追逐，女工们也时常艳装华服、成群结队地到街上去招摇。这时候儿女要择偶，竟可以自由、不受家长的拘束。② 通体散发着生活气息；面对生活，一切学者式的悲天、悯人、伤时，恐怕是对村妇滥施同情了，不免多情总被无情恼。

第二节　乡民特种劳作

在近代乡民所从事的诸种劳作中，"田功女红以外"，有一种劳作引起了时人的注意："若江浙之拣茶，若吴门之掉经娘，若嘉定之竹刻及制草履，若广西柳城来宾之八卦轿之类。已各域于一隅，不能普及。"对于这种偏存一隅的乡民劳作，"侈谈民生主义者，不可不先注意于此"③。在此不妨称之为特种劳作；乡民特种劳作在江南社会发展过程中

①　江苏省常熟市文化局：《中国·白茆山歌集》，上海文艺出版社 2002 年版，第 42 页。

②　茅可人：《余姚农村的续命汤——草帽业》，《东方杂志》1936 年第 32 卷第 12 号。

③　《绿窗红语》，《妇女杂志》1915 年第 1 卷第 2 期。

具有特殊的意义。

一　特种劳作之特质

这里的特种劳作，指在独特的自然生态或历史人文环境中，乡民们凭借专门的技艺所从事的活计。构成特种劳作的必要条件并不是所有这些特殊性的全部，其中任何一种或几种特殊性都可以成为其存在的理由。

某些特种劳作只能出现在一定的自然环境里。宁波奉化溪口镇，沿江面山；杭州余杭南乡，地多山岭；湖州安吉南部，山峦起伏；三地秀竹连绵。大自然的馈赠成为他们开发特种产品的资本。溪口土产之笋，鲜脆无比，20 世纪 20 年代末，已开设笋厂多家，聘技师精制，运销外埠，"乡间之工业，亦渐萌芽矣"[①]。余杭南乡的竹山，"除少数造纸之苦竹外，余均笔管竹"，这种笔管竹"异于他种竹，盖其产笋，无大小年之分，由此年年有竹可采"[②]。安吉南乡的"包头"向业主承包竹笋山，于山间设厂，雇人加工，闻名江南的天目笋干由此诞生。[③]

江南周边山区的生态环境相对复杂，特种劳作就更多一些；山货的加工便是。徽州歙县深渡一带出产蜜枣，每当蜜枣上市的时候，"女子多到蜜枣行中去制蜜枣"；而附近的休宁屯溪为皖南一个大商埠，且在钱塘江上游，来往船只多，村妇们就帮助撑船，一般"多在船尾把舵"[④]。宜兴西南的丁山、蜀山是著名的陶乡，那里山地多，乡民多以制造陶器为生活，辛劳的乡民们"终日满面沙土，连鼻孔里都是，整天壅塞着"[⑤]。绍兴平水的妇女，在谷雨前后，除到山腰、峰巅去采茶叶以外，还得协助男子到竹林里去掘笋，这是一项"很费气力很费精神的"工作。[⑥] 在山货的加工中，村妇参与最多的当为茶叶的采摘加工。婺源、祁门为徽州"产茶最多的地方"，"因男子出外经商，对于种茶等事，多由女子经营"[⑦]。

水乡的特种劳作呈现另外一种特色。苏州浒墅关织席之淡水草种植可

① 竺筼：《溪口近况》，《申报》1931 年 4 月 8 日第 13 版。
② 斁厂：《志余杭南乡之笔管竹》，《申报》1931 年 7 月 5 日第 21 版。按，竹笋大都间年一产，产笋之年，曰大年；不产笋之年，曰小年。
③ 吴志明：《天目笋干》，《湖州文史》第 2 辑，1985 年，第 51—52 页。
④ 吴文音：《徽州妇女的生活》，《安徽学生》1932 年第 1 卷第 1 期。
⑤ 苡苹：《宜兴乡下妇女生活之一般》，《妇女生活》1937 年第 7 期。
⑥ 周锦涛：《绍兴的老嫚和一般妇女生活》，《申报月刊》1935 年第 4 卷第 7 期。
⑦ 吴文音：《徽州妇女的生活》，《安徽学生》1932 年第 1 卷第 1 期。

以追溯到春秋时期。当地农民经过长期的试验，培育出"梅里青"草种，咸性低，一经洗刷，凉爽无比。[1] 湖州塘栖枇杷名扬海内外，亦有赖于绝佳"风水"。塘栖一带成土母质主要是湖、河、浅海沉积物，富含磷钙；地形坎坷，田地分明。枇杷居高而生，傍水而长。生长这里的枇杷品种优变，蔚胜他乡。[2] 草头，即苜蓿，是一种常见的豆科类草本植物，但它对常熟鹅山脚下的土地似乎情有独钟：其他地方所结的草籽只有两盘半，而且瘪的多，每个盘里只有 2—3 颗籽，而种在鹅山周围的草籽却有三盘半，饱满的籽粒有 5—7 颗。于是，从清咸丰年间开始，外地客商便闻风而来。[3] 说到无锡惠山泥人，其制作技术甚为简单，但取料要求严格："在惠山脚下有一块大约三十七亩左右的特殊性质的土地；这块土地的土质，是一种带有或黄或黑颜色的粘土。所有的'泥耍货'都是用这种黏土来制造的。"[4]

某些特种劳作与地方人文环境密切相关。跟苏州西部的轿妇一样，[5] 徽州也有抬山轿的女子，"其中尤以婺源、黟县，小户女子为多"。它跟徽州各地近代仍然存在的"奴仆小户制度"相关：凡大族人家婚丧庆吊等事，都由小户轮流供应，"如遇男子不能服役时，就由女子代替……每来往于崇山峻岭中，都不为苦"[6]。绍兴兰亭左近的女人也是这样：

> 因为那里有一座山，山里有个矿，矿里开采出来的灰石，运到山脚下去烧石灰，需要人夫的挑运。她们的男子多数已经是去做矿工，挑运无人，她们便承其乏而做挑妇了。挑石头是以斤量计算工资的，为了往返的需时，她们的石担总是装得满满的。[7]

在窑业发达的嘉兴，乡民的劳作注定是繁重的。嘉善窑业历史悠久，坯农人数惊人。20 世纪 30 年代，"全县二十三万余人口中，有十一万余人

① 殷岩星：《浒墅草席历古今》，《吴县文史资料》第 9 辑，1992 年，第 105 页。
② 王西林等编纂：《塘栖镇志》，上海书店出版社 1991 年版，第 105 页；何富泉：《软条白沙批把》，《余杭名产古今谈》（内部资料），1992 年；塘栖属浙江余杭县。
③ 谢金良：《名扬沪杭的鹅山草籽》，《张家港文史资料》第 13 辑，1993 年，第 157—158 页；鹅山属今江苏常熟市。
④ 钱志超：《无锡的"泥人街"——惠山镇》，《东方杂志》1936 年第 33 卷第 2 号。
⑤ 参见第四章相关内容。
⑥ 吴文音：《徽州妇女的生活》，《安徽学生》1932 年第 1 卷第 1 期。
⑦ 周锦涛：《绍兴的老嫚和一般妇女生活》，《申报月刊》1935 年第 4 卷第 7 期。

从事制坯生活的……而且有几个地方，如下甸庙、洪家滩、干窑、范泾、天凝庄一带的农民，约占全户口百分之九十是以此为主业的"①。

绍兴的锡箔制作业则建立在广大民众普遍信仰的基础上。此处村妇"以砑纸为生涯者，不知凡几"。砑纸是锡箔业的一个环节，它"以已经槌薄之锡加于纸上，而紧压之，使粘附于纸也"②；绍兴水埭做锡箔的村妇，"多数都能够背纸"，即将锡纸贴到纸上去。③ 锡箔无他用，仅作纸锭在祭祀时焚燎；"纸锭亦妇女为之，尤以佞佛老姬及比丘尼为最多，且有专以是为生活者"④。

某些特种劳作顺应历史的机缘而生。在以毛笔为主要书写工具的时代，"湖州工笔，工遍海内，制笔者皆湖人，其地名善琏村"⑤。民间制作腐乳，本来极为普遍，绍兴腐乳能臻为上品，特别与绍兴人的饮食习惯相关。绍兴人素喜酵类食品，便有人悉心研制，风味独异的腐乳就在这样的背景中酝酿而成。⑥ 江南乡村普遍存在的草编织业基本上都有相当长的历史传承。上海嘉定东门外的草鞋编织"是几千年遗传下来的"，因为"多是做草鞋和做凉鞋的，所以叫他草鞋村"⑦。嘉定黄草织物因为"有远见者多方提倡"，民国初年得到快速发展。⑧ 绍兴乡民"普通之所事者，织草屦事也。屦为黄草所编，有帮如普通暖，非仅有底而以绳作系者"；另有搓串绳者，"老弱为之尤多。盖绍地买卖进出仍多使用铜钱，故须以此作串贯也"⑨。

许多特种劳作需要相当高超的技艺。苏州浒墅关草席的专业特色非常明显，某村一般都有自己擅长的纺织方法和产品的规格，专业化的劳作经过千百年的工艺流传，便形成独到的技艺。⑩ 吴江农民擅种黄草，"完全售于无锡之南方泉及许舍二处，因除该二处外，他处并无纺织黄草之技术"⑪。浙江桐乡村妇中"种烟者亦不少"，但不是所有村妇都能胜任

① 顾尧章：《嘉善的坯农生活》，《合作前锋》1937 年第 1 卷第 7 期。
② 《绍兴妇女之生活》，《妇女时报》1916 年总第 19 期。
③ 周锦涛：《绍兴的老嫚和一般妇女生活》，《申报月刊》1935 年第 4 卷第 7 期。
④ 《绍兴妇女之生活》，《妇女时报》1916 年总第 19 期。
⑤ 《浙江土特产简志》，浙江人民出版社 1985 年版，第 186、4 页。
⑥ 严达三：《绍兴名产咸亨腐乳》，《绍兴文史资料选辑》第 2 辑，1984 年，第 150—151 页。
⑦ 余茜：《我乡妇女的职业》，《爱国·爱国女学校校友会年刊》1924 年第 1 卷。
⑧ 陈传德修，黄世柞、王熹曾等纂：《嘉定县续志·风土志·物产》卷 5，1936 年铅印本。
⑨ 《绍兴妇女之生活》，《妇女时报》1916 年总第 19 期。
⑩ 殷岩星主编：《浒墅关志》，上海社会科学院出版社 2005 年版，第 176 页。
⑪ 《中国实业志》（江苏省）第二编，实业部国际贸易局 1933 年，第 69—74 页。

的，"妇女间常有不能亲自种烟者，因不娴种植之方法故也"①。江宁花园金箔"薄于蝉翼轻于尘"：每张厚仅 0.00106 毫米，重 0.1 微克。如此轻薄的金箔竟是由厚重的金条、金块捶打而成的。②

需要指出的是，特种劳作之特殊性，并不等同于唯一性。只此一家、别无分店的特种劳作极为少见；更多的情况是，彼地虽有，但此处尤佳，执其牛耳。

这里讨论的特种劳作也不同于一般所谓的地方特产生产。它们存在与否攸关单位社区的经济命脉。奉贤青村港镇"驳岸里水蜜桃"声播遐迩，只是占地 32 亩的延陵桃园出产，年上市鲜桃仅三百余担。③ 这样的规模只能作地方特产论。但是在吴县焦山，只要听到"石码头"这一地名，"就可以知道这一地方是如何的靠着石头，才兴盛起来的"④。无锡惠山脚下的"居民差不多十之六七"操泥作业；⑤ 浙西农民"除蚕桑作物外，以畜羊为最重要之副业……自蚕丝衰落后，畜羊实为农家唯一之生产"⑥。不难看出特种劳作的荣枯与乡村经济结构和乡民生计息息相关。

二　特种劳作所在的经济结构

特种劳作不是乡民劳作的全部，也不是孤立存在于共同体之中的，它存在于特定的经济结构之中。首先，乡民特种劳作只是家庭生计结构的一部分。在上海浦东，"年强力壮的少妇，大都做织布、摇袜等笨重的工作；年老及年幼者，大都从事于轻松的糊自来火盒和糊纸锭等工作"。从中可见，糊自来火盒、糊纸锭等特种劳作只是她们"各种副业的操作"之一种，而这一种，许多人认为，"她们这种勤劳的情况可说是一般浦东妇女的良好的习惯"⑦。实际上，所谓"良好的习惯"不过是生活所迫。浙东妇女的织凉帽从春夏之交开始，往往因为日间田头工作的忙碌，"那凉帽是在晚上临着微弱的煤油灯光织的。她们一璧（壁）汗流脊背，一璧

①　无逸：《桐邑妇女职业谈》，《妇女杂志》1915 年第 1 卷第 4 期。

②　窦天语：《江宁金箔光灿四方》，江宁县政协文史委：《江宁春秋》第 6 辑，1987 年，第 50 页。

③　刑汉良主编：(奉贤)《青村志》(内部资料)，1984 年，第 39 页。

④　张潜九：《吴县焦山石宕访问记》，《东方杂志》1935 年第 32 卷第 16 号。

⑤　苏锡生：《无锡农民副业之今昔观》，《东方杂志》1935 年第 32 卷第 10 号。

⑥　彭起：《浙西的胡羊》，《东方杂志》1937 年第 34 卷第 15 号。

⑦　巴玲：《浦东的妇女》，《新人周刊》1935 年第 1 卷第 37 期。

（壁）蚊子嗡嗡的作祟，瘦黄的皮肤任着它吮吸，一团团的红块，跟紧着的便是一阵阵的痛痒。可是她们除非到更深人静，是不会停止织凉帽的工作的"①。

其次，乡民特种劳作存在于近代市场体系之中。从一定意义上说，特种劳作能以旺盛的生命力长久地存在和发展，取决于比较完备的特种劳作或产品运销的市场服务体系。在绍兴乡村，"市有草屦负贩，收售草屦。屦成，妇女则售之负贩。负贩则运销于杭甬各处"。乡民织屦因此成为绍兴"一产物也"②。

市场主体结构。特种劳作经济的市场主体包括商人、经纪人、牙行、商行等。特种劳作产品的品类复杂，商行名目亦异常繁多：③

表3-1　　　　　　　　　　特种劳作及其商行

社区名称	所属县份	特种劳作	商行名称
徐市、码头	常熟	草籽业	草籽行
浒墅关	吴县	草席业	席行
石码头	吴县	花岗石开采	石铺
焦溪	武进	蒲包业	蒲行
南方泉、许舍	无锡	黄草业	黄草行
丁蜀	宜兴	陶业	窑货行
新市	德清	湖羊业	羊毛行
梅溪	安吉	竹业	山货行
饭箩浜、沈家弄	平湖	竹器业	竹行
新丰	平湖	生姜生产	姜行
南乡	余杭	笔管业	笔管行
富阳	富阳	纸业	过塘行

商行使得地方劳作与外部市场联系起来。绍兴"多锡箔庄……庄设城

---

　　① 绥之：《浙东的妇女们在夏天》，《礼拜六》1935年总第603期。

　　② 《绍兴妇女之生活》，《妇女时报》1916年总第19期。

　　③ 分别见本节有关注释。其中，"山货行"见《湖州文史》第8辑，第116页；"姜行"见《平湖文史资料》第4辑，第140页；"过塘行"见陆佐华主编《富阳镇志》，汉语大词典出版社1994年版，第158页；"窑货行"见陈鉴明主编《丁蜀镇志》，中国书籍出版社1992年版，第271页。

中，故业此者，以住近城者为多"。村妇往庄领取锡纸，矹毕则还其物而取值。每日晨时，老弱妇女负纸于路，联袂来城，络绎不绝，"是即矹纸者还作物于庄也"①。整个民国时代，苏州浒墅关的席行一直维持在五十家左右。② 据镇上"老南山席行"老板李庆先回忆：

> 家家备有织席木机。每天清早有到镇上市场销售，席市中心在北津桥，由各行家派人收购，看货定价，每天清晨很是热闹（非常），熙熙攘攘，人头攒动，一派繁荣景象。
>
> 各席店收进草席之后，将席子晒干，经过整理后，按质论价。每年三四月间，是浒关席市场最兴旺时期，各地客户商贾纷纷前来采购。当地席草行店家是代客买卖性质，从中收取些佣金。全年的营业数字是相当大的（我店当时有确切统计）。说到席行，其中最著名的有几家老店。像老德润、李南山、倪恒盛、顾聚泰、合兴隆等等。③

可见，浒墅关的席行其实是中介牙行，主要代客买卖，收取佣金。若自备资金收购，则为商行。商行与牙行并存，在江南乡民特种劳作市场是较为普遍的现象。

商行常常具有连锁性。鉴于营业规模的扩大，有的商行在外埠设立分行。上海嘉定徐行、澄桥等地的商行在上海开设草织物庄行；④ 余杭临平镇南门外，"设有笔管行数家，各行复于辽平汉粤等处设立分行，专销此物"⑤。民国前期在江南大中城市经常会见到"杭绍锡箔"招牌，时人"必以为所有的锡箔，是由杭州和绍兴来的。其实杭州没有锡箔作场，不出锡箔的，各省售卖的锡箔，完全从绍兴运去。杭州不过是有几家作接集

① 《绍兴妇女之生活》，《妇女时报》1916 年总第 19 期。
② 据 2005 年殷岩星主编《浒墅关志》第 183 页：清末民初，浒墅关镇上规模大小不行的席行店铺多达 50 余家；据曹棠《苏州浒墅关地方经济状况调查报告书》（《苏农通讯》1947 年第 5 期）：20 世纪 40 年代，全镇"有席行五十余家"。可见正常情况下，民国时期浒墅关镇的席行维持在 50 家左右。
③ 李庆先：《浒关旧时草席市场一些见闻》（1983 年 6 月 24 日）；见殷岩星主编《浒墅关志》，第 176—177 页。
④ 高步阶：《嘉定的草织工艺》，上海嘉定区政协文史委：《嘉定文史资料》第 9 辑，1994 年，第 103 页。
⑤ 敫厂：《志余杭南乡之笔管竹》，《申报》1931 年 7 月 5 日第 21 版。

散工作的店铺而已"①。

市场客体结构。客体结构又称要素市场。社会化的商品经济必然同时存在着商品市场、金融市场和劳动力市场。在近代历史条件下，特种劳作的社会化程度还不高，因而要素市场还很不完备。就劳动力市场而言，有些特种劳作的生产采取"包买制"，有的实行临时雇工制，有的干脆就是小农经济的一部分。徽州婺源、祁门一带村妇平时施肥、分植和除草，至立夏前后，一般女子便到茶园中将嫩叶采回家中焙制，再行出卖；"茶号将茶收买后，复雇女子加以选择，分成各种花色"②。嘉善所雇搬坯村妇由窑户雇定，雇工分长雇和临时雇两种，临时雇每元搬三船，间断者每元四船，工作之日，膳食由窑户共给，长雇年计百元，供给膳宿。③

就商品市场而论，乡民特种劳作的出品，不论其品类如何，毫无例外地都存在着广阔市场。苏州焦山石料"遍售江浙，自沪上洋商采办，销路益广"④。无锡惠山泥人，玩具而已，抗战前"非但销售于全国各大都市，而且它还构成国际贸易中的项目之一"⑤，远销南洋各地。嘉善西南一带的制坯农夫用木框做成长方形的坯，待其爆干，售于窑户；窑户再将坯烧成砖瓦运销上海杭县，供建筑之用。⑥ 据20世纪40年代的一项统计，作为浒关主要之手工业生产品，草席运销全国各地，"数量至巨……全年营业量，估计约达八十亿元"⑦。浙江桐乡"素为产烟之地。（产品）运销于江苏全省，广东亦间有销路"⑧。1922年，嘉定徐家行一镇出产织品，"行销全国外，美、加、英、德、法、意、日、澳、南洋等国，整数采办，供不应求，则订期分介（解）之"⑨。可以这么说，市场是特种劳作的生命。平湖钟埭二村竹器以"竹木藤器为大宗……完全销售于本县"⑩，此类产品虽有特色，但囿于市场，一直未成气候，流为一般土产。当然，销场的大

---

① 周锦涛：《绍兴的老嫚和一般妇女生活》，《申报月刊》1935年第4卷第7期。

② 吴文音：《徽州妇女的生活》，《安徽学生》1932年第1卷第1期。

③ 剑濡：《嘉善生产概况》，《曰报月刊》1935年第4卷第8期。

④ 张郁文辑：《木渎小志》卷5"物产"，苏州观前街利苏印书社1928年版。

⑤ 钱志超：《无锡的"泥人街"——惠山镇》，《东方杂志》1936年第33卷第2号。

⑥ 王萍初：《嘉善农村妇女剪影》，《礼拜六》1936年总第633期。

⑦ 曹棠：《苏州浒墅关地方经济状况调查报告书》，《苏农通讯》1947年第5期。

⑧ 无逸：《桐邑妇女职业谈》，《妇女杂志》1915年第1卷第4期。

⑨ 吕舜祥、武毂纯编：《嘉定疁东志·区域·市集》，1948年云庐油印本。

⑩ 《平湖之土地经济》，1925年，平湖县档案馆藏。

小与社区范围相对应，因而是相对的。1950 年，平望丝网的年产量为 6000 条，[1] 对于一村来说已相当可观。

特种劳作以其特殊的方式占领市场。其一，特种劳作的产品常常是名牌产品。笔管为制笔必需，渔网是捕鱼最基本的工具，较小的替代性与品牌效应相结合使得余杭南乡的笔管和胜墩丝网有了稳定的市场。至于富阳土纸，"总浙江各郡邑出纸，以富阳为最良，而富阳各纸，以大源元书为上上佳品，其中优劣，半系人工，亦半赖水色，他处不能争也"[2]。1915年，礼源乡山基村姜芹坡（忠记）生产的"昌山纸"获农商部嘉奖，并被确认为最高特货；是年，在巴拿马万国商品博览会上，富阳的"昌山纸""京纹纸"获得二等奖；1926 年，在北京举行的国货展览会上，富阳的"京纹纸"和"昌山纸"分别获得二、三等奖牌。[3] 名牌一旦形成，自有其威力。嘉定方志编纂者甚为感慨："回思兴业创办时，申市盛销者为日本所制之柳条提篮、绿布衣包及纸皮拖鞋等，只卜当时美观，而兴业所制之黄草编物，韧而且坚，竟将日货压倒，使之绝迹沪市，可证工业如能精进，非惟民生得裕，实亦国计攸关也。"[4]

其二，特种劳作适应了特殊需求。无锡"南方泉所产者多为草布与黄布，许舍则产丝经黄草居多"，随着"洋布洋纱等品用者日增，黄草织品之销路大减，因之农家之产量亦少"[5]。手工"土布"与机器洋布竞争，自然难以匹敌。嘉定黄草制品，则沿着另外一种思路发展。民国以后，"洋布盛行，黄草事业日见发达，徐行附近多改织黄草品"[6]，其品种极多，"主要者为提包、拖鞋，次之为钱袋、书包、凉鞋、凉帽，运销国外者以提包及钱袋为多，提包极适于工人携带麦包牛乳等食品之用，因其价格低廉，分量极轻，携带便利，钱袋式样古雅，装制美丽，配以嘉定竹刻、流苏、仿古泉币，虽其价格较昂，但外国妇女以其新颖灵巧，多乐用之，至于运销国内者以拖鞋、书包为多。拖鞋顾客多为浴堂、旅馆、轮船等业，书包则为学生之用，旧式商人亦有用黄草提包以代竹考篮及藤提夹者"[7]。

①　朱明等主编：（吴江）《平望镇志》，江苏科技出版社 1992 年版，第 71 页。
②　汪文炳总纂，蒋敬时等分纂：《富阳县志》卷 15，1905 年刻本。
③　中共富阳县委宣传部等：《富阳土纸风情录》（内部资料），1991 年，第 3 页。
④　吕舜祥、武锻纯编：《嘉定瞗东志·区域·市集》，1948 年云庐油印本。
⑤　《中国实业志》（江苏省）第二编，第 69—74 页。
⑥　吕舜祥、武锻纯编：《嘉定瞗东志·物产·人造物》，1948 年云庐油印本。
⑦　《中国实业志》（江苏省）第二编，实业部国际贸易局 1933 年，第 69—74 页。

从消费心理来说，消费者的购买心理分为求新爱美型、实惠型、廉价型。这里，黄草织品按照地区差异、人口素质、收入水平等因素进行市场分割，根据市场目标，确定生产品种，适应多样需求，挖掘出潜在市场。

其三，特种劳作致力于寻求市场空隙。在西方资本主义对中国进行全面经济渗透的形势下，力图创造出能够在国内外市场占有一席之地的产品，无疑是具有相当难度的。尽管如此，特种劳作还是找到了自身的地盘。一般认为，金箔只是用来裹制金线、缝制龙袍、朝服、彩衣之用，事实上，建筑装潢、佛像开光、家具描金、书籍题签、图案设计等等，都可派上用场。① 就纸品而言，手工纸具有机制纸无可比拟的优点。手工纸没有经过剧烈的机械研磨，也没有使用强酸、强碱、强氧化剂，从而离解纤维、漂白纤维的过程和缓，纤维受损伤小；纸张中很少残留破坏纤维的有害化学杂质，这就大大提高了手工纸的耐久性。过去许多书籍、文件多使用手工纸。富阳手工纸因而具有了广阔的发展前途。

寻求市场需求的过程，实际上是发掘特种产品潜力、强化特质以增强竞争力的过程。惠山泥作物本来"在邻近各县推销的很普遍"，但是 20 世纪 30 年代以后，"一则因为他们墨守旧法，而不知改良，所以成本较大，而制造品大都还是红面黑面的戏名；一则因为运输不便，不能尽量的推销到外埠去，同时外埠的儿童玩具却在大量输入，于是这种手工艺竟一落千丈了"②；也就在这个时期，惠山泥作匠吸取了天津石膏作品的优长，拓宽作品题材，创新的品类以其分量轻、壮观瞻、便携带、模型化等特质，重新占领市场。据 20 世纪 50 年代初的统计，石膏制品约占全部产品的 75%。③

三　特种劳作的历史价值

乡民特种劳作最明显、也是最直接的经济效益是，扩大了乡民的就业机会，提高了乡民收入。攸关一方经济命脉的特种劳作以其特有的生命力重新组合了传统经济结构，由此也提高了乡民的生活水平。时人估计，1906 年富阳竹纸一般约可搏六七十万金，草纸可搏三四十万金。④ 20 世纪

---

① 窦天语：《江宁金箔　光灿四方》，《江宁春秋》第 6 辑，1987 年，第 50 页。

② 苏锡生：《无锡农民副业之今昔观》，《东方杂志》1935 年第 32 卷第 10 号。

③ 章振华、王佩光：《无锡传统风俗》（内部资料），1991 年，第 105 页。

④ 《富阳土纸风情录》（内部资料），1991 年，第 3 页。

20年代末在徽州，为他人摘茶叶的村妇按量取值，"一个铜元一斤，一天可以摘四五十斤"[①]。据1933年统计，每担天目笋干可换大米10担（当时大米价格每担5—7元）；以个人计，从事捌笋的雇工常常免费享用酒肉，每天的工资相当于时价七八斤大米。[②] 湖州新市农民为可观的经济利益所驱使，在1936—1938年掀起了一个宰杀胎羊的高潮，全镇每天上市量500头。[③] 抗战前，沙洲凤凰乡的草籽，每两箩可卖到1.5—2元。由于价格看好，经济效益较高，人们对种植草籽特别重视。当时农户在安排秋播茬口时，种草头籽的面积一般不少于30%，全乡种植面积不少于8000亩，每年销往外地的草籽有一万多担。在银缸宝烛的时代，苏州五龙桥村民"莫不藉灯草以为心"，听说"划灯草获厚利"，五龙桥成为苏州所属各"乡镇之妇女生活程度"最高者。[④] 差不多同时期的嘉善制坯村妇的生活"可以说尚称满足"，因为那时的"砖坯价每万达四十元，瓦坯价每万亦有十八元"[⑤]。这是"坯价最高的时候"，熟练的妇女，"每天能作坯一千枚以上……每万枚能售卅余元"[⑥]。

近代中国许多传统的家庭手工业，在外国资本主义工业的竞争下，逐渐衰落，首当其冲的是棉纺织业，丝织业以其特殊工艺抵挡一阵后，亦力竭而退，江南其他许多乡村副业也招致了大致相同的命运，乡民生活水平因此而急剧下降。棉农、蚕农不论，即以余姚从事草帽业的农民而论，他们的工资差额在1931年前后有如霄壤，每顶帽坯工资从1.33元下降到0.4—1元。[⑦] 对此，费孝通认为，"如果从衰败的家庭手工解除出来的劳动力能用于其他活动，情况还不止于如此严重"[⑧]。特种劳作则在一定程度减轻了对乡民生活的冲击。在余杭南乡，"闻此乡竹山，价值倍于良田，每亩值银约一百五六十元，年可获利三四十金。故该处居民每家如有竹山十亩，即可生计裕如"[⑨]。1930年中叶，苏州西乡光福的苗圃经营十分普

① 万孚：《徽州妇女的生活》，《今代妇女》1928年第6期。
② 吴志明：《天目笋干》，湖州政协文史办委：《湖州文史》第2辑，1985年，第53页。
③ 张春林：《新市的羊行和养羊事业》，《湖州文史》第8辑，1990年，第52页。
④ 汪葆蕙：《划灯草》，《妇女时报》1913年第9期。
⑤ 顾尧章：《嘉善的坯农生活》，《合作前锋》1937年第1卷第7期。
⑥ 王萍初：《嘉善农村妇女剪影》，《礼拜六》1936年总第633期。
⑦ 茅可人：《余姚农村的续命汤——草帽业》，《东方杂志》1935年第32卷第12号。
⑧ 费孝通：《江村经济》，江苏人民出版社1986年版，第200页。
⑨ 敫厂：《志余杭南乡之笔管竹》，《申报》1931年7月5日第21版。

遍，每户都有数亩，乡民们用心经营，"出品的苗本，成绩都很好"，"每年销售于苏松太一带，有二十万株以上"①。经济分析的出发点和归结点应该在劳动者；大多数劳动者生活水平的提高，是共同体发展的重要标志。以此为基点，乡民特种劳作的存在具有特别重要的意义。

江南乡村存在着特种劳作的产业结构呈现高度化的态势，经济总量为之增加。产业结构的高度化，不单是指乡村由单一种养业向一、二、三产业并存，特别是二、三产业占据主导地位的发展过程，同时也意味着形成更高经济效益的种养业结构。

在近代江南集约性农业里，存在着大量过剩劳动力，劳动的边际生产率大大低于其平均生产率。1930 年有专家估计，缘于农业生产的季节性，中国"十五岁至五十五岁的农村人口中，每年至少有五千五百万人是失业的"②。这是一种隐性失业。特种劳作的生命力增强了其劳动力容纳量，实现了农业劳动力的转移。据解放初的调查，平望胜墩一村从事手工结网的人员就有 300 人，甚至八九岁的女童亦谙此业。③ 号称"金箔之乡"的花园乡民，民国年间"吃打箔饭"者 90%。④ 浒墅关地方志亦言："乡村妇女，织席十之八九……席草之肆、席机之匠唯浒墅有之。"⑤ 光绪《富阳县志》载，当地人"率造纸为业，老少勤作，昼夜不休"。据统计，1930 年该县从事土纸生产的人口占全县总人口的五分之一。⑥ 这些劳动力的转移，非但不影响农业产出总量，反而因劳动力转入特种劳作，还增加了地域经济总量。

这里所出现的产业结构高度化独具特色：其一，在传统经济结构中运作。在近代社会历史条件下，外国资本主义经济在中国肆虐，民族资本主义于夹缝中生存，在人口激增的乡村，要实现传统经济结构的全面改造，是涉及一个更广阔范围的问题。于是，在传统经济结构的改造动力未能产生之前，江南乡村致力于发展特种劳作，提高产业结构。在浙东，"织席除了乡镇上的妇女们，年常操这工作以外，住于城廓一带的贫苦妇女们，

---

① 赵丕钟：《苏州光福农民的副业》，《农报》1935 年第 2 卷第 27 期。
② 顾毓泉：《手艺工艺与农村复兴》，《东方杂志》1935 年第 32 卷第 7 号。
③ 平望镇志办公室：《平望丝网》，《吴江文史资料》第 7 辑，1988 年，第 189 页。
④ 窦天语：《江宁金箔 光灿四方》，《江宁春秋》第 6 辑，1987 年，第 49 页。
⑤ 凌寿祺：《浒墅关志·风俗》，道光七年（1826）刻本。
⑥ 徐彭年：《富阳的草纸槽户》，《东方杂志》1936 年第 33 卷第 8 号。

为补助生活起见，也多有操此工作的"。每年春末夏初席草的成熟季节，乡农们把它割下来，曝晒于烈日下，至其干燥以后，便是村妇"织席的狂盛时节"①。距苏州城仅八里的五龙桥为一小镇，乡民千余，栉比而居，"男子尽力田畴，女子则划灯草，以补不足"②。20世纪20年代末，在吴县焦山乡镇社会的一个访问者了解到：

> 这些村子里的农人就向来靠着在农闲的时候，到石宕里去做工，当作重要副业。而沿山左的种田人，也都把到石宕里做工，当作一件赚钱的大事情。
>
> 他们只晓得这是祖上传下来的老规矩，只要田里不忙，一有空功夫，总想到宕里来赚几个外快，贴补贴补，尤其是现在米麦菜子，桑业丝绸样样都不值钱的时候格外想来多赚几文；而同时远至木渎善人桥，各处乡村里的农人，远远的都到宕里来，抢着做工。
>
> "铁椎班"（凿石头的雇工）由作头介绍去做工，他们家里都是种田的，还得照顾田里的事。他们常在上午十时去上工，午饭是带上去，或是家里送去的。③

诸如此类的亦工亦农家庭，依然处在传统的小农经济结构当中，但从社区发展的视角透视，产业结构已经提高到另一高度，其历史价值不容低估。

其二，在乡村社区中实现。城乡关系的改变，城乡差别的缩小，即乡村城市化是社会发展的必然趋势。许多学者，特别是国外发展学理论家，都自觉不自觉地信奉这样一条理论逻辑：乡村城市化必然伴随乡村人口的空间转移，这是一个乡村人口城市化的过程。但是，近代中国城市工业不发达，人口膨胀迅速，无法容纳更多的乡村人口。偌大的上海，竟没有乡下人的立足之地：

> 农村是破产了。农村里的娘儿们，都提了小包裹，上上海来当

① 绥之：《浙东的妇女们在夏天》，《礼拜六》1935年总第603期。
② 汪葆蕙：《划灯草》，《妇女时报》1913年第9期。
③ 张潜九：《吴县焦山石宕访问记》，《东方杂志》1935年第32卷第16号。

"娘姨"……在上海，从南到北，几乎每一条街上，平均至少有一个门面上，挂着"姑苏×老荐头"、"宁绍老荐头"或"维扬×记荐头店"的招牌，而且每一家荐头店里的长凳，老是给候补的娘姨大姐坐满了。

但是"坐荐头"，据说也不是容易的。坐一天，得交一天房饭钱，坐十天，便得交十天房饭钱。农村里的娘姨大姐，大量的输入上海，可怜这年头儿，上海也正闹着不景气，十家中倒至少有一半，正在家庭里紧缩裁员，怎能消纳这多的娘姨大姐？

娘姨大姐坐荐头，掏腰包贴房饭钱，腰包掏干了，只得再背起小包裹，回到老家去。①

在乡村社会发生的产业结构高度化，实际上减轻了对城市的压力，缓解了城市社会问题。

其三，在乡土意识的轨道上运行。芝加哥经济学派的代表舒尔茨等人早在 1962 年就提出了人口迁移的成本—效益理论。所谓迁移成本，不仅包括货币成本，如交通、住宅、食物等方面增加的支出，而且还有心理成本，如迁移者在新环境中的紧张不适等心理损失。② 在传统农业社会里，江南乡民终年劳作于乡间，形成浓厚的乡土意识，富阳曾有"宁做故乡乞，不做他乡官"之说。在这种观念的支配下，他们就地取材，足不出户，一个农户便能生产手工土纸。歙县深渡的村妇劳作于蜜枣行，虽说"其工价不多，但她们却十分的满足了"③。

传统农民也是现实生活中遵循经济理性原则的行为主体，他们总是在权衡迁移成本和收益后，产生迁移意识。在原有空间中实现的产业结构高度化，减少了安土重迁的江南农民的心理成本。在这里，我们无意于为封闭的乡土意识作辩护，但从现代经济结构消融乡土意识的角度而论，这不失为一种现实选择；事实上，新的经济结构只能孕育于传统的乡土社会土壤里。

乡民特种劳作的存在，在生计困窘之际维持了乡村家庭的基本生活。

---

① 贤贤：《坐荐头》，《申报》1934 年 6 月 22 日第 16 版。
② 辜胜阻：《非农化与城镇化研究》，浙江人民出版社 1991 年版，第 81 页。
③ 吴文音：《徽州妇女的生活》，《安徽学生》1932 年第 1 卷第 1 期。

在绍兴水埠，锡箔的制作有这样的分工，"年龄较大的作领袖，将整包的锡叶，一张一张的揭开，然后交给年龄较小的去背。做满了三千二百张，才能够得着二角左右的工资"，在外人看来，"几个人动手，费时一二日，所得的酬报，仅仅这一些，那未免太不值得了"。但是乡民的生活程度不高，关键是，村民们并"不想靠此去买米，她们的希望是撩些另（零）用钱，何况除工资以外还有一点多余的锡箔也可卖钱呢"[1]。普遍使用草灯芯的时代过去了，随着外国资本主义的渗透，"油灯洋烛，均用棉纱以点火，灯草实贱若敝屣矣"；一位村妇"屏（摒）弃家事，专心割划，最速者日可一二麽，每麽二十四头，四头一札，二麽共十二札所得之草肉。可售八九十文，草壳二百文，除去本钱二百文，所得仅八九十文耳"。在苏州五龙桥小镇的调查者感到奇怪，他问一位名为小桃的村姑："何为而复业此？"小桃回答："舍此复有何业？幸草壳稍稍值钱，否则我侪只能喝西北风度日矣。"[2]"舍此复有何业"，这就是问题的关键：村妇没有机会成本。生活在上海的人到了农历的初一，或是十五的时候，听见一种"卖长锭"的声音，这种卖锭妇，大部分是从浦东来的。她们把每天糊下来的长锭，高高地挂起，预备在农历初一、十五，拿到上海求售。"说起这种妇女，也是非常可怜"，但时人指出，村妇"因为没有事情可做，所以就做糊长锭的工作"。同样是缺少其他劳作的机会。[3]因为没有机会成本，无论划灯草还是糊纸锭，对于一个家庭生计的维持来说，也是非常重要的。

特种劳作的生发性，使其具有品簇拓伸的经济和社会意义。特种劳作是一种品簇经济，表现在：第一，特种劳作增强了共同体节点的吸引力。安吉地域广阔，竹林似海，竹子缘何成为梅溪的特种产品呢？"盖缘安吉县梅溪地方，乃两县人民辐辏之地，所产布缕丝粟，竹木果栗之属，悉属是乡，以致买卖，乃生理出入必由之路。"[4]以竹林为依托，处于地理要冲的梅溪形成了对社区因子（如人口、物质、信息、能量）的特殊引力。吴县藏书乡的镬村，因为堆存集运焦山石料而被称为石码头，1932 年，石码

① 周锦涛：《绍兴的老嬷和一般妇女生活》，《申报月刊》1935 年第 4 卷第 7 期。
② 汪葆蕙：《划灯草》，《妇女时报》1913 年第 9 期。
③ 彰：《沪郊农村妇女的生活写真》，《机联会刊》1935 年总第 126 期。
④ 何显：《奏改县为州疏》，转引自叶诚业《回顾解放前安吉竹业的购销》，湖州政协文史办委：《湖州文史》第 8 辑，1985 年，第 115 页。

头一带形成街市，百舟云集，石铺店肆林立，名焦山镇。焦山石料又成为乡镇建设经费的重要来源。过去，镇河边还有一个专门收石税的捐卡，直到 20 世纪 30 年代初"地方假使有些要钱的事，却仍旧还要向石头身上来设法的"①。

第二，特种劳作成为城乡联结的中介。湖州新市镇的羊毛行几乎把所有的羊毛、羊皮等货物都销往上海，与在沪的羊毛行往来频繁。这样，有的羊毛行以上海老板为后盾做羊毛生意，有的则因为常在沪跑码头，靠着信息灵通，开设羊毛行。② 从贸易方式看，不只在新市，以胡羊业为特种劳作的整个浙西，都以上海市场为枢纽。这些胡羊皮全数销往上海，再转运美国，其贸易方式有：（1）由产地之皮毛业者收买小羊，自己剥制或购买已剥之小羊皮，转售于当地之批发皮毛行；否则自行带至沪上售与洋庄皮号。（2）由上海商人直接派人至产地收买。（3）由上海皮庄或洋行委托产地之皮毛行，以规定之价格收进，洋庄皮号再转售于出口之洋行。③ 从上海对浙西的经济辐射过程，不难看出特种劳作的重要性。

第三，特种劳作形成相应的文化丛。在安吉天目笋干的产地（章村、报福、上市、山河等乡），山间设厂业主为祈求神灵保佑，开山之时，总要祭拜"山神土地"、菩萨。④ 江宁花园、龙潭一带操金箔业者所供奉的祖师爷是葛仙。葛仙，本名葛玄，三国东吴道士。相传他在炼丹中发现了制箔之术，并把此术传给了他的弟子们。此后代代相传，转用于生产经营，以谋生计，流演至今。⑤ 元代以来，善琏湖笔驰名于世。其地有含山，山巅浮图其卓如笔，孤丘无从，乡民相传善琏笔因此而工。⑥ 清明时节，附近居民漫游含山，蔚然成风。⑦ 含山成为湖笔文化的自然物化。置身于泥玩具的消费环境，你会惊异地发现，那分明是在重演着创世神话中抟土造人的古老事迹。庞杂随意的中国民间信仰折射出传统文化历久相沿的祈福禳灾的功利目的和物我交融的哲学意境。

① 张潜九：《吴县焦山石宕访问记》，《东方杂志》1935 年第 32 卷第 16 号。
② 杨汝镛口述：《新市的羊毛业》，湖州政协文史委：《湖州文史》第 8 辑，1990 年，第 123 页。
③ 彭起：《浙西的胡羊》，《东方杂志》1938 年第 34 卷第 15 号。
④ 吴志明：《天目笋干》，《湖州文史》第 2 辑，1985 年，第 52 页。
⑤ 窦天语：《江宁金箔　光灿四方》，《江宁春秋》第 6 辑，1987 年，第 48 页。
⑥ 参见樊树志《明清江南市镇探微》，复旦大学出版社 1990 年版，第 260 页。
⑦ 徐建新主编：《练市镇志》，金陵书社出版公司 1992 年版，第 382 页。

　　乡民特种劳作由于其特殊性常常成为现代乡镇工业和专业生产的历史依据，促成了共同体产品的开发。在"金箔之乡"，1955 年就建立了江宁县金箔锦线厂，1987 年该厂金箔生产占全国年产量的 70%，成为江宁县的拳头产品。[①] 在吴江平望胜墩村，20 世纪 70 年代末成立了渔网厂，1979 年全村有 996 人从事该项副业，共生产 10100 条丝网，人均结网收入 100 元。[②] 在吴县焦山，1984 年以来先后成立了藏书乡花岗石料厂、藏书联营采石加工厂和吴县花岗石标准板材厂。[③] 在浒墅关，改革开放后，四乡草席专业户以专业市场为依托，大量生产"浒墅席"，盛誉空前。[④] 清末民国年间，嘉定徐行、澄桥一带草织品产销环节繁多，中间剥削沉重，所谓"蒲鞋老板发横财，籴米不够买糠菜"，反映的正是这种情形。1950 年成立了徐行草织供销社，以减少中间剥削。1955 年成立了徐行草织联营社，试行集体合作生产，农民得到了实惠。在地区合作的过程中，吴江县广种黄草，成为嘉定黄草业稳定的原料基地。目前，戬浜、嘉西、朱桥、嘉定镇的村妇还在从事黄草编织。随着外向型格局的形成，地区和人数还在不断地扩大。[⑤]

　　需要指出的是，对于历史上的特种劳作在现代产业开发中的意义并没有引起人们足够的重视。民国年间，平湖城厢镇的大小竹行十多家，钟埭乡饭箩浜和沈家弄是有名的竹器专业村，沈家弄 17 家住户都是竹器世家。令人遗憾的是，这一很有发展前途的产品，在 20 世纪 50 年代之后逐渐萎缩，1973 年竟至销声匿迹。[⑥] 20 世纪 20 年代末，一位有识之士在谈到开发武进焦溪白泥产业时说：

　　　　（白泥）因为发现还没有多年，销路尚未普遍。可以做精细的陶
　　器，细白有光泽，比宜兴县蜀山所出，要好得多……有的山主们懒于
　　开掘，有的纵然发现了，又常常为了离水道路远，不肯出相当的运
　　工，等待那不常来的收买者。以致良好工业原料，埋在土中，真很可

　　① 李荣潮、陈祖贻主编：《江宁县志》，档案出版社 1989 年版，第 235 页。
　　② 平望镇志办公室：《平望丝网》，《吴江文史资料》第 7 辑，1988 年，第 189 页。
　　③ 周土龙、金云良：《漫话焦山采石史》，吴县政协文史委：《吴县文史资料》第 7 辑，1990 年，第 108 页。
　　④ 殷岩星：《浒墅草席历古今》，《吴县文史资料》第 9 辑，1992 年，第 104 页。
　　⑤ 杨于白主编：《嘉定县志》，上海人民出版社 1992 年版，第 171 页。
　　⑥ 屈济沧：《铁木竹业的演变》，《平湖文史资料》第 4 辑，1992 年，第 18—19 页。

惜，不如"蒲包出在焦溪"的尽人皆知了。[1]

　　鉴于此，致力于乡村发展的专家呼吁，要复兴农村，不能只注意农业本身的问题，"对于农村副业—手艺工业"，必须投以足够的关注。手艺工业与特种劳作并不等同，但这种发展"手艺工业"的思路对我们当有所启迪。

---

①　成培诚：《焦溪镇》，《新闻报》1937 年 1 月 17 日第 16 版。

第 四 章

日常境遇：以村妇为中心

笼统地讨论乡民的近代境遇，几乎没有什么意义。因为在近代中国城乡二元经济社会结构中，乡民境遇之糟糕可想而知，哪怕是在经济条件相对优越的江南。应该说，在整体的近代中国社会结构中观察乡民的境遇，基本的结论大体不离。然而，平民的境遇还应在日常生活世界中进行观察，是为日常境遇。按照这样的思路，卑微如乡村妇女者，也会因为职业的差异、生活空间的不同以及时代的递嬗等因素，面临不同的境遇。本章一方面以苏州轿妇为案例，考察她们在家庭和共同体中的地位；另一方面以乡村女巫为案例，考察她们在传统—文明两个世界中的复杂境遇。

第一节　苏州轿妇的日常地位

近代苏州西郊，天平、灵岩山麓一带村落中，存在一种颇为特殊的职业：游山的人或养尊处优，或年老体弱，或不良于行，便雇轿代步；所谓轿，那不过是"用小籐（藤）椅缚上两根长木而成的东西"①，或者"一张竹椅子安上二根杆，装上个扶手"②；抬轿者"男女皆有"③，但以村妇为多。据 1934 年一位游客称，他们上山时雇了 4 顶轿子，8 人抬轿，女子倒占了 6 个，大多在二十多到四十岁之间，是为"轿妇"④。游客们对于"在他处所不易经见"⑤ 的轿妇咋舌惊奇。谚云"苏州女儿嫩如水"，在外

---

① 钱公侠：《苏州的女轿夫》，《杂志》1944 年第 12 卷第 6 期。
② 沈右铭：《山游拾得》，《十日谈》1934 年总第 29 期。
③ 泼墨《天平山纪游》，《东方小说》1923 年第 1 卷第 2 期。
④ 朱维明：《苏州天平山下的抬轿妇女》，《申报》1934 年 8 月 11 日第 15 版。按，"轿妇"之名，实出于时人的称呼；孙福熙在《"文艺茶话"的苏沪往还》（《文艺茶话》1933 年第 2 卷第 5 期）中就说，"苏州的轿妇多为女子，故可名为轿妇"。
⑤ 周贤：《苏州的女轿夫》，《申报》1936 年 4 月 11 日第 14 版。

人心目中，苏州女人应该"跟林黛玉一个摸（模）样的"①，但抬起轿来，"以柔懦著名的娘儿们，如履平地"②，人们一时还难以将轿妇与传说中的苏州女人联系起来。游山之前在酒楼茶肆里听过苏州评弹的客人，大概被吴侬软语灌酥了，直呼轿妇毫无"想像中苏州女人的风度"③！

实际上，游客们并不完全是凭空想象。对于传统中国的性别角色，许多人一直存有种种概念；诸如"男主外，女主内"，"丈夫养家糊口，妻子操持家务"，"男耕女织"之类的表达，或多或少便隐含着一种职业定势，而苏州轿妇却在不经意间颠覆了类似的常识。一个相信"中国妇女，皆倚赖性成"的人，遇见"天平山下之女子"，生出"真不多觏"④ 的慨叹，自在情理之中。

苏州轿妇让人啧啧称奇之处不止于其外在形象特别，更重要的，是依此而生发的诸多社会文化意义，其中关于轿妇的社会地位，尤其引起时人、包括一些社会精英的品评兴趣。这里所谓的社会地位，显然是在抽象的社会结构意义上的，而对于生活在底层世界的乡村妇女来说，社会史更关注她们在家庭和共同体中生活的位置，是为日常地位。两种地位互有联系而又明显不同，而一旦指向日常地位，疑窦随之而生：在影响日常地位的诸多变量中，起决定作用的是外在的名声—声望、收入—经济？还是内在的人格—权益？或者换句话说，地位之于村妇，更重要的是个体的生活体验，还是社会的承认和评价？最后，成长于特定共同体中的轿妇能代表近代江南乡村一般的劳作女性吗？也就是说，立足于苏州轿妇的案例考察，对于普通村妇的日常地位的认识在何种程度上和多大地域范围内具有普遍价值？在在发人深思。

一　名声：他人的定位

苏州西部山村风物清嘉，素为上流人物所心仪。来苏游览者，"非上流社会人鲜知天平之名"⑤。这里山路崎岖，交通工具"唯一的只有极简单的椅轿，并且还是妇女抬的"，一般游客宁愿在泥块和碎石间"奋斗着"，

---

① 惘然：《天平山猎奇》，《风月画报》1936 年第 9 卷第 22 期。
② 周贤：《苏州的女轿夫》，《申报》1936 年 4 月 11 日第 14 版。
③ 钱公侠：《苏州的女轿夫》，《杂志》1944 年第 12 卷第 6 期。
④ 梦飞：《〈还金记〉天平摄影之一席谈》，《申报》1926 年 9 月 7 日第 17 版。
⑤ 我一：《天平山游记》，《小说月报》1910 年第 1 卷第 3 期。

"除了小姐少爷之外，差不多没一个喜欢坐轿"①。20 世纪 30 年代中期以后，处在经济危机和战乱之中的人们经济窘困，"差不多都不大肯坐山轿，只要双足堪行，就不想有什么靡费"②。愿意而且能够靡费的自然是富人。1936 年有人描述，"在天平山的道上，常有不少妇女扛着轿子走：您以为载在轿中的，是小孩，是老人，或者是猪猡吗？不，那每每是一种壮硕的动物，头戴呢帽，身罩西装，脚登皮鞋，有时还搜（拄）着一根棒，而缕缕的烟纹常从嘴中喷出"③。20 世纪 40 年代初，轿妇们盼望的是"那些外乡阔客，这种人因为来此不易，而身边有敷蓄银钱，当然是很大方的，不过，像这种人终于是少数罢了"④。对于这些喜欢坐轿的富人，山村人呼为"洋先生"，特征明显："顶阔气"；"在洋人手下做事，洋人有的是钱"；穿的是西装或学生装。⑤ 一些"洋先生""觉得这些女人可怜"才雇轿——如果"不坐她们没有生意"，所以竟有人雇了轿却不坐轿，情愿"自己走走"，可轿妇们不肯，"怕客人觉得她们抬的不好，就跑的更快点"⑥。总的说来，轿妇们"在游客的口中是很加以称道的"⑦。苏州轿妇以自身的形象和品质赢得了社会好评。

外来者首先注意到的是轿妇的健美体魄：

> 每一个女轿夫，都有栗色的肤色，都市中人的所谓朱古力色，或是咖啡色，或是日晒色。腿和臂，是挺壮硕的。腰肢虽还保持着女性所固具的曲线条，但是衬托着宽阔的肩膀和臀部，充分的表现着健康的征象。这是完全符合着都市中人所说的健康美的条件的。⑧

她们抬轿时更是充满活力：

> 船未到天平山麓，在隔岸绿荫下的茅舍中便有二三个壮健的妇

① 王传本：《天平山记游》，《学校生活》1933 年总第 57 期。
② 江鸟：《苏州天平山的女轿夫》，《妇女杂志》1941 年第 2 卷第 4/5 期。
③ 孟晖：《苏州散记——农业都市的剪影》，《民间》1936 年第 3 卷第 2 期。
④ 江鸟：《苏州天平山的女轿夫》，《妇女杂志》1941 年第 2 卷第 4/5 期。
⑤ 沈右铭：《山游拾得》，《十日谈》1934 年总第 29 期。
⑥ 杨步伟：《一个女人的自传》，岳麓书社 1987 年版，第 288 页。
⑦ 朱维明：《苏州天平山下的抬轿妇女》，《申报》1934 年 8 月 11 日第 15 版。
⑧ 周贤：《苏州的女轿夫》，《申报》1936 年 4 月 11 日第 14 版。

女，迎了出来，一看见船在石桥边靠下，便跳跃着奔到沿岸，争先抢着说："轿子要吧？坐轿上山去吧！"柔软而婉转的吴侬语音，比爵士音乐更为动听……六个妇女，却始终健步如飞。但大汗也已似潮水一般从额上滚到嘴边，湿透了颈背，渗入了衣裤，全身如洗了个澡，热气蓬勃地发散着。伊们立刻把外衣脱去，只留着一件短小的衬衫，丰满的乳峰，抖抖地似乎要跳出衬衫外面来了。抬着我的一个少妇，一手在挥拭着脸上直挂下来的大汗，一手在卷起裤管。"啊呀！汗把我的裤子也浸落了颜色，你们看我大腿上已一塌糊涂了。"原来伊穿的是蓝色布裤，把裤管卷得高高的，大腿全露了出来，仰起了脸只是傻笑。①

由于平时这些妇女下田戽水，训练已惯，抬时看来竟毫不费力，就是丰容盛鬋的女子，双肩往往也能撑上百来斤的担子，健步如飞，往来于城乡之间。可见苏州女人的娇生惯养，乡村女子是不在此例了。②

厌倦了机械生活的城市人，一旦提到这些"抬轿的娘儿们"，便联想到"那健壮，活泼，浑厚而诚朴的模样，每个人身上都蕴藏着一种活力"，他们认定，这活力为自然的乡村所赋予：

> 这种活力是青年的生命，是城市中人所没有的。但这些娘儿们一移到城市，便会失掉她们的健壮，活泼，浑厚和诚朴，便会失掉她们青春的活力。这，我们只要看由乡下转来的上海各工厂的女工和帮人家的娘姨便知道。正如山上的杜鹃花一样，在大自然中，虽是雨打风吹，日炙夜露，依然放出鲜艳美丽的花朵，可是一移到城市，便会憔悴枯萎一样。
>
> 因为农村经济的破产，因为上海繁华的诱惑，每天每时，不知有多少健壮的娘儿们从乡间，从内地被火车轮船载运到这都市来断送自己的青春，自己的健康和美丽，甚至自己的生命！③

---

① 朱维明：《苏州天平山下的抬轿妇女》，《申报》1934 年 8 月 11 日第 15 版。
② 君宜：《苏州的女轿夫》，《申报》1946 年 5 月 23 日第 8 版。
③ 周光熙：《杜鹃花》，《申报》1933 年 5 月 17 日第 12 版。

在西方工业革命迅速发展的 19 世纪 80 年代，面对城市对乡村的包围，"一切对农村地区生活的颂扬总是指出，那里人们之间的共同体要强大得多，更为生机勃勃：共同体是持久的和真正的共同生活……应该被理解为一种生机勃勃的有机体"①。异化了的城市人认定，自然清新的乡村生活锻造了轿妇的健美体魄而使其活力洋溢，这是一方面；另一方面，苏州轿妇性格坚韧而显乐观。

久闻苏州村妇抬轿非常轻松，但细心的坐轿人观察到，情况并不尽然。1926 年的一位游客写道："村妇肩山舆，跟跄行丽日中，若不胜痛者。"② 1944 年也有人注意到：

> 前面的那一个［轿妇］，尽是把轿杠在肩膀上移动着。她将轿杠斜放在两肩上面（或者不如说她扭转了肩膀承着那坚硬的轿杠），所以老是有点歪来歪去……抬了不多一会，她们就息下来了。我问"为什么停在山腰"，她们说"看景致呀"，异口同声，我听见别人的轿夫也是这么被她们放下来了。于是我们茫然地看了一会景致，然后又坐上轿去。③

看得出来，轿妇们并不是钢铁身板；累的时候，她们需要借口让游客"看景致"的当儿喘口气。据当时轿妇自己介绍，搭伴抬轿的往往不是亲人，比如婆媳或者母女，"因为母女一定相互体恤爱护，这轿子就抬不快了。两个没有关系的人，才能毫不客气，只顾拼命抬轿，不必顾算到另一个人的苦乐"；偶尔也有男人抬轿的，但一男一女抬轿的时候，"其中也绝少是一夫一妇的。因为互相爱惜之念一生，这轿子就抬不成了"④。当一项劳作达到与亲情对立的地步，其辛苦可想而知，尽管如此，轿妇们的乐观还是给雇轿者留下了很深的印象：

> 天平山的苏州女人，个个身子那么结实，工作那么劳苦，她会给你抬着山轿，一路健步如飞，坐在轿上，还可以听她们用柔美的苏

---

① ［德］斐迪南·滕尼斯：《共同体与社会》，林荣远译，商务印书馆 1999 年版，第 54 页。
② 邵春源：《天平山游记》，《桃坞学期报》1926 年第 9 卷第 2 期。
③ 钱公侠：《苏州的女轿夫》，《杂志》1944 年第 12 卷第 6 期。
④ 钱公侠：《苏州的女轿夫》，《杂志》1944 年第 12 卷第 6 期。

白，伴你谈谈，给你担负起向导社员的职务。①

健美、活力、坚韧、乐观，这些在城市人眼里弥足珍贵的价值，就这样连同租轿费一起被附赠给了苏州轿妇。在社会学家看来，社会大众的敬意与钦佩等，对被评价者来说其实是一种声望，而声望是决定人们社会地位的十分重要的维度。②但这些评价对于轿妇日常地位的影响却非常有限，因为评价者大多为城市中产阶级，他们意在通过与异化的城市生活对比，抒发一种"返璞归真"的情感，以弥补某种内心的失落。相对于乡下轿妇，不论是城乡之差，还是阶级之别，抑或是生活方式之异，这些城市中产阶级都可称之为"外来人"。在外来人眼里，轿妇是陌生文化；相关的评价表面上指向轿妇，实际上反映了整个社会共同的价值追求。附丽于轿妇的声望当从她们生活的特定共同体中去寻找，而类似于声望的价值观，在共同体中是所谓"名声"；名声是影响轿妇日常地位的实际变量之一。在特定共同体中，名声的好差依据乡村"妇道"来衡量。此类"妇道"在顾颉刚所辑苏州歌谣中有所透露：

> 她到我家勤妇道，女工针黹不低微。庭除洒扫时常洁；中馈烹庖味出奇。客到堂前茶便有，多用芝兰与武夷，描花刺绣翻新样，纺下棉条织布机。绸绫缎匹箱笼有，四季衣衫整备齐……积蓄银钱资助我，余来还要兑珍珠。堂前翁姑多孝顺，尽心抚育小孩儿。炎天与我驱蚊帐，秋凉还要备寒衣。③

乡村"妇道"与社会一般价值观并不矛盾，但与外来人所给予轿妇的那些抽象评价相比，它们融入地方风土之中，显得具体而稳定，以此而刻画的名声对于村妇的日常地位更有影响力。晚清时节居于苏州西部山村的绅士潘遵祁便有竹枝词咏"健妇"：

---

① 惘然：《天平山猎奇》，《风月画报》1936 年第 9 卷第 22 期。

② ［美］戴维·波普诺：《社会学》，李强等译，中国人民大学出版社 1999 年版，第 239—242 页。

③ 《茅舍萧萧傍竹篱》，顾颉刚等辑，王煦华整理：《吴歌·吴歌小史》，江苏古籍出版社1999 年版，第 83—84 页。

听说今年蚕信好，满村伊轧响丝车……健妇持家汲爨兼，新凉比户女红添。种来席草盈三亩，但织桃笙不织缣。①

内中似乎就有轿妇的影子。合"妇道"者自然获得好的名声，就如苏州轿妇一样；反之，便有"懒媳妇"之名："块头大得象麦柴罗，样样生活勿肯做。"②

名声不同，日常地位各有等差；仅此而论，轿妇的地位应该不低。

二 收入：客观的定位

仅以声望—名声变量窥视苏州轿妇的日常地位，似乎还缺乏说服力，而且这样的定位过于主观。在这里，轿妇对于家庭收入的贡献率以其客观性成为确定其日常地位的另一变量。

苏州轿妇均为附近山下的农户，每年春秋两季，农忙之余，她们"把抬轿作为春天唯一的副业，藉以贴补一年的家用"③。气候温和、游兴浓发的季节，正是轿妇们挣钱的好机会，有力气的，一天能抬三四趟，力量略微弱一点的，一天也能做两次买卖，除去正常该得的轿钱，还可以从游客手中获得些许零赏，"一天中最大的收入能有五六元的数目"④。逢上节假日，苏州周边城市里的人空闲了，"她们抬轿的生意也就格外好一点"，算起来，"这是一笔很好的收入"⑤，据说，"一个春季，每人也可挣得五六十块钱"⑥。抗日战争全面爆发之后，有暇有兴赴苏游玩的人日益减少，苏州轿妇的生意大受影响，只能一年年勉强维持着，"五六天得不着生意，便一天比一天多见了"⑦。抗战结束后生意有所回升，据一位轿妇透露，在抗战胜利后"游客为最盛"的 1946 年，她们"所收的代价以里程计算，途中更须收取点心钱，平均每天约有一万五六千元的收入。倘使雨水不

---

① 苏州市文化局编：《姑苏竹枝词》，百家出版社 2002 年版，第 257 页。
② 《懒媳妇》，见陆健德主编《太仓歌谣》，西泠印社 2010 年版，第 100 页。按，本歌谣由陆健德 1959 年采录于江苏省太仓县牌楼邵桥村。
③ 君宜：《苏州的女轿夫》，《申报》1946 年 5 月 23 日第 8 版。
④ 江鸟：《苏州天平山的女轿夫》，《妇女杂志》1941 年第 2 卷第 4/5 期。
⑤ 钱公侠：《苏州的女轿夫》，《杂志》1944 年第 12 卷第 6 期。
⑥ 沈右铭：《山游拾得》，《十日谈》1934 年总第 29 期。
⑦ 江鸟：《苏州天平山的女轿夫》，《妇女杂志》1941 年第 2 卷第 4/5 期。

多，就能扯到两三万了"①。几乎与抗战前的日均收入不相上下了。

轿妇们从事这项劳作，当然"不是闲来无事，或者找几个零花钱化化"，实际上，她们担负着养活全家的重任，势不能不走上卖苦力的路子。女孩儿差不多从十五六岁时起就开始练习抬山轿。对于游客的选择，她们是有步骤的：初习抬轿者（大都是结了婚的），多选择比较瘦小的女客，或是小孩子；等到经验和力量逐渐增加了，一天能抬几个来回。对于游客，"只要是肯出钱的，便没有什么取舍，都争着兜揽"②。金钱驱动着苏州轿妇的行为选择。

轿妇们清楚，在声望——名声和货币收入之间，后者对于她们日常地位的影响应该更为重要。这一点，与轿妇接触过的人是很清楚的：

> "建（健）康美"，却不是此辈女轿夫们所能理解的。伊们的惟一目的，便是用劳力，换取"老爷"，"太太"，"先生"，"小姐"荷包里的金钱以补生活之不足。
>
> 我们不要瞧着此辈女轿夫，常是嘻嘻哈哈的，而以为伊们的生活，是很可乐观的。在实际上，伊们的"嘻嘻哈哈"，原因还是为了"花几个钱，出来寻寻乐事"的游客。要不是伊们善于那么的"嘻嘻哈哈"，说不定的，伊们还不能得到现在怎么（这么）微薄的报酬量，而不够于补助伊们的贫乏的家庭生活呢。③

确实，无论抬轿生涯给轿妇们带来多少收入，对于整个家庭生活来说，也只是起"补助"的作用。20 世纪 30 年代中期以后，随着经济形势日趋窘困，"专恃山轿生涯来养家，已成为不可能"④。所以"轿妇"之名其实是无关实际的，"因为此辈女轿夫，是只把抬轿，视作副业的，不过在春秋二季中，伺候伺候游人而已……伊们的正当职业，是耕田，是像别处所在男子们的那么下田工作"⑤。了解情况者感慨：

---

① 君宜：《苏州的女轿夫》，《申报》1946 年 5 月 23 日第 8 版。
② 江鸟：《苏州天平山的女轿夫》，《妇女杂志》1941 年第 2 卷第 4/5 期。
③ 周贤：《苏州的女轿夫》，《申报》1936 年 4 月 11 日第 14 版。
④ 江鸟：《苏州天平山的女轿夫》，《妇女杂志》1941 年第 2 卷第 4/5 期。
⑤ 周贤：《苏州的女轿夫》，《申报》1936 年 4 月 11 日第 14 版。

苏州一般农妇，几乎比任何地方都劳苦。当秋收时候，乡村人家，打稻之声，陆续相闻。这声音并不来自田间，而来自户内；操这打稻的工作的，却全是妇女。

在那田间，有点点的青布头巾一起一伏，这是农妇在播种，一撮撮的豆或是一撮撮的麦，从她们手中点入土中，埋伏着未来的萌芽，而为人类的养料所仰给。雨来了，她们的衣服湿了，她们的身体湿了，然而她们并不躲避，依旧在雨中辛劳。①

来到苏州旅游的知识精英似乎觉得这里的村妇与其他地方不一样："中国乡下的女人真有本事，江浙一带种田的都是男女一同做工的。"② 其实，田间活计不是苏州村妇唯一要承担的重体力活。1936年人们见到：

乡间的通道上，担柴入市的，也是妇女……在灵岩山的道上，我也曾遇见一群少女，挑着石灰上山来，口中喊着"哼呦！呵呦！"这些石灰，就是山上新建寺宇所用的。当她们停在半路上休息的时候，我问她们挑这石灰怎样算。她们说："从山下埠头挑到山上，两个小钱一斤。"③

由此可见，当地人对于女子抬山轿已经习以为常；只要能增加家庭收入的活计，如担柴、挑石灰等等重体力活，轿妇们都积极承揽。从增加收入考虑，轿妇们还得从事女红，而这是她们更擅长的。刺绣"差不多是伊们世传的技艺，而且人物花卉，都绣得异常精妙"，据1934年的资料，"在上海市场上销行着的顾绣，实际上全是伊们的出产。顾绣庄派跑街下乡，把应做的工作交给伊们，约定时期再来收取"。由于包买刺绣的商业资本家控制了刺绣生产环节，轿妇的报酬自然"异常的低薄，统扯只二三百钱一天。所以伊们一见有游客上山，都抢着来抬轿子，虽则劳苦，至少终有几毛钱可得"④。也就是说，轿妇虽涉及多种劳作，但其中任何一项都不足以充分利用劳动时间；兼业成为最佳选择。于是时人

---

① 孟晖：《苏州散记——农业都市的剪影》，《民间》1936年第3卷第2期。
② 杨步伟：《一个女人的自传》，岳麓书社1987年版，第288页。
③ 孟晖：《苏州散记——农业都市的剪影》，《民间》1936年第3卷第2期。
④ 朱维明：《苏州天平山下的抬轿妇女》，《申报》1934年8月11日第15版。

发现，就在抬轿间隙，轿妇还要"作些活计——砍柴织草鞋"；"有些余钱的"便在山脚设摊，"卖自己把树枝砍成的手杖"等土产，为了"倾销自己的土产，招揽顾客"，再搭卖些水果糕饼、正广和汽水，大英牌香烟之类。① 衍生于特定时代、特定生活共同体中的职业结构，让走马观花的外乡客惊讶不已：

> 等到［客人］一下车或船，路旁椅轿就靠着，同时有绣花的绷子架在一边放着，若是有了生意就停止绣花去抬轿，若是价钱说不好或没有客人来，她们就坐下来绣花，真是意想不到的那种出力的事和这些细工会在一个人身上同时具有的。②

轿妇的兼业获得利益的最大化，而兼业结构往往与地域生态和历史传统息息相关。即以苏州西部山村为例，那里"土地生产力薄弱，山田又是不值钱的，山上又没有什么出产"③，像"和尚脑袋似的；上面竟没一株树，远望着仅是紫色山石而已"④，尽管如此，"乡民还得靠山吃饭"，女子便操起抬山轿的营生——跟一般劳动不同，她们的劳动价值是在与买方的直接交换中实现的；轿妇因此而闻名起来。

事实上，在近代江南乡村，妇女兼业现象十分普遍，而且像苏州轿妇这样兼作重体力活的，也并非绝无仅有。究其动力，源于劳动分工及其专业化，即从经济成长而言的所谓"斯密型动力"：人们生产其最适宜生产的产品，然后与他人交换，从而在市场上获得较丰的利润；根据美国汉学家的考察，"直到 20 世纪……中国经济是依据斯密型动力而扩展的"⑤。需要指出的是，经济结构意义上的"劳动分工及其专业化"，在实际劳作中却常常表现为各种专业的混融，就如在苏州轿妇那里出现的兼业那样。在日常地位的论题下，我们更关心的是兼业轿妇对于家庭收入的贡献率。李伯重从劳动的性别分工角度，对近世以来江南村妇的劳动生产率所做的

① 沈右铭：《山游拾得》，《十日谈》1934 年总第 29 期。
② 杨步伟：《一个女人的自传》，岳麓书社 1987 年版，第 287 页。
③ 朱维明：《苏州天平山下的抬轿妇女》，《申报》1934 年 8 月 11 日第 15 版。
④ 沈右铭：《山游拾得》，《十日谈》1934 年第 29 期。
⑤ 王国斌：《转变的中国：历史变迁与欧洲经验的局限》，江苏人民出版社 2005 年版，第 9、22 页。

分析表明，在家庭收入结构中，村妇"起到了'半边天'的作用"①。而轿妇则几乎撑起了家庭的大半门面。在苏州西部山乡，男子的主要劳作，或者"种些山田，闲暇的时候，以打猎为副业"②，或者"为人开山搬掘石头"③。因为男子可做的事情少，所以有人说，丈夫们一天天、一年年地挨度着"懒虫"的生活，而"把一切生活的重担，都搁在妻子们的肩头上"④。

以家庭收入的贡献率来说，苏州轿妇在家庭生活中的地位应该不会低。所以，当时的知识精英见到苏州轿妇后，由衷而言："这样女人真是才配说平等呢！也真应该有平等权享受。"⑤ 甚至有人以苏州轿妇为例证，充分估价乡村妇女在家庭生活中的"统治地位"。近代文化名人林语堂曾感叹，"中国是一个庞大的国家，而她的民族生命，涵育着太复杂的内质，欲加以阐述，势难免于牴牾歧异之见解。"⑥ 当他来到苏州乡郊，遇见了天平山轿妇，更加确信，"在中国什么事情都是可能的"。20世纪30年代某日在苏州，当他"恶颜"而"忸怩"地坐了一程山轿后，竟有"重大发现"，称苏州轿妇"是古代中国女权族长的苗裔，而为南方福建女人的姊妹"。林是福建人，他说，闽南村妇就是凭着一身力气成为"豪富女人"的，在这一点上，与苏州轿妇颇多相像；闽南村妇因为掌握着家庭资财，而成为"统治着家庭，统治着丈夫着的女同胞"⑦，据此推断，苏州轿妇也应该是"统治着家庭，统治着丈夫"的。

三 人格：内在的定位

苏州轿妇真的获得平等了吗？首先这里必须明确：所谓平等，它的主体是谁？或者说谁与谁的平等？其次，在什么层面上的平等？具体而言，是在抽象的社会结构意义上的平等，还是在日常生活中的平等？如果在社会结构层面上谈男女平等，那么，关于苏州轿妇的平等问题似乎已经有了

---

① 李伯重：《多视角看江南经济史（1250—1850）》，生活·读书·新知三联书店2003年版，第310—314页。

② 沈右铭：《山游拾得》，《十日谈》1934年总第29期。

③ 朱维明：《苏州天平山下的抬轿妇女》，《申报》1934年8月11日第15版。

④ 周贤：《苏州的女轿夫》，《申报》1936年4月11日第14版。

⑤ 杨步伟：《一个女人的自传》，岳麓书社1987年版，第287页。

⑥ 林语堂：《吾国与吾民》，群言出版社2010年版，自序。

⑦ 林语堂：《吾国与吾民》，第122页。

答案：作为中国社会最底层的乡村妇女，轿妇没有平等可言，这是由近代中国社会"半封建"（更准确而具体地说，半地主制和半资本主义）制度所决定的。解决这个问题的路径，唯物主义早在一个多世纪以前就已经明示："妇女的解放，只有在妇女可以大量地、社会规模地参加生产，而家务劳动只占她们极少的工夫的时候，才有可能。而这只有依靠现代大工业才能办到，现代大工业不仅容许大量的妇女劳动，而且是真正要求这样的劳动。"①

问题并未就此了结。生活于共同体的轿妇并不了解知识精英所呼吁的男女平等，也无暇顾及不合理的社会制度，与她们的日常世界最切近的毋宁是家庭生活，道理很简单：共同体和家庭是底层民众生活的全部世界。在平民生活中，"最重要的以及使生活获得意义的显然就是人与人之间的关系——不是身为人类的一员或国家公民那种抽象意义上的关系，而是一个人与另一个或另几个人之间达成的非常特殊的关系"②。这是日常关系；日常地位应当关注这样的关系状态。在轿妇与其丈夫的关系中，既存在客观的经济要素，也会存在主观的声誉要素，但那显然都外在于轿妇，对她来说，内在于日常生活过程的莫过于其人格的高低——决定自身权利、义务的主体资格。

分析轿妇家庭的消费结构可见其家庭生活之一斑。丈夫们一方面缺少赚钱的主动性和本领，但另一方面，他们的消费却不少，且大多为一些不合理消费：

> 在这些苏州的名山左近的小村落中，特别发达的，是茶馆，酒馆，以及烟馆等等。年青的汉子们，尽有整天的盘桓在内的。高兴时，还可畅快地赌一阵子。这么着消耗掉的金钱，却都不是用自己的血汗去换来的。至少，有百分之九十，是向出卖着劳力的妻子们，所压榨得来的。自然，家中的开门七件事，不用说得，是完全由妻子们维持着的。③

①　恩格斯：《家庭、私有制和国家的起源》，人民出版社 1972 年版，第 159—160 页。
②　［美］罗伯特·所罗门：《大问题：简明哲学导论》，张卜天译，广西师范大学出版社 2011 年版，第 80 页。
③　周贤：《苏州的女轿夫》，《申报》1936 年 4 月 11 日第 14 版。

男子无所事事，每天都坐在茶馆里谈天，而且大半沾有烟瘾和红丸嗜好……做开山工人的男子，更没有一个是不吃鸦片或吞红丸的，他们工资是三天一元钱，可是他们的烟毒消耗，一元钱只够二天。所以不仅他们衣食住的费用，要逼迫着妻子们做牛做马来供给；便是他们的鸦片烟，也要熬煎着妻子们的血汗来吞吸。①

在这样的家庭生活中，丈夫和妻子之间是什么关系呢？或者说，轿妇在家庭生活中的地位如何呢？时人分析道：

由形式上瞧来，这种出卖劳力，而维持丈夫的吃喝的妻子，不啻是丈夫们的奴隶。但在实际上，丈夫们由妻子们供应着吃喝，那分明妻子们，是处于主人的地位。但是相互着的主子奴才，却大家能相安无事，而且能颇有历史的维持着这么个制度，这真不能不说是苏州风土志中的一个奇迹。②

结论很明确：轿妇在家庭经济生活中"实际上""处于主人的地位"！当然也就是家庭生活中的主人，而轿妇的丈夫则处于从属的地位。"这么个制度""不能不说是苏州风土志中的一个奇迹"了！岂止在苏州西乡，就是在整个江南，甚至在全国许多地方，乡村妇女都是这样。换句话说，所谓传统中国妇女地位的低下就是一个假命题！这似乎也冰释了林语堂由苏州轿妇而所生出的疑惑：

女人在中国曾否真受过压迫？这个疑问常常盘桓于我的脑际。权威盖世的慈禧太后的幻影马上浮上了我的心头，中国女人不是那么容易受人压迫的女性。女人虽曾受到许多不利的待遇，盖如往时妇女不得充任官吏，然她们仍能引用其充分权力以管理一个家。③

根据林语堂的说法，中国妇女至少在家庭生活中是不受压迫的。这是

---

①　朱维明：《苏州天平山下的抬轿妇女》，《申报》1934年8月11日第15版。
②　周贤：《苏州的女轿夫》，《申报》1936年4月11日第14版。
③　林语堂：《吾国与吾民》，群言出版社2010年版，第122页。

多么惊人的发现！苏州轿妇的出现竟然纠正了一直以来人们关于一个寻常事实的寻常观点。观点应该基于事实；事情的本来面目究竟如何？必须回到事实本身。与理论的推导不同，事实是，苏州轿妇还过着另一种生活：

> 令人发指的，他们（轿妇丈夫）一点不知俭省，一味纵任着自己的劣性情，吃喝呀，嫖赌呀，任所欲为，假使赌输了，或受了外边的气，回家还寻寻老婆出出怨，不是打就是骂，做女人的，总是忍受，除了自叹命苦之外，是不加以些微反抗。①

类似的场景在传统中国家庭生活中并不鲜见。这是怎样的主人!? 或者要问：在家庭生活中到底是轿妇从属于丈夫，还是相反？一旦将目光投注于轿妇日常生活状态，我们发现，不论是外部文明世界赋予她们的社会声望，还是在共同体社会获得的名声，抑或是她们兢兢追逐的收入，其对轿妇日常地位的影响微乎其微，在其中起决定作用的变量只有一个——夫权，即丈夫控制或影响轿妇行为的能力。一个依赖妻子养家糊口的丈夫凭什么控制妻子？或者说，夫权源于何处？时人已经隐约涉及"其中奥妙"：

> 她们（轿妇）虽是粗糙女子，但因为出身良家，对于服从丈夫的传统观念，不敢，而绝也没有存心去破坏它。像这种女子，本质上都是忠良的，她们不见得不能成为社会上的有用份子，但因为缺少了知识，地方风俗又虐待着她。②

由此可知，夫权源于"忠良的"女子"服从丈夫的传统观念"和"地方风俗"，而这种观念和风俗不但无视妻子对于家庭生计的贡献，相反它还支持丈夫对于整个家庭收入的支配，当然更加不在乎轿妇获得的社会声望——如果说丈夫们重视妻子的社会声望，那么，他们更期待共同体所追捧的"贤妻良母"的名声。在这里，名声—声望不但没有提升轿妇的日常地位，反而与夫权一道成为丈夫挟制妻子的借口。夫权就这样绑架了名声—声望，蔑视了收入—经济，在人格上决定着轿妇的日常地位。

---

① 江鸟：《苏州天平山的女轿夫》，《妇女杂志》1941 年第 2 卷第 4/5 期。
② 江鸟：《苏州天平山的女轿夫》，《妇女杂志》1941 年第 2 卷第 4/5 期。

当然，在大一统的传统中国社会，夫权思想显然不能仅仅从传统和地方风俗中获得直接的解释。有论者指出，"官方价值原则以主流意识形态的身份展开社会言说，不仅发生在意识形态和上层建筑空间，而且也在体制能动性之下最大限度地调动日常社会的倾听和倾情……希望把日常生活最大限度地改造成为意识形态空间，从而寻求上层建筑的最大稳固值"[①]。事实上在传统中国，作为意识形态的儒家思想就信奉这样的社会秩序："女子者，顺男子之教而长其礼者也。是故无专制主义，有三从之道，幼从父兄，既嫁从夫，夫死从子。"[②]"夫为妻纲"的观念得以成立。在前引赞美妇道的歌谣中，便有："黄昏未肯贪眠睡，灯下常看《女训》书。"顾颉刚注称：旧有《闺门女训》一书，五字句，极通行。[③] 实际上，此种观念已经渗透至日常生活的各个角落。

四　平民女性的日常地位

关于妇女的社会地位，经典性的研究之一是，恩格斯以私有财产—阶级不平等的出现来说明"女性的具有世界历史意义的失败"[④]，即女性主从地位的颠倒，但女权主义者指出，"用阶级分析的方法推而广之去分析妇女是一回事，主张妇女'是'一个阶级则是另一回事。妇女属于各社会阶级，这是新妇女史和女权主义历史学家已经证实了的"；言外之意，阶级分析在追溯男女关系发生逆转的基本原因时固然是有效的，但妇女首先"不是一个阶级……的对立面，而是与男性相对而言的一个性别的多数群体"；性别不平等与阶级不平等存在显著的不同。[⑤] 当社会已经分立为公共（制度化）领域与私人（日常）生活领域，后者更有利于观察性别关系的不平等：

> 在公共领域里（我指的是由社会总的财富和劳动的组织所产生的社会制度）阶级不平等是首要的，对财产有无控制权把人们分成了业

---

① 王列生：《中国日常问题》，四川人民出版社 2002 年版，第 9 页。

② 《孔子家语·本命解》，陈士珂辑：《孔子家语疏证》，上海书店出版社 1940 年影印版，第 170 页。

③ 《茅舍萧萧傍竹篱》，顾颉刚等辑，王煦华整理：《吴歌·吴歌小史》，第 83 页。

④ 恩格斯：《家庭、私有制和国家的起源》，人民出版社 1972 年版，第 54 页。

⑤ ［美］琼·凯利－加多：《性别的社会关系——妇女史在方法论上的含义》，王政、杜方琴主编：《社会性别研究选译》，生活·读书·新知三联书店 1998 年版，第 87—88 页。

主和工人，这点对性别关系不重要。重要的是，任何一个阶级的妇女是否具有与她们那个阶级的男人的平等的对工作或财产的关系。

从另一方面说，在以私有制为特点的社会的家庭里，性别之间的不平等是至关重要的跨阶级的现象。家庭关系中重要的是，妇女在家庭里，如同欧洲封建制中的农民，既可以拥有财产，又可以成为他人的财产。①

乡村妇女既已被归于社会最底层，在公共领域中观察其境遇，几乎就"没有"什么地位可言了，而在现实的家庭和共同体中，"没有"地位的她们则"有了"地位，所谓日常地位；对她们构成真实影响的毋宁是这样的地位。

以民国时期苏州轿妇为案例所进行的日常地位考察表明，轿妇既不是母系氏族社会中"女主人"的现代遗存，也不是迥异于传统中国妇女的特例，她们就是千千万万近代江南乡村妇女的缩影。只有深入苏州轿妇的生活世界，缕析其中的共同体关系，才能将外人看来"奇异的"共同体风情转换成可以理解的地域生活史，并在与其他地域生活的特殊性比较中发现近代中国乡土社会妇女的普遍性。人类学学者周养浩女士1936年在接受《申报》记者采访时提到苏州轿妇，便不觉得稀奇："农村女子最能劳动，即以苏州天平山而言，女子在农忙之余，或者刺织，或者推车抬轿，自告奋勇，一部分男子反而提着鸟笼，上茶馆，饱食无事，实非例外，各地农村，男女大概同样劳动的。"② 苏州轿妇的日常地位状态既以其特殊性丰富了地域社会史，更以其内含的普遍性显示了人类社会性别问题的复杂性。

问题再复杂，归根结底就是女性的地位问题，倘若联系生活实际，问题就清楚多了，至少可以形成新的认识进路。通过对苏州轿妇日常地位的考察，关于女性地位变量之间的关系问题引人深思。社会学家一般是"根据获得有价值物的方式来决定人们在社会位置中的群体等级或类属的"，这些"有价值物"或可称为划分地位等级的变量，主要有三：财富（经济地位）、权力（政治地位）和声望（社会地位）。对变量的内涵有什么不

---

① ［美］琼·凯利－加多：《性别的社会关系——妇女史在方法论上的含义》，王政、杜方琴主编：《社会性别研究选译》，第95—96页。

② 寄萍：《蔡元培夫人周养浩女士对妇女讲话》，《申报》1936年6月13日第19版。

同的理解？三个变量之间是彼此等量的，还是有关键变量？是相互独立的，还是互相可以转换的？这些侧面其实都存在歧义。① 理论上的笼统争论也许永远没有休止，一旦进入实际的社会生活，抽象的理论因为生活的依托便有了具体的结论，而这些结论与其说是对理论的修正，不如说是理论的实证。

第二节　乡村女巫的近代境遇

江南"俗尚鬼神"，而"吴盖尤甚焉"②，巫觋因此享有一个十分有利的生存环境。这一环境在近代逐渐发生了变化，但巫风依旧："江浙风俗，人多信巫。凡有疾病之家，不先求医觅药，必延巫者视之。"③ 就连乡绅之家，亦"且求仙方，问巫觋，祷告求福，迷信之风，盖牢不可破"④。江南乡间"最信巫鬼"⑤，村妇们尤为热衷。晚清咸丰年间在苏沪交界处的紫隄村，业巫者"率多妇女"⑥；在民国时的德清，"女巫最烈"⑦。信奉女巫者亦以女性居多。嘉定乡民，凡遇疾病，喜召巫觋，探问其有无鬼祟，"妇女信者尤伙。巫则假托亡灵……邑中女巫居多，男觋甚少"⑧。江南巫术与乡村女性的这种紧密联系，为我们观察村妇的日常生活开启了一扇独特的窗口。

历史时期的女巫，以其分布地域之广、延续时间之长、角色之异端、行

---

①　[美]戴维·波普诺：《社会学》，第239、249—250页。

②　张国权：《读越巫感言》，《浦东中学校杂志》1910年第2期。

③　《禁巫说》，《申报》1899年6月8日，第2页上。

④　高如圭原编，万以增重辑：（上海青浦）《章练小志》卷3《风俗》，民国七年铅印本，上海地方志办公室编：《上海乡镇旧志丛书》第8辑，上海社会科学院出版社2005年版。

⑤　秦荣光：《上海县竹枝词》，见顾炳权编《上海历代竹枝词》，上海书店出版社2001年版，第219页；《师巫宜禁》（《申报》1880年11月22日，第2页）："苏人信神佞鬼，类皆愚夫愚妇，故乡间之信奉师巫者尤多"；民国《章练小志》卷3《风俗》："习俗尚鬼，信卜筮，好淫祀。疾则先祈祷而后医药，乡村尤甚。"

⑥　沈葵：《紫隄村志》卷2《风俗》，王孝俭等标点，上海古籍出版社2008年版，第48页。

⑦　吴嵩皋、王任化修，程森纂：《德清县新志》卷2《风俗》，民国十二年修，民国二十一年铅印本，《中国地方志集成·浙江府县志辑》第28辑，上海书店出版社1993年版，第822页。

⑧　范钟湘修，陈传德、金念祖、黄世祚纂：《嘉定县续志》卷5《风俗》，民国十九年铅印本，《中国地方志集成·上海府县志辑》，上海书店出版社1991年版，第773—774页。按，在上海宝山，因为女巫占绝对多数，以致宝山民政长1912年10月间通令各市乡禁止巫觋时竟将巫觋径称为"女巫"。见《照会县议事会文（严禁女巫案改称巫觋）》，《宝山共和杂志》1912年第5期。

迹之诡秘、渗入生活之深、社会影响之微妙，早已引起许多学科，特别是人类学、民俗学和宗教学等学科的广泛关注，[①] 同时也进入了史学的视野。[②]

---

① 英国学者罗宾·布里吉斯断言，"在我们所知的人类社会中，极少有完全不受巫术影响的"。见［英］罗宾·布里吉斯《与巫为邻：欧洲巫术的社会和文化语境》，雷鹏、高永宏译，北京大学出版社 2005 年版，"导论"第 1 页。人类学从其创始人爱德华·B. 泰勒（Edward B. Tylor）的《原始文化》（1871）和《人类学：人及其文化研究》（1881）那里，就开始关注巫术。在人类学中，弗雷泽的《金枝》、莫斯的《巫术的一般原理》（1903）和马林诺夫斯基的《巫术、科学、宗教与神话》（1925）以及《文化论》（1936）等是巫术研究的经典著作。中国早期人类学家林惠祥的《文化人类学》（1934）中第十一章（商务印书馆 1991 年版，第 263—265 页），专门讨论原始民族中"有能力以对付冥冥中的可怖的东西"的人，这种人的名称有很多种，依地而异，或称巫（wizard）、觋（witch）、或称禁厌师（sorcerer），或称医巫（medicine man），或称萨满（shaman），或称僧侣（priest），或称术士（magician），名称虽不一，实际的性质则全同，不妨概称为巫觋。在民俗学界，早在 20 世纪 20 年代就被介绍到中国来的英国民俗学家博尔尼（C. L. S. Burne）的《民俗学手册》（1914 年初版，程德祺等译，上海文艺出版社 1995 年版）有专门章节介绍世界各地的巫术和巫师。中国民俗学者出版的巫觋方面的专著，如张紫晨的《中国巫术》（上海三联书店 1990 年版）和宋兆麟的《巫觋——人与鬼神之间》为我们展现了存在于中国各民族中的巫觋活动场景。萧兵的《傩蜡之风》（江苏人民出版社 1992 年版）将中国的巫俗文化分成北方萨满文化、南方毕摩文化、东方灵巫文化、西方傩蜡文化和中原祝史文化等五个大类，并概括了五方巫俗的特点，很有见地。关于宗教学对巫术的研究情况，张紫晨通过对德国神父施密特（W. Schmidt）的《原始宗教与神话》（萧师毅、陈祥春译，上海文艺出版社 1987 年版）、英国宗教学家 A. 罗伯逊（A. Robertson）的《基督教的起源》（宋桂煌译，生活·读书·新知三联书店 1958 年版）和苏联宗教学家约·阿·克雷维列夫（И. А. Крывелев）的《宗教史》（乐峰译，中国社会科学出版社 1982 年版）等著作的研读，得出这样的基本结论："宗教学运用了人类学的分析及其对原始文化的观念，说明巫和巫术的存在根源，并在此基础上考察了其宗教性质，把它称作前宗教或原始宗教行为。这实际是宗教人类学或宗教民族学的观点。其最重要的观点是巫术为人类宗教行为的最早形式，或前期形态。"（《中国巫术》，第 23 页）

② 英国牛津万圣学院资深学者罗宾·布里吉斯（Robin Briggs）长期致力于欧洲近代早期宗教、流行文化和巫术问题的研究，其《与巫为邻：欧洲巫术的社会和文化语境》对巫术问题及其民众心理、日常生活状态的深刻阐释，比较独特地体现了日常生活史的研究模式。另一有关巫术论题的社会史经典著作是意大利著名史学家、"微观史学"先驱卡罗·金斯伯格的《夜间的战斗：16、17 世纪的巫术和农业崇拜》（1966 年初版，朱歌姝译，上海人民出版社 2005 年版），用英国社会史学家 E. J. 霍布斯鲍姆的评论说，"此书的旨趣也不仅在于他对 16 到 17 世纪宗教、魔法和巫术这一自 1966 年以来被广泛关注的但却相当专业化的论题的探索，'复原这一时期农民的心理状态'才是他的初衷"。另外，法国年鉴学派学者勒华拉杜里（E. Le Roy Ladurie）的《蒙塔尤》（1975 年初版；许明龙、马胜利译，商务印书馆 2007 年版）和法国让·韦尔东（Jean Verdon）的《中世纪之夜》（1994 年初版；刘华译，中国人民大学出版社 2007 年版）也都有专门的章节涉及巫术问题。中国历史学者比较有学术分量的相关成果，体现在断代的巫觋研究上。张碧波的《巫觋·王者·文化人》（《学习与探索》2007 年第 1 期）在中华文明探源的论题中涉及巫觋，认为他们与上古三代诸帝王共同创建了中华早期文明。陈玺的《隋唐时期巫蛊犯罪之法律惩禁》（《求索》2012 年第 7 期）指出，隋唐宗室官僚笃迷魇胜的左道信仰观念，直接刺激了巫蛊犯罪的大肆泛滥。李小红的《宋代社会中的巫觋研究》（光明日报出版社 2010 年版）以社会学的理论视角，分析了巫觋存在的合理性。陈高华的《元代的巫觋与巫术》（《浙江社会科学》2000 年第 2 期）评述了元代社会对巫觋的态度和巫觋"颇大"的社会影响。

人类学和民俗学提供了很多近代孑遗于世的原始民族和少数民族的巫觋案例，让我们从社会的横向比较中体会到江南女巫的独特性；历史学所涉前近代中国"文明社会"①的巫觋案例，让我们从历时性推移中重视起近代女巫的境遇变化；人类学以及宗教学思考巫觋问题的方法对我们的探讨颇多启发和借鉴意义。②总之，所有既往成果有助于我们在近代社会史的视野中，认识江南乡村女巫的独特性和探讨的必要性。

与历史上的众多女巫相比，近代江南乡村女巫相对简单：她们的名号说起来不少，③大多不过是这个特殊行当的兼业者；④她们的行为看起来很活跃，其实不过是村妇日常生活的一部分，更准确地说，就是她们的信仰生活。只是这样的信仰生活太过传统而又颇为特殊，在近代文明世界里十分招人耳目，时常引起时人的议论却莫衷一是，不断遭到官府的取缔又总

---

① 中国人类学受学科传统的影响，常常以"国内深山远境未甚通化的初民"（［英］马林诺夫斯基：《巫术、科学、宗教与神话》，李安宅"译者序"，第2页）作为研究对象，与此相对应的，如费孝通那样，"进入对世界上为数众多的、在经济和政治上占重要地位的民族的较先进文化的研究"（费孝通：《江村经济》，"马林诺夫斯基序"，第3页），其研究对象称为"文明社会"。

② 1938年马林诺夫斯基指出，"人类学的研究方法对于现代中国学者和欧洲的一些汉学家所进行的以文字记载为依据的重要历史工作，是一种不可缺少的补充。"（费孝通：《江村经济》，"马林诺夫斯基序"，第4页）；黄世杰的《巫蛊研究的人类学方法论》（《学术论坛》2002年第6期）提醒我们，把巫觋视为一种文化事象，运用人类学的整体观、相对论和泛文化比较的理论方法进行考察和研究，有助于今人理解巫觋这一特殊文化事象的实质。

③ 关于女巫名号，《川沙县志》卷14《方俗志》（方鸿铠、陆炳麟修，黄炎培纂，1937年上海国光书局铅印本，《中国地方志集成·上海府县志辑》第7辑，上海书店出版社1991年版，第266页）："巫觋有札仙、看仙、查仙等名"，可见女巫可以泛称为"仙"；沈葵《紫隄村志》云："近又有为关仙者，其人率多妇女"，其中"关仙"，应该是"关亡之仙"之简；阿絜《关亡术》（《申报》1925年9月17日第13版）载："慈溪东乡洪塘镇有老妇某氏，以关亡为业，俗称为'肚里仙'"，是女巫之名中的又一"仙"。倪绳中《南汇县竹枝词》（见顾炳权编《上海历代竹枝词》，第349页）称：女巫曰"师娘"，又谓"看仙"，能与鬼神通语；可知，女巫不但称"看仙"，还有更普遍的"师娘"之谓。晚清顾传金《蒲溪小志》（王孝俭等标点，上海古籍出版社2008年版，第11页）卷1《风俗》云："巫固不禁，而有干禁例害人尤甚者莫如师娘（俗呼'双仙神'）"，此处又有"双仙"一说。《吴俗信巫》（《申报》1882年10月4日，第1页下）说：吴俗称巫曰"师娘"，亦曰"看香头"；后者也是比较普遍的称呼。另外，时人将女巫呼为"××娘"，含有贬义：如《金山县志》卷37《风俗》（常琬修，焦以敬纂，清乾隆十六年刊本，民国十八年重印，《中国方志丛书·华中地方》，第405号，成文出版社有限公司1983年版，第730页）载：女巫曰师娘，鄙之曰婆娘；近代延续了此贬义，如陈华珍《苏俗三娘之罪恶》（《申报》1921年1月18日第16版）：女巫俗称巫娘，业此者多为无赖女棍。

④ 1930年李正明《卜巫星相调查报告》（《无锡市政》第4号，1930年，第113页），无锡以卜巫星相为业者，"不下千人，专以此为业者，不过五百余人，余均兼职。就第一区计之……卜巫者五人"。从当时无锡情况，可知巫者兼业居多。

是屡禁不止。尤其在最先进入近代世界的江南社会，乡村女巫更不能像在传统时代那样安之若素了。江南乡村女巫的近代境遇从一个侧面生动呈现了村妇生活的日常逻辑及其与外部世界的关系。

一　在传统小世界：倍受崇奉

近代江南女巫的境遇从村妇们的狂热崇奉中可见一斑。1880 年 6 月《申报》在报道松江社会情况时称："南门内某女巫……素称灵异，名噪一时，患病之家争先延请，凡所嘱咐，莫不惟命是从。"① 这让一部分"正统"文人颇感费解："巫觋之说，儒者弗称，而妇女无知，动多见怪，往往深信不疑。"② 据民国（上海）《法华乡志》编纂者考察，明时里中女巫就串门穿户，十分活跃。时至民国，随着"民智渐开"，据称巫风"稍戢矣"；实际的变化则非常有限：里人依然"有疾病延女巫……送鬼迟，则悔吝无穷"③。

女巫以仪式吸引乡人，其中的关键环节是灵魂附体。

民国时节在江南镇乡之间，"扬州人操这种职业的不少"，据说，"有的提着雨伞包袱，高叫捉牙虫，但实际主要的副业，到（倒）是替人家关亡，就是替人家召请死去了的亡魂"，女巫一出场，一些好奇的"老太婆和女人们围了起来，请她作法，她于是一本正经的烧香化黄表纸、长锭，请鬼神，口中念念有词。不久，眼睛一翻，腹中一阵怪响，他（她）就和失去了知觉的疯子一般，带着拖得很长而带哭的声音唤叫起来"④。近代在杭州湾南岸的余姚蒋村：

> 当巫婆的多半是远地来的女人。被召的鬼魂来时，巫婆的耳朵就会连续抽搐三次。普通人是不能控制耳朵的肌肉的，巫婆的耳朵能够自己动，使得大家相信它（她）的确有鬼神附体。她说话时，压着喉咙像猫叫。⑤

---

① 《巫谋报复》，《申报》1881 年 6 月 27 日，第 2 页。
② 《妄信巫觋》，《益闻录》1882 年总第 203 期。
③ 胡人凤续辑：《法华乡志》卷 2《风俗》，许洪新标点；民国十一年铅印本；上海地方志办公室编：《上海乡镇旧志丛书》，第 12 辑，上海社会科学院出版社 2005 年版。
④ 洛神：《女三百六十行之十六：关亡的女人》，《海涛》1946 年总第 36 期。
⑤ 蒋梦麟：《西潮》，第 15 页。

这让人们觉得，女巫的身体似乎有着常人弗具的特异功能。法国人类学家莫斯（M. Mauss）称，这是世界各地巫觋的共性，据说，"通过身体的某些特异性就可以辨别出一个巫师"；女巫的这种不正常状态是一种不可名状但使其"巫术效果得以显验的力量的展示"：

> 在很多社会中，这种状态是被巫师制造并在仪典过程中以更猛烈的力量表达出来的。它们经常伴随着紧张的出神、歇斯底里的尖叫，乃至于全身僵硬般的惊厥。巫师常常自然而然地被诱引而陷入一种迷乱状态，不过更多的时候他是在伪装。在这个时候，他常常相信他已经被带离了这个世界，观看者似乎也是这样认为。①

由此，女巫被赋予了一种神秘的力量。透过其中的诡秘，莫斯发现了其背后的力量支撑：巫师"之所以掌握了巫术力量，并不是因为他们具备的个体特异性，而是因为社会对待他们以及他们这类人的态度"②。换句话说，村妇们对女巫寄予厚望，指望从女巫那里得到"不足为外人道"的信息。由此进入巫仪中的另一重要环节：口头仪式。女巫"至病者家，托为其亡灵之言"③，所托亡灵非神即鬼。家有病患，急求禳解的村妇希望从"亡灵之言"中知道病由。在 19 世纪 80 年代的苏州乡间：

> 一曰"看香头"，（巫）家供一神，不知其为谁；大抵即"樟柳神"耳。凡遇人请之，必焚香拜于神前，而后出至病家，设香烛如式，略诘病由，或启视病者，端坐半晌，呵欠涕泪交作，即神至矣。嬉笑怒骂之声，历历如绘，所言皆病者触犯不详，有鬼作祟等状。
>
> 又一法即所谓"关亡"。巫至病家，辄关病者之父母等人，至其声出自胸膈间，听之不详，忽歌忽哭，诸态并作。信者以为所言逼肖亡人口吻，并有生前未竟之事，旁人不知者。与其亲属问答，一一符合，然实则自相揣度，亦并未字句清楚也。

---

① ［法］莫斯：《巫术的一般理论·献祭的性质与功能》，杨渝东等译，广西师范大学出版社 2007 年版，第 37 页。

② ［法］莫斯：《巫术的一般理论·献祭的性质与功能》，第 36 页。

③ 沈葵：《紫隄村志》卷 2《风俗》，第 48 页。

前者"看香头"，所托为"樟柳神"；后者"关亡"，所托为父母亡灵，自然为鬼。女巫"能视香烟所起，知某人为某鬼所祟"，指为病由，同时示以禳解之法：或贿赂，或祭祀，或超度，"大抵多费冥锡、作道场而已，绝不闻劝病家延某医、服某方者"①。如此种种，"病家深信不疑"②。

若是丧家，常常期望通过"亡灵之言"了解亲人在另一世界的情状。这是在民国末年的江南乡间，一个女巫喃喃作腔：

> "哎呀！那里来了一个瘦长男人呀！头戴小瓜皮帽，身穿蓝长袍子呀！手上拿了一把折扇呀！"
> 那是你的家公呀！他两眼望着可是你们看不见他。
> "他说他远在阴曹地府，好不凄凉呀！"围着的男男女女一听，有的眼睛早就红了。一个穿青衣裳的妇人哭唤着说："你问问他：可看见阿大吗？在阴间里要些什么东西？缺乏什么？"于是那个看香头的女人嘴唇和全身越发抖得起劲，白眼珠子直向上翻着。腹内更一阵怪响。声音也叫的特别大起来。
> "嘿，你两三年不化点纸钱给我用，我苦是苦透了呀！阿三在尖刀山活受罪，真正可怜。你该化点钱做点心缘替他超度超度才好。啊！你在家要好好做人家呀，我一阵阵流眼泪，向你们招手，可是你们看不见我，可怜的阿三娘呀！我要去了。烧点钱给我用啊！"③

孤寡的女人哭倒在地，旁边的女人劝好劝歹，女巫"又是一阵发抖后，打几个啊（呵）欠醒转来了。旁边的人都瞪着大眼奇异的望着她"④。在浦东新丧之家，因思念死者之故，欲知其死后在阴间之状况，即请来女巫询问，谓之"问仙"："先点香烛默祷一番，须臾，女巫作种种怪态，口中喃喃语，肖死者之口吻，述其苦况。妇女闻者，必泣下沾襟，信以为实。"⑤

---

① 《师巫说》，《申报》1880 年 11 月 26 日，第 1 页。
② 《禁巫说》，《申报》1899 年 6 月 8 日，第 2 页上。
③ 洛神：《女三百六十行之十六：关亡的女人》，《海涛》1946 年总第 36 期。
④ 洛神：《女三百六十行之十六：关亡的女人》，《海涛》1946 年总第 36 期。
⑤ 胡朴安：《中华全国风俗志》，河北人民出版社 1986 年版，下编，第 211 页。按，河北人民出版社古籍编辑室在该书的重印前言中说明："下编钞自近代的报刊、杂著。……对于人们了解和研究中国近代社会大有裨益。"

亡灵通过土地爷向整个社群提出的诉求也会让村妇们慌忙不迭。四月初一是苏州甘露小镇例行佛会的日子，但在1936年：

> 佛会使每一个信女不安定，因为像前两个三月一样，有一个年青的村妇被菩萨上了身。就为了前两次佛会里菩萨上了她的身，像疯妇一样的癫狂，她替代了菩萨唱出了许多话来，结果就是现在忙着的全庙修葺一新。庙里当然有庙产的，善于管理的人当然知道庙产不够一点用，于是随缘乐助的黄簿子发出了几十本。听说菩萨灵验，信人多，已经写到许多了；今天庙里，确实也快就完工了。在不久的将来，庙里要举行一个更大的佛会，是为了新菩萨的开光。而在这开光大典之后，也在不久的将来，就要赛两天有名的盛会。菩萨从村妇嘴里落出了这二件大事，大事的前因是为了阴界大乱，佛会的人数要增加，赛会要隆盛。①

面对来自菩萨的旨意，"每一个信女的心被恐惧迫成了虔诚，谁也不会想到这村妇疯狂的作用"②。相反，女巫因为"疯狂"才让"信女"们感恩戴德。在很多情况下，女巫让村妇们减轻了生活的痛苦。在民国初年的浦东烂泥渡花园石桥，"许姓之女，年方及笄，尚未许字，近忽患病身死。其母恸甚"，但据女巫解释道："洋泾镇南首三庄庙玉府神，钟情于女，拟娶作夫人，是以致死。"其母信以为真，随即央媒出帖，择定嫁女吉日。"先期由女家雇工塑就女像，并置全副嫁妆，所费颇巨。该庙主等亦预备仪仗，前往迎新。一时鼓乐喧天，观者塞途。该处迷信之徒，尤莫不到期庆贺。"③

在这里，女巫的力量之源是清楚的，"是大众舆论造就了巫师，并创造了他所拥有的力量。是大众舆论使他（她）懂得了一切并且可以胜任一切"④。所谓"愚人信鬼，故若辈得以施其伎俩也"⑤。大众舆论的力量是如此之大，甚至可以使从来没有作巫经历的村妇也能成为女巫。1927年嘉

---

① 十郎：《菩萨上了身》，茅盾主编：《中国的一日》第4编，江苏，第31页。
② 十郎：《菩萨上了身》，茅盾主编：《中国的一日》第4编，江苏，第31页。
③ 《活人做鬼戏》，《申报》1917年11月17日第11版。
④ ［法］莫斯：《巫术的一般理论·献祭的性质与功能》，第52页。
⑤ 《愚妇受愚》，《申报》1897年10月13日，第2页上。

定的一则冥婚事件便提供了这样的案例：

> 安亭乡南街，开设作铺店庄叔高之次子海林，与比邻钱子虞之女二宝同在妙龄，均于三年前患病夭折。本年夏历八月中，海林魂附嫂氏（庄之长媳）之体，与父母谈话，谓业与钱二宝订定婚约，请举行大礼，俾正名分。钱二宝亦附女巫之体，向乃母陈请婚事，务须允许，庶免若敖之馁。庄爱子情切，不忍重违其意，挽人说合。詹吉夏历本月十六日执行婚礼，雇用彩舆、音乐仪仗等等，较生人亲迎有过无不及。旋将钱二宝之木主抬入纸糊冥房之内，行结婚大礼。冥房亦极为高大，翚飞鸟革，尽轮奂之致，一切床帏家具，应有尽有，因之引动全乡居民，诧为异事，空巷来观。①

村妇与女巫之间的身份竟如此轻易地进行了转换。很明显，女巫的境遇与村妇的崇奉之间存在一种相互依存，这样的关系常常因为村妇的需要而得以强化。

在村妇们的狂热崇奉下，女巫们的境遇自然较一般农家丰裕。在19世纪80年代的上海宝山县，西乡广福镇李甲之妻为巫，"一时四方来观者踵相接，且多执贽以讯之，故赚资颇巨，李即藉为钱树子，不必拮据自给矣"②。慈溪东乡洪塘镇老妇某氏，有"肚里仙"之称，村妇们"信之綦笃，甚至对'肚里仙'号啕大哭，如见死人一般。故每日门庭如市，生涯殊不恶也"③。苏州女巫"既身兼鬼神，操纵一切，其营业之不恶可知矣"④。20世纪初年在苏州乡村，家境富裕的一位女巫，甚至被人绑架了：

> 距娄门十余里之某乡，有浑名小师娘者，某甲之妇也。数年前，诡称上方山某神附体，为人卜休咎、治疾病。一时愚夫愚妇之登门求见者，踵趾相错，争舍香赀。不数年居然称小康焉。本月中旬某日，突被枭匪劫至舟中，驶入太湖，勒令甲以千金取赎。甲不得已，奉番

---

① 《嘉定：哄动一些乡之鬼结婚》，《申报》1927年12月13日第7版。
② 《沉巫又见》，《益闻录》1882年总第203期。
③ 阿洁：《关亡术》，《申报》1925年9月17日第13版。
④ 陈华珍：《苏俗三娘之罪恶》《申报》1921年1月18日第16版。

佛八百尊为枭党寿，始得领归。①

至 20 世纪 30 年代世界资本主义经济危机来袭、"中国人谁都在嚷穷"的时候，平民百姓"对于迷信却向例是慷慨的……因此也有人是吃菩萨、著菩萨、靠了菩萨过一辈子，像有许多被菩萨上过身的村妇，现在都变成了女巫"②。女巫相对稳定的境遇正是由稳定的大众信仰做保障的。

二　晚清官府对女巫的例禁

与民间社会的崇奉不同，在官方那里，江南乡村女巫受到了完全不同的对待。进入近代，在知识阶层不懈的呼吁声中，历届政府不断地向巫觋发出禁令，女巫的境遇显得有些不妙。

晚清地方官府延续了历朝对女巫的一贯态度，实行例禁。在江南，地方官员们特别重视夫家长对女巫的管束。松江东乡车墩庄二十一图地方，有王姓女巫，"假托照天侯杨爷附身，惑众敛钱"，为县令访闻，派差往拿，女巫闻风而逃，其夫朱桂云被拘，后全家被驱逐出境。③ 上海宝山西乡广福镇有女巫某氏，1882 年被王县令访闻。县令并不追究女巫本人，而提审其丈夫李某，严斥其不应纵妻惑众，如敢仍蹈故辙，必干重究，于是，该巫一时闭户谢客，不敢作法。④

游街是惩戒女巫的一种严厉方式。清末在湖州乌程县瑶头乡，有女巫徐康氏，"积惯敛钱，尤能欺骗宦宅男妇迷信"，县署差役赴乡严禁，抛毁香案，谁知该巫竟反过来诬陷差役，经"讯明实据，将该巫徐康氏掌颊百下，荷以巨枷，游街示众"⑤。1910 年 9 月 21 日松江知府巡哨过金泽镇三姑庙，焚劈神像，拘较有名之各女巫惩办，以为众戒。其松城跨塘桥金巫，华阳桥蒋巫，亦奉提案略讯数语，三日后，各荷"芦席枷"，令差役押游四城各街示众。⑥ 游街固然侮辱了女巫的人格，但官方的用心更在于向地方社会宣示女巫的违法性。

---

① 《麋台春眺》，《申报》1903 年 2 月 24 日，第 2 页上。
② 十郎：《菩萨上了身》，茅盾主编：《中国的一日》第 4 编，江苏，第 31 页。
③ 《松江：驱逐女巫》，《申报》1908 年 6 月 11 日第 4 版。
④ 《沉巫又见》，《益闻录》1882 年总第 203 期。
⑤ 《妖巫游街示众》，《时事报图画杂俎》，1907 年。
⑥ 《松江：女巫庙主之纷纷获戾》，《申报》1910 年 9 月 29 日第 4 版。

就此来看，地方政权禁止女巫的声势不可谓不大，但县以下的自治组织却消极从事。这从苏州一则案例中可以看得比较清楚：1882 年某日苏州某乙赴杏春桥巫处祷问，结果，女巫所言绝无一验。乙怒诘之，巫不服，且出言甚倨，乙唤来地保，欲将巫解官究办。地保与巫同里，有葭莩之谊，且常得其贿，遂反唇相讥："此等事信者来，不信者去，未尝执途人而语之也。我又不为足下服役，不敢遵命。足下如力能送官，我见县主差票，然后拿禁师娘解县，未为晚也。"乙曰："尔且暂为收管。"地保谓："敝乡并无饭歇，我亦不敢私押。某师娘有田有屋，决不就逃也。"乙无计可施，连曰"可恶"而去。时人慨叹："若某地保之与某师娘，可谓同恶相济者矣。"①

知识阶层对女巫社会危害性的揭露是官方施行禁巫政策的重要依据，驱动着晚清禁巫事务的常态进行。相关的揭露集中于两个侧面：

其一，骗财。早在道光年间，上海蒲溪镇就有人注意到，女巫动辄令病家一同至松郡照天侯庙祷告，实则从中取利，名曰"分雪"。为此，女巫常常"信口胡说，或云病者星宿不利，用道士禳星；或云亡人讨荐度，用僧人超度，而彼又于僧道处分其余资。病家信以为真，竭力为之，费以几十金。及至病卒不起，送终不能尽礼，良可哀也……诬世害人，莫此为甚，而无如习俗之终不悟也"②。1874 年上海川沙自称"海曲狂徒"者拟有《川南杂咏》，其中道："觋巫幻术托神仙，浪说西天七宝莲。于意云何浑不解，我闻如是骗人钱。"③ 民初上海《善导报》在给"关亡婆"绘图时，题为"关亡关亡，真正骗钱；口喊亲夫，瞎话连篇"④。总之，女巫跟骗子没有区别。

明知"俗之终不悟"，知识阶层并未放弃对女巫"骗术"的揭露。1886 年发表在《申报》上的一篇文章，深入苏州乡间社群生活，缕明与女巫相关的利益链条：

> 吴农偶有疾病，他务未遑，即召师娘。言及师娘，则操舟者，入市者，纷然而集，各任其劳，皆大欢喜。师娘一到，信口而谈，附神

①　《吴俗信巫》，《申报》1882 年 10 月 4 日，第 1 页下。
②　顾传金：《蒲溪小志》卷 1《风俗》，第 11—12 页。
③　海曲狂徒：《川南杂咏》，见顾炳权编《上海历代竹枝词》，第 531 页。
④　《善导报》1916 年总第 49 期。

附鬼，举家钦服，旁观者亦啧啧叹其灵验，由是而请太保焉。彼所谓太保者，昂其声价，肆其要求，揣其家之肥瘠，而一席至数十席不等，锣鼓喧阗，若歌若唱，夜将半而送神。则向之操舟者，入市者，群聚而醵饮焉，谓之"吃利市"。利市吃矣，疾病仍然，则又曰：此师娘之不周到也；此太保之不虔恭也。互相论荐，别行延请，必视前此而加倍焉，且数倍焉而后止。幸而得痊，而一年之入，已无余矣。设或不起，则身后之事且无着焉。呜呼，不足之在吴农，此其至小者，而较之天时、地利、人力、厘卡诸说，尤为切近。①

作者着意揭示吴地农民生财不足的原因。他认为，"不足之在吴农"，或许跟天时、地利、人力和厘卡诸方面皆有关联，但与乡民生活关系"尤为切近"者当为"不信医而信巫"。因此他呼吁应该有所动作："无从以口舌争者，将何术以挽回而补救之耶？"②禁巫是其明显的诉求。

其二，害命。1882 年松江一时流行疫症，甚有不及延医而猝然致毙者，于是群巫得计，暗布谣言，谓有某大王出世，收取人魂，须以牲酒哀祈，乃得免死。乡人深信其说，日登巫者之门求为解禳。对此，《益闻录》文称，对于时疫徒事"解禳"，"反置医药于不问，其误人性命，一至于此，有官守者，其亦设法禁止哉"③！当时，若辈女巫除解禳诸法之外，又或托诸神道，妄开药方。有明事理者指出，"以巫而强兼医术，明明鬼蜮伎俩，而偏自托于神灵"，简直"视人命为儿戏"：

> 彼既不识脉理，又不辨药性，不顾利害，为此行险侥幸之计。其蔑视人命为何如乎？夫时下医生虽非悉具回春妙手，然究竟幼而学之，略习方书，方敢出而问世。今"看香头"者，行医本非所习，又何得以茫然无知者以肆其害人之毒耶？在信之者，误以为方由神授，当高出于时医万万，乃服之而愈者，竟百不及一，而因此增剧或且丧生者，所在多有，则又何也？④

---

① 《吴农说》，《申报》1886 年 1 月 13 日，第 1 页上。
② 《吴农说》，《申报》1886 年 1 月 13 日，第 1 页上。
③ 《妄信巫觋》，《益闻录》1882 年总第 203 期。
④ 《禁巫说》，《申报》1899 年 6 月 8 日，第 2 页上。

此文标题即标为《禁巫说》，对于女巫的态度非常明确。

骗财和害命，两者皆关民生，从中人们能够很清楚地看出女巫的境遇与民生状况之间的背驰关系。值得注意的是，去医害命的议论在理论上将"巫"和"医"区别开来，在某种意义上反映出新的时代气象，但实际地看，这样的议论与传统士大夫的悯农情怀并没有实质性的区别。在朝廷悯农柔民的统治思路下，晚清江南地方政权基本上把禁巫当作一项例行公事，时而的高压使得女巫们有所收敛，但风声过后又故态复萌。1880年苏州各乡瘟疫盛行，女巫"愚人之术，愈觉肆无忌惮，多有祷禳无验，不暇谋验而先须了愿者。盖畏师巫之诡谲，谓不遵其教，即死者亦当受冥谴也"。此前此等女巫"经谭藩宪并高邑尊均出示严禁，刻下禁令稍弛，故若辈得肆其伎俩也"①。看得出来，晚清江南乡村女巫的境遇并没有因为官府的打击和知识阶层的舆论压制发生根本的改变。

三　清末民初制度转换中的女巫境遇

20世纪伊始，政府主导下的自上而下的政治和社会革新陆续展开。风云际会之中，江南乡村女巫的境遇随清末民初的制度转换而有所变化。

1. 清末民初的新政：女巫卷入政治风潮

清末民初，面对庚子以后日益扩大的社会危机和革命声势，清廷开始了自救的所谓"十年新政"。新政似乎来得太晚了，底层民众并不理解也不看好这样的改革，他们不断地诉诸暴力，表达怨愤，民变由此而生，而女巫在此过程中扮演了非常特殊的角色。1910年春，苏州香山自治公所被毁事件比较典型地反映了当时的情况：

香山地方，系吴县所辖，近日设立地方自治分所，即在俞绅培元家，议定先从调查入手（并未议及抽捐），分派调查员按户调查户口、财产等项。调查员至各户调查时，询及户口、年岁等项，各乡民中于答复时，连生日时辰一并答复。调查将竣，本地乡民忽四散谣言，谓调查各户人口，系因造铁路需用数万人八字压入之故。追后又有一女巫，造言惑众，云某老爷上身告述，某日有阴兵过境，是以本地调查各户人名、八字将来入册，各人均去当阴兵云云。各

---

① 《师巫宜禁》，《申报》1880年11月22日，第2页。

乡民闻之大为惊惶，咸思将调查户口底册追回。上月三十日聚集数百人，至自治分所吵闹，欲索回调查底册。俞绅等再三开导，无如乡民中有无赖之人，附和其间，遂致用武，将分所捣毁，并将俞绅家器具打毁甚多，后遂四处逃散。当经俞绅等飞报吴县陈介卿大令，于三月初一日会同"飞划营"前往该处，查勘情形，地方安静如常。大令即查访为首滋闹、声名素劣之人，拿获五名，于初三日晚押带回省，禀复各宪矣。①

从此事件可以看出，女巫依托亡灵附体，长袖而舞，造谣生事，令官方深为忌惮，所受打击自然更为严厉。其实，女巫只是在民变风潮中发泄其作为一般村妇的不满，这种不满所针对的不仅是自治调查，可能也包括了平时官府对她们的例禁；女巫所关心的自然还是巫业"正事"。官方显然也清楚这其中的关系，所以在民变中并没有特别关注女巫。正因为如此，民初地方政权在禁止女巫的提案中，重点提及的也是其社会危害性。1912 年宝山县议事会提议"严禁女巫案"称：

> 巫觋之事盛行各处，此风由来已久，现在民国更新，此种恶习，亟应铲除净尽，应请行政长官，预先函致各市乡董，委派公正人员秘密调查，所有自称男女巫仙之类，将其年岁籍贯住址详细查明，予限送至公所，汇编一册，再饬一图地保，明白调查呈报，然后再请行政长官，剀切晓谕，从此双方并进，方可革除恶习，而免人民之害，如若再犯，请巡警局查明拘罚。②

值得注意的是，此前（1912 年 10 月 21 日）宝山民政长所揭示的女巫危害性显然包括了政治方面："我邑地方习惯，每有托术巫觋，蛊惑乡愚，或借端医病，妄施药方，草菅人命，或造诞词，炫乱人心，妨害政务，殊于治安，秩序影响非轻。"③ 为了强调女巫的政治危害，民政长在随后的"照县议事会文"中，叙事侧重点发生了明显的变化：

---

① 《苏州：香山自治公所被毁详情》，《申报》1910 年 4 月 16 日第 3 版。
② 《照会县议事会文（严禁女巫案改称巫觋）》，《宝山共和杂志》1912 年第 5 期。
③ 《示谕各市乡文（禁止巫觋造谣及阴阳学藉词索费）》，《宝山共和杂志》1912 年第 4 期。

　　查愚民迷信，骤难破除，从禁革巫觋入手，系属根本之解决，按
照现行违警律，凡无故布散谣言，及游荡不事正业者，均在禁止之
例，又新刑律三百五十九条，散布流言或以诈术损害他人，或其业务
之信用者处五等有期徒刑，拘役或一百圆以下罚金，此类巫觋既非正
业，又多造作神鬼荒唐之言，骗财惑众，甚至扰及秩序，酿成意外之
风潮，殊不得不预为防杜。①

　　在民政长看来，女巫的"惑众"不仅仅是"骗财惑众"，更可注意的
是"扰及秩序，酿成意外之风潮"，因此，他重申对于女巫的处置适用
"散布谣言"之律。就这样，清末民初江南乡村女巫的境遇因为与政治风
潮的干系而变得颇为微妙。

　2. 民初新政：女巫有碍风化

　　政治风潮中乡村女巫的特殊境遇，与特定时期的社会历史条件相关
联，从实际情况看，女巫基本上活跃于乡村日常生活中，因而政府方面也
更多地将女巫行为视为一个社会问题。在南京临时政府蠲除"旧染污俗"
的运动中，江南地方政权打击女巫的力度大大加强。上海县政府《布告禁
止迎神赛会太保女巫等迷信》称：

　　　　巫觋之事，本系伪托，藉以敛钱，乃乡间妇孺，动为所惑，甚至
疾病不求医药，惟若辈之言是听，不徒损失赀财，抑且贻误性命，其
流毒实非浅鲜，合亟剀切禁止，不准再有以上情事，倘敢玩违，一经
查悉，定当严重处分，勿谓言之不预也。②

　　表面上看，布告对女巫社会危害所使用的措辞似乎与旧政府并无大的
不同，但此次禁巫对传统的革命性总是在一些相关布告中被一再提及：
"照得民国成立，政令革新，欲期民智开通，首在破除迷信。"③ 在此背景
下，乡村女巫连同旧的社会制度受到前所未有的荡涤。起初，嘉定县知事
"竟给巫觋凭照，使为护符"，这让新政实施者怒不可遏：巫事"左道惑

---

①　《照会县议事会文（严禁女巫案改称巫觋）》，《宝山共和杂志》1912 年第 5 期。

②　《布告禁止迎神赛会太保女巫等迷信》，《上海公报》1913 年第 1 期。

③　《示谕各市乡文（禁止巫觋造谣及阴阳学藉词索费）》，《宝山共和杂志》1912 年第 4 期。

众，本干例禁"，如今居然披上合法的外衣，"实属稗政之尤，难辞始作俑者之咎"。嘉定新任知事张仁静"下车伊始，悬为厉禁"，受到江苏省政府的充分肯定：称其"为民除害，其维挽颓风以重人道造福社会者良非浅鲜，殊堪嘉许"①。

有碍风化是民初禁巫最堂皇的理由。1917 年十月初二晚间，浦东烂泥渡许姓之女与玉府神在三庄庙举行冥婚仪式：

> 男女巫觋到场布置一切，并由各会首预备酒肴志庆。远近往观者，络绎不绝。正在兴高彩（采）烈之际，为该管三区二分驻所王警佐得悉，以若辈演此怪剧，实于风化有碍，且人数众多，恐肇事端，故即亲率长警前往，将一干人驱散，并谕庙祝等，以后不准再有前项举动，违干未便；如有巫觋人等，造谣惑众，定即拘究不贷云。②

在民初新政及其逐渐兴起的新文化运动中，知识阶层将女巫作法的种种危害归结为"有碍风化"而加以禁止。在徐天荣等人 1919 年 9 月"呈淞沪警察厅上海县公署文"中，不难体会到知识阶层努力构建新的话语逻辑的用心：

> 维男女妖巫，流毒社会，光复之初，经吴前县长通饬查禁在案。比年以来，社会道德沦丧，廉耻荡然，年方及笄之黠女，及少年放荡之蝥妇，咸妙想天开，假作颠狂，自言为神所护久之，竟以"仙人"自居，谓能招神驱鬼，为人治病。此女巫由来之情形也……于地方风化妨碍殊巨。若辈鬼蜮伎俩，颠倒众生，诚为社会进化之一大障碍……四乡一带，妖巫像触目皆是，贫民苦力之家，几为若辈利薮。此次浦东发生时疫，蔓延浦西，各处人民死亡无算。乃愚民无知，往往不先延医，汲汲于巫觋之求，妄信妖言，不进医药，及延二三日，病剧求医而医者束手，因此不及医治而死者不知凡几。诸如此类，不胜枚举，公民等目观惨状，情难自默，窥思当此国体共和，凡百维新

---

① 《江苏省高等审判厅指令》，《江苏省公报》1916 年总第 979 期。
② 《活人做鬼戏之第二幕》，《申报》1917 年 11 月 18 日第 11 版。

以应世界潮流之趋势，光天化日之下，岂容若辈荼毒社会。①

社会进化，共和维新，世界潮流，等等，有了这些理由，知识阶层的禁巫要求显得非常新潮而充分：政府应"俯顺舆情，准予出示严禁，训令各警区从严取缔，以除妖孽而维人道，地方幸甚"②。知识阶层的舆论事实上导向了地方政权的禁巫行动。1919 年 10 月当浦东再次发生女巫参与的冥婚闹剧时，警方的查禁直接就以"学者"倡言作为依据：

> 浦东洋泾镇某肉庄主陈某之女，年方及笄，忽于今春病故。父母爱女情切，请女巫观亡。讵妖巫造作谣言，谓女被东泾庙城隍神赏识，魂灵已摄往庙中，须塑像嫁女入庙云云。陈某夫妇信以为真，特雇工造就木偶一座，置备全副纸扎妆奁，拟于日内迎赛入庙。事为公民黄支辉等得悉，特于前日致该管三区二分驻所函，略谓东泾庙所供城隍神偶像，系宋季李若水之像。李为历史上忠臣之一，曩日旧社会为奖善而为之造像，今屠户之女为城隍作妾，殊属荒谬绝伦。况今之学者，方倡偶像破坏，而社会不伦不类之偶像，反日见增多，究其实皆由妖巫等造谣惑众所致。此项谬举，实于地方风俗人心大有妨碍，请求饬警取缔禁止，以端风化而儆奸邪等因，该所王警佐接函后，当即严行查禁矣。③

在民初制度革新过程中，知识阶层指斥乡村女巫所伤碍的"风化""风俗人心"等说辞，很明显地包含了"科学"之义。一些具备科学身份的知识人，比如医生，在大众传媒上说明旧巫与新医的对立。1920 年周镇在《绍兴医药学报》上，以"亲眼目见的"的事实现身说法：

> 误信巫言，有人财两空的，也有空费二三十元，如石投水，病反加重的……光复后三年，河埒口王阿顺妻，七月病伏暑，上城看病，还带脚炉，仿佛冷极，那（哪）知热极像寒，一日重一日，人亦热

---

① 《请禁巫觋之呈文》，《申报》1919 年 9 月 7 日第 11 版。
② 《请禁巫觋之呈文》，《申报》1919 年 9 月 7 日第 11 版。
③ 《查禁嫁女入庙之谬举》，《申报》1919 年 10 月 10 日第 11 版。

昏。信巫的话，佛事一天，病人热极要汤水，忙极没得喝。送过佛，病人也厥去了。王阿顺请我医救，用贵药，三日后方苏省，病好了头发尽落。[1]

这里，西医与女巫在两个不同的世界、以不同的话语相颉颃。科学对巫术最有力的武器是实际的效验，不仅在诊疗方面，即在"关亡"问讯之后，谈到效验，女巫们也经常露出破绽：

川沙顾某，有一子，年二十余，向业西衣匠，娶妻未久，就业至海参崴。出门三载，音信杳然，其父母及妻，疑其已死。其邻人某妇，平日以巫为业者，善关梦，人多称其神，父母乃诣妇处求其关梦。妇呵欠之后，效其子之口吻，遍认亲人，若为父母，若为我妻，已而放声大哭曰："儿自某日出门之后，行抵某处得病而亡。阴阳不同，故至今无音信报二大人，请恕我过。并谓儿死之后，囊空如洗，时受野鬼欺凌，求父母同儿做一道场，济儿日用，功德无量。"言毕，巫妇呵欠而醒。顾某夫妇闻子已死，大哭而返，即延羽士数辈，诵经一日，超度其子。其媳年方花信，不易守寡，其翁姑乃于邻近招一男子入赘，与媳结为夫妇，幸相安无事。日前好梦方圆，忽闻叩门声，妇从梦中惊醒，披衣启扉，大噪而晕。群起视之，则叩门而入者，乃三年不归之顾子也。[2]

这当然不会是特例：不仅仅是此次，也不仅仅在江南乡村，"在所有的巫术实验中这种情况都会出现"，然而，人们普遍的态度是，"偶然间的巧合被当作正常的事实而接受，所有矛盾的事例则被否认"。原因何在？莫斯解释道，这体现了巫术与科学极为不同的逻辑思维："所有的科学，哪怕是最传统的科学，往往都被认为是实证性的，并源于实验，而巫术却一种基于演绎的信仰……基于演绎的巫术信仰是半强制性的，它与宗教信仰极其相似。"[3]

---

[1]　周镇：《锡地女巫极盛　信巫停药则危险哩》，《绍兴医药学报》1920 年总第 23 期。

[2]　金石寿：《巫毒》，《嘤声月刊》1921 年第 2 期。

[3]　［法］莫斯：《巫术的一般理论·献祭的性质与功能》，第 110—111 页。

明乎此，便不难理清制度转换与观念变革之间的复杂关系，从而对于江南乡村女巫的持续存在及其非常境遇，予以特殊的洞察。

四 民国社会建设中的女巫境遇

1927 年前后随着北伐武装斗争的进行，近代中国的社会革命和现代建设逐渐展开，以装神弄鬼为能事的女巫自然成为革命的对象。1928 年 9 月南京国民政府训令：

> 查星相筮卜巫觋堪舆惑众敛财自应切实禁止，唯禁止之后，该项人民生计不无可虞，兹由本部拟定废除卜筮星相巫觋堪舆办法七项以资取缔。①

与以往取缔迷信活动的布告不同，这份训令不仅要求"切实废除"，而且考虑到禁巫之后女巫们的"生计不无可虞"，因此内政部同时拟定"废除卜筮星相巫觋堪舆办法"七项：

> 一、各地方卜筮星相巫觋堪舆及其他以传布迷信为营业者，应出各省市政府督饬公安局于奉文后三个月内强制改营他项正当职业。
> 二、各市县政府责成公安局于公告此项办法时，召集本地卜筮星相巫觋堪舆各业人等，剀切解说迷信之弊害，促其觉悟，如期改业。
> 三、限期届满尚无正当职业者，应收入地方设立之工场，限期改习一业，其未设有工厂之地方，得令其担负相当工作，其确系老弱残废者，应收入地方救济院，或另筹相当办法。
> 四、限期届满，如仍有违抗命令继续营业者，应由公安局勒令改业。
> 五、各市县政府应督饬各公安局随时劝导人民破除迷信，并将妄信卜筮星相巫觋堪舆等之弊害，及人类前途幸福全靠自己努力之理由，编制浅近图说及歌词布告等类，遍散民众，剀切劝导，以期由城市渐及于乡里，家喻户晓，根本禁除。
> 六、各地方书局书店出版或贩卖关于卜筮星相巫觋堪舆等类及其

---

① 《南京国民政府内政部训令》，《南京国民政府内政部公报》1928 年第 1 卷第 6 期。

他传播迷信之书籍，应一律禁止。

　　七、凡各地方丧葬婚嫁及患病之家，一概不得雇用卜筮星相巫觋堪舆人等祈禳占卜，违则由公安局制止之。①

　　此项法规所体现的"革命与建设"思路值得重视：对于社会陋习，它不满足于一时的革命荡除，更着眼于长远的社会生活建设；社会建设不流于口头的"剀切解说迷信之弊害"，而以解决生计问题为基础，限令"如期改业"，设立现代"工场"等，给女巫们以实际生活的出路；面对普通百姓，政府的劝导不作高头讲章，而要求将浅显宣传品"遍散民众"，"以期家喻户晓"，等等。

　　民国建立之后，经过权力—知识阶层二十多年的社会"革命和建设"，地方社会对巫术的态度发生了一些微妙的变化，乡村女巫的境遇自然更为困厄。受1937年春天上海浦东"女巫为城隍做媒"事件的触发，时人注意到了民国前期地方社会"革命和建设"事业所取得的进步。一位自称为"岩"的上海人回忆，约在清末民初的时候，他跟父亲到乡下去收租，曾亲自参与过城隍菩萨结婚的典礼：

　　　　那典礼的隆重，真是得未曾有。全村的人几乎都像发了疯一样，因为吃城隍菩萨的喜酒既可以消灾降福，而且如此盛大的婚礼也是全村的光荣。小孩子自然喜欢热闹的，我们还不知道灾祸、光荣，城隍菩萨结婚正如看"社戏"一样，有热闹玩而已；当然更不知道那个配做城隍奶奶的小姑娘就终身被剥夺了幸福，孤独地宿在庙里为她的菩萨丈夫守活寡。②

　　在这幕"活剧"发生之后的二十多年，作者承认，"社会有了飞速的进步，'破除迷信'、'废除旧习惯'更是不遗余力地向民众宣传"③。因此，1937年春天浦东洋泾镇发生"城隍娶妻"事件时，情况已经有了不小的变化：

---

① 《废除卜筮星相巫觋堪舆办法》，《农政周报》1928年总第70期。
② 岩：《城隍菩萨结婚》，《申报》1937年4月26日，本埠增刊第1版。
③ 岩：《城隍菩萨结婚》，《申报》1937年4月26日，本埠增刊第1版。

　　浦东洋泾镇东栅口东泾庙内，所供威灵公城隍，前因当地女巫等发起，将该镇西市开设肉庄本地人陈秋桃亡女月娥阴魂，介绍与城隍为妻。无知男女一唱百和，于前岁雕塑偶像，供置庙中，实行同居。讵最近异想天开，扬言城隍又欲结婚，经坤宅同意，已于本月二十五日（农历三月十九日）举行婚礼，仪式与生人相彷（仿）。①

　　这时，城隍之妻已经不是守活寡的小姑娘，而是"亡女月娥"，即所谓"冥婚"；事件一经发生：

　　　　当地各公团均以太属迷信，群起非议。前浦东张分局长亦以当此科学昌明之秋，殊属违背时代潮流，曾训令洋泾警所蔡所长从严取缔，以为后起者戒。迭经蔡所长勒令庙主及城隍丈人，着将女像当众销毁。二人惶骇，现将新房内陈设之全新妆奁，尽行拆毁，搬移一空。至新娘塑像，最近亦突告失踪，一场趣剧，至此遂告闭幕。②

　　其实，浦东乡民只是将之视为"一场趣剧"，即使是"趣剧"，"当此科学昌明之秋"，新进人士已认为其不应存在，女巫存在的空间由此日益逼仄。

　　在 20 世纪 30 年代前后开展的社会建设运动中，以绅士—知识人士为主体的乡村建设实践致力于改造不健康的民众生活方式和社会心理，受到人们的期待。1931 年苏州地方乡绅张仲仁和李印泉等人受日本"新村主义"影响，成立"善人桥农村改进会"，从事乡村改进事业，立志"在实验中求得一个新的方面，把旧农村推引向新方向前进，使一切充满活力，而有健全的组织"③。就在改进事业进行过程中的 1932 年夏日，苏州"疫疬蔓延，乡间尤盛"。善人桥附近的光福西华村，一村十余家，丧亡人数竟超二十人。本来，"乡间厕所栉比，群蝇成阵"，极易致病，加之"乡俗一遇疾病，以延女巫送疫神为唯一治病妙法，而送疫神之祭品，主要者为半熟之猪头。神既送过，即取而大啖。以半熟之肉，经蝇阵包围，狂吞饱

---

　　① 《城隍娶妻，警局根究发起人》，《申报》1937 年 4 月 29 日第 11 版。
　　② 《荒谬绝伦为城隍做媒》，《申报》1937 年 5 月 25 日第 12 版。
　　③ 王洁人、朱孟乐编：《善人桥真面目》（未刊本），吴县善人桥农村改进委员会印行，1935年，第 104 页；苏州地方志馆藏。

哎，庄者平时亦难免患病，矧在疫疠之时乎?"时人认为："迷信之烈，尤为致死之要素……乡人愚陋，固属可笑可怜，第一班以改造农村自命之人物，对于此种重大问题，曾无一人向乡民作切要之实事演讲，第斤斤于三月读毕之千字课，教训农民，以为改良农村之唯一要具，殊令人为之感慨无穷也。"① 实际上，改进会已经注意到类似的迷信风俗，并一直在进行相应的劝民引导工作，② 只是因为女巫活动的规律性不明显，尚未顾及而已。从时人的抱怨，我们不难体会到，在乡村建设中，深入细致的社会工作对于改变巫风何等重要。这样，乡村女巫通过其身份的性质改变，作为一个普通的村妇改善自己的境遇。

检讨南京国民政府的现代建设实践，社会建设是被忽略的。美国华裔史家徐中约指出："国民政府在这头十年结束时的记录，表明了在金融、交通、工业发展和教育领域的一些进步。另一方面，国民政府却忽视了十分急需的社会和经济根本改革。"③ 就整个国家的现代建设而言，全方位的改革当然更加有效，但不容忽视的事实是，民国社会改革事业的滞后，确实给乡村女巫留下了足够大的生存空间，于是我们发现，20世纪30年代社会建设运动之后，整个社会尤其是知识—权力社会对乡村女巫的批判和取缔并没有停止，直到民国终结。但令人深味的是，一边是批判和取缔，一边是女巫活动依旧。1932年《德清县新志》记载：

> 关仙请神，俗云"夜菩萨"，用鼓乐、道士、三牲，甚至设筵多席，破产不悔。大抵由于四邻之饕餮者怂恿其事而享其余，为明理者所不屑为，已悬为厉禁……彼盖假托淫昏之鬼，胡言乱道，愚者信以为真，且嘱病者忌医药，诳保许（谓可保许其无碍也）。愈则诩其功，死则诿为命，每见十有九死者，可哀亦可恨矣。④

1936年11月《申报》报道：

---

① 朱□：《随感录》，《申报》1932年8月29日第12版。
② 参见小田《社区传统的近代命运》，《江苏社会科学》2002年第6期。
③ [美]徐中约：《中国近代史：1600—2000，中国的奋斗》，计秋枫、朱庆葆译，世界图书出版公司2008年版，第453页。
④ 吴鬶皋、王任化修，程森纂：《德清县新志》卷2《风俗》，民国十二年修，民国二十一年铅印本，《中国地方志集成·浙江府县志辑》第28辑，上海书店出版社1993年版，第822页。

> （上海）现届秋收，疾病流行，愚昧乡人，动辄问之于女巫。一则曰"命运不佳"，再则曰"鬼神作祟"，于是命请祝献为病者禳解。结果不特虚耗钱财，抑且贻误病机，为害之烈，言之可怔。①

1937 年《川沙县志》载：

> （巫觋）一入病家，则手执炷香，周视室隅，或言丧尸，或言五圣，或言落水鬼种种作祟。又将病势如何凶险，灾星如何禳解，鬼祟如何驱遣，逛骗一番。病家诧为神异，至垂涕泣而求之。于是量其家之贫富，讲定酬金，或来做，或包做，所作不知何法，而金钱已消受矣。富家浪用，犹属无妨；贫户竭汗血之钱，不足则称贷典质，倘病不起，致孤寡累债难偿，其害可胜言耶！②

类似的情形还在延续，嗣后的战火、沦陷、反抗、复员，这些侵入日常生活的外部事件都未能中断乡村女巫的活动，因而直到 1947 年，在上海《南汇县政》上我们还能看到"严厉禁止巫觋敛钱案"，要求县政府令饬保甲长，严密调查，汇报乡镇公所，转函警察局严格执行，并责成各乡镇保甲长具结，以免阳奉阴违。③"阳奉阴违"的江南乡村女巫就此继续存在，但这毕竟是一桩阴暗角落里的营生，总体上，她们的境遇日趋恶化。

五　两个世界的不同逻辑

江南乡村女巫的近代境遇如何？可谓一言难尽。这样说固然是因为在近代中国的各个阶段，女巫的境遇随着历史进程而不断变化，但总体说来，权力—知识社会沿袭了前近代例禁的一贯做法，始终维持着对女巫的打击或否定态度，在共时性意义上，她们的境遇在近代没有根本性的变化，或者说基本是相似的。也正是在共时性意义上，人们又很容易发现江南乡村女巫的另一种境遇，即普通民众尤其是乡村妇女对女巫狂热地崇奉，女巫由此获得的境遇与在权力—知识阶层那里迥然有别。这样的不同

---

① 《查禁女巫祝献》，《申报》1936 年 11 月 27 日第 11 版。
② 方鸿铠、陆炳麟修，黄炎培纂：《川沙县志》卷 14《方俗志》，1937 年上海国光书局铅印本，《中国地方志集成·上海府县志辑》第 7 辑，上海书店出版社 1991 年版，第 266 页。
③ 《严厉禁止巫觋敛钱案》，《南汇县政》1947 年第 1 卷第 4 期。

其实是女巫在两个不同世界里获得的。因此论及江南乡村女巫的近代境遇，不能忽视她们在两个世界的不同境遇，换言之，需要关注造成女巫不同境遇的两个世界，剖析两个世界的不同逻辑，特别是女巫—村妇生活世界的日常逻辑。

乡村女巫无法置身于文明大世界之外。就晚清乡村女巫的境遇而言，生活于一方共同体的江南村妇—女巫们也许并没有注意到官府的例禁与传统时代有什么不同，但实际的变化已然发生：知识阶层的议论渐渐抛弃了"淫祀不法"话语，而代之以"巫医分别"的表达——"去医就巫则害命"形成女巫不当存在的最典型的逻辑，也成为禁巫最有力的理由；尽管其中的"医"主要指的是中医而非西医，不过这表明，知识阶层已经开始尝试以凡俗的武器来对抗神圣的魔力，并且，这样的武器一旦武装社会政策，就会转化为对乡村女巫的实际杀伤力。女巫—村妇们或许并不在意传统士大夫在日常生活、方志或笔记中对女巫的评骘与近代知识阶层在大众传媒上的批判有什么实质性的区别，考虑不到晚清官府的例禁与知识阶层批判之间的有机关联，也无法理解近代文明与传统巫术的对立关系，因为这一切在很大程度上是存在于另外一个文明大世界的逻辑，然而，晚清政权对女巫的例禁不断加强，小世界的人们是切实感觉到了。女巫—村妇们不会去确认她们所属的时代，但她们身不由己地进入了近代，并受到文明大世界的左右。

在 20 世纪的最初十年，村妇们明显感觉到地方政权强化了对女巫的管束。官府不但禁止附灵女巫治病，更严禁她们借此发酵民变；文明大世界发生的清末"新政"就这样变奏于地方生活。民国伊始，"皇帝不坐龙廷"了，千年不变的女巫因为"有碍风化"的名声遭到前所未有的扫除；政治制度的变革让乡村女巫的境遇每况愈下，以致在 20 世纪 30 年代前后的社会建设中，女巫又一次成为"革命"的对象，被示以"现代"出路。在这里，女巫—村妇们无法意识到民国政治制度变革的伟大意义，但对于变革所产生的深远影响，她们却实实在在地体会到了，因为她们已经生活于民国。

总体上看，文明大世界对乡村女巫基本上持否定态度。之所以被否定，一种理论认为基于以下逻辑："女人有与男人不同的特性，这让她们具备了特别的力量。月经、神秘的性行为以及分娩都是被归于她们之特性的标志……女人是有害影响的永久来源。"莫斯进一步说明了这种看法的社会根源："从根本上说，巫术问题就是社会所承认的个别价值的问题。这些价值当然并不是取决于物或人的内在性质，而是取决于全能的大众舆论的取向赋予他们的地位或等级。"① 贴切地说，就是"男人社会"对女性的偏见。1921 年 1 月的《申报》对苏州女巫发表如下看法："业此者多为无赖女棍"，"在社会上潜力之大，其贻害有不胜言者，前人早有明训"，因而呼吁识者"曷起而逐此社会之恶魔"②！晚清上海《高行竹枝词》道："鬼能通语咒能医，黠妇重瞳两出奇。比屋一时齐附和，不徒村落诳无知。"③ 20世纪 30 年代萧山地方志作者直呼女巫为"狡民"，呼吁当局严为驱禁。④类似的看法在社会结构的意义上可能包含对女性的偏见，但更多地，也在社会变迁的意义上表达了近代文明大世界对一种落后社群传统的愤激之情。如此激烈的舆论导向和相应的禁巫措施，必然导致女巫的境遇日趋困窘。

在一片否定声中，有论者指出：

> 巫蛊之祸，由来已久，其贻害于国家者，已载史册，其贻害于社会者，尤指不胜屈，其致害之由，在科学家，统称之为迷信；实则此等心理，尚谈不到信仰，我尝见病患之家，并非迷信巫觋，不过以习俗所尚，聊复尔尔。他们说："不可全信，不可不信"，这种迷离倘恍的态度，巫觋便乘隙进以蛊惑。⑤

这提醒人们注意，女巫同时还真切地生活在传统小世界之中，而这个世界有其自身特殊的逻辑：传统在其中具有极其重要的地位，此其一。

与许多信仰形态一样，巫术无法追溯其起源，它"不是因为观察自然认识了自然界底律令而有的东西，巫术乃是人类古已有之的根本产业，足以使人相信人类本有自由创造欲念中的目的物的能力；只是这项遗业要靠传统才见知于人罢了"⑥。"见知于人"的传统在民间的表达就是俗；"南

---

① ［法］莫斯：《巫术的一般理论·献祭的性质与功能》，第 142 页。

② 陈华珍：《苏俗三娘之罪恶》，《申报》1921 年 1 月 18 日第 16 版。

③ 曹瑛：《高行竹枝词》，见顾炳权编《上海历代竹枝词》，第 69 页。

④ 彭延庆修，姚莹俊纂，张宗海续修，杨士龙续纂：《萧山县志稿》卷 1《风俗》，民国二十四年铅印本，《中国地方志集成·浙江府县志辑》第 11 辑，上海书店出版社 1993 年版，第 275 页。

⑤ 《严禁巫风》，《兴华》1927 年第 24 卷第 24 期。

⑥ ［英］马林诺夫斯基：《巫术、科学、宗教与神话》，李安宅译，上海文艺出版社 1987 年版，第 88 页。

人信鬼，自古云然"①，"俗信巫鬼，重淫祀"②，"俗信鬼神，患病辄邀巫觋解祷"③，"俗信神鬼，病则多事祈祷"④，云云，就可以说明起源了——这不是历史的起源，而是社会的起源。

　　在社会信仰体系中，女巫所担负的使命是特殊的。民国初年，童年时的黄炎培在上海川沙，常听到"从外方传到我乡来的"三句话："染靠墙、田靠天、病靠命。"病所靠只有命。其实，"病家倒也不光是听天由命的。求仙拜佛，迎神问鬼。认为只有这些才是起死回生唯一的道路。于是各方响应，仙佛神鬼，应运而兴"。其中便有乡村女巫：

　　　　川沙城里我家同居的婶母，雇着一个女工友，病了。病中说出许多许多鬼话，鬼附她身了。要求摆起香案，大家叩头，求福得福，邻居病家来叩头求药，取一把香灰，调入白开水吞下，病就会好，于是门庭若市。这女工友坐香案旁，有时大叫大喊，有时喃喃絮话，旁人都莫名其妙。⑤

　　这就是女巫存在的社会信仰基础：一切巫术简单地说都是"存在"，古已有之的存在；"一切人生重要趣意而不为正常的理性努力所控制者……便以巫术为主要的伴随物了"⑥。女巫确实就这样以积极主动的态度来"控制"自然，这是女巫本身所具备的身份和性格，但从实际的角色扮演来观察，近代江南乡村女巫并不是以非常强势的自然控制者的身份出现在社群之中的，而是与释道以及民间宗教从业者等互相合作，以祭拜、祈求、祷告等颇为消极的方式为芸芸众生禳解自然的灾患。于是在清道光年间的上海蒲溪小镇，患病用巫者，或至病革，其亲邻辄酿办牲醴、纸烛之属诣神庙聚拜，巫为祈祝，是名"保福"⑦。在这里，女巫充任了和尚。在晚清嘉兴的巫仪中，同样看不出女巫具有"一种神奇魔

---

① 《吴农说》，《申报》1886 年 1 月 13 日，第 1 页上。
② 顾传金《蒲溪小志》卷 1《风俗》，第 11 页。
③ 姚裕廉、范炳垣修辑：《重辑张堰志》卷 1《志区域》，民国九年金山姚氏松韵草堂铅印本，上海地方志办公室编：《上海乡镇旧志丛书》第 5 辑，上海社会科学院出版社 2005 年版。
④ 倪绳中：《南汇县竹枝词》，见顾炳权编《上海历代竹枝词》，第 349 页。
⑤ 黄炎培：《八十年来——黄炎培自述》，文汇出版社 2000 年版，第 43 页。
⑥ ［英］马林诺夫斯基：《巫术、科学、宗教与神话》，第 82 页。
⑦ 顾传金：《蒲溪小志》卷 1《风俗》，第 11 页。

力的强制"①："供神马，煮猪首以祀，主人拈香拜跪，巫者唱神歌侑酒，祷毕缚草为船，鸣锣而送诸途，名曰'献猪头'。"② 不过一般地，正如我们在晚清上海县看到的，女巫与和尚是巫仪中前后相续的环节："鼓乐在家驱煞去，牲牢到庙乞神施。"③ 在同时期上海的周浦，和尚换成了道士："病不延医，反听巫言，酬神送鬼……羽士伎术卑陋者，俗呼'毛道士'。"有竹枝词咏其事：病家迎得女巫看，看出魔多神不安。连夜招寻毛道士，酬神送鬼闹登坛。④

实际上，巫术与宗教的截然区别更多地体现在学理上，⑤ 而两者的混融更符合日常生活现实。"因为我们所称为'宗教'的信仰，实际上无论在哪里都包含着大量的巫术成分。"⑥ 这样的混融反映了中国民众信仰对象的庞杂性，而在另一方面，巫术更契合底层民众的认识特征。晚清有论者云："后世巫风日甚……以为鬼神无形与声，赖巫觋以通之。致其祝辞，申其诚意，无损于人，有益于世，不若医者之有效有不效，得失尚参其半也。"⑦ 这里从巫与医的分别中注意到，巫觋与鬼神的一个明显不同是，它有"形与声"，而"形与声'恰为民众所乐于接受，女巫以此获得了存在价值：

> 中国人对一切事物的看法都不脱人本位的色彩……寺庙祠堂里固然有神佛的塑像，也有祖宗的灵牌，但是这些偶像或木主虽然令人望之生畏，却不能走出神龛直接与生人交谈，除非在梦中出现。人们需要更具体更实际的表现，因此就有了巫婆、扶乩和解梦。⑧

---

① ［德］韦伯：《宗教社会学》，刘援、王予文译，桂冠图书股份有限公司1993年版，第87页。

② 赵惟崘修，石中玉、吴受福纂：《嘉兴县志》卷16《风俗》，清光绪三十四年刻本，《中国地方志集成·浙江府县志辑》第15辑，上海书店出版社1993年版，第345页。

③ 秦荣光：《上海县竹枝词》，见顾炳权编《上海历代竹枝词》，第219页。

④ 秦锡田：《周浦塘棹歌》，见顾炳权编《上海历代竹枝词》，第365页。

⑤ 对于人类信仰所包含的宗教和巫术，有些思想家认为，巫术就是宗教的一部分，但弗雷泽在宗教与巫术之间进行了明确的区分。在他看来，宗教"是对被认为能够指导和控制自然与人生进程的超人力量的迎合和抚慰"，而巫术则是通过"适当的仪式和咒语来巧妙地操纵"和"利用"某些超人力量。参见弗雷泽《金枝》，第48—49页。

⑥ ［德］韦伯：《宗教社会学》，第87页。

⑦ 《禁巫说》，《申报》1899年6月8日，第2页上。

⑧ 蒋梦麟：《西潮》，第15页。

女巫既为社群生活所必要，那么，在这个传统小世界中的境遇就是基本确定的了。也就是说，女巫的境遇与社群信仰生活的传统息息相关。事实上，与女巫境遇息息相通的，也更能为人所理解的，是凡俗的经验世界。包括巫术在内的庞杂信仰传统只要存在，则蔚成奇异的信仰氛围，作用于群体心理，在社群生活中发挥特定的功能，此其二。

晚清上海《浦东竹枝词》吟："作怪僵尸处处闻，迷男祟女怖妖氛。言来喳喳师娘口，人世疑成鬼魅群。"① 森然气氛是由"迷男祟女"与女巫共同造势而成的，女巫在其中获得特殊的"魅力"②，从而受到人们的尊崇。1910 年 9 月，松江金泽镇三姑庙的三姑塑像既已焚劈，据守祠庙的数名女巫亦已拘获，风声所布，知府觉得"迷信一关可以打破"了，不料金泽镇来人称，"陈三姑香火仍盛，虽土木偶已毁，尚多有望空膜拜者"③。具象的木偶在庙里，可以焚劈，而心窍中的鬼魅却不易挥去。晚近之世，此种鬼魅不特寄居于乡村妇女身上，"即衣冠中人，亦有喜扶乩求仙者。其于巫觋也，竟奉之如神明，敬之如师保，一任其附会造作"④。

乡村女巫们的"附会造作"不全都无功而终，连知识阶层也承认："病者事事允之，亦间有愈者。"⑤ 不过，他们认为，这不能归功于女巫，因为"病势轻微，原可不药而愈"⑥。这种解释应该是一部分原因，但在病愈过程中的社会心理因素被完全忽视了。对于疾病，传统中国人抱持着一种与日常问题的一般处理基本相同的心理：谋事在人，成事在天；求巫是人应该谋划之事。王符《潜夫论》曰："凡人吉凶，以行为主，以命为决。行者，己之质也；命者，天之制也。在于己者，固可为也；在于天者，不可知也。巫觋祝请，亦其助也。"⑦ 值得注意的是，在江南乡村社群中，村

---

① 卢素公：《浦东竹枝词》，见顾炳权编《上海历代竹枝词》，第 547 页。

② 这里的"魅力"是个专门术语，借用自马克斯·韦伯。韦伯所谓"魅力"，"应该叫做一个人的被视为非凡的品质（在预言家身上也好，精通医术的或者精通法学的智者也好，狩猎的首领或者战争英雄也好，原先都是被看作受魔力制约的）。因此，他被视为'天份（分）过人'，具有超自然的或者超人的，或者特别非凡的、任何其他人无法企及的力量或素质，或者被视为神灵差遣的，或者被视为楷模"。见〔德〕马克斯·韦伯《经济与社会》上卷，林荣远译，商务印书馆 1997 年版，第 269 页。

③ 《松江：女巫庙主之纷纷获戾》，《申报》1910 年 9 月 29 日第 4 版。

④ 《禁巫说》，《申报》1899 年 6 月 8 日，第 2 页上。

⑤ 《师巫说》，《申报》1880 年 11 月 26 日，第 1 页。

⑥ 《禁巫说》，《申报》1899 年 6 月 8 日，第 2 页上。

⑦ 王符：《潜夫论》卷 6《巫列》。

妇们并没有将巫与医完全对立起来，有时女巫本身也懂一些医学常识，同时乡人求巫之外还会另外求医："旧俗对于疾病，每不能脱迷信观念，有所谓'外修里补'者（外修指祈祷鬼神，里补指医药）。"① 近代苏州震泽的乡俗即如此："尚鬼信卜筮。好淫祀。疾则先祷禳，而后医药。"② 在这里就医是被作为应该谋划的人事来进行的。在谋划就医时所遭遇的困难常常驱使人们转向谋划巫事："名医绝少，乡农信巫喜祷"；前清松江竹枝词道："方书药性记参苓，今日医无秦景明。云惨雨错秋祭鬼，村村巫鼓不停声。"③ 这样一个过程构成江南村妇对于疾病态度的一般逻辑："俗信鬼神。有疾病，延女巫先祈祷，而后医药。药无效，辄委之命数。"④ 从 20 世纪 20 年代浙江定海地方志对这一过程比较详细的叙述，不难窥见江南乡民的心理变化轨迹：

> 婴儿病，多不延医服药，往往招女巫为针灸。不服乳，则染末药于指，按儿喉，杂以符咒。不愈，女巫曰"是野鬼为祟也"，或曰"受惊而离魂也"。乃设野祭，击古铜镜以招魂，以草或纸制船，实以冥镪，送鬼出户，烧化船艇，东西南北及远近各有定所。更不愈而死，曰是命也，无可奈何。⑤

在整个过程中，女巫的禳解除了标准化的符咒和招魂，也包括了诊疗和祭祷等环节，所有这一切，都在向乡民表明，她在谋事；谋事不成，则委诸天命，而乡民也愿意接受"这样的定命论"，因为"在中国的人民间，它常常持着深而广的支配力"⑥。从世俗经验的角度看，女巫几乎没

① 陈华珍：《苏俗三娘之罪恶》，《申报》1921 年 1 月 18 日第 16 版。按，光绪《嘉兴县志》（清光绪三十四年刻本）："吾里……甚有专重巫祝而竟废医治者，可慨也。"从方志编纂者的叙述口气中可以看出，"专重巫祝而竟废医治"的情况可能会发生，但这是"可慨"的"甚至"行为，但在一般情况下，应该是祝和医治同时进行，至少不会完全"废医治"。

② 龚希翚：《震泽镇志续稿》卷 2《风俗》，王怡主编：《震泽镇志续稿》，广陵书社 2009 年版，第 42 页。按，龚希翚（？—约 1946）。

③ 陈金浩：《松江衢歌》，见顾炳权编《上海历代竹枝词》，第 12 页。

④ 胡人凤续辑：《法华乡志》卷 2《风俗》。

⑤ 陈训正、马瀛纂修：《定海县志》册 5《方俗·风俗》，《中国地方志集成·浙江府县志辑》第 28 辑，上海书店出版社 1993 年版，第 582 页。

⑥ 徐懋庸：《观绍兴戏有感》，《徐懋庸选集》第 1 卷，四川人民出版社 1983 年版，第 48 页。

有什么作为；女巫的作为主要体现在神圣世界中，其对世俗社会的作用针对社群心理："除了让人们相信他（她）正在处理一切事务之外，他什么都没有做，或者几乎什么都没有做"①，但是，只要存在相信，就会产生效力：

> 如果你相信你的巫术的价值……你一定会更勇往直前。如果你在疾病的时候能靠巫术——常识的、术士的、精神疗治的，或其他江湖上专家的——而自信你总会康复，你的身体也可能会比较健康……所以，对于巫术效能的信念，是有它自然的根据。这种信念的用处在于它能增高做事的效率。可知巫术有一种功能的和经验的真实性，因为它老是产生于个体解组及将要发生生理上错误态度的时候，巫术正满足着一种生理的需要。②

女巫作用于社群心理而产生的效验，在村妇们被告知其亲友在阴间的生活状况时，更其明显。苏州习俗，"丧没半载间，家人必为亡者行'关亡'数次"③。这些"关亡"跟疾病的医治无关：

> 如果一个人怀念作古了的朋友或去世的亲戚，他可以请一位巫婆把鬼魂召了来……她说话时，压着喉咙像猫叫，因此她讲的话可以由听的人随意附会。如果巫婆在谈话中摸清了对方的心思，她的话也就说得更清楚点，往往使听的人心悦诚服。

"关亡"本来就是为了满足心理需要，所以蒋梦麟说，"真也好，假也好，这办法至少使活着的亲戚朋友心里得点安慰。五十年前，我自己就曾经透过巫婆与我故世的母亲谈过话，那种惊心动魄的经验至今还不能忘记"④。

以科学的眼光，女巫"关亡"的过程及其被襄都可称之为虚幻，但它对社群心理的作用却是实在的，由此也就决定了女巫在社群生活中的独特

---

① ［法］莫斯：《巫术的一般理论·献祭的性质与功能》，第166页。
② ［英］马凌诺斯基：《文化论》，费孝通译，华夏出版社2002年版，第76页。
③ 陈华珍：《苏俗三娘之罪恶》，《申报》1921年1月18日第16版。
④ 蒋梦麟：《西潮》，第15页。

功能。当这种功能的独特性依据社群传统的魅力稳定存在，而囿于特定的社会历史条件又无法被取代时，它的必要性就大大加强了。这种必要性毋宁构成女巫获致优裕境遇的条件。

其三，与女巫境遇相关的传统小世界的另一逻辑，是共同体角色关系，更具体地说，是村落主妇与女巫角色之间的内在关联。

如果说"大众舆论造就了巫师"，那么，江南乡村女巫在某种程度上就是村妇造就的，也就是说，最崇奉女巫的是村妇。个中的缘由，赵世瑜指出："妇女比男子更热衷于宗教性的活动……当然是由于妇女的社会地位和所面临的社会压力与男子不同的缘故。"① 具体地说，村妇面临着"解决实际生活和家庭生活中遇到的困难"的压力：

> 下层妇女则时时面临这样的问题，她们的求佛拜神就主要针对生子、祛病、免灾等等。所以当男性忙于实际的生产和养家活动的同时，女性则要为家庭的平安和顺利祈求神灵的保佑，除了家内和家外劳动的区别以外，这似乎成为男女两性的另一种家庭分工。②

这让人关注到村落主妇所承担的所谓"家务"：不仅仅是家庭衣食住行的日常操持，也不仅仅是一家老老小小在身体正常状态下的侍奉和照料，也包括家人患病时的救济。在村妇所承受的所有这些压力中，最大的压力莫过于病魔，而这，恰是女巫最可逞能之处。"巫术应用最广的地方，也许就在人们忧乐所系的康健上……巫术最发达的领域，文明人与野蛮人一般，是人们的康健。"③ 在这种情况下，乡村女巫自然成了救星。所以从某种意义上确实可以说，巫术"是处于压力之下的社会需要的转化，由此，这种压力下的一系列集体心理现象的（就）得到疏解"④。

主妇一旦寡居，承受的压力当然更大。上文提到的"阿三娘"通过女巫得知，她的丈夫在阴间的生活"苦是苦透了"，她首先想到的不是承诺

---

① 赵世瑜：《明清以来妇女的宗教活动、闲暇生活与女性亚文化》，郑振满、陈春声主编：《民间信仰与社会空间》，福建人民出版社2003年版，第174页。

② 赵世瑜：《明清以来妇女的宗教活动、闲暇生活与女性亚文化》，郑振满、陈春声主编：《民间信仰与社会空间》，第174页。

③ ［英］马凌诺斯基：《文化论》，第55—57页。

④ ［法］莫斯：《巫术的一般理论·献祭的性质与功能》，第148页。

马上"化点纸钱"给丈夫享用，而是"疯了一般叫着"："阿三爷，你丢得我好苦呵，阿三又不争气被人打死了。可怜的阿三爷，你不要走，你带我去啊！"①

失去男主人的家庭在日常生活中缺乏安全感，孀妇便在巫仪上尽情宣泄。20世纪30年代在浙江桐乡石门湾，失去儿子的"定四娘娘"与孤寡的媳妇相依为命，也需要发泄。丰子恺记道：

> 定四娘娘叫关魂婆进来，坐在一只摇纱椅子上。她先问："要叫啥人？"定四娘娘说："要叫我的儿子三三。"关魂婆打了三个呵欠，说："来了一个灵官，长面孔……"定四娘娘说："不是。"关魂婆又打呵欠，说："来了一个灵官……"定四娘娘说："是了，是我三三了。三三！你撇得我们好苦！"就一把鼻涕，一把眼泪地哭。后来对着庆珍姑娘说："喏，你这不争气的婆娘，还不快快叩头！"庆珍姑娘正抱着她的第二个孩子（男，名掌生）喂奶，连忙跪在地上。②

庆珍姑娘即王三三的媳妇，在丈夫去世之后还要受恶婆婆定四娘娘的虐待，愁悴于心，就在巫仪中也无由而泄。女巫深知孤寡村女之苦，便特别善于察言观色：

> 松江访事人云，东乡某女巫来城中忠信弄王宅探视亲串，睹主人灵柩停于墙东南隅，忽然变色，倒扑于地，旋即坐起，托称主人灵魂附体，历言家中琐碎事，哓哓不已。主妇大哭，声震邻壁，观者云集。③

既然女巫能够给村妇提供发泄怨苦的机会，不少村妇甘坠其术："巫尤善揣人心理，睹人服制，即能知其与亡者若何关系，惨呼亲爱，陈阴间苦痛。家人因哀痛亡者之心，有不惜输巨金，求其代为解禳。"④　在江南乡

---

① 洛神：《女三百六十行之十六：关亡的女人》，《海涛》1946年总第36期。
② 丰子恺：《王囡囡》，《丰子恺文集》第6卷，浙江文艺、浙江教育出版社1992年版，第691页。
③ 《愚妇受愚》，《申报》1897年10月13日，第2页上。
④ 陈华珍：《苏俗三娘之罪恶》，《申报》1921年1月18日第16版。

村社会中，女巫与村妇，两种角色就这样相须甚殷，而使巫风甚炽。女巫的利好境遇便自不待言了。

行文至此，当这一问题再次被提起：江南乡村女巫的近代境遇如何？我们意识到，这只是一个需要深究问题的基础。在特定时段的女巫境遇被缕析之后，我们发现，"境遇"云者，换言之，即近代两个不同世界对乡村女巫的不同态度；于是需要追问：共存于近代的两个世界有着怎样不同的逻辑？因为只有理解了它们之间的逻辑差异，近代女巫的零乱境遇才会显出清晰的轨迹；进而，女巫—村妇的诸多"怪异"行为才能获得合理的解释。

进入近代，文明大世界的人们为不断进步的时代所鼓舞，似曾相识的传统小世界变得陌生了，指责之声不绝于耳。道光年间，上海《蒲溪小志》编纂者道：女巫—村妇"荒唐已极，有识者必不为之"①。稍晚，上海县喜谈"时务"的学者秦荣光有竹枝词云："病家不药不延医，巫祝荒唐耗巨资。"② 同时期上海南汇学者倪绳中有竹枝词"却笑鬼神通问语"，不屑之情溢于言表："嘻！惑矣。"③ 1935 年苏州昆山巴溪之"识者"，面对里中炽烈的"敬神诮鬼之风"，亦笑不自禁："每遇神诞，持香跪拜，茹素焚锱，必诚必敬，识者笑之……惟疾病危笃时，不急求医药，偏听巫觋以媚神求福，则诚愚矣。"④ 其实，这是近代以来"文明人"的普遍态度："初看来（女巫）这种活动既愚昧又无用，在我们文明人看来觉得神秘不堪。"⑤ 在人类学看来，破解这种神秘并不困难，那就是："把该社区中社会的、文化的和心理的所有方面作为一个整体来处理，因为这些方面是如此错综复杂，以至不把所有方面考虑进来就不可能理解其中的一个方面。"⑥

在社会史视野中，这就是传统小世界的内在逻辑。理解了传统小世界的日常逻辑，女巫的"欺骗"、村妇的"愚昧"以及由此而来的种种女巫

---

① 顾传金《蒲溪小志》卷 1《风俗》，第 11 页。
② 秦荣光：《上海县竹枝词》，见顾炳权编《上海历代竹枝词》，第 219 页。
③ 倪绳中：《南汇县竹枝词》，见顾炳权编《上海历代竹枝词》，第 349 页。
④ 朱保熙纂修：《巴溪志》之《社会》，民国二十四年铅印本，《中国地方志集成·乡镇志专辑》，第 8 辑，江苏古籍出版社 1992 年版。
⑤ ［英］马凌诺斯基：《文化论》，第 55 页。
⑥ ［英］马凌诺斯基：《西太平洋的航海者》，梁永佳、李绍明译，华夏出版社 2001 年版，"前言"，第 2 页。

境遇也就可以明白了：

> 我们面对的就不只是简单的欺骗问题……巫师之所以伪装，是因为人们要求他伪装，是因为人们请他出来并央求他采取行动。他并非一个自由的行动者。他被迫扮演成一个符合传统的要求或者满足其主顾之期望的角色。乍看上去，巫师似乎是在夸耀他本人的自由意志的威力，但是在大多数情况下，他无可避免地受到公共信仰的左右……巫师所信仰的和大众所信任的无非是一枚硬币的两面。前者反映了后者，因为倘若没有大众的信任，巫师是不可能进行伪装的。巫师与其他人共享的正是这种信任，这意味着他手上的技巧和巫术中失败都不会使巫术的真实性遭到任何怀疑……只要与整个群体的信仰相契合，他的信仰就是真诚的。巫术是被相信的，不是被理解的。它是集体灵魂的一种状态，这种状态通过自身结果而得到确认和证实。①

这样说，绝不意味着意图以这样的逻辑为传统小世界及其女巫—村妇的行为进行辩护。随着近代世界的一体化，文明大世界必然作用于传统小世界，来自文明大世界的简单批判和一味取缔对传统小世界的文明化进程无济于事；打破传统的力量，不仅来自于大世界的文明程度，也源于两个世界的距离缩短。

---

① ［法］莫斯：《巫术的一般理论·献祭的性质与功能》，第114—115页。

第 五 章

乡土共同体关系

　　乡民生活共同体的关系状态如何？这是社会史学者关注的基本问题。抱持不同视角的学者对此聚讼不已。社会学家费孝通有一段关于共同体关系的经典描述："他们活动范围有地域上的限制，在区域间接触少，生活隔离，各自保持着孤立的社会圈子"，显得"孤立和隔膜"①。不少人以此为出发点，按照简单的线性逻辑往下推理，得出结论：乡土中国死水无澜。同时也有人揆诸乡土中国社会生活的实态，认为不是这样；乡土节俗就是一个明证。清末外交官陈季同（1852—1907）在法国讲台上讲述"中国人的快乐"生活时，有一专门篇章就是"宗教节日和民众节日"②。而且费孝通特别提示，"孤立、隔膜是就村和村之间的关系而说的"，紧接着他补充道："孤立和隔膜并不是绝对的。"③ 问题来了：乡民共同体究竟呈怎样的状态？具体到江南，近世以降以市镇—村落为格局的小农生活共同体，同样地"孤立和隔膜"吗？这里，我们首先以近代徽州仁里花朝会为案例，揭示乡土江南共同体关系的基本构建方式。

第一节　共同体关系的传统构建

　　花朝节，又称花节，相传为百花生日，各地时间不一，④ 在徽州绩溪的登源乡村，花朝定为农历二月十五日，村社"各出花盆为赛"，称"花

---

　　① 费孝通：《乡土中国·生育制度》，北京大学出版社1998年版，第9页。
　　② 陈季同：《中国人的快乐》，韩宇译，广西师范大学出版社2006年版，第8—45页。
　　③ 费孝通：《乡土中国·生育制度》，第9页。
　　④ 清汪灏《广群芳谱》引《翰墨记》称："洛阳风俗，以二月二日为花朝节"，又引宋杨万里《诚斋诗话》："东京（开封）二月十二日曰花朝，为扑蝶会"；南宋吴自牧《梦粱录·二月望》：临安（杭州）"仲春十五日为花朝节"。

果会"①。不过当地人认为，是日亦为乡里先烈汪华的生辰，② 花朝胜会不止于庆贺花神诞辰，更为纪念汪公大帝，是汪公大庙的庙会。③ 汪公大帝遂驾花神而上，成了"花朝老爷"。这样，两会二位一体，而庙会以此更具稳定性。④

在江南，以市镇为中心的共同体是乡村社会生活的基本单位。⑤ 如仁里共同体 11.27 平方公里，近五百户，周边环山，中有仁里古街，下辖七塔、耿川、辛田、闾坑、忠周和仁里等 6 个自然村落。⑥ 花朝会以社⑦为单位举办，共八社，涉及 19 个村落，大的村落自成一社，连续做会两年或三年，小村落则两村、甚至三村合为一社，做一年；八社轮值，每社 12 年做一次。⑧ 年复一年，仁里共同体以及 19 个村落的花朝会，通过节俗仪式及其活动构建起乡村共同体关系。

一　人神关系的建立

花朝会的重要活动之一是祭神。祭品有猪和羊，轮值村子从 12 年前

---

① 沈复：《浮生六记》卷 4 "浪游记快"，百花文艺出版社 1997 年版，第 123 页。

② 据明弘治《徽州府志》卷 7 称：汪华（583—649）年少习武事，以勇侠闻于东南。隋末中原纷乱，汪凭临徽州休宁万安山之险，奄有歙、宣、杭、睦、婺、饶六州，带甲十万，奉隋为正朔，号称"吴王"。其"为政明信，远近爱慕"，一方百姓赖以平安者十余年。唐武德四年（621）吴王上表于唐，高祖嘉勉，诏曰：汪"往因离乱，保据州乡，镇静一隅，以待宁晏，识机慕化，远送款诚，宜从褒宠，受以方牧"，封"越国公"，食邑三千户。唐贞观二十三年（649）汪殁，永徽二年（651）还葬歙（县）北之云岚山，"父老请于郡，建祠祀之"。

③ 乡人相传，为纪念汪华，明末于登水之滨建汪公大帝庙，亦称"大庙"，内塑大帝神像，奉祀唯谨，香火不绝。见程卓山《八社花朝》，汪俊赓主编：《千年仁里》（内部资料），（安徽）绩溪县瀛洲乡仁里村民委员会 2009 年版，第 181 页。

④ 郑秉秀读到沈复《浮生六记》中有关仁里花朝会的记载，感慨不已："这段文字写于二百多年前，竟与我当年（民国末年或 20 世纪 50 年代）所历之盛况雷同，可见仁里的庙会文化绵延久矣！"（郑秉秀：《重访仁里》，见汪俊赓主编《千年仁里》，第 16 页）；程干桐在"十岁的年纪"（约民国晚期）所见花朝会，"同清朝沈复《浮生六记》中写的差不多"（程干桐：《仁里乡风乡俗拾趣之一》，见汪俊赓主编《千年仁里》，第 204 页）。

⑤ 参见本书第二章第二节。

⑥ 仁里村委会：《仁里概述》，程干展：《仁里三街十八巷采风》；均见汪俊赓主编《千年仁里》，第 3、51 页。

⑦ 社，为举办庙会而成立的组织。参见小田《在神圣与凡俗之间——江南庙会论考》"地缘性庙会的组织结构"部分内容，人民出版社 2002 年版。

⑧ 19 个自然村落分别为半茶、杨树坑、云龙坞、周村、扁榨坦、蝎头、梧村、汪村、庙头、南川、忠周、仁里、辛田、七宅（七塔）、猫儿岔、耿川、闾川、上马石、长塘坞；见程卓山《八社花朝》，汪俊赓主编《千年仁里》，第 181 页。

就已经在精心豢养着它们：猪是圈养的，必须让它吃得好，睡得香，以期硕大无朋；羊是放牧的，颈脖上挂着一块牌子，标明"××花朝羊"，无论漫游到哪里，都会有人照料，被视为"神羊"——据说某处庄稼被它吃过之后会比他处庄稼的长势要好一些，看到神羊的人，总会及时将之送回所属村庄，甚至有人说，临近宰杀期，神羊自己也会回去的。① 此所谓神性。

与祭品具有同样神性的是圣址，即花朝会依托的汪公大帝庙。一地之人杰地灵，在乡彦们的口中和笔下，常常被敷衍为十景、八景之类，大都是些灵气的景观，其中以祠庙居多，神性更为浓郁。汪公大帝庙，当地人直接呼为"大庙"，从大殿里撞击出来的晨钟暮鼓，整日弥散在仁里山水之间。1912 年，程东屏（1891—1951）22 岁，列村中思诚学堂讲席，时闻庙中钟鼓，神驰心往，欣然吟咏："课余登高楼，神驰越王庙。钟声风送来，望古一凭吊。"② 物化的庙、殿、钟、鼓……随着时光的流转慢慢沉积为传统，崭露灵光。

圣址是静态的，它的神圣性常常依赖流动的传说而强化。在这一意义上，日本学者柳田国男说："传说的核心必有纪念物，无论楼台庙宇，寺社庵观，也无论是陵丘墓冢，宅门户院，总有个灵异的圣址，信仰的靶的，也可谓之传说之花坛，发源的故地，成为一个中心。"③ 这正如龙与云，"龙弗得云，无以神其灵矣"（韩愈语）。"金銮殿"的传说就是大庙之云。

大庙坐落于绩溪生命之水登源河的下段；同饮一河水的同乡（瀛洲）龙川村，明正德、嘉靖年间出了一位大人物胡宗宪（1512—1565），官至总督，加爵少保，于是，登源之水便被借为连接大庙与胡宗宪的纽带。据说，胡宗宪任兵部尚书，长年在京，每次回乡省母，母亲总说："你天天进出金銮殿，我却无缘得见。"孝顺的胡宗宪带上故乡的工匠偷窥了金銮殿的建筑结构，向皇帝请了假，三年之后在登源之畔筑成一座金銮殿，让母亲住了进去。私造金銮殿可是杀头之罪，忐忑不安的胡宗宪回到朝中。皇帝见到他便问："你在家都干了些啥？三年的时间，就是金銮殿也该造

　① 汪笙友：《登源一带的花朝和烟火》，汪俊赓主编：《千年仁里》，第 183 页。
　② 程东屏：《仁里八景诗》，汪俊赓主编：《千年仁里》，第 33 页。
　③ ［日］柳田国南：《传说论》，连湘译，中国民间文艺出版社 1985 年版，第 26 页。按，柳田国南即柳田国男。

好了!"胡宗宪连忙跪拜谢恩:"正是在家建造金銮殿! 因为娘亲要看神灵的大殿,臣特地在家仿造了一个。谢皇上恩准。"皇帝被胡宗宪巧妙接过话茬儿,玉言既出,无法收回,且念其一片孝心,只得作罢。① 至此,时人已经在大庙与胡宗宪之间建立起思想上的关联——这就是传说(神话)的功能:它可以"创造性地应用和发现过去与现在、社团与个人之间契合之处"②。

传说的历史真实性基本是谈不上的,③ 然而它提供了另一种思想的真实:胡宗宪冤屈而死,自诉"忠魂绕白云",近乎神,而皇帝本来就是"天子";两神助成了仁里的金銮神殿——这就是大庙。因此,大庙之大不在于其规模大,而在于其神性。在当地人的心目中,它是个神圣的所在,所谓圣址。

由此我们不难发现,无论是神性的祭品,还是圣址及其附会的传奇,它们已经在凡人与神灵之间建立起了自然的思想逻辑关系,但是,这种联系此时是抽象的、沉寂的,具体而生动的关联要在庙会举办时节才会清晰显现。1788 年(乾隆五十三年)来到绩溪的苏州人沈复"适逢"仁里花朝会,甫至庙,"锣声忽至,四人抬对烛大如断柱;八人抬一猪大若牯牛,盖公养十二年宰以献神"。同行者笑称:"猪固长寿,神亦齿利;我若为神,乌能享此?"沈复却不以为怪,认为此"足见其愚诚"④! 所谓心诚则灵。法国社会学家涂尔干(Emile Durkheim)指出,神圣的存在总具有这样的特质:"只有在人们的心灵将其表现为生活着的存在时,它才存在。当我们不再这样想时,它似乎就不存在了。"承平日子里的沉寂神性往往要通过特殊节日里的膜拜才被唤醒,这样,"膜拜的基本构成就是定期反复的节日循环"⑤。于是在仁里,共同体成员将平日里难以捉摸的神性集聚

---

① 程源峰:《登源河畔汪村大庙(金銮殿)的传说》,汪俊赓主编:《千年仁里》,第 193 页。

② 格里·菲利普森(Gerry Philipsen)语;转引自[美]唐·库什曼、杜·卡恩:《人际沟通论》,宋晓亮译,知识出版社 1989 年版,第 136 页。

③ 胡宗宪之母方氏逝于明嘉靖二十一年(1542)四月十四日,在此之前的嘉靖十八年(1539 年),28 岁的胡宗宪曾回绩溪探视母疾,此间恰好 3 年,他出任山东益都知县,治蝗、课赋、平盗,自然没有时间在家造金銮殿。至于在京为官,不过在刑部观政见习而已,并非什么兵部尚书。卞利:《胡宗宪评传》第一、二章,中国文联出版社 2001 年版。

④ 沈复:《浮生六记》卷 4 "浪游记快",第 123 页。

⑤ [法]爱弥尔·涂尔干:《宗教生活的基本形式》,渠东、汲喆译,上海人民出版社 1999 年版,第 452、457 页。

起来，通过花朝节俗的种种仪式，在熏蒿凄怆之中，建立起与花神和汪公大帝的神圣关系；不过，这里所构建的只是一种共同体关系：人神关系。

二 家族关系的显现

仁里乡人精心建构起这样的关系，很明显地具有现实的功利目的：保安护苗，人寿年丰。[①]《礼记》所谓"有功德于民则祀之，能捍大患能御大灾则祀之"。事实上，贯注于花朝会中的人神关系，只是现实共同体关系的镜像罢了。透过其间的人神关系，我们很容易观察到，其间存在着另一种现实的社会关系，即家族关系。

江南社会的家族关系在徽州乡村体现得最为充分。[②] 以仁里为例，全村虽有三十多个姓氏，但60%为程姓，[③] 所以仁里七塔村的花朝会俨然成了程姓祭祖的家事。1946年是七塔自然村轮值之年。据程干美回忆，大庙里的汪公大帝早早地被接到程氏宗祠（支祠）：一脸乌黑，身着崭新红袍，头顶华盖，端坐在上首龙椅之上。程氏家族的祭祀在大帝面前进行。祭拜仪式由四十八名礼生，八名鼓手，一名大赞（司仪），一名陪赞操持。大赞和陪赞立于两张方桌之上，在鼓手伴奏下，向诸礼生发号施令，礼生分两组沿祠堂巡走参拜。祭拜在族长程怀康的朗朗祭文"……伏惟尚飨"声中结束。[④] 可以肯定，七塔村的家族祭祀一定不会仅仅在轮值花朝之年才举行，[⑤] 但轮值年的祭祀非同一般：它让所有前来七塔参加花朝会的人见识了七塔程氏的家族势力，向共同体内外展示了七塔村盘根错节的家族关系，其中更关键的是，汪公大帝参与了关系的构建。事实上，七塔程氏也在这一堂而皇之的祭祀中更为清楚地了解了自身的根基和脉络，强化了程氏宗族意识，而且这样的意识经由隆重的节俗仪式渗入了家族集体记忆

---

① 程卓山：《八社花朝》，汪俊赓主编：《千年仁里》，第181页。

② 参见唐力行《明清以来徽州区域社会经济研究》第一编"徽州宗族"，安徽大学出版社1999年版。

③ 仁里村委会：《仁里概述》，汪俊赓主编：《千年仁里》，第3页。

④ 程干美：《七塔花朝盛会远名扬》，汪俊赓主编：《千年仁里》，第185页。花朝节的宗族祭祖似乎是一个惯例。在仁里自然村轮值的花朝会上，与汪公大帝同时享祭的还有忠壮公程灵洗，仁里程氏的先祖。在程干桐记忆中的一次花朝会上，忠壮公的坐像也被抬着与汪公大帝一起巡街。见程干桐《仁里乡风乡俗拾趣之一》，汪俊赓主编：《千年仁里》，第204页。

⑤ 汪俊赓称，包括七塔在内的仁里村子，宗族观念很强，冬至、清明，都要举行族祭，尤其在冬至的祭祖时节，各祠堂都要祭祖，谓之"做祭"。见汪俊赓《仁里乡风乡俗拾趣之二》，汪俊赓主编：《千年仁里》，第205页。

之中。

七塔花朝会的另一重要仪式是花朝老爷巡游。巡游从宗祠前的广场开始，四位健壮的小伙抬着汪公大帝（花朝老爷），由长长的游行队伍簇拥：四十名火铳手→二十面三丈高的大旗→四十面蜈蚣幡→二十具龙架，其间夹杂着三十面大鼓、十面金锣和二十名吹鼓手相伴而行。其中的一个环节特别引人注目：三十二名年轻人抬着一个特制的木架，上面放着十五头花朝猪和一只花朝羊，郑重奉祀给花朝老爷，前后有三十名香客相拥。队伍由程氏宗祠经耿家潭→猫儿岱→仁里戏台→桃花坝→新牌楼，回到程氏宗祠。这样的路由（路线）沿涉七塔的周边村落。巡游实际标示了七塔的村境，它用另一种方式告诉人们：村境之内主要是程氏宗族的活动范围；这是一方土地上的家族关系空间。以此血缘关系为纽带，花朝节一时会聚了程氏四方眷属。据称，花朝会期间，家家户户宾客如云，吃了一批又一批，村人忙得不亦乐乎。[①] 这种情形不只在七塔村。一般地说，不管哪个村子轮值花朝会，商旅族人都会千里迢迢赶回故乡襄助盛事。[②] 这与其说是神的召唤，不如说是程氏祖先的召唤，更是程氏族人对身处异乡的亲人的呼唤。程干桐记得，民国末年，在仁里举办的一次花朝会期间，"晚上亲戚朋友来看热闹都住得满满的，还打地铺"[③]。在仁里，大概只有花朝会才有如此神力将家族的亲戚们吸引过来。待到亲戚们的村落做会，仁里人再至亲戚家走动。亲缘关系正是在这周而复始的不断互动中连接并显现出来的。

三　邻里关系的实现

需要我们特别在意的是，花朝会之社毕竟是在地域基础之上生成的，在这一地域性节俗中构建的共同体关系，就不会只有神圣庄严的人神关系，或者只有亲情醇浓的家族关系，也就是说，花朝会同时也在共同体构建着邻里关系。

在花朝会中，邻里关系的联络更多地出现在凡俗活动中。酬神演戏是传统中国庙会的基本节目；要说酬神，当然只是一个由头，娱乐才是初

---

①　程干美：《七塔花朝盛会远名扬》，汪俊赓主编：《千年仁里》，第185页。
②　程卓山：《八社花朝》，汪俊赓主编：《千年仁里》，第181—182页。
③　程干桐：《仁里乡风乡俗拾趣之一》，汪俊赓主编：《千年仁里》，第204页。

衷。在仁里，为方便看戏，许多人家自备了高凳，有靠背、扶手和踏脚，坐在上面的人可不受前面站立着的人遮挡，非常自在。民国有一年汪村演戏，一河之隔的梧村汪笙友与其淑琴姐一起去看戏，叔父家的高凳就被抬至汪村："那戏演了三天三夜，晚上更是热闹非凡，周围几十里都来赶集"①。此情此景与清人沈复所见略同："开场演剧，人如潮涌而至。"② 赶来看戏的人显然不会只是亲戚，而绝大多数应该是共同体之内的乡亲，而且，越靠近轮值的村子，看戏的乡亲越多。花朝戏文的搬演，将这些平日里孜孜矻矻于生计的乡邻集聚到一个村落，从戏文情节到男耕女织，从礼数教化到家长里短，总之，现实的邻里关系就在这走动中生成而生动起来。

其实，由于花朝仪式及其戏文的程式化，邻里们更感兴趣的是演戏过程中由人际交流带来的各种乐趣，至于戏文本身，常常倒被人忽略了。汪笙友老人说，那次汪村演戏给他"印象最深的是放烟火"：

> 在场地的中间竖根柱子，上面横钉几档木架，架上挂着一排排大小不同的纸盒，但都是扁形的。当戏演过高潮后，台上汽油灯用罩子套上，使台下一片黑暗，在烟火架下点燃火药线，燃烧到架上时扁形纸盒突然展开悬下成为四只花篮，装满纸花，篮内有蜡烛点着，再燃上一层又是四只不同的灯彩，再上去时忽然展开四个半米多高的小男孩，旋转着向四面迸射火花，叫做"洋鬼子撒尿"。灯架下人群顿时一片惊慌，忙着躲避又大叫大笑不止。再上去从灯彩之中出现两条一米多长的小龙，体内有烛光，摇摆着头尾向戏台游去，一条正好上戏台，一条不到一点落在人丛里，又是一阵骚动。

这不是汪笙友一人的感受，他发现，看戏的邻里散去时，"笑谈的是绚丽的烟火而不是戏剧的情节"③。

与烟火施放同样让村人感奋的是搭戏台。本来，现成的戏台在徽州乡村的祠堂、庙宇、广场等处并不鲜见，所谓"万年台"。仁里忠壮公庙的

---

① 汪笙友：《登源一带的花朝和烟火》，汪俊赓主编：《千年仁里》，第183—184 页。
② 沈复：《浮生六记》卷4 "浪游记快"，第123 页。
③ 汪笙友：《登源一带的花朝和烟火》，汪俊赓主编：《千年仁里》，第184 页。

对面有万年台，但是，乡人们觉得，花朝会的排场要大，"台下可容纳数千人看戏"的万年台也不敷应对了，做社的社主们都以搭"花台"演"对台戏"为荣。沈复曾见："庙前旷处高搭戏台，画梁方柱，极其巍焕，近视则纸札彩画，抹以油漆者。"① 此俗迟至光绪年间还流行：

> 据亲自见过仁里"花朝"演戏的老人说，仁里花朝并排搭过两个"花台"，用几百匹细布妆饰，正台上下三层，彩壁画屏，十字花栏，两侧凉亭台阁，朱漆描金，极为富丽堂皇。请来的"彩庆""长春"两大徽班，对台演戏，双方演员，都极卖力，比试高下。"黄鹤楼饮酒"一折便在三层楼上演出，真是盛况空前。这两座花台就不搭在村里了。南门外一片几十亩的花朝田，就是做花朝搭花台的场所。②

在这忙碌当中，人们没有并忘记花朝的原始意义。大庙内，"殿廊轩院，所设花果盆玩，并不剪枝拗节，尽以苍老古怪为佳。大半皆黄山松"③。一同看戏的花朝老爷神座前，村人们"摆出村中仅有的奇花异果、山珍海味数十种，作为神前献品"④。

一个在别处也许根本不受重视的花朝节，就这样被仁里人大张旗鼓地演绎得有声有色。村人们认为，"做花朝是件大事，须整个村庄所有人家出钱出力来共同举办才行"⑤。以花朝"大事"为理由，社主们实现了邻里总动员。

邻里之间的地缘关系固然在"共同举办"中鲜活起来，但事实上，共同鲜活的还有更广范围内的共同体关系——共同体内部和共同体之间的地缘关系。

除了轮值村落，村落所在的共同体以及附近共同体的相邻关系，主要是在乡邻接受款待的过程中体现的。在仁里，看戏之外，乡邻们还可以在

---

① 沈复：《浮生六记》卷4"浪游记快"，第123页。
② 汪俊赓：《漫话仁里老戏台》，汪俊赓主编：《千年仁里》，第200页。
③ 沈复：《浮生六记》卷4"浪游记快"，第123页。
④ 程卓山：《八社花朝》，汪俊赓主编：《千年仁里》，第182页。
⑤ 汪笙友：《登源一带的花朝和烟火》，汪俊赓主编：《千年仁里》，第183页。按：花朝会的费用主要有三种方式：一是自由募捐，二是依丁口摊派，三是置"花朝田"，以收获物积累基金；见程卓山《八社花朝》，汪俊赓主编：《千年仁里》，第181页。

花朝节欣赏到舞狮打犼的表演。舞狮是纯粹的娱乐表演，[①] 因缺少神圣性而无法疏通人神关系，因其开放性也并不局限于沟通亲缘关系，因此，它主要在共同体内外发挥着黏合乡邻关系的功能。

打犼，与过年一样，不过是略带傩意的嬉戏。登源伏岭下、仁里等地山民称，犼是一种比狮虎更凶猛的野兽，能镇邪。清初至民国年间，正月十三至十七日的五天是仁里村正式打犼之日，而花朝打犼是为了展示村子的娱乐强项。从过年时的打犼看，所谓打，不过是由青少年演出京剧，流动摊贩闻讯而至，闹腾之间夹杂着烟赌。老人们至今历历在目："在打犼的日子里，仁里村如同'小上海'……家家户户客满，村里村外人流不息。"[②] 看得出，"犼"名之下并没有人神之间的沟通，"打"声之中主要也并非亲缘关系的交流；它是特定地域内人们的相互嬉戏，充斥其间的自然主要就是乡邻关系。

当我们以徽州仁里的花朝会为个案，对这一在中国未必"重要"的节日考察过后，应当这么说，各种生动的乡土关系非但使人感觉不到"孤立和隔膜"，相反，倒让人觉得颇有些像费孝通在描述"差序格局"时的譬喻：把一块石头丢在水面所发生的一圈圈推出去的波纹。[③] 问题出在哪里呢？

其实，费孝通还"考虑到从这基层上曾长出一层比较上和乡土基层不完全相同的社会，而且在近百年来更在东西方接触边缘上发生了一种很特殊的社会。这些社会的特性我们暂时不提"。很明显，"这些社会"之一是在基层社会之上"长出"的上层精英社会，之二是在基层社会的边缘"发生"的近代工商社会，前者经横向的比较而析出，后者由纵向的观察而清晰。与西方工商社会相比，乡土中国由于近代性交易的阙如，许多地方世界成了"没有陌生人的社会"，因而"孤立和隔膜"，但这绝不意味着乡土社会没有人际关系的交流。就在《乡土中国》中，他明确指出：

　　　我们把乡土社会看成一个静止的社会不过是为了方便，尤其是在

<hr />

① 程观信：《仁里的五彩狮》，汪俊赓主编：《千年仁里》，第 189 页。
② 程干美：《正月十五打犼忙》，汪俊赓主编：《千年仁里》，第 189—190 页。
③ 所谓"差序格局"，特指"中国乡土社会的基层结构"，而与西洋社会的"团体格局"相对称；在此格局中，"社会关系是逐渐从一个一个人推出去的，是私人关系的增加，社会范围是一根根私人联系所构成的网络"；见费孝通《乡土中国·生育制度》，第 24—31 页。

和现代社会相比较时，静止是乡土社会的特点，但是事实上完全静止的社会是不存在的，乡土社会不过比现代社会变得慢而已。[①]

这样说来，面对近代乡土中国，我们至少需要注意三种社会关系状态：与近代工商社会相比而显示的"孤立和隔膜"状态；与前近代的农业社会相较有两种：一是由于"东西方接触"而"形成的变动方式"，一是由传统积淀的生活关系构建。这里所关注的则是最后一种状态，这样的关注，可以让我们不再只是感到"孤立和隔膜"。

第二节　共同体关系的地方性

近代徽州仁里花朝会所表现的共同体关系，在时间维度上表明，已经生活于近代的江南乡民基本上还处于前近代社会，这一传统的共同体生活世界，与近代文明大世界存在着明显的距离，尤其在周边的山村江南。在空间的维度上，共同体关系显现出明显的地方性。这里我们主要以蒋梦麟早年生活的余姚蒋村为案例，来说明这种地方特质。

一　共同体知识

蒋村位于钱塘江南岸的冲积平原上，兼具岛滩和水乡两种生活形态。主要缘于地理环境，蒋村共同体关系的某些方面已经显现出一些近代色彩，这与徽州仁里存在着一定的差别和差距。但在共同体知识上，两者所具有的地方性都很明显。

乡土共同体意味着一种常态的日常空间，此间人们通过时常的直接互动而彼此熟识，形成属于一方的群体关系及其生活经验，或称为"共同体知识"。如"时空坐落"章所述，日常空间总是存在于特定的自然—人文生态环境之中，其间的日常关系具有自身的逻辑。共同体知识便内含于日常关系的逻辑之中。从蒋梦麟关于蒋村的日常叙事中，我们发现，特定的共同体知识就滋生于共同体的关系之中，演绎着实际的日常地方。

读书做官是传统士大夫普遍的人生理想，但对蒋梦麟这样一位局拘于蒋村的孩子来说，很小的时候便指望着读书而做官，就有些匪夷所思了：

---

① 费孝通：《乡土中国·生育制度》，第6—9、76页。

我幼稚的心灵里，幻想着自己一天比一天神气，功名步步高升，中了秀才再中了举人，中了举人再中进士，终于有一天当了很大很大的官，比那位县知事要大得好多好多，身穿蟒袍，腰悬玉带，红缨帽上缀着大红顶子，胸前挂着长长的朝珠，显显赫赫地回到故乡，使村子里的人看得目瞪口呆。①

从中可以看出，蒋梦麟的生活理想，很大程度上受到一位县太爷的刺激，因为知县有一次来邻村办案，路过蒋村：

他乘坐一顶四人扛抬的绿呢暖轿，红缨帽上缀着一颗金顶，胸前挂着一串朝珠。四名轿夫每人戴着一顶尖锥形的黑帽，帽顶插着一根鹅毛。暖轿前面有一对铜锣开道，县太爷所经之处，老百姓就得肃静回避。

蒋梦麟自言自语："他的权势怎么来的？读书呀！"因此，他对读书做学问的意义理解就是："向上层社会爬的阶梯"；又闻：在士、农、工、商四个阶级中，士大夫居于统治地位，是最尊荣的一级。对于"听来"的阶级结构，蒋梦麟一点也不觉得陌生：

在我们村子里，农、工、商三类人都不稀罕。种田的不必说了，商人也不少。好多人在上海做生意，从上海带回来很多好玩的东西……至于工匠，我们的一位族长就是木匠，他的儿子们也是的。一位远房叔叔是银匠，专门打造乡村妇女装饰的指环、手镯、钗簪之类。至于读书的人，那可不同了。凡是族人之中有功名的，家庙中都有一面金碧辉煌的匾额，举人以上的家庙前面还有高高的旗杆，悬挂他们的旗帜。②

儿时蒋梦麟对于职业结构的日常体验让我们注意到事物的呈现方式。许多抽象事物的意义，比如职业结构，或以学理的形态通过"阶级"概念

---

① 蒋梦麟：《西潮》，第36—37页。
② 蒋梦麟：《西潮》，第36页。

呈现在文本里，或以日常的形态通过行为的演示出现在共同体中；前者科学却颇费思量，而为专门家所欣赏，后者生活却颇为随意，而为一般民众所理解。如果我们承认一定群体的生活理想部分渊源于职业—阶级结构，那么，普通百姓的理想追求则常常要到他们所在的共同体关系中去寻找，在那里，职业—阶级结构通过人们的日常互动以非常地方性的形态实际演示着，成为共同体关系的一个重要侧面。在这种意义上，作为地方性知识，民众的生活理想源于这种理想在一方共同体中具体而特殊的生成。

特定的家族治理方式也是共同体知识。与传统中国的许多共同体一样，蒋村实行家族统治："村里的事全由族长来处理，不待外界的干涉。祠堂就是衙门。"家族治理其实就是家族关系在共同体中的生成和演示。言其治理规范，传统中国人可谓烂熟于心：

> "万恶淫为首，百善孝为先。"孝道使中国家庭制度维系不堕；贞操则使中国种族保持纯净。敬老怜贫，忠信笃敬也被认为善行。重利盘剥，奸诈谎骗则列为罪行。斥责恶行时常骂人来生变猪变犬。①

考较民族之文化，"上层首当注意其学术，下层则当注意其风俗"②。这种具有浓厚学术气息的社会规范，说不上什么地方性。在这里，由精英确定的普遍社会规范就是蒋村的善恶标准：以儒家思想为主糅合了某些释道信仰的成分，但普遍、抽象的教条却以非常地方性的形态出现在共同体：它或许是在蒋村"乡间到处可以看见的"贞节牌坊；或许是祖宗牌位前点燃的香烛，"使得每个人都觉得祖先在天之灵就在冥冥之中监视似的"；或许是乡人的窃窃私语："村中的舆论也是重要的因素，还有，邻村的舆论也得考虑"。蒋村祠堂成为家族治理的物态象征，所谓"开祠堂门"就是家族治理的实际运作，不过，"只有特别严重的案子才需要这样做。一般的纠纷只是在祠堂前评个理就解决了"③。牌坊、烛光、舆论、祠堂……所有这些，通过家族治理过程将普遍性的社会规范转换成了共同体知识。

---

① 蒋梦麟：《西潮》，第13页。
② 钱穆：《中国学术通义》，九州出版社2011年版，序。
③ 蒋梦麟：《西潮》，第14页。

　　共同体知识是当地人、当时人、当事人才能实际理解的群体关系及其生活经验。应该说，蒋梦麟所展示的共同体关系并不十分费解，毕竟，它的关系性状还在人们通常的历史经验之内，但事实上，更多的共同体知识常常无法为人们所分享。在这里，古典人类学家将共同体知识的地方性推向了极端；图腾、抢婚、杀婴、割礼等知识之所以让他们兴奋，很重要的一个原因在于，它们具有"不足为外人道"的地方性，而现代人类学家更重视如何"为外人道"出这些地方性知识。普里查德（E. E. Evans-Pritchard）的《阿赞德人的巫术、神谕及魔法》（1937）写的是一个中非民族，在那里，巫术、神谕和魔法等地方性知识形成了一个复杂的信仰和仪式体系，只有将它们视作整体结构中互相依赖的要素，其意义才能显现；也只有深入该体系的逻辑结构之中，相关的假设、推理和行动的合理性才得以理解。普里查德强调，这个体系是与共同体关系和人们的日常生活相联系的，一旦将这些地方知识点置于该体系的逻辑及其背后的共同体关系和生活中，一切便豁然开朗。[①]　人类学的这一转向提示社会史家，日常史涉及的共同体知识也许非常陌生，但共同体关系的结构性联系在日常生活中是真实可感的，因而其间的知识及其意义也变得可以理解："一个特殊社区的社会生活的各方面，均系密切地相互关联着，或为一个统一的整体，或体系中的各部分。任何一方面，除非研究它和其他一切别的方面的联系，不易正当地明了……这样可以说，每一种社会活动都有一种功能；而且只有发现它的功能，才可以发现它的意义。"[②]

　　日常史致力于展示往昔生活的常态，对于缺乏相关历史经验的人们来说，这样的常态因其鲜明的地方性不啻奇风异俗，更多的情况是，日常事件本身似乎并不太"地方"，就如上述蒋村的职业和家族结构，然而当这种结构实际运行于特定共同体之中，它们的地方色彩就非常浓重了；或者换句话说，特定共同体的结构性力量赋予日常生活以浓重的地方性。譬如，就在蒋村的邻县上虞，近代文学家徐懋庸曾经生活过的方山村，一个人生下来就由血缘关系决定属于宗族之下的哪一"房"；因为各"房"向来彼此对立，所以每一"房"的子姓从小到死也必须跟其他各"房"的子

---

　　①　［英］爱德华·埃文思-普里查德：《论社会人类学》，冷凤彩译，世界图书出版公司2010年版，第69页。

　　②　［英］拉德克利夫-布朗：《对于中国乡村生活社会学调查的建议》，《社会人类学方法》，夏建中译，华夏出版社2002年版，第131—182页。

姓对立。徐氏一个族兄的经历表明，共同体关系产生的神奇力量常常令其中的个体无法左右：

> 他（族兄）回乡以后，在最初的三天中，对于村中的种种纠纷，视为"蛮触之争"，绝对保持超然的态度，只将大义劝告双方；但是到了第四天，他不免渐渐的站到"蛮氏"的一边讲话，非难起"触氏"的一方面来；一星期以后，他就完全变成一个极端的氏族的宗派主义者了。

与这位见过世面的"族兄"不同，一直生活于方山的人们会觉得，徐姓房际之间的对立再正常不过，似乎村庄的常态应该是这样，只有"外人"才觉得这是个"奇迹"①，所谓"奇迹"，其实不过是共同体关系的地方表达而已。

从事实际观察的民俗学家指出，最易使人看作奇迹的是共同体中的禁忌（taboo），因为禁忌由"不作为"支配，"因为不作为，所以外部是无法观察到的。比如在厕所不能吐痰，在灶沿上不能切东西等，再敏锐的观察者也很难注意到"。在 20 世纪 30 年代"文明的"日本共同体中，也"有无数这样的禁忌，都是外部人不知道的内部事实。而如果这些内在的心意现象不能理解的话，也无法理解有形文化和言语艺术"。因此，当时的民俗学家柳田国男提议，"民间传承的观察采集非本地人不可"②，理由很简单：只有当地人熟悉共同体关系。

对于日常史学者来说，共同体生活的实际运行已经无法直接感受，而只能间接地从文献中认识，但对于历史的空间，我们有可能直接去认识："为了直接体验空间的历史，我们就亲自到文献中所记载的那些地方去做田野调查。那些文献上死的历史在田野中就变得活生生的，而且在田野中还会发现文献上没有记载的内容，并且看到它们原本就不是孤立存在的，而是与其周围的事物联系在一起，历史就变成立体的。"③历史学的田野工作其实就是还原共同体的关系，从而理解其中的知识意义。

---

① 徐懋庸：《故乡的事情》，《论语》1936 年总第 94 期。

② ［日］柳田国男：《民间传承论与乡土生活研究法》，王晓葵、王京、何彬译，学苑出版社 2010 年版，第 55 页。

③ 史克祖：《追求历史学与其他社会科学的结合——区域社会史研究学者四人谈》，《首都师范大学学报》1999 年第 6 期。按，上述引文出自刘志伟和郑振满。

二　当地人话语

作为社会精英，蒋梦麟穿行于沿海和内地，来往于中国和世界，具有敏锐的时代洞察力。在叙述汹汹西潮中的近代中国时，他难以掩饰忡忡忧心：

> 西方商人在兵舰支持之下像章鱼一样盘踞着这些口岸，同时把触须伸展到内地的富庶省份。中国本身对于这些渗透并不自觉，对于必然产生的后果更茫无所知。亿万人民依旧悠然自得地过着日子，像过去一样过他们从摇篮到坟墓的生活，从没有想到在现代化的工作上下工夫。①

这显然是一位历史观察家的立场和判断。不过，蒋梦麟并没有一味地自说自话，而是尽量让被观察者发声，同时忠实地将之记录在案。因此他对蒋村日常生活，保持了足够的冷峻，以村人的立场，留存了一段普通民众的话语。

1917 年夏季，蒋梦麟从美国回到蒋村。卧病的大伯母盼咐他坐到她的床边，她要告诉他 16 年间"简直变得面目全非"的蒋村：

> 女人已经不再纺纱织布。因为洋布又好又便宜。他们已经没有多少事可以做，因此有些就与邻居吵架消磨光阴，有些则去念经拜菩萨。年轻的一代都上学堂了。有些女孩则编织发网和网线餐巾销售到美国去，出息不错。很多男孩子跑到上海工厂或机械公司当学徒，他们就了新行业，赚钱比以前多。现在村子里种田的人很缺乏，但是强盗却也绝迹了。天下大概从此太平无事，夜里听到犬吠，大家也不再像十年前那样提心吊胆。②

对于蒋村已经发生的这些变化，大伯母基本满意，甚至有些欣赏，但同时，对于一些"进过学校的青年男女"的言行，她认为"实在要不得"：

> 他们说拜菩萨是迷信，又说向祖先烧纸钱是愚蠢的事。他们认为

① 蒋梦麟：《西潮》，第 7 页。
② 蒋梦麟：《西潮》，第 95 页。

根本没有灶神。庙宇里的菩萨塑像在他们看来不过是泥塑木雕。他们认为应该把这些佛像一齐丢到河里，以便破除迷信。他们说男女应该平等。女孩子说他们有权自行选择丈夫，离婚或者丈夫死了以后有权再嫁。又说旧日缠足是残酷而不人道的办法。说外国药丸比中国药草好得多。他们说根本没有鬼，也没有灵魂轮回这回事。人死了之后除了留下一堆化学元素的化合物之外什么也没有了。他们说唯一不朽的东西就是为人民为国家服务。①

对于大伯母的这番牢骚，蒋梦麟的侄女不以为然："婆婆太老了，看不惯这种变化。"侄女对大伯母的轻蔑态度，固然可以看作社会变迁中的代际差异，因为这种差异确实是存在的，但另一种差异更加启人思考：西潮澎湃下的现代变迁在不同的社会历史层面呈现出明显不同的速率。大伯母的话表明，对于物质生活的变化，"太老"的乡人与年轻人并没有什么不同；根本的不同出现在观念层面。以传统伦理道德观念为例，蒋梦麟记录下了两段当地人的看法；一段是在 19 世纪 80 年代：

> 在人伦道德上父亲却一直不大赞成外国人的办法。固然也认为"外国人倒也同我们中国人一样地忠实、讲理、勤劳"。但是除此之外，他并不觉得外国人有什么可取的地方……（私塾先生）说："'奇技淫巧'是要伤风败俗的。先圣以前不就是这样说过吗？"他认为只有朴素的生活才能保持高度的道德水准。我的舅父也持同样的看法。②

另一段是在 1917 年蒋梦麟海外归来后，由一位"老太婆"给他叙述的故事：

> "你记不记得那两位兄弟在父死之后分家的事？"她问我。两兄弟每人分到他们父亲的房子的一个边厢，又在大厅的正中树了一片竹墙，把大厅平分为二。一位兄弟在他的那一半厅子里养了一头牛，另一位兄弟气不过，就把他的半边厅子改为猪栏来报复。他们父亲留下

---

① 蒋梦麟：《西潮》，第 96 页。
② 蒋梦麟：《西潮》，第 31 页。

一条船，结果也被锯为两半。这两位缺德兄弟真该天诛地灭！后来祝融光顾，他们的房子烧得精光。老天爷有眼的！①

　　从清末到民初二十多年的时间里，尽管蒋村的物质生活发生了不小的变化，但村民们安身立命的道德原则却基本未变，事实上，近世"几百年来，不论朝代如何更换，不论是太平盛世或战祸频仍，中国乡村里的道德、信仰，和风俗习惯却始终不变"②。乡民面对西潮的态度令人深味：他们一方面享用着西方的物质文明，另一方面固守着传统伦理道德；这可以称作日常生活的"中体西用"。为了实践这种"中体西用"，当地人为之营造了相应的话语环境。

　　重点看看传统观念生存的话语环境。在近代共同体中，传统伦理的规范功能特别依赖当地人的一套"报应"话语，这套话语常常与"轮回转世说"结合为一体，以舆论的形态在日常生活中发挥功能。在江南作家王西彦20世纪40年代的故乡回忆中，慈爱的"金妹伯伯"是个跛脚，他几乎对所有的小孩子都很喜爱，独有一个例外，那就是"黄杨木"。黄杨木整日里模仿金妹伯伯的腔调和姿势，瞎编他的跛脚故事：

　　　　我十八岁那一年呵，唉，他娘的那个小妹子可也真叫是刺丛里的鲜花，分外的香呢！我呢，怪只怪我这吃大虫的胆，两丈高的墙头呀，只一个不小心，脚一打滑，勃脱，鸡飞蛋打——花儿采不到，人儿翻下地，我的这条腿，唉，没说场，眼前报呀。③

　　金妹伯伯受不了这"眼前报"，劝诫无果之后，他毫无顾惜地断定，黄杨木将来"没出息"，并认为这"是上代祖宗未曾行善积德的结果"。几乎一"报"还一"报"！王西彦说："我们从来没有见到过这个善良的老人会如此气愤，也从来没有听到过他用这样的言辞去咒骂别人。"似乎只有回以同样的"报应"才能表达老人的愤恨。报应不仅是待人的咒语，也是律己的自觉。王西彦姑母是村子里"苦命的人"，"五年戴了两次

---

① 蒋梦麟：《西潮》，第97页。
② 蒋梦麟：《西潮》，第13页。
③ 王西彦：《黄杨木》，《王西彦散文选》，江苏人民出版社1980年版，第15页。

孝"，老祖母叹息道：这"总是前世事啊"！姑母自己也这么看："我是前世做大坏事，才今世来受苦的！"①

在共同体中，典型的当地人话语有两种表达方式：一是歌谣。与精英诗歌不同："歌谣是以民众地方作单位的，不是以个人作单位的。所以歌谣的个性，应当从一个地方的人群看起，这一群人的歌不是那一群人的歌。"② 这里的"一个地方的人群"即共同体，所谓"十里不同风"。吟唱者用特别的俚调表达特定的心态，从形式到内容，地道的当地。

二是仪式。与歌谣的自说自话不同，仪式常常采取巫婆代言的方式。在蒋村，巫婆多半来自远地儿；被召的鬼魂来时，巫婆的耳朵连续抽搐三次。普通人是不能控制耳朵的肌肉的，巫婆的耳朵能够自己动，使得大家相信它的确有鬼神附体。蒋梦麟就曾经通过巫婆与其故世的母亲谈过话，他说，不管是真是假，"这办法至少使活着的亲戚朋友心里得点安慰"。巫婆只能召至去世的亲戚朋友的鬼魂，扶乩却能召唤神佛。做梦时鬼魂和神佛会前来托梦，比如，一位死了的母亲可能要求她儿子给她修葺坟墓。死了的父亲可能向儿子讨纸线。③ 这样，活人的"希望、请求或警告"都可能由"神佛，死去的亲戚朋友或者精灵鬼怪"提出。在浙江诸暨的苎萝村，乡绅陈老先生 20 世纪 30 年代还保存着西施在乩盘开沙时的一段降坛自白，声辩"西施如何的忠贞两美，与夫范蠡献西施、途中历三载生子及五湖载去等事的诬蔑不通"④。说是为西施辩白，其实不过是苎萝村人借西施之口在表达他们自己的观念；这种观念既与精英思想不同，也与一般社会意识迥然有异：地方性强烈，民间立场，弥漫于日常生活之中。

这样，共同体关系的地方特质体现为当地人话语的表达：话语权属于当地民众，观念折射出浓重的共同体底色，历史的情境在日常表达的过程中显现。

第三节　租佃关系的日常性状

发生于乡民之间的关系，无论和谐的还是冲突的，多以生活共同体为

　　① 王西彦：《黄杨木》，《王西彦散文选》，第 10—15 页。
　　② 卫景周：《歌谣在诗中的地位》，北大研究所国学门歌谣研究会：《歌谣纪念增刊》1923 年 12 月 17 日。
　　③ 蒋梦麟：《西潮》，第 15—16 页。
　　④ 郁达夫：《达夫游记》，（上海）文学创造社 1936 年版，第 12 页。

基本边界，以物质生活利益为基本诉求，与琐屑的日常事件相关；矛盾的激化可能导致短暂时段的集合行动（collect behavior），① 行动结束之后往往又重复出现。20 世纪 30 年代前期发生在苏州东乡的"打催甲"便是这样的集合行动。所谓"催甲"，又称"催子""催主""催头"，是地主雇佣的向佃户催租的人。② 作为租佃关系研究中的典型案例，苏州"打催甲"行动在以往的农民运动史论著中，比较一致地被作为"阶级斗争"事件提及，事实上迄今为止，学者们仍将租佃关系的阶级剥削性质作为前提，更多地从剥削程度和剥削方式等方面对租佃费用、收租组织等进行实证性细究。③ 需

① 以社会学的定义，集合行为是指在相对自发、不可预料、无组织的和不稳定的情况下对某一共同影响或刺激产生反应而发生的行为。见 ［美］戴维·波普诺《社会学》，李强等译，中国人民大学出版社 1999 年版，第 617 页。

② 元：《苏州农民又发生抗租风潮》，《现世界》1937 年第 1 卷第 12 期；房龙：《苏州农民暴动的经过与前瞻》，《劳动季报》1935 年第 4 期；江苏省常熟市文化局：《中国·白茆山歌集》，上海文艺出版社 2002 年版，第 132 页。按，据邓翔海《七十浮生尘影录》（《苏州史志资料选辑》2011 年刊，苏州市地方志办公室、苏州市政协文史资料委员会 2011 年编印，第 120—121 页）：有清一代，佃户拒不纳租，地主即一纸名片嘱托县令押缴，县令或慑于威势，或碍于情面，无不照办。入民国后，司法独立，租佃纠纷属于债权债务之关系，应依民事诉讼解决，县署已不能任意拘押佃户，催甲遂应运而生，即所谓差押制度。但吴大琨《最近苏州的农民闹荒风潮》（《东方杂志》1935 年第 32 卷第 2 号）称，苏州东乡的车坊镇在清末就发生过催甲房屋被焚的事件。而龚恩裁在《无恶不作的"催甲"》（《苏州文史资料选辑》第 1—5 合辑，苏州市政协文史资料研究委员会 1990 年编印，第 363 页）中发现 在一份清朝前期的谕单中已经提到催甲。

③ 就江南而言，这方面的研究比较有代表性的，如章有义、曹幸穗、高王凌、邢丙彦、黄鸿山等关于地租率问题的研究，夏井春喜关于租栈和邢丙彦关于"典于记"等管理组织的考察等。见章有义《近代徽州租佃关系案例研究》，中国社会科学出版社 1988 年版；曹幸穗《旧中国苏南农家经济研究》，中央编译出版社 1996 年版；高王凌《租佃关系新论——地主、农民和地租》上海书店出版社 2005 年版；邢丙彦《20 世纪 30—40 年代青浦西部的地租率与粮食亩产量》，《社会科学》2006 年第 4 期；黄鸿山《晚清江南善堂田产的额租、实租与地租实收率》，《史林》2017 年第 1 期；［日］夏井春喜《近代苏州地主租栈经营》、邢丙彦《20 世纪 20—30 年代松江地方的欠租与催租、追租》，唐力行主编：《江南社会历史评论》第 5 期，商务印书馆 2013 年版。上述学者或多或少都会涉及地主、农佃与政权的关系。其中，关于主佃关系的一般研究认为，近代以来在商品经济环境中，主佃关系呈现契约化趋势。美国学者对"打催甲"事件发生原因的考察表现出他们在租佃关系研究方面相对宽阔的学术视野。美国加利福尼亚大学洛杉矶校区白凯（Kathngn Bennhandt）的《长江下游地区的地租、赋税与农民的反抗斗争，1840—1950》（林枫译，上海书店出版社 2005 年版，第 273—275 页）声称，正统的中国马克思主义、道义经济学和市场经济等研究方法中的"任何一种都无法单独用来解释 19—20 世纪江南事态的发展"，她在国家—社会关系的视角中揭示了佃户"打催甲"行动的"新背景"：地主动员和国家对租佃关系的更多干预，构成了对佃户生存的更大威胁，导致了佃农的集合行为。上海师范大学博士生胡勇军在《国家权力渗透下的乡村危机：1934—1936 年苏州农民抗租风潮原因解析》（唐力行主编：《江南社会历史评论》第 7 期，商务印书馆 2015 年版）中以详细的资料证实了白凯的结论。

要强调的是，它实际发生于日常生活中，以其为中心进行考察，便于说明租佃关系的日常性及其实质意义。①

根据唯物史观的经典理论，租佃关系即为阶级关系，而基于所有权的阶级关系更多地源自生活的抽象，于是，走进民众世界的社会史学者注意到，以实际生活互动为表现的租佃关系在共同体中有其特殊性状，期望以"从事实际活动的人"为出发点，进入"他们的现实生活过程"，以揭示"这一生活过程在意识形态上的反射和回声"②。

一　租佃关系的日常维持

民国年间苏州租佃关系发达。据 20 世纪 30 年代中期田赋征收处报告，吴县佃耕地约当全部田亩的 70%—78%；③ 在常熟，地主和农民的所有地分别占总耕地的 72% 和 28%。④ 常熟屯王乡上塘村共有农家 25 户，只有四户是自耕农，耕作所得仅够维持生活，其余皆为佃农。⑤ 换句话说，苏州农民所种之田，大多是向地主承租而来的。在催甲被打的苏州东乡，"自耕农不多，差不多都是佃户"，一年要还两次租。⑥ 苏州佃耕地中，以永佃居多：租田分为田底、田面，地主享有所有权，称"田底"，而佃农只有耕种权，称"田面"。在永佃制下，业佃关系非常淡薄。根据苏州的习惯，业佃双方互不通知，私相转移田底权和田面权，其结果，佃户不认识业主，业主亦无从知晓佃户，租簿上的佃户姓名，渐渐顶替继承而失真了。"年深月久，经手人或有死亡，或有变更，则业主惟凭租簿坐收租米。"⑦

地主大多居住在苏、沪城里或江南市镇上。昆山居外地主最多，"竟

---

① 美国学者黄宗智在涉及华北自然村社会结构时，也有这样的问题意识：单一地从阶级关系角度看待村庄内部的社会关系，是不符合实际情况的，"地主—佃农的关系，仍是多重纽带的关系，在阶级关系之外还涉及亲属或朋友的人身关系"。限于论题，未见展开。见黄宗智《华北的小农经济与社会变迁》，中华书局 1986 年版，第 270 页。

② 马克思、恩格斯：《费尔巴哈》，《马克思恩格斯选集》第 1 卷，人民出版社 1972 年版，第 30 页。

③ 洪瑞坚：《苏州抗租风潮之前因后果》，《地政月刊》1936 年第 4 卷第 10 期；英：《苏州农潮之因果及其解决途径》，《农业周报》1936 年第 5 卷第 16 期。

④ 殷云台：《常熟农村土地生产关系及农民生活》，《乡村建设半月刊》1935 年第 5 卷第 3 期。

⑤ 行政院农村复兴委员会：《江苏省农村调查》，上海商务印书馆 1934 年版，第 82 页。

⑥ 铁道：《苏州农村杂写》，《申报月刊》1935 年第 4 卷第 7 号。

⑦ 邓翔海：《七十浮生尘影录》，苏州市地方志办公室、苏州市政协文史资料委员会编：《苏州史志资料选辑》2011 年刊，第 120 页。

占全县地主中之 65.9%"①。闲适、自在地生活于城镇的地主，对于田地的坐落、佃户的姓名大都是不知道的，收租的事情一定要雇用熟习四乡佃户的催甲来专门办理。催甲深入乡村旮旯，对于农民田地的情形，"非常熟悉，业主就利用他们，替自己催收田租"②，所以在苏州有许多人以此为职业。

苏州地主设立租栈收租。③ 每年霜降后，租栈派催甲向农人遍发"租由"，知照交租。④ 本来催甲发放租由，仅负通知之责，而地主们往往为贪便起见，索性连收租的事情也让催甲代理；离城远的农民，省得跑远路去完租，倒也觉得便利，催甲收租之后，汇解地主。⑤

苏州收租在时间上设立限期，共四期。在正式规定收租日期前三日，谓之"飞限"，在此期限内完租，除了有特别折扣外，另有贴饭、贴酒等偿钱。其后每 10 日为一限，曰"头限""二限""三限"⑥。期内完租的，给以些微折扣，以示优待；过期缴纳的，照例加罚若干，以示惩戒。⑦"农民深非不得已的时候，谁都要讨这个便宜，所以过去苏州收租，是最简便快当不过的，除非年成不好，或者有些延欠。"⑧ 过了三限不缴，租栈就派催甲到乡下催缴。

催甲催讨无着，则开具"切脚"，由追租委员会同催甲武力收租，或牵牛作抵，或撑船代偿。如果耕牛、船只或水车等有点价值的农具都没有的，则拘押以儆，⑨ 所谓"押追"。押追即将佃农拘押于"田租处分所"，

---

①　乔启明：《江苏昆山南通安徽宿县农佃制度之比较以及改良农佃问题之建议》，《农林丛刊》1926 年总第 30 号。

②　洪瑞坚：《苏州抗租风潮之前因后果》，《地政月刊》1936 年第 4 卷第 10 期。

③　租栈是苏州的收租组织。据 1936 年资料，吴县一共有三四百家租栈，有的一户业主设一栈，有的几家合设一栈，普通要有五、六百亩田地以上，才有资格设栈，因为太少了不经济。有些不在地的业主，把田地委托给亲戚、房族或朋友的租栈代收，大概是每千元田租，抽 50 元给该经手人作为酬劳。因此大的租栈，有收几十万亩田租的，规模甚为可观。参见洪瑞坚《苏州抗租风潮之前因后果》，《地政月刊》1936 年第 4 卷第 10 期。

④　租由，通知农人缴租之文书，其中载明开垦日期、催甲姓名号数、佃户所在之图圩地点，其姓名及其承租之亩分，以及应缴数量。参见仲《论苏州佃农之暴动》，《农业周报》1934 年第 3 卷第 42 期。

⑤　洪瑞坚：《苏州抗租风潮之前因后果》，《地政月刊》1936 年第 4 卷第 10 期。

⑥　房龙：《苏州农民暴动的经过与前瞻》，《劳动季报》1935 年第 4 期。

⑦　鹿平：《苏州的收租米》，《农业周刊》1934 年第 3 卷第 42 期。

⑧　洪瑞坚：《苏州抗租风潮之前因后果》，《地政月刊》1936 年第 4 卷第 10 期。

⑨　房龙：《苏州农民暴动的经过与前瞻》，《劳动季报》1935 年第 4 期。

进行超经济勒逼。① 民初吴江盛泽《盛湖竹枝词》云："粜将新谷典春衣，三日还租限趁飞。哪讲终年妻子食，免教开欠入圜扉。"② 为了获得一点优惠，佃户们哪怕典当春衣，也要极力在"飞限"期内完租；若迟迟不交，所谓开了"租欠"，免不了押追入狱。

　　由此可以看出，与共同体中的佃农发生直接联系的是催甲。租佃关系在这里具体表现为佃农与催甲的日常往来关系。这样的日常关系常常并不和谐，尤其体现在催甲追讨地租的过程中。这是 1936 年 5 月 21 日一位金姓催甲在苏州乡下的催讨写实。在佃户王小全家的稻场上：

> 　　人都纷乱地围聚在小全门口的场上，这一句那一句的都替小全诉苦恳求，那差人一只眼皱着一只眼只是摇头，咪咪的嘲笑声使人难过而怒恨……红面娘说："你要人，不过叫他去吃掉几碗饭，总要你到金先生那边去说说，譬如行好事；阿全实在苦楚。你看看——指两个孩子——如果他去了，剩下这两个小孩子怎么过活，他的老婆不死，那里会弄到这样，他是从来没有欠过租米的。人是大家知道好人，阿弥陀佛。"小全这时流泪了，但还是不响。

在作为临时办公地的茶馆里，金催甲与小全有如下对话：

> 　　"王小全共十八元七角六分"。
> 　　"我没有钱。"
> 　　"那是你不要还了，这样没有，那样没有，你大约存心想赖掉了。"③

---

　　① 据洪瑞坚《苏州抗租风潮之前因后果》（《地政月刊》1936 年第 4 卷第 10 期）称，"田租处分所"是"苏州业主催租的组织"，隶属于"吴县县政府田租处分办公处"。办公处专以解决业佃间的田租纠纷问题，设四股一所，其中"所"，即"田租处分所"，担任佃户收释及所内一切管理事宜。但据 1936 年 3 月调任吴县县长的邓翔海《七十浮生尘影录》言，"业主为抵押佃户计，居然连合设立所谓'田租处分所'，则俨然监所矣。司法行政机关皆故作痴聋，不加取缔"，由此推断，"田租处分所"似与政府无隶属关系。

　　② 沈云：《盛湖竹枝词》，沈莹宝：《沈云〈盛湖竹枝词〉新注》，古吴轩出版社 2012 年版，第 197 页。

　　③ 素人：《催租》，茅盾主编：《中国的一日》第 4 编，江苏，第 26—29 页。

王小全最终被带到了拘押处。至此，农民对催甲已经充满怨气。实际上，催甲历年下乡催讨，"多迁怒贫民"①，"向启农人之怀恨"②。尽管你怨我恨，但两造关系在表面上仍很"和谐"地维持着：倘若催甲"走到管辖下的农家去，农民必须十分恭敬的款待，四时八节，送礼成为农民应有的义务"③。也就是说，租佃关系并没有因为催甲的追讨而太过紧张，即使对催甲有些怨气，主要也是指向某些催甲的不近人情和恶劣态度。在这里，作为土地真正所有者的地主是不在场的，当然难以看出农民对地主的怨恨，农民也无由产生对整个地主阶级的怨恨。

事实上，即使地主出场，也不会影响租佃关系的日常维持。实际共同体生活中的租佃关系正如江南歌谣《田主来》所描绘的：

> 一声田主来，爸爸眉头皱不开；一声田主到，妈妈心头毕卜（哔卜）跳；爸爸忙扫地，妈妈忙上灶。米在桶，酒在坛，鱼在盆，肉在篮，照例要只鸡。④

业佃的日常交往并不紧张。据时人观察，地主的居住地点与租佃关系颇有关联。比如，苏州东乡的地主，大多住在苏沪城内，与佃农疏离，而西乡地主，多住在乡间，业佃接触机会较多，所以"西乡欠租抗租的情事，比东乡少得许多"⑤。也就是说，租佃双方的直接互动，倒相对和缓：

> 收租可以有各种各样的方式。最简单的一种是直接收租，地主亲自到村子里来收租……佃户可能很穷，一开口就要求免租或减租。另一方面，若是这个地主属于老的文人阶层，他有时会受人道主义教育的影响。我（费孝通）知道几件地主不愿勒索佃农的事。传统道德与寄生虫生活之间的冲突，有时使这些地主绅士们的乡下之行只能得到精神上的满足，而得不到足够的钱来纳税。但这种直接收租的方式限

---

① 转自傅玉符《苏州农民暴动》，《妇女共鸣》1934 年第 3 卷第 10 期。
② 仲：《论苏州佃农之暴动》，《农业周报》1934 年第 3 卷第 42 期。
③ 《苏州农潮》，《申报每周增刊》1936 年第 1 卷第 26 期。
④ 中国科学院江苏分院文学研究所编：《江苏传统歌谣》，江苏文艺出版社 1960 年版，第 47—48 页。按：楦，制鞋时用的模型；这里作动词，"撑"之意。
⑤ 洪瑞坚：《苏州抗租风潮之前因后果》，《地政月刊》1936 年第 4 卷第 10 期。

于少量的小地主，大多数地主通过他们的代理人收租。①

如果收租事宜没有催甲假手其中，则租佃关系更觉"和谐"。昆山徐公桥生活共同体东距苏州东乡仅数十里之遥，农家80%系佃户，大多有地而不敷耕作，乃兼租他家之田少许以为补充；地主与农民同居一地，所有收租等事均可亲自经理，无须假手于人，"故地主与佃户之间感情极融洽，绝无丝毫阶级间之恶感"②。在这里，共同体中的租佃关系与血缘和地缘等人际关系一样，自然无澜地滋长着。

二　租佃关系的变故

然而，共同体中的租佃关系并不总是温情脉脉。进入20世纪30年代，世界资本主义经济危机影响中国，不景气年代到来，苏州乡民的完租发生很大的困难。首先是与市场联系紧密的副业失败。苏州租佃关系的正常维持，有赖于发达的乡村副业。20世纪20年代，东乡有农民称，单靠几亩租田"是不济事的。我另有几亩烂田，一年两熟半，贴补我不少呢"③。所谓"烂田"，可种水生经济作物如芡实、茭白、荸荠等。种植这种作物的苏州南园农民"每年总有盈余，到还租时也很踊跃，一些也不畏缩"④。如果仅是一般农作物，完租则显困难。在常熟，有人算过一笔账，五口之家，种着10亩田，平均每亩田收白米2石，共计20石，还地主租米大概6石至10石，剩下来的米，要供一家五口的食粮，有时还恐不足，至于种子以及肥料等资本，差不多要完全落空。五口之家，老老小小辛苦了一年，结果仅足以糊口。⑤ 在苏州乡民生计中，蚕业占有非常重要的地位。蚕业所得，一方面"可在这青黄不接的时候调剂一下。如果隔年向地主拖欠了佃租，这时脱售去了茧子，也可勉为偿清一些"。但自从世界经济不景气以来，"养蚕已趋于末路了"⑥。本来，常熟西北乡靠种桑养蚕，东南乡靠做花边来扶助，可是这两种副业，进入30年代，"因受整个社会不景

①　费孝通：《江村经济》，江苏人民出版社1986年版，第132页。

②　《昆山县徐公桥乡区社会状况调查报告书》（1926年7月），李文海主编：《民国时期社会调查丛编》（2编·乡村社会卷），第551页。

③　叶圣陶：《晓行》，远帆主编：《叶圣陶散文》，内蒙古人民出版社2004年版，第17页。

④　曼明：《南园生活调查报告》，《振华女学校季刊》1935年第1卷第4期。

⑤　姚心垂：《常熟县农民生活特写》，《江苏时事月刊》1937年第6期。

⑥　金霁虹：《农村破产后的春蚕》，《社会周报》1934年第1卷第11期。

气的影响，获利亦非常微薄了"①。时人指出，苏州农村凋敝之最大因子，"不在农业之衰颓，而在副业之失败。昔藉副业所入以完租者，兹尽为洋机制品所夺去，物价下落，金融复枯，生产不加多，支出无所减，无力完租，情岂得已？"② 吴县唯亭附近村落，向以织绸为副业，几乎每家有织机，"好的时候，每一织工每天工资的收入，约有两元之谱，全镇可有六七十万元的收入"，至 20 世纪 30 年代中期，家庭织绸"大多无工可做，同时工资也比前减低，每天一人至多只能赚五六角，因此，许多生利者，变为分利者，再加以年成不好，真的无法可以完租"③。其次是资金挹注渠道堵塞。过去，苏州一般农民所以能够正常还租，常常是靠着挪借的。一方面是向地主借贷，后来农民因为无力归还本利，加以田租无着，一般地主也没有余钱可以出借，即使有钱也不敢再借给农民。银行的信用放款，数目不够，还带些抵押性质。最致命的要算"会钱"，决不能因米贱而减短，一年的收入都用来缴"会钱"还不够，"田租当然置之度外了"④。

　　在不景气岁月里，已经与佃户积怨的催甲依然我行我素，成为乡民攻击的主要对象。打催甲开始了，诱因是 1934 年江南大旱。

　　灾荒年头，催甲有决定地租减让之权。1934 年亢旱成灾后，吴县政府和市党部照例组织"秋勘委员会"加以勘查，以确定收租及纳税标准。秋勘委员会由政府机关代表和地主组成：机关代表都是有资产者，生长于城市，对于农村实况及民间疾苦不甚了了，勘灾工作"全本外行"，故不免敷衍塞责；而地主委员又不亲自下乡，"全将其权付之于催甲"。这样，秋勘委员"假手于乡长、村长及催甲等自由估计，于是冤毒之气，都呵于乡、村长及催甲身上"⑤。据当时地方报纸报道：

　　　　今年夏间，久旱成灾，影响秋收，灾情奇重。全县被灾田亩达四十余万亩，为三十年来所未有。县府特组勘灾会，勘察灾况，以定成色。本月八日，分头出发勘灾。乡民因勘灾委员莅乡时，本偕同区公

　　① 姚心垂：《常熟县农民生活特写》，《江苏时事月刊》1937 年第 6 期。
　　② 英：《苏州农潮之因果及其解决途径》，《农业周报》1936 年第 5 卷第 16 期。
　　③ 洪瑞坚：《苏州抗租风潮之前因后果》，《地政月刊》1936 年第 4 卷第 10 期。
　　④ 任祖述：《农民"抗租"地主"欠赋"问题（吴江通讯）》，《国讯》1935 年总第 96 期。
　　⑤ 张溪愚：《旱荒声中的农民暴动》，《华年》1934 年第 3 卷第 44 期；仲：《论苏州佃农之暴动》，《农业周报》1934 年第 3 卷第 42 期。

所及催甲等同来,事后对所拟之成色,认为太大,要求催甲转请重勘,催甲等以早经勘定,且得各人同意,何能重勘,拒绝未允,于是乡民迁怒于催甲及乡镇长副,谓系不帮乡人之忙,不幸事件乃种因于此。①

乡民不是无端迁怒催甲,而是催甲在勘灾过程中确实不公。1934年乡民潘长根称,他们到外跨塘翁家浜烧房子,是因为"看荒催甲陆家夫不平等,有面子的减成色,无面子的就要十足,所以我们愤恨"。乡民陈应龙供称:"因为看荒的不平,所以要放火,我们的田只能收四成,他们催甲要勘六成,不是叫我们没有生路了吗"②?灾荒成为"打催甲"的一个诱因:是年旱魃为患,秋收欠佳,地租无法缴纳,农民"积忿生怨,遂有发生纠众焚毁催甲居家之暴动"③。

20世纪30年代"打催甲"事件集中出现在三个时段。第一时段在1934年10月中下旬,基本情况见下表:④

表5-1 1934年10月苏州东乡"打催甲"事件

时 间	地 点	情 形	备 注
约15日	外跨塘	捆打催甲沈梅祥	
约17日	斜塘上二十五都金城乡	包围勘灾船,勒写减成单据	
19日夜10时起	外跨塘木乡港、西益村、二十图	数百农民先后焚毁催甲邢姓、宁南副镇长朱姓、枫泾乡副乡长魏姓、催甲璩姓家房屋	
19日傍晚	娄门外附郭凤泾乡	焚烧南洋泾催甲朱永香房屋	
19日夜10时起至20日下午	外跨塘下塘、斜塘附近村落	毁烧催甲邱子根等六七家	19日夜县警察队严守娄门外永安桥;20日下午截获纵火二地保

① 吴大琨:《最近苏州的农民闹荒风潮》,《东方杂志》1935年第32卷第2号。
② 郑一华:《谈苏州农民事件与民众教育》,《教育与民众》1934年第6卷第3期。
③ 仲:《论苏州佃农之暴动》,《农业周报》1934年第3卷第42期。
④ 根据以下资料列表:《一部乡农因勘灾问题发生聚众闹荒风潮》,《苏州明报》1934年10月21日第6版;《闹荒风潮余波未息》,《苏州明报》1934年10月23日第6版;《苏州娄门外农民聚众暴动》,《申报》1934年10月21日第4版;《苏州农民暴动》,《申报》1934年10月22日第9版;《苏州农民暴动风潮平息》,《申报》1934年10月23日第9版;《湘城农民暴动,催甲张忆云家被焚》,《申报》1934年10月24日第5版。

续表

时　间	地　点	情　形	备　注
20 日凌晨 2 时起至天明	斜塘南小庄等	焚毁南小庄、鸭城里、陈岐墩村、墩头和凤圩村催甲 9 家房屋数十间	
20 日上午	外跨塘金家桥、翁家浜	七八百乡民焚烧翁家浜催甲林海生、林长根、陆家夫等房屋、船棚等	唐巡官弹压，缉获乡民 10 名
20 日下午 2 时起	车坊葫芦浜	先抢后烧催甲姚金标房屋十间；骚扰镇东梢催甲傅溥泉	县政府急电省府民政厅派员来苏
20 日	娄门外黄石桥	五百人焚烧催甲房屋	当地警士驰往弹压
20 日晚 7 时	斜塘	龚巷村和斜步圩发生焚屋事件	
20 日晚 9 时	外跨塘杨家前后村、宋庄等地	乡民焚毁催甲房屋	
21 日上午	唯亭横塘村	焚毁催甲吴梅溪、富民陈筱云、张介东家房屋数十间	
21 日晚 7 时	泗泾北	三四百乡民焚毁西娘乡尹鲁峰、李家浜王梅村、西娄里村陈子琴、朱家舍催甲胡俊德、肖泾乡马琴伯、泗泾镇浦浩奎等催甲家房屋	省保安大队，县公安局前往弹压
21 日夜 8 时起至天明	从外跨塘下塘东南村落起	焚烧宋庄村催甲毛云泉家、西村催甲顾云祥家、前庄村催甲沈梅祥家、东珠港催甲杨世德家、杨家庄催甲朱松山和朱叙山家房屋数十间	
21 日晚 9 时	唯亭萧泾	数百乡民捣毁查、顾两姓催甲房屋	
21 日夜 9 时起	外跨塘	百余乡民至外跨塘方泾村拟拆催甲陈绍林房屋；抵陆泾村，拟焚烧催甲查凤奎房屋	官府捕获十余人，包括"主犯"陆根寿等 7 名；省保安大队 200 人到苏州震慑
22 日下午 1 时	湘城太平乡	五六百人焚毁王竹浜催甲张忆云房屋	省保安大队前往弹压，捕获凌金狗等 4 人

　　据统计，1934 年 10 月中下旬"打催甲"涉及催甲四五十家，焚烧房屋一百四五十间之多，损失近十数万元。[①] 湘城地方损失尤巨，"约有三万元之谱"[②]。风潮似乎很快过去了，但人们注意到，这次闹荒的农民，除了

---

　　① 吴大琨：《最近苏州的农民闹荒风潮》，《东方杂志》1935 年第 32 卷第 2 号；张溪愚：《旱荒声中的农民暴动》，《华年》1934 年第 3 卷第 44 期。
　　② 《闹荒风潮之损失调查》，《苏州明报》1934 年 11 月 2 日第 6 版。

焚烧催甲的房屋以满足他们原始的报复欲望外，对于勘荒纳租的本身，却没提出什么要求。勘灾委员会没有重新勘荒，吴县政府也未改善催甲制度。因此这一次苏州农民的闹荒，虽然平静了，但"造成这次风潮的原因却还是存留着"[①]。正如人们的预料，一个月后的12月，几乎在同一个地区，"打催甲"又开始了:[②]

表5－2　　　　　　　1934年12月苏州东乡"打催甲"事件

时　间	地　点	情　形	备　注
2日7时起	角直	焚烧林家港催甲吴通基、西河角催甲孙姓三家、桃浜催甲殷荣根，陆巷催甲蒋荣夫等家房屋	3日夜省保安大队布防于角直四乡
4日晚间	齐门外塘角	农民劝阻来城完租之佃农	
8日晚9时起	尹山	焚毁夹浦桥焚烧催甲住屋	县保安大队赶赴平息
9日晚8时	郭巷	在石灰港、张墓等地焚毁陈、汤催甲房屋数十间	
12月29日晨2时	唯亭一带	焚毁杨家甸催甲张建卿房屋，金妙乡二千余乡民赴区公所请愿，要求削减收租成色，勿滥捕佃农	驻守该地土地桥的保安队开枪示警

第三时段是1936年春季，基本情况见下表:[③]

表5－3　　　　　　1936年春季苏州东乡"打催甲"事件

时　间	地　点	行　动	备　注
2月28日	斜塘目莲乡	三四百乡民举火把游行，高喊"抵死不还租"口号，反对"联合收租处"下乡收租	斜塘保安队出动，发生"激战"
4月16日	唯亭夷陵乡	催甲顾凤生押追生病佃农，数百人欲与之"评理"，发生骚乱	县保安大队20人前往弹压

①　吴大琨:《最近苏州的农民闹荒风潮》，《东方杂志》1935年第32卷第2号。

②　根据以下资料列表:《角直农民聚众放火》，《苏州明报》1934年12月4日第6版;《吴江境内亦发生风潮》，《苏州明报》1934年12月10日第6版;《唯亭闹荒风潮继起》，《苏州明报》1934年12月30日第6版;《乡民闹荒焚屋抗租》，《申报》1934年12月5日第8版。

③　根据以下资料列表:钱志超《苏州的农潮》，《生活知识》1936年2卷第2期;房龙《天堂的毁灭》，《劳动季报》1936年第9期。

续表

时　间	地　点	行　动	备　注
4 月 24 日	斜塘金妙乡	五百名农妇至乡长家要求贷款	
4 月 24 日	斜塘下庄乡	二千名农妇至乡长家要求贷款	
4 月 27 日	斜塘莲同乡	数百乡民游行高喊"我们大家请愿减租去"口号，后发展至两千人	斜塘保安队开枪示威，与乡民发生"猛烈的冲突"

　　苏州"打催甲"事件非始于 20 世纪 30 年代。东部乡村的车坊镇葫芦桥浜催甲姚温良家的房屋曾在清末和 1918 年两次被焚，1934 年已是第三次。[①] 大体可以说，从 19 世纪 60 年代永佃制普遍出现之后，"打催甲"渐成水乡江南租佃关系中的经常性事件。从性质上说，这是一种在特殊情况下对某一共同影响产生反应的集合行为，其最明显的特征是自发性。

　　20 世纪 30 年代"打催甲"事件的发生不过是苏州乡民寻找生路而不得已的情绪爆发。本来农民是很容易满足的。20 世纪 20 年代后期，苏州东乡的农民经过一阵秋忙便很轻松了："卖米的钱还租剩下的钱，地上的出息，将零碎债还了，大家便都笑嘻嘻了。"这当然是"他们还有饭吃"的年成，至 1934 年大旱灾发生，生活无法维持了，"田里没有东西，水一点也没有……地里也不能种菜和茄子。那时整顿的饭是可以说没得吃了，只吃些'南瓜糊'或是小麦屑糖皮的薄浆。年青的都进城做工去了。女人'看蚕'也没'出息'，因为辛苦了一阵，茧子还是没人要；只得做三个小钱一双的袜底，每天倒有十双可做，有的轮不到东西做，只得坐在家里想心事，拜菩萨"[②]。这样，数年来的贫困、饥饿、荒歉"使农民失掉了忠厚的德性，他们已是典质殆尽，穷无所归，铤而走险者，日繁有徒"[③]。1935 年《大公报》某记者在苏州实地调查时记载了一个场景：某地方领袖闯入一个农家，劝告他们纳租。那农民引这位领袖参观他的家庭布置，真所谓室如悬磬，绝无长物。最后跑到他的卧房，床铺已没有了，打了一个大地铺，下面用稻草衬底，上面盖的也是稻草。他揭开一层草，向地方领袖说："先生，你是掮盖去缴租米？还是掮衬去缴租米？"记者按语：苏州的农民虽不一定都穷困到如此地步，但是至少我们可以承认，苏州农民

---

① 吴大琨：《最近苏州的农民闹荒风潮》，《东方杂志》1935 年第 32 卷第 2 号。
② 铁遒：《苏州农村杂写》，《申报月刊》1935 年第 4 卷第 7 号。
③ 姚心垂：《常熟县农民生活特写》，《江苏时事月刊》1937 年第 6 卷。

抗租的骚动实在是为了"生存挣扎"①。

三　租佃关系的日常意识

租佃关系是基于土地占有的阶级关系。所谓阶级，"就是这样一些集团，由于它们在一定社会经济结构中所处的地位不同，其中一个集团能够占有另一个集团的劳动"②。据此，佃农的阶级意识意味着他们至少应该具有：第一，群体差别意识；第二，群体对立意识；第三，社会结构意识。而这一切，只能产生于乡民的日常互动过程之中，因为租佃关系首先不是抽象的概念，而是一种实际的共同体关系，是乡民日常生活的一部分。符合生活实情的观察方法，"是从现实的、有生命的个人本身出发，把意识仅仅看作是他们的意识"③。佃农的阶级意识自然滋生于共同体生活实态中。

在考察英国工人阶级的形成过程中，汤普逊强调，阶级"是一种历史现象"；阶级意识只能确定于"人们在亲身经历自己的历史时"，它是"在人与人的相互关系中确实发生（而且可以证明已经发生）的某种东西"：

> 当一批人从共同的经历中得出结论（不管这种经历是从前辈那里得来还是亲身体验），感到并明确说出他们之间有共同利益，他们的利益与其他人不同（而且常常对立）时，阶级就产生了。④

在汤普逊那里，阶级的"存在"和阶级的"觉悟"是同一的；一个人天生地在某种生产关系中处于某种地位，但是，他对这种地位的认识并不与生俱有，他必须通过许多"经历"才能认识到这一点。总之，阶级的经历是阶级意识"形成"的关键。⑤

佃农的"阶级经历"就是他们的共同体生活，产生于日常生活中的阶级意识具有明显的日常性。首先，佃农可以在群体意义上意识到自身与地

---

① 《苏州农潮》，《申报每周增刊》1936 年第 1 卷第 26 期。
② 列宁：《伟大的创举》，《列宁选集》第 4 卷，人民出版社 1972 年版，第 10 页。
③ 马克思、恩格斯：《费尔巴哈》，《马克思恩格斯选集》第 1 卷，第 31 页。
④ ［英］E. P. 汤普逊：《英国工人阶级的形成》，"前言"第 1—4 页。
⑤ 钱乘旦：《E. P. 汤普逊和〈英国工人阶级的形成〉》，见 E. P. 汤普逊《英国工人阶级的形成》，第 995—997 页。

主及其催甲的地位差别。在吴江同里小镇，"特别显眼的"，是在高大的旧式屋子之间，参错着几所洋房，这些，就是地主们的"贵宅"①。据时人的调查和比较，昆山地主的房屋"皆建筑阔大，窗户明朗，光线充足，陈设完善……夜多燃有罩之煤油灯"，而佃户房屋"皆为草屋，建筑简陋，房屋低狭，窗牖微小，光线不足，屋基全为土制。室内陈设杂乱，夜多无灯，间或有之，且多无罩"②。此类景观差别，感官刺激明显，最易引发乡民的群体差别意识。作为地主的代理人，催甲与乡民们关系更为密切，其地位更是"显眼"：因为"业已发迹"③，他们"大多非常富足"④。其次，佃农已经在群体意义上意识到自身与地主及其催甲的利益对立。在常熟山歌《只怕地主催租粮》唱道："一根扁担软弯弯，挑起小囡离家乡。人问阿哥啥事体？只怕地主催租粮。"⑤ 面对地主的催逼，佃农背井离乡。两者关系紧张如此！在苏州，佃农把催甲笼统地看作"为虎作伥，专门以欺凌敲诈为业"的人，⑥ 民国苏州俗语"佃户胼手胝足，催甲买田造屋"，便很形象地揭露了佃户与催甲的利益对立。⑦ 所以当 20 世纪 30 年代苏州东乡农潮发生的时候，乡民们的打击对象便很明确，即"居间作恶、地主们之走狗的催甲"，兼及极少部分的乡、镇长。据称，1934 年乡民所摧毁的房屋从未"累及无辜；近百多家被灾住户里也从没有一家是冤枉受害的"，可见乡民"对于对象的认识，已充分了"⑧。当时《吴县日报》载，在焚烧房屋时，如系催甲独宅居住，即纵火焚毁；如有邻家毗连，恐殃及池鱼，则先将催甲房屋拆移，然后付诸一炬。⑨ 租佃关系的对立性在共同体生活出现变故时表现得尤其突出。

然而，佃农们的这种阶级意识具有明显的日常性。在佃农们看来，地主在某种意义上并非一个整体。从居住地看，居外地主"多以每年有一定

① 佩珊：《荒僻的乡镇（同里通讯）》，《人言周刊》1934 年第 1 卷第 7 期。
② 乔启明：《江苏昆山南通安徽宿县农佃制度之比较以及改良农佃问题之建议》，《农林丛刊》1926 年总第 30 号。
③ 房龙：《苏州农民暴动的经过与前瞻》，《劳动季报》1935 年第 4 期。
④ 吴大琨：《最近苏州的农民闹荒风潮》，《东方杂志》1935 年第 32 卷第 2 号。
⑤ 江苏省常熟市文化局：《中国·白茆山歌集》，上海文艺出版社 2002 年版，第 135 页。
⑥ 元：《苏州农民又发生抗租风潮》，《现世界》1937 年第 1 卷第 12 期。
⑦ 龚恩裁：《无恶不作的"催甲"》，《苏州文史资料选辑》第 1—5 合辑，1990 年。
⑧ 房龙：《苏州农民暴动的经过与前瞻》，《劳动季报》1935 年第 4 期。
⑨ 张溪愚：《旱荒声中的农民暴动》，《华年》1934 年第 3 卷第 44 期。

之收入为快，地方公益，毫不参加，当地金钱，往往费之外地"，而居乡地主因为"与其所有田产，相离不远"①，即与佃户处于同一共同体中。对于后者，昆山徐公桥的佃农认为，他们"亦非绝对坐食厚利之资本家，而为田地较多之小农。故除将余剩之田地租出外，自家尚留少许耕作，以自食其力"②。照此说来，地主和佃户都是农民，或都是地主，没有本质的区别，此其一。

其二，佃农们觉得，损害自身利益的主要不是地主，而是催甲。当佃户因年成荒歉、婚丧人情等事，积欠稍多，似乎无力清偿，可能还要拖欠新租时，催甲们就会督率长工，到佃户所种的地里，把稻禾割下挑回，谓之"割稻头"；倘若数目还不够，再记一笔宕账，下年还会再来。③ 事实上，催甲经常欺瞒地主，追求自己的独立利益。比如，他在地主面前撒谎：某佃户"租米已清的，说他留欠，或者指欠少的，说他欠多，反正收租向来不给凭证，佃户是没法抗辩的"④。因为催甲"平日搜刮的厉害"⑤，以致常熟佃农认为，让他们"呒衣饭"的不是别人，正是催甲："种起田来一大畈，收起谷子几十担，催头来了走一走，弄得农民呒衣饭。"⑥ 租佃关系的对立在这里具体表现为佃农与催甲的对立。时人甚至为地主辩护："业主只顾生活舒适，收租方便，其他一概不管，平日所听到，只是催甲一边的话，农民的下情，无由上达，虽是催甲同农民已经是仇深冤结，业主还是茫无所知。"⑦ 根据这种说法，站在佃农对立面的几乎只有催甲了。

其三，佃农们发现，应该将共同体中的个别催甲与整个催甲群体区别对待。基于这种认识，在20世纪30年代催甲普遍被打时，个别催甲便受到了佃农们的"特别宽恕"。1934年10月22日东乡悬珠北旺墩等村百余乡民，来到外跨塘之方泾村，准备拆毁催甲陈绍林的房屋，该村农民"拒绝附和，并代求免"。陆泾村催甲查凤奎"平时对公益善举颇肯慷慨解囊，

①　乔启明：《江苏昆山南通安徽宿县农佃制度之比较以及改良农佃问题之建议》，《农林丛刊》1926年总第30号。

②　《昆山县徐公桥乡区社会状况调查报告书》（1926年7月），李文海主编：《民国时期社会调查丛编》（2编·乡村社会卷），第551页。

③　钱志超：《苏州的农潮》，《生活知识》1936年第2卷第2期。

④　洪瑞坚：《苏州抗租风潮之前因后果》，《地政月刊》1936年第4卷第10期。

⑤　吴大琨：《最近苏州的农民闹荒风潮》，《东方杂志》1935年第32卷第2号。

⑥　江苏省常熟市文化局：《中国·白茆山歌集》，第132页。

⑦　洪瑞坚：《苏州抗租风潮之前因后果》，《地政月刊》1936年第4卷第10期。

人情至厚"，邻近四五村农氓于前日风声紧张时，"均自告奋勇出全力保护"，查氏亦宰猪两头，摆酒致谢。[①]

佃农们的这些认识归结到一点就是，地主及其催甲似乎不能算作利益集团，这样，租佃关系中的群体差别及其利益对立便在一定程度上被消解了，更无论从整体社会结构的高度理解这些差别及其对立了。产生这样的认识，固然可以说与乡民的认识水平有关，而认识水平又似乎可以归结为教育程度，但其实这就是共同体中的一种感性认识。共同体中的佃农，局限于某一日常空间，其所理解的租佃关系样态自然非常有限，至多扩展至共同体邻近的周边；对于共同体之外的租佃关系则不甚了了。事实上，在江南其他共同体（或者就在吴县县内，以及苏州东乡附近的吴江、昆山、常熟、太仓等地），租佃关系则比较复杂，既有"仅占有田底，不占有田面，也就是说他无权直接使用土地进行耕种"的"不在地主"，多居住在城镇，而且兼营工商业；又有"既占有田面，又占有田底"的"完全所有者"，多居住于乡间，或可被称为"在地地主"[②]。这些不同的地主，有的雇用催甲，有的亲自收租。具体到催甲，亦有大小、个性的不同。佃农所接触的既是地主和催甲个体，自然多为具体感知，而少作群体考量。

如果说共同体中存在群体意识，那么，更多的是聚合乡民的血缘和地缘意识。这样的意识，常常生成于日常交往中。在徐公桥，"一家有病，则四邻皆来分任看护，延医，购药。遇婚丧喜庆亦系大家帮助，仅备饮馔，不取任何物质之报酬"[③]。在这里，业主与佃户是作为邻里关系出现的："地主雇佃户作工……多数为婚嫁丧葬等事"，"感情融洽者多不给工资。"佃户缺乏资金，"他处不易借贷"，富有的邻居通融些，故常常"不得不开口于地主之前"[④]。感情色彩极为浓厚的地缘意识基本消解了原本就很模糊的阶级意识。

租佃关系的日常意识也是意识形态日常化的产物。"统治阶级的思想在每一时代都是占统治地位的思想……那些没有精神生产资料的人的思

① 《苏州农民暴动详记》，《农业周报》1934 年第 3 卷第 42 期。
② 费孝通：《江村经济》，江苏人民出版社 1986 年版，第 200 页；行政院农村复兴委员会：《江苏省农村调查》，（上海）商务印书馆 1934 年版，第 195 页。
③ 《昆山县徐公桥乡区社会状况调查报告书》（1926 年 7 月），李文海主编：《民国时期社会调查丛编》（2 编·乡村社会卷），福建教育出版社 2009 年版，第 553 页。
④ 乔启明：《江苏昆山南通安徽宿县农佃制度之比较以及改良农佃问题之建议》，《农林丛刊》1926 年总第 30 号。

想，一般地是受统治阶级支配的。"① 在传统农业社会里，地主阶级支配农民思想的基本途径是，将他们的思想转化为共同体的道德。佃耕交租是"一种道义上的责任"，这在吴江开弦弓村人看来是历来如此、无须证明、当然也无须怀疑的公理。有些老人说，"我们是好人，我们从不拒绝交租"，有些老人则说，"地是地主的，我们种他的地，我们只有田面。没有田底，就不会有田面"。共同体道义在很大程度上维护了现成的租佃关系秩序，在不违背共同体道义的前提下，租佃关系的某些变故，也并不是不可接受的。开弦弓村人认为，"佃户不交租是由于遇到了饥荒、疾病等灾难，佃户对这些是没有责任的。一个好心的地主，这时就会同意减免地租"②。按照这种说法，20世纪30年代发生的"打催甲"，那是因为催甲没安"好心"，自然应该为此负责。

至此不难发现，从实际的生活共同体出发，佃农们已经意识到他们与地主之间的差别及其利益对立，但这只是一种租佃关系的日常意识，一种模糊的阶级意识，而清晰的阶级意识的获得必须从实际的生活共同体跃升至抽象的社会结构，是为租佃关系的非日常认识。

四　租佃关系的非日常认识

与佃农关于租佃关系的日常意识不同，社会精英对此问题的认识则是非日常的。他们的认识依所属派别的不同而相互区别，其中，最具代表性的是国共两党。20世纪20年代国共合作以来，国民党政权内的一部分知识精英，关注农民疾苦，开始从社会结构的内在矛盾入手剖析租佃关系：

> 自有秦专横，商鞅毁古制而变新法，专制相沿，数千年来养成地主之弊。夫生产者在农，而农民每年劳苦之收入，反以太平归入地主。而地主既不生产，又不劳力，坐收其利，养成其子弟奢侈淫欲之风，于国家社会有百害而无一利。果欲解放农民，须变更地主之权，使农民纳税直接公家，方为根本之计划。③

① 马克思、恩格斯：《费尔巴哈》，《马克思恩格斯选集》第1卷，人民出版社1972年版，第52页。

② 费孝通：《江村经济》，第133页。

③ 常熟农民协会：《常熟农民》，未出版，言微序，1928年。

需要注意的是，这些言论发表于 1927 年 4 月国民党"清共"之后。这表明，租佃关系的阶级性质一度曾是国共两党共同关注的焦点。基于此，社会精英们特别反对地主阶级中的土豪劣绅。就江苏而言，"土豪劣绅之在农村中作恶，贻害更巨……土豪劣绅的力量，是很雄厚的，较之他省均要剧烈多了"①。依常熟的情形，一般地主"另外具备着一种势力，拥有一种特殊的政治势力"——"凡是大的地主，都是做过官的，官越做得大，田地越占的多，田地越多的人，越会做官"②。因此"在国民党初夺政权的时候，土豪劣绅，曾经有一次敛迹"，在 1927 年至 1928 年上半年，"打倒土豪劣绅举动，随时随地都有"。随着国民党政权"渐入轨道"，打击土豪劣绅被视为"妨碍社会秩序，扰乱社会安宁的行动，都慢慢的消灭了"，20 世纪 30 年代之后，土豪劣绅"在农村中的力量，已经恢复了原状，而对于农民的压迫，有的地方，或者较之过去，还要进一层，凡是农村中有剥削农民金钱的行为，均与豪绅有关"③。在苏州，打击土豪劣绅的行动自 1928 年 3 月之后，"奉省令停止，乃从事建设"④。"建设"云云，包括维护既存的租佃关系秩序。

国民党人既已在整体社会结构的意义上着意淡化阶级对立意识，也就将其关于租佃关系的意识降低到与佃农一般的日常水平。对于催甲，他们发泄着与佃农几乎相近的愤慨："催甲者，即生长当地之流氓，熟悉某佃户所种之田地为某业主之所有，业主遇有佃户欠缴租米时，即出资雇用此种流氓代为催缴。"平息"订催甲"风潮的方法不过是在维护既存社会结构的前提下调整租佃关系的秩序。1936 年吴县县长邓翔海决定"废除催甲制度"；为确保其"不死灰复燃"，特创设业佃登记所，将全县业佃之田地所在地及租额等项，调查清楚，一一登记入册，"俾主、佃各执一份，可以按图索骥"⑤。这种所谓的"根本解决"之道，其实流于租佃关系的日常意识。一部分社会精英为维护现存社会制度计，也热衷于调和租佃关系矛盾："如果政府当局与田主们不欲使阶级革命阶级斗争之说侵入于农村，不欲使劳资阶级的关系达于尖锐化的地步，那末便当注力于资劳间感情的

---

① 张家良：《江苏农村崩溃之原因及其解决途径》，《苏声月刊》1935 年第 2 卷第 3 期。
② 姚心垂：《常熟县农民生活等写》，《江苏时事月刊》1937 年第 6 卷。
③ 张家良：《江苏农村崩溃之原因及其解决途径》，《苏声月刊》1935 年第 2 卷第 3 期。
④ 何赓虎编：《吴县农民》，"事业"第 34 页。
⑤ 邓翔海：《七十浮生尘影录》，《苏州史志资料选辑》，2011 年刊，第 121、123 页。

培植与夫生产的协力改进，苟不此之图，后患曷极！"① 关于"资劳间感情的培植与夫生产的协力改进"以及相应的农事改良等事项，应该说，在当时得到了部分实施，也在某种程度上缓和了业佃之间的矛盾。

中国共产党则继续坚持租佃关系的革命理论，其理论基点在于乡村阶级关系的分析。毛泽东指出，在租佃关系中，地主"占有土地，自己不劳动，或只有附带的劳动，而靠剥削农民为生"②，因而作为近代中国社会的反动阶级，成为革命的对象。③ 至于那些"帮助地主收租管家，依靠地主剥削农民为主要的生活来源……应和地主一例看待"④。催甲亦应作如是观。他们"没有固定薪水"⑤，其报酬，按所发租由的亩数确定，大约每亩大洋一角。"信用可靠的"催甲甚至可以催至几万亩，"每年催租收入，计数千元"。仅此"正经的收入"，他们已经可以享受优裕的生活了，但催甲的实际收入并不止于此，他们常常在催租过程中上下其手，"欺诈农民，获得不少额外收入"⑥。因此，他们"在乡间很有势力"，被称为地主的"着肉布衫"，有些"大头催甲"的势力甚至超过地主，如民国时期苏州郭巷钱氏、外跨塘的林晋夫、湘城的苏灿明、唯亭的顾体仁、车坊的史复泉、斜塘的张柏泉和浒关的沈玉山等，多"雇用伙计，多的三、四人"；"有些中小地主反而要借他们的力量收得较多的田租"⑦。在一定意义上，20 世纪 30 年代苏州的"打催甲"就是打击地主阶级。

现在的问题是，这样的行动，是否必然导致推翻既存所有制的暴力革命呢？面对愈演愈烈的农潮，当时一部分观察者似乎发现了其中的"异象"。从 1934 年初冬苏州第一次"打催甲"事件发生，前后时断时现，连绵两个月，"虽然并没有发生更大的流血，但在苏州县志书上，已是从未曾有的空前大变乱了"。1936 年春天农潮再次发生时，情况更加骇人，它不同于前一次仅仅焚毁居间为虐的催甲房屋来泄愤，而是进一步地要求救

① 《苏州的农民暴动》，《华年》1934 年第 3 卷第 43 期。

② 毛泽东：《怎样分析农村阶级》，《毛泽东选集》，人民出版社 1964 年版，第 113 页。

③ 毛泽东：《中国革命和中国共产党》，《毛泽东选集》，第 601 页。

④ 毛泽东：《怎样分析农村阶级》，《毛泽东选集》，第 113 页。

⑤ 吴大琨：《最近苏州的农民闹荒风潮》，《东方杂志》1935 年第 32 卷第 2 号。

⑥ 洪瑞坚：《苏州抗租风潮之前因后果》，《地政月刊》1936 年第 4 卷第 10 期；枫隐：《一个催甲的写真》，《新声》1921 年第 3 期。

⑦ 龚恩裁：《无恶不作的"催甲"》，《苏州文史资料选辑》第 1—5 合辑，1990 年。

济，甚至有包围当地公安局的行为。① 在唯亭"打催甲"事件中，开枪击伤乡民之巡长陆振家被殴伤甚重，警察方面曾被夺走五支步枪，弃掷河中。② 按照这一趋势，有人惊呼，农民们"已经不是要暂时的泄愤，而是要博得最后的胜利"了。③

参与"打催甲"人员之广泛更让一部分人心惊。第一次"打催甲"时，集众鸣锣的就有"农妇、大众，老的小的，全走在生死的挣扎线上"④。参与其中的农妇特别引人注目。1936 年 4 月下旬，斜塘金妙乡老妇五百余人，结队赴乡长住所，要求贷款购稻种，同时下方乡农妇亦聚众二十余人，作同样的举动。⑤ 女人的参与，让一部分激进民主主义者为之振奋："女人再不是羔羊了，她们用最后一点力气抵抗吸血鬼。她们知道奴隶的末日已经来临，挺起了身子，负起了反封建和间接反帝的任务……妇女大众们也要活，也要厮杀！而且是已经排演着这伟大的历史剧底序幕了！轰雷是要继续下去，而且扩散到全中国的农村，它要轰炸掉这多年的不平。"⑥ 进一步说，"打催甲"就是农民革命运动的一部分，且有人相信，这场革命运动必另有"主使人在"，掺杂着"政治意味"，等等。⑦ 其中的"主使人"暗指共产党，所谓"共匪捣乱"⑧。

唯物主义者是"根据日常生活中千千万万件事实所表现的阶级矛盾和阶级斗争来判断'利益'的'⑨。"打催甲"的佃农所追求的是推翻地主阶级政权吗？这要"根据日常生活中"的"事实"来判断。据 1934 年 10 月被捕的乡民张根大供述："此次放火是鸣锣为号的，所以并无为头召集之人"；钱阿前供："是小福生叫我去的。"⑩ 这完全是"临时集聚，陆续纠合，没有一定组织的行动，他们因愤激而生变，向催甲与乡长寻衅，这是他们平日所憎恨的对象。决不能疑心他们有什么背景！决不能抹杀了他们

---

① 房龙：《天堂的毁灭》，《劳动季报》1936 年第 9 期。

② 《催租激成民变》，《生活知识》1936 年第 1 卷第 7 期。

③ 钱志超：《苏州的农潮》，《生活知识》1936 年第 2 卷第 2 期。

④ 冈：《不断的轰雷》，《妇女生活》1936 年第 3 卷第 1 期。

⑤ 洪瑞坚：《苏州抗租风潮之前因后果》，《地政月刊》1936 年第 4 卷第 10 期。

⑥ 冈：《不断的轰雷》，《妇女生活》1936 年第 3 卷第 1 期。

⑦ 张溪愚：《旱荒声中的农民暴动》，《华年》1934 年第 3 卷第 44 期。

⑧ 傅玉符：《苏州农民暴动》，《妇女共鸣》1934 年第 3 卷第 10 期。

⑨ 列宁：《第二国际的破产》，《列宁选集》第 2 卷，人民出版社 1972 年版，第 634 页。

⑩ 《苏州农民暴动详记》，《农业周报》1934 年第 3 卷第 42 期。

的痛苦，说是被人利用了"①！事情就这么简单："打催甲"事件只是苏州乡民迫于生存压力的集合行为，其中所包含的阶级意识体现了佃农关于租佃关系的日常意识，并无另外的政治意图。

历史的事实是，20 世纪 30 年代苏州业佃之间既没有因为国民党政权的乡村改良而风平浪静，也没有因为共产党领导的农民革命而激至白热化的程度。这正如白凯的"笼统"概括：20 世纪 20—30 年代"长江下游地区佃户集体行动的突出特点之一就是自发性……国共两党都没有能力动员农民支持自己的方针政策和计划方案"②。所谓"没有能力"应该包括党派势力与佃农日常意识之间的隔膜。在佃农那里，"打催甲"就是在当时的历史条件下，按照特定的共同体逻辑表达日常诉求的一种方式。

谁也无法否认，所有的租佃关系，不管是日常的维持，还是一时的变故，总是存在于共同体之中，正如 20 世纪 30 年代的苏州东乡一样。面对实际的租佃关系，佃农与社会精英（包括精英内部）有着相当不同的理解与认识。以学术而论，这样的不同并无是非之别，而毋宁是认识视野之异。局限于共同体的佃农并没有欺骗自己，他们按照日常逻辑去理解和处理租佃关系，以达到利益的最大化，从而继续他们觉得还过得去的生活，追求属于他们的生活理想；至于从根本上改变所有制的革命行动，那不过是一些社会精英对佃农的高看或期许。很明显，在佃农的日常意识与社会精英的非日常认识之间，存在着不小的落差，但这仅仅是落差，而不意味着农民的落后。因为从历史实际来看，脱离共同体生活的社会精英，之所以强调业佃之间的阶级冲突及其必然的革命后果，在很大程度上依据于抽象的社会阶级结构分析。善于阶级分析的法国史家托克维尔声称，"唯有阶级才应占据历史"③。这不免武断。阶级分析是合理的，却难以改变佃农的生活选择及其日常逻辑，而后者也是实际历史过程的一部分。

历史的事实也促使社会史学者反思既往的社会认识论。当许多学者极力诉诸各种形式的语言、技术来解释社会，企图以此来把握社会的真谛时，有论者指出，真实的社会是狭隘的技术话语远远涵盖不了的。在抽象的概念之外，社会有其自身的属性与能量，需要我们以经验主义的框架去

①　灵修：《苏州农民暴动》，《现代新闻》1934 年第 1 卷第 3 期。
②　［美］白凯：《长江下游地区的地租、赋税与农民的反抗斗争，1840—1950》，第 279 页。
③　［法］托克维尔：《旧制度与大革命》，冯棠译，商务印书馆 2012 年版，第 161 页。

解释："社会并非一个简单的抽象概念，而是一种嵌入个体意识、个体对特定现实的一种多维反应，是内部相互联系和外部相互勾连的独特总体……让我们更加学会关注那些使人类现实得以建基的社会文化过程。"①对 20 世纪 30 年代苏州东乡"打催甲"事件的考察，不过就是经验主义地关注了农民生活世界的社会文化过程。

---

① 文军：《社会的"超灵性"维度》，《中国社会科学报》2016 年 10 月 12 日第 6 版。

第 六 章

婚姻生活与乡里环境

在传统民间社会生活的舞台上，俗例扮演着十分重要的角色，近些年来，引起社会人文学界的重视：在政治国家—民间社会框架中，俗例被当作地方性知识来解读，在大传统—小传统结构中，俗例被作为"小传统"受到关注。但在不同的学科那里，侧重点是不一样的。在民族志写作中，人类学家主要关心：俗例作为文化要素在社群生活结构中所处的地位和所发挥的功能；[1] 在习惯法研究中，法学（史）家通常将杂多的地方俗例置于统一的时代和社会背景之下，从社会学的视角构建传统社会法律体系的多元格局，说明其间的互动关系，意在提醒人们重视法治建设中的本土资源；[2] 在制度文化史著作中，除了某些有影响的史学家已经注意到国家法律与民间习俗的相互作用，[3] 不少文史研究者喜欢将某个俗例从特定的社群生活结构中抽取出来，冠以"中国"或"人类"，重新组合，以显示一个抽象的礼俗世界形象。鉴于此，俗例的研究如何在区域与全局、抽象与实证、案例与类型以及跨学科对话中寻求适度的平衡，以整体性为追求目

---

[1] 如著名人类学家林耀华在 1944 年的《金翼》（三联书店香港有限公司 1990 年版）中涉及这样一些俗例：雇工和换工制度、婚约、对于村庄内偷窃行为和暴死异乡者的处理方式等；在 1935 年的《义序的宗族研究》（生活·读书·新知三联书店 2000 年版）中有关于"变式婚姻"的俗例；费孝通在 1939 年的《江村经济》（江苏人民出版社 1986 年版）中涉及的俗例，仅仅关于婚姻方面的就有婚约、休弃、童养媳、杀奸夫等。某些历史研究者，不是以特定社群为观照空间，而是从族群或区域的角度来说明俗例的社会作用，就其旨趣来说，与人类学相类同。如卞利的《明清徽州乡（村）规民约论纲》（《中国农史》2004 年第 4 期），白正骝的《乡规民约与近代桂东南社会》（《广西社会科学》1997 年第 3 期）等。

[2] 如梁治平的《清代习惯法：社会与国家》（中国政法大学出版社 1996 年版），苏力的《法治及其本土资源》（中国政法大学出版社 1996 年版），比较集中的研究成果体现在谢晖、陈金钊主编的《民间法》第 1—4 卷（山东人民出版社 2002、2003、2004、2005 年版）中。

[3] 如黄宗智的《法典、习俗与司法实践：清代与民国的比较》（上海书店出版社 2003 年版）和《清代法律、社会与文化：民法的表达与实践》（上海书店出版社 2001 年版）。

标的社会史应当注意及此。在此，我们从婚姻的缔结和变故这两个婚姻生活的关键环节来显示社会史的独特视野。

第一节　婚姻的缔结：抢亲俗例

所谓抢亲，是指在已经存在婚姻关系的亲家中，一方违背另一方（女子或父母）的意愿，强抢成婚的行为。① 近世，抢亲现象在江南经常出现。晚清以后，"沪上风气恶薄，动辄抢亲，致难悉数"②，时人"常常见之，不足异也"③。在近代江南共同体环境中考察抢亲，不难发现乡里俗例的某些基本特征。

一　抢亲：一个俗例

抢亲不同于抢婚。抢婚，又称"掠夺婚"，"男子以掠夺方法娶女子为妻妾，而未得该女子及其亲属同意之谓也"④。抢亲因"与聘娶方法混合"，而有别于抢婚：抢亲中的双方，已经通过定婚确立了婚姻关系；而抢婚则不存在这种关系。在传统中国，"婚姻关系之成立，就其大体而言，须经过定婚与成婚两程序"，定婚，即男女双方为结婚而作的事先约定，"乃结婚要件之一"；在礼法上，"男女因定婚而取得一定身份"⑤。抢亲便发生在这种已经确立（定婚）、而未最终实现婚姻关系（成婚）的亲家之间："其事（抢亲）要皆先已聘定……初非无中生有，肆行劫夺之谋也。"⑥

---

① 在全国一些地方婚礼中出现的"模拟抢亲"，作为一种仪式，并不违背当事人的意愿，亦冠以"抢亲"之名；后文对之略有涉及，不作专门讨论。

② 吴友如等：《点石斋画报·抢亲恶俗》第 2 册，上海画报出版社 2001 年版，第 303 页。

③ 吴友如等：《点石斋画报·妇负新郎》第 14 册，第 319 页。

④ 陈顾远：《中国婚姻史》，上海文艺出版社 1987 年版，第 78 页。按，在某些资料或文章中，偶尔会出现作者不作区别，将"抢婚"与"抢亲"混用的现象，尤其是将抢亲说成抢婚。如钱咸《苏沪间乡镇社会妇女的生活》（《妇女生活》1929 年第 15 卷第 4 期）则认为，"已聘定而无力娶亲者，常发生所谓'抢亲'，此在性质上实属相类"于"掠夺婚"。

⑤ "定婚"一词，兴于明清以后。此前，男女各别有称：在女方曰"许聘"，在男方，则有"文定""聘定""已纳聘"等；至明清，沿用旧称之外，在律令上，开始以"定婚"一词，作为男女双方的通称。民国以后，民法上称之为"婚约"（陈顾远：《中国婚姻史》，第 121 页）。另，定婚，又作"订婚"，两者的区别见吕廷君：《关于民间订婚习惯的调查报告》，见谢晖、陈金钊主编《民间法》第 2 卷，山东人民出版社 2003 年版，第 272 页。

⑥ 李庆瑞点校：《上海旧闻·强劫闺女》，古吴轩出版社 2004 年版，第 126 页。

按常理，定婚与成婚前后相续，没有给抢亲留下过多的发生空间。抢亲之发生与民间社会中童稚婚约习俗密切相关："男女订婚，普通多在提抱；婚嫁之期则在十七、八岁上下"①，故地方文史研究者断称："旧社会所以发生抢亲风俗，大都与娃娃时攀亲有关。"② 在中国，童稚婚约自古已然，近世以降，浸成为俗，结果，"如果女孩订婚过晚，她就不能找到好的婚配对象"，因此，"婚姻大事，在孩子的幼年，经常在 6～7 岁时就已安排了"③。童稚定婚企图以一个当前的契约约束数年乃至十几年之后将要发生的行为，其可靠性可想而知："襁褓联婚不能尊重男女本人之意思，与指腹为婚者，其相去不能以寸……其后男女长成因不愿意而致悔婚兴讼者亦在所多有。"④ 其实，个人愿意倒在其次，在定婚—成婚过程中，亲家之间发生的任何变故都可能成为婚姻的障碍。面对一时无法实现的婚姻关系，如果一方（常常是男方）胶着于旧有契约，抢亲行为便可能发生。

抢亲之谓"抢"，首在渎礼。以礼仪而论，"六礼"是传统婚姻的基本实践原则。六礼者，纳采、问名、纳吉、纳征、请期、亲迎之谓也；前四个环节属于定婚礼仪，后两个环节属于成婚礼仪，故古来有这样的说法：定婚礼仪是"成妻"节目，而成婚礼仪是"成妇"节目。很明显，抢亲介入了成婚礼仪，简化了婚礼程序，颠覆了婚姻传统，是为渎礼："古视婚姻意义深远，礼仪遂以庄重为尚，故意纡其进行之程序，藉示民情之不渎，于是六礼兴矣。"⑤ 以此观之，抢亲当然有失庄重："抢亲者，均背古礼"⑥，所谓"婚姻之礼，首重媒妁，而后纳采请期，以至亲迎，方不悖乎礼文"⑦。因此，时人一面慨叹抢亲"风气恶薄"，一面重申传统礼俗的神圣性："婚嫁失时，乃成怨旷；为父母者，宜早计之。毋望厚奁，毋索重聘，六礼既备，亲迎斯行。如是则子女之愿偿，而父母之心慰。"⑧

抢亲之有"抢"名，说明它违背了被抢一方的意愿，一般说来，指的

---

① 邹古愚：（河南）《获嘉县志》，1934 铅印本。见《中国地方志民俗志资料汇编》（中南卷上），书目文献出版社 1991 年版。本节县志资料未特别注明出处者，皆出于此汇编，后不赘。

② 章振华、王佩兴：《无锡传统风俗》（内部资料，1991 年）第 54 页。

③ 费孝通：《江村经济》，第 30 页。

④ 南京国民政府司法行政部编：《民事习惯调查报告录》下册，第 974 页。

⑤ 陈顾远：《中国婚姻史》，第 151 页。

⑥ 陈思修，缪荃孙纂，缪荃孙辑：（江苏）《江阴县续志》，1921 年刻本。

⑦ 李庆瑞点校：《上海旧闻·强劫闺女》，第 126 页。

⑧ 吴友如等：《点石斋画报·抢亲恶俗》第 2 册，第 303 页。

是女方父母的意愿；至于女子本身，因为不愿就范，呼天抢地、寻死觅活者时常见之，然心属男方、行助抢之举者，亦不鲜闻。① 上海松江西关外某甲，抢亲时与未婚妻一同登轿，"舆夫昇之而行，甫经秀野桥，轿忽如桶脱底，女乃谓甲曰：'请君先行，妾可易轿相随'，遂得草草行合卺礼"②。未婚妻好像与抢亲者有约定似的；事实上，事先约定的情况确实存在。浙江嘉善有陆姓者，父母早亡，仅遗兄妹二人，均已订亲。1926年秋兄长结婚后，蛮悍的嫂嫂平日里多方虐待懦弱的小姑，"姑怨愤莫抒，遂与夫家通谋，约其速来劫婚，订期内应，俾早脱藩笼"③。这里，以小姑和男方家庭为阵营，与以兄嫂为代表的女方家庭形成了意志对立的两造。

世俗抢亲，即指强抢新娘。作为特例，抢及新郎，也算是绝无仅有、别开生面了：

> 上海周浦西乡瞿（家），本为农户，家颇温饱，生有一女，因无子嗣，由媒说合，赘附迁沈某之长子为婿，现已男长女大，正宜诗赋桃夭。奈沈生有三子，家境拮据，无力措办茶礼，以致迁延未就。瞿知之，谅厥苦衷，婉告媒妁，谓只须择日送婚，过门一切费用均由坤宅自备，可不问也。讵料沈以长子年少力强，正在耕作得力之时，入赘之事已萌悔意，仍复托故迟迟。瞿知其意，乃与原媒密商，率强有力者十余人，乘沈不备，立将女婿抢之回家。④

至此，沈家只得默认了。在这里，强抢对象的不同，并不影响抢亲的性质。

在江南，抢亲者有一个冠冕堂皇的理由：依循俗例而行。俗例是社会心理的反映，无论是事件的参与者，还是旁观者都习以为常，不以为异。抢亲发生时，常常听之任之。1927年，在上海下塘镇的姜家，一批抢亲者不期而至，女主人"惊骇失措，狂呼救命。村人闻变，误为盗劫，急鸣锣集壮者数十人，持刀棒枪铳追来。未数武，遥见前队灯光辉

---

① 章振华、王佩兴《无锡传统风俗》（内部资料，1991年）第54页称：抢亲分两种情况，一是家长势利悔婚，女孩也不同意婚事，一是家长虽然赖婚，但女孩却不嫌夫家贫贱。

② 吴友如等：《点石斋画报·抢亲笑柄》第8册，第42页。

③ 啜杏生：《劫婚趣闻》，《申报》1927年3月30日第13版。

④ 吴友如等：《点石斋画报·抢亲奇事》第14册，第231页。

耀，箫鼓齐鸣，且行且燃鞭炮（高升百响），知非盗，趋前问故，始明真相，彼此粲然"①。安徽宣城、繁昌等地，男家"往抢之时，先行抛撒求亲红纸贴于女家门外，其乡党乡里观此，即不出为干涉阻止"②。所以，在20世纪30年代的江南乡间，抢亲的人，"一定要带一面小锣，抢到了手，锵锵地敲了几响，表示不是绑票接观音。人家听了，就不用惊疑"③。在大多数情况下，女方家庭"格于俗例，事后无可如何也"④。就是说，接受了这样的俗例。

何为俗例？俗例首先是一种盛行于地方社群的习惯行为。在江南，近世以来，"抢亲之事，已等司空见惯"⑤，随着时间的推移，相沿而为积习之后，"不问其赖（婚）与否，而动辄一唱百和，怂恿为之，一似名极正而言极顺者"⑥。习惯成了自然。

作为俗例，抢亲不仅仅是一种习俗惯行，更重要的是，它还是社群习惯法。⑦ 这里表现为：（1）抢亲当事人之间存在着相互对立的权利和义务关系，且以外化的形式表现出来。通常的情形是，女方家庭"横索财礼，百计要求"⑧，"紧索重聘，多方为难"⑨，而男方家庭"不能应命"⑩，这样，"男女两宅不相谅，各存奢望"⑪，以致"百年合好之事，变而成两造为难之局"⑫。婚约的履行陷入了困境。（2）抢亲以强制的方式进行关系调整。面对抢亲当事人之间彼此冲突的利益关系，一些人希望政府时申禁令："俾生女之家勿索重聘，娶妇之家，勿蹈非礼，则两

① 朱坦君：《抢亲几成命案》，《申报》1927年7月27日第17版。
② 南京国民政府司法行政部编：《民事习惯调查报告录》下册，中国政法大学出版社2000年版，第863页。
③ 烟桥：《抢亲》，《申报》1934年3月9日第13版。
④ 胡朴安：《中华全国风俗志》（下编），河北人民出版社1986年版，第182页。
⑤ 吴友如等：《点石斋画报·抢媳奇闻》第15册，第12页。
⑥ 吴友如等：《点石斋画报·乱点鸳鸯》第1册，第248页。
⑦ 学术界从不同的角度对习惯与习惯法进行了区别，梁治平从社会关系的角度所做的区分更适合本节的议题："普通习惯只是生活的常规化，行为的模式化，习惯法则特别关系权利与义务的分配，关系彼此冲突之利益的调整……更确切地说，习惯法乃由此种冲突中产生。"见梁治平《清代习惯法：社会与国家》，第165页。
⑧ 吴友如等：《点石斋画报·新娘赤足》第13册，第105页。
⑨ 吴友如等：《点石斋画报·抢媳奇闻》第15册，第12页。
⑩ 吴友如等：《点石斋画报·妇负新郎》第14册，第319页。
⑪ 吴友如等：《点石斋画报·抢亲恶俗》第2册，第303页。
⑫ 吴友如等：《点石斋画报·抢亲胡闹》第4册，第303页。

得其平矣。"① 但事实上，地方政府对此无能为力。作为一种习俗，婚姻生活中的财礼多寡与地方传统和时代因素密切相关，没有一成不变的统一标准，其间出现的问题，历来是道德调整的范围，行政力量难以干预。如果任凭争索财礼的风气蔓延，"乡村间男子的娶妇，已成了十分困难的一件事了。假使长此以往，乡村将充满旷夫了"②。在这种情况下出现的抢亲行为，在地方社会实际上带有自力救济的性质：依靠社群团体的力量，强制人们履行原有婚约。其基本的过程应该是：起先由某个社群自行创造，然后你效我仿，渐为地域社会所认可和接受，成为俗例。

应该特别指出的是，抢亲只是婚约俗例的一部分。抢亲不是孤立行为，它与定婚礼俗紧密联系在一起。民间社群普遍重视定婚环节，一经定婚，就意味着婚姻关系已经成立，不得轻易变动，其严肃性不亚于成婚。而且，地方越是僻处，态度越是严肃。直至 1934 年，在河南淮阳，定婚之后，"唯有等着举行结婚，中间无论发生何种变化，绝无变动可能"③。在广东潮阳，婚俗"最重结缡，有订盟后而男家零落至不能自存者，女家仍如前约。其悔婚，则众共斥之"④。为什么？来自 1918 年江苏北部地区的一则资料透露："退婚之举，一般社会认为丑事。"⑤ 定婚的严肃观念和态度源自传统；湖北公安县的地方志编纂者对之倍加珍视："男女在襁褓中即有戚友为之议婚"，其婚既定，"一诺千金，绰有古风焉"⑥。由此可见，信守定婚之约自古以来就是习惯法；对于违背婚约的行为，民间发展起一套地方俗例。近世以来，集中出现在江南地区的抢亲行为，便是其中之一。这种行为仅仅为某一地域人群所容忍和认可，表现出很强的地方色彩；抢亲者因为地域社会的认可而实际上获得了特许权。美国法人类学家霍贝尔指出："法是这样一种社会规范，当它被忽视或违犯时，享有社会公认的特许权的个人或团体，通常会对违犯者威胁使用或事实上使用人身的强制。"⑦ 这样，抢亲从定婚"被忽视或违

---

① 吴友如等：《点石斋画报·乱点鸳鸯》第 1 册，第 248 页。

② 烟桥：《抢亲》，《申报》1934 年 2 月 9 日第 13 版。

③ 蔡蘅溪：（河南）《淮阳乡村风土记》，1934 年铅印本。

④ 周恒重监修：（广东）《潮阳县志》，清光绪十年刻本。

⑤ 南京国民政府司法行政部编：《民事习惯调查报告录》下册，中国政法大学出版社 2000 年版，第 853 页。

⑥ 周承弼等修，王慰等纂：（湖北）《公安县志》，1937 年铅印重印本。

⑦ ［美］E. 霍贝尔：《初民的法律》，周勇译，中国社会科学出版社 1993 年版，第 19 页。

反"的意义上，以"可为模式"① 构成了婚约习惯法的一部分。

二　俗例存在的社会环境

俗例一旦形成，人们便很少考虑其合法性问题了。那么，衡之以法典，抢亲的合法性如何呢？

抢亲是婚约俗例的一部分，首先得考察婚约的法典合法性。据婚姻家庭法学的研究成果，婚约分为早期型和晚期型：在中国，以清末作为分界线，此前，婚约具有法律效力，未经定婚的婚姻关系无效；一方不履行婚约，必须承担相应的法律责任。如《明律·户律》规定："若许嫁女已报婚书及有私约而辄悔者，笞五十；虽无婚书但曾受聘财者亦是。"从清末"变法修律"之后，"订婚制度也当然地被排除在了国家制度法之外"②。其实，这样的划分只是反映了一个大概趋势，事实上，一直至 1931 年 5 月开始实施的《中华民国民法典》"亲属编"，仍以旧律及习惯均重视婚约，特设专节加以规定。③ 至于"将来编纂法律能否容许此项习惯之存在，实属待决问题"④。这样看来，传统中国社会的婚约作为国家制度法一直是与民间习惯法并存的，换言之，婚约亦具有国家法典意义上的合法性。

但是抢亲所依据的童稚婚约不然。传统国家法"只有嫁娶年龄之宣示，包括定婚与结婚而言，别无独立之定婚年龄也"，这样，婚龄应该理解为定婚年龄，即一般而言的男性不得早于二十、女性不得早于十五；但在民间，常常"破坏一定年龄之限制"，或者童稚许亲，或者指腹为婚。对于这样的定婚，法典持什么态度呢？据陈顾远的研究，此举"仅为世俗所有，在法律上每归否认"。所谓"法律上每归否认"，其根据不是明确的条文，而是法理推论："其事存在之本身，亦正因为破坏一定年龄之限制而始然也"⑤，也就是说，童稚定婚违背了婚龄，应该理解为非法；不受法律保护。事实上，《大清律例》规定得也很明确："男女婚姻各有其时，或

---

① 法所规定的三种行为模式之一，指人们可以怎样行为；其他两种行为模式是"勿为模式"和"应为模式"。

② 吕廷君：《订婚制度的演变及其法理透视》，谢晖、陈金钊主编：《民间法》第 1 卷；王丽萍：《婚姻家庭法律制度研究》，山东人民出版社 2004 年版，第 65 页；杨大文主编：《婚姻家庭学》，复旦大学出版社 2000 年版，第 124—125 页。

③ 谢振民：《中华民国立法史》（下），中国政法大学出版社 2000 年版，第 798 页。

④ 南京国民政府司法行政部编：《民事习惯调查报告录》下册，第 974 页。

⑤ 陈顾远：《中国婚姻史》，第 122—123 页。

有指腹、割衫襟为亲者，并行禁止。"① 民国法律的规定亦大体如此。②

既然童稚婚约非法，抢亲更是非法：抢亲者以暴力的方式，迫使一个非法婚约的当事人接受其意志。不要说在民国，这在清代也是违法的。据《大清律例》："凡女家悔盟另许，男家不告官强抢者，照强娶律减二等。"③ 由此可见，即使不考虑童稚婚约的非法性，抢亲也是"不告官（而）强抢"的强娶行为，其非法无疑。

现在的问题是：这种明显背离法典的俗例何以能在底层社会通行呢？这涉及俗例的效力泉源问题；从社会史的角度看，就是俗例存在的社会环境。

民间逻辑作为俗例，抢亲存在的具体环境是民间社群，理所当然地沿循民间逻辑：

其一，抢亲是履行婚约。尽管童稚婚约有悖于国家制定法，但在民间，它与成年婚约具有同等法效，"一经双方主婚者交换婚书，即发生婚姻效力，纵他日配偶者之一方有因事悔婚，亦难撤销婚约"④。这种法效来自于地方传统。在近世以来的江南社群，少数家庭对定婚的态度似乎不够认真，但从总体来说，定婚的严肃性依然不可动摇，如果有人试图逾越传统的界限，置婚约于不顾，常常受到舆论谴责。抢亲的合法逻辑就是依据这种传统的力量建立起来的，所谓"夫世惟有岳家之赖婚，而后有婿家之抢亲"⑤。在他们心目中，既定的婚约就是合法的，至于婚龄，则是无关紧要的事；倘若"赖婚"，抢亲就是可以接受的。这里的"刑律"显然指国家法，而在民间俗例那里，抢亲则被视作履行婚约的行为，得到人们的理解和认可。绍兴俗语"抢亲不犯法"正是此意；如遇不知情者，男家只要鸣锣，人们便知是抢亲，承认它的合法性。⑥

其二，仪式是俗例的合法表征。人类学的研究成果表明，任何地方的婚姻关系都必须履行一番符合社群规范的手续方才成立，相应的婚姻仪式

① 《大清律例》卷 10 "户律·婚姻"，法律出版社 1999 年版，第 305 页。
② 时人调查 1916 年安徽高等审判厅受理方斐成与徐友成婚姻涉讼案所得："男女婚姻各有其时，指腹割衫襟为亲者，现行法律已有禁止之规定。"见南京国民政府司法行政部编《民事习惯调查报告录》，第 866 页。
③ 《大清律例》卷 10 "户律·婚姻"，法律出版社 1999 年版，第 305 页。
④ 南京国民政府司法行政部编：《民事习惯调查报告录》下册，第 853 页。
⑤ 吴友如等：《点石斋画报·乱点鸳鸯》第 1 册，第 248 页。
⑥ 裘士雄：《抢亲》，朱元桂主编：《绍兴百俗图赞》，百花文艺出版社 1997 年版，第 313 页。

则是符合社群规范的表征，受到民间社会的特别重视。在传统中国，按照通常的婚礼程序，亲迎是实现婚姻关系的最后仪式，其中，合卺是最重要的环节之一，"合卺后，新娘获得了新郎之妻的身份"①。抢亲虽说僭越了礼法，但它总是尽可能披上传统的外衣，以表明其合法性，合卺之礼便是这样一袭外衣。抢亲的队伍突如其来，女家还未反应过来，新娘已然被抢夺而去，"迨坤宅（女家）蹑踪追至，则已合卺礼成，生米煮成熟饭矣"②。事实上，从抢亲者的初衷来讲，他们也尽量想淡化这样的乖礼悖俗的形象。所以，上海罗家堰园丁邵金发至姜家抢亲时，不忘"雇彩舆一乘，唤吹打手二名"相随。③ 在安徽宣城等地，抢亲前先"择定吉日，预备花烛"，"将女抢归，再行正式婚礼"④。在江苏昆山，不知情者根本不知道这是在抢亲："婿家侦女有所之，潜备采舆及鼓乐伺于涂，婿先遮女，亲族助之纳于舆，鼓乐而归如亲迎。"⑤

强抢过门，在稠人广众、众目睽睽之下交拜成礼，"生米煮成熟饭"，女方家庭只能承认既成事实。在底层社会中（特别是在乡村），这样的"事实"比现时法律意义上的婚姻登记更为有效。在民间社会看来，新娘的"妻子"身份是通过特定仪式确认的，在公开场合宣示的，"新娘当此，其亦有不堪回首乎"⑥？如此就意味着新娘已经完成了从"人女"到"人妇"的转变，意味着一个个体被重新置于社群关系之中。国家法律也许可以恢复人际关系的本来面目，却无法逆转人们源自传统的观念；正是传统观念，使人们对仪式的意义达到一种不假思索的认同。抢亲就这样依赖民间仪式获得了合法性，契合民间逻辑。

团体强制　抢亲是集体行为。通常是，男方家庭"邀请戚族乡友多人，由本夫率领"⑦，在媒人的导引下，在女方居处，间或在庙会等公共场合，突然劫夺。所谓"戚族乡友"，是指血缘、地缘和业缘关系交错重叠的社群团体，本节多处资料中提及的"亲朋""亲友""亲族"等抢亲集团大抵相同。抢亲虽说以新娘为劫夺目标，但新郎未必在场，甚至在某些

① 费成康：《中国家族传统礼仪》，上海社会科学院出版社 2003 年版，第 93 页。
② 吴友如等：《点石斋画报·抢媳奇闻》第 15 册，第 12 页。
③ 朱坦君：《抢亲几成命案》，《申报》1927 年 7 月 27 日第 17 版。
④ 南京国民政府司法行政部编：《民事习惯调查报告录》，第 863 页。
⑤ 连德英修，李传元纂：（江苏）《昆新两县续补合志》，1923 年铅印本。
⑥ 吴友如等：《点石斋画报·新娘赤足》第 13 册，第 105 页。
⑦ 南京国民政府司法行政部编：《民事习惯调查报告录》，第 863 页。

情况下，新郎并不满意这种做法。1928 年，在上海一家韩姓纸店里，店主二十开外的侄儿，尚未完婚，而"订婚手续，却早已做过"。按照侄儿的意思："等到自己手里积蓄些钱，热热闹闹的娶了回来，岂非很有面子？"做婶娘的却等不及，她在侄儿并不知情的情况下，纠合一帮人，将侄媳妇抢了回来。① 事实上，在许多情况下，抢亲是社群团体行为，新郎认可与否、新郎是否在场并不是必要条件。认识到这一点，清末发生在苏州的"公公抢媳奇闻"便算不上"奇"了：

> 苏垣娄门塘有沈炳如者，开设灰窑生涯颇旺，前年为子文定阊门外某姓女为室，迩以男长女大，屡托冰人传言，择吉迎娶，而坤宅紧索重聘，多方为难，沈忿甚，不得已乃循俗例，纠合机匠（数）十人作抢亲之举。又恐其鸡尪难胜，不避翁媳瓜李之嫌，行所无事，代作新郎，毅然亲往。②

这是由以男方主人为首的业缘团体（机匠）完成的行为。面对"成群结队，突如其来"的劫夺，"被抢的姑娘，有的不哭不闹，以为自己命苦，完了心愿"③。女家大多"束手无措"④，"虽见之不与争"⑤，即或追踪至男家，不是无功"默默而归"⑥，就是"自觉无颜，赧然而返"⑦。甚而出现如下情形：

> 杭人某甲行娶于王姓。王索聘甚奢，甲贫无所应，遂纠集多人，抢女到家，又恐被女家抢回也，于入门之际，即紧闭洞房，俾昼作夜。未几，王果登堂索女，大肆咆哮，甲怒其败兴，出而殴之。⑧

以血缘、地缘或业缘团体构成的社群力量，梁漱溟称之为"礼俗的强

---

① 凤：《抢亲趣史》，《申报》1928 年 3 月 8 日第 17 版。
② 吴友如等：《点石斋画报·抢媳奇闻》第 15 册，第 12 页。
③ 叶旭明、谢华东编：《古今中外婚俗奇谈》，广东旅游出版社 1986 年版，第 9 页。
④ 吴友如等：《点石斋画报·抢媳奇闻》第 15 册，第 12 页。
⑤ 连德英修，李传元纂：（江苏）《昆新两县续补合志》，1923 年铅印本。
⑥ 吴友如等：《点石斋画报·抢媳奇事》第 14 册，第 231 页。
⑦ 吴友如等：《点石斋画报·妇负新郎》第 14 册，第 319 页。
⑧ 吴友如等：《点石斋画报·抢亲胡闹》第 4 册，第 303 页。

霸之力"①。

共同体舆论　需要追问的是，如此赤裸裸的蛮横行为怎么能够轻易得逞呢？是女家屈于男家人多势众吗？显然不是。如果是这样，一般可能导致男女双方家族的武力相向，但事实上，由于抢亲而出现斗殴的情况，很少发生。关键的问题在于：男家得到了社群舆论的宽容，因而有恃无恐。从时人的纷纷议论中，可见一斑：

> 抢亲最为恶俗，然事多出于不得已，识者犹可原之。②
>
> 抢亲这件事……由于男家无力迎娶，妇家故意为难，不得已只得一抢了事，但求成就了百年姻缘，却不管什么叫做野蛮，什么叫做文明。③
>
> 宜兴……抢亲之事，时有所闻。盖婿家贫寒，而女家索财礼过奢（妆奁资至少亦须六七十元）无力应付，不得已而出此野蛮手段也。④
>
> 苏城阊门外南濠荡口乡有某甲者……作抢亲之举……一时观者莫不鼓掌。⑤

抢亲就出现在这样的社群环境中：旁观者"莫不鼓掌"；"不得已而为之"是人们对于抢亲之举的基本看法。这是俗例的另外一种力量，梁漱溟称之为"理性之力"："人们因其公平合理，虽不尽合自身利益，却允洽舆情而乐于支持拥护。"⑥ 在民间社会，特别是乡土社群中，发生利益和关系纠纷时，是否得到亲属集团的支持是至关重要的，但这种支持却不是无原则的，"他们极不愿陷到遭受群队或村落里大多数人反对的境地。换句话说，争吵的人能得到他们亲属多大的支持，是受到公众舆论的影响的……血亲团体的支持者应当与舆论的倾向取得一致"⑦。

由此看来，男家与其说得到亲友集团的支持，不如说是获得了社群舆论的宽容；社群舆论原谅了这种僭越行为。

① 梁漱溟：《人心与人生》，学林出版社1984年版，第167页。
② 吴友如等：《点石斋画报·抢亲笑柄》第8册，第319页。
③ 风：《抢亲趣史》，《申报》1928年3月8日第17版。
④ 胡朴安：《中华全国风俗志》（下编），第182页。
⑤ 吴友如等：《点石斋画报·妇负新郎》第14册，第319页。
⑥ 梁漱溟：《人心与人生》，学林出版社1984年版，第167页。
⑦ ［美］马文·哈里斯：《文化人类学》，李培茱等译，东方出版社1988年版，第197页。

官府默认 社群舆论的能量，并不局限于一个社群之内，在上下层社会的联结和沟通中，也影响着地方官府的司法决断。在法理上，抢亲是非法的，而这种"非法"的认定，根本不足以构成对抢亲行为人的威慑。一位日本的中国法制史学者注意到，"女家出现悔婚的兆头时，男家聚众抢婚（——指抢亲）的情况也曾举出不少。而法律认为，对于如此的自力救济，因未告诉官府，故只科以极其轻微的刑罚，婚姻本身据此完全有效地成立"①。在司法实践中，法典更加迁就俗例。

在江南，通常的情况是，一旦抢亲成功，女方家庭也"惟有听之而已，决不能控告女婿的非礼。就是控告，官府也原谅他们。相传即使当场就给官府看见，也假痴假呆，不问询，不干涉的"②。在1928年绍兴"余氏状告韩氏抢亲案"的判例中，人们很容易看出官府"原谅他们"的成分：

> 法官以韩某虽与余氏女（自幼）订婚，然抢亲系野蛮行为，殊不合理，况（余氏）女矢志不愿嫁韩，即强使成婚，亦无幸福可言；谕令亲族和解，由余氏退还聘金，并偿韩某结婚时费用，双方解除婚约。③

在这个案例中，不难发现，在司法实践中，法官更倾向于童稚婚约的合法性；而抢亲，只是"殊不合理"的"野蛮行为"，说不上是"违法行为"。这一点，通过与另外一宗性质不同的案件相比较，我们可以看得更清楚：

> （上海）浦东杨家渡地方，有卫阿华者，年近五旬，守鳏，滋戚鸠媒遍托，迄无良缘。今春二月间，经其友姚和尚窥得郁氏女，早失怙恃，姿色颇佳，方寄居姊氏家，遂慨然以撮合山自任，舌灿生花，为卫作伐。女之姊访知卫底蕴，已毅然辞绝。是卫（氏和）郁女因如风马牛不相及者也，乃卫胆敢于三月十四日，纠集五六十人，皇然以抢亲为名，雇备鼓乐喜轿，蜂拥而来，欲将郁女强抢。幸女先已避匿，计不得行。事为地保所闻，协同局勇，将一干人拘获数名，送县讯究。④

① ［日］滋贺秀三：《中国家族法原理》，张建国、李力译，法律出版社2003年版，第381页。

② 烟桥：《抢亲》，《申报》1934年2月9日第17版。

③ 抱琴轩主：《赖婚趣剧》，《申报》1928年4月11日第16版。

④ 李庆瑞点校：《上海旧闻·强劫闺女》，第126页。

卫阿华被拘的关键之处在于，其与郁女之间不存在婚姻关系（定婚），"固如风马牛不相及者"，而他却"皇然以抢亲为名"，实施强抢，此为非法："光天化日之下，若辈竟敢聚众横行，强劫闺女，其目无法纪为何如乎？"① 换言之，在已经存在婚姻关系的亲家之间，"皇然抢亲"与法典规定的强娶不可同日而语，不在惩戒之列；"此等案件，即经到官，亦难穷究根底。男家辄诬女家为赖婚，实则应行之礼数，亦何尝备也？"② 几乎成了难以裁断的家务事了，至多也就是民间纠纷罢了。

这是默认的态度；这一态度可以视为国家法典对民间俗例的反应：当国家法与习惯法出现冲突时，地方官员总是倾向于迁就习惯法，而地方官员的特殊身份在国家法与习惯法的联结中具有重要的意义。费孝通注意到："在应用法律于实际情形时，必须经过法官对于法律条文的解释。法官的解释对象虽则是法律条文，但决定解释内容的却包含着很多因素，法官个人的偏见……以及社会的舆论都是极重要的。"③ 在处理抢亲案件时，法官遵循着大体相同的潜规则，尽可能迁就解民间逻辑。在这里，左右其砝码的主要不是"个人的偏见"，而是社群舆论。

至此，从民间和国家两个层面所再现的俗例存在的社会环境，已经回答了一个问题：俗例何以能够存在？但另外一个更费解的问题是：俗例为何会以抢亲这样的方式存在？它与地域社会人文环境存在着怎样的关联？探幽抉微，约略可见如下隐迹：

首先，近代抢亲是古代前期江南民风的反映。民间传说，或泛云抢亲"由来已久"④，或称其为"古代遗留下来的掠夺婚俗"⑤，总之，近代抢亲承古代前期抢婚遗绪而来。东晋之前，江南以民风强悍著称全国。《汉书·地理志》："吴越之君皆好勇，故其民至今好用剑，轻死易发。"《晋书·华谭传》（卷二十五）亦称，吴蜀"殊俗远境，风土不同：吴阻长江，旧俗轻悍"，"吴人易动也"。这与当时险恶的自然环境有关。《吴越春秋》（卷第四）记载春秋晚期吴国的情况时说，"东南之地，险阻润湿，又有江海之害，君无守御，民无所依，仓库不设，田畴不垦"。在这样的

---

① 李庆瑞点校：《上海旧闻·强劫闺女》，第 126 页。
② 吴友如等：《点石斋画报·抢亲恶俗》第 2 册，第 303 页。
③ 费孝通：《乡土中国·生育制度》，第 48 页。
④ 《抢亲恶习宜革除》，（绍兴）《越铎日报》1918 年 11 月 4 日第 3 版。
⑤ 裘士雄：《抢亲》，朱元桂主编：《绍兴百俗图赞》，第 313 页。

自然和人文环境中出现抢婚现象是完全可能和可以想象的。

其次，近代仪式抢亲遗存了古代前期野蛮抢婚的形式。近代江南存在两种性质完全不同的抢亲：俗例抢亲和仪式抢亲；后者则是遥远抢婚遗风的程式化表演：事先由媒人安排好，然后再由媒人引导指明，于是新郎趋前把新娘抱起来走几步，然后交给一位孔武有力的亲友，背起新娘就跑，回到家中就此成亲。当时女家必邀集众人虚张声势地乱追一阵，绝不是要把她追回来。这其实是女方家庭故意安排的，借此既可免除男女失婚之苦，而女家也可因被抢亲而省却很多嫁妆。这实际上是一种特殊的婚礼方式。① 在江苏吴江乡下，"也有所谓抢亲的风俗，大多因为男女家想避免正常仪式的耗费，而用的代替的方式。被抢的新娘，浓装艳服在家等候"，说是"抢"，"只表示一点意思而已，没有人认真的"②。据近代学者考察，一直至民国晚期，在一些乡村结婚仪式上，仍有一部分，"保留了掠夺婚姻的遗迹"③。仪式抢亲隐现着些许"远古的野性"。

于是，俗例抢亲在仪式抢亲的掩饰下得以存在。对于仪式抢亲，社会一般的解释是：事情仓促，来不及准备，无可指摘。④ 颇有些自欺欺人的味道，但它为底层百姓提供了安身立命的社群环境。俗例抢亲就在这种有利的环境下蔓延开来；被抢者在争索财礼无果的情况下，往往因为有仪式抢亲的解释作掩饰，既省却了妆奁费用，又保全了"面子"，便就此作罢。

另外，地方俗信强化了抢亲行为。在抢亲风行的绍兴，不论是仪式抢亲还是俗例抢亲，人们都认为，此举是对女方家庭的尊敬，说明姑娘不是嫁不出去，而是被人家当作宝贝抢走的；于是女家脸面有光。反之，如果已被男方抢去的姑娘再被娘家抢回，那么，人们认为，此女终生不得吉利。对于男方来说，如果抢亲不成功，则会发生火灾。⑤ 这样的说法一方面削弱了女家争抢的勇气，另一方面却刺激了男家抢亲的决心。

三　俗例发生的历史条件

在考察清代习惯法的生长条件时，梁治平指出："作为一种社会制度，

①　马之骕：《中国的婚俗》，岳麓书社 1988 年版，第 281 页。

②　费孝通：《乡土中国·生育制度》，北京大学出版社 1998 年版，第 130 页。

③　唫生：《我国掠夺婚姻的遗迹》，高洪兴等编：《妇女风俗考》，上海文艺出版社 1991 年版，第 237 页。

④　裴士雄等：《鲁迅笔下的绍兴风情》，浙江教育出版社 1985 年版，第 124 页。

⑤　裴士雄：《抢亲》，朱元桂主编：《绍兴百俗图赞》，第 313 页。

作为所谓民间社会秩序的自动显现，习惯法的每一步发展都与实际社会生活与社会组织的变化有着密切关联。"① 这是我们理解小传统应该遵循的基本思路。作为俗例，抢亲现象则是近世以来江南地域社会生活深刻变迁过程中的伴生物。缕析而论，约为如下数端：

第一，贫富分化日益加剧。门当户对是传统婚姻关系缔结的基本原则。在流动滞缓、相对稳定的时代，从定婚至成婚这段时间，男女双方家庭的经济条件和社会地位不致发生明显的差距，人生历程经过既定仪式代代重复下去。即便如此，宋代司马光还是担心："及其既长，或不肖无赖……或家贫冻馁……遂致弃信负约。"② 近世以降，这种情况在商品经济发展迅速的江南地区日渐普遍，众多的家庭在价值规律的作用下，逐渐拉开了距离。进入晚清，随着外国资本主义经济渗透的加强，自然经济渐趋解体，商品经济更加深刻地改变着社会经济结构，加之各种不确定因素，家庭的贫富分化日益加剧。十年八年便可能基本改变一个门户的命运。在这种情况下，门当户对的时限要求更加苛刻。小儿女时的门当户对，及至成婚，已不相匹，"家道中落"常常成为女家延宕成婚或悔婚的主要口实。1928 年，在绍兴发生的抢亲事件中，余、韩两亲家的情况变化在江南是比较典型的：

> 初，（绍兴）余氏以女字韩某。余、韩本姻娅，订婚时，男女均尚年幼；越数年，韩某家渐中落，余氏有悔婚意，女亦以韩某开设酒肆，不愿为酒家妇，因此韩某屡遣媒向余氏提议迎娶，均遭氏拒绝……韩某察知余氏有意刁难，欲图赖婚，乃与媒人谋，实行抢亲。③

具体到每个家庭，家道中落的原因会很复杂，无法尽列；上文提及的园丁邵金发便是一个赌棍：

> 祖遗薄田十余亩，以滥赌挥霍几尽，度日渐窘，乃佣于余家。当其未倾家时，曾聘相距九里之下垫镇农民姜某女为次子妇，姜某寻

---

① 梁治平：《清代习惯法：社会与国家》，第 167 页。
② 见陈顾远《中国婚姻史》，第 124 页。
③ 抱琴轩主：《赖婚趣剧》，《申报》1928 年 4 月 11 日第 16 版。

卒。其妻颇刁恶，嫌邵氏贫，托言女幼多病，延宕不允出阁。金发抱孙心切，既度对方无亲就理，遂于月之十二日，邀请亲朋多人……相率至姜家（抢亲）。①

因赌而败的邵家自恃定婚在先，要求姜家履约，实际上是在坚持一桩两个不同门户之间的婚姻；女方对此并不情愿，遂致抢亲。

婚姻的门户不能简单地视为外在因素的约束，在很大程度上，它也为男女关系的和谐营造了社会化环境；相当的门户以相当的经济实力为后盾，其子女生活于基本相似的家庭氛围之中，获得了大致相同的教育机会、彼此契合的生活志趣以及不相上下的社会修养。由于门当户对造就了一些婚姻的不幸，人们往往忽视了问题的另一面：在悬殊的门户之间更难婚姻美满；打破了门户之见，门当户对的原则仍然隐存于婚姻关系的缔结过程中，具有很大的历史合理性。在社会流动缓慢的时代里，童稚定婚与门当户对大多不会在定婚—成婚这段时间内产生矛盾，门当户对的原则被不经意地贯彻于婚姻生活中，人们会因为它理所当然而熟视无睹。从近世至民国时代，社会流动加速，贫富分化加剧；童稚定婚难以经受时间的考验，门当户对也同时受到了挑战。

应当指出的是，真正因为门户之限而导致的抢亲行为并不多；许多抢亲常常发生在门户相当的亲家之间。一种情况是，"生女之家，或计培养，需索重聘，致男家无力筹措，酿成抢亲恶习；亦有女家并不需索，而男家悭吝或无行，不惜作此非礼行为者"②。这种争执不以悔婚为目的，只是借此生利，至少不至损失太多；另一种情况是，随着社会自由交往程度的提高，女家欲攀高枝，如：

> 苏州钟楼头农家子杨姓，自幼聘定东小桥王氏……女母素为喜嫔，出入贵家，于是，坠马公子、走马王孙，慕女貌美，恒托故往来，母遂隐有悔意……杨知其隐，仍于前日纠集亲友拥至女家，突作抢亲之举。③

---

①　朱坦君：《抢亲几成命案》，《申报》1927 年 7 月 27 日第 17 版。

②　吴莨纂：（上海）《宝山县再续志》，1931 年铅印本。

③　吴友如等：《点石斋画报·新娘赤足》第 13 册，第 105 页。

这两种情况，反映了近世以来江南地域社会生活的另外两个显著变化：前者跟骄奢的生活消费相关，后者跟开放的社会风气相关。

第二，婚姻礼俗日渐骄奢。大致从明中叶开始，社会风尚由俭趋奢，而以江南地区的表现最为明显。张瀚描述道："至于民间风俗，大都江南侈于江北。而江南之侈，尤莫过于三吴……是吴俗之侈者愈侈，而四方之观赴于吴者，又安能挽而之俭也。"① 流风所及，即如僻处江南山区的上虞亦呈是象。以婚姻消费为例，上虞社会"好于孩提时轻结婚姻"；明万历时，"颇重信义，轻财货，故女家无朝诺夕更，男家亦不责荆钗裙布，亲属款洽"。至清季，情况完全不同了，"两家联姻必先遣媒行礼聘，用银钱、钗镯、绫缎，视贫富为差……惟富家嫁女备侈妆奁之丰厚，贫家许字尤索重金"②。究其原因，"人情"和"脸面"构成了一股无形压力，使得行为人在婚姻消费上你攀我比，互相效尤，下层民众自不能免俗。20 世纪 30 年代，上海川沙民间，"侈靡日甚，富厚之家黄赤无足奇，聘金等礼动至数百金，筵馔珍羞（馐），无美不备。小康者竭力效之，甚至贫户亦以朴陋自惭……推原其弊，缘邻近上海，渐染所及，实为体面二字所误尔"③。

日渐骄奢的婚姻消费在下层社会所引发的一个现实问题便是婚姻失时。浙江上虞便出现了"因嫁女而荡产，缘娶妇而倾家者，以至穷苦小民老死而不能婚"④ 者。但人们不会坐视事态的发展，全国各地针对婚姻骄奢消费问题的俗例应运而起；童养媳在一定程度上似乎是可以缓解溺女之习的一种俗例。在 20 世纪 20 年代苏沪乡镇间：

> 女家方面争财礼，争衣饰，非达到极大的要求不止；而且还要从（踵）事增华，一家赛过一家。一方面则又不得不广置装奁，以夸体面……一般穷苦人家则每多自幼即抚养童媳，长则为之合卺，即可费省，又能帮助工作。⑤

① 张瀚：《松窗梦语》卷 4"百工记"。
② 储家藻修，徐致靖纂：（浙江）《上虞县志校续》，清光绪二十五年刻本。
③ 方鸿铠、陆炳麟修，黄炎培纂：《川沙县志》，1937 年上海国光书局铅印本。
④ 储家藻修，徐致靖纂：（浙江）《上虞县志校续》，清光绪二十五年刻本。
⑤ 钱咸：《苏沪间乡镇社会妇女的生活》，《妇女生活》1929 年第 15 卷第 4 期。

　　近世江南，童养媳和溺女之俗并存之外，[①]　抢亲行为更为惊世。抢亲更集中出现在近世江南，[②]　时代和地方特色明显。1923 年《昆新两县续补合志》的记载，清楚地显示出骄奢的婚姻消费与抢亲俗例之间所存在的直接因果关联："婚礼皆如其俗之旧，惟币加丰，费加奢。乡居不能备礼，则有劫婚之事。"且这样的俗例随着时尚的变化得到强化："旧俗亦有之，今益甚焉。"[③]　而"旧俗"的初始原因很清楚："自世俗财礼之风盛，无力者始有抢亲之举。"[④]

　　奢靡婚俗对下层社会形成的压力更大，"婚姻费用，由数百金达数千金，中流社会以下，每视为畏途"[⑤]，抢亲发生的可能性为之增加。上海川沙，女家需索无厌："曰茶礼若干也，时节若干也，门包若干也，有则嫁，否则不嫁。婿乃老羞变怒，致有纠众抢亲之举。"[⑥]　所以，"沪俗抢亲之举，其事全出小家"[⑦]。晚清以隆，江南乡间此风尤炽。在清末民初的浙江，报章杂志上时有所见，不过都是农村中贫困人家的举动，男子已到了结婚的年龄，而家庭经济困难，已定了婚，却没有钱"娶媳妇"，所以才用抢亲的方法。[⑧]　绍兴"每有贫苦之家聘定妻室，无力迎娶，动辄纠集多人将新娘抢抱成亲"[⑨]。形成气候的抢亲，在"乡镇之间，屡见不鲜"[⑩]。

　　第三，社会风气日趋开放。芬兰人类学家韦斯特马克（Westermarck）注意到，"许多民族特别重视新娘的处女性"，同时又"危惧成长时难觅配偶"，常常将童稚定婚"作为保全处女性的手段"[⑪]。即使如此，还不能完

---

　　①　参见费孝通《江村经济》，第 38—40 页。

　　②　笔者所见江南之外的抢亲资料出现在陕西扶风县一带："民间习俗，无论贫富之家，为父兄者，与子弟幼时，凭媒预定婚姻，虽有行聘帖之举，惟帖内纯系空白，并不书写一字，相习成风。其意总以媒妁为准，然女家因娸证不故，或男家渐贫，或女婿失教，常有昧婚另字者，男家若知，每有纠众抢亲、争讼到庭之举。"这里从婚帖的法效角度涉及抢亲行为，与江南抢亲似有不同。南京国民政府司法行政部编：《民事习惯调查报告录》下册，第 1017 页。

　　③　连德英修，李传元纂：(江苏)《昆新两县续补合志》，1923 年铅印本。

　　④　李庆瑞点校：《上海旧闻·强劫闺女》，第 126 页。

　　⑤　炎：《婚礼奢侈之影响》，《申报》1923 年 3 月 26 日第 20 版。

　　⑥　《川沙县志》，1937 年上海国光书局铅印本。

　　⑦　吴友如等：《点石斋画报·翁婿皆非》第 6 册，第 194 页。

　　⑧　马之骕：《中国的婚俗》，第 281 页。

　　⑨　《抢亲恶习宜革除》，(绍兴)《越铎日报》1918 年 11 月 4 日第 3 版。

　　⑩　凤：《抢亲趣史》，《申报》1928 年 3 月 8 日第 17 版。

　　⑪　［芬兰］韦斯特马克：《人类婚姻史》（影印本），王亚南译，上海文艺出版社 1988 年版，第 27 页。

全让人放心，所以在江南，已经经过定婚手续的"婿家见女子长成，渐近冶荡一流，邀人劫夺"①。前述韩姓婶娘之所以为侄儿的婚事着急，因为她"觉得侄媳妇一天不娶了回来，万一侄儿无形中竟戴了绿的头巾，岂不大大的对侄儿不住；而且侄媳妇年纪已大，情窦早开，心里一块石头，终于放不下"②。客观地说，随着社会风气的开放，男方家族的担心不是完全没有道理的，事实上，这样的事情就发生了：

> 会稽（绍兴）人某甲，操鲁班之技……有一妹妹字乡人某乙，春闺静守，待赋桃夭，迩来年届破瓜，一点芳心，不耐岑寂，与同业某丙有染，匪伊朝夕。一日，为乃兄所见，深以为羞……适值某乙以家计维艰，无力迎娶，亦于是时抢亲。甫至门，见人已蜂屯蚁集，疑已闻风准备。探诸邻右，始悉颠末。乙自忖窭贫，安能再娶完璧，不若收拾残花，聊免春风抱怨，故拟将该女娶归。而丙与女反守白头之约，坚不允从。③

某乙可谓生不逢时，童稚定婚，却"无力迎娶"；循例抢亲，却已"红杏出墙"。时代的发展让抢亲者瞠目结舌。

四　社会史视野中的俗例

以抢亲为案例的社会史研究证实，传统中国社会的法律体系，确实如不少学者所指出的那样，是一种"多元格局"④。作为与国家法相对应的地方俗例，在整个近代一直发挥着不可小视的作用，所谓"现代民族国家的建构""中国法制的近代化"等过程并没有对地方俗例构成多少实质性的影响。面对杂多的地方—民间色彩浓厚的俗例，单一学科往往只能从某一侧面予以说明，其本质属性必须在历史学、人类学和法学的跨学科对话

---

① 吴友如等：《点石斋画报·翁婿皆非》第 6 册，第 194 页。
② 风：《抢亲趣史》，《申报》1928 年 3 月 8 日第 17 版。
③ 吴友如等：《点石斋画报·抢亲述奇》第 6 册，第 283 页。
④ 国内学者中，如苏力、梁治平、邓正来等都有专著（文）论及这种现象，但他们似乎大都受到一些外国学者的启发和影响，其中重要者如美国昂格尔的《现代社会中的法律》（吴玉章等译，中国政法大学出版社 1994 年版），日本学者千叶正士的《法律多元》（强世功等译，中国政法大学出版社 1996 年版），法国学者布律尔的《法律社会学》（许钧译，上海人民出版社 1987 年版）。

中，获得必要的认识工具，[①] 从而得到准确的认定。当社会史将俗例作为考察对象时，正如我们在探讨其他底层—日常生活议题时所遭遇的挑战一样，非进行跨学科沟通不能济事。由此，社会史研究对传统史学在方法论更新方面所具有的普遍意义，略见一斑。

放眼俗例存在的社会环境，我们认为，一定的俗例是特定人文环境的产物；人文环境千差万别，俗例便可能迥然相异。每一个俗例便构成一种所谓地方性知识。对于地方性知识的理解，国家—社会框架成为一种有效的认识途径。但是，以抢亲为对象的考察让我们坚定了一个信念，包括俗例在内的地方性知识毕竟扎根于民间社群，涂抹了浓厚的地方色彩，它们的存在遵循着"不足为外人道也"的自身逻辑，它们的运作与社群人文环境息息相关，对其真正意义上的理解，首先必须立足于地方—民间社会，而政治国家只能作为一个观照背景。进而，我们便能明白，以整体性为追求目标的社会史之所以津津乐道于底层—日常生活，因为这是作为整体的传统中国社会不可或缺的组成部分，由此，社会史研究对于传统史学在视角转换方面所具有的革命性意义，自是不言而喻了。而一旦进行了这样的视角转换，无论在史料形式、认识手段，还是在史学观念方面都不可能固步不前。笔者认为，在在发生的变化从整体上说就是所谓史学范式革命。

找寻俗例发生的历史条件，我们认为，俗例就是一种社会传统，所谓与精英大传统相对应的民间小传统。作为一种被长久认可的生活规则，小传统构成时人生活的重要资源而被利用：抢亲只是婚约俗例的一部分，而婚约的合法性无论在国家还是民间层面上，都是无可置疑的；童稚婚约因为随意延伸了婚约的外延，而丧失了法典上的合法性，但它保留了婚约的基本内涵，从而仍然为民间社会所认可。

小传统也是变化的，变化的方式之一是传统要素的扩充，而不是对既往传统的全盘否定：抢亲在强化童稚婚约合法性的同时，从惩戒的角度，以"可为模式"给婚约附加了新要素，形成新的俗例。这种方式符合传统变迁的基本规律：新传统取代旧传统，从来就不是完全的，其结果或多或少是一种融合或融会。[②]

---

　　① 习惯法所具有的"法"的意义是人类学和社会学所赋予的，而难以在传统的经典作家那里找到理论说明。田成有：《乡土社会的国家法与民间法》，谢晖、陈金钊主编：《民间法》第1卷，第1页。

　　② ［美］E. 希尔斯：《论传统》，上海人民出版社1986年版，第346页。

很明显，新的俗例无论就童稚婚约而言，还是就抢亲来说，不但悖离国家法典，更重要的是，它违背了人性解放的现代精神。在这里，历史学者主要不是进行价值判断，而应当深入探究俗例发生的社会历史条件；这样的探究，需要我们凌驾于小传统之上，一方面通过把握整个近世以来的时代变迁，索解"俗例何以发生"，另一方面，从近世以前的时代溯源中，思考"俗例何以会这样发生"。由此，我们就能明白，社会史在面临底层——日常社会中变化缓慢的小传统时，为什么特别强调长时段的概念；别无他，这就是小传统的存在形态。研究对象的特征更新了我们的思维方式。

第二节　婚姻的变故：孀妇乡居环境

孀居与婚姻相始终。这一伴随着人类文明史的社会现象，当它进入历史学视野的时候，很自然地被置于不同的时空分别考察。① 这是注重时移世易

---

① 反顾历史学对于不同时空孀妇的考察，与本论题相关性较大的研究成果有：在世界史方面，中世纪晚期和近代早期欧洲的孀妇受到中国学者的特别关注。这一时期，由于社会震荡导致的人口结构改变和城市发展引发的婚姻结构变化，孀妇群体不断扩大，她们的改嫁和寡居生活成为学者们关注的两个主要方面。见俞金尧《中世纪晚期和近代早期欧洲的寡妇改嫁》，《历史研究》2000 年第 5 期；林中泽《中世纪与宗教改革时期西欧寡妇状况探析》，《学术研究》2004 年第 9 期；曾业英《近代早期英格兰城市的寡妇再嫁问题分析》，《历史教学》2009 年第 4 期；俞金尧《中世纪欧洲寡妇产的起源和演变》，《历史研究》2001 年第 5 期；黄树卿《19 世纪印度遗孀法律地位的变革》，《南亚研究》2010 年第 3 期。中国史方面，比较多地关注了孀妇再嫁问题。从两汉到清代几乎每个朝代都有关于这一问题的断代考察，宋代孀妇则成为讨论的焦点，而明清成为整个断代孀妇研究中成果最多的时段。比如，姚红：《从寡妇财产权的变化看两宋女子地位的升降》，《浙江学刊》1993 年第 1 期；王卫平：《清代江南地区社会问题研究：以逼醮、抢醮为例》，《史林》2003 年第 3 期；钟晋兰：《客家妇女的守志与再嫁》，《东南学术》2010 年第 4 期；温乐平、涂蕴漪：《清代江西清节堂初探》，《江西师范大学学报》2009 年第 3 期；邓俊康等：《清代甘肃孀妇再醮原因分析》，《中华女子学院山东分院学报》2007 年第 2 期。专著方面，除冯尔康的《清人生活漫步》（中国社会出版社 1999 年版）有专文《清朝政府的旌表贞节与寡妇再婚》进行论述，一般散落在相关问题的讨论中，比如，郭松义的《伦理与生活——清代的婚姻关系》（商务印书馆 2000 年版），王跃生的《清中叶婚姻冲突透析》（社会科学文献出版社 2003 年版），梁其姿的《施善与教化：明清的慈善组织》（河北教育出版社 2001 年版），日本学者夫马进的《中国善会善堂史研究》（伍跃等译，商务印书馆 2000 年版），美国学者白凯的《中国的妇女与财产：960—1949》（上海书店出版社 2007 年版）等。综观以上成果，有三个主要的方面为本课题的研究留下比较大的拓展空间：其一在时段上，对于晚清民国时期孀妇问题的探讨比较少，而这样一个动荡变革时世的孀妇生活无疑值得关注；其二在空间上，缺少对于乡居孀妇生活的专门关注；其三在对象上，传统史学对于所谓历史事件的理解，让很大一部分学者在讨论孀妇问题时总是盯住再嫁、贞节等几个有限的课题，像张国刚《唐代寡居妇女的生活世界》（《安徽师范大学学报》2007 年第 3 期）这样拥有日常生活史视野的成果实在少见，而这样的视野，毋宁是社会史所必须重视的民众生活常态。

的史学所秉承的基本分析路数。那么，处于急剧变化的近代中国社会，孀妇的生活状况如何？更应引起我们的注意。客观地说，史学并没有冷落孀妇，只是因为相关论题过于注目其中的"异常"行为，讨论常常聚焦于有限的几类事件上，如再嫁、抢醮、贞节等，这些论题与其说关于孀妇生活，毋宁关于孀妇生活的终结。在我们看来，作为社会史的自然生长点，日常史应当更关注常态的群体生活。基于这一考虑，我们立足于乡土江南，透析近代孀妇的生活环境，以期确定作用于这一特殊群体的社会机制及其特质。

一　助成孀居的江南风土

丈夫离世，妻子顿成孤孀，近代乡人常归之为命数，即无可如何之自然因素，[1] 但事实是，传统中国社会中的不少孀妇却是人为造成的，其中，数种流行于各地的习尚成为造成孀居的深层助因。在江南，与此密切相关者约有如下数端：

其一，冲喜。俗尚，男子订婚后忽遭病疾，百药罔效之时，尚有最后一着：将病者已聘未娶之妻，火速抬到夫家，遵礼成亲，希冀于渺茫之中，病者之病机尚可因喜事临门而日见回苏，世称之为"冲喜"，意以喜事冲之之谓也；[2] 简言之，有男病重而接女相见，即冲喜。[3] 在上海宝山，冲喜指"因翁姑或男子患病，临时迎娶者……此或因种种障故，出于事之不得已耳"[4]。

---

[1]　历史时期一定医疗卫生水平条件下的致命病症，都应视作自然因素。黄炎培20世纪50年代在《八十自述》（文汇出版社2000年版，第18页）中回忆，"依我亲身经历，我父我母的病，如在今天都不会会命。而今天不致命的病，如在早年，无疑地致命的了。前后死亡率相差度那么大，必须认识这不是我家独特的现象。我幼年常听到一句话：'人生五十不为夭'。"平均寿命与孀妇的规模应成反比，即平均寿命为40余岁时，年轻孀妇的规模远远高于如今，她们的生活状况常常形成社会问题。

[2]　《冲喜》，《医学周刊集》1932年第6卷第3期。

[3]　潘履祥编纂：《罗店镇志》，杨军益标点，清光绪十五年铅印本；上海市地方志办公室编：《上海乡镇志旧志丛书》第11册，上海社会科学院出版社2006年版，《罗店镇志》卷第8页。

[4]　吴葭修，王钟琦纂：（民国）《宝山县再续志》卷5《风俗》，民国二十年铅印本；《中国地方志集成·上海府县志辑》第9辑，上海书店出版社1993年版，第687页，上栏。按，因情况或地区不同，冲喜有一些其他名称，如陈亮熙编辑、陈克襄补辑（民国）《杨行乡志》（上海市地方志办公室编：《上海乡镇志旧志丛书》第10册，上海社会科学院出版社2006年版，《杨行乡志》卷第83页）："男子遭父母丧，就丧次草草成婚者，谓之促亲。"按，蔡蓉升原纂、蔡蒙续纂《双林镇志》（1917年上海商务馆铅印本；《中国地方志集成·乡镇志专辑》第22册，上海书店出版社1992年版，第699页，上栏）："近有结姻尚未行聘，以父母病笃，数日内成婚者，曰'猝亲'。"另，江南有些地方似乎并无为婿冲喜的情况，如《冲喜》（《礼拜六》1943年总第43期）说，常州"乡间旧俗，如果家中有人生病，必需定亲冲喜"；余丽元等纂修（光绪）《石门县志》卷11《杂类志·风俗》（光绪五年刻本；《中国地方志集成·浙江府县志辑》第26辑，上海书店出版社1993年版，第673页，下栏）记载："父母病危婚嫁，曰'冲喜'。"

可见冲喜有两种情况，一是为翁姑等而冲，一是为夫婿而冲，而后者极有可能造成女子孀居："吉期濒临，婿或婿之父母病，往往商通女氏改近吉期，迫女登舆至婿家行礼，谓之'冲喜'。或婿病剧不幸而故，则终身寡矣。"[①] 病情既已危重，不幸当在意料之中。近代溧阳歌谣：

　　小妹二八早配郎，催促冲喜进郎房，十指尖尖玉手弯弯，双手撩起珠罗帐，夫郎重病睡牙床！

　　小妹急急求医忙，请来郎中开药方，十指尖尖玉手弯弯，双手端砚忙磨墨，百药难医病膏盲（肓）！

　　小妹温顺心善良，头药回来抱希望，十指尖尖玉手弯弯，手执蒲扇熬药汤，樱桃小口先舔尝！

　　小妹轻声唤夫郎，不顾羞涩为病康，十指尖尖玉手弯弯，双手挽起郎肩膀，一口一口喂夫郎！

　　夫郎面孔腊板黄，皮包骨头手脚凉，十指尖尖玉手弯弯，喂罢药汤被盖上，夫郎咽气见阎王！[②]

　　随新娘而来的喜气并未冲散新郎死亡的阴霾，新婚伊始就出现了夫妻的生离死别。新郎已逝，新娘的噩梦才刚刚开始：婚礼依然举行，所谓"抱牌成亲"，此其二：

　　小妹出房泪汪汪，公婆请人来拜堂，咪哩吗啦，吹吹打打，逼妹抱牌位拜堂，一场恶梦把终身葬！[③]

---

① 陈训正、马瀛纂修：《定海县志》册5《方俗志》，1924年旅沪同乡会铅印本；《中国地方志集成·浙江府县志辑》第38辑，上海书店出版社1993年版，第582页，上栏。

② 《抱牌位成亲》，汪士忠主编：《中国民间文学集成·溧阳县资料本》（未刊本），1989年，第513页。按，柏龄《冥婚习俗之研究》（《三六九画报》1943年第23卷第14期）："抱牌成亲"也称"抱主成亲"，也有叫"归门守孝"的，古时有"嫁殇"之说；其实就是民间流行的"冥婚"形式之一种。黄华节《冥婚》（《东方杂志》1934年第31卷第2号）介绍了另一种冥婚形式：男女双方，生前本无婚约，一方死后，他或她的家人，恐怕死者在地下不安，于是查访一个也是未婚而死的男子或女子，年纪相差不多，堪当联成配偶的，托人向他或她的父母说合，为死者结成冥世的夫妇。这在古时叫作"迁葬"，近代叫作"结阴亲"。

③ 《抱牌位成亲》，汪士忠主编：《中国民间文学集成·溧阳县资料本》（未刊本），1989年，第513页。

　　刚刚踏入夫家之门便成寡居，所以抱牌成亲又称"望门寡"①。这种活人与死人结婚的风俗，"流行颇广，就是民智比较开通一点的苏浙，也还有这样的耻事！……甘心守的，还要行一个死魂的婚礼，自己抱着所谓丈夫的灵牌，或是由死者的姊妹，着男装，抱灵牌，代表死者与新娘子行结婚礼"②。"望门"的孀妇本不该出现，此种人间悲剧其实酝酿于传统婚姻陋俗：早婚；此其三。

　　在传统中国，按照礼法，男女订婚，婚姻关系就成立了。③ 抱牌成亲由此获得了制度依据。按常理，定婚与成婚前后相续，冲喜及嗣后的抱牌成亲本不太可能发生，而竟至发生，乃与民间社会中的童稚婚约密切相关。童稚定婚企图以一个当前的契约约束数年乃至十几年之后将要发生的行为，其间的风险可想而知，尤其是遭遇不可抗拒的变故，比如男方的死亡，已有的契约便无法实现了。但居然就有失去儿子的夫家胶着于旧契，坚持抱牌成亲；孀妇就这样生生地出现了。所以说，"早婚是制造未亡人的原料"④。至于童养媳，女子已然生活于夫家，"望门"守寡似乎势所必然了。20 世纪 30 年代苏州西部的洞庭西山村落间，在"望门"守寡的女子中，"伊们有的是童养媳"⑤。

　　从实际情况看，"望门"而寡现象的出现并不能完全归咎于夫家的坚持，一部分女子其实是"自愿的"。在民初上海的青浦，竞新小学毕业生徐隆德患伤寒病去世，其未婚妻周氏欲以身殉，经家人劝说无果，乃当夜与徐君灵牌补行婚礼，誓愿守节终身。⑥ 如此誓言，出于两种心态：一为表示贞节，"至有未婚夫死，而女为奔丧，服衰麻，守寡以终者，谓之'贞妇'。然从一之义，为成婚者言。若以非礼之正，强人情之所难能，责之寻常妇女而不至冥冥堕行者，固难言之矣"⑦。另一方面表示"赎罪"。

————————

　　① 潘履祥编纂（光绪）《罗店镇志》："定亲后男死，女曰望门寡；亦有男死过门守节，谓之抱牌做亲。"

　　② 徐明秋：《冥婚》，《民间旬刊》1931 年总第 19 期。

　　③ 参见本章第一节。

　　④ 鲍剑奴：《徽州妇女问题》，《微音》1924 年总第 17—18 期。

　　⑤ 雅非：《洞庭西山的妇女生活》，《申报》1936 年 11 月 14 日第 17 版。

　　⑥ 《抱牌作亲之陋俗》，《浅说画报》1912 年总第 1267 期。

　　⑦ 曹炳麟纂修：（民国）《崇明县志》卷之 4《地理·风俗》，1930 年刻本；《中国地方志集成·上海府县志辑》第 10 辑，上海书店出版社 1991 年版，第 531 页，下栏。黄华节《冥婚》（前揭文）更明确地梳理了这种心态："女子因已经许字，俗例已看她为'泼出的水'，俗人当她是'鬼妻'，不敢要她（，）'一女不配二夫'的观念，不许她再结良缘，横竖守活寡，倒不如索性'归门守孝'，反博得'贞节'的美名。"

苏州《阳澄渔歌》：

> 男家郎君病勿轻，要奴提早去做亲，冲喜勿到三日天，红头巾换白头巾。公公骂奴丧门星，婆婆话奴克夫命，才（都）怪爷娘贪财礼，害奴一世难做人。[1]

罪愆是克了丈夫的命；两种心态相辅相成，让女子不得不"自愿"：一个女子未曾结婚而死了男人，这是因为女命太硬，因此有个别女子抱牌成亲，以示贞洁。[2]

由地方风土促成的孀居在近代招致新进知识分子的批判。1948 年初《大公报》一则"新闻拾零"：

> 江苏省丹阳城内中正路宝庆银楼小老板孙鼎元，前和贺玉珍订婚，并定本月十三日结婚。不料孙鼎元突然在十日急病身死，贺玉珍闻耗，即至孙宅抚尸痛哭，并说，"生为孙家之人，死为孙家鬼"，坚决要与孙鼎元灵牌结婚，虽经双方家长劝阻，终无效果，乃于十三日抱住孙鼎元灵牌在孙宅举行凄惨的婚礼。[3]

"在今天这样的时代这样的国度里，也难勉（免）没有人对此啧啧称羡"，读到以上新闻，时人按捺不住愤怒，"按语"道：

> "生为孙家之人，死为孙家之鬼。"这意思在中国女子的脑中盘据了几千年，今天，反而变本加厉，非但在作人的时候应该"嫁鸡随鸡，嫁狗随狗"，就是死去变作鬼，也应该永远是属于男家的。这说明，直到今天，女子在社会中仍然站着一个多么不被重视的附属地位，死去，灵魂仍得不到解脱，在妇女应该参加社会活动，要求妇女

---

① 《冲喜》，顾全光主编：《阳澄渔歌》，大众文艺出版社 2007 年版，第 94 页。按，才，"都"之意。

② 张仰先编纂：《大场里志》，杨军益标点，上海市地方志办公室编：《上海乡镇志旧志丛书》第 11 册，上海社会科学院出版社 2006 年版，第 141 页。

③ 《抱灵牌结婚》，《大公报》1948 年 1 月 18 日第 4 版。

人性的解脱的呼声中……是一个绝大的讽刺。①

记者的这番议论触及近代社会两种饱受批判的意识形态：礼教与社会歧视。害人的礼教仍然深深扎根于助成孀居的地方风土中：

> 活女人和死男人结婚，完全是受旧礼教的束缚；烈女传，女孝经，节孝祠，旌节堂，贞节坊……这一些吃人的臭怪物，从后面簇拥着……一齐进攻，可就苦死了孱弱无能的女孩了！②

在男性中心主义社会中，礼教之害主要针对女性：

> 我国的社会制度老早就以男性为中心，把这条原理推到婚姻上面，男子定了亲，未婚妻死了，就算倒霉，可也没有什么大碍，干脆另结一门就得了。所以，男子讨"鬼妻"，是很少见的……女子呢，却没有那么便宜，许了字就是人家的媳妇，死忘（亡）断不了婚姻的契约，所以仍得嫁过去，"抱主成婚"，"归门守孝"，周礼只说"嫁殇"，不提"娶殇"，怕就含有这个暗示罢。③

当普遍的礼教和男性中心主义推及地方，融入当地人文生态，成为一方风土人情，几乎就确定了女性的悲剧宿命；近代江南乡村的孀居生活不过是这种宿命的一个缩影。

二　家族介入孀妇生活

在近代乡土中国，影响民众生活最重要的社会关系莫过于亲属关系。这一"根据生育和婚姻事实所发生的社会关系"网络，以"自己"为中心，并作用于其中的"自己"；被作用者"自己"是个体，而作用者之一是血缘团体："从自己推出去的和自己发生社会关系的那一群人"④，常常以家族为单位介入个体生活。既已成为"夫家人"的孀妇，一旦失去小家

---

① 南梓：《抱牌成亲》，《五月》1948 年第 1 期。
② 徐明秋：《冥婚》，《民间旬刊》1931 年总第 19 期。
③ 柏龄：《冥婚习俗之研究》，《三六九画报》1943 年第 23 卷第 13 期。
④ 费孝通：《乡土中国·生育制度》，第 24 页。

庭"当家人"的依傍，夫族首当其冲地介入进来：

> 　　新做孤孀苦黄连，啼啼哭哭到灵前……叫声丈夫哭声天，天上星
> 昏月迷离，小阿奴娘好比独木撑船难过海，迷雾里摇船勿见天。
> 　　日落西山夜黄昏，风扫地来月当灯，苦只苦三岁孩童呒不亲爷
> 叫，只得到房里去叹五更。①

　　近代嘉善田歌《小孤孀》道出了年轻孀妇的窘境，其中最艰难的当是
生计。常熟（今张家港）河阳山歌《竹》描述："屋后靠河十亩竹，北风
吹竹盈盈哭……薄田三丘难种熟，小熟吃到知了叫，大熟吃到着棉袄，靠
着竹笋度饥荒。"②

　　面对孀妇类似的境况，以敬宗收族为旨趣的近世家族有义务提供扶助，
事实上，这样的扶助直至近代仍在江南乡村延续。光绪二十四年（1898）
《吴县陈氏义庄记》："凡族中鳏寡孤独及废疾者皆有所养"不只是字面上标
明的宗旨。③ 光绪二十九年（1903）常熟《丁氏义庄规条》：族中"孀寡给
钱一千文，俟其子孙年及二十岁停给，无子孙则常给"④。1919 年太仓传德
义庄购置五百多亩田产，"岁收租息，除完赋、祭扫、修葺庄祠等用外，余
悉以之赡济族中之孤寡贫乏，以仰慰先人敬宗收族之怀"⑤。北宋时即定居
浙江余姚的朱氏家族，旧制即有规定："族内鳏寡、老独、残疾，每季每人
给制钱一千六百文，孤每季每人给制钱八百文。自光绪甲辰修谱以后，续有
增加。"自 1927 年起，"给寡每季每人给银元四元，全年共计十六元。其给
领详细规则，仍照旧制办理"。1931 年续增宗规时重申了此项规定。⑥ 朱氏

---

　　① 沈云章演唱：《小孤孀》，金天麟编：《中国·嘉善田歌》，黑龙江人民出版社 2009 年版，
第 133—134 页。按，此歌谣 1986 年记录于洪溪乡建设村，后曾收入 1991 年 12 月浙江文艺出版社
出版的《中国民间文学集成·嘉兴市歌谣谚语卷》。

　　② 《竹》，张家港市文联编：《中国·河阳山歌集》，华东师范大学出版社 2006 年版，第 7—
8 页。

　　③ 王国平、唐力行主编：《明清以来苏州社会史碑刻集》，苏州大学出版社 1998 年版，第
265 页。

　　④ 《常熟丁氏家谱·义田规条》（光绪二十九年本），见费成康主编《中国的家法族规》，上
海社会科学院出版社 1998 年版，第 290 页。

　　⑤ （太仓）《传德义庄规条》（1919 年），王国平、唐力行主编：《明清以来苏州社会史碑刻
集》，第 271 页。

　　⑥ 《余姚朱氏宗谱·民国二十年修谱续增宗规》，见费成康主编《中国的家法族规》，第 356 页。

家族前后数百年延续着对孀妇的生活补贴。

除族规的常态履行外，夫族对孀妇的日常帮助也时有发生。太平天国之后，南京禄口镇北村孀妇王氏矢志清修，族人嘉其节志，悯其穷老无依，便于野田丛冢之间筑茅屋三椽，名曰"福因庵"，供其修行。[①] 文学翻译家胡山源是江阴山观人，他回忆道，父亲27岁那年便患病去世，生活变得十分困难。他能进入仓廪桥街上的新式自民小学读书，是因为族伯父静山先生是学校的校长兼教员。14岁时，另外一位族伯致尧先生借给他80元让他到城里的励实学堂读书，并送给他两条被头、一顶帐子。[②] 本来，胡母因家贫想让他辍学经商，家族的帮助改变了他的人生之路。可以想见，单凭寡母之力，是无法完成学业的。

必须指出的是，孀妇从夫族那里得到的扶助，应该说是十分有限的。首先，狭隘而封闭的族规限制了扶助条件。清道（光）咸（丰）间《常熟邹氏隆志堂义庄规条》："寡妇不论年岁，其守节至五十岁，除应给米者外，每日加给薪水银一分。守寡不终出姓者，不给。"[③] 守节意味着是夫家的人，而"守寡不终（而）出姓"意味着背离夫族，当然无法再享有家族的扶助。

其次，家庭扶助的实际覆盖面小，扶助效果弱微。据徐茂明的研究：

> 到了晚清，随着士绅阶层的城居化不断严重，义庄大多设于城镇，农村义庄比例很小。据统计，苏州的义庄，53.5%设置在城市，24.1%在市镇，农村只有22.4%。吴、长、元三县义庄设在城镇的高达89%。常昭二县城镇中义庄也占77%……再者，苏州是江南义庄最集中的地区，而其他州县有的设置义庄很少，如常州武进、阳湖县，据光绪《武进阳湖县志》卷3记载，二县只有两座义庄，因而对义庄的实际效果不能过于夸大。[④]

---

① 《孀妇惨死》，《益闻录》1880年总第33期。

② 胡山源：《自述》《我在江阴励实学堂》，沈俊鸿编：《江阴名人自述》上册，上海古籍出版社2008年版，第170、192页。胡山源解释道："这钱并不从他（族伯）腰包里拿出来的，而有个组织叫文社，文社的钱是地方上捐的，原是给那些赶考而没有盘缠的读书人作为补贴的。当时已是民国时代，没有科举了。这经费是由那族伯管的，是公款。"可见，这位族伯是利用自己的乡绅地位帮助胡氏家族子弟的。

③ 王国平、唐力行主编：《明清以来苏州社会史碑刻集》，第232页。

④ 徐茂明：《江南士绅与江南社会（1368—1911）》，商务印书馆2004年版，第187页。

家族扶助的有限性渊源于中国特殊的社会结构。来自于江南乡间的费孝通对此深有体会：

> 家庭是中国农村社会结构的基本单位。在这个基础上，形成了较大的组织，但是它们整体上不是强有力的。农民承认亲族。他们在仪式场合上见面，需要时可以互相帮助。然而，农民间没有一种永久性质的广泛的亲族组织，甚至亲族间的互助义务也不明确。①

夫族对孀妇的扶助不必是强制性的，但事实存在的血缘关系却给了族人介入孀妇生活的借口；这里的介入不是正向的扶助，而是负向的干预，这在涉及家族继嗣的情况下经常发生；其中一个重要的理由是阻止异姓乱宗。光绪年间慈溪方氏家族家规有："族内无嗣之人，亲房可以承继。亲房无人，不准螟蛉，所以杜争端、明嫡派也。"② 在这种情况下，孀妇收养外姓螟蛉，便变得十分敏感。家居上海县庄家泾左近的孀妇王张氏，生有一子，早亡，与媳杨氏两代寡居，即抚杨姓子为后。1900 年王张氏控称：去腊二十七日将先祖及丈夫、儿子等棺木八具，妥为安葬。不意族人王菊生出为阻止，强欲承继其子为嗣，至二十九日雇人代葬，以此讹诈洋银二十五元，并牵去耕牛一头，攫取田单一纸。王菊生自觉理直气壮："小的生有一子，族嫂王张氏……赘杨姓子为婿，藉继王氏香火。未几，杨即去世，理应小的之子承嗣。"③ 有资格承嗣的应为夫家王姓而非父家杨姓，这便是夫家王姓族人给出的"正当"理由。

即便不是外姓，夫族中的小家庭也可能依据血缘的亲疏起而与孀妇进行理论。上海西乡的王长发于 1891 年病殁，孤孀王冯氏"擅抚远房族侄"为嗣，夫兄王会忠便指责其"不计是非"。这一指责的背后隐约可见夫族"图夺产业"之用心，因为王冯氏当时拥有田地一百余亩。④ 从实际情况看，族人争夺继嗣权的普遍心思即指向孀妇家庭的财产。家庭财产随着丈

---

① 费孝通：《中国绅士》，惠海鸣译，中国社会科学出版社 2006 年版，第 105—106 页。
② 《慈东方家堰方氏宗谱》，1931 年本，卷首《家规》；见费成康主编《中国的家法族规》，第 315 页。按，此家规为方氏家族二十六孙方景云于清光绪十二年（1886）二修族谱时所订。
③ 《上海县署琐案》，《申报》1900 年 6 月 6 日，第 2 页上栏。
④ 《县案汇录》，《申报》1892 年 4 月 22 日，第 2 页上栏。

夫的离世出现了风险，成为孀妇与夫族博弈的对象。1920 年胡兰成还在绍兴嵊县乡下的时候，父亲病逝。35 岁的庶母与族人争产的情境一直存储在胡兰成后来的记忆中：

> 　　她浑身缟素，在灵前痛哭，仍坚起心思料理丧事，还要与觊觎遗产的侄子争讼……头七过了，我要到去杭州进学校，是日早饭后，庶母在灵帏里哭过，又当着满堂吊客与侄子斗了，抽身叫我到她房里，她脸上尚有啼痕。①

面对夫族的侵占，除了争斗，孀妇们没有选择。在 20 世纪 30 年代的浙江义乌，青塘下村的一位小孤孀颇负雄心：

> 　　她守着男人遗留下来的几亩小根田，自己耕种，自己收割，她要自己守一个家。这引起她男人的近亲叔伯们的不满，他们要攒她出嫁，他们眼红她那几亩小根田。但白费心机，她顽强地支持了，还对人这样宣言道："打落水狗吗？哼，我现在总还是姓×的人啊，就这样惹人眼了。只不过那么一点田地……我偏要守，守十年二十年，守三十年……守到老，守到死……偏不让你们打落水狗！"②

如此烈性之孀最终也未能保住"那几亩小根田，让那班强盗拿去发洋财"了。③ 在侵占孀妇财产的过程中，有些家族完全撤去了对孀妇的保护屏障。1891 年西南乡十六保五十二图寡妇陈陶氏，向上海县署喊控夫叔陈福林：

> 　　丈夫名启堂，于去年三月十三日病故，遗下田单二十三张，其八张已抵借钱文，作为丧费，尚有十五张存在家中。前日小妇人有事出外，夫弟陈福林乘小妇人不在家中，将田单尽数取去并衣服等。小妇人即诉明族长陈逸亭，向其理说，全然不睬，为此来案喊控。

---

①　胡兰成：《今生今世》，（台北）远行出版社 1976 年版，第 100 页。
②　王西彦：《老坤和小孀妇》，《王西彦散文选》，江苏人民出版社 1980 年版，第 42 页。
③　王西彦：《老坤和小孀妇》，《王西彦散文选》，第 45 页。

其实，自从"丈夫故后，福林屡次逼醮，小妇人坚执不允，以致福林怀恨，遂于前日□家下此毒手，攫去衣服"①。

由此我们可以明白，近世以来在江南乡村不断出现的逼醮、抢醮现象中，为什么总有家族参与的影子。晚清宝山县《月浦志》云："棍徒窥有少艾孀妇，则贿诱其远族私立婚书，纠结党伙，昏夜破门而入，挟妇登舆，不问其从与否。"② 在相邻的盛桥镇，对于类似的现象，"虽良有司严禁出示，而犯者如故"③。在这里，"棍徒"据以贿诱家族的并不是田地的继承权等重大利益，而不过是抢亲者给出的丧葬费、聘礼等十分有限的礼偿。1906 年上海十六保四十二图地方孀妇谢施氏称："夫故九年，去冬被夫族谢书堂逼令再醮，与年老残疾之柴某为妻。因氏抵死不从，书堂怀恨，制一木笼将（施）氏锁闭。氏因受苦不堪，自愿再醮。由何关基为媒，嫁与李和尚为妻，经李偿贴葬费洋五十元。"④ 总之，家族谋夺孀妇利益是发生逼醮、抢醮现象的基本原因。一项关于 18 世纪末江南乡村社会婚姻论财现象的研究认为，夫族逼醮可以瓜分寡妇所继承的财产，并部分收回初婚时所付出的昂贵财礼和婚礼花费。⑤ 这个结论在追溯近代江南乡村逼醮原因时可以参考。

与逼醮、抢醮背向而行的"叔接嫂"同样伴随着夫族的利益考量。叔接嫂风俗由来已久，曾普遍流行于中国乡村。⑥ 至文明时代，这风俗在"上流社会，便不通行了，但乡村里，直到如今（民国末年），仍未泯绝"⑦。叔接嫂显示了夫族家长的主导地位，在很多情况下并不顾及孀妇的意愿和感受。这是在 1934 年的嘉善：

---

① 《孀妇控案类志》，《申报》1891 年 9 月 11 日，第 2 页上栏。

② 张人镜纂：《月浦志》卷之 9《风俗志·风俗》，魏小虎标点；1962 年铅印本；上海市地方志办公室编：《上海乡镇志旧志丛书》第 10 册，上海社会科学院出版社 2006 年版，《月浦志》卷第 191 页。

③ 赵同福、杨逢时等编纂：《盛桥里志》卷之 3《礼俗志·风俗》，杨军益标点；上海市地方志办公室编：《上海乡镇志旧志丛书》第 11 册，上海社会科学院出版社 2006 年版，《盛桥里志》卷第 65 页。

④ 宜：《责惩诬控抢孀》，《申报》1906 年 4 月 26 日第 17 版上栏。

⑤ 王跃升：《18 世纪中国婚姻论财中的买卖性质及其对婚姻的作用》，《中国经济史研究》1999 年第 1 期。

⑥ "叔接嫂"，即哥哥死后，弟弟和他的寡嫂结婚，也包括弟弟死后哥哥和他的寡弟媳结婚的情况，统称为兄终弟及婚。见刘兴唐《兄终弟及婚》，《东方杂志》1936 年第 33 卷第 21 号。

⑦ 《哥哥送老婆给亲弟弟》，《海晶》1946 年总第 39 期。

丁家栅北许家浜地方，农民许中友，生有二子，长二官，次福声。二官于前年娶妇，梁病逝世；福生（声）则娶李氏女为室。李女粗知文字，学名月英，过门后伉俪情好弥笃，不料福生以肺痨沉重，亦奄然物化。李女哀恸异常，自誓守节。前日夫兄二官竟意欲与弟媳结婚，并曾征得双亲意旨。事为李女所闻，当于昨晚背人自缢，殉夫地下，亦云惨矣。①

类似的惨剧多发生于穷困家族，冠冕堂皇的辩解是为了延续家族的香火。在民国时宝山杨行的乡间，"更有为婚费艰难，男子死而以妇配弟若兄，谓之叔接嫂者"②。20 世纪 30 年代末，有论者一语揭破所谓承接香火背后的现实动因：

　　在江浙闽粤沿海诸省，此种家庭喜剧之叔接嫂，率皆为农村中所表演；或由父母作主，或系亲族撮合。窥其症结所在，似尚为一种盲从经济主义，暨教育缺乏也。③

夫族介入孀妇生活或者考虑到自身家族的声誉。在江南乡村社会的整体道德氛围中，孀妇守节总体是受到肯定的，而再醮则被认为玷辱了门风，"不见礼于亲党"④。在这里，社群的态度关乎家庭在社群中的声誉，于是，家族总是倾向于鼓励孀居。著名戏剧理论家陈瘦竹 1909 年出生于江苏无锡南陈巷农家，从小就过继给守望门寡的婶母，取名定节，意思是以这个继子来安定节妇的心。⑤ 晚清时节的宁波鄞县，新河周氏家族的《立主规约十二条》规定："妇人已经改适而复来者，不立主；不守闺范，

---

① 《嘉善：寡妇守节殉夫自尽》，《申报》1934 年 6 月 14 日第 9 版。

② 陈亮熙编辑，陈克襄补辑：(民国)《杨行乡志》，上海市地方志办公室编：《上海乡镇志旧志丛书》第 10 册，《杨行乡志》卷笃 83 页。

③ 张庆霖：《晚晴簃断简·叔招嫂》，《五云日昇楼》1939 年第 1 集第 20 期。

④ 曹炳麟纂修：(民国)《崇明县志》卷之四《地理·风俗》，民国十九年刻本；《中国地方志集成·上海府县志辑》第 10 辑，上海书店出版社 1991 年版，第 529 页。

⑤ 陈瘦竹：《自传》，徐保卫编：《凝望与倾听——戏剧理论家陈瘦竹》，南京大学出版社 2000 年版，第 3 页。按，温文芳以清末《申报》资料为基础的考察指出，"过继子嗣是巩固孀妇意志的一种重要手段。"见温文芳《晚清孀妇再醮婚姻状况的研究与思考——〈申报〉（1899—1909 年）孀妇典型案例的研究》，《江苏社会科学》2007 年第 5 期。

行污秽者，不立主。"① 牌位是置于祠堂中的，而贞节牌坊是广而告之于社群的。夫族为了鼓励孀居守节，在家族族规中常常允支一项树建牌坊费。同一时期的常熟丁氏族规则有："族中有孝行、贞节合例请旌者，助坊费拾千文。"② 家族助建的贞节牌坊在"乡间到处可以看见"③，它将孀妇置于难以下移的道德高度，欲罢不能。这是从近代杭州孀妇口中发出的怨艾之声："开口叫声好婆婆，请你不要把门锁，你一心要把牌坊立，可知寡妇心中苦，牌坊只是石头做，我不要牌坊要丈夫。"④ 民国以还，在孀妇再嫁可以被一般社会舆论接受的情况下，家族未必能一直左右孀妇的选择，但一家新寡，翁姑作为夫亲的长者往往会出面为孀妇代言守节立场。绍兴上虞湖西村朱陈氏，丈夫故世未满"头七"（第一个七日的纪念）即有"四乡浮滑之徒，为陈氏前来作伐者，络绎不绝……兹闻其翁阿华，以媳新寡，万不能当时嫁人，拟坚决一概拒绝"⑤。整个社群都清楚，这样的表态或许是暂时的，但对于家族的声誉维持来说却是必需的。

无论出于何种原因，当某些孀妇违背一般社会道德风尚，由苟且"私通"而成不伦的姘居时，⑥ 夫族的干预就成为必然了。1890 年代，在杭州府所辖富阳地方：

> 某姓孀妇，仅有一女，坐拥良田数十亩，雇某甲耕种，瓜田李下，不避嫌疑，遂与妇有非礼之干。越三四年，女年及笄，甲有得陇望蜀之想，复与女有染。月下花前，恩情如漆，今夏被同族人知觉，将甲逐出。甲伪造庚帖，至前月某日，邀集多人，乘夜至妇家将女拥

① 《新河周氏宗谱》卷 9《立主规约十二条》，光绪二十七年本，见费成康主编《中国的家法族规》，第 346 页。

② 《常熟丁氏家谱·义田规条》（光绪二十九年本），见费成康主编《中国的家法族规》，第 290 页。

③ 蒋梦麟：《西潮》，第 14 页。

④ 《不要牌坊要丈夫》，高福民、金煦主编：《中国·吴歌论坛》，古吴轩出版社 2005 年版，第 474 页。

⑤ 《有妇新寡　门庭若市》，《上虞声》1933 年 11 月 18 日第 3 版。

⑥ 据毛偟《临安乡情民俗今昔谈》（未刊稿，浙江省临安县图书馆 1992 年 5 月，第 7 页）称，民国临安乡村，男女"私通"非常普遍，通称"相好"；当然"相好"者未必全是孀妇。振纲：《孀妇再嫁问题的检讨》，（《妇女杂志》1941 年第 2 卷第 7 期）从人类本能的角度说明了"私通"普遍性的原因："性欲是天赋人类一种特有的力量……虽然旧制度在使着孀妇的性欲本能走上'莫须有'去，但是外力的强制终究抵不住内在的力量……结果在表面寡居而暗中实行其私下的合作的，更是不乏其人了。"

抱而去。邻人初不知其抢亲，但见明火执仗而来，疑为盗党劫掠财物，鸣锣集众，持械斗殴，刺伤九人，毙命者三人，而甲则已如鸿飞，冥冥无从弋获。①

跟夫家计较聘礼、故意为难亲家的情况不同，这里的抢亲由于孀妇的明显倾向，邻里甚至家族大都采取听之任之的态度。"将甲逐出"已经表明了夫家对于这种不伦、不齿行为的态度；任其一抢了之，或许可以挽回家族的一点颜面，至少在某种程度上能够减轻夫族在社群中所受到的舆论压力。

在介入乡居孀妇生活的家族中，父族——孀妇原生家族——往往心存与夫族不同的动机：心疼儿女的血缘本能让父族看轻孀妇的贞节。1892 年 4 月初家住浦东二十四保十二图寡妇张魏氏，投上海县诉称，孀媳沈氏原在家守节，茹苦食贫。不意沈氏父亲沈德明蓦地前来，领沈氏回家扫墓，一去之后杳无音信。经婆婆张魏氏"出外缉探，知有康阿多等为媒，将沈氏再醮与唐桥地方严阿虎为室"。张魏氏"有恨难伸，是以投案，喊控求恩提究"②。这种情况比较普遍：父族因为女儿再嫁问题而介入。再嫁与否？夫族与父族考虑问题的基点不同：夫族主要权衡家族的利益，而父族更多地考虑女儿的自身意愿。当两个家庭发生冲突时，父族理所当然地给孀女撑起家族的保护伞。1881 年宁波奉化有毛胡氏，夫丧未几，即由婆婆出具，将之醮与亲串汪丁香为妻，父族闻知往阻。汪恐事不谐，竟约纠多人将毛胡氏抢去。父族便赴宁波府上控。知府勒限奉化县"三日内提到人证……讯明重惩"③。对于抢亲，晚清—民国政府大多采取默认的态度，④在这种情况下，当事人的主动控告就变得非常关键。从 1884 年上海华亭的一则案件，可以清楚地看出夫族、父族和官府在孀妇再醮问题上的不同态度：

　　华亭叶榭镇下乡三匡地方，某姓母子媳三人，力耕自给，前月其

---

① 《六桥衰柳》，《申报》1893 年 1 月 29 日，第 1 页下栏。
② 《县案汇录》，《申报》1892 年 4 月 6 日，第 2 页上栏。
③ 《强抢孀妇》，《申报》1881 年 9 月 17 日，第 1 页上栏。
④ 参见小田《社会史视野中"俗例"——以江南"抢亲"为例》，《史学理论研究》2006 年第 4 期。

子病故。媳深明大义，愿守空房，姑则以似续无人，潜负一蜾蠃子，将为媳配，即俗所谓赘婿也，然恐妇不允，故挽长亲某甲以势力制之，甲先劝后逼，妇大哭不从，即欲以性命相拼，甲乘间而逸，妇亦遁归，母家诉诸邑宰，经杨明府讯得，该妇不愿失身，因将妇送入全节局中，以完其志，其姑因逼媳再嫁，当堂掌颊八十下，某甲重笞三百，以儆无良。[1]

在醮女问题上因为有地方权力的支持，父族自然处于非常有利的地位，但如果面对的是相对弱势的夫族，父族在女儿孀居之后对于财产的归属等事项，则更多地要求依据民间规则进行处分。在清光绪年间的上海某乡，妇人陈胡氏之子病故后，"媳妇在家初尚相安，不料近将产业契单私藏他处"，陈胡氏"不知其意何居"，遂扭其孀媳陈氏投上海县，"求恩追缴"：

　　蒋明府质之，陈氏供称："小妇人并无他意，所有田单契据均在父亲陈福堂处。"求恩明察。明府谓："田单既在陈处，着陈胡氏协同陈氏往取，如陈交，许即禀候核办。"[2]

父族在此虽未直接现身，但其觊觎之心昭然若揭。1926 在上虞县发生的逼嫁孀妇事件，表面看起来是醮妇被夫族所逼，实际上由醮妇逼迫夫族所引发。事件发生在上虞后周庄屋，事主为孀妇姚氏，娘家夹塘距后周仅三里许。亡夫周学长原为缝工，罹患痨病，自知不起，便将私产悉数变卖，除偿债和病后开支后，余洋二百八十余元，完全留给姚氏，姚氏则将所有银钱运至娘家。及至周学长去世，家中尚有田禾二十余亩，亦被姚氏悉数载去；夫叔周学仁的婚事被姚氏私行取消，并私占退还押帖银元十余元；又，夫叔"原有佃田七亩，系分授婚产，共值顶价二百数十元，有业主顶契一纸，卒为该氏藏匿，希图变吞变价"。姚氏如此种种过分之举，夫家实在无法忍受，遂起逼醮之心：

　　为先发制人计，私托媒介，令学长之母，出面画押，即于旧历月

---

① 《逼醮寡妇》，《益闻录》1884 年总第 379 期。
② 《控追契据》，《申报》1884 年 11 月 13 日，第 2 页上栏。

之初九夜挟姚氏登舟，送至虞东老霸头，嫁与姚金水（姚父）之戚某某为妇，该氏突被改嫁。本不情愿，及至该处，见竹篱茅舍，老大新郎，尤难屈就，撒痴撒泼，不能成礼，该处知事不谐，用好言安慰，别设一榻以处之。①

孀妇既不情愿，其中又涉财产纠纷，处于弱势的夫族给了姚氏父族介入的充分理由：

　　父家闻知此事，兄弟救人，分呼将伯，力图赎回该氏，越二日，果见姚氏卷土重来，招摇过市，至夫家门外小憩，当由母氏陪着，随带孔武有力之兄弟数人，同奔夫家。拖出疯瘫在床之阿姑（即学长母），巴掌拳头，一五一十，打得死去还魂，方才罢手，姚氏又肩出夹塘堂兄宗弟某某招牌，谓有如何如何的手势，即欲赴余姚县署控告学仁、学海等谋产逼嫁，学仁学海，平日畏嫂如虎，一闻此讯，匿不敢出，幸有调人，代为斡旋，交涉结果，学仁等罚酒水四桌（姚氏提出十桌），小唱一天（提出戏文全台），向姚氏请罪。身价原璧奉还。②

　　在这里，凶悍的父族完全控制了夫族，其所依据的不过是民间通行的强制规则。

　　介入乡居孀妇生活的姑族——孀妇公婆原生家族③——一般说来没有自身利益的诉求。20 世纪 30 年代在江南某村：

　　木匠阿坤的哥哥金生患咯血症死去了。遗下一个廿一岁的妻子，五岁的一个女孩。入殓的那天，和尚道士，敲锣打鼓，哭的，叫的，胡天胡帝（地），足足闹了一日。到了晚上，空气骤然阴沉而紧张起来，大娘舅蹲在孝堂的东北角里；一灯如豆，映着他灰暗模糊的脸。

---

① 《逼嫁孀妇之前因后果》，《上虞声》1926 年 8 月 6 日第 4 版。
② 《逼嫁孀妇之前因后果》，《上虞声》1926 年 8 月 6 日第 4 版。
③ 孀妇称公婆为姑，故不妨称为"姑族"。

"甥儿金生，不幸死了，遗下年青的妻子，无识的孩儿，咳！……以后一切问题，趁今夜众长亲都在……"说着头垂了下去。

"我的意思，阿坤这孩子，本无妻室，不若成就了一份人家，并且叔接嫂子，古有老例，而在死者亦可瞑目了！"大姨太（金生妻子）伸一伸腰，板起了脸说："阿坤这厮我决不愿嫁给他啊！烟，赌，他什么都习着下流，我不愿！"哭着晕倒在灵台下侧。

"啊！不愿？哈哈，现在你不能作主吧？……"一个的话还没有说完，二姨丈瞪着眼珠就插进说：

"好，老叔不必多讲，她不愿意，但俺们一定要使她愿意。明天我们把她和坤因拜天地好了！"①

三天之后，金生遗孀上吊自杀。

类似的姑族所以能够介入，其实源于自古以来一直敬畏的舅权，而这里的舅权不过是代孀妇的公婆对孀妇提出主张，最终的得利者是夫族。

综上，在介入孀妇生活的各类家族中，孀妇的夫族是最主要的势力；介入的基本动因在于利益的驱动。冯尔康论及清代女子贞操问题时指出了其中的利益所在：

> 私有制既要求女子"守节"，又破坏妇女贞操。要求妇人守节为私有制所决定。有产者害怕寡妇再嫁，带走丈夫的遗产，所以阻止孀妇再婚，所谓"从一而终"的说教，不过是为这个经济利益辩解而已。但为了财产的继承，又有人强迫有财产继承的孀妇再嫁，则是从事破坏妇女贞操的行为。私有制使得人们对保持妇女贞操问题产生矛盾，从这个矛盾中，看不到它所谓的神圣的贞操的必要和原则，它的原则与其说是保护妇女的贞操，无宁说是以财产的转移破坏妇女的真正贞操。②

研究者已经注意到，夫族这种肆意介入其实受到了官府的某种纵容。这在晚清表现得非常明显。

---

① 沈礼同：《叔接嫂》，《生活》1932 年总第 27 期。
② 冯尔康：《清朝政府的旌表贞节与寡妇再婚》，《清人生活漫步》，第 139 页。

三　乡邻闲话中的悖论

乡邻关系是地方社会中的基本关系，尤其"对于农民来说，社会关系限于松散的邻里关系"①。与家族和乡里权力结构等因素不同，作为近代孀妇生活的环境，乡邻主要以闲话的方式作用于孀妇。周晓虹指出：

> 闲话是人们日常生活的消遣方式，同样也是对乡村历史和人物的建构方式。从这样的意义上说，我们称其为"闲话"，只是因为它是在人们空闲的时间状态中被制造出来的；但闲话的内容、其所负载的乡村信息和生活意义并不是多余的，它是乡民建构自己的生活世界及其意义的途径之一。②

从社会建构的意义上说，乡邻间关于孀妇的闲话既影响了孀妇生活，又体现了孀妇生活环境的特征。在总体上，乡邻闲话充满异质性：不同的群体，在不同的时间、不同的场合，就不同的情况，他们可能唠叨着不同的闲话；这些闲话的集合因内在的异质性而充斥悖论。

孀居生活之困苦是乡邻们可以切身体会到的。湖州桐乡歌谣《小寡妇哭坟》吁叹的正是民国时期孀妇的窘境：

> 小小寡妇穿白孝，手提纸锭到荒郊，啼啼哭哭把夫叫，害得奴年轻守寡难照料。上无公婆还犹可，底下儿女年纪小，到如今，家中无柴少米谁知道。更想抱儿去讨饭，恐怕儿大面光少。为妻三餐无粥饭，想寻短见跟夫谈。倘若为妻悬梁挂，小小孤儿托谁担。已无亲戚来照顾，做妻实在难上难。夫君阴间原谅我，我是走投无路才换人家。③

没有了丈夫，孀妇的生计发生困难，感情无以寄托，儿女难以抚育，种种无助，让乡邻们总能理解孀妇再醮的想法。因此，近代江南乡村有关

---

① 费孝通：《中国绅士》，第 106 页。
② 薛亚利：《村庄闲话——意义、功能和权力》，上海书店出版社 2009 年版，题词页。
③ 沈叙发讲唱：《小寡妇哭坟》，钟桂松主编：《中国民间文学集成·浙江省桐乡县卷》（未刊本），1989 年，第 573—574 页。按：此歌谣回忆记录于 1987 年 7 月。

孀居的歌谣，常常涉及再嫁的主题：

> 三更过是四更临，啥人同奴做媒人？做是媒人自有媒金谢，胜过南海观世音。
>
> 五更一到天要明，打定主意要嫁人。三岁孩童随娘去，小阿奴娘眼泪汪汪走出门。①

句里话间，乡邻们充满了理解：

> 天浪乌云薄薄嚣，少年寡妇哭唠叨，独脚墙门吭靠傍，千斤重担吭人挑。天浪乌云薄薄嚣，少年寡妇哭唠叨，炸开茅柴好走路，推开乌云换好天。②

甚至有些歌谣，如常熟白茆山歌《小寡妇嫁人趁后生》，以独特的艺术手法表达了乡邻对孀妇再嫁的鼓励：

> 头朝头跑路趁溲凉，小寡妇嫁人趁后生，吾看嫩俚个大小妹，紧（井）水里箍桩磕磕摇。头朝里跑路趁溲凉，小寡妇嫁人趁后生，吾看嫩枯庙里旗杆独一根，吭鼻头来吭眼睛。③

有论者注意到，在江南底层劳动者中间，包括"接近下层人民的贫儒"，"认为寡妇再婚是可以理解的"④，但是，这样的同情和理解更多地体现在乡邻闲话中的感性层面，一旦进入理性的道德评判，闲话便更多地趋于否定。这些否定大多集中于孀居交往方面，其突出的特点是：

首先，对孀妇的日常交往异常敏感。在近代江南农家再正常不过的雇

---

① 沈云章演唱：《小孤孀》，金天麟编：《中国·嘉善田歌》，第 134 页。

② 《少年寡妇哭唠叨》，《中国·白茆山歌集》，上海文艺出版社 2002 年版，第 148 页。按，搜集于 1963 年的太仓民谣《少年寡妇哭唠叨》与此相类："东南风起吹竹箫，少年寡妇哭唠叨，三岁孩童有娘叫，千斤重担吭人挑。"见陆勤德《太仓民谣》，西泠印社 2010 年版，第 119—120 页。

③ 《小寡妇嫁人趁后生》，《中国·白茆山歌集》，第 148 页。按，头朝头：早晨；溲凉：阴凉；后生：年轻；嫩：语助词；俚个：你；箍桩：打桩使牢固。

④ 冯尔康：《清朝政府的旌表贞节与寡妇再婚》，《清人生活漫步》，第 136 页。

工行为，在孀妇那里便出现了怪话：

> 世上孤孀顶顶苦，独守空房泪成河，上有公婆下有小，田里生活
> 呒人做。
> 寡妇门前是非多，飞来雄苍蝇亦有人数，农忙请个麦客来，闲话
> 收子一大箩。①

所谓"寡妇门前是非多"真实写照了孀妇交往。清光绪年间，上海县西南乡马桥地方寡妇方吴氏，"向以纺织为生，丈夫去世多时，遗下子女，年尚幼稚"。1892 年秋日的一天，方吴氏让外甥李孝慈往北桥收取房租，回时天色已晚，便留他晚餐。突然，十八保四十一图地保何二泉纠人破门而入，"诬指李与小妇人犯奸，当将李捆缚，扬言须出洋银一百五十元方可了事，否则不肯干休"。上下辈之间正常不过的交往竟被指为"犯奸"，方吴氏自是羞屈难当，情急之下，呈控上海县署，"求请提究，以全名节"②。在这样的社群氛围中，孀妇的交往跋前疐后：

> 年青寡妇最难做，旁人说来闲话多；头勿梳来脸勿洗，人家说我
> 邋遢货；梳梳头来洗洗脸，人家又说风骚货；可怜丈夫早归阴，这种
> 日子如何过？③

总之，抛头露面都被认为不正经。在乡村"唯一娱乐"——搬演社戏④的场合，一般村妇们"着了自己最心爱的衣鞋来展览"，但稍有"'门第人户'的少年寡妇"却不敢出场。⑤ 杭州富阳《寡妇歌》云：

> 正月寡妇闹元宵，人人说我守不牢。少年夫妻一场空，拆散鸳鸯
> 情难熬。

---

① 《寡妇叹》，《阳澄渔歌》，大众文艺出版社 2007 年版，第 94 页。按，麦客：麦收时节雇的短工。
② 《县案汇录》，《申报》1892 年 9 月 10 日，第 2 页下栏。
③ 中国科学院江苏分院文学研究所编：《江苏传统歌谣》，江苏文艺出版社 1960 年版，第207 页。按，此歌谣原注为无锡。
④ 万孚：《徽州妇女的生活》，《今代妇女》1928 年第 6 期。
⑤ 于思：《庙台戏与畅台戏》，《申报》1934 年 5 月 6 日第 23 版。

二月寡妇去踏青，人人说我不正经。红男绿女成双对，寡妇门前冷清清。

三月寡妇去上坟，清明时节雨纷纷。人家坟上飘白纸，我夫坟上青又青。①

乡村歌谣所述史实虽为"能指"②，也约略反映了孀居交往中的为难。更为难孀妇的是在其次：值得同情、可以理解的孀妇情感却受到贬损。在孀居生活中，最为敏感性的话题莫过于男女情感交流。前述义乌青塘小孤孀，丈夫死后"不到半年功夫，不干净的闲言闲语几乎把这个小孀妇吞食了"③。20世纪30年代的上海松江，在一位丧夫两年多的孀妇脑海里，无数次回映着丈夫弥留之际的断肠嘱咐："我忙碌了半生，竟一些儿积蓄都没有，我现在将要撒手长逝，离你而去，日后叫你怎么过活呢？……我害了你!! 我劝你千万不必替我守什么节"；可是乡邻的闲话让她畏葸不前：

再醮，不但是国家法律所不禁，而且也是她丈夫在诀别时所特许而指示的途径。她也曾经起了数次再醮的心念，但是终究因为畏惧着社会上冷讥热讽的缘故，便无形中把这个意思馁退了。④

最让望门而寡的女子气馁的是众乡邻为她树立的那座贞节牌坊。民国溧阳孀妇愤然道："冲喜不成买棺材，抱牌成亲做孤孀！十指麻木玉手抖，妹想违抗难违抗，蜘蛛丝难攀倒贞节坊!"⑤ 绕过贞节坊的孀妇要想再嫁，却绕不过乡邻的评头品足。民国时浙东定海乡村，"虽通行再醮，然亦以为不誉事"，"醮时多以夕，孀妇足著红舄，外袭丧履，登舆时掷丧履而去之"⑥。

---

① 李章夫主编：《中国民间文学集成浙江省杭州市富阳县（故事歌谣谚语）卷》（未刊本），1988年，第603页。按，演唱者：魏荣娣，女，54岁，万市镇田畈村农民；采录者：陈玲花，女，28岁，万市镇文化站干部。

② 翟学伟：《中国社会中的日常权威——关系与权力的历史社会学研究》，社会科学文献出版社2004年版，第56页；参见本书第十章第二节。

③ 王西彦：《老坤和小孀妇》，《王西彦散文选》，第42页。

④ 孔孝贞：《嫠妇的生活》，《民众生活》1930年第1卷第5期。

⑤ 《抱牌位成亲》，汪士忠主编：《中国民间文学集成·溧阳县资料本》（未刊本），1989年，第513页。

⑥ 陈训正、马瀛纂修：《定海县志》册5《方俗志》，1924年旅沪同乡会铅印本；《中国地方志集成·浙江府县志辑》第38辑，上海书店出版社1993年版，第809页，上栏。

在苏州的洞庭西山，直到 20 世纪 30 年代，妇女再醮，"也要被一般人所不齿的"；再嫁的时候，她们上轿或举行仪式须在更深人静以后，"在无人的枯庙里，和无主的山地上，倘若被人撞见了，或在人家的地方上了轿，那便要认为不祥，非要替人家'斋利市'，及点香烛不会干休"①。因为自觉"不誉"，江南乡下的孀妇为了实现再醮的愿望，便常常自导自演一出抢亲的把戏：年轻寡妇与某人有意成婚，但对方无经济能力，加之公婆管束，好事难成，男方便纠众"强抢"，寡妇半推半就，当夜拜堂成亲。②

近代江南的乡邻舆论竟有如此悖谬之处：共同体能够理解孀妇的困境，时代也给予孀妇的婚姻自由提供了从舆论到法律方面的支持，然而在实际社群生活中，孀妇却时时受到舆论的拷问。那么，这舆论是什么？凭什么折磨弱者？

折磨孀妇的舆论不是别的，恰是千百年来弥漫于世的忠孝节义。自从宋代理学家程颐说出那句"饿死事小，失节事大"的话之后，南宋朱熹又强调"其不可易也"，至明清时代此话已是"村农市儿皆耳熟焉"③。这样的观念在底层社会主要通过两类群体的互动敷演为社群环境：一类是主导环境的乡绅，他们在社群树立楷模，倡行为孀之道。宝山盛桥的孙王氏便是这样一位楷模。王氏之夫孙灵秀光绪二年（1876）遽尔一病不起，时年 25 岁的王氏"怆地呼天，誓以身殉，只以上承年迈翁姑，下遗冲龄弱息，节哀顺变残喘苟延"。此后"数十年间仰事俯畜养生送死，日则手胼足胝井臼躬操，夜则织布辟纑机杼手理，或寒宵课子，一灯如豆，机声书声互相绝续，柏操冰心含辛茹苦，乡党宗族人无闲言，虽古贤母断机劝学，画荻训子者，当不是过"④。如此孀妇，在"乡里誉望蔚然"，念其"食苦数十年"，民初乡绅们特"为之博征诗文，以扬潜德"⑤。在民国初年的上海陈行乡，孀节之妇陈秦氏的嘉言懿行已经物化为一座桥梁：

---

①　雅非：《洞庭西山的妇女生活》，《申报》1936 年 11 月 14 日第 17 版。

②　欧粤：《松江风俗志》，上海文艺出版社 2007 年版，第 117 页。

③　方苞：《方苞集》卷 4 "《岢镇曹氏女妇贞烈传》序"，上海古籍出版社 1983 年版，第 558 页。

④　赵同福、杨逢时等编纂：《盛桥里志》卷之 8 《艺文志·盛桥文征》，杨军益标点；上海市地方志办公室编：《上海乡镇志旧志丛书》第 11 册，《盛桥里志》卷第 158 页。

⑤　赵同福、杨逢时等编纂：《盛桥里志》卷之 7 《人物志下·列女》，杨军益标点；上海市地方志办公室编：《上海乡镇志旧志丛书》第 11 册，《盛桥里志》卷第 137 页。

陈秦氏者，陈作霖之妻也。居陈行市西。年二十，夫亡，劝翁元音纳妾马氏，生子经福。元音旋卒，氏偕马氏，抚经福成立。经福拟请旌表，藉报嫂德。氏曰："守节吾分也，何旌为？盍移费桥，俾便行旅乎！"经福从之。氏并出纺绩余资，以助其成。建石桥三，其一即节芳桥也。①

节芳桥已经成为一种符号，象征着孀妇的贞节。实际上，在江南乡村经常可以见到这样的符号。民国嘉兴西塘竹枝词"春风莫辨蘼芜草，暮雨萧萧节妇亭"中的"节妇亭"，在西塘镇福源宫东，为纪念明季髹工陆时显妻陈氏而建，② 数百年来春风秋雨中，一直无声叙说着一位孀妇的亮节。

另一类群体是附从性的普通百姓，他们在日常闲话中有意无意地充当了乡绅观念的传声筒，并以之评说孀居行为：受到乡邻交口称赞的孀妇，实际上就是乡绅供奉的楷模孀妇。平日里口耳相传于社群中的，大多被地方志条列为"列女"。列女们基本上只留下姓氏，但乡人们都清楚她们的丈夫名讳及其家族史，夫家因为有这么一位节妇烈女而显声望。如滕氏，监生徐有恒妻，居宝山月浦发五十六图西镇，年二十九夫亡，守节抚孤儿成立，事姑尤孝，邻里称之，卒年六十四。③ 20 世纪 20 年代，湖州新市镇东乡有寡妇王氏，夫亡时年仅 24 岁，膝下无子，堂上仅有老姑。后因家贫难以度日，乃佣于附近韩姓家，所积工资按月带回养姑。婆婆去世，王氏悲痛逾常，丧葬如仪，远近居民莫不称之。④

乡绅与乡民的这种主从和互动关系就构成了乡里舆论环境的基本机制。对此，民国末年上海奉贤地方志作者深有感触：

我国政治制度，因久已成习，上层不入下层，城镇不入乡村，偶一为之，群皆怪异，唯有土豪能适应城市而居乡村生活，故农民对之

---

① 孔祥百等编：（民国）《陈行乡土志》，石中玉整理；上海市地方志办公室编：《上海乡镇志旧志丛书》第 13 册，上海社会科学院出版社 2006 年版，《陈行乡土志》卷第 23 页。

② 倪以埴：《斜塘竹枝词》，见王利器等辑《历代竹枝词》（4），陕西人民出版社 2003 年版，第 2024 页。

③ 陈应康编纂：（民国）《月浦里志》，杨军益标点；上海市地方志办公室编：《上海乡镇志旧志丛书》第 10 册，上海社会科学院出版社 2006 年版，《月浦里志》卷第 179 页。

④ 藩：《苦节养姑》，《申报》1920 年 6 月 22 日第 4 版。

信仰颇深，国家观念乃因之薄弱。①

其中的"土豪"主要指的是乡绅；乡绅在这里所扮演的角色说明，他们在国家与社会之间所进行的沟通其实是双重的：在社会治理上，也在思想上；而他们基本主导着乡里社会的思想和人文环境。孀妇便生活在这样的环境中。

最后，乡邻的否定性闲话体现为对孀妇异常身份的认定。乡邻们之所以觉得孀居异常，很重要的一方面是，孀居被赋予了一种异常解释：不是孀妇本身的异常，而是解释的异常。对于望门寡的村妇，由算命先生认定其命"克夫"：

> 算命先生嘴里说得似乎很有道理，啥叫啥十个姑娘有九个败，意思就是姑娘的命绝大多数中间总有或大或小的破败，破败最厉害的叫是铜雷盆、铁扫帚、阳义、阴义，还有双鬼星，都是克煞丈夫的。小的破败名堂还有许多啦……女因生出，先要知道命里有无破败或大破败，和还有没有冲克等等，倘然有破败冲克，必先要瞎先生把命改过，预备将来出去八字来大遁大理，容易许配人家……还有一种顶大破败的，叫是尼姑命，简直不能出八字，不可以出嫁的，就是意思出嫁之后，一定克煞丈夫，或者尚未出嫁，而未婚夫已经克煞了，这其名叫是房（望）门寡。②

南京的"望门寡"竟落了个"望门妨"的绰名：未过门克死了夫婿，乡下人便认定，这女子一定命毒，是人人讨厌的、无人问津的。③ 近代常熟河阳山歌就有："恨奴命里犯守寡，嫁个丈夫早病故。眼见别人成双对，无人敢与奴说话。"④ 孀妇成了孤孀；在绍兴人眼里，寡妇身上缠有亡夫的鬼魂。⑤

---

① 《奉贤县志稿》（1948 年未刊本），奉贤地方志办公室重印，1988 年，第 139 页。

② 张仰先编纂：《大场里志》，杨军益标点，上海市地方志办公室编：《上海乡镇志旧志丛书》第 11 册，上海社会科学院出版社 2006 年版，第 138 页。

③ 珮玫：《望门寡的悲哀》，《妇女共鸣》1930 年总第 28 期。

④ 《守寡》，张家港市文联编：《中国·河阳山歌集》，第 51 页。

⑤ 裘士雄等：《鲁迅笔下的绍兴风情》，浙江教育出版社 1985 年版，第 128 页。

对于"坐产招夫"，民国《川沙县志》解释道：孀妇有财产者，既不愿守节，又不便再嫁，乃坐产招夫，俗称"垫房"①。江南乡村还有一种解释比"不愿守节"的"揭露"更直接：孀妇招夫俗称"防儿荒"，其意名为"为夫族延宗祧也。实则不安于室，借名掩饰耳"②。在民国时的浙江临安，寡妇再婚是很不名誉的事，遭人鄙视，寡妇再做"新娘"，就不能穿红衣、坐花轿，甚至不能在家中、村里上轿，要到半路、凉亭里上轿。倘若要写婚书、协议的，稍有名气的"读书人"，不肯代笔书写，他们说这是有伤"阴德"的事。因此，一些年轻寡妇只好招夫养子，这样，她们的"'颜面'较出嫁为好"③。

江南乡居孀妇往往扎戴白色饰物以示与一般村妇的区别。上海《大场里志》解释道：原配丈夫死后，妇人头上扎的戴的皆为白色，一旦嫁人，则被人轻视，称她"白包头"，如果坚持守寡，那算是光荣的，也会被人重视。在大场，一个村上有了寡妇嫁人，所在村子要收一种"宅费"——因为再嫁不光彩，村落中的"坏人"就有了托名勒索的机会④。

基于以上解释，孀妇成了身份异常者，异常者命运之悲惨在乡人看来，似乎也是意料之中的。1881年的一个夏日，昆山县属之茜墩镇，有某氏寡妇，往观其侄，寒暄数语，即行言别。出门仅及百步，但见云气如墨，雷声隐隐，其侄赶上前去，希望速返暂避。正在犹豫之际，突然霹雳鸣空，竟将该妇击毙。这显属意外惨剧，但接着出现这样的情形：雨霁来观者纷集如蚁，"有爇烛焚香，向空膜拜者；亦有剪死者之衣，以谓能治疟者"，孀妇家属则"薄置殓具，浅埋于土，不营兆，不号哭，不穿孝"⑤。总之，乡人认定，此孀妇应有不为人知的卑劣隐私。⑥

在乡邻社会中存在的感性同情与理性认知之间的悖论，一般情况下并不为社群成员自觉意识到，但至民国时代，随着自由、平等、民主等近代

①　黄炎培纂，方鸿铠、陆炳麟修：《川沙县志》卷14"方俗志·川沙风俗漫谈"，1937年上海国光书局铅印本；《中国地方志集成·上海府县志辑》第7辑，上海书店出版社1991年版，第263页，下栏。

②　秋翁：《坐产招夫的方式》，《万象》1942年第1卷第7期。

③　毛偁：《临安乡情民俗今昔谈》（未刊稿），第6页。

④　张仰先编纂：《大场里志》，杨军益标点，上海市地方志办公室编：《上海乡镇志旧志丛书》第11册，第127页。

⑤　《雷击孀妇》，《益闻录》1881年总第113期。

⑥　参见小田《晚清大众传媒的社会导向》，《河北学刊》2009年第2期。

理念的不断渗透，乡邻们发现，浑然不觉矛盾的社群舆论渐渐有了不同的看法。这种不同，首先出现在主导舆论环境的乡绅那里。近代著名作家徐懋庸回忆故乡（绍兴上虞）下管社会时说：

> 我家附近，有一个四十来岁的寡妇，带着一个女儿，丈夫死后，没有生路，姘了一个挑脚的过日子，起初是秘密的，后来公开了。有一天，她同姘夫相骂，怪他赌输了没有钱给她。邻居们笑她不要脸。叔母把这事告诉了叔父。叔父说："这有什么可笑的？这个女人本来是正派人，丈夫死后，生活没有着落，又嫁不了人，不找个姘头，难道就活活饿死么？"他对这个寡妇的处境，不是从道德观念来评论，而是看作一个社会问题的。①

就社会道德而言，晚清以来经过民国政治制度的变革，经过五四新文化的洗礼，相关的问题在精英那里已经形成基本共识：

> 世上可有"孀妇"而不可有"节妇"，亡夫之妇为孀，孀妇因自己的意志或某种缘故可以不嫁，嫁与不嫁，是自由的自动的自主的。节妇是古代男子欺骗女子一个虚名词，人是为追求幸福与光阴而生活的，没有生活幸福的虚荣是绝无价值与意义的。守节只是傻女子，愚妇人的行为。
>
> 那么我们的结论很简单："否认孀妇的守节"——除非孀妇自己的意志愿自营独身生活的话。②

论及法律，传统国家本来就给孀妇以比较大的选择空间，比如在法律上，"绝对没有承认男家可强迫未婚媳过门守寡的条文"③。至 1926 年"全国民众大会"，"由于一群女性的呼喊奋争"，政府将处以徒刑的条文由"有夫之妇与人通奸者"修改为"有配偶而与人通奸者"，同时规定女子也有与男子同样的继承权。这样，在法律上男女的义务权利已表示平等

---

① 《徐懋庸选集》第 3 卷，四川人民出版社 1984 年版，第 229 页。
② 公孙狐：《我们的结论是"否认孀妇的守节"》，《妇女杂志》1943 年第 4 卷第 2 期。
③ 力子：《荒谬绝伦的强迫"冥婚"》，《民国日报·觉悟》1921 年 4 月 5 日第 4 版。

一律，虽然女性在旧礼教的余威下"多数弃权，或抱取妥协态度，那是另一问题"①。

从社会问题的角度而论，孀妇的自由选择还存在着诸多实际困难，所以当时有论者指出：孀妇守节的"社会影响及女子教养抚育等附带因素也很应该注视，而决不可随便判以可否抑或好恶的论断或定为成法的……对于守节问题，归总而说，仿佛应该认为是两性维护爱情而相互奉守的理想形式，并且是超乎物质以上或拥有物质基础以后的自动行为"。换言之，孀妇的生活选择受制于近代"物质基础"条件。②

从道德到法律而社会问题，以上所有这些方面，都在江南乡村社会有了反应，比如，"孀妇再醮，自愿不禁。近有私立婚书，纠众强抢，甚有拐卖者，例禁向严。民国来虽风启自由，而定若辈不轨处分，则又加等"③。总之，孀妇的传统生活环境出现了些微的变化：道德的束缚渐趋松动，地方习惯更为人性化，物质基础愈加厚实，从而使孀妇生活的现实环境向近代转化，也只有在这样的转化中，孀妇才有可能自主经营自己的生活。

四　乡里权力结构中的孀妇

就群体而言，乡居孀妇在进行命运的抉择时，愿景是多元的：期望再嫁者有之；观望犹豫者有之；自愿守节者有之，不管这种自愿源于意识形态的熏染而浑然不觉，还是迫于社群舆论而不愿违逆，抑或缘自未亡人"不思量、自难忘"的情愫而未能穷尽，④ 总之，命运掌握在孀妇自己手里。这是生活在近代世界的江南乡村孀妇应该享有的权利。

然而这样的权力被剥夺了，最明显的剥夺是抢逼醮妇。剥夺者除前面提到的家族，还有一些乡里"土棍""无赖"等。19 世纪 80 年代在上海青浦泗泾镇之西北乡，有陈姓妇，黄门矢志，守寡多年。邻镇某甲见而爱

---

① 公孙狐：《我们的结论是"否认孀妇的守节"》，《妇女杂志》1943 年第 4 卷第 2 期。

② 素瑛：《在以前这是二重道德下的屈从行为》，《妇女杂志》1943 年第 4 卷第 2 期。

③ 储学洙等纂：(民国)《二区旧五团乡志》，许洪新标点；上海市地方志办公室编：《上海乡镇志旧志丛书》第 14 册，上海社会科学院出版社 2006 年版，《二区旧五团乡志》卷第 108 页。

④ 苏州娄门乡村一位孀妇对于节操的坚守似乎是几种意识的混合："大村地方某甲，农家子也，父母俱亡，家中惟有一妻，以司中馈，夫耕妇织，克俭克勤，然贫贱夫妻爨烟屡断，牛衣对泣，大是可怜。甲于去年忽因病作古，其妻益觉难于为生，犹幸妇虽出自田间，颇知大义，身拼化石，志决靡它，自居薄命之红颜，愿作全贞之白璧……永霜节操，固可敬可崇也。"见《严惩抢醮》，《益闻录》1890 年总第 959 期。

之，"令人讽妇嫁己，妇宛却之"，某甲便大耍无赖：

> 甲乃纠人往劫又不获，甲蓄心思妇，必欲得而甘心焉，乃于他处捞得一尸，雇舟载往妇门并贿某妪托为尸母，前往相认，然后邀甲出场说情，俾妇无可如何，甘心再嫁，事成后，各自重谢，讵舟方抵妇门弃尸时，适为乡邻所见，大呼拿捉，舟人等皆弃船而逃。[1]

更复杂的情况是，地方无赖与家族、甚至地方势力沆瀣一气，共同逼抢孀妇。在同一时期的上海杨树浦二十三保某图：

> 孀妇张赵氏，抚领遗孤，耕田度日，里党皆知其贤。近有游荡子张毛毛者，见氏生心，告知其母张唐氏，欲娶为室。母溺爱不明，□诸族叔茂金、地保周子琴，逼令赵氏再醮，氏矢志不从。毛毛大失所望，遂又暗选吉日，预备酒筵、香烛等类，邀众至氏处，意图劫取。氏见风势不妙，遂由后户泅水脱逃，奔避母家，不敢回去。[2]

在抢逼醮妇的过程中，串通于其中者有所谓"白蚂蚁"者：

> 贫妇丧夫诱其改志，从中渔利，甚至孀妇不从，夜半率众破门而入，赤身卷去逼勒成亲，致关人命，谓之"逼醮"，又曰"扛孀"，虽良有司出示严禁，而犯者如故。[3]

从晚清迤至民国，江南乡居孀妇的生活环境令人担忧：一方面"女子贞信自守，土风固然。蓬户荜门，亦多节妇"[4]，另一方面，"白蚂蚁"组

① 《图醮骇闻》，《益闻录》1887年总第641期。
② 《抢孀宜办》，《申报》1897年6月26日，第1页下栏。
③ 潘履祥编纂：《罗店镇志》，杨军益标点，清光绪十五年铅印本；上海市地方志办公室编：《上海乡镇志旧志丛书》第11册，《罗店镇志》卷第8页。按，范钟湘、陈传德修，金念祖、黄世祚纂（民国）《嘉定县续志》（1930年铅印本；《中国地方志集成·上海府县志辑》第8辑，上海书店出版社1991年版，第774页，上栏）：专为寡妇做媒贩卖于人者，俗谓"白蚂蚁"，甚有寡妇不愿适人，抢去逼醮者，谓之"抢醮"，尤干法纪。
④ 童世高编纂：《钱门塘乡志》，许洪新、梅森标点，上海市地方志办公室编：《上海乡镇志旧志丛书》第2册，上海社会科学院出版社2004年版，《钱门塘乡志》卷第15页。

织乡里相关利益各方，抢孀逼醮，"虽迭经各宪饬禁而此风仍不少衰"①。在此社会风气下，人们寄希望于乡里权力的干预："凡在官绅急宜惩劝，以挽颓风。"②

在晚清乡里社会，面对此类伤及"风化"之事，乡绅自然不会袖手旁观。在上海，"四乡蚁媒蜂集，抢孀逼醮之事几于无日无之，僻壤穷嫠朝夕莫保"，陈行乡绅秦荣光③于光绪二十年（1894）特捐资创设"保节会"：

> 邑绅秦荣光以浦东蚁媒党盛，见有青年嫠妇，必威逼利诱，以堕其节。爰与南邑岁贡生康逢吉，联合士绅集捐创设，禀府札县立案。凡嫠妇年在三十岁内，夫故，实系家贫守节者，月给钱四百文；无子者责令族中立嗣，均俟子长停经，尤贫苦者娶媳后停给。如嫠妇有迈老翁姑，不能耕织，或儿女多者，每口月给钱百文，但不得逾四百文。翁姑故后，儿女年满十二者，按口扣除。给恤各嫠，刊刷示条，请用县印，填注姓氏，悬挂门首，以杜觊觎。其不需给恤者，只给示条，悬门御侮。俟符年例，汇案请旌，若三十岁外，夫故，志在扶孤守寡，亦准一体保护。④

秦荣光刊印了数千张保节规条，并函请上海县令出示晓谕。县令深为

---

①　《保全节妇》，《申报》1896 年 9 月 15 日，第 2 页上栏。

②　叶世熊纂：（青浦）《蒸里志略》，许洪新标点；上海市地方志办公室编：《上海乡镇志旧志丛书》第 8 册，上海社会科学院出版社 2005 年版，《蒸里志略》卷第 11 页。

③　据宣统元年（1909）蒙古喀喇沁王《秦温毅先生事略》：荣光"性方严，非义不苟取与，非礼不苟言动。处家孝友敦笃，与人交，宽厚和易，而遇事踔厉奋发，坚忍不挠，必达其目的而后已。既沈毅多远略，不获大施，则思小试于一乡。恤嫠保赤，赊棺代葬，施衣舍药，修桥梁，造渡船，浚河港三十六处，公益之举，知无不为。而请免周浦塘河工，奔走控诉历十余载，用力最勤，乡人感之最深。喜抑强扶弱，有古侠士风，蚁媒赌棍、流氓土豪，务惩创之，使不敢动。"见顾炳权编《上海历代竹枝词》，上海书店出版社 2001 年版，第 605 页。

④　佚名纂：（民国）《三林乡志残稿》，许洪新、胡志芬标点，上海市地方志办公室编：《上海乡镇志旧志丛书》第 14 册，上海社会科学院出版社 2006 年版，《三林乡志残稿》卷第 105 页。另一处在陈行乡，据民国《陈行乡土志》（上海市地方志办公室编：《上海乡镇志旧志丛书》第 13 册，《陈行乡土志》卷第 14 页）："秦温毅（即秦荣光）先生，慨浦东蚁棍充斥，青年嫠妇每被诱逼失节。清光绪二十年，与南汇康田联蓝明经名逢吉，募捐创立保节会。凡寡妇家贫守节，按月给钱。其或翁姑老迈，儿女众多，额外加给。并请县印示条，填明节妇姓氏，悬诸妇门，以杜蚁棍觊觎。"

嘉佩，立即刊印示条，缮就回函：以后凡遇节妇，立将姓氏填入示内，发贴门首，一体保护。《示条》云："上海县正堂黄示，此系孀妇某氏，自愿守节，闲杂人等不准闯门，如有匪徒诱逼再醮等情，许保节会董禀究不贷，切切，特示。"①

事实上，晚清江南地区普遍建立了类似的保节组织以保护守节孀妇。据王卫平的研究，这些专门设立的保节局、全节堂、恤嫠局、清节堂、敬节堂、儒寡会等慈善团体或机构，通过"外恤"（向节妇发放生活补助金）"留养"（将节妇收养在堂）等方法，打击抢逼醮妇现象，保护愿意守节的妇女。②"保节会"立，"抢孀逼醮之风，自此稍息"③。1905年，江苏巡抚陆春帅札饬上海县令，将城乡各镇孀居寡妇，速即查明造册呈报，以便保护。县令奉札，转饬各图地保，查明禀复。④民国以来，在妇女解放运动的影响下，片面的妇女贞节观念受到谴责，贞节堂制度日渐废弛。自1929年，国民政府内政部命令各地依中央规定办法改组地方救济事业，各地多将贞节堂与他种机构合并，总名"救济院"，但直到20世纪30年代中叶，"贞节堂的旧形式，各地还有存在的"⑤。从现实情况看，时人认为，贞节堂制度仍有存在价值："因为在那样牢不可破的贞节观念之下，穷苦无依的寡妇除掉有勇气去再嫁，有毅力去自杀，是没有生活的机会……要批评贞节堂制度之不当，须根本从推翻贞节观念下手。"⑥

乡绅之外，一些地方的孀妇同时得到了乡里组织的救恤。如上海宝山北六图厂地方，从光绪十二年（1886）起图董们制定了《公议恤嫠章程》，拟"给济北六图厂嫠嫠无靠以及茕独年老、茕独残废无靠之人，现因草创试办经费不充……每名全分每月给钱三百文，半分每月给钱一百五

---

① 《保全节妇》，《申报》1896年9月15日，第2页上栏。
② 王卫平：《清代江南地区社会问题研究：以逼醮、抢醮为例》，《史林》2003年第3期。
③ 孔祥百等编：民国《陈行乡土志》，上海市地方志办公室编：《上海乡镇志旧志丛书》第13册，《陈行乡土志》卷第14页。
④ 《造册保嫠》，《申报》1905年10月23日，第9页上栏。
⑤ 高迈：《我国贞节堂制度的演变》，《东方杂志》1935年第32期第5号。
⑥ 高迈：《我国贞节堂制度的演变》，《东方杂志》1935年第32期第5号。按，实际上，在贞节堂里生活的寡妇只是暂时屏蔽了堂外世界的纷扰，而堂内的生活亦是"非人"的。一位曾经到苏南某地清节堂探访过孀妇亲戚的人描述："她似乎已经失去了感觉，不知道悲哀，也不知道快乐，只是漠然的在堂里厮守着岁月，让她的生命之活力在无声无息中死去。我们只觉得她是和'人'的世界隔了一重很厚的障壁，她在另一个世界中不过是某一种动物而已。"见全衡《清节堂里的妇女生活》，《妇女生活》1935年第1卷第5期。

十文，倘有亲族可依，素有粮手折者，概不推及"①。不过它补充了家族救济。民国乡里更重视嫠妇的救济事业。嘉兴湖光镇镇长陈用宾认为，"孤苦嫠妇，失所依赖，人之苦痛，莫甚于此，夫矜孤恤寡，原为社会人应有之同情，今因社会经济之衰落，慈善之拨施亦大减。政府救济事业，又因款绌而难周"，1937 年初特提出《救济孤苦嫠妇以惠贫民案》：

> 1. 由乡镇公所责成保甲长切实查明境内贫苦孤独嫠妇，开单送交原有救济机关核办。
> 2. 以现在征起剩余之保甲经费，以一部拨作恤金。
> 3. 尚能工作之嫠妇，教以轻易手工，其完成之物品，由原办理救济机关收受发卖。
> 4. 其毫无能力生产者，应多给生活费，但以维持其个人生活为度。②

就乡居孀妇从乡里权力机构那里获得的扶助而言，县级行政机构的角色是值得特别关注的。"通常，研究中国行政的学者很少注意县衙门和每家每户之间的联系。但是事实上，这种联系是极为有趣的，也是非常重要的。它是中央权力当局和地方自治社区的结合点"③，或者说，政府通过县级行政权力在乡里社会实际运作，是乡里权力结构的重要构成。这样的运作也许需要乡绅的牵线，却少不了乡民的直接参与，特别至晚清民国时期，在底层民众权力意识逐渐增强的情况下，这种参与更显频繁。家住浦东廿四保十八图地方的姜邓氏，丈夫逝世后，遗下田产，她便藉地租为生。族人姜炳奎等累年积欠地租，对于姜邓氏的屡次索要一味敷衍，后来竟至殴伤姜邓氏。姜邓氏 1894 年向上海县衙喊控，县令答复道："姜炳奎欠尔租钱，拖延日久，已属不合，尚敢逞凶将尔殴伤，殊属目无法纪，尔可退去，自行医伤，候本县发出堂单，饬差前往"究办。④ 在乡里社会，由财产而起的恃强欺孀之事更易发生。1915 年江宁县孀妇陈许氏禀控：

---

① 赵同福、杨逢时等编纂：《盛桥里志》卷之 4《救恤志·恤茕兼敬节》，上海市地方志办公室编：《上海乡镇志旧志丛书》第 11 册，《盛桥里志》卷第 88 页。

② 《嘉兴救济孤苦嫠妇》，《农村建设》1937 年第 1 卷第 7 期。

③ 费孝通：《中国绅士》，第 48—49 页。

④ 《欺凌孀妇》，《申报》1894 年 1 月 17 日，第 2 页上栏。

"祖遗基地被匡吴氏侵占，并起筑房屋"①；1921 年，江宁县秣陵镇孀妇陈张氏具呈，乡人曹文志等人占种其田亩。② 到 1923 年无锡孀妇强秋氏上呈省县，称有"劣董灭伦欺嫂、占地诬告"③。这些案子，在社会关系盘根错节的乡里社会不易解决，一部分孀妇上呈至县署甚至省署，引起重视。

不过，作为乡居孀妇的生活环境，乡里权力结构对孀居的保护只是事情的一个侧面，事实上的影响是多重的。

首先，乡里权力对孀妇的保护更多地基于道德原则及其社会舆论。1887 年上海金山县三保六图发生彭姓抢醮孀妇之案，时人颇觉意外：抢孀逼嫁，例禁甚严，官府亦将"禁令重申，高标宪说，不意人心不古，仍有阳奉阴违者"④。对于抢醮者的阳奉阴违，社会舆论常常归因于"人心不古"，而不论官府"禁令"和"宪说"的实施效力。因此在 1890 年苏州娄门外大树地方肆行抢醮的"匪类"受到惩戒时，时人欢呼："令尹严惩匪类，以挽浇风，造福斯民，洵乎不小。"⑤ 可见普通民众关心的是风化的厚薄，而非法律的尊严。直至 20 世纪 20 年代末，上海宝山刘行的朱某等"纠众持械，劫霸、奸占"孀妇，如此不法行径，人们仍然认为这是"有伤风化"的行为。⑥

基于道德原则的整饬，主要考虑的是社会秩序的稳定，而非社会公平，因此在许多情况下，晚清官府对于侵害孀妇权益的一些"细事"，"只有当纠纷的一方提供了诉讼，县官才不得不审理"；清末民初的法律改革者们根据西方权利概念分离了民法和刑法之后，与孀妇相关的许多纠纷自然地进入民法调整的范围，而被视为"次要的、最好让社会自己去解决的事务"⑦。缺乏权利意识的乡居孀妇权益则在其中被牺牲了。地方权力的不作为可以视为国家法典对民间俗例的反应：当国家法与习惯法出现冲突时，地方官员总是倾向于迁就习惯法及其社会舆论。⑧

其次，乡里权力顾及家族利益甚于孀妇权益。在家族集体与孀妇个体

① 《江苏省公报》1915 年总第 670 期。
② 《江苏省公报》1921 年总第 2634 期；1921 年 4 月 1 日批。
③ 《江苏省公报》1923 年 6 月 22 日。
④ 《严惩抢醮》，《益闻录》1887 年总第 723 期。
⑤ 《严惩抢醮》，《益闻录》1890 年总第 959 期。
⑥ 《宝山民众》1929 年第 9 期。
⑦ ［美］白凯：《中国的妇女与财产：960—1949》，上海书店出版社 2007 年版，第 74 页。
⑧ 参见本章第一节。

之间，乡里权力总是不自觉地倾向前者。清末发生在上海的两宗案件，从不同侧面反映了乡里权力对家族的倾向性。1881年，上海县二十四保四十八图浦左洋泾镇孀妇周陈氏自愿再醮于四十四图内秦桂荣为妻，原夫族向县衙控称秦桂荣"诱拐"，由帮审委员讯理。委员问："婚帖何在？"秦称："由陈氏自己作主，故无婚帖。"委员问："娶妇岂有如此便易者？"喝将秦桂荣掌颊二十，责一百四十板；先行管押，着秦交出陈氏，再行讯断。[①] 强调婚帖的重要性，实际上是左祖家族在孀妇再嫁中的主导性，因为当时陈氏父族"虽知再醮，却不肯出帖"。第二则案件发生在庄家泾左近，孀妇王张氏控族人王菊生争嗣阻葬，县令判令王张氏宜择"本宗侄孙承继，不得异姓乱宗。"[②] 可见孀妇在领抚问题上受到家族的限制，而地方权力则支持这种限制。

最后，乡里组织对孀妇的保护非常有限，或者还会因为组织的蛀蚀而欺侮孀妇。1906年，昆山新阳两县城乡孀妇许张氏等12人向省按察使公禀：普育善堂董事侵吞恤嫠月米。善堂有田四千八百余亩，均系公产，专为育婴、恤嫠开支。"堂中之事，糜烂实非一日，历来董事、司事惟知中饱，至戴（人龙）李（清麟）顾（宰梅）三孟接手，固已势成弩末，然既经接办，不能设法整顿，现复弃置不顾。"[③] 这应该不是特例。20世纪30年代，一位以江苏为中心考察贞节堂的研究者指出："现有的什么全节堂，其中很有不少的黑暗，办理人的营私舞弊，入堂手续的不公平，各人待遇的不平等，有许多地方是恰有此种现象的。"[④] 乡里自治组织因为缺乏近代制度的监督而被蛀蚀，"保护"孀妇云云，自是徒饰虚言了。即便清节堂存在各种弊窦，但"要踏进清节堂实在是一件很难的事，第一须要一个有面子的人介绍，并不是每个死了丈夫的寡妇都能跑进来的。这里有一定的额子，满了额子，那末即使有面子的人介绍也不可能，只好在外面等着有人出堂或者有人死去才能轮到。大概能踏进这清节堂的，多数是中产之家或者是富贵之家的妇女，十分贫穷的妇女在这里是找不到的"[⑤]。1924年苏州震泽在参差浜建成清节堂，"贫嫠之散处各庵堂者，一得此讯，纷

①　《诱嫁孀妇》，《申报》1881年12月29日，第3页上栏。
②　《上海县署琐案》，《申报》1900年6月6日，第2页上栏。
③　《不乐闻》，《通学报》1906年第2卷第2/3期。
④　高迈：《我国贞节堂制度的演变》，《东方杂志》1935年第32期第5号。
⑤　全衡：《清节堂里的妇女生活》，《妇女生活》1935年第1卷第5期。

纷央人关说，谋弃谷迁乔之计。顾以费巨难办，开幕杳无时日"①。尽管有
了安置场所，经常费的开支也让一般清节堂的运作颇费脑筋。

近代以来，伴随着外国资本主义的渗透和城乡差距的扩大，"以前保
留在地方上的人才被吸走了；原来应当回到地方上去发生领导作用的人，
离乡背井，不回来了。一期又一期的损蚀冲洗，发生了那些渣滓，腐化了
中国社会的基层乡土"②。在地方精英普遍"上浮"和城市化过程中，
1934 年前后国民政府更强力地推行保甲制度，"保长在这套法定的机构里
面扮演了一个丑角"③。在这样的乡居环境中，孀妇的生活更为艰难。20
世纪 20 年代初，江南一小镇的保正竟然参与到诱醮孀妇的丑剧中：

> 　　三塘呀乡里，田呀子田庄镇，十五三图恶保正，阿呀姓张子永泉
> 名，敲竹杠，手段真一等。
> 　　遇事呀生风，搅呀子搅是非，扛孀逼醮好生意，阿呀实在子有滋
> 味，白米囤，价钱粜得起。
> 　　寿山呀桥头，周呀子周全全，去年一病命归天，阿呀寡孀子怪可
> 怜，耐心儿，纺织度青年。
> 　　未及呀半载，祸呀子祸临头，永泉保正想念头，阿呀问俚子再醮
> 否，好寡孀，拒绝乱摇头。
> 　　谁知呀劣保，坏呀子坏良心，花言巧语弗正经，阿呀寡孀子说动
> 情，上圈套，跟俚出门行。
> 　　一走呀走到，红呀子红庙西，朱某看见笑嘻嘻，阿呀上前子接进
> 去，私讲价，洋钿七十几。
> 　　幸有呀女亲，钱呀子钱五先，得信寻到红庙前，阿呀搭女子回家
> 转，险些儿，琵琶过别船。④

在这里，作者一方面谴责保正丑行："此种呀劣保，无法无天真该
死"，另一方面责问乡里"董事"："杨正董，为啥弗问信"？！窳败的乡里

---

①　希天：《震泽：清节堂行将开幕》，《吴江》1923 年总第 51 期。

②　费孝通：《乡土重建》，上海观察社 1948 年版，第 71 页。

③　胡庆钧：《两种权力夹缝中的保长》，吴晗、费孝通等：《皇权与绅权》，上海观察社
1949 年版，第 130 页。

④　《劣保诱醮》，《饭后钟》1921 年第 13 期。

自治污浊了孀居生活的环境。

家族、乡邻、地方权力，它们以血缘、地缘和政治等群体以不同的面目作用于孀妇，构成了近代江南乡居孀妇生活的基本环境，事实上，在实际社群生活中，这些环境要素不是孤立而生的，它们或彼此奥援，或相互牵制，以整体的态势作用于孀妇。综观具体的运作过程，不难发现孀妇生活环境的传统性：与孀妇相关的家族尤其是夫族，漠视孀妇的权益，随意介入她们的生活；孀妇的乡邻虽能感觉到寡居生活的艰辛，却总是高悬起传统节操之剑，闲话聒噪，折磨着困窘的孀妇；乡里权力在一定程度上制约了家族和乡邻的干预，但不论从力度还是从广度上都难以减轻孀居生活的痛苦，更无法阻止因为自身的蛀蚀而对孀妇造成的伤害。最能体现孀居生活传统性的是，乡里群体即使给孀妇提供了某些方面的扶助，但扶助的指向与其说是孀妇生活，不如说是对孀妇贞节的积极肯定，这不啻限制了孀妇选择生活的自由度。晚清以来在上层世界不断掀起的人权、自由、平等诸般近代思潮在乡里社会始终波澜不惊，难以形成普遍宽容的乡里环境而嘉惠孀妇。如果就人与生活环境的关系进行性别对比，那么，人们更能理解近代生活环境对孀居的抑制：

　　　　一个男人，当着他的妻子死亡，甚或有着种种其他的缺陷的时候，他不但可以不受着所谓命运的摆布，而且还可以抛弃了一切，站在一切法度之外，来改造环境，来使他的环境更顺利些，更美满些，明白一点说，就是一个男人当他有需要第二甚至第三个女人的时候，只要他的经济条件许可，他可以无量的续弦甚至纳妾，一直到欲望满足的时候……自古以来，一个"三从四德"的标本，使着无量的女人呻吟在这个铁链之下去做无谓的牺牲者……近来妇女运动的思潮，唤醒了在酣睡中的女性，但是那能够追踪着时代跑，和有着进取的伟大的女性，空间还是很少，而且几乎少得到可怜的程度，尤其最令人感到痛心的当一个女人的丈夫死亡之后，社会不但不与她一分的安慰，允许她向着光明幸福作进一步的追求，而且更要强制的把她掏在社会黑暗的角落里，在永久的孤独中在人类的轻视下，悄悄的来度过了残余的生命。①

---

① 振纲：《孀妇再嫁问题的检讨》，《妇女杂志》1941 年第 2 卷第 7 期。

　　近代江南乡居孀妇就这样仍然生活"在社会黑暗的角落里"。面对江南乡居孀妇的现实环境，我们只能说，孀妇虽说生活于近代世界，但这里是传统的乡土世界。

　　或许为了凸显晚清民国时期的近代性，中国近代史的传统叙述已经从精英群体那里、在西学东渐的过程中获得了许多证据，这些证据连同所要揭示的特征诚然是确凿的，然而同时，另外一种证据同时也确凿地存在于近代中国，那就是底层民众生活的传统性，这需要眼光向下的社会史不辞烦劳地加以展示，没有这样的展示，近代中国社会的场景总是隐约着某种虚幻；根据虚幻的而非实在的整体场景，自然无法准确把握近代中国的社会特质。

第 七 章

乡间休闲及其教化

在乡间提起休闲，很容易想到农闲。农闲源于受限制的时间：因为岁时延转，农业劳动无法进行，是接受而不是选择不劳作。这种强迫的不劳作不是可能的休闲源泉。社会学家指出，休闲也是活动，是"自由选择"的活动，在此过程中，个人"能谋得自由这样一种感受"，也就是说，休闲"首先是个人的一种心理态度"①。美国心理学家纽林格（John Neulinger）认为："休闲感有且只有一个判据，那便是心之自由感（perceived freedom）。只要一种行为是自由的，无拘无束的，不受压抑的，那它就是休闲的。去休闲，意味着作为一个自由的主体，由自己选择，投身于某一项活动之中。"②在农闲中，也包括在其他的空闲时间里，近代江南农人并没有因为被"强迫的不劳作"而将农闲完全当作不幸度过，他们发展起许多自主选择的活动，即属于他们的休闲。这些休闲活动主要有：出庙会、看戏文和泡茶馆。

第一节　庙会休闲

与组织化的宗教不同，民间信仰活动，特别是社会性的庙会，从行为上体现出明显的休闲性，正如社会学家乔启明所称，"我国农民多无正当娱乐，迎神赛会可说稍含娱乐性质"③。在这里，庙会就成了休闲；庙会的休闲性越浓厚，凡俗性便越强烈。不断增强的休闲性使特定的庙会在神圣—凡俗续谱中向凡俗一端移动。

---

① ［法］罗歇·苏：《休闲》，姜依群译，商务印书馆1996年版，第3—10页。
② ［美］杰弗瑞·戈比：《你生命中的休闲》，康筝译，云南人民出版社2000年版，第6页。
③ 乔启明：《中国农民生活程度之研究》，《社会学刊》1930年第1卷第3期。

一　庙会休闲生活节律

与精英文化不同，在理解诸如乡民这样的底层群体文化存在时，美国学者保罗·康纳顿（P. Connerton）提醒人们注意："这是一种其成员的生活史有不同节奏的文化"；他们的生活节奏呈现"不是简历，而是一个循环。基本的循环是天，然后是周、月、季、年、代"①。岁时，是中国普通民众特殊的时间体验；江南庙会所呈现的岁时节律，正反映了乡土生活的本色。

江南绝大多数庙会以年度为周期，这是庙会仪式以年为单位的循环操演。年度周期是乡土社会的伴生物：春耕、夏耘、秋收、冬藏，在江南乡村由于生产样式的不同可能还有更具体的表现形式，但与乡土中国的总体特征大致不离；庙会也就附着于一年十二个月的岁序中。台湾学者对于岁时节日的分析同样适用于庙会生活："农业社会，其生活方式在于某一范围内，为了调节生活，因而在耕耘与收藏之间，订了许多的节日来纪念、庆祝。这久而久之，许多节日成了传统的标准。"② 但庙会不是一般的节日，它的节律不能仅仅通过乡土社会的普遍生活规律获得说明。

作为信仰生活的一部分，庙会还遵循着信仰世界的规律。对此，匈牙利学者阿格妮丝·赫勒进行了简明提示："宗教总是日常生活的组织者，而且常常是它的主要组织者。从根本上说，是经济活动决定生活方式和生活节奏，但是，除此而外，正是宗教塑造了为生存需要所支配的生活方式和生活节奏。"③

按照信仰世界的逻辑，庙会旨在复苏神圣存在。在生命的大部分时间里，神圣存在蛰伏在人们的思想深处，表现为常态的凡俗生活。神圣存在就具有这样的特质："只有在人们的心灵将其表现为生活着的存在时，它才存在。当我们不再这样想时，它似乎就不存在了。"当日常经验的洪流逐渐湮没这些神圣存在的时候，如果我们无法把神圣存在重新唤回到我们的意识里，使它们得到再生，那么神圣存在便会很快陷入无意

---

① ［美］保罗·康纳顿：《社会如何记忆》，纳日碧力戈译，上海人民出版社 2000 年版，第16—17 页。

② 王世祯：《中国节令习俗》自序，星光出版社 1981 年版，第 1 页。

③ ［匈］阿格妮丝·赫勒：《日常生活》，衣俊卿译，重庆出版社 1990 年版，第 101 页。

识之中。① 从这里，人们得知，神圣存在需要人的帮助，正如人离不开神圣存在的帮助一样。每届庙会，乡民们便唤醒被弃置于意识角落的神圣存在，为其补充能量，加强对神圣存在的记忆；庙会结束，这一切又渐渐归于沉寂，直至下一次循环。神圣存在便通过蛰伏与复苏的循环往复存活于乡民生活中。假使神圣存在亢奋不已，乡民的常态凡俗生活便会受到干扰；但神圣存在无限沉默，长此以往便会离开他们的记忆。庙会就应和着这样的节律。庙会节律的根源何在？法国社会学家爱弥尔·涂尔干指出：

> 膜拜的基本构成就是定期反复的节日循环。现在，我们已经能够理解这种周期性倾向是从何而来的了；实际上，它就是社会生活节奏所产生的结果。只有将人们集中起来，社会才能重新使对社会的情感充满活力。但是人不可能永远集中在一起。生活的紧迫性不允许人们无休无止地聚集，所以，人们只能分散开来，只有当他们再次感到需要这样做的时候，才会重新集合。正是这种必然的交替，才相应带来了神圣时期和凡俗时期的有规律的交替。②

涂尔干以宗教社会学的独到视角给我们的论题所提供的思想意义在于：（1）乡民从"集中起来"到"再次感到需要这样做"（再集中）的间隔长度，即庙会年度周期的根源，虽然不是信仰，但信仰却赋予其以社会心理上的合理解释；（2）周期性的庙会固化了乡民的共同体生活，克服了乡土社会的疏离感。

年度周期只是一个原则上的规定，事实上，由于各种原因，庙会兴衰不居。以一个县域来说，年度总会次的多寡一般与年成的丰歉成正比。嘉定每岁冬令，城乡均借酬神为名，醵资演戏，年岁丰稔，演者尤多。③"尤多"之因：一是有些庙会不是年年举行，如定海东岳会间隔数年一行，逢到值年，总会数就增加了；二是有些庙会时逢丰年，花样翻新。如湖州南浔的东岳会，一般年月"士女集广惠宫及极乐庵烧香作会"，只有座会，而遇年丰则"额外"增加了游会，"引线灯作绣球、凉伞等形，争新斗艳，

---

① ［法］爱弥尔·涂尔干：《宗教生活的基本形式》，渠东、汲喆译，上海人民出版社 1999 年版，第 452—453 页。

② ［法］爱弥尔·涂尔干：《宗教生活的基本形式》，第 457—458 页。

③ 陈传德修，黄世祚、王焘曾等纂：《嘉定县续志》，1930 年铅印本。

为他处所无。击钲鼓随之，游行市上，迎神出观。或为藏头诗句，任人商揣，曰'灯谜'。旬余始罢，远近来观者甚众"①；是丰年常有新的庙会涌现。1918 年常熟"秋收较丰"，次年入春以后，耿泾乡"农人于生计上稍减困苦"，"皆狂妄异常，以前数年之凄凉苦况陡然亡（忘）怀，于是有掉龙灯焉，演剧焉，不一而足"②。本来，沿海朱泾桥兴龙寺素未闻有演戏情事，不意亦如法从事，与某戏班预订承揽，择日开演；③ 四是有些庙会废而复兴。嘉定纪王镇向于七月三十日有网船会之举，自民国政府成立后，明令铲除一切迷信举动，故几年间渐形淡兴。1927 年纪王一带年成丰熟，于是由庙董凌春孙重整旗鼓，一则庆年成之丰收，二则藉振萧条之市面。事前凌区长亲赴苏州办理绣制神袍及皇命八旗等，以资点缀，所费约二百余元。演戏四日，戏班为浙江田记大舞台，戏愿已由庙董四出捐募，拟从十六日晚起，逢三六九再赛放花灯，预约至双十节前后，大放三天三夜。④

作为休闲生活的庙会显示出明显的季节性。"说到农民的业余娱乐，要算是同时能容纳几百到几千人看的社戏了。社戏多在春初农事尚未动忙，与秋末农事已了的当儿举行。"⑤ 俗称的"春祈秋报，农夫之常规"；在这春秋两个季节里，"田野农夫，迎神赛会，簇拥着一尊泥菩萨，前呼后拥，煞是起劲"⑥。

太湖一带是蚕乡，农谚云："小满动三车，谷雨两边蚕"。每年谷雨一过，蚕娘们就要投入到饲养春蚕的劳作中去了。所以，这里的庙会多在清明至谷雨这段时间里举行。蚕娘们借此一方面祈神赐福，保佑蚕花廿四分；另一方面，也可在紧张的养蚕季节到来之前轻松一下。苏州城西翳山有东岳行宫，三月二十八日庙会，参加者以乡人居多，故名"草鞋香会"。赴会者清楚："自是田事将兴，农家浸种，布谷催耕，无暇游赏矣"，因此是日"村民尽出游遨，看会烧香，摇双橹出跳快船，翱翔市镇，或观戏春台。其有荒村僻堡，民贫无资财，亦复摇小艇，载童冠妇女六七人，赴闹

① 汪曰桢：《南浔镇志》，清咸丰八年（1858）刻本。
② 《预志连续演戏·掉龙灯愈掉愈盛》，《常熟日日报》1929 年 3 月 14 日第 3 版；常熟档案馆藏。
③ 《预志连续演戏·耿泾乡》，《常熟日日报》1929 年 3 月 14 日第 3 版。
④ 《赛会演戏举镇若狂》，《嘉定新声》1933 年 10 月 1 日第 4 版；上海图书馆藏。
⑤ 于思：《庙台戏与畅台戏》，《申报》1934 年 5 月 6 日第 23 版。
⑥ 群僻：《小言》，《吴江》1922 年总第 23 期。

市，赶春场，或探亲朋谋醉饱，熙熙攘攘，以了一年游愿。田家雇工客作之夫，亦俱舍业以嬉"①。无锡的春天有所谓"香汛"，"每个乡村角落里的妇女们，年老的，年青的，带着小孩子，穿着了新衣，到娘娘庙里来烧香。一个村庄里合起五六十个妇女，大家每人拿出两升米，一百个铜元，合叫个船，到处烧香，顺便玩两天"②。当凉秋八月，残暑初消，苏州城西的支硎、灵岩、虎丘、穹窿诸山，亦有"秋山香市"，"惟不逮春时香市之盛耳"③。绍兴地区是江南水乡另一个重要的蚕乡，那里的会期与太湖流域具有基本一致的特点。绍兴乡谚咏"禹王庙会"和"南镇庙会"云：

> 桃花红，菜花黄，会稽山下笼春光，
> 好在农事不匆忙，尽有功夫可欣赏。
> 嬉禹庙，逛南镇，会市热闹，万人又空巷。④

在"浙江棉仓"的慈溪，庙会的季节性非常明显，五月至九月基本没有大的庙会。⑤ 南京是棉区，汤山农谚有"三月上庙，四月种田"之说。根据 1930 年调查，庙会在农历三四月间举行的多，秋天次之。⑥

表 7－1　　　　　　　　1930 年南京汤山（棉乡）庙会年度分布

地　址	庙　名	会　期	距汤山路程	备　注
汤水村	五圣庙	三月二十五		
作厂村	作厂庙	四月十一	南三里	
丁墅村	丁水庙	正月十五 三月二十三 七月十五	南七里	每年举行三次
陈家边	扒灰庙	四月十七	北七里	不属汤泉区
陈家庄	嬴秦寺	四月初六	西十二里	
坟头	坟头庙	四月十五	西十五里	

---

① 袁景澜：《吴郡岁华纪丽》，江苏古籍出版社 1998 年版，第 132 页。
② 寄洪：《无锡蚕丝业中的劳动妇女》，《妇女生活》1937 年第 4 卷第 7 期。
③ 袁景澜：《吴郡岁华纪丽》，第 264 页。
④ 张观达：《嬉禹庙和南镇庙会》，朱元桂主编：《绍兴百俗图赞》，第 265 页。
⑤ 徐长源主编：《慈溪县志》，浙江人民出版社 1992 年版，第 904 页。
⑥ 《农民教育》1930 年第 2 期；上海图书馆藏。

续表

地　址	庙　名	会　期	距汤山路程	备　注
小九华	九华殿	七月终	东十五里	不属温泉区
杨家庙	杨家庙	四月初一	南十五里	
东岳庙	东岳庙	三月二十八	南十八里	
华树村	南宫庙	四月初七	北十八里	
东流	东流庙	三月二十九	西二十五里	

　　蚕棉兼事的上海乡村，四月之初，麦未登场，为农事间隙，浴佛会盛况堪比春节。青浦盘龙镇普门寺游人如织，有竹枝词咏其事："四月初交人尚闲，游踪如海复如山。不知客舫来多少，停遍龙塘水一湾。"①

　　处于江南"边缘带"的临安是山区，那里的会日同样应和着江南乡村休闲生活的节律。县郊的东平会有两个会日：一是张睢阳的生日，七月二十二日，一为九月二十三日。比较而言，后者更为热闹，因为后一个会日，"田稻已大都收割，是一个比较闲空的季节"②。

　　概括而言，江南庙会主要分布在春季和秋季，说明乡民的休闲主要在这两个季节。乡民庙会休闲的季节性特征是与地域生态环境和经济模式密切相关的。江南鱼米之乡大致如此；太湖的庙会时段亦与此一致。渔业生产，淡旺季泾渭分明，从清明开始，由旺转淡，成为渔业的年度分界点，平台山"祭禹会"就在这段时间举行。庙会期间，一则重新组合搭档，组织生产；再则解除冬春捕捞的辛劳，探亲访友，集中消费。③沿海渔民的庙会，如太仓刘家港渔民总是在春秋两季的鱼汛后，醵资在天妃宫演戏祝祀，以谢神灵庇护。④

　　乡民的一般庙会休闲依循着凡俗世界的日常生活规律，而笼罩着神秘气氛的庙会所服从的，自然是神圣世界的时空制度。七、八月份里的庙会总是具有特殊意义的。祈雨会常常在夏日久旱不雨的时候。为向神灵求

---

　　①　按，青浦盘龙镇旁有水名龙塘。参见顾炳权《上海风俗古迹考》，华东师范大学出版社1993年版，第363—364页。

　　②　艾芊：《东平会日杂笔》，《临安武肃报》1946年10月21日第4版；临安市档案馆藏。

　　③　蔡利民、陈俊才：《太湖渔民的保护神——夏禹》，《中国民间文化》第18辑，学林出版社1995年版，第168页。

　　④　《刘家港天妃宫》，《太仓地方小掌故》（续集），江苏太仓政协编印1983年，第86页。

雨，拣个黄道吉日，把当地庙里的塑像抬出去巡行，因为是临时叫差，既降甘霖，少不了要演戏相酬。按民间说法，农历七月里，各种怨鬼都从阴间出来扰乱阳间，所以要在这段时间为怨魂超度，被邪求安。于是有城隍会，有盂兰盆会，有地藏王会，有敲锣会（青浦）等。[①] 季节在这里显现出超乎寻常的特殊力量。如果说夏季是一个"鬼季"，那么，春季则是典型的闲季。这时，乡民们所热衷的与其说是祀神，不如说是踏青。在春明景和的时节，庙会迎神不过是乡人休闲娱乐的借口而已。

在一定时段确定的庙会日期，江南乡民视同节日。这也是岁时概念的应有之义。

庙会日期一般是确定的，以神诞日或神忌日为标准；人为确定的庙会，自然也是神的授意。正月里湖州"烧香塔"时间由巫师择定；[②] 诸暨九江山圣姑山于十月赛会，无定日，预期以珓问神；[③] 吴县穹窿山出会日期，由段头与村民商议，选三个好日，然后到偶像面前求签，择定一个，作为出会开始日期。[④] 尽管秉承的是神的意旨，但从实际情况看，大多数会日不是铁律。四月初二是吴县东山城隍出巡后山的日期，1946 年天不作美，到了初一下午二时，下起雨来了，高高的莫厘峰，翠绿被白雾笼罩，乡民们都担心着明天的会期改不改。[⑤] 这说明，会期也是可以更改的。四月初八的浴佛会，无锡许多村镇"尼庵神庙亦多为会"；从经典佛教看，会日凿凿，但民间竟以"农务将兴，有先期而举者"[⑥]。

人为确定会日的庙会，大致在一个时段内。无锡甘露镇的"老寄爷"庙会，每年大致于三月底、四月初举行，由乡绅等商议决定两天为会日。[⑦] 嘉兴连泗荡"网船会"在秋季为八月十四日；春季总在清明前后，如逢二月清明，就在清明后三日，三月清明，则在清明前三日。[⑧] 鄞县的"稻花

①　赵叔豪：《记青浦之敲锣会》，《申报》1926 年 8 月 28 日第 17 版。

②　钟铭：《湖州水稻种植习俗调查》，《中国民间文化》第 10 辑，学林出版社 1993 年版，第 28 页。

③　《诸暨县志》，清宣统二年（1910）刻本。

④　王洁人等编：《善人桥真面目》，吴县善人桥农村改进委员会印行，1935 年，第 36 页。

⑤　看会人：《城隍出巡花絮》，《莫厘风》创刊号，（上海）东联出版社 1946 年版。

⑥　黄印：《锡金识小录》，清光绪二十二年（1896）刻本。

⑦　祝永昌：《"老寄爷"的祭祀习俗》，《中国民间文化》第 11 辑，学林出版社 1993 年版，第 224 页。

⑧　王水：《从田神向水神转变的刘猛将》，《中国民间文化》第 10 辑，学林出版社 1993 年版，第 127 页。

会"无固定神祇和日期，于六月间举行，"青苗会"在五月稻苗转青时举行。① 很明显，这样的会日是与庙会季节性相一致的。

有些会日完全服从于乡民休闲的需要，在空间上次第相接。余姚北部沿杭州湾一带的迎会日期，从东向西，依次例行。据《六仓志》载：二月十三日至十九迎观音礼拜，"化龙堰以东，尽为斋地"；三月十三至二十迎东岳礼拜，"化龙堰以西，尽为斋地"②。吸引乡民与会的庙戏演出自然也呈现这样的规律。19 世纪 80 年代在南京周边四乡，赛会演戏"日有所闻"：初三日东北乡兴卫地方赛三茅神会，初八至十二孝陵卫地方设台演戏，十二、十三日，城北十庙出迎东岳会，十二、十三日，神策门外盘龙山搭建野台，招优演戏，十五日盘龙山、十庙各处亦演剧酬神。③ 南京周边乡村的这个规律至民国时期依然明显。土桥镇位于南京通济门外，附近祠庙很多，逢庙必有庙会，单单农历三月依次排开的就有：三月十三日善司庙，十四日祠山庙，十六日东岳庙，十八日真武庙，廿日九华殿，二十二日西庙，二十四日高庙，二十六日张庙，二十七日庙家山。当地人说到这些庙会，都不讲庙名，只说日期。比如"赶三月十三"④。20 世纪 20 年代定海秋间的乡间庙戏，"自夏徂冬，依地之远近次第演之"⑤。这样的庙会常常是因为后世交易的需要，在时间上有意错开的。在奉贤的柘林和护塘之间，人们发现，明末时出现的小普陀庙会（二月十九日）有助于商品交易，称之为节场，后来出现的节场在全县范围内形成了相对合理的分布。农历四月半在高桥，八月半在道院，八月十八在新寺，八月二十四在泰日和胡家桥，九月初二在奉城，九月重阳在钱家桥，九月半在法华桥，九月十八在三官塘，十月初一在肖塘，十月十四在青村和桥；1914 年，金汇人便将十月十九定为节场。⑥ 会日在空间分布上的这种特点，方便了农人"赶场子"，这在一定程度上充实了乡村娱乐生活，减少了乡间单调生活的天数。

庙会会期平均 3 天。嘉善庙会活动时间至少 1 天，一般 2—3 天，最多

---

① 任根珠、任静芳主编：《宁波市志》，中华书局 1995 年版，第 843 页。
② 邹松寿：《余姚庙会调查》，《浙江民俗》1987 年第 2 期。
③ 《会戏宜禁》，《益闻录》1885 年总第 458 期。
④ 侯民治：《土桥镇——百年记事》，江苏文艺出版社 1997 年版，第 78 页。
⑤ 陈训正、马瀛纂修：《定海县志》，1924 年铅印本。
⑥ 范存明、韩鹤鸣：《我县的庙会与节场》，奉贤修编县志办公室：《奉贤县志资料》第 10 辑，1984 年，第 111 页。

不超过 7 天。① 当然会期不是绝对的。定海"一庙之戏，如都神殿等往往多至十余日"②。1946 年夏天，吴县东山城隍会"一连有一个月光景；这些日子内，街道上，田亩中，所碰到的，大多是在谈论着出会的新闻"③。

细绎江南庙会生活节律，不难发现其明显的农业社会特征。乡民靠天吃饭，各种农事的"节奏点"是根据节气来安排的；庙会休闲生活便纳入了这种节奏之中。在这里，神诞日期是人为确定的，人在指挥神。这也使我们能够理解，庙会为什么总以农历作标准，因为"这些古历测量时间的方法与现代日历不同，后者把年代划分为长度相等的月和日。古历是通过一些使时间持续性中断的节日和重要日子来使时间'具有节奏'"④。这是乡民社会的生活规则。这样的规则在近代江南乡民生活中仍然发挥着作用。庙会期间，乡民在数个共同体及其之间的频繁往来，加强了人际交往；庙会活动（如庙戏等）本身给乡民带来的娱悦自不必说，就是其间发生的花絮新闻，大量而快捷的信息传递也会让他们兴奋不已。为了"发散"这种兴奋，江南乡村社会有许多独特的方式：会日的确定就可以成为一项有趣的活动；会日的分布技巧也可以增加一定地域范围内的实际会期；会期前乡民们的殷殷期待和会期后的袅袅余韵与会期中的娱悦心情相连缀，自然大大减少了乡村社会的"孤立和隔膜"（费孝通语）感受。

二 庙会休闲方式

近代江南庙会的休闲方式，按乡民的心态，大体可分为三类：

第一，补偿日常劳作的消耗。桐乡乌镇香市中的休闲气氛，经茅盾的描述，颇有些浪漫色彩：从前农村还是"桃源"的时候，这香市就是农村的"狂欢节"。因为从清明到谷雨这 20 天内，风暖日丽，正是"行乐"的时令，并且又是"蚕忙"的前夜，所以到香市来的农民一半是祈神赐福（蚕花廿四分），一半也是预酬蚕节的辛苦劳作，所谓"借佛游春"⑤。庙

---

① 何焕、金天麟：《庙会风俗与群众文化》，《浙江民俗》1983 年第 1 期。
② 陈训正、马瀛纂修：《定海县志》，1924 年铅印本。
③ 青：《从迎神赛会说农民娱乐》，《莫厘风》1947 年总第 8 期，东联出版社 1947 年版。
④ ［法］H. 孟德拉斯：《农民的终结》，李培林译，中国社会科学出版社 1991 年版，第 57 页。
⑤ 茅盾：《香市》，《申报月刊》1933 年第 2 卷第 7 期。

会在乡人的眼里成了酬劳辛苦劳作的一种方式。

　　庙会中的许多活动是以身体的放松为目的的。江南水乡，人们以船为车，以楫当马，船是物化的文化要素，也是庙会休闲的基本凭借。与日常使船的劳作感受不同，乘船赴会拥有一份完全休闲的心态。余姚庙会民谣道：

> 二月十九芦城庙，光棍老倌双脚跳，
> 东约姑娘西约嫂，借得罗裙又借袄，
> 大伯说：讨船去，小叔说：讨轿去，
> 准定讨船去，大伯拉了纤，
> 小叔摇了船，船儿摇到化龙堰。[①]

　　邻近庙会可以自家摇船而达，远处则需要专门租船。在绍兴城东六十华里的东关镇（今属上虞县），每年的五猖会"是全县中最盛的会"，看五猖会是方圆百里居民"所罕逢的件盛事"。鲁迅1926年回忆道："因为东关离城远，大清早大家就起来。昨夜预定好的三道明瓦窗的大船，已经泊在河埠头，船椅、饭菜、茶饮、点心盒子，都在陆续搬下去了。我笑着跳着，催他们要搬得快。"[②] 周作人在另一处描述了坐船赴会的趣味："坐在船上，应该是游山的态度，看看四周的物色，随便可见的山，岸旁的乌桕，河边的红蓼和白苹，渔舍，各式各样的桥……夜间睡在舱中，听水声橹声，来往船只的招呼声以及乡间的犬吠鸡鸣，也都有意思。雇一只船到乡下去看庙戏，可以了解中国旧戏的真趣味，而且在船上行为自如，要看就看，要睡就睡，要喝酒就喝酒，也可算是理想的'行乐法'。"[③] 坐船赴会成为庙会休闲生活方式的一部分。

　　民间艺术的享受是庙会休闲的主要方式之一。民初无锡玉祁乡的蔡世金就将"跟大人走几里路到'大仙洞'去看草台戏"视为"艺术享受"，这是为还愿而为"狐狸精"而作的庙会演出。[④] 每逢庙会节场，聘请戏班

　　① 《芦城庙庙会》，《浙江民俗》（内部资料）1987年第2期。

　　② 鲁迅：《五猖会》，《莽原》1926年第1卷第11期。

　　③ 周作人：《乌篷船》，张明高、范桥编：《周作人散文》，中国广播电视出版社1992年版，第84页。

　　④ 虞耀麟：《每见青山忆旧居》，《无锡县文史资料》第10辑，1992年，第80页。

演戏，谓之"节戏"。节戏的操办常由社会化的服务机构操办。① 吴江黎里镇预定京戏班是由"阳春轩"茶馆代办的，经办人称"排话"。各村对订戏都十分重视，由村上的头面人物或耆老带领，组织年轻力壮的"水手"，专门摇着快船，旗帜高悬，锣鼓喧天，来到阳春轩茶馆与"排话"洽谈。② 聘请戏班的过程就够让乡人兴奋的了。

庙会戏文种类繁多。浙江定海的傀儡戏俗称"小戏文"，有"大傀儡"和"小傀儡"之分，大者为庙戏，专由"邑中堕民为之"："围幕作场，大敲锣鼓，由人在下挑拨机关，则傀儡自舞动矣，其唱白亦皆在下之人为之。"③ 1923 年十月二十二日，吴江同里南观庙为关帝开光，演傀儡戏一昼夜，观者如堵。④ 海宁庙会上的皮影戏是傀儡戏的平面形式。在那里，每年蚕季演戏以祷神明，名曰"蚕花"戏。南宋建都临安（今杭州）后，大量睢阳（今河南商丘）皮影戏班随之进入都城戏坊演出。清末光绪年间，海宁庙会戏喜聘京班。在此前后，历来被视为淫戏的花鼓戏也进入了庙会。清末民初，海宁始见有"花鼓戏"，20 世纪 30 年代最盛。庙会前一两天人们就三五成群，化装演出，直到庙会结束。⑤

与杭嘉湖地区的情形相似，苏南地区的庙会剧种首先是昆剧，乡民最爱看其中的武戏，故武戏演得最认真；有几处地方，专演昆剧。⑥ 后来，春台戏的剧种也由文班（昆腔）而徽班（徽腔）而京班（京腔）。到抗日战争，就只剩京戏了。⑦ 无锡的京剧在辛亥革命之前就存在，演唱会"大都要在庙会之期。京剧班子是流动性的，即所谓走江湖的戏班子"⑧。与花鼓戏格调相当的苏州滩簧也出现在吴江盛泽童子会中：1924

① 顾颉刚《苏州史志笔记》（江苏古籍出版社 1987 年版）第 216 页载："每一乡镇，有专管与戏班接洽之人"；《定海县志》（1924 年铅印本）载："邑中无戏班，皆来自甬郡。先由人向戏业包赁，谓之'包班'、亦曰'包头'，再由包头转赁于各庙会"，不必费心。

② 平静人：《看春台戏》，吴江政协文史委：《吴江风情》，天津科学技术出版社 1993 年版，第 69 页。

③ 陈训正、马瀛纂修：《定海县志》，1924 年铅印本；见丁世良、赵放主编《中国地方志民俗资料汇编》（华东卷），书目文献出版社 1995 年版。

④ 《同里·南观之傀儡戏》，《新黎里》1923 年 11 月 16 日第 2 版。

⑤ 翁公友整理：《海宁戏曲史话》（内部资料），第 1、27、68 页。

⑥ 顾颉刚：《苏州史志笔记》，第 216 页。

⑦ 吴三观、李子植：《春台戏》，《苏州杂志》1993 年第 1 期。按，其实，春台戏在庙台演出的也不少，即庙台戏。

⑧ 陈枕白：《二十年代无锡见闻》，《江苏文史资料选辑》第 11 辑，江苏人民出版社 1983 年版，第 102—103 页。

年"童子会"期间，"每晚于唱，曲调新奇，歌声绕越，听者动容，颇形热闹"①。

庙会戏的舞台常常是在庙前广场上临时搭建的，三侧面向观众，演完戏就拆除，人称"草台"。即使在祠庙戏楼上演，戏场也是露天的，人们仍习惯地称其为"草台"，庙台戏也因此被称为"草台戏"。草台戏调近俚俗，散发出醇浓的乡土气息。实在地说，庙会剧目翻来覆去就那么几个，人们也耳熟能详了，但这些方面对于乡民来说，都在其次。20 世纪20 年代时人直言："现在的戏剧，说不到什么艺术；但是吾却始终承认为民众娱乐的一种，在现在灰褐色的社会；演剧以娱乐人们，人生总可以得暂时的安慰。"② 当时正在吴县乡下的叶圣陶着实为热闹的庙戏演出感染了，他写道："一般人为了生活，皱着眉头，耐着性儿，使着力气，流着血汗，偶尔能得笑一笑，乐一乐，正是精神上的一服补剂。因为有这服补剂，才觉得继续努力下去还有意思，还有兴致。否则只作肚子的奴隶，即使不至于悲观厌世，也必感到人生的空虚。"③

第二，展示个人才艺。杂艺表演常常出现在江南乡村庙会奉神出巡的仪仗中；这是乡民展示艺术才能的机会。无锡甘露庙会的杂艺表演丰富而精彩。首先是一班高跷队，扮演者"踢飞腿""左右开弓""跳跃""停步"等。突然听到爆竹声由远及近，原来是"护天饷"的"猎户班"。他们一手托鸟枪倚肩，一手燃放腰间围着的大小爆竹。一阵喧闹之后，"清客串"到了，他们是甘露镇上的业余丝竹好手，各执擅长的乐器，吹奏着《梅花三弄》《四合如意》《柳青娘》《龙虎斗》等曲子，只听得笛声清越，箫声悠扬，琵琶铮铮，八音合奏。接着的"掼担"，由一批青年农民组成，扮演一对对情侣，肩担一副担子，表现劳动之余的欢乐。"逍遥伞""轮车队"之后，"抬阁"跟上。抬阁约高出屋檐一、二尺，花团锦簇，上列孩童若干，扮成才子佳人。④ 仪仗中的丝弦班虽说是业余爱好者，水平却不能小觑。据亲历者介绍：四支或八支竹笛，吹得声调悠扬，非得有真功夫不行。队伍中的高手，堪称民间音乐家，"梅花

---

　　① 《童子会略说》，《新盛泽》1924 年 8 月 21 日第 3 版。
　　② 老钉：《演剧可以已矣》，《新盛泽》1924 年 7 月 1 日第 4 版。
　　③ 叶圣陶：《倪焕之》，人民文学出版社 1982 年版，第 96 页。
　　④ 杨因来：《昔日甘露庙会盛况》，无锡县政协文史委：《无锡县地方小掌故》第 2 辑，1988 年，第 142 页。

三弄"的吹奏是显示其水平的保留节目，所谓"江村处处落梅花"，说明这样的高手不乏其人。① 不仅在仪仗中，整个庙会到处可以欣赏到杂艺表演。绍兴乡间把这些化妆表演的杂艺队伍称为"扮会货"，鲁迅发自内心地加以评价："这是真的农民和手业工人的作品，由他们闲中扮演。"②

"荡湖船"是江南乡村庙会中经常可以见到的休闲舞蹈，又称"采莲船""跑旱船""彩船"和"船灯"等。船多由竹、木扎成，饰以彩绸或纸花，船身蒙上画有水纹的布围，船篷在夜间常饰彩灯。表演者多扮作渔家女子，立于船内，将船体绑系于肩上或腰间，有一人或数人扮艄公或丑角于船旁伴舞。舞蹈时走圆场碎步，舞者以撑船、摇橹等动作相互配合，通过进退起伏、转圈摇摆、八字穿花等表现水上行舟的情景。③ 荡舟之舞由来已久，李白有"吴儿多白晳，好为荡舟戏"之句；宋代吴地诗人范成大亦有诗云："旱船遥似泛，水偶近如生。"

船作为庙会道具，称作"会船"。利用船，人们进行竞技比赛活动，整个庙会散发出醇浓的水乡生活气息。江南庙会中的竞技比赛主要有赛力量和赛技巧两类。会船竞技属于赛力类，许多庙会都少不了这项活动。昆山周庄三月二十八的会汛里，四乡派出"小川条""浪里钻"等快船与赛，两岸观者如堵，呐喊助威，陡增节日气氛。④ 吴江平望的网船会是渔民举行的水上赛会，主要活动就是赛船。网船会于七月十五日举行，由三老爷庙周围 10 个自然村（圩）的 10 坊逐年轮值。届时每坊雇用快船参加，把神像供奉在大船上，周游一圈。最后，各方网船集中到莺脰湖赛快船，名为"踏白浪"。快船的船身较长，名舢板船，左右安装四至八支档桨，船梢左右两边都有橹。每支桨上有 4—5 人，加上舱里人，一道划桨，船快如飞，扣人心弦。莺脰阁上，沿湖的楼房上，人山人海，热闹非凡。⑤

武术表演在庙会中很多见。江苏常熟香山（今属张家港）地区是武术之乡，三月半香山庙会中，武术成了压台戏。舞马叉的，使齐眉棍的、响

①　晓方：《庙会》，《宜兴文史资料》第 6 辑，1984 年，第 147 页。
②　鲁迅：《门外文谈》，《鲁迅文集》（六），黑龙江人民出版社 1995 年版，第 85 页。
③　《洛社镇志》，江苏科技出版社 1990 年版，第 358 页；袁禾：《中国舞蹈》，上海外语教育出版社 1999 年版，第 313—314 页。
④　《周庄镇志》，上海三联书店 1992 年版，第 237 页。
⑤　《平望镇志》，江苏科学技术出版社 1992 年版，第 457 页。

铜棍的，掷绳镖的，耍九节鞭或流星锤的，对打、单打、双打、边走边舞，其娴熟高超的技艺，引得阵阵喝彩。① 在余姚规模最大的芦城庙会以及乌山庙会上，与众不同的活动就是武术类比赛；乌山、崔陈两个拳派摆擂比武，声势浩大。② 绍兴县越峰杨宅村有个"拳棒会"，附近有庙会，他们就赶去参加。表演的"走阵"有八字阵、元宝阵、团团阵等 8 个阵式；一对一的对武，称为"大操"；那可不是花拳绣腿，而是硬碰硬的真功夫。会员们长年练习，既为强身健体，又能卫家护乡，在村里特别受人尊敬。③

江南乡村庙会中不乏杂技表演。庙会道子中的有些会班，需要具备一定的技巧和功底的人才能扮演。无锡玉祁迎神赛会中的"武香会"，有大刀、马权、高跷、打手、轮车等，这是菩萨的护卫队。高跷三、五尺高，凌空而行，在高跷上舞马权的，技艺就更上一层了。"打手队"乃是十八般武器的混合表演，刀枪棍棒，交杂击刺，惊险动人。轮车是以铁背心缚在人肩上，上支铁架，架上坐一对童男玉女，扮成戏文，重量总在 200 斤以上。④

跟专业性的体育比赛纯粹重视结果的情形相反，庙会活动中的竞技活动具有一些区别于严格意义上的体育的特性：它既不是通过比赛追求成绩，也不以崇拜力量为目的；它既不要求遵守刻板的规则，也不要求进行超越身体极限的训练，而是在体育活动的原始意义上，追求身体的放松和适意。德清新市镇的"龙船会"，画船旗鼓，"互相竞驶以为乐"⑤。昆山巴溪的中元赛会，就是龙舟竞渡。神船于巴湖歌唱驰驶，绕神三匝，首夺锦标，高呼得意。⑥ 这里不是争取成就的运动场，而是休闲的环境，是一种交往的空间。因为休闲活动的结果只局限于休闲范围内，人们的注意力只放在环境的创设上，而根本没有顾及决出胜负的规则制定。

休闲时间是能够自由利用的时间，但在庙会中，客串演戏、扮演会货、竞技比赛的乡民并不是无所事事，虚掷时光，他们"是处于用自己的热情实现自我、用创造性的方法表现自我的状况中的"⑦。在实现自我，表

① 冯春法：《香山揽胜·热闹的香山庙会》，新华出版社 1994 年版，第 122 页。

② 邹松寿：《余姚庙会调查》，《浙江民俗》1987 年第 2 期。

③ 许燕耿：《杨宅拳棒会》，朱元圭主编：《绍兴百俗图赞》，第 248 页。

④ 周昌明：《玉祁乡土记》，《玉祁史鉴》，上海人民出版社 1990 年版，第 178 页。

⑤ 吴鬶皋、王任化修，程森纂：《德清县新志》，1932 年铅印本。

⑥ 朱保熙：《巴溪志》，1935 年铅印本。

⑦ ［日］竹内郁郎：《大众传播社会学》，张国良译，复旦大学出版社 1989 年版，第 159 页。

现自我的过程中，展示了个人才能，丰富了庙会休闲生活。

第三，加强社会交往。在小生产条件下，小农经济活动是以家庭为单位进行的，"他们的生产方式不是使他们互相交往，而是使他们互相隔离"①。近代以来，江南乡村日益卷入世界资本主义经济体系之中，商品经济规模不断扩大。在此条件下，人们需要更广泛地交往和信息交流，以提高自己的生活质量。传统庙会以其自身的特质发挥着新的时代功能。

庙会促进了乡村社会的定期流动。"住在村里的人家，几代以来，谁家没有一桌两桌亲戚朋友的！亲戚朋友来看'出会'，总得请大家吃一顿'十碗头'的'会酒'；留在他们家里看几日会戏，每顿总得备点荤汤酒水的。"② 在这里，庙会转变成了人情往来。庙会开始前几天，家庭主妇们便都争先恐后地忙着搬高凳到庙祠之前，去占个好的位置，接着家家又在宰猪烹羊，杀鸡设酒，准备去奉祀神明，又忙着邀请远近的亲戚朋友，"什么姑姨舅妗婶婆甥婿等等，几代不相往来，几年不相见面的人，这时都亲热起来了"③。1925 年春日，常熟归感乡出周神会，"附近人家，莫不邀亲领眷，呼朋引类，鱼肉款待"④。1936 年三月十八、十九两天是无锡堠山赛会的日子，"附近的居民，接二连三地留亲迎戚"⑤。1936 年 5 月记者去太仓璜泾采访猛将会，"踱出庙门，至亲戚家里去吃饭，知道此地的居户，几乎有十分之八，都在当'招待亲友'的差使"⑥。所以有人说：苏州乡村上演庙台戏，"乡民不费于戏资而费于请吃戏饭。每年演戏，邀请他乡村之亲友来看，杀猪设酒，费百余元不为奇也"⑦。对于乡下人来说，"这一切都不是轻而易举的。假如明年秋收后出会，事实上今年清明节起就该全家'总动员'了"⑧。在经济状况并不算好的上虞南乡，"素无夏戏"，1930 年盛夏也演起庙台戏，陈溪口、潘宅、背向等近二十个村落

①　马克思：《路易·波拿马的雾月十八日》，《马克思恩格斯选集》第 1 卷，人民出版社 1972 年版，第 693 页。

②　戴不凡：《浙江家乡戏曲活动漫忆》，《浙江文史资料选辑》第 25 辑，浙江人民出版社 1983 年版，第 26 页。

③　吴秋山：《社戏》，《绸缪月刊》1934 年第 1 卷第 1 期。

④　《归感乡·周神会之热闹》，《常熟市乡报》1925 年 4 月 29 日第 2 版。

⑤　沈厚润：《北夏农民生活漫谈》，《教育与民众》1936 年第 8 卷第 3 期。

⑥　严洗尘：《五月廿一的太仓》，茅盾主编：《中国的一日》第 4 编，江苏，第 68 页。

⑦　顾颉刚：《苏州史志笔记》，第 216 页。

⑧　戴不凡：《浙江家乡戏曲活动漫忆》，《浙江文史资料选辑》第 25 辑，第 26 页。

乡民，"俱至下管街购买鱼肉，以饷来宾"，无论如何还算开心，因为"今岁稻禾丰收，乡人喜形于色"，乐而为之。[①] 在北乡，有所谓"小越神会"，"本街及上堰，长河港，眺头，顾家，石板弄等处，居民办盛馔款客，故数日中，鱼虾猪羊之价大增，且供不应求"[②]。总之，江南乡村人将款待看会的亲朋好友当作必要的人情往来。

德清上柏镇的商家把重阳会汛看成是进行人际沟通的"商机"。店主们为接待常年顾客及其眷属，准备了丰盛的饭菜，大店铺竟备饭十数席之多，以此联谊主客双方，体现着淳厚的人际关系。同时按照惯例，每逢重阳庙会，上柏镇大庙上演京剧三天，一律免收门票，以酬谢邻近农户常年在上柏投售山货，这又是一次沟通买卖双方感情的举动。[③]

对于庙会休闲，当时一些"现代人士"持批评态度。他们的主要理由有二：一是，这种休闲庙会"与公众无丝毫实益，不合现世际之潮流"[④]；二是，庙会"踵事增华，不惜巨费，以助观瞻而资笑乐，淫亵浮靡"[⑤]，因此应该取缔。在民国江南乡村，搬演戏文的由头虽然是"答谢神庥"，实际上他们不过"借此名目，大家来玩乐一回，可以消除他们终年无间的辛苦与劳瘁，使单调的生活上得着些快慰和生趣，因为他们除了社戏之外，是再也没有什么别的娱乐的了"[⑥]。对此，叶圣陶认为："这是单看了一面的说法；照这个说法，似乎农民只该劳苦又劳苦，一刻不息，直到埋入坟墓为止。要知道迎一回神，演一场戏，可以唤回农民不知多少新鲜的精力，因而使他们再高兴地举起锄头。迷信，果然；但不迷信而有同等功效的可以作为代替的娱乐又在哪里？"[⑦] 也就是说，作为时代的产物，庙会休闲无可厚非。在江南乡村，"人民的娱乐和消遣，固不常有。纵有也必与宗教有关，偕神道的名义，合公众的力量，或者正是村落社会的风尚"[⑧]。

① 《南乡大庙演戏》，《上虞声》1930 年 8 月 20 日第 3 版。
② 《小越神会之热闹》，《上虞声》1928 年 11 月 30 日第 3 版。
③ 汪霖：《旧时上柏重阳庙会集市》，《德清文史资料》第 4 辑，1993 年，第 146 页。
④ 锡仁：《改良迎神赛会用款之我见》，《申报》1922 年 4 月 19 日第 20 版。
⑤ 唐世材：《迎神赛会之无益》，《申报》1923 年 4 月 5 日第 22 版。
⑥ 吴秋山：《社戏》，《绸缪月刊》1934 年第 1 卷第 1 期。
⑦ 叶圣陶：《倪焕之》，人民文学出版社 1982 年版，第 96 页。
⑧ 文载道：《故乡的戏文》，《风土小记》，辽宁教育出版社 1998 年版，第 184 页。按，"文载道"为"金性尧"笔名。

三　庙会中的村妇休闲

传统中国社会中，恐怕再没有一个公共活动像庙会这样具有全民性，因为它不但毫不排斥妇女，而且在很大程度上，还以妇女为主。或曰："迎神赛会、演戏酬神，就是她们（村妇）唯一的娱乐机会了。"① 在嘉善，"寺院庙宇到处可见：逢初一月半，香烟缭绕，阿弥陀佛之声，不绝于耳。每当观音生日，千岁——据说是城隍的夫人——生日，搭香桥哪，绍兴妇女捐助的点笃班哪，庙会集合的妇女更形热闹：肥的，瘦的，丑的，俏的拥挤一场，甚至大家闺秀、女学生也杂在其中"②。在绍兴上虞的蒿坝，相传农历六月十六为包拯诞辰，是日包公殿里，"老妇群聚烧香"，听说"且雇绍兴蕊智长春班搭台演戏，为包公祝寿"③，她们兴奋异常。在村妇，信仰与休闲是二位一体的。有论者指出：

> 乡村的迷信风俗，如出会、做戏……等虽不出迷信范围，但细细探求，则亦并非纯为迷信，半属于求乐也。农民终年辛劳，并无一正当娱乐，调剂精神，尤以女子为甚。故于农闲时，则做戏，出会，一方面固为求神保佑，一方面则为农家乐事。如浙江之抬阁会，江苏各县之城隍会，财神会、猛将会……等，一般老农，以看一次少一次，故非常重视，一睹为快，妇孺则更视唯一娱乐快事，中年者，亦莫不兴高采烈；犹之都市中人，看名影片，听名伶戏，亦趋之若鹜。况乡民之娱乐——出会、做戏——一年中只极少次的机会乎。④

村妇与庙会的这种关系无法从社会的文明程度中寻找原因。李亦园在以祖先崇拜为对象考察传统的层次时指出："大传统士绅阶层的祖先崇拜仪式着重于'宗祠的崇拜'，而小传统一般民众则关心于'厅堂的崇拜'，因此前者是男人的责任，而后者则大多由妇女负担。"⑤ 从这一角度看，作

---

① 严泉：《上虞余姚妇女的生活状况》，《妇女杂志》1928 年第 14 卷第 1 期。
② 王萍初：《嘉善农村妇女的剪影》，《礼拜六》1936 年总第 633 期。
③ 《蒿坝演包公神戏》，《上虞声》1929 年 7 月 27 日第 3 版。
④ 王洁人、朱孟乐编：《善人桥真面目》，吴县善人桥农村改进委员会印行 1935 年，第 41 页，苏州地方志馆藏。
⑤ 李亦园：《人类的视野》，上海文艺出版社 1996 年版，第 145 页。

为民间小传统的庙会，允许女性参与也就是顺理成章的事情了。专门进行女性休闲的一项研究指出，在限制女性休闲的诸多因素中，"伦理关注"是一个主要原因：一些休闲活动因为有违传统的"理想女性"的特征，而遭到社会的否定性评价；潜伏在人们意识深处的这种否定时刻限制着妇女们的休闲行为。①

事实上，社会大传统对于女性参与庙会一直不以为然。江阴绅士曾列数庙会十弊，其中之一为"混男女"：凡乡城有盛会，观者如山，妇女焉得不出。妇女既多，则轻薄少年逐队随行，焉得不看。趁游人之如沸，揽芳泽于咫尺，看回头一笑，便错认有情；听娇语数声，则神魂若失。甚至同船唤渡，舟覆人亡，挨跻翻舆，鬓蓬钗堕，伤风败俗，莫此为甚。② 这里反映了当时社会在女性休闲问题上存在着理念障碍。庙会中扮"卖盐婆""摇荡湖"者，在士大夫的笔下变成："涂脂抹粉，丑态毕呈，败俗伤风。"③

民间小传统对女性参与庙会采取的则是另一种态度。在被大传统视为伤风败俗的江南"轧蚕花"庙会上，嘉兴新篁的农家女子，无论大姑娘还是小媳妇，都一律在大襟衣衫上别上一块手帕，手帕上自绣着蚕花图案。逛了庙会回家，如果手帕被不相干的人扯去了，她会兴高采烈，以为蚕花丰收的预兆；如果手帕还留在衣衫上，她就垂头丧气，以为晦气。这块手帕被叫作"利市绢头"或"蚕花绢头"；扯掉手帕既然可以带来蚕花利市，就算不得佻荡。④ 社会大传统把这一习俗与原始性崇拜联系起来，从而彰显其"粗俗"的一面；而小传统根本不去穷原竟委，直把女性的身体当作蚕丝丰歉的征兆。

对于庙会中的妇女纵情，社会一般舆论至少是默许的，所以有人说，绍兴水埠的"妇女真幸福极了"，因为她们不时有免费的戏看，如果人口较多，经济较宽裕的乡村，"一年看二十台的戏是不算一回事的"⑤。江南周边山村妇女更加珍惜这样的机会。在徽州乡间，"秋天常常有社戏，除

① ［美］卡拉·亨德森等：《女性休闲》，刘耳等译，云南人民出版社 2000 年版，第 229—230 页。

② 钱泳：《履园丛话》卷 21，张伟校点，中华书局 1979 年版，第 576—577 页。

③ 方鸿铠、陆炳麟修，黄炎培纂：《川沙县志》，1937 年上海国光书局铅印本。

④ 顾希佳：《杭嘉湖蚕乡风俗初探》，张紫晨选编：《民俗调查与研究》，河北人民出版社 1988 年版，第 26 页。

⑤ 周锦涛：《绍兴老嫚和一般妇女生活》，《申报月刊》1935 年第 4 卷第 7 期。

了年年正月的龙灯而外，这就是乡村人的唯一娱乐了。女人们穿上她们的盛装：青布衫，绵绸裙，戴上绒花，穿着绣鞋，去看戏。口袋里说不定带了三五十个铜子，买瓜子，花生，坐着远远地望着戏台嗑着"①。

　　小传统既然把祭祀之类的责任推给了女性，就不得不在舆论上有所松动；这一松动，恰恰在民间社会给女性休闲提供了相对宽松的人文环境。这样的民间环境使她们的人性得到极大的伸张，这一点特别表现在男女社交、择偶空间的扩大上。据1912年常熟地方报通讯：

　　　　旧历三月二十二日，为河阳山神庙赛会之老节场，吾乡一般青年浪子，乡曲姑娘，靡不接踵联袂往观，竟有藉此而作桑间濮上者。近闻有某姓女郎，年已及笄，绰有风姿，真可谓小家碧玉，玲珑可爱，其未婚夫王某家贫而貌不扬，该女郎平日颇有怨言。是日也，适值天朗气清，惠风和阳，该女郎应表弟某甲之约，于晨九时携伴同行。②

如此"胆大妄为"的例子毕竟不多，但庙会给青年男女的照面、接触甚至初步了解所带来的便利是事实上存在的。胡适的母亲冯顺弟就是在庙会上第一次接触到后来成为她丈夫的"三先生"胡传的。当时，冯顺弟来到姑妈所在的上庄观看神会，站在路旁听着旁人品评今年的神会，句句总带着三先生；她想："三先生是个好人，人人都敬重他，只有开赌场烟馆的人怕他恨他。"因此，当媒婆前去提亲时，她虽然嘴上说"请父母作主"，但同时就很明确地表达了自己的意愿："男人家四十七岁也不能算是年纪大！"③

　　传统中国乡村大多聚族而居，这种以血缘为纽带的村落布局，客观上已经局限了男女社区择偶和选择的范围；地缘性的庙会，则是松散的血缘关系的反向形式，它在一定程度上细密了青年男女的互动网络，扩大了他们接触面。

　　女性的庙会休闲不是江南的特殊现象，而是整个中国传统社会生活的普遍文化构成。所谓"十八庙会女人节"，在东北乡村社会形成一道靓丽的风景线：

---

　　①　万孚：《徽州妇女的生活》，《今代妇女》1928年第6期。
　　②　《看会几酿惨剧》，《常熟日日报》1922年4月25日第3版。
　　③　胡适：《四十自述》，《胡适自传》，江苏文艺出版社1995年版，第17页。

　　乡村妇女的初夏第一件大事，便是逛庙会。看吧！四月十八到来的时候，吓！老的，少的，丑的，俊的，挤满了庙宇的左近处所，连成年没出大门一步的王寡妇，也姗姗地逛庙会去了……有孩子的小媳妇们，自然是手牵着孩子上了庙，没出门的姑娘，也尽可步出绣房和嫂子们到人们麇集的庙会走走，即使是老太太们，她们还老兴勃勃地上个太平香呢。①

　　倘若不是无视这些基本事实的话，我们不得不承认，在传统中国，社会大小传统之间确实存在着相当大的差异，而这些差异原先在一个笼统的传统概念之下，被大大忽略了。这一不经意的忽略，造成了对传统中国社会中女性形象的极大误解，以为她们的生活就如在精英话语中描述的那样，单调而刻板。近年来，一些中国社会史学者已经注意到小传统意义上鲜活丰富的女性形象。女性的庙会休闲无疑为这一研究提供了实证性说明。

第二节　乡间戏文与教化

　　知识与思想的教化有两种明显不同的方式。在私塾等知识传播机构中，知识的获得需要人的内在努力。这是思想对材料进行自觉处理的结果，而戏文的知识与思想教化，当属于另外一种。据科尔（Walter kerr）分析，理智至少能够以两种既相互排斥又相互补充的方式来掌握知识。人们可以通过某种曲折的方式，思考和根据已定的抽象前提做出的逻辑演绎来掌握知识，这种方法是费力而持续的"劳动"，令人精疲力竭。但是，"理智也能通过对认知客体进行简单的、顺应性的、清澈的思考来掌握知识"。社会学家认为，这具备了休闲的特征：从容的纳取而不是能动的"努力"，不是"行动"而是接受，不是获取而是默认存在，不是攫取而是淡然处之，不是利益，而是爱。② 这可以说是休闲式的知识掌握方式；掌握知识的过程其实也是接受思想熏陶的过程。

---

　　① 《乡村的妇女们度着愉快的辛勤的日子》，《盛京时报》1933 年 5 月 28 日第 3 版。
　　② ［美］托马斯·古德尔、杰弗瑞·戈比：《人类思想史中的休闲》，成素梅等译，云南人民出版社 2000 年版，第 71—72 页。

戏文①的社会教化功能历来为人们所在意，"戏剧本旨，原在贬世箴俗"②；将社会"归纳于礼教途轨，其感化力能深入人心"③。普遍流行于近代江南乡间的戏文，其教化方式更多的是休闲式的："农人见闻陋隘，感觉简单，受戏剧之潜化力为最易，豆棚茅舍，邻里聚谈。父诫其子兄勉其弟，多举戏曲上之言词事实，以为资料，与文人学子之引证格言历史无异。"④ 因此，近代一些热心乡村教化的知识精英也十分重视戏文。戏剧家徐慕云曾呼吁组织"中国戏剧公演团"，"轮流赴各乡镇，于庙会逢集时，免费公演，以戏剧启发农村民众之知识，输入爱国之思想，较之张贴标语，奏效尤速"⑤。

一　江南乡民的戏文生活

乡间戏文演出有很多理由，最普遍的是酬神。迎神赛会之后，常有"好事者"发起演戏。⑥ 甚至有乡人说，从没有过一次唱戏不是谢神的：

> 这算是"过年""庆寿""喜事"等以外的最盛兴奋的一件事了：乡镇的人们，为了感谢"神"一年中在雨水上，风汛上的赐助，所以一到了累累的稻麦由场上储进谷仓的时期，少不得要来一个唱戏谢神的举动，并且很容易筹集款子和进行上的顺利。这都是看在"神"的面上。⑦

---

① 戏文，宋元之后江南地区对戏曲艺术的泛称。据王国维《宋元戏曲论考》（上海古籍出版社 1998 年版，第 130 页）考源，"戏文之名，出于宋元之间，其意盖指南戏"，即宋末元初，戏文即已用来指称流行于南中国的戏剧，亦称南戏。据戏文史家钱南扬的仔细梳理，南戏，又名南戏文、南曲戏文，"此三个名称，虽繁简不同，而涵义是一样的，都是为了要别于北曲杂剧而言"。后来，南戏当然也吸取了北曲之优长，成为戏曲的代名词，但现在"很熟悉的还在江浙一带人民的口头使用着"的不是戏曲，却是戏文（见钱南扬《戏文概论》，上海古籍出版社 1981 年版，第 3—7 页）；文载道称，"戏曲——吾乡（定海）称为戏文，倒是宋元以来的旧称"（文载道：《故乡的戏文》，《风土小记》，辽宁教育出版社 1998 年版）。鉴于本书研究对象的特定性，使用符合当地语言习惯的"戏文"概念自然最为精当。

② 徐慕云：《中国戏剧史》，上海古籍出版社 2001 年版，第 287 页。

③ 车文灿：《淫戏—淫伶》，《上虞声》1937 年 5 月 15 日第 4 版。

④ 高劳：《谈屑·农村之娱乐》，《东方杂志》1917 年第 14 卷第 3 号。

⑤ 徐慕云：《中国戏剧史》，第 288 页。

⑥ 《赛会后之演剧忙》，《木铎周刊》1923 年总第 171 期。

⑦ 童颜：《乡间的"谢神戏"》，《时代》（上海）1939 年第 3 期。

　　既是酬神，一般是在庙台演出。在苏州西乡，西华镇所辖市桥，有大王庙一所，每届春间，当地农民，例有集资演戏酬待大王之举，旧历初二、三两日，预订陈梅亭江湖戏班来乡，在大王庙前旷场，高搭戏台，演戏款神，附近如东城、西洋、郁舍，千万市岸一带，红男绿女，扶老携幼而至看戏者，往来如织，远如光福、香山、金墅、东渚各乡，亦有片舟一叶，到东华看戏者。由此可见该处乡民，对于酬神看戏之狂热。① 在苏州东乡所辖周庄镇，农历十月朔日之"十月朝"，向有节汛，每年循例在镇庙演剧酬神。1923 年特预定江湖名班"歌舞台"，增演夜戏，一时南湖滩边，电灯、汽油灯，照耀如同白昼，热闹异常。歌舞角色齐全，以文武须生张金安为最佳，所演各剧均能博得盛誉。其余角色，亦颇出色，观者咸称满意。附近各乡镇之特来观剧者，船只往来如梭，不乏其人，镇人酬应，顿现忙碌，茶坊酒肆及临时做小生意者，莫不利市十倍。②

　　在 20 世纪 30 年代的"农村破产"声中，江南依然"大做神戏"。在上海嘉定西北乡的老渚汇，一班乡民口中还说着："今年做了几天的戏，敬敬菩萨，明年必定要丰年；有十足的收成哩！"③ 南京太平门外的蒋王庙离城挺远，所在的小镇，不满百家，仅几爿清水茶馆及两三家小杂货铺，但农历四月十五到十七日的庙会却热闹非常。据称，庙神蒋忠"系从前卫民牺牲了性命"，四乡农民凑钱演戏，以为酬答。1936 年的庙戏，"观众约有四五千，挤满在台前，像潮水一般拥来拥去。一片人声和锣鼓声，充满了升平气象，什么国难，华北增兵，各地走私，在这里是没有这回事的"④。地方社会依然沿着自身的日常轨道在运行。

　　为募集修葺神庙的钱款而演戏，亦可视为酬神。苏州的"演戏筹款已经司空见惯"⑤。吴江严墓南栅之大庙，年久失修，行将颓毁，需要速加修理，但"苦无经费，难偿厥愿"，于是 1922 年决定，农历七月十七日起八月初二夜止，连演日夜京剧，座次分特等、头等、二等、三等四种，所有收入剧款，完全作为修理大庙之用。⑥ 附近的平望为闻名江浙的刘王庙多

　① 《西华节场之热闹》，《苏州明报》1926 年 2 月 18 日第 3 版。
　② 《十月朝之盛况》，《新周庄》1923 年 12 月 1 日第 2 版。
　③ 清瘰：《神戏》，《申报》1935 年 1 月 11 日第 14 版。
　④ 《农民集款演戏》，《朝报》1936 年 6 月 6 日第 3 版。
　⑤ 夏：《小言》，《吴江》1922 年总第 23 期。
　⑥ 马省三：《严墓：演剧筹款》，《吴江》1922 年总第 23 期。

次演戏筹款：1923年秋初，刘王庙因失慎于火，剧台被焚，延及正门，地方人士于前月曾演剧筹款，不意亏损数十元，故又拟于次年正月十六日起，演剧数天，以所得之资，悉充建筑之需。[①] 江南戏文之盛如此。

酬神戏文之外，有专为人事而演的，因为与神的关系略显疏远，戏不是非得在庙台上演。"在宽旷的村野中，简单地用杉椽、柴凳、木板和布帆之类，扎个台子，便算是剧场了，若干箱的戏服与戏具，若干个的戏子与乐师，搬上了台，稍事布置及打扮之后，便可开演了。"[②] 20世纪30年代的无锡宜兴屺亭有"一片五六十码广阔的草场"，每年一度的"花戏"总在这个地方演，假使看客多的时候，附近的麦田，不问谁家的，也要牺牲一片。[③] 因为演出场地的不同，乡间戏文就有不同的名称："庙台戏"是在寺庙大殿前的永久戏台上或临时台上演的；"厂台戏"多在荒野地的露天里，含有敬神意味的在台的远前方搭起一个厂来供奉神祇；专为人事演的就称"畅台戏"[④]。晚清著名学者俞樾于19世纪40年代处馆徽州休宁汪村，沿新安江而上，途中见一村落，名马没，"去严州二十七里"，"其俗十年一赛社神，彩棚六七棚，相对演剧，八九日乃止"[⑤]。抗战前江南乡村经济比较稳定的时候，畅台戏演出非常频繁。如某姓宗祠修谱，某地望族进主，某人老年得子或大病方愈，以及高寿、升官等时际，便邀戏班唱几台戏来表示欣喜与阔绰，也有由亲戚朋友送贺演的；某行业如泥水匠、衣帮等，公订行规，宣布增长工资，便集资唱戏；某处的山林、芦荡、桃园、果园等公申禁令，议定"违者罚戏一台，罚酒几席"等。[⑥] 在江南乡村，甚至丧礼都要搬演戏文："新丧经忏，绵延数旬，佛戏歌弹，故违禁令，举殡之时，设宴演剧。"[⑦] 有时演戏根本无须理由。吴江芦墟"素来禁演"戏文，1924年乃有某君，无端向商界募捐，定于五月十三日起在刘王

①　希湛：《平望：刘王庙又将演剧筹款》，《吴江》1923年总第36期。

②　吴秋山：《社戏》，《绸缪月刊》1934年第1卷第1期。

③　徐荫祥《社戏》，《微明》1935年第1卷第4期。

④　于思：《庙台戏与畅台戏》，《申报》1934年5月6日第23版。

⑤　俞樾：《春在堂诗编》卷1，页18下—19下；转引自王振忠《俞樾眼中的徽州风俗》，朱万曙、卞利主编：《戏曲·民俗·徽文化论集》，安徽大学出版社2004年版，第365页。

⑥　于思：《庙台戏与畅台戏》，《申报》1934年5月6日第23版。

⑦　郑钟祥等修，庞鸿文纂：光绪《常昭合志稿》卷6"风俗"，清光绪三十年（1904）刻本。

场特聘文班，搭台看戏 3 天。①

　　江南乡村演戏如此频繁，已成生活常态。20 世纪 30 年代在嵊县 K 镇，"一年之中，戏文之多，无异都市中的剧场：新年戏、二月戏、清明戏、麦熟戏、分龙戏、六月戏、宴鬼戏、大潮戏、重阳戏、十月戏、白菜戏、压岁戏，无月无之，多则十余夜，少则四五夜"②。戏名是根据农业社会的节气来命名。这些戏文的流行，"非但酬神敬祖，简直把演戏的娱乐来公开号召"③。从 1929 年上虞上浦的八月禳灾戏，不难发现了乡民的真正心理。当时正值夏日蝗灾发作，乡民们特雇绍兴名班在上浦村张神殿演戏两宵。观众人山人海，住家店铺，皆宰鸡买肉，大设盛馔，以飨来宾，"灾害已忘，转愁为乐"。有意思的是，正在演戏当中的一日下午，"天降大雨，看戏男妇，皆扫兴而散去"④。蝗虫肆虐，下雨可以减轻灾害；降雨了，乡民本应高兴才是，但因为耽误了看戏，他们竟觉"扫兴"，可见禳灾不过是个幌子，看戏娱乐才是真正目的。

　　戏文的演出场所就是乡村公众空间，在这里村妇们表现得尤其活跃。在浙东定海演剧之时，"合境老稚男女多往观之，各家多自备高椅或庋板为台，以便妇女坐观"⑤。绍兴诸暨"十月朝"城隍会演戏，"凡十昼夜，合城妇女倾观"⑥。在这种场合，老年妇女尤多。在江南，"逢到附近村镇有唱戏的地方，非万不得已，总是要去光顾，而且最好的条件，看戏的人并不出什么代价，只要自己吃饭就可以了，因此那戏场的三分之一以上的看客，都是老太太和小孩子们，尤其在农忙的时候，更是如此"⑦。在苏州远郊，唯亭小镇人将阴历之"三二八"当作"乡镇上含有重大意义之会节"来过，"各地均有香会演剧等举"，而以附近之龙墩山为最热闹：山中一庙，三月二十八、二十九两日演戏，"四围百里内各村姁金赴会集，都十万众，舰舟千数百艘，河面为蔽"。其所以能臻如此之盛，因村有俗例："凡新嫁娘，

①　《芦墟：无端演戏》，《吴江》1924 年总第 95 期。
②　裴壮：《火山口的中国政治与农村经济》，《新生活》1932 年总第 20 期。
③　于思：《庙台戏与畅台戏》，《申报》1934 年 5 月 6 日第 23 版。
④　《上浦演禳灾戏》，《上虞声》1929 年 8 月 21 日第 2 版。
⑤　陈训正、马瀛纂修：《定海县志》，1924 年铅印本。见丁世良、赵放主编《中国地方志民俗志资料汇编》华东卷（中），书目文献出版社 1995 年版。
⑥　陈遹声、蒋鸿藻编纂：《诸暨县志》，清宣统二年刻本。见丁世良、赵放主编《中国地方志民俗志资料汇编》华东卷（中），书目文献出版社 1995 年版。
⑦　谊：《农村暮年期之生活》，《妇女共鸣》1935 年第 4 卷第 8 期。

于兹新三二八，均须偕新郎归宁，赴母家宴，以陪桌愈多为愈有面子，同时新夫妇由亲友辈伴乘快船，开赴龙墩山观剧。若新礼中之度蜜月然，视为紧要之礼节。"因此龙山之集，有会必盛，"不必罗致名戏班相号召"①。

在男主外、女主内的传统家庭分工格局中，乡村妇女难得参加集体活动，当然也就阻碍了她们接受社会教化、成为社会人的过程。乡间戏文演出为女性进入群体教化环境，接受和影响教化提供了一个绝好的机会。所谓有"教"（化）无类之"类"，由于女性和童稚的加入，几乎达到完全的程度。近代倡导戏曲小说革命的维新派夏曾佑特别注意及此："妇女与粗人，无书可读"，在中西文化的冲突中，改革"穷乡僻壤之酬神演剧……必使深闺之戏谑，劳侣之耶喁，均与作者之心，入而俱化"②。

戏文从身份来说，是雅致文化，曲本绝大部份都用精练的韵文写成，自然难以为乡民所接受，但"后代之戏剧，必合言语、动作、歌唱，以演一故事"③，将高雅的知识和思想敷演为民间话语，深入乡土共同体。乡民们大多不识字，不能看小说，却能够看戏。④ 周作人在批评旧戏时也道出了这样一个事实：民间思想的传布方式，本来有"下等小说"及各种说书；民间有不识字、不曾听过说书的人，却没有不曾听过戏的人。⑤ 在江南乡间，"即使有极顽固的老人，也从来不反对戏文为赘余；即使有极勤俭的好人，也从来不反对戏文为奢侈。不，村中若有不要看戏文的人，将反被老人视为顽固，反被好人视为暴弃呢"⑥！

戏文的搬演是乡村社会的盛大集会，它在一个相对集中的时段把一定地域内的乡民联结到一起，产生群体间的互动。在江南乡村，"每次开演，看客不止一村，邻近二、三十里内的人大家来看。老人女人坐了船来看，少年人跑来看，'看戏文去！'、'看戏文去！'"在这样的场合，共同体的"戏剧知识都是由老者讲给少者听，历代传授下来的，夏日，冬夜，岁时伏

---

① 怀冰：《三二八之龙墩山》，《申报》1931 年 5 月 25 日第 12 版。

② 别士（夏曾佑）：《小说原理》，《绣像小说》1903 年第 3 期。

③ 王国维：《宋元戏曲史》，第 32 页。

④ 张中行：《文言和白话》，黑龙江人民出版社 1988 年版，第 231 页。按，据方业韶《徽州妇女生活状况》（《妇女评论》1922 年第 45 期）：20 世纪 30 年代在徽州，"识字的妇女，百分中恐怕还没有一个"。

⑤ 周作人、钱玄同：《论中国旧戏之应废》，《新青年》1918 年第 5 卷第 5 号。

⑥ 丰子恺：《深入民间的艺术》，《丰子恺文集》第 3 卷，浙江文艺出版社、浙江教育出版社 1990 年版，第 382 页。

腊的时节，农家闲话的题材，大部分是戏情"①。乡民教化从这里开始了。

二　神圣戏文与乡民教化

民间戏文常常打着酬神的旗号演出，而真正具有酬神意义的戏文出现在气氛神圣的庙会中。对于江南乡村来说，夏季是一个神秘的时段；此时的庙会常常匆促而神圣，期间的戏文也因此而神圣起来。天旱连日，田亩龟坼，便有祈求龙王布云作雨的龙王会；雨水落通，奉演戏文，以表谢意，是为"酬神戏"。1926 年入夏以后，常州地区"点雨无着，农民苦之，临时抱佛脚之流，咸起组织龙王社，演戏赛会"。剧目皆与水相关，由"髦儿班"扮演"渭水河""水淹七军"等。② 获得救命的雨水，乡民自然不敢、也不会简慢神灵，戏文就很上档次。1974 年，旅台宁波乡亲何瘦民回忆：我们幼年时代，也着实看过不少次数的"龙王戏"，都是极够水准的京戏。③

与旱灾相伴而生的是蝗灾，乡民因为不明白蝗灾的发生机制，心理压力非常大。1928 年 7 月 21 日下午 10 时左右，大批飞蝗进入无锡县境的怀上、天下两处，飞蝗停落，沿路有一里之遥，行人受阻，稻田二十余亩，霎时尽为吃尽。苏州方面闻此心惊。22 日，一部分失群飞蝗暂时停留浒关，未几即行飞去，禾苗受损，至为有限。这时，田间各猛将庙之香火，亦陡然兴盛，农民均往馨香祷祝，窃求蝗虫不要再次光顾。④ 在 20 世纪 30 年代，江南一个名为上兴的村子，蝗灾发生时的一刹那，真正让人体会到祸从天降时的慌乱：

> 各人忙着工作而沉静的上兴村，在村长六公公从镇上忽促地早回后骚动起来了……当男人们莫名其妙地回到村上时，看见六公公正在村东的猛将庙前烧香点烛，就明白了一半，意识地忙乱了脚步奔过来，问六公公是不是蝗来了。

---

① 丰子恺：《深入民间的艺术》，《丰子恺文集》第 3 卷，第 382 页。

② 虞公：《小新闻·祈雨声中之趣闻》，《时报》1926 年 8 月 15 日第 9 版。髦儿戏：地方女性戏班社。

③ 何瘦民：《请龙王·烤龙王·酬龙王》，（台北）《宁波同乡》1974 年总第 77 期。见 ［日］田仲一成《中国的宗族与戏剧》，钱杭、任余白译，上海古籍出版社 1992 年版，第 315—316 页。

④ 《农民协会赶制捕蝗袋》，《苏州明报》1928 年 7 月 23 日第 2 版。

"蝗虫，天，天虫来了！从×县飞过来，在镇西开了口，麦穗，秧芽，全给吃了！天意，快求菩萨！"一大半男子跟着六公公跪下了，只有少数年青后生犹疑着。①

江南乡村人这样解释蝗虫现象：蝗虫飞则俱飞，歇则俱歇，有时飞过空中而不歇下，有时一群歇下，田苗立尽，有时虽歇下而秋毫无犯。这种种不同的现象，实为神明彰善瘅恶，故使蝗虫实行赏罚：如该处人民平日作恶则蝗虫非特歇下，而且田苗必被食尽。如该处人民平日行善，则蝗虫封口，虽全体歇下，而不损一草一木。②

江南乡民们的宗教情绪是被蝗虫诡秘的行踪激发的；还是在上兴村：

妇女们也都从堂屋里跑了出来，离开猛将庙不远地站着，看看这小小的庙，庙前跪着自己的丈夫或者儿子……终于在一炷香不曾烧到半节的当儿，先是妇女们的叫喊，叫起了跪着的男人们低下的头。成群的蝗虫雪片似地从西面天空飞舞过来，落在场上，田里，跳，凶猛地四处乱跳开去。③

如此大的神力，自然让乡民们胆战。在他们的心里，能够求助的似乎只有神了。"相传（猛将）神能驱蝗，天旱祷雨辄应，为福畎亩，故乡人酬答，尤为心愫。"④ 难时猛将会位于庙会系谱的神圣一极。在江南乡村，人们相信，《目连救母》有禳灾之功，在没有蝗灾的年月里也会循例而作。周作人称，家乡绍兴的目连戏是"一种民众戏剧……每到夏天，城坊乡村醵资演戏，以敬鬼神，禳灾厉，并以自娱乐"⑤。绍兴俗谓五、六月份为"凶月"，期间所谓的"平安戏"，实为驱厉而作："选一日期，在土地庙开演。该班日夜都演，日间所做主戏与平常戏相同，一至天色傍晚，便有许多伶人，扮着魔王及小鬼种种可怕的妆式，排着队伍，更附以锣鼓旗

---

① 思于：《蝗虫》，《申报》1934 年 6 月 10 日第 19 版。
② 刘丕基：《蝗虫合群和封口的误解》，江苏省立镇江民教馆编辑：《民间旬刊》1931 年总第 28 期。
③ 思于：《蝗虫》，《申报》1934 年 6 月 10 日第 19 版。
④ 顾禄：《清嘉录》卷 1，"祭猛将"，江苏古籍出版社 1986 年版，第 26 页。
⑤ 周作人：《谈目连戏》，钟叔河编：《周作人文选》，广州出版社 1995 年版，第 354 页。

帜，在村里巡游，俗谓'丕丧'。"据云，此"系召集一般小鬼去看戏之意……召丧完毕，伶人开始上台演戏。戏目多演目连救母故事"①。在徽州祁门的环砂村，1933 年请了两个戏班，一个是江西同乐班，一个是祁门马山班。两个戏班轮流演出，一个白天，一个晚上。马山班正本演目连，或演半夜，或演通宵。②

与其他共同体戏文相比，在江南人的心目中：

> 目莲戏的最大特质，是他含有充分的神秘性，一般说起来，乡村中平时举行的社戏，大都总是为着敬神的；不过演出来的节目，却集中在人的兴趣上，所以为"神"的成份，究竟不如为"人"的成份多。至于目莲戏，那就不同了，他虽然一样吸引了许多的观众们，或许观众们要比社戏更加来得拥挤些，但是他的作用，可以说是完全属于宗教性质的；具体地说，毋宁讲他是大规模的礼醮和祈祷；他所表现的原始神鬼恐怖很强烈，因而造成演唱的环境中一种阴惨恐惧的氛围来，这对于目莲戏的本身，是增加不少庄严神秘的情绪的。③

除了目连戏本身，庙会仪式在很大程度上烘托了"阴惨恐惧的"演出氛围。徽州休宁的海阳、万安等地演出目连戏，戏场中央竖起招魂幡，供奉着千手观音的"莲花台"，恭设地藏王神位，城隍庙前陈列各式各样的纸扎鬼神像，以此"超度"孤魂冤鬼、驱散瘟疫邪气。④

这里所体现的"神秘性"——目连戏的特质，正是"神圣"（the holy）作为宗教范畴的原初意旨；对此，德国宗教哲学家鲁道夫·奥托（Rudolf Otto）曾有过相当权威性的界定。⑤ 这样的神秘，或称神秘者，完

---

① 《绍戏做平安戏之风俗》，胡朴安：《中华全国风俗志》下册，河北人民出版社 1986 年版，第 247 页。

② 陈琪等：《徽州古戏台》，辽宁人民出版社 2002 年版，第 126—127 页。

③ 朱今：《我乡的目莲戏》，《太白》1935 年第 1 卷第 8 期。

④ 陈长文：《目莲戏在徽州》，黄山政协文史委：《黄山市文史》第 2 辑，1991 年，第 167—168 页。

⑤ 按照奥托的解释，"神圣"包括两层含义：一是指某种超自然的、神秘的对象，即"被感受为客观的和外在于自我的""神秘者"；二又可指某种确定的"神秘"心态，即"神秘感"。两者密不可分：前者是后者"直感"的神秘对象；后者则是前者"以情感的形式被反映到心灵中"来的东西。[德] 鲁道夫·奥托：《论"神圣"》，成穷、周邦宪译，四川人民出版社 1995 年版，第 13—14 页。

全超出了凡俗社会熟悉的范围，人们通常只能用一些表意符号去意指它，比如，精灵、精神、鬼魅、神灵等等。① 目连戏充斥着这些符号：

> 几个扮了五昌神的角色从后台里赶出来，吊杀鬼便从台面上一下子跳到地下逃走了，五昌神接着也就跳下来，观众之间又来一阵唿哨和拍掌，于是吊杀鬼尽往前面逃，五昌神紧跟在后面追，直到荒僻的三叉路口，吊杀鬼把面上的化装除了去，换上衣服，悄悄地回到戏台上。这一来，大家都认为凶煞赶走了，从此人口太平，目莲戏的主要目的也就完成了。②

沉湎于此情此境，乡民的反应是严肃而庄重的；这种油然而生的情感体验，也许最初由庙会仪式及其戏文触惹而生，但至这时，完全发自肺腑，从神圣性上来说，是为内在的自然。作为教化内容的一部分，乡民关于自然和社会的知识（准确地说，所谓自然的知识，是人与自然关系的知识）就是在这一过程中获得的。

直至近代，在江南乡村，除日常农事经验以外，还有一片广阔的领域，"非科学所能用武之地。它不能消除疾病和朽腐，它不能抵抗死亡，它不能有效地增加人和环境间的和谐，它更不能确立人和人之间的良好关系。这领域永久是在科学支配之外，它是属于宗教的范围"③。历史地看，社会越原始，宗教的空间越广大；乡民从庙会戏文中获得的许多自然和社会知识，基本上是原始宗教和道释经典对于世界认知的民间解说，它显示了乡村共同体的传统性，但它是实然存在；他们不能没有这些知识。在科学还未能渗入的地方社会，恰恰是这些"神圣的"知识填补了一片思想空白，给一些"无法"理解的现象提供了"科学的"说明，④ 给乡民及其一方共同体提供了安身立命的思想屏障。

由内在蓬勃而起的宗教情绪，与乡民思想情感的体验和形而上知识的获得，两者可以说是同一过程的两个方面。而宗教情绪与群体规范的陶铸

---

① ［德］鲁道夫·奥托：《论"神圣"》，第31—32页。
② 朱今：《我乡的目莲戏》，《太白》1935年第1卷第8期。
③ ［英］马凌诺斯基：《文化论》，费孝通译，华夏出版社2002年版，第53页。
④ 翻开反映晚清社会风情的《点石斋画报》，在乡村，诸如"避雨遇鬼""飞龙在天""人兽怪胎"之类的奇谈怪论不绝于载；在在都使乡民为之困惑。

和遵从（即道德态度、文化意识的形成），两者并没有一条直通的津筏：前者只是为后者提供了一个间接的助力；它们的相通之处在于，"道德与宗教的全部，根本就是我们接受世界的态度"，但宗教"实际上含有一些纯粹道德所没有的元素"：纯粹的道德态度是认同外在并加以遵从，同时也感到束缚，而"强烈而完全发展"的宗教态度，却从来不觉得外在世界的束缚。①

　　众所周知，"目莲是一个极尽孝道的人，他在过去的中国封建社会中应该被在上者视为一个榜样的人，而他们也必然要鼓励小民去效法他崇信他"②。"不获立功于国"的文人郑之珍，让目连戏文流布天下，也达到了"立德立言以垂天下后世"的初衷。③ 由目连戏文刺激而起的观众狂热，我们从明代山阴人（今绍兴）张岱的《陶庵梦忆》中可以联想一二："戏中套数，如《招五方恶鬼》、《刘氏逃棚》等剧，万余人齐声呐喊"，以至于"当地太守以为是海寇卒至"④。充分表达了儒家孝道观念的目连戏文在亦神亦戏的状态中完成了它的教化使命，乡民的道德态度和文化意识依此得以塑造。在此，宗教社会学家提醒我们不要忘记"仪式"所给予的助力："借助宗教符号表达出来的道德力，是我们必须予以考虑的、不以我们意志为转移的真实的力……仪式对我们道德生活的良性运作是必需的，就像维持我们物质生活的食物一样。"⑤

　　顺便指出的是，经典宗教濡养乡民俗众道德态度的路径与此不同。宋代理学以降，儒释道融合之势渐成。所谓"仁义礼智，性之德也"，就将儒释精义勾连起来。佛家讲求"心根破悟"，故其"先不在仁义上用力"，而"先去心中积垢"；其理路：积垢既去，全体昭彰；然后起行，则仁义礼智之德，轩豁呈露；从此设施，无穷无尽。最终两者指归趋一："如慈悲济世，仁也；有惭愧，义也；去我慢，礼也；般若，智也。实同而名异耳也。"⑥ 明显不同的是，民间宗教不仅无须断绝尘根，甚至某些体验起于

---

　　① ［美］威廉·詹姆士：《宗教经验之种种——人性之研究》，唐钺译，商务印书馆 2002 年版，第 38 页。

　　② 鹤：《目莲戏》，《申报》193﹤ 年 12 月 23 日第 23 版。

　　③ 郑之珍，安徽祁门人，对民间目连戏进行了改编，写成《目连救母劝善戏文》并大量刻印。

　　④ 张岱：《陶庵梦忆》，上海古籍出版社 2000 年版，第 92 页。

　　⑤ ［法］爱弥尔·涂尔干：《宗教生活的基本形式》，第 502 页。

　　⑥ 朱珪：《心经注解》，金陵刻经处 2001 年印，第 35—36 页。

凡尘杂染，成于逆来之顺受，或者求索于巫术。神圣戏文的取材或许源于经典宗教，但其思想内容却多与民间宗教相吻合。令人深味的是，沿着不同层次和类型的宗教形式所开辟的路径，乡民却获得了大致相同的道德态度。

另外，社会学家提醒我们，"社会化——这是一个两方面的过程……社会化过程的第一个方面——接受社会经验——说明环境对人的影响；它的第二个方面说明人通过他的活动对环境的影响……对社会化概念的这种解释体现了马克思主义对人的理解的一个最重要的方法论原则——人既是社会关系的客体，同时又是主体"①。就是说，将社会教化内化为自身价值观的过程同样重要；许多神圣戏文的选择其实就是主体内化的逻辑延伸，同样体现为内在的自然。每年中秋节前后，赴梁山伯庙（宁波鄞县九龙墟）顶礼膜拜的善男信女，目的很明确：追求夫妻关系的和谐。谚曰：若要夫妻同到老，梁山伯庙到一到。庙会期间，三大进的庙宇里里外外挤满了"坐夜者"②，他们的态度是严肃而庄重的。局外人没有理由认为"坐夜"是一种对身体的折磨行为，在他们，完全是内在的自然显露。③ 但很明显，梁山伯庙会是以惊天地、泣鬼神的梁祝爱情故事为生活背景的，庙会戏文自然是以爱情为主题的，而放言男女情爱关系却为传统伦理之大忌，亦与神圣的庙会生活相悖离；它们之间的矛盾通过共同体对戏文曲本的审慎选择得以缓解。据说，八月半那天是祝英台归宁的日子，所以梁山伯庙演戏酬神。④ 宁波是越剧的故乡，按常理，戏文自当本之于越剧《梁山伯与祝英台》，奇怪的是，它却本之于川剧《柳荫记》。⑤ 著名文艺理论家黄裳从语言风格、人物刻画、气氛渲染等方面揭示了两种"梁祝"戏文

---

① ［苏］安德列耶娃：《社会心理学》，李钊等译，南开大学出版社 1984 年版，第 283—284 页。

② 光绪《鄞县志》"梁君庙碑记"："初，祠下施、徐、陆、张、沈等七人，业巫祝，精熟《法化莲经》。每于仲秋初旬，在庙后殿虔诵祈祷。"可见"坐夜"的氛围也是颇为神圣的。

③ 局外人对于"坐夜者"的不解，在村妇是再自然不过的事儿。1937 年在无锡春天香汛中，老太太们大老远提前一天的晚上，赶到娘娘庙坐夜，第二天一早烧了香又去玩。一位游人问她"坐一夜，不疲乏吗？"她们"似乎听不懂"游人的问话，"睁着两眼呆望着"。无锡当地人解释道："她们是整夜念佛的，这样才能表示她们的虔诚，娘娘菩萨才会特别好待她，保佑她的蚕宝宝好。"见寄洪《无锡蚕丝业中的劳动妇女》，《妇女生活》1937 年第 4 卷第 7 期。

④ 钱南扬：《宁波梁祝庙墓现状》，《民俗周刊》1930 年第 93、94、95 期合刊。

⑤ 裘文康等：《鄞县梁山伯庙及其风俗》，见周静书主编《梁祝文化大观》（学术论文卷），中华书局 2000 年版，第 512 页。按：这里仅指曲本以《柳荫记》为依据，而不涉及声腔。

的区别：越剧《梁祝》比川剧更为接近原始的纯朴风格，也就是说，它保留的原始创作成分更多些。"如果说川剧梁祝是写的一对古代知识分子儿女的恋爱的话，越剧就更接近于劳动人民儿女的恋爱。"① 于是，风格婉约的《柳荫记》入庙登台，既表现和传达了传统伦理意义上的夫妻关系，又不失庙会戏文的神圣性。

三　凡俗戏文与乡民教化

典型的凡俗戏文出现在乡村草台上，按教化内容，主要是两类：一是忠义戏，一类情爱戏。

忠义戏最符合传统社会的教化要求，所以时人"都说旧剧表扬忠孝节义，俾益社会"②。事实上，乡民们最喜欢的，"大都是青衫子戏，如三娘教子，贤良女欢丈夫之类的名教戏"③。这类戏符合乡民的欣赏习惯："中国人不喜欢空洞问题，喜欢活的历史。只要戏里的角色，说得上是某朝某代，或是戏里的情节，和平常人的习惯不相拗悖，那么，便是一出可看的旧剧。"④ 从忠义戏中，乡民获得的教化主要集中在两个方面，主要的一方面是传统的儒家伦理观念：

> 有时演到奸臣害人的一幕，许多良善的女人就咬牙切齿底同声咒骂那个扮演奸臣的伶人，恨不得"雷公"立刻就来打死他，另一面又为那个饰被陷害的人的戏子惋惜着，眼泪也常常不自觉地流了下来。⑤

在这一过程中，忠孝节义的观念内化至乡民的心田。乡民获得教化的另一方面是历史知识。清末徐仲可著《大受堂札记》卷五云："儿童叟妪皆有历史观念。于何征之，征之于吾家。光绪丙申居萧山，吾子新六方七龄，自塾归，老佣赵余庆于灯下告以戏剧所演古事如三国志水浒传等，新六闻之手舞足蹈。"⑥ 假如所演的是历史人物，他们更生趣味，"观众更会

① 黄裳：《〈梁祝〉杂记》，见周静书主编《梁祝文化大观》（学术论文卷），第94页。
② 章廷：《论忠义之戏》，《立言画刊》1938年第11期。
③ 谊：《农村暮年期之生活》，《妇女共鸣》1935年第4卷第8期。
④ 章廷：《论忠义之戏》，《立言画刊》1938年第11期。
⑤ 吴秋山：《社戏》，《绸缪月刊》1934年第1卷第1期。
⑥ 周作人：《秉烛后谈》，河北教育出版社2002年版，第70页。

因已有的历史知识（不管是正史的或说部的），来互相对证，超出戏剧本身以外，有了信任心"①。

男女情爱是凡俗戏文表现的主要内容，最为乡间年轻人喜欢：

> 普通的一台戏是八出，俗称前四回"正本"，后四回"添头"。正本是由村庄上的绅董先生们点定，写在水牌上挂在台前，添头就由本村的青年们来酌定了，自然这一定是最合于他们胃口的，他们不像先生们的爱看列国三国、才子佳人。他们爱的是英雄好汉的打伏交结，担"小放牛"、"打花鼓"这些男女风情，绅董先生们有装着正派不看添头戏的。②

因为涉及男女风情，不管这些戏属何剧种，乡间"正人君子"一概目之为淫戏。"的笃戏"所演大抵为千金小姐私订终身、王孙公子不幸落难等故事，颇合村妇的口味，"她们百看不厌，因之每到一处，起码演十多天，竟有连台演八九十天的，妇女凑合戏资，甚至有脱簪珥质钱的，亦见其入迷之深了"③。1920 年末"的笃戏"让"无论老少男女贫富，如醉如狂，风气为（之）一变，考其原因，以淫秽之词曲，靡夕动人故也"④。影响所及，"一般旷夫怨女，狂男荡娃，目注神移，如痴如醉，于是乎社会上种种伤风败俗之秽剧，依样摹演而出，谓为受淫戏之教唆"⑤。

"淫戏"在"正人君子"眼里成了社会教化的大敌，他们惊呼："乃近世偏有与教化为大敌者，莫如淫戏及花鼓摊簧，不有以整顿其间，恐人心风俗之变，更有不堪闻者"；"演淫戏，唱南词（又为摊簧），说评话（又名说书）者，将圣贤一片苦心，严师父多方教化之功，被他轻轻抹过"⑥。乡民所受到的"淫戏"的影响不仅仅是戏文内容，更重要的是搬演过程中的互动。"观众男女杂坐，履舄交错，每夜老是混杂到子夜之后方散场，听觉，视觉，以及周身的触觉，无一不是色情，怎能遏制欲火

---

① 章廷：《论忠义之戏》，《立言画刊》1938 年第 11 期。

② 于思：《庙台戏与畅台戏》，《申报》1934 年 5 月 6 日第 23 版。

③ 警钟：《的笃班的起原与现况》，《礼拜六》1935 年总第 590 期。

④ 《章镇挽演滴笃班》，《上虞声》1927 年 9 月 27 日第 3 版。

⑤ 车文灿：《淫戏—淫伶》，《上虞声》1937 年 5 月 15 日第 4 版。

⑥ 蒋仁法：《常锡剧的由来与发展》，常州市地方志办公室：《常州地方史料选编》第 5 辑，1983 年，第 166 页。

呢？因此演的笃班演久了的乡镇，淫风就会炽盛起来。"① 这一过程构成了"淫戏"影响乡民的基本机理。

晚清以来，肆逸于乡村"淫戏"给乡民教化带来的影响，引起整个社会舆论的高度重视。时人认为，"演剧则当取其足资观感，而淫邪儇薄之戏曲，最宜切戒"。原因很简单，"戏曲之良否"与社会教化的"关系不浅"，必须进行导向："赛神则当求其有功德于民，曾为人民御灾捍患者，隆以祀飨以伸报功崇德之思，若其地方历史，无合于此选者，莫若奉一国民崇拜之人物，而淫祠秽祀，与夫怪诞不经之神类，皆从废黜，若夫缘演剧赛会而举行各种之嬉戏，则务以不至诱惑青年，堕落品性为标准，此亟当注意也。"② 常熟虹桥等处，每年二、三月间例有庙会戏文，1919 年又在陈介坝开演，乡人趋之若鹜。记者按言："各乡藉名祀神开演戏剧者，现身设法，感化愚人，可补教育之不逮，其意甚佳，但今日各乡所演者往往反乎此理，辄以淫亵之剧，以博人观笑，殊非所宜，主持者宜禁阻之，令官厅取缔也。"③ 鉴于戏文内容的芜杂，甚有呼吁取消迎神赛会，以整肃社会教化者："亟应重申赛会迎神之禁，以固法治礼教之防，并实施剀切晓谕之方，以收父诏儿勉之效。"④

在晚清上海乡村，"花鼓淫戏，例禁森严，无论何时何地，概不准其搭台演唱"，尽管三令五申，还是无法禁绝。民国初年上海徐家汇地方各村落，"时有搭台演唱之事，且每于夜间十点钟开台，演至天明，聚而观者，男女混杂，良莠不齐，既为风俗人心之害，又为地方淫盗之媒，禁止若不从严，贻害伊于胡底，为此出示严禁"⑤。然而却禁而不止。时人认为原因有二：一是禁遏愈严，结果向往之心愈切；二由于有强烈的性感的挑拨、渲染，益发加重其诱惑性。⑥

如何让戏文教化走入"正轨"，作为传统中国社会的权威，乡绅的角色深受人们期待。对于"破坏风俗"的"诲淫剧本"，时人深望"地方士绅，对于此项淫戏、淫伶，亟起禁斥，以整风化而挽浇俗"⑦。而一部分乡

---

① 警钟：《的笃班的起原与现况》，《礼拜六》1935 年总第 590 期。
② 高劳：《谈屑·农村之娱乐》，《东方杂志》1917 年第 14 卷第 3 号。
③ 《虹桥乡：戏剧到处开演》，《常熟日报》1919 年 3 月 31 日第 4 版；常熟档案馆藏。
④ 《迎神赛会一唱百和，斗胜矜奇鱼龙曼衍》，《苏州明报》1934 年 7 月 29 日第 5 版。
⑤ 钝：《公牍：出示禁演花鼓淫戏文》，《警务丛报》1912 年第 1 卷第 18 期。
⑥ 文载道：《故乡的戏文》，《风土小记》，辽宁教育出版社 1998 年版，第 185 页。
⑦ 车文灿：《淫戏一淫伶》，《上虞声》1937 年 5 月 15 日第 4 版。

绅早已因此等诲淫之戏的社会影响异常痛心："是国家岁旌节孝千百人，不敌花鼓淫戏数回之感化为尤速，为可痛也。"① 在上虞地方社会，属于绅士阶层中"较好者，大抵抱有牺牲精神，肯为社会找求一种发展的本业"，责无旁贷地担当起社会化执行者的角色："如果碰到了一地方有损没益的事，也很有板下脸来，前去干涉的，像禁演莺歌戏。"② 在20世纪20年代末的上虞乡村，崧镇区上湖头二月份的秧歌戏只能偷偷摸摸地"在村中木桥头"演出，组织者被斥之为"无赖"，"事被某绅得悉，前往报告该镇乡警所"③。

乡绅社会教化角色的扮演效果端赖其在共同体中的权威，有学者把这种权威称之为"教化权威"④。近代中国社会中教化权威的作用发挥，说到底是地方公共权力的让与，而不是国家行政权力的赋予。乡绅权威既得不到体制的支持，也就很难避免在基层社会控制上的盲区；贯注来自上层社会的教化精神，自然就没有了着落。吴江芦墟小社会，旧例在中秋节前，于城隍庙赛会，或演剧四天。自八月初十至十三日，各店肆悬灯结彩，热闹异常。乡绅陆西严以为，"恶习、盗贼、媒介、淫赌开始，皆在于此，因严禁之。乃自陆绅故世，一二喜事之徒，复谓为之，识者伤心焉"⑤。实际上慨叹共同体权威的缺失。一部分共同体权威实际上采取了听之任之的态度。在江南某村落，某姓为撰修族谱而演戏：

> 开台前"拉班"的照例拿了戏单来请族长点戏，偏偏那个年尊辈长的族长却不大懂戏，看见戏单上的"翠屏山"，想起正对着宋祠门的那座据说有关风水的山来，就点定这个戏开台，虽然有人发见这成问题，可是碍于族长的面子不敢更改，演到潘巧云偷了海和尚，又调戏石秀的当儿，这位族长溜了，那些青年们就大点其潘金莲这类的淫戏。事后某姓被骂作"演戏羞祖宗"，因为他们恰巧姓潘。⑥

---

① 余治：《禁止花鼓串客戏议》，《得一录》卷11，苏城得见斋藏，同治己巳年（1869年）8月。

② 《绅的解释》，《上虞声》1937年12月6日第1版。

③ 《崧镇上湖头大演秧歌戏》，《上虞声》1928年3月30日第3版。

④ 王铭铭：《社区的历程》，天津人民出版社1996年版，第159页。

⑤ 《芦墟·停止赛会》，《新黎里》1923年9月16日第2版。

⑥ 于思：《庙台戏与畅台戏》，《申报》1934年5月6日第23版。

民国以来的乡绅群体越来越难以承担乡民教化的责任。问题来自两方面：一方面乡绅基础的损蚀："中国落叶归根的传统为我们乡土社会保持着地方人才……常有一地有了一个成名的人物，所谓开了风气，接着会有相当的时期，人才辈出的。循环作育，蔚为大观。人才不脱离草根，使中国文化能深入地方，也使人才的来源充沛浩阔"，可是，晚清以来，"以前保留在地方上的人才被吸走了；原来应当回到地方上去发生领导作用的人，离乡背井，不回来了"①。这就从根本上冲刷着乡绅阶层的基础，大大削弱了共同体教化的力量。有人注意到抗战前后江南乡村春台"淫"戏演出的差别：

> 战前在农村，普遍地演"春台戏"，这种情形是没有的，"春台戏"虽是代表农民文化生活的地方戏，但内容大抵十分淫秽，抗战以前，不知是否由于政府的查禁，总之地痞之流要想招班公然出演是不敢的，只是偷偷摸摸的在荒村破庙，悄悄演唱，如有当地正义人士加以指责，也就会立时销声匿迹了……近年以来，演"春台戏"几成为乡间一种普遍流行的"娱乐"。由于情节的妖冶淫荡，流毒所至，使农村中奸诱欺诈，于至闹成血案的两性纠纷，层见叠出。②

问题的另一方面是，残留于乡村的一部分绅士却又为传统势力所牵绊，难以实现共同体教化的近代转型。胡适的父亲胡传，人称三先生，在晚清徽州乡村，是"人人都敬重"的一方教化权威，对于一年一度的太子神会，有着充分的发言权。某年，"扮戏有六出，都是'正戏'，没有一出花旦戏。这也是三先生的主意。后村的子弟本来要扮一出《翠屏山》，也因为怕三先生说话，改了《长坂坡》"③。如此变动，其意甚明：前者言奸情，衍离经叛道，后者说忠义，论君臣之道。

条析民间戏文与乡民教化的关系过程，可以发现如下几个明显特征。一曰：国家—民族精神灌注于地方。言及民间戏文题材，自然相当广泛而庞杂。在民间戏文所内含的知识结构中，以历史知识为多，"观其表演历代之兴衰

---

①　费孝通：《乡土重建》，上海观察社1948年版，第70—71页。

②　《从"春台"戏说到迎神赛会》，《新崇德民报》1948年3月17日第1版。

③　胡适：《四十自述》，见《胡适自传》，江苏文艺出版社1995年版，第8页。

治乱，各地之遗闻轶事，则又足以增进一般民众之史地常识"①。剧情内容在乡里之间口耳相传，"虽三尺童子，也会知道《天水关》是诸葛亮收姜维，《文昭关》是伍子胥过昭关"②。是故民众"尚知文有孔、孟，武有关、岳，忠有包、杨，奸有操、莽；而山东之历城，山西之洪洞，湖南之长沙，河北之大名，以及冀州城、嘉兴府、泗州城、定远县等。凡表彰古圣先贤之丰功伟业，与宣扬某处某地之奇事盛迹者，若辈十九皆得自戏剧之宣示"；事实上，戏文"包括各国之风俗、习尚、礼制、服装、语言、文字、史地、美术以及民众思想趋向等，实不啻集合各种学科于一堂"。因此，戏剧家徐慕云认为，中国戏剧"千锤百炼的民族精神，确有不可泯灭的价值"③。

二曰：戏文教化的功利性偏执。戏文在乡村的演出，远不止于、甚至基本不是为了普及历史知识，而是赋予历史以社会教化意义，至于历史事件的真实性如何，那是很可怀疑的；甚至让历史事实来将就某种教化信条的情况也是屡见不鲜的。

偏执于教化而委曲历史，主要不是指戏文对于历史的文学加工，因为即使平头百姓也没把戏文太当真；委曲的重要表现是对整体历史的阉割，弄到最后，一般民众以为历史不是状元宰相、才子佳人，就是妖巫狐鬼、江湖盗贼。无数的"关公戏"，让三国的"历史"细节，家喻户晓，却让可能使另外某个朝代一直尘封在故纸堆里。在这一意义上，丰子恺认为，倘若要倡行"含有教化性质的戏剧"，应当"检点旧有的戏文，删除或修改《火烧红莲寺》、《狸猫换太子》等神怪荒唐的东西"④。这里强调的仍然不是座实历史，而是偏于教化。

民间戏文中的自然知识，基本上是在宗教意象之下来说明神灵对于自然环境的秩序安排的。直至近代，这样的自然知识还在应付着乡民们的心理需求，教化是第一位的。而与民间戏文的道德内容相关联的，"与其说是规则方面的道德，还不如说是美德方面的道德"⑤。总之，无论是自然知识还是历史知识，在乡间戏文演出中，都不过是社会教化的工具。

---

① 徐慕云：《中国戏剧史》，第 280 页。
② 丰子恺：《深入民间的艺术》，《丰子恺文集》第 3 卷，浙江文艺出版社、浙江教育出版社1990 年版，第 384 页。
③ 徐慕云：《中国戏剧史》，第 280、286、277 页。
④ 丰子恺：《深入民间的艺术》，《丰子恺文集》第 3 卷，第 384 页。
⑤ ［英］安妮·谢泼德：《美学——艺术哲学引论》，辽宁教育出版社 1998 年版，第 206 页。

三曰：地方小传统的彰显。作为口承文化样式，戏文的表演体现出突出的地域特征，中国地方剧种之多足以说明此点。以浓烈土音方言为表达方式的江南戏文，于此为甚。地域性模糊的京剧则不同。皮黄采用的中州韵，本来就容易明白，进京之后，在京音的影响下，上韵的字眼和角色的京白，更容易让人了解，而保持着浓厚方言的昆腔，实"不足为外人道"也。江南戏文的传播区域因此而窄小，但在确定的共同体之内，传播非但毫无滞碍，反而更具亲和力，那些"白口油子，又都是土话，使妇女小儿们听了，句句记得"①。在这里，通过俚语俗音，共同体之外的教化思想被自然过渡进来。

在社会教化过程中，民间戏文的亲和力更主要地源于艺人对日常生活诉求的准确把握。一般说来，草台班艺人的文化程度很低，实际表演时，他们靠的不是对脚本的记忆，而是师徒、师兄之间的口耳传递；最精彩的表演，真正能够打动和化育乡民思想的戏文往往是艺人结合地方环境的临场发挥。定海花鼓戏文的演出"仍不脱本地风光，对白即纯用土音，显出原始的情调，令人想到《诗经》中'桑间濮上'之情"②。

在民间戏文与乡村教化的关系中，一个非常明显的现象是，教化者总是将其中的"淫戏"与社会教化对立起来。所谓"淫戏"之淫，不过就是对日常生活中男女情爱关系的艺术表现。由于这样的艺术表现可能会影响乡村社会秩序的稳定，地方教化者不但夸张地对之进行舆论否定，而且试图通过地方权力不断地实施压制。这从一个侧面反映出近代江南地方社会的传统性，但更值得关注的一个现象是，在"淫戏"与教化的对立中，"淫戏"泛滥的势头几乎无法遏制。这背后反映了一种人性的诉求，地方小传统在某种程度上满足了这种诉求。随着整个社会文明开化程度的提高，地方小传统越发得到宽容。

第三节　茶馆生涯

茶馆，普遍存在于近代中国社会，而在江南，"哪个较大的城市与集

---

①　《劝禁演串客淫戏俚言》，余治：《得一录》卷11，苏城得见斋版，同治八年（1869），第821页。

②　金性尧：《故乡的戏文》，《金性尧全集》第1卷，上海百家出版社2009年版，第185页。

镇上没有这样中国的俱乐部"①? 单说苏州，"城里城外不论什么地方，都能找得到茶馆。真是满坑满谷，触目皆是"②。在近代江南乡村，一部分乡民甚至于"把一半可以工作的时间，耗费在茶馆生涯"③，以至"友朋初晤，辄问何处吃茶"④。茶馆以其独特的地域社会意义格外引人注目："提到苏州人，就联想他们的游惰生活，上茶馆居其一。"⑤ 孵泡茶馆成为日常生活的固定模式。

一　乡村茶馆的江南特色

与祠庙一样，茶馆亦为乡村大众聚集的场所，不妨称之为乡村公众空间。若注意其中的休闲意义，茶馆最具江南特色。

第一，就社会功能而言，江南乡村茶馆固然具有多重功能，但主要是休闲性的。

江南乡村茶馆一般位于具有结节性的地点，这样的结节点对其"乡脚"⑥ 拥有较大的吸引力，比如处于交通要冲位置的桥头、庙旁、水边等，大小市镇则集中体现了这种结节性。所以市镇茶馆最多。在集聚经济规律的作用下，茶馆聚合了不同行业的社会角色，所谓"往来三教九流客，进出五湖四海人"⑦。这样，茶馆所拥有的顾客和信息成为农民和工商业者从事商业活动的资源，"茶棚酒肆纷纷话，纷纷尽是卖与买"⑧。这里是乡村市场的结点。蚕茧上市，茧行开秤，茧价就是绸乡茶馆里的中心议题。⑨

不过，茶馆对乡人的吸引力与其说是商业信息，毋宁是社会新闻。吴县洞庭西山盛产梅子，由镇夏街上的山地货行收购。每到梅子上市季节，"桥堍下那爿茶馆里已坐满了一屋子乡下人，在悠闲地喝着茶，高谈阔论一

①　秋文：《坐茶馆》，《盛京时报》1936 年 6 月 21 日第 3 版。

②　赵少林：《苏州的业余生活》，《民众生活》1930 年第 1 卷第 8 号。

③　陈醉云：《姑苏散曲》，《东方杂志》1933 年第 30 卷第 8 号。

④　沈云：《盛湖竹枝词》卷下，1918 年，第 7 页，苏州大学图书馆藏。

⑤　秋文：《坐茶馆》，《盛京时报》1936 年 6 月 21 日第 3 版。

⑥　所谓"乡脚"，是江南地方志中的特定概念，指的是乡镇所直接影响的周围村庄，其意义相当于西方人文地理学中的"经济影响的范围"（economic reach）。

⑦　顾友云、缪介夫：《杨舍茶馆史话》，《沙洲文史资料选辑》第 4 辑，1985 年，第 77—78 页。

⑧　温丰：《南浔镇丝市行》（道光），转引自陈学文《中国封建社会晚期的商品经济》，湖南人民出版社 1989 年版，第 74 页。

⑨　鲁平：《茧行》，《申报》1937 年 6 月 7 日第 17 版。

些山地货行市，农村新闻"①。其中，行市的准确信息自然不是高谈阔论所能掌握的。悠闲啜茶的乡人最感兴趣的是共同体新闻。在乡村茶馆中，虽间或涉及诸如孙中山的民生主义、天下为公、棋琴书画等高雅话题，是为清谈；② 有的讲昨天的赌局，打出了一张什么牌，就赢了两底；有的讲自己的食谱，西瓜鸡汤下面，茶腿丁煮粥，还讲怎么做鸡肉虾仁水饺；有的讲本地新闻，哪家女儿同某某有私情，哪家老头儿娶了个 15 岁的侍妾。③ 茶馆老板对此更为津津乐道，诸如"东村李婶子，好轧野汉，昨晚给丈夫双双揪住。西巷的王阿毛，喝醉了烧刀，在坟头上睡了一夜，今天大发寒热，怕是被野鬼迷住了"④。茶馆里的这些新闻被昆山千灯人称之为"百鸟声"，所谓"听了茶馆百鸟声，百样戏文也呒劲"，"一日不听百鸟声，拿起铁锹呒精神"，茶客们对茶馆新闻产生了精神依赖。⑤ 这种依赖，并不是对信息本身的依赖，因为他们都知道，茶馆里"讲些异闻奇事，说鬼怪之事不可不信，不可全信"⑥。真正依赖的，是茶馆中的交流氛围，它可以暂时转移乡人们平日里的辛劳和单调情绪，在精神上倍感轻松愉悦。是为休闲。

第二，就地域环境看，江南乡村茶馆构成共同体生活的染色体。

盛唐之后，茶饮在中国开始普及，尤其是在陆羽（约 733—804）《茶经》问世之后，饮茶很快成为一种社会风尚。实际上，陆羽及其《茶经》对于江南社会具有特殊的意义。他在湖北茶区跟从僧人种茶和制茶，最终在江南的茶乡苕溪找到人生的归宿。《茶经》首云："茶者，南方之嘉木也。"只有在江南茶乡，陆羽的《茶经》才会出现；也只有在江南茶乡，以《茶经》为理论的茶道才慢慢渗入地域社会生活；最终只有在江南茶乡，地域茶道才成为真正的民众日常生活之道。所谓日常茶道，在江南乡村，除了普通人家"开门七件事"之茶事，也包括了孵茶馆。绍兴南部山区盛产茶叶，平水珠茶闻名全国。绍兴人像喜欢喝酒一样，也有喝茶的嗜好，因而茶馆遍及城乡；水乡村落大多开有茶店。⑦ 江南乡村茶馆由此构成共同体生活的染色体。

---

① 方舟：《山地货行》，《申报》1936 年 6 月 9 日第 18 版。

② 乘黄：《啜茗趣谈》，《申报》1929 年 5 月 10 日第 17 版。

③ 叶圣陶：《生活》，《叶圣陶文集》第 5 卷，江苏教育出版社 1988 年版。

④ 茸余：《小茶馆里》，《申报》1934 年 5 月 18 日第 15 版。

⑤ 顾雨时：《千灯纪韵》，江苏人民出版社 2008 年版，第 63 页。

⑥ 叶圣陶：《生活》，《叶圣陶文集》第 5 卷，江苏教育出版社 1988 年版，第 37 页。

⑦ 裘士雄、黄中海、张观达：《鲁迅笔下的绍兴风情》，浙江教育出版社 1985 年版，第 152 页。

单从普遍性程度上看，江南乡村茶馆便为一般地域所不及。在民国江南乡镇上，每条街总有几家茶馆，俗谓"没有茶馆不成市"。无锡茅塘桥，其镇之小，仅有 6 家商业行店，茶馆却有 3 家。[1] 据 20 世纪 30 年代中期资料，吴县东郊唯亭镇，"全市店铺，大小约二百余家，茶坊酒肆，成数最多"[2]。民国吴江一村落名龙泉，属十九都，近盛泽镇，是桑苗和丝经的集散地，盛时有茶馆十数家。[3] 湖州南浔镇，抗战前茶业最盛时，有 50 家茶馆之多。据 1951 年商业调查，全镇尚有各式茶店、茶灶、茶馆、茶园、茶室 31 家，日供茶水高达 45900 多碗。[4]

林林总总的乡村茶馆，种类庞杂。从时间上看，除长年茶馆外，更有季节性茶馆，如暑天里的风凉茶馆、庙会时的茶亭；一天之中，有早茶、午（中）茶、晚（夜）茶。依主人分，有夫妻、社团、帮头等。[5] 从功能讲，可分为交易型、休闲型、社会型或综合型。此外，还有所谓清茶馆、荤茶馆之说。[6]

作为休闲之处，在其他地方"原是极其平凡普通的"茶馆，由金性尧看来，在江南别具意义：茶馆"不啻反映了中国人的田园性格之一脉"，与江南的"经济条件也息息相关。例如在比较贫瘠的犷悍的其他区域里，就形不成这样的风气了"[7]。以江南最富庶的杭嘉湖乡村为例，乡民们"每年春天看看蚕，采一点茶叶，做一点笋干，再加上一季稻，他们已尽够丰衣足食"，于是秋收以后，乡间小茶店里"那高朋满座，济济一堂的盛况，便足够告诉你他们十足的悠闲味了"[8]。由此也可以说，江南乡村茶馆是地域自然—人文环境的产物。

第三，从历史演变考察，江南乡村茶馆是发达的商品经济的伴生物。

江南乡村茶馆的普遍存在，是中国地主制经济的特殊运动规律与地域

① 陈枕白：《二十年代无锡见闻》，《江苏文史资料选辑》第 11 辑，江苏人民出版社 1993 年版，第 100 页。

② 王绍猷：《唯亭印象记》，《农业周报》1934 年第 3 卷第 4 期。

③ 张菊生：《古村落龙泉嘴》，《吴江文史资料》第 22 辑，2008 年，第 136 页。

④ 蒋琦亚主编：《南浔镇志》，上海科学技术文献出版社 1995 年版，第 124 页；张公鹏：《闲话镇人喝茶与茶馆》，《南浔通讯》（内部发行）1996 年总第 108 期。

⑤ 顾友云、缪介夫：《杨舍茶馆史话》，《沙洲文史资料选辑》第 4 辑，1985 年，第 72—76 页。

⑥ 《茶馆儿》，《盛京时报》1936 年 5 月 9 日第 3 版。

⑦ 金性尧：《苏台散策记》，《金性尧全集》第 1 卷，第 261 页。

⑧ 《在安吉：湖行杂拾之一》，《晨光》（杭州）1932 年第 1 卷第 1 期。

社会特定历史环境交互作用的产物。战国以后，中国社会经济很快演变为地主制经济；地主制经济的特定形态，造成了自然经济必须以商品经济作为构成要素。① 明清以降，江南社会的商品经济特别活跃，不断勃兴的各层次乡镇构建成网络。乡镇是市场的载体，为适应商品交换的需要，作为服务行业的茶馆亦随之兴盛，成为一个乡镇最基本的物化人文景观。桐乡乌青镇，茶馆"为乡人聚集之场，关系市面甚巨……西栅茶店都为乡农出市叙集之所，故只乡航到时应中客满……同乡人出市非至茶店息足，即在酒肆休息，市面因之热闹"②。近代江南乡村，在国内外现代化大工业产品的冲击下，作为主要家庭手工业的棉纺织业和丝织业渐趋衰败，但小农经济结构却表现出极大的韧性。生存的压力迫使农户改组家庭手工业，因地制宜地发展各种特色产业；被迫改组后的农民家庭与市场的联系更形紧密。江南乡镇及其作为表征的茶馆也因此获得了新的存在和发展动力。在上海郊区的真如镇，民初以降，茶馆因蔬菜集散而获得特别的发展。菜农上午抵镇，要到下午才开秤，遂泡茶馆，既作小憩，又可打听、交流菜市行情，或者听听评弹。③ 嘉兴钟埭镇，原先"织布业甚发达，近年来一落千丈。篾席、竹器等类业为特色，商店以南货为主，茶馆三十家之多"。即使在死抱传统家庭手工业的新行镇，茶馆亦不稍逊："男女多以织布为生，茶馆和酒店合计在八十家以上。"④ 在某种程度上，乡村茶馆成为地域经济和社会荣枯的晴雨表。旧时松江人通常以镇上茶馆的兴旺程度来判定小镇繁荣与否，若茶馆中冷冷清清，不是世道不太平，就是小镇开始衰退的标志。⑤ 20 世纪 30 年代中期正处于农村经济危机之时，来到苏州太湖边前庄镇的城里人，在一家茶馆看到：

> 跛足的桌子，乌黑的水壶，还是照旧；吃茶的人是没有从前挤了。本来，春天农闲的时候，种田人唯一的消遣是吃茶，然而现在是少了，茶馆里打小麻将的人，更是没有了。我照例的也要泡一壶茶，

---

① 参见李根蟠、魏金玉等学者关于这一问题讨论，《中国经济史研究》1988 年第 3 期。

② 卢学溥修，朱学薰纂：《乌青镇志》（民国）卷 21 "工商"，1936 年刻本。

③ 许洪新主笔：《真如镇志》，上海社会科学院出版社 1994 年版，第 112 页。

④ 《嘉区一瞥》下册，1936 年；《嘉兴府城镇经济史料类纂》（内部发行）1985 年，第 60 页。

⑤ 欧粤：《松江风俗志》，上海文艺出版社 2007 年版，第 269 页。

休息一会，那茶馆老板同我似曾相识的招呼着。从他的嘴里，我又知道，并不是公安局禁赌，也不是乡下人戒赌，而是大家比从前穷了，不来赌了，所以他的营业也跟着失败了。①

第四，江南乡村茶馆生涯显示了民间政治的运行机制。

在江南乡村，几乎所有的社会群体都与茶馆发生联系。"无论上中下三等人，没有一个不愿意把吃茶当做唯一的生命。"②不识字的农民"遇有书契券约的事情，往往向茶社中寻先生"③。商人们在茶馆喝茶除休闲之外，也希望从中得到商业信息。在盛泽这样的丝绸大镇，茶馆信息一般是丝绸贸易行情，俗称"临市面"④。最普遍的是"探听米价的贵贱，菜价的涨落"⑤。松江镇的码头工人、建筑工人通常在茶馆中拆账分成，文人雅士在茶馆中谈论风月，交流书画，切磋诗章，地痞流氓常在茶馆中聚首赌博，从事非法交易等。⑥乡村社会中这些不同的职业群体通过茶馆可以得到自然的区分。在平湖城厢镇，虽说茶客们共处一馆，但他们自觉地分流入座，不会僭越。"易安居"茶馆有三进，第一、二进茶客以农民、商旅为主，第三进为雅座，有讼师、律师、新闻记者、富商绅士等。⑦在松江，不同行业者有其固定的茶馆作为聚会之所。民国时期，比较明显的有以建筑工人为主要茶客的茶馆，有以搬运工人为主的茶馆，有生意人聚集的茶馆，有职员、文人聚集的茶馆，彼此不会轻易去其他茶馆喝茶。在上海金山城厢镇，日升楼茶馆的楼下茶客以农民居多，间有跑码头做生意的，是清一色的"短衣帮"；楼上的茶客多为商贾，一般穿长衫，俗称"长衫党"，为他们准备的茶桌、茶具等自然比楼下要好些。⑧

一般地说，江南乡村女性很少涉足茶馆。其原因，表面上是女性缺少

① 张潜九：《吴县东山聚村素描》，《东方杂志》1935 年第 32 卷第 11 号。
② 赵少林：《苏州的业余生活》，《民众生活》1930 年第 1 卷第 8 号。
③ 茂春：《改良农村茶园刍议》，《民众生活周刊》1933 年总第 47 期。
④ 周德华：《绸乡话茶馆》，《苏州史志资料选辑》1992 年 1、2 合辑。
⑤ 茸余：《小茶馆里》，《申报》1934 年 5 月 18 日第 15 版。
⑥ 欧粤：《松江风俗志》，第 269 页。
⑦ 岳士明：《旧时茶馆杂录》，平湖政协文史委：《平湖文史资料》第 4 辑，1992 年，第 87 页。
⑧ 沈毅：《老茶客谈日升楼茶馆》，钱荣国主编：《金山文史资料选编》，1990 年，第 306 页。

空闲时间。"她们以一身而兼数职，要从事耕田的职务，躬操井臼的职务，保育子女的职务……总而言之，她们的生活，太辛苦了。而男子在农闲的时候，就可出外到茶馆酒肆中去寻消遣的方法。妇女却是没有一记得的暇暑的，稍有空闲的时候，还有要纺纱织布，洗衣服等种种职务，都要加到妇女的身上来，这实是太不平等的。"① 对男子来说，任何时候都有空闲，"有些男子，虽在农忙时间，还是照样地上街去喝酒吃茶"②。从中可以看出，乡村男女与茶馆的不同关系实际体现了男女不平等的制度安排。农家妇女"似乎是被法律规定着不准享受这小茶馆中的热闹的。所以妇女喝茶，可说是绝对没有"③。这样的制度安排往往是隐性的。松江人称，习俗上并没有规定妇女不能进茶馆喝茶，也不忌讳妇女到茶馆闲坐，但无论在镇在乡，茶馆中却很难找到女茶客，茶馆似乎只是男人的休闲地盘。④ 这种状况的缘由，从 19 世纪 8C 年代松江人郭友松的《论妇女不宜入茶肆》中大体可见一斑：

> 男女之别，古人辨之极严极重，至于一室，至于一家，且有不得相杂者……近自习俗相汙，概示通脱，其尤甚者，则莫如吴中之茶馆……自妇女入肆之风起，而人心风俗不可问矣。夫古之妇女，一家一室，如此其严，今之妇女，或市或肆，如此其杂。至其列座言谈，衔杯道故，闻诸耳而不可掩，见诸事而不可泯者，非我辈所欲道也。第此风一开，则濠涚之行，无事于掩饰，媒饵之说，即决于须臾。⑤

也就是说，从思想观念到家庭生计等多个侧面，村妇被隔断了与茶馆的关系，实际上也被隔断了与社会的联系，显示乡村世界里夫权的力量。

乡村茶馆中的有闲阶层肩负着特殊使命。一种人成天坐茶馆，以表明其地主的身份。来自昆山周庄的叶楚伧就曾见到过这么一种"沉溺在清谈闲乐的茶碗之中"的青年，"吃茶为他的人生观，每日除吃茶外无他事"⑥。

---

① 周廷栋：《江苏太仓农民的现状》，《社会科学杂志》1930 年第 2 卷第 1 期。
② 王绍猷：《唯亭印象记》，《农业周报》1934 年第 3 卷第 4 期。
③ 阿魏：《小茶馆》，《农村生活》1932 年第 1 卷第 6 号。
④ 欧粤：《松江风俗志》，第 269 頁。
⑤ 郭友松：《论妇女不宜入茶肆》，《益闻录》1880 年总第 70 期。
⑥ 叶楚伧：《江苏的政治问题——关于乡村设立茶馆》，《民众周报》（南京）1931 年总第 171 期。

在吴县乡下甫里小镇上：

> 那伙人也曾念过点孔子遗教，守着祖产的田地，他们没有事情可干，就类集到那么一个适宜的地方，谈天说地的无为挨过一天……你能设想他们的人生观吗？要说他们的人生观那是不成话的。在那环境里像对于人生的意义是没有人追求过，人只要吃饭，游玩，娶老婆，生儿子，一直糊糊涂涂到死，就完了。①

如果说这种人是通过不作为来显示在乡村中的地位的，那么，另外一种人显示地位的方式则大势作为。江南某镇的王太爷便属此类。他"拥有田数百亩"，是个地主；又有"亡清的秀才"身份，是个乡绅。镇上的一片茶馆，便是王太爷的办公处：

> 他镇日独据一桌，住在那里，高谈阔论：不是说捐税太苛，定是说人心不古……他憧憬唐虞三代之盛，他痛恨这用夷变夏之非。他无嗜好，喜吸皮丝恶卷烟。他骂外国货……他会断家务事、钱债。他的说话比法院里的判决书还有效，因为他能根据圣经贤传，亡清律例，正颜厉色地把人说得不敢不从。②

这便是流行于江南各地乡村的"吃讲茶"③。乡间里发生房屋、土地、山林、水利、婚姻等纠纷，常到茶店里评定是非曲直。④ 含有"讲"开算数，"茶"以敬客之意：

> 在甲农与乙农因为了某种事故，发生争执的时光，甲方去邀了村中的长者，和一般好事的村人，借着这小茶馆的座位，作为临时民事

---

① 平林：《甫里通讯》，《申报》1934 年 6 月 4 日第 17 版。

② 拾玖：《王太爷别传》，《申报》1936 年 6 月 2 日第 18 版。

③ "吃讲茶"在江南乡村有不同的地方表达，临安人称"打茶店官司"［毛偁：《临安乡情民俗今昔谈》（未刊稿），浙江省临安县图书馆 1992 年 5 月，第 42 页］，茶馆因而成了"百口衙门"［欧粤：《松江风俗志》，第 269 页；叶楚伧：《江苏的政治问题——关于乡村设立茶馆》，《民众周报》（南京）1931 年总第 171 期］。

④ 裘士雄、黄中海、张观达：《鲁迅笔下的绍兴风情》，浙江教育出版社 1985 年版，第 154 页。

公断处了。于是甲说甲的，乙说乙的，把这事的原委，公诸大众，听凭大众的评论，颇有曲直一听公论之概。不过和甲农说得合的，总须帮助甲农，和乙农说得合的，总须帮助乙农；所以每每事之曲直，不能得到真确的结论，有时竟致曲直难分，两方诉之武力的，也是常有的事，这就要看主持其事的长者是不是有遏得住众人的能力而定了。①

因此，这种民间习俗意义上的"临时民事公断处"，许多情况下并不能体现法律的公正，而常常沦为地主乡绅实行地方控制的手段。"土豪劣绅好像司法官样的逐一审问，一般地痞流氓在下面'摇旗呐喊'的助威。结果，占下风的一边，公开的出来付酒钱，茶钱、点心钱、鸦片钱。"② 胡川如对民国时江阴乡镇的"吃讲茶"描述道：

> 市镇上有些吃饭无正事管的人，遇到农民有什么争端，要请乡董判断的时候，总从两方游说，教他们这样说，那样行，趁此机会，就在点心店里大吃而特吃，鸦片铺里大吸而特吸……乡董的法庭，都设在茶肆里，泡茶没有几十壶，茶钱倒要三四块钱哩！这茶钱是理曲的人出的，羊毛出在羊身上，结果农民请市镇上一班人喝几口茶，抽几口鸦片，而于实在事情，仍没什么了结。③

在近代江南乡村的茶馆世界，民间社会的政治就以这样特殊的方式运行着。

二　茶馆休闲方式

乡村社会，人口分散，交往圈子狭窄；市镇，尤其是市镇茶馆，人口相对稠密，信息相对集中，满足了乡民的交往需要。"如果要在农村社会中找些片段的新闻"，小茶馆或许是"最宜的场所"④。茶馆的人际交往常常是这样发生的：

---

① 阿魏：《小茶馆》，《农村生活》1932 年第 1 卷第 6 号。
② 陆合丰：《农村中之茶馆问题》，《晨光》（杭州）1933 年第 2 卷第 28 期。
③ 胡川如：《各地农民状况调查·江阴》，《东方杂志》1927 年第 24 卷第 16 号。
④ 阿魏：《小茶馆》，《农村生活》1932 年第 1 卷第 6 号。

你走进茶馆后，也就照例地会接到一只白瓷茶壶，坐在那（哪）里随你的便。你如果只坐在一个人坐着的桌子上，也"无所谓"。两个人都不讲话，当然是沉默；如果你问他尊姓大名，他也会问你府上何处，这就开了话匣子。他将会告诉你，像：收粮"官"到乡下因为小菜不好踢翻了桌子，临行还拿了鸡去。或保安队到乡下"剿匪"，因为保长们招待"不周"，在"妈得皮""老子"之后，就一把火把村子烧个精光。①

乡村茶馆里的交谈之所以能激发人们的兴趣，因为它为人们提供了感情表达和释放的机会。乡民们终日孜孜而求温饱，生活枯燥而单调，同时又受着传统礼教的束缚，情感太过压抑，而到了茶馆，则是另一番景观。在 20 世纪 40 年代，东太湖大沙山、小沙山、笠帽山几座岛上的居民都要划船来濒临太湖的吴江庙港镇，除了买些日用品，总爱拿只葫芦到槽坊里去沽上半斤酒，在码头边的茶馆里沏一壶茶，再买上几个馒头或是烧饼，坐在那里泡上半天才摇船回去。这样，既填饱了肚子，又喂足了酒虫，还能听到不少从邻近村子里以至县城里传来的新闻，回去之后，足够在自己的村子讲上好几天。到庙港镇上赴茶馆，成了附近那些山岛上居民的最大的乐事和社交活动。②

按常情，表意群众的有些举动被认为不合"规范"，甚至是破坏性的。但在这种场合，它给了人们一种感情上的松弛，这是在茶馆之外难以得到的：

有些桌子是两个人坐着，这两个人总是低声密挨地在商量什么事，或是大声大气的在辩论一件与自己不相干的不大不小的事。虽然两个人都脸红耳赤，但你可不必担心，这两个人是决不会打起架来的！有的是上了年纪了，领了一个孙儿子，捧了一个水烟筒或旱烟管。总之，总是一些"桥头三叔公"之类的爱管闲事的人物。讲的不是张家或王家的儿子在外胡调，就是什么地方响雷打死了一个妖精，而且还是他亲眼看见的。有时一大堆人凝住了气，在听一个什么老在

---

① 傅璇琮：《茶馆（家庭琐记）》，《开明少年》1949 年总第 46 期。
② 树棻：《太湖传奇》，解放军文艺出版社 1983 年版，第 63 页。

说这种"新闻"，也有时"哄"的一声笑起来。①

这些社会新闻的传播者，擅长使用非语言符号，特别是身体语言来吸引听众，称为"唱新闻"②。从语言的角度分析，这些社会新闻的叙说，推论和判断多，客观报告少，主观性非常强。茶客当然也是姑且听在耳里，随便传播开去。近代乡村的人们就在这种传播和交流中，获得了莫名的满足。时人精辟揭示了茶馆人际交流的社会意义：

> 类如这些不是一个人的，而愿合起众人的会聚，除却他们专有的因素，是音乐的激动，喜怒的表现，谈话的多方趣味，交易的需要，迷信等等之外，我仍然武断的说，他们都多少有点社会意义，假如一个人看戏，一个人在市上选购物品，一个人做赛会的观念，怎么样？……果有这等事，他一定意味索然，赶快向回头跑。世间的一切，"独乐"两字能通用，即在独乐，也觉得有天地茫茫之感。③

作为乡村社会的公共活动，茶馆表意营造了一种特别的气氛，让乡民们获得了一种愉悦感。近代江南的农人们便把茶馆当作"在平时唯一的娱乐场"：

> 他们做罢了一天的工作，吃过晚饭以后，就群聚于小茶馆中，有的讲些在十字街头听来的故事，有的讲些邻近村落中发生的新闻；有的讲些某人与某人所生的讼事，有时还得加些如是而非的评论，一般没事的小孩，也趁着热闹，一窝蜂的坐着听着，所以在农村中晚间最热闹的地方，就是小茶馆。④

即使不参与交谈，乡民也会在茶馆中获得一种闲适感。"茶馆里照例摆着十来张方桌，几十条长凳，也照例坐着人；坐着还把脚也搁在凳子

---

① 傅璇琮：《茶馆（家庭琐记）》，《开明少年》1949 年总第 46 期。
② 凤子：《消闲》，《申报》1935 年 5 月 13 日第 11 版。
③ 秋文：《坐谈茶馆》，《盛京时报》1936 年 1 月 28 日第 3 版。
④ 阿魏：《小茶馆》，《农村生活》1932 年第 1 卷第 6 号。

上。靠着墙壁、闭上眼——可不曾睡着！"① 在这个意义上，桐乡乌镇人将茶馆称作"民众俱乐部"：

> 不论是"乡下人"，是"街上人"，对于上茶馆，都感着极浓厚的兴趣。固然上茶馆的人，也有约会着谈正事的，也有相聚着谈生意经的，不能说完全是为消闲起见，然而并无目的，专以消闲为事的，却要占着大部分。有许多人，竟是一天到晚，度着茶馆中的生活。从这种地方，吾人可以见得乡镇人民确乎比较都市人民，来得闲适，可以占着一个"逸"字。②

农夫们平时胼手胝足，难得有喘息的机会。"农民在田野操作辛劳之后，聚谈在茶馆之中，是可以得到许多舒适精神恢复气力的益处的。"③

作为底层百姓的一种休闲方式，近代江南乡村的茶馆赌博非常普遍。据时人观察，20 世纪 30 年代的江南乡村茶馆，"吃茶倒似乎已经成了副业，至要的倒是在赌钱，一天到晚，一年到头"，一般赌徒在茶馆内呼卢喝雉。④ 其实，"一天到晚、一年到头"的情形是不常见的。在无锡前洲镇，前洲街上以及印桥、浮舟、黄石街等地的几家茶馆，赌博总是在"落市后"开始，至后半夜结束。⑤ 在太仓，乡民赌博"差不多通年都有，尤其在新年和秋收之后为最甚"，地点"大都在乡村的小茶馆"⑥。当然农闲时节，赌风更盛。在无锡县胡埭，每年秋收后，"赌风即起，农历新年，赌风大炽"⑦。民国上海真如镇的茶馆赌博，主要是推牌九和斗蟋蟀，"春节时最烈"，有"初一赌到十六"之说。⑧

乡村茶馆炽盛的赌风经常受到时人的诟病，甚至有人认为，"一切万

① 傅璇琮：《茶馆（家庭琐记）》，《开明少年》1949 年总第 46 期。
② 独鹤：《回家以后》，《新闻报》1931 年 4 月 4 日第 17 版。
③ 叶楚伧：《江苏的政治问题——关于乡村设立茶馆》，《民众周报》（南京）1931 年总第 171 期。
④ 陆合丰：《农村中之茶馆问题》，《晨光》（杭州）1933 年第 2 卷第 28 期。
⑤ 张岳根主编：《前洲镇志》，江苏人民出版社 2002 年版，第 530 页。
⑥ 周廷栋：《江苏太仓农民的现状》，《社会科学杂志》1930 年第 2 卷第 1 期。
⑦ 赵伟主编：（无锡）《胡埭乡志》，江苏科学技术出版社 1990 年版，第 344 页。
⑧ 许洪新主笔：《真如镇志》，上海社会科学院出版社 1994 年版，第 205 页。

恶事情，都从小茶馆里做出来"①。在吴江盛泽，"一般好赌者，以为可以乘机鱼肉，如蝇蚋逐粪，影响所及，为害非浅……自从有了小茶馆，日以继夜的赌，有几个赌兴方浓，精神疲惫，不得不思抽筒大烟"，总之，"好好几个农民，被小茶馆引诱得一丘之貉"②。引诱乡民赌博的主要是两类人：一类是茶馆经营者，止于抽头的目的。"开设小茶馆的，几乎没有一家不附带的摆设赌桌。两毛钱一撮的麻雀，两文钱一和的叶子，是常常可以看到的……所以赌桌虽算是茶馆的副业，在收益方面，卖茶还不如抽头来的丰厚。"③ 据 20 世纪 20 年代资料，吴江黎里镇东市各茶馆"均附设赌局，而尤以相家桥堍某茶馆为最盛"，赌者"均为乡农或劳工"，以辛苦得来之钱，"饱头家之囊橐"④。茶馆头家因此被斥为"地痞"。无锡胡埭人谈到民国时的茶馆经营者，直接称："开设赌场者，多属地痞无赖，借以抽取头钱。"⑤ 事实上，引诱乡民的地痞无赖是社会闲杂人员。这类人甚至结帮控制茶馆进行赌博。吴县木渎石码头地方周某，将父传家产挥霍一空，便入帮收徒，于 1921 年秋在小茶肆内日夜聚赌，牌九摇摊，无一不备，所抽头钱，除略给茶肆主人及各项执役人外，余均周某独得，开赌将及匝月，"少年子弟入其彀中已不知凡几"⑥。实际上，民国以来，木渎的茶馆赌博"无日无之，大都一班流氓，设计敛钱，乡民无知，以一年汗血之资，作孤注之掷，不旋踵而入若辈之囊中矣"⑦。

不过在乡民看来，茶馆赌博只是一种休闲。"在里头，有茶喝，可以谈笑，有麻雀牌、纸牌、扑克牌一类的赌具；农民不识字，但无人不懂麻雀牌，更有识扑克牌上的英文字者，那真是个奇点。此外还纸烟、鸦片、红丸，足以消磨一生。"⑧ 松江泗泾的一般农人，在冬日里常常邀集几个老乡邻，老亲眷，"排列酒、菜、鱼、肉，在场上，吃吃茶，喝喝酒，讲讲收成的好坏，谈谈田东的性度，说说米行家的特性，是最开心的辰光

① 周廷栋：《江苏太仓农民的现状》，《社会科学杂志》1930 年第 2 卷第 1 期。
② 焕文：《乡村社会的目睹》，《新盛泽》1924 年 7 月 21 日第 4 版。
③ 阿魏：《小茶馆》，《农村生活》1932 年第 1 卷第 6 号。
④ 《茶馆兼设赌局之热闹》，《新黎里》1924 年 7 月 1 日第 3 版。
⑤ 赵伟主编：（无锡）《胡埭乡志》，江苏科学技术出版社 1990 年版，第 344 页。
⑥ 惜：《小茶肆聚赌抽头》，《木铎周刊》1921 年总第 119 期。
⑦ 子羽：《呜呼"赌"》，《木渎周刊》1924 年总第 212 期。
⑧ 殷云台：《常熟农村土地生产关系及农民生活》，《乡村建设半月刊》1935 年第 5 卷第 3 期。

了！那无赖的，就乘此上茶馆，或是拿三十二只的毛竹牌，什么打牌九哪！接龙哪！"便"玩起来了"[1]。在乡民眼里，这算不上赌博，就是一种"玩"。然而不知不觉地，他们便深陷其中不能自拔。"有些人因赌失利，债台高筑，弄得夫妻吵闹，也有人卖田卖屋，甚至沦为盗贼。"[2] 到了这步田地，茶馆赌博显然已经不是以玩乐可以解释的了，在其背后，存在着现实的经济驱动。值得玩味的是，时人对驱动赌博的经济心理解释却是相反的。在经济形势相对稳定的 20 世纪 20 年代，在"实业很发达"的松江泗泾，时人认为："因为富饶的缘故，就引起一般镇上的人，学吸烟，爱赌博，种种嗜好。"[3] 到了 20 世纪 30 年代乡村经济不景气的时候，在宜兴"没落的市镇"张渚，"赌场像雨后的春笋，茶坊酒肆，街头巷尾莫不集着许多人在聚赌"。时人指出，"社会愈贫困，生活愈艰难，因之人民想发财的心理愈高。张渚的赌风素来很盛，这样一来分外想获非分之财！"[4] 鉴于赌博之害，民国地方政府多次严行取缔茶馆赌博。1922 年苏州警察的禁赌文告遍贴通衢，"此固当局应尽之天职，然禁者自禁，赌者自赌"，以西部木渎而论，"聚众赌博之所在正大有其人，一纸文告有何效力？是殆所谓官样文章者非欤"[5]？ 由此看来，乡村经济的荣枯似乎与乡民的赌博没有必然的联系。从消极的因素看，江南乡村休闲方式的贫乏与乡民的赌博关联极大。时有论者认为，乡民们对于茶馆赌博"所以如此的趋之若鹜，这根本的原因，还是由于现社会根本没有他们正当的娱乐机会，与知识的训练"[6]。

　　鉴于此，20 世纪二三十年代一些致力于民众教育的人士希望寓教育于休闲之中，在江南地区利用民众教育馆，开办民众茶园，开展了许多有益于乡民身心的活动。从 1929 年 3 月至 1931 年 4 月，无锡县先后开办了堰桥、下庄、秦巷、连杆、礼社、周新镇、南方泉等七处乡镇民众茶园，均为私人开办，园内有改良说书、娱乐、演讲、比赛、书报阅读等各种固定及活动事业。[7] 特别是其中的特约茶社，以"文明""艺术""高尚"为乡

①　洪尚智：《泗泾人的形形色色》，《生活》1926 年第 1 卷第 20 期。
②　赵伟主编：(无锡)《胡埭乡志》，江苏科学技术出版社 1990 年版，第 344 页。
③　洪尚智：《泗泾人的形形色色》，《生活》1926 年第 1 卷第 20 期。
④　余之伴：《没落的市镇》，《生活》1933 年第 8 卷第 49 期。
⑤　锄奸：《禁赌感言》，《木渎周刊》1922 年总第 129 期。
⑥　陆合丰：《农村中之茶馆问题》，《晨光》(杭州)1933 年第 2 卷第 28 期。
⑦　《全县民众茶园概况统计表》，《无锡教育》1931 年总第 175 期。

村休闲导向，在社会上产生良好的效应。[①] 20 世纪 30 年代陶行知领导的"山海工学团"，在上海宝山夏家宅组织农民集体办了一个共和茶园，一面喝茶，一面讲故事片，议论国家大事，成了团结教育农民的场所。[②] 南京民教馆于 1933 年在西善桥镇设立特约茶园，夏日在此每天进行卫生讲演，以期使乡民养成现代卫生习惯。[③] 不过，当时民众茶园的"格调"过于"高尚"，以至于在某种程度上失去了休闲的意义。曾也鲁在谈到办理茶园所遇到的困难时指出，以"施教"为基本目标的民众茶园总带着一副"教训的口吻"，这是一种"太主观"的想法，因为它"不切合民众实际生活，没有叫民众发言的机会，束缚个人的自由，民众一天劳苦，总想到此休息休息，谈谈他们愿意的谈话，谁来愿意听你的报告"[④]。

在近代江南乡村，既含有社会教化的意味，又以休闲功能为主的公众空间是茶馆书场。

三　茶馆书场与乡民教化

曲艺的社会教化功能历来为人们所重视。民国知识人认为，作为"斯文之流"的评弹艺人，社会地位虽说不高，但亦"肩有维持风教之任"，所谓"世溺矣，吾醒之；世邪矣，吾正之"[⑤]。充溢着浓重地方腔韵的苏州评弹，以其独特的民间技艺，深深地介入水乡共同体生活，潜移默化地影响着近代江南乡民的知识、观念、信仰乃至审美世界，形成了特定时代对特殊群体的教化样态，值得我们在社会史视野中进行考察。[⑥] 相信这样的

---

① 参见朱煜《民众教育馆与基层社会现代改造（1928—1937）——以江苏为中心》，社会科学文献出版社 2012 年版，第 310—313 页。

② 《大场乡志》（内部资料），上海宝山大场乡政府编，1988 年，第 276 页。

③ 《三个月来之本馆》，《民众教育季刊》1933 年第 2 卷第 1 期

④ 曾也鲁：《办理茶园时所遇到的困难》，《教育与民众》1934 年第 5 卷第 6 期。

⑤ 海角秋声：《说书取材论》，《申报》1925 年 5 月 31 日第 7 版。

⑥ 从艺术社会学（史）视角研究评弹的论著，多多少少都会提及评弹演出所具有的社会教育意义。基本的表达正如韩秀丽在《苏州评弹"书码头"探析》（《山西高等学校社会科学学报》2016 年第 8 期）中所言：作为"高台教化"，评弹以大众喜爱的题材，宣扬传统社会的伦理道德，所谓"寓教于乐"；具体内容的分析大体上就是韩秀丽在其博士论文《苏州评弹与地方社会——对"江南第一书码头"常熟的考察》（上海师范大学，2012 年）中所涉及的两个方面，一是地域民俗文化知识的传播，二是传统伦理道德的宣扬。王庆国在《社会史视野下的苏州评弹与社会教化》（《杭州电子科技大学学报》（社会科学版）2015 年第 1 期）中，从受众和艺人探讨了评弹的社会教化方式。申浩则在《雅韵留痕：评弹与都市》（商务印书馆 2014 年版）中论述了在国家权力推动下都市社会的评弹教化职能。

考察，无论对于认识近代江南乡村的生活实态，还是对于认识民间艺术的社会历史功能，皆有重要的意义。

1. 他者世界的"非现代"体悟

近世以降，江南乡民从评弹艺人那里，获得了关于另一世界的影像。从明末清初苏州评弹出现之时，数百年间艺人们的说唱书目依傍因袭，并无太大变化："老辈名家相继凋谢，后起之人，殊少发明。"① 20 世纪 20 年代末 30 年代初，评话家所说书目主要是《三国》《水浒》《英烈传》《岳传》《金枪传》《金台传》《东西汉》《隋唐》《绿牡丹》《五义图》《西游记》《彭公案》《施公案》《济公传》和《封神榜》等，而弹词家所唱者，大多限定在《珍珠塔》《三笑姻缘》《倭袍传》《白蛇传》《玉蜻蜓》《描金凤》《双珠凤》《落金扇》《双珠球》《玉蜻龙》《文武香球》《绣香囊》和《双金锭》等类书上。② 就题材而言，这些书目不外史实类、武侠类、民事类和言情类等；③ 以内容别之，评话多涉及英雄义士、朝代兴废和金戈铁马之类的重大事件，故称"大书"；而弹词所演者，不外才子佳人之艳遇、春花秋月之心绪等，大多为日常生活琐事，故亦称"小书"④。对于江南乡民来说，评弹所描画的是与他们的日常生活完全不一样的历史天地：

> 假如大书说《岳传》，至秦桧夫妻东窗设计，以金牌十二矫诏班师，风波亭三字狱成，武穆父子授命，全座听书者，莫不恨秦桧夫妻切齿、痛岳飞父子垂泪也……假如小书唱《珍珠塔》方卿见姑娘，写人情冷暖、世态炎凉，不禁为天涯沦落王孙洒一掬酸心血泪。及至表姊赠塔，雪途遇救，独占鳌头，荣归拜母，扮仙翁伪作痴癫，一曲道情，冷嘲热讽，使薄情忘恩人闻之无地容身，听书者恨不能随方卿助口痛骂。⑤

这是本是一个远离乡民生活的他者世界。伴随着评弹艺人的说唱，近

①　退：《说书闲谈》，《申报》1929 年 5 月 30 日，增刊第 2 版。
②　陈汝衡：《说书小史》，上海中华书局 1936 年版，第 59 页。
③　胡积蕊：《从说书讲到民众教育》，《民众园地》1932 年第 1 卷第 2 期。
④　陈汝衡：《说书小史》，第 58 页。
⑤　饭牛翁：《论说书宜改良》，《小说新报》1932 年第 8 卷第 7 期。

代江南乡民很快接近这个世界。20 世纪 30 年代在江南一乡村尽头的小茶馆里：

> 黑压压一屋子人，正梁上挂着一盏黯淡的火油灯，台上坐着一位（苏州）光裕社名家×××先生，正在开讲水泊梁山。他说的是："晁盖、吴用一行八人，在黄泥岗（冈）劫得十万贯金银珠宝，公平分派，从此大碗喝酒，大块吃肉，不怕官吏欺压，不怕……"听的人个个眉开眼笑，简直把梁山当做桃源：恨不得自己也去做一下晁盖、吴用。①

报人徐铸成回忆 20 世纪 20 年代的孩童生活时说，他"开始有一点历史知识，开始萌发爱国主义思想，懂一些忠奸之辨"，都是由镇上的茶馆书场"引起的"②。20 世纪 30 年代末 40 年代初当苏州光裕社艺人跑到城郊小镇码头时，黄志良喜不自禁。书中有"许多学校课本上读不到的历史文化知识"，在思想道德方面，评弹让他"从小崇敬尽忠报国的岳飞和清廉爱民的包公海瑞，钦佩除暴安良的梁山好汉，懂得分辨是非善恶的道理"③。跟徐铸成、黄志良的儿时经历一样，书场成为乡民接受教化的重要课堂。大体而言，这一课堂给他们带来的教化集中在三个方面：

第一，历史文化知识。历史知识的传授主要在历史演义类大书中，这类书的开讲一般延续时日长，艺人们会使出多种技法来保持乡民的注意力；从书目内容入手，主要是两类技法：以细节和情节的细腻刻画诱发乡民一时的兴趣，而以历史脉络和格局的梳理来维持乡民长时间的关注。前者固然也包含了一些历史知识，但大多语焉不详，因此一些老到的艺人十分重视历史脉络和格局的补充交代。民初曹仁安在演述历史类评话时始终掌握一个原则：有书则说，无书则表。在每回书的开头，他先交代故事的时代背景和人物的来龙去脉，理出头绪之后，抓住某个关键历史人物及其在某一重大历史事件中的作为，组织成一个故事，然后抽丝剥茧，娓娓道

---

① 宗杰：《傍晚的农村》，《申报》1933 年 9 月 3 日第 21 版。
② 徐铸成：《六十年前的江南一小城》，徐铸成：《报海旧闻》，上海人民出版社 1981 年版，第 106 页。
③ 黄志良：《重续评弹情》，周良主编：《评弹艺术》第 38 集，2007 年，第 1 页。

来。引言式的背景交代尊重史实，不啻在进行历史授课。比如《东周列国志》的第一回书，他这样开头：

> 公元前 11 世纪，周武王姬发，灭掉商朝，创立周朝，建都镐京。镐京就是后来的陕西长安（今西安），历史上称为西周。到了公元前 770 年，周平王姬宣臼，为了避开犬戎的骚扰，迁都到雒邑。雒邑，在东汉改名雒阳，也就是现在的河南洛阳，称为东周。从此出现了诸侯争霸的局面，历史上称为春秋战国时期。①

依此书路，能够把曹仁安的《封神榜》《东周列国志》《吴越春秋》《隋唐》和《明末遗恨》听下来的乡民，几乎就掌握了大半部中国古代史。擅长《三国》的唐耿良说到诸葛亮借东风，穿插道："诸葛亮之所以会借东风，倒勿是他真的会借天上的东风，而是他平时懂得一点天文知识。所以，他算定那个辰光先是刮北风，然后而会起东风，因此，他才有把握'借'这个东风的。"② 这一讲解将历史与文化结合起来，既说明了诸葛亮的智慧，又向听众普及了科学知识。事实上，乡民的文化知识不少是从历史类大书和弹词中获得的。1904 年出生的陈虞孙回忆，儿时在江阴书场听《封神榜》，就有说书人解释"龙生九种"③。20 世纪 30 年代马如飞的再传弟子魏钰卿来到江南某小镇弹唱《珍珠塔》，顺便插白一段"小家碧玉"的典故。"小家碧玉"的表达，一般乡民也能明白，但此老不厌其详地推原其本：《古乐府》有"碧玉小家女，不敢攀高贵"，其中"不敢"其实是"不屑"的反语。乡人鸦雀无声，频频颔首。大概看到听众很有兴趣，他又从"碧玉破瓜时"开始解释"瓜"字：此字破开来是两个八字，二八一十六，十六岁的姑娘就叫"破瓜年华"；说"破瓜"就是破身完全是委曲原意，想入非非。魏钰卿觉得意犹未尽，又弹了两下弦子，接着补充：从前八八六十四岁，也叫"破瓜之年"④。

　　① 彭本乐：《评弹名家录》，周良主编：《演员口述历史及传记》，古吴轩出版社 2011 年版，第 154—155 页。

　　② 周继康：《小议评弹中的"穿插"》，苏州评弹研究会编：《评弹艺术》第 9 集，中国曲艺出版社 1988 年版，第 133—134 页。

　　③ 陈虞孙：《门外谈艺：评弹畅想篇》，苏州评弹研究会编：《评弹艺术》第 1 辑，中国曲艺出版社 1982 年版，第 11 页。

　　④ 顾锡东：《听书话旧录》（上），周良主编：《评弹艺术》第 30 集，2002 年，第 120 页。

向乡人传授历史文化知识，分寸不易把握。据魏钰卿的孙子说，魏氏晚年说书，穿插典故太多，有点"勒"；与马如飞相比，还有些距离：传说当年马氏听了知府丁日昌的"乡约"训谕，就能融会贯通于说书之中；其方法应该不会是照背原文，而是在穿插讲解中联系实际和现场发挥，所谓"随心变化，风生席上"，变化在脚本之所无，典故之所有，知识性、趣味性、生动性兼而有之。① 马如飞传奇是近代苏州评弹的艺术典范，兼具趣味性的知识传授后来便成为艺人们的追求。

不过，稍具个性的艺人始终将历史文化知识的传授作为乡村教化的重要使命，而不是一味讨好听众。据顾锡东回忆，20 世纪 30 年代郭少梅来到嘉善城厢镇开讲《东周列国志》：

> 登台第一回书，这位老先生文绉绉的背诵了一大段"庄公寤生，惊姜氏"的古文，然后在演绎故事中，不厌其烦引经据典解释"寤生"二字，批评一些私塾老师误解为"姜后困梦头里生儿子"，不对，应当是"产儿脚先出来，寤生者，逆生也"。如是等等。渐渐地台下听众打呵欠者有之，悄声说俏皮话"勿是进书场，来上学堂"者也有之。到第二天，上座虽未惨跌为"五台山"（五张台子三个听客），场子里不过寥寥二、三十个人，老先生倒反而高兴了，不媚俗，俗客淘汰，知音者留下……说到结束始终保持二、三十位老听客。我那时正在私塾囫囵吞枣念《左传》，舅舅好象（像）有意识地每天晚上带我到书场来补课……那时候我觉得说书先生真有学问。唱戏的不叫先生，只有说书的才配叫先生。②

在历史文化知识传授的意义上，评弹艺人堪称先生。

第二，社会伦理。《珍珠塔》唱本"为弹词中最脍炙人口者"③，近世以来在江南家喻户晓，人称"唱不坍的珍珠塔"。《珍珠塔》如此受欢迎的原因，从内容上看，主要是其集中反映了传统农业经济时代的社会伦理，尤其是其中的势利和反势利、因果报应等观念。缘于自身的社会地

① 顾锡东：《听书话旧录》（上），周良主编：《评弹艺术》第 30 集，2002 年，第 120 页。

② 顾锡东：《开书第一回》，苏州评弹研究会编：《评弹艺术》第 2 册，中国曲艺出版社1983 年版，第 2 页。

③ 陈汝衡：《说书小史》，第 35 页。

位，评弹艺人，特别是一些长年漂泊于乡村的艺人，对《珍珠塔》的思想主题感同身受。马如飞传奇中最励人心志之处就在于反势利，[①] 所以近代评弹家认为，马如飞整合了他耳闻目睹的势利人形象，艺术地塑造了书中一个个人物，成就了《珍珠塔》。[②] 尝遍世态炎凉的乡村艺人讥刺势利得心应手，也容易引起受教乡民的共鸣。出身于平湖的弹词家秦纪文1930年来到本县新仓镇演出。望着窗外的漫天大雪，想起多年来"受到地痞、流氓的欺凌和敲诈勒索"，他深有感触：

> "朱门酒肉臭、路有冻死骨"，富人美酒佳肴，红炉取暖，穷人沿门求乞、冻死雪中，有钱人对穷人施舍一点还是应该的，但是有些财主心肠真狠，非但不肯施舍，反而放出恶狗把穷人咬得鲜血直流，这就叫"为富不仁，不传子孙"。

恰巧台下有一位叫陈三的恶霸地主，对号入座，以为说书人在含沙射影，便在散场后寻衅滋事，秦纪文只得连夜离开。[③] 活生生的乡村生活生动诠释了正在瓦解中的地主制社会伦理；日常共同体为评弹艺人提供了表达伦理观念的不竭源泉。夏同善在《杨乃武与小白菜》一书中是个关键人物。[④] 为了演好此书，李仲康亲到夏的故乡乌镇采访。据乡人讲，夏家本清贫，同善幼时，读不起书，到锡箔店学生意，母亲在灯下拆除儿子衣服的所有口袋，以防止懵懂少年养成顺手牵羊的坏习惯。对这种"颇寓教化益世之意"的细节，李伯康如获至宝，便在说书时细加演绎和评说。[⑤]

　　第三，民族—国家观念。近代乡民囿于日常共同体视野，少有民族—国家意识，深入乡间的评弹在这里发挥着特别的作用："彼田夫野老闻操、莽而眦裂，听关、岳则起敬。其一片忠义之心得油然而激发者，非此之

---

① 仁：《马如飞轶事》，《上海生活》1939第3卷第6期。

② 徐玉泉：《艺人录》，周良主编：《演员口述历史及传记》，古吴轩出版社2011年版，第99页。

③ 秦纪文：《我的评弹生涯》，上海市政协文史委编：《上海文史资料选辑》第73辑，上海文史资料编辑部1993年版，第225页。

④ 19世纪70年代，刑部侍郎夏同善联络浙籍京官帮助杨乃武之姊为杨乃武申冤，使杨案最终得以昭雪。

⑤ 顾锡东：《开书第一回》，《评弹艺术》第2册，中国曲艺出版社1983年版，第7页。

功，其谁与归？"在此意义上，时人认为，评弹"虽称小技，然能深入人心，有裨世教"①。

精忠报国的观念多包含在评弹大书中，典型者如《岳传》。清末程鸿飞所说《岳传》因无业师传授，又与光裕社演员的脚本不同，被称为"野《岳传》"，但其演述别开生面，达至出神入化之境。他曾在常熟湖园书场开讲此书，说至华车阵中高冲战死，"听客竟有下泪者"。听客有诗云："抗金报国誓精志，屈指鸿飞说最工。赚得场中听客泪，华车阵里死高冲。"但这位听客另有一诗："冷门一部铁冠图，廿五年来说者无。莫怪此书难叫座，汉人头脑未模糊。"《铁冠图》评话是一部冷门书，之所以受冷落，据知情者称，民国时期一位吴姓艺人曾在常熟说过此书。此人说表极佳，角色亦好，起始卖座不错，后来逐渐下跌，以至听客寥寥，他只得剪书他去。知情者尝问一老听客："书艺极好，为何不听？"答曰："书说亡明兴满，倒尽汉人胃口，不愿听也。"②"不愿听"此类书是乡人民族意识的特殊表达方式。清朝统治者推行的民族征服和歧视政策，在江南社会留下了难以抹去的历史印痕，当说书人津津于"亡明兴满"话题时，不期然而唤回了他们痛楚的集体记忆，反而激发了他们的民族意识。教化从来都不是单向的；乡民意识的萌生是其既往生活经验与艺人演述交互作用的结果。

在20世纪近代民族—国家观念形成时期，除了精英—知识阶层利用报刊等近代传媒大肆宣传外，一部分乡村评弹艺人亦肩负起时代担当，将国家—民族意识杂糅于书路中，只不过囿于认识水平，还有一部分艺人们尚不能清晰地将忠君报国意识与近代民族—国家观念从性质上进行区分，并弘扬后者，引领近代思想潮流。这样的状况从一个侧面反映了乡村评弹教化的"非现代性"。

第四，审美情趣。审美情趣存在着群体差异。在近代江南乡村，质朴的共同体风情常常与低俗趣味并存。以听众为上帝的评弹艺人当然需要关注乡民的反馈，但反馈不是唯一的标准。有的乡民为了满足自己的庸俗趣味，会对艺人"做出不公平的消极反馈"，在这种情况下，有论者指出，

---

① 平襟霞：《光裕社同人建立纪念幢序》（1927年），周良编：《苏州评弹旧闻钞》（增补本），古吴轩出版社2006年版，第50页。

② 左畦：《书场杂咏》，苏州市评弹研究室1981年编印，第22页。

"艺术家应该与观众重建一种积极的反馈关系，而不能听命于观众的消极反馈而采取奉迎态度"①。据称，清末弹词演员田锦山善放噱头，每逢上台说书，听众笑声不断，但他的噱头大多是"粗俚的不健康的"，当时马如飞常劝田锦山：评弹"要影响世道人心的，要劝人为善祛邪归正"，不可太黄色。② 很多艺人深谙这其中的道理。1936 年冬天嘉善籍艺人夏荷生回故乡演出。施锡东回忆说：

> 听夏荷生说第一回书的印象，没有荒诞不经的离奇情节，没有低级趣味的庸俗噱头，其所描摹的普通市井平民生活，娓娓如诉家常，生活气息浓郁，说表生动，手面漂亮，善于掌握书中人物的动态特征，给予听众的形象感特别鲜明，益之以回肠荡气的夏调唱腔，的确是雅俗共赏、令人入迷的艺术享受。③

夏荷生的弹唱经历说明，乡民的审美情趣在一定意义是需要引导和培养的。当徐云志初创出"带有浓郁的江南民歌特色的新腔"——"徐调"时，起先在乡村码头试唱，乡下听众觉得"勿好听"，但同样是在江南乡间，也有老听客希望他不要老调重弹。何去何从？他选择了后者，"憋着一股劲在苏州一带的小书场"把新腔唱了下去，慢慢地，徐调流传开来，直至风靡江南。④ 乡村生活与艺术就这样相须甚殷：乡俗滋润着评弹，评弹反哺着乡俗。

从以上艺术教化过程，不难发现，苏州评弹艺人所再现的历史时空，对于近代江南乡民来说是比较陌生的，其间内含的教化元素也与他们的生活信仰和价值观念存在相当大的差异，然而，乡人却乐于了解那样的世界，并在很大程度上内化了其中的教化元素。这样的现象需要进入江南乡民的心理世界才能理解。

从 19 世纪 50 年代开始，伴随着资本主义经济势力的渗透，江南乡民

---

① 余秋雨：《观众心理学》，安徽文艺出版社 2014 年版，第 91 页。

② 徐玉泉：《艺人录》，周良主编：《演员口述历史及传记》，古吴轩出版社 2011 年版，第 83 页。

③ 顾锡东：《开书第一回》，苏州评弹研究会编：《评弹艺术》第 2 册，中国曲艺出版社 1983 年版，第 3 页。

④ 周景标：《徐云志的艺术道路》，苏州评弹研究会编：《评弹艺术》第 1 辑，中国曲艺出版社 1982 年版，第 160 页。

的日常生活不断变化。在这一过程中，乡民们常常充满迷茫和矛盾。一方面，社会变化给他们带来了谋生机会的增多和物质享用的增加，但精神生活却有些无处着落："新的物质文明的刺激来得太突兀，他们差不多要像弦一般的绷断了"；另一方面，变化意味着生活的无常，特别是在 20 世纪20 年代末世界资本主义危机波及中国后，乡村逐渐败落，生活困顿的江南乡民陷入了惧怕、苦闷和烦躁之中，"不得不找过去的传说来麻醉自己。顺着这个心理环境，说书人有了可惊的发达"①。在评弹艺人呈现的历史世界里，江南乡民似乎找到了他们的归宿：

> 白天的机械工作停止了，疲倦烦躁之余，他们到茶店里去听说书，过去的被压制着的憧憬又抬起头来了。黄巾之乱……瓦岗的好汉……梁山泊的强盗……唐伯虎的三笑姻缘……小方卿见姑娘……这一类充分地表现了农业社会情意生活，有荒凉，有机智，有儿女的温柔，这是他们熟识的生活，他们的父亲、祖父是这样生活过来，在不久以前他们还可以亲眼看到的。

原来，农业时代"优裕的生活，和平的梦想，浪漫的人情，还存留在他们的心里"。这不是一个人的感觉，而是江南乡村共同体的整体意象：都是"一式一样的人们，苦恼的，家庭褴褛的，愚笨的……互相认识的人"，一旦坐到茶馆书场，"日间的劳资纠纷，奇形怪状的男女们，汽车、机器、铁路，此刻都遥远了。眼前有的是完整的中古世纪的梦境——昏黄的灯，家庭似的听众，他们都陶醉于这一刻"②。乡民获得的这种"特殊的愉快"，是艺术与生活在特定历史条件下的碰撞，"说书可以给他们精神上艺术的刺激，而引起他们灵魂的共鸣"③。评弹的教化功能恰是在这种共鸣中实现的。

评弹艺人施行的乡村教化在近代文化日益光大的时代更多地显示出传统性。江南茶馆的乡民在欣赏说书艺术的同时，得到种种人生经验："公子小姐的恋爱方式，吴用式的阴谋诡计，君师主义的社会观，因果报应的

---

① 胡积蕊：《从说书讲到民众教育》，《民众园地》1932 年第 1 卷第 2 期。
② 胡积蕊：《从说书讲到民众教育》，《民众园地》1932 年第 1 卷第 2 期。
③ 蒋茂春：《说书在民众教育上之价值及其改进》，《昆华民众教育》1933 年第 3 卷第 6 期。

伦理观，江湖好汉的大块分金、大碗吃肉，超自然力的宰制人间，无法抵抗……也说不尽这许多，总之，那些人生经验是非现代的。"① 所谓"非现代"，表明评弹所展现的事件和生活"去时代太远"②，也不妨说，"这是时代的一个反动"。江南乡民"因为对于现实的生活太生疏了，感到情意无处顿放的苦闷，于是乞灵于空竦的武侠思想和不可能的迷信故事来麻醉自己，藉此在疲惫的现实生活里找一个慰情胜无的兴奋"③。

　　不过时人注意到，在"非现代的"评弹教化中，也不无民主性精华的闪烁。1935 年初沪宁路沿线一处乡村小码头正在表演评弹，开讲的是《英烈传》，弹唱的是《玉蜻蜓》。来自上海的恂子听后认为，《英烈传》不过是叙述明太祖开国的历史，"这种以杀戮为威的专制魔君，并无崇拜的价值！"但《玉蜻蜓》描写法华庵的尼姑"冲破了礼教的藩篱，得到性的满足，这在当初是何等大胆？……说金张氏在苏州有雌老虎的徽号，这在当初男性中心的社会里，不失为替女性扬眉吐气的一种豪举。所以我以为《玉蜻蜓》要是重新估价，委实比较不脱才子佳人窠臼的《落金扇》，和封建余孽的《珍珠塔》等等要高的多"④！当代论者在比较 20 世纪 30 年代宣卷本与弹词本的《玉蜻蜓》后指出，《玉蜻蜓》宣卷本"在劝善惩恶的同时，宣扬封建道德"，而弹词本以"很大篇幅讲张氏的故事，塑造了张氏在这个弹词中少有的妇女形象"，其"思想意义大有变化"⑤。

　　需要指出的是，无论就乡村评弹教化的整体，还是从某回、某部书的奏艺看，这些带有民主性思想的点点星火，并不能改变评弹教化的性质。事实上，上揭恂子也承认，他所听的《玉蜻蜓》和《英烈传》，"都十足带着封建色彩……自然逃不出时代的桎梏"⑥。就是被人们充分肯定的《玉蜻蜓》，"其糟粕部分也是明显的"，比如金贵升故事中的淫秽细节，浓重的迷信色彩，因果报应的宣传，等等。⑦ 而且，以生存为基本生活追求的

　　① 叶圣陶：《说书》，《叶圣陶集》第 5 卷，江苏教育出版社 1998 年版，第 381 页。

　　② 健帆：《弹词中的付丑》，《申报》1945 年 12 月 9 日第 4 版。

　　③ 胡积蕊：《从说书讲到民众教育》，《民众园地》1932 年第 1 卷第 2 期。

　　④ 恂子：《在乡下听书回来》，《申报》1935 年 1 月 29 日第 12 版。

　　⑤ 周良：《读书札记》，苏州评弹研究会编：《评弹艺术》第 9 集，中国曲艺出版社 1988 年版，第 73 页。

　　⑥ 恂子：《在乡下听书回来》，《申报》1935 年 1 月 29 日第 12 版。

　　⑦ 周良：《论弹词〈玉蜻蜓〉的思想意义》，周良：《论苏州评弹书目》，中国曲艺出版社 1990 年版，第 43—44 页。

江南乡民，一直沉溺于以重复性思维和实践为主导的日常生活领域之中，指望他们将这些民主性精华从整体评弹教化中剥离出来，自然是无法想象的。

2. 民间艺术的思想陶冶

与简单的思想输送不同，乡村评弹教化的特殊性在于：选择为乡民喜闻乐见的书目，凭借民间艺术的独特技艺，在轻松愉快的休闲生活氛围中对乡民进行思想的陶冶。

在近代江南乡村，娱乐生活相对缺乏，辛苦劳作的乡民平日里的"唯一寄托所即是到茶园去"，而"茶园的生命要素"即为评弹奏艺："雄壮的事，可使听众荡气回肠，有拔剑起舞之慨；细腻熨帖之处，柔肠寸寸，令人悠悠感叹之思。当其表演时，悲哀处，令人落泪；滑稽处，令人喷饭"[1]。乡民们或荡气回肠，或肝肠寸断的状态，显然不仅仅是身体的放松，也包括了思想的陶冶，是为评弹的乡村教化。这一过程突出显示了民间艺术的社会功能。

由时人看来，苏州评弹属于民众艺术。"说书取值廉而听众多，颇可引人入胜，实系民众文学之一种"[2]，或称"带有大众色彩的地方艺术"[3]。流行于近代江南乡村的"说因果"一味强化乡民的因果报应观念，其所弹唱的《珍珠塔》《借黄糠》等剧目，与一般弹词相类，也被称为"大众化的且富有苏州韵味的曲艺"[4]。从艺术的受众观察，"不同的艺术只是对应着不同的观众，因此一切艺术分歧其实是观众成分的分歧，一切艺术对峙其实是观众族群的对峙"[5]。作为民间艺术的评弹以此而对峙于精英艺术，"说书是民众的艺术，它是民众自己出产出来的。这和文人学士的作品，大人先生的宣传显然是不相混杂"[6] 的。唯其"不十分投士大夫阶级的所好，所以就被视为'雕虫小技'、'无足称道'的了。其实我们只要走进任何一处书场去看看那些听众，便可知道他的潜势力"[7]。一部分热衷于民众教育的知识精英在施教对象上特别欣赏评弹："民众是需要情调与艺术

---

① 蒋茂春：《说书在民众教育上之价值及其改进》，《昆华民众教育》1933 年第 3 卷第 6 期。
② 陈叔平：《改良说书我见》，《申报》1925 年 4 月 16 日第 12 版。
③ 恂子：《在乡下听书回来》，《申报》1935 年 1 月 29 日第 12 版。
④ 吴凤珍：《古城遗珠》，百花文艺出版社 1992 年版，第 138—139 页。
⑤ 余秋雨：《观众心理学》，第 9 页。
⑥ 胡积蕊：《从说书讲到民众教育》，《民众园地》1932 年第 1 卷第 2 期。
⑦ 顾郢：《说书先生》，《申报》1936 年 4 月 12 日，本埠增刊第 2 版。

打成一片的教育……在对民众宣传上，说书实是一桩值得注意的事情。戏剧，歌曲，文学对于民众的效能，在说书里都可以办到。"① 近代江南乡村的社会教化正依赖于评弹艺术"对于民众的效能"而得以实现。

针对民众的艺术教化在表达形式上必须是通俗的。纵观历史上文艺的变动趋势，清末肖佐清揭示了评弹的通俗特征："古人之诗以寓意，今人之词以言心，诗变词，词变曲，而曲忽变化为弹词，其义虽近于鄙俚，而其意则寓劝善惩恶，俾妇人竖子，有所闻见，易于通晓。"② 相比之下，与评弹并存于近代江南的昆曲，"仅颇有文学根基者可以谙之"，自然"知音绝少"，基本绝缘于乡民。苏州评弹则不然，"以其词句不失太雅，不失太俗，可以为大多数人所了解，且系边说边唱，即唱词不谙，亦无碍于明了故事之本身；更兼插科打诨，引人发笑，弦索叮咚，具有音乐感人之意，益使大众乐于欣赏之，弹词之所以历久不衰，至今仍拥有大量听众者以此"③。

乡村评弹的通俗性首在书目的普遍流行。三国故事在江南乡村妇孺皆知，评话《三国志》以其与乡民的既往知识结构和审美习惯相协调而颇受欢迎。但评弹界公认，"《三国志》一书，为评话中之最难开讲者"，难就难在书中人物若曹瞒、关公、刘备、张飞等，"虽三尺童子亦类能道言之。谚云：画鬼易，画犬难。盖犬则习见，而鬼物无睹也。唯其习见之物，欲求其神似则自非易为耳"④。评弹艺人在说这类书时，除了神似的表演外，为了帮助乡民理解人物，进行适当的通俗点评，尤为必要。民国艺人曹仁安擅说《吴越春秋》，此书在江南乡村耳熟能详。当他说完吴王夫差杀掉伍子胥后，乡民们常能听到类似的点评：齐桓公重耳和吴王夫差都是酒色之徒，但两者的命运却不一样；齐桓公把朝政托付给贤臣管仲，国家照样强盛，而吴王夫差既迷恋美女西施，又杀害忠良，必然是亡国丧命。一个淫而明，一个是昏而暗，故夫差不如重耳也。⑤ 这种点评，不仅仅为了引起乡民的兴趣，更重要的意义在于，跟着艺人的评骘，乡民获得了对历代君王治国理政的一种理解。这便是乡村教化。作为评弹艺人所常用的技

---

① 胡积蕊：《从说书讲到民众教育》，《民众园地》1932 年第 1 卷第 2 期。
② 肖佐清：《绣像六美图中外缘全传·序》（1904 年），周良编：《苏州评弹旧闻钞》（增补本），第 115 页。
③ 枫：《弹词在今日之地位》，《弹词画报》1941 年总第 37 期。
④ 思湖：《说书小评（31）》，《申报》1924 年 5 月 9 日，本埠增刊第 2 版。
⑤ 彭本乐：《评弹名家录》，周良主编：《演员口述历史及传记》，古吴轩出版社 2011 年版，第 154—155 页。

艺，叙述式"说表"的作用在这里就充分显示出来了。德国戏剧家布莱希特（B. Brecht，1898—1956）将类似的消消停停的戏剧称为"叙述体戏剧"。在这种叙述的气氛中，演员给予观众的是他对事件和有关角色的理解和想象，而观众的反应当然也不会仅仅是愤恨和同情了，更多的是思考。① 布莱希特之所以将其戏剧称为"教育戏剧"，正是因为其中内含着特殊的艺术教化方式。近代江南乡村评弹的流行性无疑增强了施教的社会效果。

辗转于江南乡村的评弹艺人所施行的教化又是便宜的。这首先表现为道具的简单：说大书的只需醒木一块，折扇一把；说小书的只用一个三弦，双档加上一个琵琶，"就可以到处表演了"②。评话家之纸扇，可谓"无上之工具"：关云长之大刀，黑旋风之板斧，诸葛亮之羽扇，皆可借助它表达出来。③ 此谓书坛基本技艺。民国常熟的评弹听众有言，"何家之刀，刀如闪电；钟家之枪，枪吐光芒。二家绝活也"④。其中"何"指何云飞，"钟"指钟士亮，他们全恃一扇表现历史血雨中的刀枪剑戟。弹词多状儿女，虽乐器简单，然描写之细腻，辞句之委婉，"较之小说名著，决无逊色"⑤。这对于绝大多数无法阅读"小说名著"的乡民来说，提供了一条接受教化的便捷途径。在近代江南乡村到处弹唱的《珍珠塔》，其基本主旨在于反势利。评弹艺人在表现这一主旨时，对于细节的细腻状描尤其用心。书中的陈翠娥听说表弟方卿来访，一副唱"道情"的穷道士打扮，料想必有蹊跷，下楼去见他呢还是不见他，踌躇再四，于是下了几级楼梯就回上去，上去了又走下几级来，这样上上下下有好多回，一回有一回的想头。这段情节在名手有好几天可以说。其时听众都异常兴奋，彼此猜测，有的说"今天陈小姐总该下楼梯了"，有的说"我看明天还得回上去呢"⑥。书说得细腻，乡民也有耐心，在耐心中体味势利。

乡村评弹艺人的便宜教化，既然在道具上非常简单，便在其他技法上别树一帜。"卖关子"几乎是所有评弹艺人的看家本领。儿时徐铸成民初

① 余秋雨：《观众心理学》，第 77—78 页。
② 徐铸成：《评弹忆昔》，徐铸戎：《旧闻杂忆》，辽宁教育出版社 2000 年版，第 256 页。
③ 陈汝衡：《说书小史》，第 62—63 页。
④ 左畸：《书场杂咏》，苏州市评弹研究室 1981 年编印，第 28 页。
⑤ 陈汝衡：《说书小史》，第 79 页。
⑥ 叶圣陶：《说书》，《叶圣陶集》第 5 卷，第 380 页。

在宜兴小镇听夏荷生说《描金凤》中的钱笃笃求雨，雨总也下不来。夏荷生可以把这"关子"拉上半个多月，观众的期待一天天地保持着，因为他不是故意拖长时间，而是十分细致地从各方面描写各色人等的情绪，官方的反应，以及钱氏本人的心理变化等等，直到最后一场大雨，"关子"戛然而止。《珍珠塔》中方卿二次见翠娥姑娘的故事，只发生在一天之内，可是说书人每回都要在结尾时造成一个余韵不尽的气氛，使乡民们欲罢不能，第二天再来听他"下回分解"。听众也觉得合情合理。① 卖关子其实就是通过情节的结构安排，设置悬念，以长时间地保持听众的注意力。说书人之魔力即在此："吸收听客之联续性，使听众念念不忘，非排日往听不可"，因而在某种程度上，它"较戏剧尤为深入人心"②。借助这种深入人心之力，江南乡民获得的某种观念在长时间强化中根深蒂固。

评弹的便宜教化也表现在"起脚色"上。所谓"起"，即状描，有如一般戏剧中的角色表演，表演时评弹艺人不必勾涂粉墨，可称便宜，但此技实"较伶人为尤难"，所谓三教九流以至各色人等，"说书人均须一一描摹仿效，社会上之诸腔百调在弹词中亦须习用"③。民国年间擅说《济公传》的虞文伯，人称"活济公"，他起济公脚色时，斗鸡眼似闭似睁，面颊颤抖，浑身抖动，一派佯狂之态。④ 当时黄异庵在江阴一龙书场说《西厢》，说到莺莺在花园遇到张生时，突然撒开手中折扇，以扇遮面，娇艳欲滴，溢彩流霞，把莺莺的微妙心理表达得妙不可言。⑤ 类似的脚色之起使乡民置身于极富审美情趣的氛围中。

"起脚色"欲求惊人，须擅"口中八技"。听书人回忆，1929 年在常熟浒浦听书，印象最深的是张震伯的杀猪口技，从猪被拖到架子上的挣扎声，刀进咽喉的惨叫声，放血时的呼号声，一直到奄奄一息断气声……叫得层次分明。⑥

————————

① 徐铸成：《评弹忆昔》，徐铸成：《旧闻杂忆》，辽宁教育出版社 2000 年版，第 257 页。

② 思湖：《说书小评（4）》，《申报》1924 年 3 月 10 日，增刊第 2 版。

③ 思湖：《说书小评（4）》，《申报》1924 年 3 月 10 日，增刊第 2 版。

④ 彭本乐：《书坛常青松——弹词艺术家陈希安的故事》，周良主编：《评弹艺术》第 38 集，2007 年，第 165 页。

⑤ 蒋诒谷：《来江阴演出的评弹响档》，江阴市政协文史委编：《江阴文史资料》第 13 辑，1992 年，第 80 页。

⑥ 艺堂：《乡镇上的会书》，苏州评弹研究会编：《评弹艺术》第 3 册，中国曲艺出版社 1984 年版，第 270 页。

苏州评弹从道具的极致利用，到悬念的用心设计，而脚色的惊人之起，在在充满戏剧元素，却非常便宜，所以有行家认为，说书是戏剧中"简单中之最简单者"①。然而，如此便宜的民间艺术，一点也不缺少打动听众的戏剧情感。活跃于民国乡村书场的艺人钟月樵回忆，排书《玉蜻蜓》时，老师对他说："你今天起金大娘娘这个角色，在台上你就是金大娘娘而不是钟月樵。今朝金大娘娘在做些什么，你就说什么。"②角色的感情体验于内，角色的表情显露于外，共同烘托出的戏剧情感深深感染着乡村民众。所谓评弹"声音之道最足感人"，此言不虚：评弹所涉"不出忠孝节义奸盗邪淫，怪力乱神等故事，说大书则口讲指画，描摩尽致，唱小书则弦索丁东、诙谐绝倒，故无论男女老幼乐于听书者多"③。膺有民国"码头老虎"之称的李仲康有一次在江阴弹唱《杨乃武与小白菜》，书场中突然有观众爆出粗口："断命女人，还不说真情！"原来听众完全入戏了。④在这种意义上，戏剧学家根据"雄辩的事实"断言："中外戏剧史上任何一位真正的大师，在当时当地观念的接受程度上，没有一个比得上流行艺人。"⑤

3. 乡村民众的生活感知

在化育乡民的诸般技艺中，评弹艺人所依凭的不仅仅有上述所谓艺术技法，更具价值的是，作为灵间艺人，他们时时将乡村生活元素纳入自己的说唱书路，从而使乡民在感知生活的同时，感知评弹所展现的他者世界及其艺人的导向。这些摄取于乡村生活的元素大致有：

其一"乡谈"。乡谈者，乡俚腔调也。评弹的表白，除书中正角的自白需用京音或国语外，基本以吴音表达。在方言中，"吴音则其中之尤富于地方色彩者"⑥。据称，苏州评弹原本全是官话，无土话；至晚清咸（丰）光（绪）年间，评弹名家姚士章始"改说土话，所以听众特别欢迎"⑦。与国语大相径庭的吴音，对江南乡人来说，让人尤感亲切。蒋云仙以善用各地

①　胡积蕊：《从说书讲到民众教育》，《民众园地》1932 年第 1 卷第 2 期。
②　钟月樵：《我的艺术生涯》，常熟政协文史委：《常熟文史》第 21 集，1993 年，第 46 页。
③　饭牛翁：《论说书宜改良》，《小说新报》1932 年第 8 卷第 7 期。
④　张玉红：《"码头老虎"李仲康》，傅菊蓉主编：《评弹艺术》第 49 集，2014 年，第 184 页。
⑤　余秋雨：《观众心理学》，第 111 页。
⑥　陈汝衡：《说书小史》，第 82 页。
⑦　徐玉泉：《艺人录》，周良主编：《演员口述历史及传记》，古吴轩出版社 2011 年版，第 77 页。

乡谈而著称。她演常熟佣人王妈，用常熟土语，很多对话应用拖音——因为出外帮佣的常熟人大多来自乡下，夹杂着乡间土语和拖音。王妈一出场、一说话，一个将军府活生生的常熟女佣就呈现在乡民面前。[1] 在苏州评弹中，乡谈的应用涉及江南及周边地区为多。如师爷一般说绍兴话，知县一般说扬州话，书童一般说无锡话。诸如此类的乡谈在长期的艺术实践中逐渐固定下来，衍为程式。[2] 程式化的乡谈表白，在评弹艺人是一种技法，在乡民则成为生活的演绎，一种家长里短的自然表达，一种乡音无改的海外奇谈。教化便镶嵌在这些生活化的表白中。

其二乡闻。正书之外，插叙一些乡间生活琐闻或地方传说等，为许多乡村艺人所乐用，所谓插科打诨，说明这种插叙的目的在于增加乡民的趣味。但书界有言，"说书内书易，说书外书难"。清末民初常熟书家王季臣尤擅说书外书，凡古今谐趣、时事新风、人情世态，随口而出，说得轻松隽永，令人回味无穷。后人有诗赞："书内之书犹易说，说超书外便难纯。此中绝活伊谁最，独有虞山王季臣。"[3] 插科之难不在于其艺术技巧，而在于即时撷取贴切的生活事件，引导乡民通过艺人的穿插，认识熟视无睹的日常生活意义，而教化之功便显于其中。在民国江南乡村流传的马如飞传奇中，马氏的穿插本事为乡人一再传说，其中之一发生在宝山罗店镇：

> 镇上每逢新岁，有很盛的所谓马灯举行（就叫出马灯），须从元旦到元宵每夜游行；茶馆的主人也都聘了说书先生奏艺娱客，作为点缀新年的有兴事件……在某年的新岁里，那对邻的茶馆也请到一位说书先生，就是马如飞。他登坛的第一晚，说书未久，正当神气渐来的时候，忽然喧闹的锣鼓声愈传愈近；满厅的茶客都知道是马灯来了，一窝蜂地出厅沿街看灯。厅上剩那独据书坛的马君留着，他不免大为扫兴，没奈何也只得点（踮）起了脚跟，随众瞻仰一下门外马灯的盛况，觉得果然是"灯会处处会出，各有巧妙不同"。经过长时间会才走尽，茶客纷纷返座，意中都好似吃了熊掌，回头来等候吃鱼的模

---

① 胡蕴蕾：《听蒋云仙弹唱〈啼笑姻缘〉的感受》，苏州评弹研究会编：《评弹艺术》第10集，中国曲艺出版社1989年版，第92页。

② 黄茂忠：《浅说"乡谈"》，苏州评弹研究会编：《评弹艺术》第12集，新华出版社1991年版，第56页。

③ 左畹：《书场杂咏》，苏州市评弹研究室1981年编印，第6页。

样。不料马君反不急急于续说那横遭剪断的书，却是理三弦，扫喉
嗓，重来开篇的一篇"马灯赋"像熟读着一般的背唱出来，把刚才门
前经过的灯会里行列和杂陈的百戏，自头至尾依次描叙，毫无颠倒脱
落，而且有声有色。听众就都反觉得刚才过的灯会是像鱼的滋味，而
这时听到的灯会赋是像熊掌了。在唱一句喝一个满堂彩声中，开篇
完。而说书规定的时间也已过了。①

　　我们不知道"马灯赋"的具体内容，但乡民们的不断喝彩，足以说明
这一穿插的教化功效：马如飞按照自己对于"出马灯"的理解，有效引导
着乡民如何认识这一民间艺术。在这里，马如飞理解马灯的内涵和方式其
实并不重要，重要的是，这样的穿插代表了特定时代评弹艺人对于乡民的
教化过程。事实上，有些艺人的穿插反映了他们浓厚的传统意识。据称，
常熟评弹名家朱兰庵和朱菊庵昆仲"个性怪癖，有较浓厚的封建意识"：
在说《西厢记》时，如果听客中有女性或和尚，便用各种戏谑之词加以讽
刺，务使女客、和尚离去方罢。② 这类对他人修剪式的穿插即所谓"扦
讲"。由此可见评弹艺人的传统意识对近代乡民观念的特殊影响力。

　　其三乡情。弹唱正书之先，理弦吟唱若干句韵文，谓之开篇。许多开
篇多即时依托乡景抒发乡情，以激发乡民的共同体意识。以唱述开篇享负
盛名的马如飞献艺常熟浒浦，便有《彭家桥》之作。该作生动描述了春季
鱼汛期间乡村生活的繁荣景象，他所提及的"潘公茂""孙裕通"等大商
号，让彭家桥人倍感亲切和自豪。③ 支塘小镇位于常熟东南，风景绮丽，
古迹众多，香烟缭绕。清咸丰年间，马如飞来到镇上的芝溪书场弹唱《珍
珠塔》，下书台后漫游古镇，即编出一段开篇，题为《支塘风景歌》：

　　　　昔日之川大不同，出入湖漕田舍翁。东胜桥边多热闹，都是买卖
　　小本营。藩王府相对茶蓬子，混杂无非尽牧童。苏家堰一带渔家乐，
　　山歌唱彻小桥东。风和日丽长桥望，帆影倒插绿波中。明因古刹多遗

---

① 易生：《记一个天才的弹词家》，《申报》1934 年 10 月 3 日第 13 版。
② 顾鸿希等：《常熟评弹史话》，常熟市政协文史委编：《常熟文史资料选辑》下，上海社会
科学院出版社 2009 年版，第 777 页。
③ 罗汾庆、胡振青主编：《浒浦志》（内部资料），1991 年，第 257—258 页。按，浒浦通称
"彭家桥"。

迹，唐幢巍巍立其中。城隍庙、玉皇宫，判官皂隶立西东。五路土地
对面坐，捐旗太保劈居中。西门街道多冷落，忽听得褒寺传来撞晚
钟。书院学子埋头读，早贵原藏早桂中。真静庵尼真真静，寺旁独建
小寺通。碾砣桥横跨城河上，可惜是南沙城堞影无踪。顾祠尝原系孝
子祠，青松翠柏绿丛丛。楼台亭榭多古雅，石船前列水当中。游人走
出仙人洞，小桥栏上漆朱红。南楼坐镇南街口，上供关羽楼阁中。芦
塘迂回藏宿雁，全赖南桥一路通。盐铁塘中声嘈杂，欸乃声声逆面
逢。观音堂旧址云庄墅，小溪缭绕紫藤中。而今夷作田园地，无边麦
浪绿葱葱。虹桥本是当铺造，"源远流长"在其中。集贤桥架盐铁塘，
层层石级巧玲珑。石桥弄对西弄口，十字街道四路通。大街来往人相
济，无非是熙熙攘攘闹哄哄。今古沧桑真变幻，世间人事尽无穷。①

历史与现实的交接，自然与人文的融汇，一个外乡的艺人让长年生活
此间的人们顿生沧桑之感，而在一般正书中乡人则不易有这样的切身
体会。

对艺人来说，让乡人感知生活并不是一件手到拈来的事情，因为许多
艺人来自外乡，或许还是外乡的城里人，对一方共同体并不十分熟悉，要
想获得合适的带有"文眼"的地方话题，唯一的方法就是深入体察民众社
会。清末民初张云亭的书艺之所以高超，得益于他的爱逛街的习惯。他无
论去哪个码头演出，有空便四处游转。时而与人攀谈，时而驻足观望，因
而熟悉了各地的风土人情，掌握了众多俚俗语言，并将这些生活感知融入
演出之中。② 当然，只要有心，到处都会发现艺术的原料。严雪亭为了使
自己的方言运用更为熟练逼真，在上海家中雇用了一位绍兴籍保姆，利用
日常向她学习绍兴话，因此他口中的"绍兴师爷"连绍兴乡人也竖起大拇
指："像呱像呱。"③

苏州评弹毕竟是一种地方性极强的艺术形式，艺人绝大多数都源自水

---

① 王加、陆涵树主编：《支塘镇志》，古吴轩出版社 1994 年版，第 334 页。

② 彭本乐：《评弹名家录》，周良主编：《演员口述历史及传记》，古吴轩出版社 2011 年版，
第 144 页。

③ 刘宗英：《弹词名家严雪亭》，昆山政协文史征集委：《昆山文史》第 6 辑，1987 年，第
111 页；夏镇华：《书坛点将录》，陆坚心、完颜绍元编：《20 世纪上海文史资料文库》，上海书店
出版社 1999 年版，第 284 页。

乡江南，地域生活的相似性给艺人的乡村教化带来了某种方便。具体地说，它方便于艺人的移情。《描金凤》中"踏勘"一回书涉及一个江南乡村——小林庄的生活，张鉴庭很自信地说："对小林庄的乡邻我全熟悉"，因为他从清末就生活在无锡乡下，村上有十九户人家，门前一条河，边上一个竹园。在他的想象中，小林庄就和故乡一样：也是那么多人家，也是那样"各式各样的"乡邻。① 另外的一个方便是，苏州评弹中的不少书目涉及江南，尤其弹词，有大段的"苏州书"。比如《玉蜻蜓》《描金凤》《大红袍》《白蛇传》《双金锭》《三笑》等，主要的故事都在江南展开。所以评弹艺人大凡说到江南以外的地方，常作粗线条处理，而对江南的种种，则往往作深描细说。例如《白蛇传》里的轧神仙、赏中秋，《玉蜻蜓》中的里巷门及其城门埠头的设置等，"都合于当时的社会实际，它们被组织到弹词里来"②。与地方风物融为一体的苏州评弹非常有利于乡民的生活感知和艺人的生活教化。

4. 日常共同体的舆论互动

外在的教化只有通过一定范围内的舆论互动，经过受众能动的思想周转过程，才能最终内化为乡民的生活意识。近代江南乡村的舆论互动过程是在日常共同体中进行的。

在近代江南乡村，听书以日常共同体为单位，市镇上的茶馆书场成为共同体的中心，周边村落的农民"从四面八方纷纷摇船前来听书"③。为了招揽听众，有些场东有"喊场子"的习惯。后来成为中共领袖的陈云，民初还是孩子的时候生活于青浦练塘镇，每天上午的一件乐事，就是跟着长春园书场的伙计听他喊场。伙计捎着写有当天书目及艺人姓名的木牌，敲着小锣，在整个镇子兜一圈。④ 评话名家曹汉昌回忆起 20 世纪 20 年代初在常熟的说书生涯时，也提到"喊场子"。常熟东塘市书场夜场时，场东从书场门口喊起："开……书……哉！"边喊边走，喊完七点左右，"不听

---

① 张鉴庭：《说〈踏勘〉的体会》，苏州评弹研究会编：《评弹艺术》第 3 册，中国曲艺出版社 1984 年版，第 77 页。

② 沈宁：《苏州评弹与吴地风物制度》，周良主编：《评弹艺术》第 21 集，江苏文艺出版社 1997 年版，第 162 页。

③ 夏镇华：《书坛点将录》，陆坚心、完颜绍元编：《20 世纪上海文史资料文库》，上海书店出版社 1999 年版，第 284 页。

④ 《陈云同志与评弹界交往实录》，周良主编：《评弹艺术》第 19 集，江苏文艺出版社 1996 年版，第 1 页。

书的当他（它）钟用，上床睡觉了"。在常熟梅里，夜场听众大都是镇上的居民，来时很多带着灯笼，挂在书场门口的竹头上。散场时，亮晶晶的灯笼排成串，走成行，远看很好看。① 乡村共同体生活因为评弹的展演而生动起来。

当某位响档奏艺于共同体时，周边乡民也会被吸引过来。以弹奏《玉蜻蜓》《白蛇传》闻名江南的清末弹词名家田少山，一次在常熟梅李镇畅园书场演出时，正赶上春节，一连客满了一个月，梅李附近的浒浦、先生桥、周泾口甚至更远的老吴市听众都纷纷慕名而来。② 1946 年 6 月严雪亭在平湖银都书场说唱时，四乡八镇的乡民或徒步或摇船，远道前来，可容纳七百多人的场子几无插足之隙。③ 在这种场合，共同体之间的交往大大扩展了。评弹的教化过程就在日常共同体内部和周边展开。

作为民间艺术，评弹教化涉及的受众之广是一般艺术达不到的。俞明笔下的小镇书场听众在民国年代的江南乡村颇具代表性：

> 老农们戴着毡帽，带着从腰间垂到脚背的青布战裙，手执旱烟筒，兴冲冲地直奔茶馆书场……米、鱼两业人员忙碌了一个早市……到浴室洗个澡，洗去一身鱼腥气，然后到茶馆书场听书，捧把茶壶不停地往皮囊中灌茶，这便是"皮包水"。他们是书场最忠实的听众，天天听，成年累月地听，听一辈子的书。镇上的财主乡绅、商家老板，闲得发慌的太太、奶奶、闺房千金和游荡公子、中小学教员、机关职员，等等，都好此道，其时并无其他娱乐手段，书场带给他们无限的乐趣。④

至近代，江南乡村除中老年男性常客外，传统上素与评弹少缘的人群也踏进了书场。在常熟，"士绅向不听书"，但清末邑人朱寄庵始创《西厢记》弹词，别出心裁，响遍江南。乡绅们慕其才名，相率前往听书，书场

---

① 曹汉昌：《书坛烟云录》，江苏省曲艺家协会编：《评弹艺术》第 13 集，新华出版社 1993 年版，第 122—123 页。

② 金声伯：《田少山趣事》，周良主编：《评弹艺术》第 18 集，江苏文艺出版社 1996 年版，第 204 页。

③ 吴永胜：《弹词名家严雪亭先生年表（1913 年—1983 年）》，苏州地方志编纂委员会、苏州市档案局：《苏州史志资料选辑》第 18 辑，1991 年，第 161 页。

④ 俞明：《评弹人家》，古吴轩出版社 2004 年版，第 17—18 页。

"门前停留轿子有十三乘之多"①。放下身价的乡绅与茶馆书场的普通听众为伍，在一定意义上左右着乡村教化的方向。而乡村妇女的参与则加强了乡村教化的广泛性。本来村妇是不允许进入"人员混杂"的书场的，迄至民国，江阴澄江镇的一些中老年妇女，也来听书了。② 据从小爱听书的陈虞孙回忆，民初澄江镇的二侯祠书场"设妇女茶座"，最初来的是镇上乡绅家一些"比较开通的老太太"③。20 世纪 40 年代，吴江盛泽的周德华每天"放学以后先要到书场里去孵一孵，大致还可以听到半回书"。孩子听书是免费的，只能在旁侧或背后墙壁的角落里，所谓"听㩁壁书"④。在文化传递的意义上，儿童实际上成为延续乡村教化的一个环节。

评弹教化一方面是艺人对乡民的灌输，更重要的是共同体成员的内部互动。"妇孺老妪，牧童佃夫，虽不识字，而于新粟登场之后，豆棚瓜架之下，津津谈野史轶事，满口胡诌，其所谈所本，无一不出于弹词。"⑤ 评弹票友是互动中的重要角色。民国时期在无锡严家桥小镇：

> 有些年轻女书迷，如李玉英、程丽霞、李小玉等，从听一档《大红袍》入门，一发而不可收拾，也几乎每档、每场必到；回到家还把刚听来的回书转述给邻居亲友听，且乐此不疲。还有一位书迷沈宝琪女士，她不仅是书场常客，而且背得出许多"开篇"，如《金陵十二钗》；她还能把《乔太守乱点鸳鸯谱》中的"判词"背得滚瓜烂熟，一字不漏，令人叹绝。她本是一位热心讲书家，开讲《三国》、《水浒》、《红楼梦》、《西游记》、《聊斋》等，得心应手，老中青听众都爱听，尤其在夏季傍晚在石桥头（居民习惯称严家桥）乘凉时，许多青少年听众总是围着她转。⑥

① 左畸：《书场杂咏》，苏州市评弹研究室 1981 年编印，第 6 页。

② 蒋诒谷：《来江阴演出的评弹响档》，江阴市政协文史委：《江阴文史资料》第 13 辑，1992 年，第 80 页。

③ 陈虞孙：《门外谈艺：评弹畅想篇》，苏州评弹研究会编：《评弹艺术》第 1 辑，中国曲艺出版社 1982 年版，第 10 页。

④ 周德华：《听㩁壁书》，吴江政协文史委：《吴江风情》，天津科学技术出版社 1993 年版，第 109 页。

⑤ 张静庐：《中国小说史大纲》，（上海）泰东图书局 1921 年版，第 60 页。

⑥ 李树勋主编：《小镇春秋——无锡严家桥史话》，方志出版社 2004 年版，第 249—250 页。

清末民国时期，形形色色的舆论空间遍布江南乡间，而在夏夜最活跃，桥头、祠庙、村肆、公园、学校、晒场甚至院落等都是这样的空间。茶馆书场的教化在这里以另一种方式得到延展。1947 年盛夏在故乡宜兴作客的徐铸成嗅到了大杂院"特殊的风味"：

> 各家吃完了晚饭，就先后把竹床搬到了院子里，乘凉往往到深夜。我的曾祖母闲着没事，还有几位年长的老婆婆，也喜欢听讲书，总找一位曾做过私塾老师的堂伯来"讲书"，廊檐下放一个破茶几儿，点上一盏油灯，他就凑近火光，"唱"起来了。①

少年时的陈云还把从书场里听到的故事，像说书先生一样有声有色地讲给同学听，什么杀赃官、救百姓，景阳冈武松打虎，岳飞精忠报国，等等，同学们听得津津有味。② 评弹教化便是在这种舆论的互动中实现的。

5. 乡村书场的教化改良

进入 20 世纪，特别是南京国民政府建立后，在现代民众教育运动的潮流中，苏州评弹的教化问题引起了社会精英的关注。一部分人建议，"茶馆中本有之说书则可废之"③，特别在乡村，人们希望采取一种"爽爽快快的"办法："由当地教育机关，公安当局，严厉的查禁各茶馆开唱，犯者处罚。"④ 持这种态度的主要理由是，评弹所传播的思想观念污染了乡民教化：

> 一种无意思的说部，它的数据，是怎么妖怪斗法呀，移山倒海呀，王母娘娘，元世天真呀，以及私定终身后花园、落难公子中状元等一类充满着封建思想的废话。说的人，又是信口开河，捕风捉影，说到那（哪）里，是那（哪）里，只顾吸引了听众，赚了钱就是，那（哪）里来管你。这种光怪陆离的胡言乱语，人们听了，会发生绝大

---

① 徐铸成：《六十年前的江南一小城》，徐铸成：《报海旧闻》，上海人民出版社 1981 年版，第 106 页。
② 《陈云同志与评弹界交往实录》，周良主编：《评弹艺术》第 19 集，江苏文艺出版社 1996 年版，第 2 页。
③ 雅焜：《论茶馆当改革》，《申报》1921 年 2 月 11 日第 21 版。
④ 王士本：《乡村社会小茶馆里的因果书》，《申报》1932 年 10 月 27 日，本埠增刊第 3 版。

的不良影响，为害非浅呢！即是一般听众，因其是无智识的，头脑简单，所以也不知有怎么利害，竟视这种痴人说梦的因果书，为一种良好的娱乐，更把他胡诌的不经之谈，当作一种正确的有历史价值的历史事迹，听了之后，牢牢记在心上。"国家弄到这样，非出一个真命天子，不会太平"，"东洋人打进来，不怕的，我们有王母娘娘，黎山老母……来剪灭他的"，像这一类胡言，都是听了那种不良的因果书后，所得的恶劣的影响，唉！这种因果书的毒，真利（厉）害啊，不但麻醉得一般平民，智识愈弄愈糟，更且泯灭了他们的革命思想、民族思想。这种因果书，是一种深入民间的社会教育，他的力量，非常伟大，一般无智识的平民的灵智，被他泯灭，还把种种不良的影像，潜移默化，深深地，牢牢的打入他们的心田。①

乡村茶馆书场里的书目显然不只有"因果书"，但其中的毒素则是反对者所不能容忍的："社会上从来所通行的种种唱书曲子虽属很多，然大都是卑鄙的恶劣的迷信的神话式的，甚至诲淫的。而且是千篇一律的。换句话说就是实在有益的少有害的多……现今乡村民间风俗之坏可算全由于此。"②

尽管如此，作为深入民间的社会教育，评弹对乡民影响之大却是人们无法否认的。因此另一部分知识人认为，在当时的历史条件下，这样的民众教育仍然有其存在的必要："教育未能发达，不识字的多。这是有目者所共知的了……想来想去，觉得有一件东西到还可以利用作改良风俗、开通民智的好工具。这个工具是什么？就是乡僻都通行的说书与唱书……因为这两种东西无论乡愚流氓几乎无一个不喜欢听听或说说的，而且勉强能看的也属不少。"③ 这是一种适合乡村生活现实的教化。另外，乡村民众"处在那寂寞的乡镇上，本来感觉到没有怎么正当的娱乐来可供消遣"，一旦有了这种容易了解的评弹，"也正视为唯一的绝妙的一种娱乐了"④。其"绝妙"之处应该蕴含着教化，换句话说，评弹"对于世故人情，兴亡得

---

① 王士本：《乡村社会小茶馆里的因果书》，《申报》1932 年 10 月 27 日，本埠增刊第 3 版。
② 高庆陆：《改良说书唱书之提议》，《申报》1924 年 5 月 30 日第 17 版。
③ 高庆陆：《改良说书唱书之提议》，《申报》1924 年 5 月 30 日第 17 版。
④ 王士本：《乡村社会小茶馆里的因果书》，《申报》1932 年 10 月 27 日，本埠增刊第 3 版。

失，借镜不少，自较别种娱乐高尚而获益"①。其教化之功在乡村尤其明显："惟在乡镇小邑，除听书外，并无其他娱乐，说书人深入民间，颇被重视，登台献艺，将古比今，劝忠教孝，确有宣扬文化之功。"② 基于此，人们对于评弹教化渐渐形成倾向性的意见：不应消极地否定，而当积极地改良，借以"针砭末俗，匡正人心"③，"灌施一种智识于听众"，则其"收效必较其他之教授法为宏"④。可以这么认为，乡村书场的教化改良是时代使然。

至其改良的具体方法，主要集中于两方面：第一，对于说书脚本的改编。评弹教化的"非现代性"最主要地表现在脚本内容的传统性，因而教化的改良首在改良内容。于是，民国前期的一些知识人就如何改良说书脚本建议尤多：

> 由教育公安机关，会同责令说书的，把脚本预先送来，登记检查，关于迷信的、淫秽的、怪诞的资料概行削去，不准开唱。另由教育局编就合于时代的、简单的、革命历史说部，内容务要含有常识、兴趣、艺术等原理，发给他们演唱，以便平民们听了，无形中一新耳目，得到相当的智识。灵智逐渐的开通了，民族思想、革命原理都藉此得以了解。⑤

20 世纪 40 年代沦陷时期，中共领导下的"苏州县人民抗日自卫会"于 1941 年农历春节前，向所属各乡镇发布要求评弹改革的通令：

> 废历元旦在即，各茶社向有邀请弹词之例，本系民间正当娱乐，惟内容十九缺乏革命精神，不特与抗建无助，且有助长封建之虑，仰各茶社须着弹词者向各该地教育股进行登记谈话，俾尽量削去封建遗毒，参插抗建材料，并广为宣传，以尽天职，望勿故违。⑥

---

① 陶赓虞：《书坛偶忆》，《申报》1938 年 12 月 19 日第 15 版。
② 东峰：《书德与书品》，（常熟）《夜报》1948 年 9 月 27 日第 2 版。
③ 陈叔平：《改良说书我见》，《申报》1925 年 4 月 16 日第 12 版。
④ 思：《说书琐弹》，《申报》1927 年 4 月 29 日，本埠增刊第 2 版。
⑤ 王士本：《乡村社会小茶馆里的因果书》，《申报》1932 年 10 月 27 日，本埠增刊第 3 版。
⑥ 《苏州〔县〕人民抗日自卫会通令》（1941 年），见周良编《苏州评弹旧闻钞》（增补本），第 139 页。

抗日民主政权的评弹改良更强调民族革命的时代使命，要求说书人"尽量削去封建遗毒，参插抗建材料"，在教化过程中注重渗透革命精神，从民族运动的意义上说，这样的精神毋宁也是一种现代精神。

第二，对于说书过程的组织规训。近代苏州评弹艺人在江南乡村的书场演出活动，在总体上受到苏州光裕社和润裕社等行业组织的约束。鉴于此，1925 年有知识人提议，借助团体的力量"竭力提倡整顿改良"：

> 当择目前切要之时事，如贿选与战祸两大事实以及风俗之不良、社会之奢侈等等，一一为之讲解，藉以唤醒痴愚。以随时加插科，佐以诙谐，必使听者自忘其倦，感化于不知不觉之中，以收无形之效果。此实胜于无趣味之通俗演讲。其演说资料可采取于本报之常识及平民周刊，或择各报上讽刺诙谐滑稽之材料亦可。

在行业组织的规训下，人们相信，经过改良的说书，在当时可以"提高说书之品格改良"，在将来，"风俗之善良、社会之进步，必咸颂说书之功"①。

光裕社的说书改良也得到政府的支持。1927 年，江苏省驻沪宣传部"嘱本社书中劝导愚民，赞助宣传"。为使改良取得长期效果，1928 年 6 月苏州市、吴县公安局为对于光裕社利用说书"感化乡民"的改良举动加以肯定，并勒碑以警示"不法子弟"：若"不遵先贤遗训，有乖宣传宗旨者，理合斥逐出社，取消凭、执二证书，或登报声明"②。

在政府（政权）、团体、艺人以及知识人的倡议和支持下，经过改良的乡村说书出现了新的面貌。一些新书目让乡人耳目一新。20 世纪 40 年代艺人周天涯受上海连台本戏京剧《山东马永贞》以及露兰春等名角名票竞演《阎瑞生》《劝吃喝嫖赌吸》之类新剧目的启发，以丰富史料为基础，创作了新书目《山东马永贞》40 回。在青浦朱家角演出后，受到听众们的一致好评。③ 在苏州、常熟交界处的阳澄湖地区，1939 年江南抗日

---

① 吴守拙：《提倡改良说书之我见》，《申报》1925 年 4 月 16 日第 12 版。
② 《苏州市、吴县公安局为光裕社利用说书时间阐明先贤遗训感化乡民准予备案保护碑》（1928 年 6 月 17 日），见周良编《苏州评弹旧闻钞》（增补本），第 63 页。
③ 邓兆铭：《记评弹艺人周天涯》，苏州市地方志编纂委员会、苏州市政协文史委：《苏州史志资料选辑》第 34 集，2008 年下，第 261 页。

义勇军东进后，积极宣传抗日主张。中共地下党创编了具有时代特色的弹词开篇，其中《送郎出征》《讨汪逆》等书目旨在教育群众认清汪精卫之流的丑恶面目，鼓励人民积极抗日保家。①

在政府（政权）主导下的说书改良也得到艺人的响应。本以"遵前贤遗训，以忠孝节义劝人"的光裕社艺人，自民国政府提倡评弹"改革以来，书中每加劝乡民识字读书、戒烟赌嗜好、急纳税还租，尽力引导，闻者咸生乐趣，易于感化"②。抗日民主政权要求改良评弹的特别通令一出，即得到评弹艺人的响应。时有以演说《英烈》而著名的评话演员张鸿声在吴县唐市、湘城等地演出时，即穿插了不少支持抗战、反对汉奸的噱头。一次他即兴创作了一个噱头："刚才诸位听了《白蛇传》，很同情白娘娘，我也有同感，只怪法海没人性。不过大家阿晓得法海姓啥？我告诉诸位，法海姓周，叫周法海。他的兄弟就叫周佛海。"③ 在日伪猖獗的年代，经常往来于城乡的艺人敢于如此大胆地讥讽汉奸，需要的不仅是勇气，更有一种不辱民众教育使命的时代担当。

---

① 苏迷：《一份关于评弹改革的特别通令》，《苏州日报》2013 年 9 月 20 日第 3 版。

② 《苏州市、吴县公安局为光裕社利用说书时间阐明先贤遗训感化乡民准予备案保护碑》（1928 年 6 月 17 日），见周良编《苏州评弹旧闻钞》（增补本），第 63 页。

③ 王汝刚：《我的笑作坊》，上海文化出版社 2012 年版，第 184 页。

第 八 章

乡民观念的表达与存续

面对"新文化史"标举的"实践史学"①旗帜，关注民众观念的社会史学者并不觉得突兀，因为他们一直在进行着这样的实践。民众观念藏诸实际生活过程中，社会史学者便循迹进入了民众日常世界。原本这是不得已而为之：精英思想史研究者可以进行文本分析，而普通民众提供不了文本，社会史学者自然指望不上。然而，多样的地方生活为民众观念的探究昭示了别样的路径：在民间生活实践中揭示观念的表达与存续机理。在这里，我们分别以江苏宜兴梁祝故事的流布和浙江上虞曹娥故事的流布为案例，来说明相关问题。

第一节　乡民观念的地方表达

梁祝故事产生于江南，流布于全国乃至东南亚，而以浙江上虞和江苏宜兴最为著名和集中。学者们几乎一致地认为，梁祝故事的巨大影响力在于其内含鲜明的异端思想，诸如反封建性，以及相应的人民性，等等。②从历史学的角度，毫无疑问地，这是民众观念史。史学的生命在于史实；当我们反向思考问题时，很容易发现，为这一观念史提供支撑的是所谓

---

① "实践"是新文化史的口号之一，英国史家伯克（Peter Burke）认为，实践史学"应当研究宗教实践的历史而不是神学的历史，应当研究说话的历史而不是语言的历史，应当研究科学实验的历史而不是科学理论的历史。"参见［英］彼得·伯克《什么是文化史》，蔡玉辉译，北京大学出版社 2009 年版，第 67 页。

② 何其芳的看法及其表达是经典性的：梁山伯祝英台故事反映了封建社会青年男女婚姻自由的要求，并且预言了这种要求最后一定会得到胜利（《关于梁山伯祝英台故事》，《人民日报》1951 年 3 月 18 日第 5 版）。谭先达的看法及其表达是流行性的："英台她对封建婚姻作了有力反抗，这传说暴露了封建礼教吃人的罪恶"（《梁祝传说的渊源变考》，周静书主编：《梁祝文化大观》学术论文卷，中华书局 2000 年版，第 235 页）。

"梁祝故事"，而在一般人眼里，故事云者，一段民间传说而已。问题来了：传说有时间刻度吗？传说能作为思想史的素材吗？如果能，梁祝故事以怎样的方式反映了怎样的民众观念史？所有这些，都是民众观念史研究必须面对的基本问题。

一　观念表达的地方资源

梁祝故事的主体部分就是传说，而"传说有其中心点"，日本民俗学家柳田国男认为，这是传说的一个重要特点：

> 传说的核心，必有纪念物。无论楼台庙宇，寺社庵观，也无论是陵丘墓冢，宅门户院，总有个灵光的圣址，信仰的靶的，也可谓之传说之花坛，发源的故地，成为一个中心。①

"中心点"其实就是"灵异的圣址"，或者叫作依附点。这一现象突出表明了民间传说的地方特性。在梁祝故事中，最初出现、也是最重要的依附点是"碧鲜庵"，祝英台读书的地方。从唐梁载言《十道四蕃言》可以推断，这一依附点至迟在初唐就有了：宜兴善卷（权）山南，上有石刻曰：祝英台读书处。②

第二个依附点"祝陵"，最早出现于晚唐。唐大中十年（856）进士李郢有诗云："祝陵有酒清若空。"③ 从清乾隆《国山碑考》所附"国山图"（见下页附图），可见"祝陵"及其与"碧鲜庵"的关系。④

---

① ［日］柳田国南：《传说论》，连湘译，中国民间文艺出版社1985年版，第26页。

② 从王海琴、路晓农《史实、传说、风物与宜兴"梁祝"》（见宜兴政协学习和文史委员会、宜兴市华夏梁祝文化研究会：《宜兴梁祝文化——论文集》，方志出版社2004年版）可知，梁载言《十道四蕃言》失传，但1935年金寿楣《阳羡奇观》（现由韩其楼收藏）有引用。按，（1）梁载言，唐武则天统治时（690—705）时人。（2）宋《太平寰宇记》："善卷洞在宜兴县国山南，即祝英台故宅也"，此处称"故宅"。据潘树辰、施惠等《宜兴荆溪县新志》（清光绪八年，1882年刻本）卷1：（善权）"山有碧鲜岩，为祝英台故宅，后改为寺，俗称善权寺"，又卷9："碧鲜坛，本祝英台读书宅，在碧鲜岩。"综上，祝英台故宅，即"祝英台读书宅"，或"祝英台读书处"，又称"碧鲜庵"，或"碧鲜坛"，位于善权山之碧鲜岩，后改为"善权寺"。

③ 李郢：《阳羡春歌》，《全唐诗》卷590，中华书局1960年版，第6846页。按，此句前后有：石亭梅花落如积，玉薜斓斑竹姑赤。祝陵有酒清若空，煮糯蒸鱼作寒食。

④ 吴骞：《国山碑考》，吴氏拜经楼丛书本，清乾隆丙午年（1786）刻本。按，清乾隆《江南通志》（扬州广陵书社影印乾隆二年重修本，1987年）卷31："祝英台读书处俗呼为'祝陵'"，不确。

第三个依附点是"祝陵村"。清道光邵金彪"祝英台小传"：善权"寺前里许，村名祝陵"①；应是由墓名衍生而来。② 从"国山图"可以看出村落的大体位置。

图 8-1 宜兴国山图

资料来源：吴骞：《国山碑考》，吴氏拜经楼丛书本，清乾隆丙午年（1786）刻本。

---

① 潘树辰、施惠等：《宜兴荆溪县新志》卷9。按，邵金彪，清道光时人。
② 宜兴歌谣《唱祝陵》："祝英台玉体殉知己，感天动地举国惊。谢安洒泪奏皇上，敕封义女建墓陵。由此祝陵村名传，落叶归根在山村。"见《宜兴梁祝文化——史料与传说》，方志出版社2003年版，第297页。

上述依附点与梁祝故事的关联在邵金彪"祝英台小传"中有完整的记载，大体分为两个片断：

> 祝英台小字九娘，上虞富家女。生无兄弟，才貌双绝。父母欲为择偶，英台曰："儿当外出游学，得贤士事之耳。"因易男装，改称九官。遇会稽梁山伯，亦游学，遂与偕至义（宜）兴善权山之碧鲜岩，筑庵读书，同居同宿。三年而梁不知为女子。临别梁，（祝）约曰："某月日可相访，将告父母，以妹妻君。"实则以身许之也。梁自以家贫，羞涩畏行，遂至愆期。父母以英台字马氏子。后梁为鄞令，过祝家询九官。家僮曰："吾家但有九娘，无九官也。"梁惊悟，以同学之谊乞一见。英台罗扇遮面出，侧身一揖而已。梁悔念成疾卒，遗言葬清道山下。

以上片断可称为"生前共学"，下一片断为"身后化蝶"：

> 明年，英台将归马氏，命舟子迂道过其处。至则风涛大作，舟遂停泊。英台乃造梁墓前，失声恸哭，地忽开裂，坠入茔中。绣裙绮襦，化蝶飞去。①

　　一般情况下，依附点的存在增加传说的可信度，但宜兴梁祝故事的依附点却让人将信将疑。因为传说中的某些情节过于生硬，比如，英台的墓地在哪里？"小传"不是明确地说英台"堕入（山伯）茔中"吗？也就是说，梁祝合葬于鄞县城西清道山下。如此说来，宜兴哪儿来的祝陵呢？吴骞《桃溪客语》就有疑问："今善权山下有祝陵，相传以为祝英台墓……然英台一女子，何得称陵，此尤可疑者也。"②从邵文的逻辑，或许可以解释成：英台曾与山伯在善权寺共读过，有个衣冠冢之类的亦在情理之中，因为仅是个纪念的所在，僭称为陵无非民间随意为之，示以仰止罢了；③祝陵附近成村，那是非常自然的。

----

①　潘树辰、施惠等：《宜兴荆溪县新志》卷9。
②　吴骞：《桃溪客语》卷1。桃溪，善权寺附近张渚之别称。
③　根据杨宽的研究，汉魏至南北朝，陵亦可"出于民间流传的俗称"。杨宽：《中国古代陵寝制度史研究》，上海人民出版社2003年版，第237页。

　　另外，"碧鲜庵"真是梁祝共读的地方吗？这也生硬而可疑。如果是，上虞和会稽的一对小儿女会来宜兴读书吗？宜兴人坚称：确实来过的，因为地方文献明记着，但地方文献同时也有怀疑。南宋《咸淳毗陵志》考《善权寺记》后提出一说：南朝齐武帝（483—493）赎买英台旧产建寺，那英台"意必有人，第恐非女子耳"①。意即，此祝英台非彼祝英台。清吴骞《桃溪客语》持说相类："似有其人，特恐非女子耳。"不是上虞女子祝英台，会是谁呢？吴骞的意见是："祝英台当亦尔时一重臣，死即葬宅旁，而墓或逾制，故称曰陵。碧鲜庵乃其平日读书之地"，此祝英台乃"尔时一重臣"，与宜兴民间流行的"傀妆化蝶"之祝英台"名氏相符，遂相牵合；所谓俗语不实，流为丹青者欤"②？事情变成这样：祝英台作为一个中介符号，让宜兴的耆老变成了上虞的小女生。

　　这从根本上推翻了梁祝牧事发生在宜兴的基础，当然是宜兴人万万不能接受的。为了使梁祝的宜兴读书更合情理，一部分人给梁祝改变了籍贯。明代冯梦龙云：

> 　　祝英台，常州义（宜）兴人氏，自小通书好学。闻余杭文风最盛，欲往游学……祷毕出门，自称祝九舍人，遇个朋友，是个苏州人氏，叫做梁山伯，与他（余杭）同馆读书，甚相爱重，结为兄弟。③

　　英台成了宜兴人，又产生了另外的问题：两人共读于余杭，自然跟宜兴无涉。这样，善权山与梁祝故事相关的所有依附点同时失去了价值。没有了依附点，故事的可信度大打折扣，所以宜兴人宁愿相信邵金彪叙述的故事，而对吴骞等人的"祝英台当亦尔时一重臣"之说置若罔闻。依附点之于民间传说的重要性由此可见一斑。

　　宜兴后来的民间故事中有一种做法颇为彻底，将梁祝的籍贯落到了天上，说两人原是西天王母身边的侍奉童女，朝夕相处，日久生情，因为疏忽了职守，被王母娘娘发落下凡，投胎到国山（宜兴）县：侍女来到祝家

---

　　① 史能之：《咸淳毗陵志》卷27。
　　② 吴骞：《桃溪客语》卷2。
　　③ 冯梦龙：《喻世明言》，岳麓书社2016年版，第271—272页。按，石史《仙踪记略续录》（清光绪七年刻本）存《梁山伯祝英台》文，所称梁祝籍贯与冯梦龙同：东晋宁康间，吴郡梁山伯与国山祝英台同学三年，不知祝乃女子，结为兄弟，寝食与俱。

庄，侍童来到梁家庄。① 后来两人在哪里读书？祝家庄怎么变成了祝陵村？一切没了下文：他们只关心梁祝的籍贯，而不关心籍贯与依附点之间的逻辑关系。口传者一心要使梁祝与宜兴发生关系，或者说，要让梁祝变成他们宜兴的。其实，依附点与梁祝故事是否存在真实的关系并不重要，重要的是，宜兴使依附点与梁祝故事发生了关系这一事实本身，即是说，梁祝故事在宜兴流布过。

依附点不是孤立的点，它们构成共同体的要素，形成一个文化空间。② 祝陵村人对这个空间了如指掌，他们生息其中，年复一年，通过彼此之间不断的沟通，一种充满认同感和归属感的共同体意识在其间潜滋暗长。梁祝故事的传承不过是人们进行沟通的媒介，许多情况下，口传故事常常就在说明身边依附点的来历，这让他们倍感亲切，依附点成了共同体关系的黏合剂。善权寺的山山水水早就存在于共同体之中，当它们与梁祝人物勾连在一起的时候，就变得神圣起来，成为风物清嘉的所在。依附点不断活化梁祝的命运；人们一直在叙说，也一直表达着自己的思想。柳田国男的话是有道理的：

> 生在当地，长在本乡的男女老少，众位乡亲，所共同信仰与传诵下来的东西，无论如何不能是毫无内容、空洞无物的。这一点，我们可以由多数的传说以某一神社为核心向四外扩展着，或总是讲了一些与特殊尊贵的人物有关的事迹，而得到证实。看来，这是当时侍奉神明者或至尊至贵的人所持的一种严肃而恭敬的思想之反映。③

因此从起源上可以说，梁祝故事不过是一个共同体传说，能够说明共同体的历史，表达共同体的意识，换言之，这是民众观念的地方表达。然而，故事渐渐地扩展至共同体之外，被整个地域——江南社会其他共同体的人们所传承，梁祝随之成了地域共享人物，因为梁祝故事也可以用来表

---

① 宗震名：《梁祝下凡国山县》（1978 年口述），见《宜兴梁祝文化——史料与传说》，第272—275 页。

② 根据乌丙安的观察，祝陵村附近已经形成一个以梁祝口头传承为主体的、不停顿地用多种形式重复展演梁祝文化遗存的文化圈，是为"文化空间"，它并不仅指某（几）个地点，而是作为一个民间文化表达的整体范围。乌丙安：《"梁祝"口头遗产与"梁祝"文化空间——以宜兴"梁祝"文化传承为例》，见《宜兴梁祝文化——论文集》，第55—56 页。

③ ［日］柳田国南：《传说论》，第46 页。

达他们的思想和信仰；表达的空间由此从共同体扩展为江南地域。梁祝故事的江南扩张表明，在祝陵共同体意识中存在着可以为其他共同体所借鉴、利用和发挥的思想元素，或者从整个地域的角度说，江南社会文化圈存在着某些同质的一般思想元素。地域的一般源于共同体的特殊；梁祝故事的依附点集中在善权寺—祝陵村附近，这里为我们钩沉江南民众的一般思想元素提供了方便。

善权寺在宜兴之南五十里的离墨山，始建于南朝齐武帝时。在佛教的影响下，江南人的脾性渐渐改变。明人陈公益为善权寺新建之圆通阁作题记云：

> 宜兴于今吴分也，吴人轻生好勇，而奉佛尤谨。故释氏之教盛行。民有不惧王法而惧祸福之说者。岂其习然耶？……宗庙之中，未施敬而民敬；墟墓之间，未施哀而民哀。物固有感通之理，是阁之建，将使闻者生敬，敬者生悟，潜消剽悍之习，转为笃厚之归。独不在兹乎？①

祸福之说，就是"因果缘报"，是佛教的世界观；其生命轮回的人生观依附于善权寺的"三生堂"而流播。清乾隆《江南通志》卷45：三生堂，乃唐司空李蠙、宋宰相李纲、学士李曾伯祠；柱联云：一姓转身三宰相，三生造寺一因缘。② 因缘轮回为置身其中的普通民众所解悟。

很清楚，梁祝故事就诞生于这样一个佛光闪烁的圣地。可是人们对其中包含的儒家礼教与反礼教成分特别感兴趣——这是应该的，因为其中确有这样的成分；也有人注意它与其他民间故事（诗）的关系，比如，与南朝乐府《华山畿》的关系——这也是一个思路，或许它们之间确实存在着某种联系；③

---

① 陈公益：《圆通阁记》，沈敕：《荆溪外纪》，明嘉靖二十四年（1545）刻本。

② 三人曾在善权山碧鲜庵读书，后皆官至宰相；相传其为前后转世而生。

③ 宋郭茂倩《乐府诗集》引《古今乐录》有南朝宋少帝时（423—424）"华山畿"的故事："南徐一士子，从华山畿往云阳，见客舍有女子，年十八九。悦之无因，遂感心疾。母问其故，具以启母，母为至华山寻访。见女，具说，女闻感之。因脱蔽膝，令母密置其席下，卧之当己。少日果瘥。忽举席见蔽膝而抱持，遂吞食而死。气欲绝，谓母曰：'葬时，车载从华山度。'母从其意。比至女门，牛不肯前，打拍不动。女曰：'且待须臾。'装点沐浴，既而出，歌曰：'华山畿，君既为侬死，独活为谁施！欢若见怜时，棺木为侬开。'棺应声开。女遂入棺。家人叩打，无如之何，乃合葬，呼曰神女冢。"胡适在《白话文学史》（安徽教育出版社1999年版，第77—78页）中解释：南徐州治在现今的丹徒县，云阳在现今的丹阳县。华山大概即是丹阳之南的花山，今属高淳县。宜兴与此地很近，很可能受到了华山畿的影响。郑振铎也说，梁祝故事"也许便是从《华山畿》的故事里演变而成为这个故事的。"见《海燕·蝴蝶的文学》，郑振铎：《郑振铎全集》第6卷，花山文艺出版社1998年版，第182页。

令人奇怪的地方在于，至今极少有人思考过梁祝故事与佛教的可能性联系。[1]

"梁祝化蝶"沾染着明显的佛意——此生的一对情侣变成了来世的一双蝴蝶，这转换不是生命的轮回吗？而且是符合佛理逻辑的转换：在人道，他们确有"邪淫"之业的造作，于是在生命的轮回中从人道来到畜生道，由善道堕入了恶道。善良的人们当然不肯将这轮回观贯彻到梁祝身上：各种各样的传说从不提这善（道）恶（道）之别，而极力渲染蝴蝶的自由、洁净、恩爱。在这里，民众观念是自由的，各种理论元素为他们所选择。选择就意味着删减和融汇，从而创造出符合其价值观的拼盘。对于蝴蝶，人们不再纠缠他们的属性，只称其为精魂。[2] 灵魂不灭，这是自古以来的民间原始信仰，佛教也有所谓"无没"——历劫生死流转，永不灭坏。两种信仰几乎无须转换，浑然一体于民众观念之中。

在交代梁祝前世的宜兴民间故事中，王母娘娘似乎也受到释尊的影响，她说："把侍女和侍童推落到祝家庄和梁家庄，降生人间，让他俩经历磨难，能否正果回天，就看他们的作为和造化了。"[3] 在这里，王母娘娘被当地民众绑架了；实际应该说，王母娘娘与民众一道被佛陀绑架了。

佛教深入民间，对民众生活"最活跃最直接的影响为轮回转生之说"，另一方面，林语堂注意到，它还"替一般在俗的善男信女开辟了一条情感上的出路……它使得妇女们的礼教束缚不似前此之严密而较为可耐。妇人之常喜光顾庙宇，其心比之男性为热切，盖即出于天然的情感上之需要，

---

① 笔者仅在叶聚森《六朝宜兴梁祝传说产生的时代背景》（《宜兴梁祝文化——论文集》）中发现了一段隐约的意思：超脱今生的苦难，追求灵魂的永生或羽化登仙，这种宗教思想同梁祝死后的精魂化蝶，似乎存在着某种渊源关系。或许，我们能从这种关系里，寻找到梁祝化蝶的某种思想脚注。

② 在《蝴蝶的文学》中郑振铎指出：蝶，被东方人视为较接近于美丽女性的东西，"又常被视为人的鬼魂的显化，梁祝故事似也有些受这个通俗的观念的感发。"这里所谓"通俗的观念"，其实就是民众的一般信仰。在宜兴农历三月二十八日的蝶节上，午时有一对大蝶比翼飞向蝶亭，观蝶百姓说，那就是梁祝的精魂。民众的这一信仰由士大夫们写了下来。南宋薛季宣《游祝陵善权洞诗》中有"蝶舞凝山魄"句，是比较早的视蝴蝶为梁祝之魂的文字。后人相袭此说。明彭大翼《山堂肆考》卷 266（上海古籍出版社 1992 年版）："俗传大蝶必成双，乃梁山伯、祝英台之魂。"清宜兴人任映垣《祝英台读书台》（清唐仲冕等《重刊荆溪县志》，清嘉庆二年刻本）："红紫秋花泯露开，读书台畔一徘徊。早逢木叶萧萧下，何处吟魂冉冉来。粉蝶双飞还似舞，罗裙五色未全灰。壁间剩有相思句，拂藓搜寻哪记回。"清邵金彪"祝英台小传"："山中杜鹃花发时，辄有大蝶双飞不散，俗传是两人之精魂，今称大彩蝶尚谓祝英台云。"

③ 宗震名：《梁祝下凡国山县》（1978 年口述）。

俾领略领略户外生活……因此每月朔望或胜时佳节，姑娘太太们在深闺里十几天前就在焦急地巴望着了"①。从东晋句容人葛洪（284—364）《抱朴子》中，人们发现，在梁祝生活时代的前后，江南女子似乎已经获得了这样"一条情感上的出路"：

> 今俗妇女，休其蚕织之业，废其玄紞之务，不绩其麻，市也婆娑，舍中馈之事，修周旋之好。更相从诣，之适亲戚，承星举火，不已于行。多将侍从，炜晔盈路。婢使吏卒，错杂如市。寻道褒谲，可憎可恶！或宿于他门，或冒夜而返。游戏佛寺，观视鱼畋。登高临水。出境庆吊。开车褰帏，周章城邑。杯觞路酌，弦歌行奏，转相高尚，习非成俗。②

了解了江南女子的实际生活状态及其与佛教的关系，对于祝英台出门游学行为的合理解释，便有了一条思路，一条从故事诞生的时空出发的路子。之前，不少人热衷于从传统文献中胪列"女扮男装"事例，以建立起与梁祝故事的逻辑关系，并以此佐证梁祝故事，但在地方性主宰日常生活的时代，这样的关系有多少真实性是颇值得怀疑的。

普通民众的思想就是这样的游离与飘忽，支撑其思想的素材又处处露出破绽，对此，固定证据就成了揭示民众思想特征的一个关键途径。说是固定证据，其实是固定证据提供者——口传者及其地方生活空间，而在这一点上，民众又是最容易确定的：他们占据的地方，就是他们思想产生的空间，体现思想的素材也来自这个空间——"日常生活总是在个人的直接环境中发生并与之相关"③。民众观念主要是通过地方来表达的。

二　民众观念的历史脉络

观念有关人的意识，时间脉络不明显，而民众观念的历史印痕更浅些。精英思想总是与特定的思想者相关联，思想者生活的时代已经告知了我们很多。民众不同，他们以错杂的群体面目出现，涉及的时间跨度

---

① 林语堂：《吾国与吾民》，群言出版社 2010 年版，第 110 页。
② 葛洪：《抱朴子》外篇"疾谬"。
③ ［匈］阿格妮丝·赫勒：《日常生活》，衣俊卿译，重庆出版社 1990 年版，第 7 页。

长，牵涉的人物不特定，蹲守的地方社会常常又不太在意时间，在这种情况下寻找民众观念的演变脉络，可以依赖的主要依据就是支撑民众观念的素材了。梁祝故事没有明确的历史线索，这在意料之中，而且，其间不少的史实乖舛、牵强附会的解释还使人有时间错乱的感觉。细想之下，事情的本来面目就是如此。当以传说为主要成分的梁祝故事成为民众观念的支撑时，时间的错乱是注定要出现的，因为在长达千百年的时间里，那么多有着不同心思的人在传承它，或者说参与了故事的再创作。这就是传说：流动的！流动了数千年的梁祝故事已然成了经典，从艺术的眼光看，经典常常摆脱了"速朽性因素"，正如莎士比亚的成熟作品，由于突破时空限制，不受历史掣肘，所以"长时间地留存于世"①。这样看来，作为经典的梁祝故事本身，以其艺术的性格总是趋向游离于时空之外。

然而，我们需要注意的是，作为历史素材的梁祝故事不仅仅是传说，还包括文献和实迹。传说中的实迹（依附点）让我们发现了民众观念突出的地方特性，而通过传说与文献（主要是地方史志）的比勘，民众观念的历史脉络隐约可见。

首先是梁祝故事流布的年代和地点。确定这个问题的直接证据两条，一条在宋张津《乾道四明图经》中：

> 义妇冢，即梁山伯祝英台同葬之地也。在（鄞）县西十里欢迎院之后，有庙存焉。旧记谓二人少尝同学，等到三年，而山伯初不知英台为女也。

张津紧接着按称："《十道四蕃言》云：义妇祝英台与梁山伯同冢，即其事也。"②《十道四蕃言》是初唐的作品，梁祝故事的流布应当认定为在此之前。之前到何时呢？

另一条证据是明徐树丕的《识小录》："梁祝事异矣，《金楼子》及《会稽异闻》皆载之。"《金楼子》为南朝梁元帝所作，不见原文，《会稽异闻》亦无考，但钱南扬相信其真实性，并判断：梁祝故事托始于晋末，

---

① 余秋雨：《艺术创造论》，上海教育出版社 2005 年版，第 18 页。
② 张津：《乾道四明图经》卷 2 "鄞县"，中华书局 1990 年版。

约在西历 400 年光景，当然，故事的起源无论如何不会在西历 400 年之前，至梁元帝采入《金楼子》，中间相距约 150 年。所以这个故事的发生，就在这 150 年中间了。① 这个推断大致不离。如果对光绪年间出版的《仙踪记略续录》等材料分析，可以得到更具体的年代：梁祝情事发生于东晋宁康（373—375）间，后，谢安奏封义冢；② 谢安（320—385），东晋孝武帝时（373—396）时位至宰相。结论：梁祝传说发生于公元 375 年稍后。然而，这最早的流布地不在宜兴，而在会稽。③

接着是梁祝故事在宜兴开始流布的年代。迄今为止，有关这个问题的明显线索在南宋《咸淳毗陵志》中："昔有诗云：蝴蝶满园飞不见，碧鲜空有读书坛；俗传英台本女子，幼与梁山伯共学，后化为蝶。"④ 这里把"共学"与"化蝶"两个主要片断都讲到了。作者既追"昔"日，想来远早于南宋咸淳年间（1265—1274）；读到南宋薛季宣（1134—1173）的《游祝陵善权洞诗》，可以将"昔日"前推至南宋初年的乾道九年（1173）前，其诗上阕云：

> 万古英台面，云泉响珮环。练衣归洞府，香雨落人间。蝶舞凝山魄，花开想玉颜。几如禅观适，游鲂戏澄湾。⑤

将其中的"玉颜""练衣""英台""蝶舞""山魂"等词相连缀，差不多就是"英台化蝶"故事的雏形了。"身后化蝶"的片断是以"生前共学"作为前提的，即可以说，完整的梁祝故事开始流布于宜兴的年代不会晚于南宋初年。还会比这更早吗？没有材料证明，倒是有与之相反的材料。晚唐张读的《宣室志》明言梁、祝为会稽人：

---

①　钱南扬：《祝英台故事叙论》，《民俗周刊》1930 年总第 93、94、95 期合刊。

②　石史：《仙踪记略续录》，清光绪七年刻本。

③　莫高《浙江梁祝传说流变考察记》提出几点理由：（1）全国几乎 90% 的梁祝传说，都称祝英台是上虞人；（2）上奏朝廷的谢安与祝英台同乡；（3）历代上虞县志都将祝英台列为上虞人；（4）上虞尚有祝家庄、祝家祠堂等遗迹。见周静书主编《梁祝文化大观》（学术论文卷），第 343—344 页。按，谢安籍贯为陈郡阳夏（今河南太康），梁祝情事发生时，应是寓居会稽，所谓与祝英台同乡，当理解为同处一地。

④　史能之：《咸淳毗陵志》卷 27，清嘉庆二十五年（1820）刊本，成文出版社 1983 年影印版。按：此志撰于南宋咸淳四年，即 1268 年。

⑤　见阮升基等《重刊宜兴县旧志》卷 9，清嘉庆二年（1797）刻本。

　　英台，上虞祝氏女，伪为男装游学，与会稽梁山伯者同肄业；山伯，字处仁。祝先归，二年，山伯访之，方知其为女子，怅然如有所失。告其父母求聘，而祝已字马氏子矣。山伯后为鄞令，病死，葬鄞城西。祝适马氏，舟过墓所，风涛不能进，问知有山伯墓，祝登号恸，地忽自裂陷，祝氏遂并埋焉。晋丞相谢安奏表其墓曰：义妇冢。①

　　其中的梁、祝跟宜兴还是没有关系，也就是说，直至晚唐，宜兴还不曾流传梁祝故事，准确地说，还不曾有故事中的"生前共学"片断。"生前共学"之说且没有，遑及"身后化蝶"了。可是至南宋初年，两个片断却完整了。据此情形，大体可以推断：唐宋之际梁祝故事在宜兴逐渐流传开来。

　　历史的脉络有时代节点，表明显的转变；有长期演变，表稳定的过程；民众观念史的变化轨迹尤其表现为后者。梁祝故事的两个片断，在江南两个流布点先后起源，构成两个时代节点，在两个节点之间和之外，则是长时段的演变过程。

　　两个节点之间，即东晋宁康至唐宋之际是第一个长时段，梁祝故事从会稽流布到宜兴，或者说，宜兴在移植"共学"片断的同时，又创造了"化蝶"片断。两个片断在宜兴的合成，不妨看作对佛教与民间信仰的整合。在唐代大司空李蠙于咸通八年（867）的状奏里，我们发现，善权佛寺里竟有一块龙王的地盘：

　　　　山上有九斗坛，颇谓灵异，每准赦令，祭名山大川，即差官致奠，凡有水旱，祈祷无不响应……洞门对斋堂厨库，似非人境。洞内常有云气升腾，云是龙神所居之处。臣太和（827—836）中在此习业，亲见白龙于洞中腾出，以为雷雨。②

　　龙王的信仰由来已久，官府承认，百姓深信，似乎牢不可破；在善权

　　①　翟灏：《通俗编》卷37，清乾隆十六年翟氏无不宜斋刻本。按，张读，晚唐人，约生活于834—882年。
　　②　李蠙：《请自出俸钱收赎善权寺事奏》，阮升基等：《增修宜兴县旧志》卷10，清嘉庆二年（1797）刻本。

寺前："良田极多，皆是此水灌溉。时旱水小，百姓将水车于洞中车水，车声才发，雨即旋降。"[1] 善权寺对民间神祇的容纳，其实是佛教的世俗化和地方化过程，"这个过程主要是在东晋南朝，在江南开始的"[2]，并一直延续。同一过程的另一方面是，地方信仰佛教化了。实际的过程充满颉颃，这其中既有上层政治的干预，更重要的是地方社会的选择，善权寺的命运随之沉浮：

> 会昌中（841—846）毁废寺宇（按，善权寺）之后，为一河阴院官钟离简之所买。宣宗（847—858）却许修崇佛寺，简之便于寺内所居堂前，造一逆修坟，以绝百姓收赎建立之路。其茔才成，忽见一大赤蛇，长数丈，据于坟前。简之惊悸成疾，遂卒于此。子息亦固吝，寺前良田竟葬简之于其间。万古灵迹，今成茔域，乡村痛愤，不敢申论，往来惊嗟，无不叹息……今以古迹灵境，恐游玩喧哗，居人亵渎，胗螽无依，神祇失所，尚令官中收赎，复置寺宇。岂有此灵异古迹兼是名山大川之薮，今为墓田，理交不可……今（867）请自出俸钱，依元（原）买价收赎，访名僧主持教化，同力却造，成善权寺。[3]

当梁祝故事在唐宋之际出现的时候，时人也许觉得这是一个自然而然的过程，却无法想象这是数百年来儒家意识形态、民间信仰与外来佛教反复斗争的产物。

唐宋之际宜兴版梁祝故事产生之后，悠悠千年，又一长时段。故事的两个片断合璧于宜兴，此后基本定型，一直到民国终结。不同时代、不同地域的人们将之改编成曲艺、戏剧、小说、歌谣，等等，当然还有古老的传说，一遍遍地传承，每一个传承者都可以从中找到相关元素，借以抒发内心的爱憎，表达自己的价值观。千年的故事常传常新，历久弥新，这当然跟故事本身相关，但更重要的原因在于，情爱是人类永恒的话题，而她与传统社会普通民众的心灵更为契合，特别是与传统江南社会的民众。这

---

① 李蟠：《请自出俸钱收赎善权寺事奏》，阮升基等：《增修宜兴县旧志》卷10，清嘉庆二年（1797）刻本。

② 严耀中：《江南佛教史》，上海人民出版社2000年版，第107页。

③ 李蟠：《请自出俸钱收赎善权寺事奏》，阮升基等：《增修宜兴县旧志》卷10，清嘉庆二年（1797）刻本。

个传统久而厚：从汉唐到宋元，而明清，而民国；经济中心从北而南完全转移；从生计方式到生活形态，而社会阶层及其流动，而宗族世界及其治理，都未发生过太大的改变，更无论生态环境。梁祝故事因此成了传统社会的经典。单看佛教影响下的江南女子生活状态，明末清初与东晋葛洪时代何其相似：

> 我们吴越的妇女，终日游山玩水，入寺拜僧，倚门立户，看戏赴社，把一个花容粉面，任你千人看，万人瞧。他还要批评男人的长短，谈笑过路的美丑，再不晓得爱惜自家头脸。[1]

如此漫长的岁月里，多少朝代更迭连同战争与和平，多少精英沉浮连同思想荣枯，都难以影响生活于社会底层的民众，他们依旧春耕冬藏，共话桑麻，不宠无惊地度着属于自己的日子，连同在那些日子里的梁祝故事，表达着他们的喜怒哀乐。这就是历史的长时段，一个为特定历史问题的需要所决定的历史概念，特定的历史问题很多，比如地域世界中的民众观念。

三　乡民生活的日常消解

从西汉武帝时代起儒家思想获得独尊，以此为基础，社会制度层面上的婚姻关系基本原则很快确立。在有关南朝社会（420—589）的梁祝故事中，人们已经可以发现这些原则：家长之命，门当户对，贞操节守，等等，与此相对应，民间社会实践着相传为孔子所确认的传统婚姻仪节，所谓"六礼"。通常情况下，民间社会是认可这些仪节的，而认可就意味着遵循，意味着秩序井然。然而，梁祝故事的主题却在有意无意地突破上述原则，且贯穿于故事的长期流转之中。它以其鲜明的民间态度不断叙说着普通民众的信仰和追求，体现了与民间—民众精神相一致的日常消解特性。

日常生活单调、压抑、凡俗、平淡，消解这些状态成为日常生活的另一面。从这个意义上说，梁祝故事承担着消解日常生活负面状态的功能。这与精英阶层消解思想困惑的方式不同，也与他们消解日常繁难的方式存

---

① 酌元亭主人：《照世杯》，上海古籍出版社 1956 年版，第 63 页。

在不小的差异。

梁祝故事流布以自然的本能消解着受抑的情欲。食、色，性也；两情相悦、男婚女嫁是人类的本能冲动和嗜欲，文明社会总是"用自己的思想所创立的社会习惯，作为使这些嗜欲在其中以习俗和道德所认可的方式而得到满足"①。社会依习惯和道德而有了秩序，冲动和嗜欲却因此而被压抑了。英国人类学家马林诺夫斯基从本能与文化关系的角度谈到过婚姻制度的压迫性：

> 结婚须有一种礼仪认可底殊特形式……有一种殊特的文化的创造行为，那就是两人之间加上一种新的关系的认可或印记。这种关系保有一种势力，并不源于本能，而是源于社会的压迫。这是超乎生理系结的新的约束。②

梁祝故事承受着一定的制度压力：祝英台顺从家长之命，同意了马家的亲事，实际上在此之前却私定终身；梁山伯后来成了县令，与祝家也算门当户对，但早年的山伯却"自以家贫，羞涩畏行"，未能及时上门提亲，致于愆期；梁祝同学三载，同居同宿，"实则以身许也"③，本已越分，却称山伯不知英台为女子，而英台"衣不解带"④，只当兄弟一场，"其朴质云云"⑤。在这里，梁祝故事故意设计了情欲与道德的两难，但两难只存在于故事情节中，存在于社会秩序的安危中，存在于统治者的要求与民众的恪守程度上。对于口传故事的人们来说，他们毫不犹豫地肯定了梁祝情事的正当性，并没有显示出什么为难之处。情有可原就是他们最终的辩解。平日里被抑制的情欲在故事传承的过程中得到一定程度的消解，梁祝情事成为人们消解压抑情欲的一剂药方。此其一。

其二，梁祝故事流布以社会的神圣消解着个体世界的凡俗。宜兴带江襟湖，在东南为山水之邑。谷岩幽窅，流濑清激，昔人有乐死之愿。⑥

---

① ［英］柯林武德：《历史的观念》，何兆武、张文杰译，商务印书馆997年版，第304页。
② ［英］马林诺夫斯基：《两性社会学》，李安宅译，中国民间文艺出版社1986年版，第190页。
③ 潘树辰、施惠等：《宜兴荆溪县新志》卷9。
④ 冯梦龙：《喻世明言》，第272页。
⑤ 张津：《乾道四明图经》卷2"鄞县"。
⑥ 文徵明：《善权古今录序》，沈敕：《荆溪外纪》，明嘉靖二十四年（1545）刻本。

这环境算不了特别，"人人尽说江南好，游人只合江南老"，外人眼中的江南都这样，而宜兴人更让梁祝故事附着于江南的一方净土。考其颠末，善权古寺自齐武帝建寺立额，至唐李蟺在此读书出身，遂为名刹，成一庄严世界。① 在这个世界里发生的故事，应该是洁净的，就如梁祝之间，哪怕在来世：善权山中，杜鹃花发时节，大蝶双飞不散，使人不敢亵渎。

真正的神圣来自于另一场合。农历三月二十八日，数万蝴蝶集于碧鲜庵旧址，是为"蝴蝶会"；清史承豫《荆南竹枝词》：

> 读书人去剩荒台，岁岁春风长野苔。山上桃花红似火，一双蝴蝶
> 又飞来。②

乡人聚观，称为"观蝶节"；歌谣《唱祝陵》道：

> 每到那三月廿八观蝶节，双飞蝴蝶永长生。梁祝活在人心里，代
> 代相传岁寒心。③

这一天是节日，间断了日常的日子，也就使一种在承平日子里的沉寂神性被唤醒，或称神圣感。这神圣感其实并不神秘，社会学家告诉我们，它来源于社会聚集。④ 不同的节日消解着不同的日常，这是一个特殊的节日，以共同体的聚会所获得的神圣感消解着个体世界中的凡俗。

其三，梁祝故事流布以奇闻轶事消解着家长里短的平淡。人总是生活在具体的自然空间里，受到的最直接的影响，当然是在相互熟识、面对面接触范围内的关系，这是自然生成的共同体关系，或者地缘的，或者血缘的。传统社会中的普通民众，生于斯，长于斯，就在这两种关系之中。如此熟悉的社会，平淡是自然而然的。从老辈人那里传下来，自己所属的共同体曾经出现过不可思议的事情，可以设想，这将激起人们多大的兴趣！梁祝故事之所以一直在共同体中传承，很重要的一个原因是，它满足了人

---

① 李曾伯：《善权禅堂记》，沈敕：《荆溪外纪》，明嘉靖二十四年（1545）刻本。
② 阮升基等：《重刊宜兴县旧志》，清嘉庆二年（1797）刻本。
③ 杨晓芳：《唱祝陵》，见《宜兴梁祝文化——史料与传说》，第298页。
④ 参见第一章第一节。

们猎奇的心理。一个乡下女子，"伪为男装游学"；同学三年，"方知其为女子"；英台过山伯墓，"地忽自裂陷，祝氏遂并埋焉"①，这是祥异事件，总要涉及天，不是静态的天，而是通过现实的运行使之成为芸芸众生能够实际感知的状态，比如风雨雷电。意念中的天人合一，通过实际的事件在天人之间建立起联系，天人形成感应了，而梁祝故事简直惊天地、泣鬼神了。有了这样的感应，就产生另外的效应：事件更可信了。这些，自然是家长里短的日常生活所无法提供的。

至于祥异事件的真实性无关宏旨。文献载录这些事件，百姓口传这些故事，其旨趣并不在于其真实性，而在口传本身。通过口传，更多地可能还顺带一些评点，就表明了一种思想态度：对父母之命的态度，对门当户对的态度，对于女子贞操的态度，等等。口传当然是在日常交往中完成的，是日常行为，但它消解着日常的平淡。

其四，梁祝故事流布以浪漫的幻想消解着乏味生活的苦闷。从民众对梁祝故事的口传中，或许可见不少的离经叛道，至少与主流的精英思想不会完全一致，尽管他们也接受了一部分精英教化。对此，研究者们往往给予高度的评价，称之为批判性。从精英与民众思想的差异来看，批判性固然是存在的，但在很大程度上民众并没有批判精英思想的动机，他们自顾自地描述一种生活的理想，而描述又未必意味着追求，只是将描述当作抒发情感的工具。所以通观这一过程，批判性未必，理想性也未必，称之为幻想性还差强人意。幻想常萦浪漫；梁祝故事的浪漫是一般民间传说所不能企及的，特别是化蝶，竟然将此岸的有情寄托于彼岸的无情，可人们却丝毫不觉得其中的矛盾和荒唐。这种情况，林语堂称之为拟想，"其幻象非若高翔九天之上，而将心上的幻影披以奥妙，予以人类之情感忧郁。它具有一种蛊惑的美质，使人信以为真，不求完全合理，亦不可明白地解释"②。全部的问题在于，只要挣脱了现实的社会关系束缚，其他的世界就是他们的世界，既是梁祝的世界，也是民众的世界，在那里，梁祝的命运是由民众安排的，按照他们的所思所想恣意安排。

普通民众将梁祝故事着上如此浪漫的色彩，完全来自于生活的冲动，只因为日常生活太苦闷，才需要幻想的调剂。"田家作苦，岁时伏腊，烹

---

① 张读：《宣室志》，翟灏：《通俗编》卷 37，清乾隆十六年翟氏无不宜斋刻本。
② 林语堂：《吾国与吾民》，群言出版社 2010 年版，第 78 页。

羊炰羔，斗酒自劳……酒后耳热，仰天拊缶而歌乌乌"，胡适说，这才是
说故事的环境，这才是弹唱故事的环境，这才是产生故事的环境。① 有了
这环境，日常的苦闷或许可以消解一些。歌谣传唱是梁祝故事的口传方式
之一，乡村女子把她当作情歌放情而唱：

> 十二月腊梅迎春开，碧草青青花盛开。彩蝶翩翩花丛来，双双飞
> 舞对打对。历尽磨难真情在，家家传颂深深爱。千代万代不分开，梁
> 山伯与祝英台。②

她们唱梁祝，也在唱自己：

> 她们的歌谣是哭的叫的，不是歌的笑的，是在呼诉人生之苦，不
> 是在颂赞自然之美，是为人生问题中某项目的而做的，不是为歌谣而
> 做歌谣的。③

梁祝故事的依附点又在善权寺这样一个清凉世界，香汛里乡村女子总
要来，梁祝故事的口传成为香汛的一部分，成为她们"日常乏味生活之后
的一乐"④。嘘唏中的快乐，因为梁祝，更因为自己。

梁祝故事及其流布，引起了学界广泛的兴趣，但这不包括史学界。对
于梁祝故事，史家本能地认为，它归于艺术，或者文学，或者民俗，而那
些领域常常虚言驾饰，因而无乎于史学。这不假，梁祝故事本身经不起推
敲，在曾经流布过的相关各地，谁都可以从中找到一些"依据"，但谁都
没有足够的底气声称：梁祝是我们的。可偏偏有人要争这口气。张恨水有
一个粗略的估计说，在所收罗梁祝故事中，提到会稽、上虞的要占 80%，
而根据宋代以后的文字，都指明了埋葬地在宁波，所以梁祝的产地必在浙
江了。⑤ 另有学者以上虞人自居，理直气壮地说：祝英台是我们上虞的！

---

① 胡适：《白话文学史》，安徽教育出版社 1999 年版，第 64 页。
② 吴小春：《十二月花名唱梁祝》，见《宜兴梁祝文化——史料与传说》，第 296 页。
③ 刘经庵编：《歌谣与妇女》，上海书店出版社 1925 年版，第 3 页。
④ 林语堂：《吾国与吾民》，第 111 页。
⑤ 张恨水：《关于梁祝文字的来源》，见周静书主编《梁祝文化大观》（学术论文卷），中华
书局 2000 年版，第 149 页。

理由是，按照现在的通俗习惯，神话和传说也是历史，因此，研究梁祝也可以说是研究历史。① 问题是，其他地方，比如宜兴人，偏不买权威的账，同样说：祝英台是我们宜兴的！那么，祝英台到底是谁的呢？实际上，祝英台是所有地方的，但又不是任何一个地方的。说她是所有地方的，因为事实很明显，谁也不能否认，这些地方曾经流布过梁祝故事，普通民众依托她抒发情感、表达思想——这是史实；说她不是任何一个地方的，事实也很明显，传说中的人物本来就是虚构的人物，即使找到所谓"原型"，也跟传说人物不是一回事，因为传说是流动的，随着故事口传人而流播，到达许多地方。从这个意义上说，寻找梁祝人物的诞生地注定是没有结果的。

历史研究依据史实。宜兴的梁祝故事确实漏洞多多，但这丝毫不影响这样一个史实的存在：这里曾经流布过梁祝故事；仅此就足够了，民众观念史的解释依赖于流布史实。支撑民众观念的，是梁祝故事的流布，而非梁祝故事本身。在历史的意义上，梁祝属于所有流布地的民众。

第二节　乡民观念的日常存续

千百年来，浙江上虞乡民以村姑曹娥②为载体，在地方生活中恣意表达他们的观念，形成了史诗般的"曹娥文化"，这一文化丛集在近代的延续和存在，为透视民众观念提供了典型案例，由此案例扩展开去，可以揭示传统中国民众观念的日常存续机理。③

一　乡民观念的存活方式

民众观念只能存活于日常互动当中。上虞曹家堡周边乡民一直在日常

---

① 新虞舜客：《名家眼中的"梁祝"》，《上虞日报》2003 年 10 月 15 日第 6 版。

② 上虞位于杭州湾南岸的浙江绍兴；曹娥（130—143），上虞曹家堡（今属梁湖镇）人。

③ 学界对于曹娥文化最感兴趣的是，从文学艺术的侧面，探讨与曹娥碑相关的蔡邕题碑、"曹娥格"灯谜和书法艺术等问题，但这些成果多偏重于相关知识的普及，在学术层面上讨论曹娥文化并对笔者有一定参考价值的论文主要有，李小红《东汉孝女曹娥原为"巫女"考论》（《浙江社会科学》2009 年第 5 期）和苏奠强的《曹娥的"孝"》（《江汉论坛》2004 年第 4 期）：前者透过曹娥的"怪异"行为证明，曹娥是一位巫女，她的"怪异"其实为巫术活动；后者正本清源，指出曹娥孝行如刲股疗亲、灵异行为等，只是一种民间理解，并非汉儒所推崇的孝道，亦不符合《孝经》本义。

互动中表达着孝义观念；口传——"特定情境下人类交流的一种样式"①，是互动方式之一。起源于东汉的曹娥故事仍然流传于近代乡民口中：

> 距上虞城西四十余里，有一江名曹娥，在很早的时候，叫做潮江，不叫曹娥江。这江每到五月五日，人民必须立在潮前迎接潮神；否则，潮神发怒，潮水即刻氾滥，浸没田地，人畜漂亡，使人民无处伸怨，因此当地人民，每到这日，必伏地拜揖。
>
> 某年五月五日，人民又聚众迎神，那时就有曹盱的人祝念，向潮神祷告祝福。不料他立得太近江岸，一跪下去，便失足倒入江中，被怒涛滚去，不知去向。那时虽经人极力捞救，但终没法得救。
>
> 那时曹盱的女儿，名曹娥，年14岁。她看自己的父亲跌入江中后，不但没有救起，简直连父尸都不能捞起，因此她立在江边号哭，哭得饥不思食，渴不思饮，日夜如此。
>
> 她哭得真伤心，人一听了她的哭声，没一不感痛下泪。所以那是（些）有钱的富翁，竟动了恻隐之心，愿解囊悬赏道：
>
> "若有人能撩起江中的盱尸，当赏银百两。"
>
> 在那重赏之下，虽有几个勇夫，下江去撩，但各用尽了平生的方（法），摸遍江底，可是连影儿也难找。
>
> 这样一天天地过去，曹娥计算父亲溺死在江里已有十日许，想父尸尚未着落，不觉酸泪不绝，就投江自去找寻，不顾身厄，潮江原是深不可测，波涛怒号，滔滔东流，可怜曹娥一投水，永不再见世人了。
>
> 第二天，人家看江中浮起一对尸首，紧紧相抱，撩起一看，原来便是曹娥和她的父尸。那时曹娥的孝女之声，轰动各地，因此曹娥这件惨事，人都知道。后人把潮江改称曹娥江，以作纪念。
>
> 后上虞县长度尚，把曹娥改葬到江南道旁。墓前立一碑石，记刻她一生的德行孝迹。②

---

① ［英］理查德·鲍曼：《作为表演的口头艺术》，杨利慧、安德明译，广西师范大学出版社2008年版，第7页。

② 清野：《曹娥的故事》，《上虞声》1930年12月18日第4版。文中"上虞县城"，应指丰惠镇。秦时上虞建县，县治设百官镇，唐长庆二年（822）中迁丰惠镇，直至1954年。现上虞县城在百官镇。

曹娥的德行孝迹最早出现在东汉邯郸淳所撰《曹娥碑》中：

> 孝女曹娥者，上虞曹盱之女也……盱能抚节按歌，婆娑乐神。汉安二年（143）五月时迎伍君，逆涛而上，为水所淹，不得其尸。娥时年十四岁，号慕思盱，哀吟泽畔，旬有七日，遂自投江死。经五日，抱父尸出。①

两相对照，一者口头传说，一者书面载录，在内容上并没有太多的差别，只是口传者补充了一些细节。这并不重要，极为重要而关键之处在于，曹娥行迹的口传将书面文献转换为民众口述：

> 口述史的首要价值就在于，相比于绝大多数的原始材料，它可以在更大程度上再造原有的各种立场……由于现有的大多数记载在性质上所反映的是权威的观点，因此，历史判断经常为当局的意见辩护是不足为奇的。相反，口述史却可能进行更公平的尝试：证据还可以从下等人、无特权者和失败者的口中说出来。②

曹娥故事的近代口传为考察普通民众观念史提供了现实的途径：它将历史学家导向实际的日常生活过程，而民众观念就衍生于这一过程中。1890 年端午日在曹娥庙：

> 有某客访古碑之遗迹，指谓其友曰："此即曹娥碑也。"玩"黄绢幼妇，外孙齑臼"八字，使无杨修之智，谁能知其为"绝妙好辞"？然吾于此益以知曹娥之孝于古为昭矣。当后汉时，流风未远，而尔时已为之立石，其霜风劲节，自有足与日月争光、河山并寿者。宜其俎豆千秋也。③

---

① 曹娥碑由上虞县长度尚于东汉元嘉元年（151）所立，邯郸淳为度尚弟子。汉碑早已散失，现存碑系王安石女婿蔡卞于宋元祐八年（1093）重书。

② ［英］保尔·汤普逊：《过去的声音——口述史》，覃方明、渠东、张旅平译，辽宁教育出版社、牛津大学出版社 2000 年版，第 6 页。

③ 《虞祀曹娥》，吴友如等绘：《点石斋画报》（大可堂版，1890 年）第 7 册，上海画报出版社 2001 年版，第 103 页。引文"绝妙好辞"典故见于《三国演义》第 71 回，参见后文。

　　曹娥风徽就这样代代口传，口传的同时评说她的"霜风劲节"，评说者的观念因之呈现。这与精英思想的文本呈现明显不同："文人学士，固然可以用笔达意，而村妇野老，亦可藉口诉情"①，在日常互动中表达他们的观念。这是生活的呈现。

　　与口传相辅相成的是仪式，以程式化行为的互动方式呈现观念。蕴含孝道观念的仪式集中出现在曹娥庙会中。庙会以庙为依托。自东汉以降，"孝女祠庙屹峙江浒，久而弥虔……更数千年，春秋伏腊，享礼而亡阙"②，官民皆往祭祀，形成曹娥庙会："自宋以来，香火颇盛"③。历经千百年到明代，庙会仪式已经非常丰富。延及近代，曹娥庙会的频率、规模和影响都超过了前代。除平日里的一般烧香膜拜外，庙会一年两次：三月二十八日是"巡会"，五月二十二日是"座会"④。其间的仪式，实出于人神互动的彼此需要："没有神，人就不能生存；不过另一方面，如果人不进行膜拜，神也会死去。"⑤一年两度的庙会仪式让曹娥神千年不"死"，一直存活于乡民的意识中，而其中的孝义观念，是乡民赖以为生的精神力量的源泉。

　　曹娥庙会上最受重视的仪式是"娘娘省亲"。会期前三天，信女们即为曹娥娘娘塑像沐浴更衣，准备护送她回曹家堡省亲。与会各村置办旗锣铳伞、大敲小敲、狮龙百戏、高跷、"调无常"等各种"会货"。娘娘在

　　① 刘经庵编：《歌谣与妇女》，见《民国丛书》第4编第60册，上海书店出版社1992年影印本，第2页。

　　② 夏之时：《重辑曹江孝女庙志序》，夏之时主修，金廷栋编辑：《曹孝女庙志》，光绪八年五社公所版，"夏序"，第1页 a；上虞图书馆藏。最早记载曹娥行迹的文字，如《曹娥碑》《后汉书》等，都未提到建庙之事，但康熙二十六年（1687）沈志礼辑《曹江孝女庙志·凡例新订》（慎德堂刻本，炎黄文化出版社2010年影印本）云："孝娥自虞令度尚改葬，遂立庙墓旁"。据《后汉书》卷114《列女传·孝女曹娥》：东汉"元嘉元年县长度尚改葬娥于江南道旁，为立碑焉"。以此可推，为曹娥立庙、修墓和植碑大约同时，即东汉元嘉元年，公元151年前后。在现存于曹娥庙廊壁的近代《神迹图》中，"里老异举""虞令临视""里人营墓"和"度公封墓：众立庙墓旁"等依次而编，表明这些事件在时间上比较接近。

　　③《曹娥庙被焚》，《上虞声》1929年7月27日第2版。据光绪《上虞县志》卷31《祠祀》（唐煦春修，朱士黻等纂，光绪十七年刻本）："曹娥庙在十都曹娥江西岸；旧在江东，属上虞，后以风潮啮坏，移置今处，隶会稽。"移置曹娥江西岸的时间为北宋元祐年间（1086—1093）。

　　④ 这是根据庙神状态对庙会进行的划分：庙神守庙接受香火称"座会"，异神出巡称"巡会"，亦称"迎神赛会"。参见小田《在神圣与凡俗之间——江南庙会论考》，人民出版社2002年版，第30页。

　　⑤ ［法］爱弥尔·涂尔干：《宗教生活的基本形式》，渠东、汲喆译，上海人民出版社1999年版，第454页。

锣鼓、执牌、清道、卫队等雄壮仪仗的簇拥下出巡各村，所过之处，不断有"供棚"以五牲福礼设供，巡行队伍则稍息表演。队伍中的迎神队，由32 人或 64 人组成。他们手提神器，左手叉腰，三步一回头，回头一跪拜。紧随其后的数十人卫队，前侍卫，后大纛，锦袍头盔，宝刀粉靴，手执令旗、令箭和印玺。整支队伍莲旗相望，号角震天。① 民国诗云：每当殉父投江日，士女如云鼓吹喧。② 广义地说，"娘娘省亲"仪式上的这些行为都是膜拜。社会学家清楚地指出，膜拜其实是膜拜者在奉献自己的观念：

> 膜拜存在的真正原因……并不存在于膜拜所规定的各种行为之中，而应该存在于借助这些行为产生出来的内在的和精神的更新过程之中。崇拜者奉献给神的真实事物……是他的思想。③

自然地，在曹娥庙会仪式上膜拜者所奉献的主要思想应该是孝义。无疑，没有这样的仪式，或者说没有人神之间的互动，孝义及其相关观念便无以存活。

庙会期间，曹娥庙以及附近的相公殿、大王庙戏台上，各种戏班演戏酬神。酬神其实只是一个堂皇的理由，由此开始，俗世的人际互动性质显现出来："届期男女毕集，烟火漫天……仪仗隆伟，盛极一时。"④ 乡民一时哄聚，便成临时集市，所谓"庙市"。1929 年的五月庙会"前后三日……二十日起，殿之内外，木器、箱子、衣服、铜锡、铁器，百物杂陈，较百官桑王会摊肆尤多，远近买物者云集"⑤。这样的情形一直延续至抗日战争全面爆发前夕："俗例三月二十八日会期，锦旗蔽天，锣鼓喧闹……（诚）该镇隆盛之赛会。"⑥ 庙市与一般集市的根本不同之处在于，庙市附着于庙会；它为庙会中的人际互动提供了自然的空间，从而使民众观念获得独特的存活方式。

---

① 彭尚德主编：《上虞市非物质文化遗产集锦》，中国文化艺术出版社 2009 年版，第 203 页。
② 夏之时主修，金廷栋编辑：《曹孝女庙志》卷 8《题咏》，第 24 页 b。此诗署为"民国六年丁巳花朝日"，说明这是民国时人附于重刊光绪《曹孝女庙志》中的一首诗。
③ ［法］爱弥尔·涂尔干：《宗教生活的基本形式》，第 454 页。
④ 竹舲：《游曹娥庙记》，《京沪沪杭甬铁路日刊》1934 年总第 1000 卷。
⑤ 《曹娥诞日商物交易之盛》，《上虞声》1929 年 6 月 27 日第 3 版。农历五月二十二日是曹娥投江忌日，而非曹娥诞日；此处记者不察，误为诞日。
⑥ 《永锡斌初小远足曹娥》，《上虞报》1937 年 5 月 18 日第 2 版；上虞档案馆藏。

曹娥庙会的魅力如此神奇，以致当地有民谚云："今生不到曹娥殿，来世亲爹亲娘没得见"，"若要子女孝，曹娥庙中走一遭"①。到庙会走上一遭，即会众之间的互动；这里的会众，包括了邻里、亲戚、朋友："曹娥孝女庙演五月廿二日会戏，观众云集……住户杀鸡购肉，优待看客，洵称盛会。"② 曹娥的故事、孝道的观念便在这一年两度的庙会互动中不断地被叙说、被强化，以致根深蒂固。

不仅在上虞曹家堡，在地域江南，甚至整个传统中国，民众表达观念的主要方式不外乎口传和仪式，只是具体形式更为丰富，呈现的观念当然也不止于孝道，但所有的观念都能以这样的互动方式呈现。就口传来说，除了传说和谚语，歌谣是一种更为方便而普遍的民众观念呈现形式：它"是哭的叫的，不是歌的笑的，是在呼诉人生之苦，不是在颂赞自然之美，是为人生问题中某项目的而做的，不是为歌谣而做歌谣的……（民众）心里有什么，便唱什么，意思唱完，亦就停止，毫不讳避"③。光绪时曾任上虞知县的唐煦春在其还是秀才的时候，"以曹娥之孝，足风世励俗"，便在当时流行的歌谣《戒溺歌》中添入曹娥孝事，"引为生女者劝"④。不惟传说和歌谣，推而广之，竹枝词、戏文、宣卷、说书、弹唱、鼓词……民众观念就呈现于这些口传中，因此而与精英思想的表达区别开来。

就仪式而论，庙会而外，在传统中国民间社会，绝大多数具有群体集合性质的活动常常伴随着仪式。"在精神享受分布极端不均、许多人难以得到精神享受的时代里，为了焕发新的活力，社会就需要一种群体的行为：节庆活动……在生活欢乐的社会表达中得到固定的程式"⑤ ——仪式；仪式之所以能表达观念，同样因为人们之间的互动；法国社会学家涂尔干揭示道：

> 社会只有在发挥作用时才能让人们感受到它的影响，但是，构成社会的个体如果没有聚集起来，没有采取共同行动，社会也就无法发

---

① 彭尚德主编：《上虞市非物质文化遗产集锦》，第 204 页。

② 《曹娥梁湖之神会》，《上虞声》1930 年 6 月 24 日第 3 版。

③ 刘经庵编：《歌谣与妇女》，第 3 页。

④ 唐煦春：《重刊曹娥庙图志序》，夏之时主修，金廷栋编辑：《曹孝女庙志》，"唐序"，第 2 页 a。

⑤ ［荷兰］约翰·赫伊津哈：《中世纪的秋天》，何道宽译，广西师范大学出版社 2008 年版，第 276 页。

挥作用。只有通过共同行动，社会才能意识到自身的存在，赢得自身的地位，因而至关重要的是一种积极的合作。我们已经确认，正是因为有了这些外部活动，集体观念和集体情感才有可能产生，集体行动正是这种意识和情感的象征。①

民众观念就这样毕呈于日常互动中；呈现的过程不仅使观念获得独特的存活方式，同时也标示了观念的时代征象。一般说来，口传和仪式的内容因为与日常生活关系密切，在历史的长时段内总是变化弱微（比如孝道），因而时代性不明显。但口传或仪式的实际互动过程却反映着特定时代。笔者试图通过歌谣确认村妇生活（包括村妇观念）的时代时发现，许多歌谣产生于前近代，但它通过传唱与近代村妇生活发生了联系：

> 表面看来，这不过是吟唱者对前近代歌谣的重复，实际上，通过重复，歌谣中的泛时情形被转换成近代日常；更关键的意义在于，作为重复者的江南村妇将前近代歌谣当成了描述近代生活情形、抒发自身情感的工具——前近代歌谣因为在近代遇到了"知音"而得以复活……冯梦龙的《山歌》虽说出现于近世或者更早，但它们在近代江南乡村流行，便在流行中获得时代的活力。②

传唱即日常互动，包括唱者、听者和歌谣等彼此之间的多重互动，并以这种互动应和着近代世界的脉动，激发出近代社会的气息：近代人通过传统歌谣的口传过着近代生活，反映着近代观念，从而清晰地着上了近代社会的印记。歌谣如此，其他形式的口传亦大体这样。在这一意义上，曹娥传说的传统性丝毫也不影响乡民生活的近代性。日常互动是民间生活的常态，因此从根本上说，民众观念的存活方式就是动态的生活呈现。

二　意识形态的日常版本

观念的生成倚于既存的思想资源。精英思想家常常"吸收和改造……

---

①　［法］爱弥尔·涂尔干：《宗教生活的基本形式》，第552页。
②　小田：《近代歌谣：村妇生活的凭据》，《江苏社会科学》2011年第4期。

人类思想和文化发展中一切有价值的东西"① 作为创造的基础；与这种纵向的资源取资颇为不同，沉湎于日常生活中的普通民众则多从精英—统治阶层那里横向地接受意识形态的渗透，并在此基础上衍成自身的观念。匈牙利日常生活哲学家赫勒（Agnes Heller）特别指出：包括日常观念在内的日常知识常常从"自为的"知识生产领域（如哲学、科学和艺术等）渗入，或被有意识地导入日常生活领域，而且，这些渗入或被导入的知识，其阶级差别模糊，"使某些阶层（主要是下层阶级）不能表达由他们的需要而产生的他们自己的'知识'；而替代的是，表达其他阶级的需要和利益的知识被强加于他们"② 。在思想统治的意义上，唯物论经典作家更明确地指出民众观念为统治阶级所支配的事实：

> 统治阶级的思想在每一时代都是占统治地位的思想。这就是说……支配着物质生产资料的阶级，同时也支配着精神生产资料，因此，那些没有精神生产资料的人的思想，一般地是隶属于这个阶级的。③

这里的统治阶级思想即意识形态，正是它支配着民众观念。民众指向的社会史研究需要进一步追问，意识形态到达日常生活的具体行程是怎样的？唯有深入这一过程，才能更深刻地理解意识形态支配民众观念的实质，也才能揭示民众观念存续的独特机理。

如果说曹娥投江的记载基本可信的话，④ 那么，以此为载体所表达的民众观念可以有许多可能的发展方向。事实上就有学者注意到，曹娥投江并不符合汉儒所推崇的孝道，然而，统治精英却认定其为孝行，⑤ 并力求

---

① 列宁：《关于无产阶级文化》，《列宁选集》第 4 卷，人民出版社 1995 年版，第 299 页。

② ［匈］阿格妮丝·赫勒：《日常生活》，衣俊卿译，重庆出版社 1990 年版，第 202 页。

③ 马克思、恩格斯：《费尔巴哈》，《马克思恩格斯选集》第 1 卷，人民出版社 2012 年版，第 178 页。

④ 苏勇强认为，《后汉书》以《东观汉记》为蓝本，成书时间在南朝刘宋时期，其事实依据直接来自东汉，而曹娥本为东汉人，其事实较为可信。参见苏勇强《曹娥的"孝"》，《江汉论坛》2004 年第 4 期。

⑤ 苏勇强指出，《孝经》唐玄宗注云："哀毁过情，灭性而死，皆亏孝道。故圣人制礼施教，不令至于殒灭。"因此，曹娥因父死而投江，伤及性命的行为，明显有悖《孝经》本义。参见苏勇强《曹娥的"孝"》，《江汉论坛》2004 年第 4 期。

成为民间社会的意志。始行者为东汉元嘉时（151—153）上虞县长度尚。度尚将曹娥事迹奏闻朝廷，旌为孝女，封墓立庙，勒铭撰谍，孝女曹娥从此擅名朝野。这是历代统治者支配民众观念所采取的通常手段——神道设教，于是，曹娥庙"庙貌益崇，春秋祀典盛矣，蔑以加矣。此历代帝王以孝治天下之大权，而孝女所以与天壤同久也"①。近代统治者亦深明其中用心。晚清道光、咸丰、同治社会动荡之际，王朝更加注重风教，"凡烈妇殉夫、贞女守志，及孝子孝女割股刳肝者……一经大吏报闻，朝上疏、夕表闾矣"②。曹娥孝女庙志也因此在光绪年间得到重修。当时参与其事的乡绅潘岚非常理解主事者"有功世道之至意"，"欲求贞孝灵范千载"。③ 从近代具体社会历史条件看，在西方社会思潮的影响下，一部分仁人志士对包括孝道在内的传统礼教进行了不同程度的质疑，五四新文化运动健将们更是猛烈抨击了传统孝道，但整体说来，"孝道仍然作为深厚积淀的传统规范而为民众遵循实践"④。肖群忠指出：

> "忠孝仁爱信义和平"，"礼义廉耻"仍然是蒋介石统治时代施行国民教育的根本宗旨。儒学是中国传统文化的根基，它以特殊的地位占领着从事文化和精神产品生产的知识分子阶层的灵魂世界……在这种社会主流文化的影响制约下，民众的各个阶层对儒学之原发性，核心性观念——孝道仍然有观念上的认同和实践上的践履。在日常家庭生活中，仍然严格遵守孝行规范；在社会交往中，仍然保持孝道尊尊、长长的礼治秩序和道德精神。由于社会结构与传统社会相比，并未发生大的变革，仍然是以家庭作为社会的基础，加之儒学文化几千年的深刻积淀，在民众特别是广大而落后的农村，人们仍然继承弘扬着传统孝道。⑤

准此，近代上层意识形态继续向民间社会渗透，形成以孝为中心、以

---

① 沈志礼辑修：《曹江孝女庙志》卷之3《诰敕》，第1页a—1页b。
② 陈康祺：《郎潜纪闻初笔·二笔·三笔》（上）卷14《旌表烈妇》，中华书局1984年版，第296页。
③ 潘岚：《题〈曹江孝女庙神迹图〉》，夏之时主修，金廷栋编辑：《曹孝女庙志》，"孝女神迹图"，第1页a。
④ 肖群忠：《中国孝文化研究》，五南图书出版股份有限公司2002年版，第113页。
⑤ 肖群忠：《中国孝文化研究》，第140页。

曹娥为符号的近代文化丛集。这一文化的构成要素皆以民众能够理解的形态出现在日常生活中，是为日常版本，其显著特征有三：

其一，具象性。传统中国民众，尤其绝大部分乡民可能无法识别以文本呈现的意识形态，而对物质文化却情有独钟。在曹家堡周边乡民眼中，曹娥庙就是他们的生活教科书。缺乏这一物质文化教科书，乡民的观念无以寄托，统治者的意识形态亦无以渗透。对此，上虞知县唐煦春深有感触。年轻时他对曹娥孝行已经非常熟悉，"惜未亲其祠宇遗像，惘然久之"，光绪初年来到上虞，"焚香瞻拜"曹娥，只见：

> 庙貌巍峨，庙后祀娥父母，庙左有墓，一亭耸翠，双桧垂青，恍然昔所仰慕之曹娥，竟如是耶？问其地则曰"曹娥镇"，问其水则曰"曹娥江"。呜呼！娥其独有千古矣。若理学名家，后人高其品，不敢称其名，往往以其地名之；濂洛关闽类是矣。如曹娥镇、曹娥江，乃以人名其地，而可识之妇人孺子之口，以传于不朽者；娥其独有千古矣。睹行旅之络绎，吊江水之茫茫，闻风生慕者，不知几许人也。①

历史上曹娥庙屡兴屡废，历代官民都很重视祠庙的建设和修缮。近代曹娥庙所遭遇的最大一次劫难发生在 1929 年。是年农历六月十六日上午，庙中忽然失慎，"大殿、寝宫、两侧屋，均化灰烬，已有该处人高搭簟棚木架于正殿，以示将来重建之意。台门烧去半边，仅剩戏台一座，焦木瓦砾，满地堆积。庙旁附设沈公祠（即沈文魁祠），亦被延烧，化为灰烬"②。五年之后，游人眼中的曹娥庙仍满目悲凉：

> （祠庙）大部焚去，至今仅盖一临时者，供孝女像于其中。四围断壁荒凉，残痕宛在。今虽集资鸠工，亟图恢复，而遗迹泯灭，面目已非，令人不胜今昔之感矣！③

这是统治者和曹娥乡人都无法接受的现实：

---

① 唐煦春：《重刊曹娥庙图志序》，夏之时主修，金廷栋编辑：《曹孝女庙志》，"唐序"，第 2 页 a—2 页 b。
② 《曹娥庙被焚》，《上虞声》1929 年 7 月 27 日第 2 版。
③ 竹舫：《游曹娥庙记》，《京沪沪杭甬铁路日刊》1934 年总第 1000 卷。

曹江孝女庙，于民国十八年毁于火，距后汉元嘉元年立庙时，约二千年，远近人民，信仰不衰，足见至性奇迹，万古不朽。宋元明清，代有表扬，有益于世道人心。①

地方乡绅尤其难平心绪，"频年虽屡议重新建造，顾以经济无着"，遂致函上海闻人张啸林、杜月笙等人，"请其出资重造"。1931 年初"闻张氏已有允许之意"②。巍峨美奂的曹娥庙于 1936 年 11 月完工。新庙一旦告成，"睹庙貌之重新，欣神灵之永安"，"士女膜拜，遐迩毕集。惟兹大孝，宜受崇礼"③，有此依凭，人们似乎重新拾回了失落的孝道。

祠庙坐西朝东，主要建筑分布于平行的三条轴线上：北轴线主要有达官贵人举行祭祀仪式的双桧亭和曹娥墓等，南轴线主要有土谷祠、沈公祠、东岳殿和阎王殿等，作为中心的正殿以及后殿则位于中轴线上。正殿暖阁供奉曹娥塑像；后殿供奉曹娥父母塑像，故又名曹府君祠或双亲殿。正殿前天井两侧廊壁上是 42 幅大型连环壁画《曹江孝女庙神迹图》④（以下简称《神迹图》），"追忆夫千载以前孝女之绕哭投江之时，令人观感兴叹而不置也；因为之图"⑤。是图"灵孝事迹具详，洵足资观感起兴"⑥。

在复合性的曹娥文化中，具象的祠庙，包括其中各种塑像、雕刻、绘画和墓碑等等，既是孝义的符号，更是乡民观念生成与表达不可或缺的触媒，因为从思想传播来说，存在一群特殊的受众："夫未亲史册者，又乌知夫人（曹娥）之孩提能孝，死而灵爽，神而感应如此耶？"⑦ 所谓"未

---

① 《杂讯·曹娥庙将落成》，《兴华周刊》1935 年第 32 卷第 29 期。
② 《曹娥庙有重新建造之说》，《上虞声》1931 年 3 月 12 日第 2 版。
③ 《最近修复之曹娥孝女庙》，《京沪沪杭甬铁路日刊》1936 年总第 1735 卷。
④ 《神迹图》的形成经历了这样几个阶段：（1）《神迹图》出现于曹娥庙至迟在清康熙年间。康熙《曹江孝女庙志·凡例》称：曹娥"庙中东西两庑俱有图像……共二十四则"。（2）据光绪《曹孝女庙志》："《神迹图》为雍正年间上虞陈溥手写，丹青藻耀，邑人士所乐睹久矣"，计42 幅，较前增加 18 幅；又由绍兴画师潘岚临摹廊壁收入（光绪）《曹孝女庙志》。（3）据 1942 年里人杨垕题《神迹图》（见今曹娥庙正殿两侧廊壁）云："民国十八年（1929）夏，庙毁于火，所志先人手笔尽付一炬"，1936 年乡绅任凤奎重修祠庙，请余姚高尧麟根据光绪《曹孝女庙志》摹绘《神迹图》。
⑤ 沈志礼辑修：《曹江孝女庙志》卷之首《图》，第 1 页 a。
⑥ 夏之时：《重辑曹江孝女庙志序》，夏之时主修，金廷栋编辑：《曹孝女庙志》，"夏序"，第 1 页 b。
⑦ 杨明宗：《题两庑孝女事迹图》，夏之时主修，金廷栋编辑：《曹孝女庙志》卷 3《坛宇》，第 12 页 b—13 页 a。

亲史册者"主要当指无法进行书面阅读的乡民。而具象的符号则不同："庶几雅俗共赏，俨然夫人现身设法，提醒斯世，俾得人人亲其亲而长其长，亦振兴名教之一助尔"[1]。如果与精英的孝行论说相比，具象符号对普通民众的影响更为明显：

> 诗云："孝思不匮，永锡尔类"；孔子曰："德不孤，必有邻"。但诗书之言，人难悦绎。兹图之绘，盖广其途，以为启迪。世皆纷纷祈祷神前，倘能观此图而起敬起孝，是则自求多福。[2]

由具象符号而生敬孝之心，见诸日常行事，这便是近代民众教化的基本思路："世之瞻仰庙貌者，其亦缅英姿怀淑德，知神有所以不朽者，而还致力于庸行也。"[3]

其二，通俗化。这是让普通民众能够理解意识形态的又一法。度尚勒碑后，汉灵帝中平二年（185）八月十五日夜，文学大家蔡邕（132—192）至庙观碑，无烛，手摸其文而读之，题曰："黄绢幼妇，外孙齑臼。"[4] 此八字，公认的曲隐难喻，以至其女蔡琰亦不解其意。明人罗贯中《三国演义》第七十一回以杨修之口趣解其谜：

> 琰闻（曹）操至，忙出迎接。操至堂，琰起居毕，侍立于侧。操偶见壁间悬一碑文图轴，起身观之。问于蔡琰，琰答曰："此乃曹娥之碑也……"操问琰曰："汝解此意否？"琰曰："虽先人遗笔，妾实不解其意。"操回顾众谋士曰："汝等解否？"众皆不能答。于内一人出曰："某已解其意。"操视之，乃主簿杨修也。操曰："卿且勿言，容吾思

---

① 杨明宗：《题两庑孝女事迹图》，夏之时主修，金廷栋编辑：《曹孝女庙志》卷3《坛宇》，第13页a。

② 杨明宗：《题两庑孝女事迹图》，夏之时主修，金廷栋编辑：《曹孝女庙志》卷3《坛宇》，第13页a—13页b。

③ 俞凤冈：《曹江孝女庙志序》，夏之时主修，金廷栋编辑：《曹孝女庙志》，"俞序"，第2页b。

④ 《神迹图》"中郎题碑"题款中有"汉献帝兴平二年"，即195年，此时蔡邕已死于狱中，疑为"汉灵帝中平二年"（185）或"汉献帝初平二年"（191）之误。据《后汉书·蔡邕传》：蔡邕，字伯喈，陈留圉人（今河南杞县南）。汉灵帝光和元年（178），遭宦官陷害下狱，"明年大赦，乃宥邕还本郡……邕虑卒不免，乃亡命江海，远迹吴会……积十二年在吴"。可知，从大赦之年（179）起蔡邕"积十二年在吴"，即至190年，故以"汉灵帝中平二年"（185）为是。

之。"遂辞了蔡琰，引众出庄。上马行三里，忽省悟，笑谓修曰："卿试言之。"修曰："此隐语耳。黄绢乃颜色之丝也：色傍加丝，是绝字。幼妇者，少女也：女傍少字，是妙字。外孙乃女之子也：女傍子字，是好字。齑白乃受五辛之器也：受傍辛字，是辞字。总而言之，是'绝妙好辞'四字。"操大惊曰："正合孤意！"众皆叹羡杨修才识之敏。①

邯郸淳所撰碑文即使经过地方文人的解释，普通民众恐怕也只是大体了解，它是颂扬曹娥孝义的；蔡邕的深奥题阴更非一般人能够理喻，但这些内容不是写在书本里，不是搁在文人的书橱里，而是勒诸贞珉，置于曹娥庙中，这必然引起众人的好奇、议论和猜测，这一过程就是互动。这时，互动的内容更加丰富：除了碑文，还包括蔡邕月夜题碑、杨修"才识之敏""曹操智差杨修三里路"等等；产生互动的原因很大程度上应该归于《三国演义》。胡适注意到：

> 几百年来（明清以来），中国社会里销行最广、势力最大的书籍，并不是《四书》《五经》，也不是程、朱语录，也不是韩、柳文章，乃是那些"言之不文，行之最远"的白话小说！②

这种被胡适称为"田野的平民的文学"已经接近这里所谓的日常版本。往往是，小说经过说书先生又从书面语言转换成口头艺术，至此，完全为百姓所能理解了：

> 说话人……不过是个微小人物奏献一点薄艺，以解决自己和家人生计的一种手段。自然，他们力求说得动人、叫座、赛过别人而又能避免官方的干涉和舆论的非难。不知道自己的一点卑微的欲求和活动，与天下、国家、历史、文化之类的大事有什么关系，不知道自己正在干一种伟大事业，是把高文典册的内容通俗化了交到略识之无甚至文盲的手里。③

---

① 罗贯中：《三国演义》，岳麓书社1986年版，第377页。
② 胡适：《白话文学史》，安徽教育出版社1999年版，第2页。
③ 罗贯中：《三国演义》，聂绀弩"前言"，第1—2页。

互动的主题未必集中于孝道，但孝道自在其中矣！因为只要围绕曹娥碑展开，必然涉及孝义，度尚立碑的初衷在近代复活了。

有意思的是，《后汉书》所传蔡邕其实亦为孝道的典范：

> 邕性笃孝，母常滞病。三年，邕自非寒暑节变未尝解襟带，不寝寐者十旬。母卒，庐于冢侧，动静以礼……与叔父从弟同居三世，不分财，乡党高其义。①

尽管蔡邕"乡党高其义"，但其孝义及其影响却远远不及曹娥，或许这跟缺少日常版本有关。

其三，偶像化。偶像化即造神。对曹娥的神化始于东汉，此后随着历代帝王的不断敕封，曹娥的名声越来越大，成为传统中国孝女的典范。需要指出的是，曹娥并非一般的孝女，她的孝颇具神性：或者灵异，或者感应；古代神迹斑斑见于《神迹图》。② 时至晚清，曹娥的灵异和感应一如既往，尤其在太平天国战事中："粤寇（太平军）窜绍（兴），迭显神异，保障全江之功为尤巨。"③ 清咸丰十一年（1861），太平军进军浙江：

> 九月，绍兴府城被贼（太平军）攻陷，即于十月初四、五、六等日，焚掠乡村，逼近曹娥。未至三里许，有黄雾笼罩村居，迷难觅路。贼犹欲前进，而马忽失蹄，旗遽倒竿，遂惊骇而退遁，不得入村……
>
> 同治元年（1862）四月十八日，贼在曹娥江横驾无数船只，用巨索大板盖搭数十丈浮桥，意在从东渡西，合联会稽、上虞、余姚三县

① 范晔：《后汉书》卷90《蔡邕传》，《二十五史》，上海古籍出版社、上海书店出版社1986年影印本，第2册，第215页。

② 据《神迹图》，曹盱无子，曾祷告于上虞县凤鸣山真人，真人托梦曹妻，"赐以孝女"。据康熙《曹江孝女庙志》卷之1《名胜纪载》第4页b—5页b：宋徽宗大观年间（1107—1110），高丽入贡，祈潮而应；政和年间（1111—1117），高丽贡女进谒曹娥庙，"祷娥增貌，宿于庙，次日果改"。宋孝宗时（1163—1189），魏王判明州，亦祈潮而应。感应如此灵验，元顺帝至元五年（1339），曹娥遂被加封为"慧感灵孝昭顺纯懿夫人"。又据唐熙春《重刊曹娥庙图志序》（光绪《曹孝女庙志》第2页b—3页a）称：自曹娥投江，孝感动天，"叠著灵异，保卫江上行人。即灵胥忠涛，亦因孝起敬，潮声至庙下响沉矣"。

③ 俞凤冈：《曹江孝女庙志序》，夏之时主修，金廷栋编辑：《曹孝女庙志》，"俞序"，第1页b。

之地，以便其奔突。当夜三更，江面神灯照耀，忽起飓风四五阵，立时索解、板飞、船毁、桥断。居民以手加额，咸谓孝娥神力。贼怒，径登神座，对神像施放洋枪七次。度离像仅四五尺许，而弹子旁飞，不能损像一毫。贼惊惧而止……

十一月初八日，援贼号称十万，由曹娥江上，离庙十里许，仍以巨艇联搭浮桥，蜂渡东岸，意欲窥袭上虞，突被官兵冲击。贼正在争渡间，又复飓风大作，缆索齐断，船只沉毁，贼匪溺毙者以万计。此皆神灵赫濯，彰彰在人耳目者也。①

于是，同治五年（1866），曹娥被清廷加封为"灵感夫人"。所有这些灵迹奕世累积，传及近代，在地方社会流播，意识形态便在流播中不经意地得到认同："国家孝治天下，神以福德庇其乡，其屡膺崇典宜也。"②

一般人以为，造神不过就是统治者的无限推崇，事实上，仅仅是上层社会单方面的自说自话，难以引发百姓的共鸣和信仰，但具有灵异或感应的历史人物则易于被百姓所接受。这些灵异或感应的"事实"未必全部是精英杜撰的，有些可能来源于民间。《神迹图》中的一部分曹娥行实，即"本于耆老传闻"③，即其中"事涉杳冥"者，亦"从乡耆老之坚请，未敢稍事芟薙"④。经过统治者的筛选、张扬和肯定，这些"传闻"更加神乎其神。因此，所谓偶像化必须触摸民众的脾性，转换为民众感兴趣的日常版本。

曹娥的偶像化方式在前近代已经成熟，近代统治者所做的只是进一步肯定和强化。通常做法为祭拜和题咏。在统治者看来，曹娥行谊"尤足激励乎人心，垂千百世彝伦之范"⑤，自然被列为朝廷正祀："自汉迄今，历千有余岁，庙食崇封，代昭隆典，使千百世后，闻其风者，尽起仁人孝子

---

① 夏之时主修，金廷栋编辑：《曹孝女庙志》卷4《祀典》，第11页a—12页a。
② 俞凤冈：《曹江孝女庙志序》，夏之时主修，金廷栋编辑：《曹孝女庙志》，"俞序"，第1页b。
③ 潘岚：《题〈曹江孝女庙神迹图〉》，夏之时主修，金廷栋编辑：《曹孝女庙志》，"孝女神迹图"，第1页a。
④ 夏之时：《重辑曹江孝女庙志序》，夏之时主修，金廷栋编辑：《曹孝女庙志》，"夏序"，第2页a。
⑤ 夏之时：《重辑曹江孝女庙志序》，夏之时主修，金廷栋编辑：《曹孝女庙志》，"夏序"，第1页a。

之思。"① "崇封"是统治者在民间社会所确立的孝义象征，但静态符号所发挥的作用究属有限，动态的仪式行为才能赋予符号以实际的生命，奉祠参庙为其一。晚清而还，官府参庙相沿不替："绍俗以端午日官为致祭，恭备牲牢酒醴，舁至（曹娥）庙中，恪恭将事。"②

官府祭拜的同时，大都会留下题咏。③ "额联为歌功颂德，神所凭依，士大夫之瞻仰所在也。"④ 古代题咏绝大部分载诸庙志，在近代曹娥庙，大多数匾额和楹联为当时社会名流所题。山门有戴季陶书楹联"千秋庙祀彰灵孝/万古江流著大名"，正殿有居正撰"纯孝本天真，颠逐波臣同一瞑/故乡崇庙貌，应随湘累炳千秋"，蒋介石题正殿匾额"人伦之光"，林森题"孝思维则"匾额，熊希龄题"双桧亭"匾额，于右任题双桧亭楹联"德必有邻，江流近接清风岭/文能载道，石墨犹传黄绢辞"；徐世昌、段祺瑞和吴佩孚等都曾题字送匾。等而下之者达数十人之多。这些人题咏的影响力显然并不在于其书法，而是他们的社会地位。即使一些书法名家的题字，如沙孟海、邓散木、谭泽闿、俞长霖和王震等，⑤ 人们着眼的也主要不是他们的书法艺术，而是他们以书法擅名的精英身份。著名学者的题字亦同此理。⑥ 事实上，名流们愿意在曹娥庙题咏，也是想发挥其社会身份所具有的号召力。在普通民众眼里，精英的言行更值得信服。因此，被神

---

① 吴兴祚：《曹江孝女庙志序》，沈志礼辑修：《曹江孝女庙志》，"吴序"，第6页a—6页b。康熙《曹江孝女庙志》之《新订凡例》：曹娥封号始于宋，"历代著在祀典"；光绪《曹孝女庙志》卷4《祀典》第4页b："明祀典，令有司春秋致祭；国朝（清）曹娥孝女祠，春秋二节，官为致祭，共银八两"。

② 《虔祀曹娥》，吴友如等绘：《点石斋画报·大可堂版》第7册，第103页。

③ 康熙《曹江孝女庙志》卷之4《额联》第1页a—1页b："自汉以来，历千余载，士大夫之入庙瞻像者，肃然起敬，书额书联，日新富有矣"。据该志统计，题匾共66匾，题联共29对。

④ 夏之时主修，金廷栋编辑：《曹孝女庙志》卷首《凡例》，第2页a。

⑤ 沙孟海题"曹娥庙"；邓散木在正殿书"碧水青山，看风帆日夜经过，寄语往来人，愿各勉为孝子/高天厚地，任劫火古今明灭，勒碑千万载，问谁不敬贤娥"；李生翁在正殿书"知有父不知有身，视水如家，女中奇孝子/忘其生并忘其死，奉亲出险，天上大真人"；谭泽闿在正殿书"天监孝思，恃一缕性真，不关血气/地崇仁里，合万家烟井，永荐馨香"；俞长霖在正殿书"血泪溅长江，魂逐波涛经五日/褒封荣累代，孝同星月炳千秋"，王震在双桧亭书"黄绢仰碑题，万古江流传孝迹/青山宏庙貌，千秋俎豆荷神庥"。

⑥ 如在曹娥庙正殿，国学大师上虞马一浮补书明代书法大家董其昌原题"渺渺予怀，尝思所求乎予何事/洋洋如在，试问无忝尔生几人"，光绪朝末科状元、时任中国图书馆馆长刘春霖题"百行孝为先，至性感人余热泪/大江流不尽，夕阳终古咽寒涛"，中山大学教授余绍宋补书朱一鸣原题"自汉迄今，血泪合江潮并涌，藐兹弱女，维持万古纲常，与天齐德，与日齐明/繇虞迁此，清风同庙貌俱新，伟矣名区，振起千秋志节，为臣尽忠，为子尽孝"。

化了的曹娥与被神圣化的社会精英相得益彰，笼罩着民间社会。

曹娥文化的日常版本代表了传统中国上层社会左右民众观念的基本方式，并存在于近代中国民间社会的各个角落。孝道观念可以以戏文、雕刻、绘画、匾额、楹联等各种具象的形态出现在曹娥庙的各个建筑中，同样也出现在民间社会的建筑、服饰、家具、器物和日常装饰等各种物质生活资料上，以及婚丧嫁娶仪式、戏文搬演等场合。清代学者朱柏庐（1617—1688）一生致力于将儒家伦理生活化，其《治家格言》广泛出现在家居生活必须接触的多种物件之上。上虞丰惠镇的胡士海回忆道，20世纪40年代，胡姓祖宅侧楼的小堂前"是全家活动中心，布置时尚，中堂字画经常更迭，印象最深的是一幅用楷体书写的朱柏庐《治家格言》"①。胡姓子孙就是在"薄父母，不成人子"等伦理观的熏陶中长大成人的。

在地方社会发挥作用的主要观念当然不止于孝道，近代著名学者蒋梦麟指出，故乡蒋村的善恶标准就是由精英确定的社会规范："'万恶淫为首，百善孝为先。'孝道使中国家庭制度维系不堕；贞操则使中国种族保持纯净。敬老怜贫，忠信笃敬也被认为善行。"这些一般而抽象的教条以非常直观的形态出现在共同本之中：它或许是在蒋村"乡间到处可以看见的"贞节牌坊；或许是祖宗神位前面点起的香烛，"使得每个人都觉得祖先在天之灵就在冥冥之中监视似的"；或许是乡人的窃窃私语："村中的舆论也是重要的因素，还有，邻村的舆论也得考虑。"蒋村祠堂成为家族治理的物态象征，"一般的纠纷只是在祠堂前评个理就解决了"②。牌坊、烛光、舆论、祠堂……所有这些，就是意识形态的日常版本。寻常百姓在日常生活中不知不觉地接受着包括孝义在内的意识形态的潜移默化。

至此我们发现，对于民众观念的考察需要同时面对这样一种关系的双方：一方来自上层社会的意识形态，一方存在于民间社会的日常版本；不触及日常版本，无以了解民众观念的存续实态，不联系意识形态，则如井底观天。费孝通提醒，"这里存在着一个立体的上下关系，基础和上层建筑的关系"；他在进行乡村社区调查时说，一方面，实际的调查只能从具体的社区开始，另一方面，调查又不能限于某个社区，因为"在意识形态

---

① 胡士海：《昔日丰惠城　俯仰皆是景——风情默写画三十幅》，赵畅主编：《上虞文史资料选粹》（2），中国广播电视出版社2012年版，第297页。

② 蒋梦麟：《西潮》，第13—14页。

上，（农村社区）更受到经济文化中心洗练过用来维持一定时期的整个中国社会的观念体系所控制"①。面对这样的关系，学术界发展出所谓"国家—社会互动模式"的叙述视角。② 对于重视底层社会的社会史来说，这一视角应该是富有启发性的。

三　乡民观念的生活逻辑

我们说民众观念受到上层社会意识形态的支配，是指，与专事"精神生产"的精英—知识阶层不同，普通民众囿于生存压力和社会圈子等各种条件，少有思想的创造，而不自觉地受到意识形态的影响，但这绝不意味着普通民众就是意识形态的单纯接收器，否则，民众观念就等同于意识形态，而没有专门研究的必要了。

近代上虞乡民认同了统治者倡行的孝道，不过，对于孝道所依据的曹娥传说以及神化曹娥的方式，他们并未照单接受，而是依据自身生活的状态及其生活诉求，不断进行着自主诠释和部分创造。这样的诠释和创造改变不了民众观念的意识形态支配性质，但它使上层社会的意识形态转化为底层民众的实际观念。

首先，依从生活伦理，改造民间传说。

一个14岁的少女因为思念不慎落水的父亲，为了找寻一具腐尸竟至投江，如此烈性之孝，总让人有说不出的滋味。③ 1934年师白诗云："父死寻尸志已奇，拼将身殉更堪悲"；长白金人亦吟："沉江孝女志堪悲，表诔当年尚有碑。"④ 不过，民间传说是活生生地流传于人们口头的，"因为活着的缘故，所以便不能不成长变化"⑤。流动着的曹娥传说经过千年的增饰和附会，至近世已经发生了明显的变化：东汉时代的人们认为曹娥有孝

---

① 费孝通：《社会调查自白》，知识出版社1985年版，第31页。

② 王铭铭：《社会人类学与中国研究》，生活·读书·新知三联书店1997年版，第58页。

③ 李小红明确道出了这"滋味"：曹娥的寻尸举动颇为怪异。唐代李贤（654—684）为《后汉书》作注称："娥投衣于水，祝曰：'父尸所在衣当沉。'衣随流至一处而沉，娥遂随衣而没。'衣'字或作'瓜'。见项原《列女传》。"作者认为，曹娥是一位巫女；她的这些举动其实是巫术活动：其一，曹娥以父亲生前穿过的衣服为媒介寻找父尸，这与英国人类学家弗雷泽所概括的巫术原则相一致；其二，曹娥向衣物发出"祝"语，是巫术活动中的通常做法。参见李小红《东汉孝女曹娥原为"巫女"考论》，《浙江社会科学》2009年第5期。

④ 王青芳：《木刻诗存》，《立言画刊》1935年第28期。

⑤ ［日］柳田国南：《传说论》，连湘译，中国民间文艺出版社1985年版，第65页。

心，主要因为那惊天泣地的蹈江，这是以烈见孝；孝烈固然也是孝，但人们往往津津乐道于其烈性，却在不经意间淡化了她的孝心。近代版本的曹娥除了一时的烈性，更有对父母的日常孝行。《神迹图》"幼侍汤药"称，母病，曹娥"侍汤药，未尝废离，衣不解带"；又，"刲股疗亲"称："母病不痊，娥刲股以救"。晚清曹氏宗族亦极力强调这一"事实"："太姑（曹娥）甫八岁，母患病笃，愿以身代，遂于伍相神前，刲股和药而进，母病乃瘳。"① "亲侍汤药"为所谓"二十四孝"之一，"刲股疗亲"亦为传统孝义之至者，曹娥皆与焉。其实，康熙《曹江孝女庙志》就有记述，谓庙中旧有壁画"母病刲股""伍相显灵"等。② 这说明，曹娥的烈性形象至迟于清初已有所改变，并以日常化的形象埋设于乡民集体记忆中，而这样的形象特别有利于孝道观念的表达。因此，"刲股疗亲"现象在近代中国的其他地方社会也不时出现。③

由曹娥形象的千年渐变，我们发现普通民众表达自身观念的一个特殊方式：特定时代的民众可以通过对历史素材的修改来表达相应的观念，而精英思想家则常常通过重新解释思想原典来达到目的。两者的差别明显源于各自所依托素材的不同特征：思想原典是确凿在案的，而民众素材是流动不居的。流动的素材为民众观念的表达提供了极大的方便。鲁迅曾注意到曹娥故事口传过程中的一个细节改变："曹娥的投江觅父，淹死后抱父尸出，是载在正史，很有许多人知道的。但这一个'抱'字却发生过问题。"④ 问题在哪儿呢？清末，孩提时的鲁迅在绍兴曾听到老人这样讲：

> 死了的曹娥，和她父亲的尸体，最初是面对面抱着浮上来的。然而过往行人看见的都发笑了，说：哈哈！这么一个年青姑娘抱着这么一个老头子！于是那两个死尸又沉下去了；停了一刻又浮起来，这回是背对背的负着。⑤

---

① 《板桥曹氏大全宗谱》卷3《传赞》，光绪二十一年世德堂版，第3页b；上虞档案馆藏。
② 沈志礼辑修：《曹江孝女庙志》卷之首《凡例》，第4页b。
③ 参见邱仲麟论文《不孝之孝——唐以来割股疗亲现象的社会史初探》，《新史学》（台北）第6卷第1期，1995年3月；《人药与血气——"割股"疗亲现象中的医疗观念》，《新史学》（台北）第10卷第4期，1999年12月。
④ 鲁迅：《朝花夕拾·后记》，人民文学出版社1979年版，第93页。
⑤ 鲁迅：《朝花夕拾·后记》，第93页。

从不同时期的曹娥庙志，也能看出对这一细节处理得明显不同。康熙《曹江孝女庙志》所附"孝女沉江负尸图"，名其为"负"，却图其为"抱"①。而"抱父尸出"与1500年前的《曹娥碑》的最初记载相一致。至光绪年间，《曹孝女庙志》所附《孝女神迹图》"负尸出水"仍为抱状，但紧接其后的"逆流贺盘"和"尸显塘搁"都变成了负状。从古代至近代，由文而图，自抱到负，最终完成了曹氏父女"尸出"姿势的转变。因此，光绪《曹氏宗谱》在转引《晋书·夏统传》"父女双尸，后乃俱出"时，有意识地将之改成"背负父尸出"②。鲁迅为此感叹不已："在礼义之邦里，连一个年幼——呜呼，'娥年十四'而已——的死孝女要和死父亲一同浮出，也有这么艰难！"③ 曹娥的"艰难"表明民间社会对于男女关系的极度讳言以至于变态；说是观念的变态，不过是生活的常态，因为民众的观念是依从于生活伦理的。

曹娥传说在口传中的改变，体现了一般民间传说的显著特点：流动性以及随之而生的内部破绽。这让历史研究者，包括许多社会史学者，对民间传说的历史价值产生怀疑，甚有一笔抹杀者。理由非常简单：口传常常罔顾历史真实而随意附会，因而不能成为史料。那么，何为史料？史家王尔敏称："史料无往而不存在，端在史家凭卓识发现。"基于此，他将"传说"视为与"实物"和"记录"等同的三类史料之一。④ 更实质的问题是，民间传说有何史料价值呢？与王尔敏的史料分类基本一致的杜维运指出：

> 民歌、俗谣、童谣、谚语，西方所谓 folklore、ballad 者，被称为史料中最美丽最生动的部分……史学家不能不珍贵这类史料，拨云雾而见天日，是史学家应当有的本领。荒诞的传奇故事（the legendary narrative），去其不可能者、怪异者与矛盾者，而存其合理者，未始不能看到一些历史事实的影子。进一步将此类故事，互作比较，能隐约见其历史的基础何在。

---

① 沈志礼辑修：《曹江孝女庙志》卷之首《图》，第1页b—2页a。
② 《板桥曹氏大全宗谱》卷3《传赞》，第3页a。
③ 鲁迅：《朝花夕拾·后记》，第93页。
④ 王尔敏：《史学方法》，广西师范大学出版社2005年版，第124—126页。

最足引起我们注意的是，杜氏特别注重民间传说作为民众观念的史料价值：

> Folklore 与 ballad 是从沉默群众的心灵深处所发出的声音，往往代表一个民族或一个地区的风俗、习惯、信仰与精神，欲重建一部宽广而有深度的历史，不能遗弃这一类的史料。"某时代之人，对于其过去之思想若何，对于历史上之事迹及人物作何感想，如何复述之，吾人均得由传说以洞烛之……各民族对于往古事迹所得之印象若何，某一民族或某一范围内之人，对于某种现象制度及人物之见解如何，吾人均可由传说以推知之，从而并可推及其政治上、宗教上或科学上之观念，知各时代之思想，如何转变"……这些记载没有什么夸大。①

结论之所以如此肯定，不过因为民间观念所依从的日常生活这一无可移易的坚实基础。

其次，依托生活空间，确认圣址所在。

曹娥传说一经名正言顺地载入正史，加之统治者大张旗鼓地提倡，就转化为抽象的意识形态，而普通民众却更愿意追寻有关曹娥的具象行迹，并通过对相关圣址的确认表达属于特定共同体的思想观念。在近代版本的《神迹图》中，除了早期就有的墓地和祠庙外，又增加了几个圣址：一在贺盘，距曹娥村十余里，曹娥负尸盘旋于此；二在塘搁，距曹娥村十余里，曹娥负尸"搁此"；三在沥水，距曹娥村二十余里，曹娥负尸"停此"。根据《神迹图》，曹娥江因曹娥孝行而名：上虞"自东山东小江以下经龙山至百官一带，古名舜江，夫人救父后，龙山以上改名曹娥江，以下仍名舜江"。乡民乐于"舜江更曹"，晚清上虞人直接就称，曹娥江首先是由他们叫起来的："土人追思其（曹娥）孝，因以曹娥名江。"② 在曹娥江上甚至还有以曹娥命名的渡口，一条大江及其津渡由此成了圣址。在曹娥庙会仪式中，"娘娘省亲"之所在梁家堡，自然也是圣址之一。

这些"灵光的圣址"，关键在于它的灵异和神圣。对于这样的事物，

---

① 杜维运：《史学方法论》，北京大学出版社 2006 年版，第 105—106 页。该引文中之引文，见伯恩海姆《史学方法论》（1889），陈韬译，商务印书馆，约出版于 1926—1937 年之间（杜著原文如此）。

② 《虞祀曹娥》，吴友如等绘：《点石斋画报·大可堂版》第 7 册，第 103 页。

人们相信它，主要不是因为它在多大程度上符合历史的真实，而更多地在于，相信它的人本身有一种内在的需要：通过相信，表达相信者的观念。在这一意义上，与曹娥相关的圣址或可称作"依附点"，乡民们依托圣址而使观念的表达获得了明显的地方特性。在这里，圣址不是别的，不过是乡民将观念直观化、地方化的一种依托，从而成为一种无声的语言："弱龄女子，为父徇（殉）身……死亦不朽，自汉迄今，名与江流不废，岂非孝为之耶？"① 普遍性的孝道便以地方性的孝迹显示出来，熏染一方。据载，晚清年间，上虞"梁湖曹姓，皆以孝姑为门户光"②。

谈到圣址的作用，柳田国男又说："倘有现存的宫殿、楼阁等等遗迹，或祖传的陈谈旧事，情况就迥然不同了，传说也有来龙去脉，内容丰富了，人们的态度也不那么冷淡了，甚至，还会有人出来解释它的来历，添加上'您说不能全信吧，但也不能不信，'如何如何等等。"③ 可见，圣址的存在并不在于增强传说的可信度，而更在于引发对传说的兴趣，进而产生口传和仪式等日常互动，民众的观念便油然而生其中："江以娥名，地以娥名，渡以娥名，夫孰非娥之纯孝所致哉？"④

曹家堡周边乡民在日常互动中所确认的圣址及其相关的建筑、图画（壁画、绘画）、塑像、雕刻（砖雕、石雕、木雕）等诸多物质文化样态，是社会史学者近些年来日益重视的史料形式，但毋庸讳言，对这类史料的使用，无论在观念的接受，还是在具体运用上，都存在许多有待解决的基本问题。就圣址而论，在传统中国地方社会中，其数量之多，超出我们的意料。如，在一个江南中型市镇，总有那么十个八个祠庙。著名作家徐迟称：湖州南浔镇虽然不大，却有庙宇一百多座；其中和尚庙较多，庵堂也不少。⑤ 乡村庙宇是乡土社会的一方精神家园，以致有人说，要了解一地之乡风民俗，把脉共同体之精神丰弱，细致了解一座乡村庙宇的构成和历史也就够了："每一处乡村的历史，一定在那一处的某一座庙宇之中。"⑥ 从曹娥庙的乡民互动历史中，对于类似略带文学化的表达，我们不难体悟

---

①　朱葆儒：《虞西板桥曹氏续修宗谱序》，《板桥曹氏大全宗谱》，第 1 页 a。

②　唐煦春：《重刊曹娥庙图志序》，夏之时主修，金廷栋编辑：《曹孝女庙志》，"唐序"，第 3 页 a。

③　［日］柳田国南：《传说论》，第 10 页。

④　吴兴祚：《曹江孝女庙志序》，沈志礼辑修：《曹江孝女庙志》，第 14 页 b。

⑤　徐迟：《江南小镇》，作家出版社 1993 年版，第 45 页。

⑥　阎连科：《返身回家》，解放军出版社 2002 年版，第 83 页。

其所强调的实际意义所在：民间圣址特别有利于揭示底层民众的思想观念。

在社会史学界，一部分研究者一方面抱怨史料的缺乏，另一方面对于类如物质文化史料却熟视无睹。如果我们要探寻民国时代西塘（浙江嘉兴）乡民的观念世界，却不屑于历史上乡贤们留下的地方竹枝词，不去探访竹枝词中的百橼堂、五柳村、忧欢石、渔家栅、太子墩、四贤祠、积骨塔、东西观、烧香港等众多的物质文化遗迹，[①] 那该如何着手呢？须得明白的是，历史上的普通民众就生活在这样的人文生态之中，循着他们生活的轨迹，自然就能进入他们的生活世界。底层百姓的生活已经向我们指示了现实的研究思路。

再次，依据生活理想，扩充祭祀对象。

曹娥庙又称孝女庙，是为纪念孝感动天的一位少女而立的，同时配享的曹娥父母、朱娥和诸娥，[②] 也都跟孝女有着直接或间接的关联。需要注意的是，为孝感动、以孝自律并不是乡民祭拜曹娥的全部。曹娥投江之后，乡民们“临江设祠奉祀之，藉动后人之观感，初非有他意存乎其间”，但后来，“祠中辟有闺房，孝女坐床中。好事者于床下抽屉中置弓鞋二，一红一绿，伸手摸之，红者卜男，绿者兆女”[③]。这一信仰起于何时已不可考，但直到20世纪30年代，每年农历五月二十二日，“妇女约伴焚香祈祷，或舟车，或徒步，波逐云屯，极一时之盛”[④]。以弓鞋兆示胎儿性别，主要不是因为曹娥的孝道，而是因为她以孝成神；既已为神，便神通广大，指示子孙的多寡似乎是“分内”之事。[⑤] 既可以指示一个家族的荣枯，当然也能明示一个人的未来。在曹娥庙的正殿东首有一块石碑，碑上刊一

① 李正墀：《塘东樵唱》（1923），嘉善县政协文史委员会等：《嘉善县文史资料》第7辑，1992年，第253—282页。

② 据《神迹图·朱娥配享》：“朱娥者，上虞朱回女也。幼失怙恃，鞠于祖母。（宋）治平三年（1066），祖母诟其族人朱颜，颜持刀欲刺。娥年十岁，执颜衣不放，祖母赖以得脱，颜遂杀娥而去。有司以闻，诏赐粟帛。宋神宗时，会稽令董楷立像庙中。”《神迹图·封诰荣亲》：“宋理宗淳祐六年（1246）封神父‘和应侯’，神母‘庆善夫人’。”《神迹图·诸娥配享》：“诸娥者，山阴人也。明太祖时，父士吉以诬罪论死，二子吁父冤，亦拟大辟。娥年八岁，诣金陵折钉板叩阍，三冤并雪。娥归里，因金疮伤重而卒。（明）万历年间，巡抚刘公立像配于庙。”

③ 颐素：《风俗画》，《妇女杂志》1919年第5卷第11期。

④ 颐素：《风俗画》，《妇女杂志》1919年第5卷第11期。

⑤ 在这里，近代乡民未必意识到，在先秦时代，孝的初始含义之一就是生儿育女，传宗接代。参见肖群忠《中国孝文化研究》，第21页。

诗，署名方承涛。1934 年有游人至此，闻住僧道：

> 其人为清时巡抚，未第时，穷途潦倒，尝置案测字于此，因不善
> 阿谀，无人问津，愤而出走，夜梦孝女告曰：汝非庸俗，去当有利，
> 后果衣锦而归。因感其灵，为刊诗立碑于此。①

在这里，曹娥指示着人们的富贵前程。此外，曹娥还担负着捍卫一方
共同体生命财产安全的责任。礼记曰：有功德于民则祀之，能捍大患能御
大灾则祀之。若曹娥神，"昭灵表绩，岁时无风涛之警，德溥于粉榆而庆
流无极。殆所谓孝于亲者慈于民，宜四方之进礼祠下"②。慈民与孝亲很自
然在曹娥身上结为一体。以此类推，曹娥还有什么不能的呢？

由此我们可以明白，问题的关键不在于曹娥能为乡人做什么，而更在
于乡人的生活理想是什么。曹娥只是一个载体，乡民通过某种方式，或仪
式或口传，在日常互动中表达自己关于生活理想的观念。20 世纪 30 年代
前后流行于上虞的歌谣云："乡下老人旧病发，走到城隍庙里问菩萨。"③
于此可见，乡民观念表达所依托的载体也可以是城隍。普通民众在民间生
活中所进行的种种日常互动，其价值，特别是其之于民众观念的价值正在
于此。

曹家堡周边乡民依托曹娥所表达的观念如此庞杂，逻辑如此牵强，反
映了传统中国民众观念的一般特征。面对这样的观念，研究者该如何下
手？民众思维的理路如何？如此等等，皆令习惯了整理精英文本的史学研
究者摸不着头脑。具体的研究思路可能很多，但有一点是肯定的：既然民
众观念渊源于日常生活，存活于日常互动，依据生活理想，那么，民间生
活的性状便构成民众观念的基本逻辑框架，是为民众观念的生活逻辑。

依据生活逻辑，我们对民众观念的来源有了新的认识。经典作家认
为，"没有精神生产资料的人的思想，一般地是隶属于"统治阶级的，这

---

① 竹舫：《游曹娥庙记》，《京沪沪杭甬铁路日刊》1934 年总第 1000 卷。

② 夏之时：《重辑曹江孝女庙志序》，夏之时主修，金廷栋编辑：《曹孝女庙志》，"夏序"，
第 1 页 b。

③ 歌谣搜集者注解道，"乡下老人是指村妇，她旧病不发，当然不愿去请教菩萨，去问到菩
萨，当然想菩萨保佑她健康起来。"参见雨洲《歌谣底一鳞》，《上虞声》1930 年 12 月 12 日第
4 版。

一结论确实只是"一般地"成立，在阶级对立和阶级统治的意义上是成立的，但这并不意味着所有的民众观念都受到统治者的支配：在有关社会秩序的观念上，其所受到的支配非常明显，但其他更多的观念，若者血缘亲情观念，若者地缘交往观念，若者祥瑞顺遂观念，若者生命健康观念……与其说源于上层社会的教化，不如说直接源于民间生活，而只要进入民间世界，我们就会发现，民众观念为其身边的日常版本所触发，自然呈现于日常互动之中。所有这些观念，与统治者提倡的孝道在普通民众中的呈现样式别无二致。

　　一个14岁的少女以什么样的魔力为世世代代中国民众狂热崇拜？当然是她的孝德。然而，历史时期中国的孝子贤孙不知凡几——所以有所谓《二十四孝》故事、《百孝图说》《劝孝格言》等的不断刊刻——为什么曹娥能压倒群孝、产生如此巨大的影响呢？答案可能很多：比如曹娥的刚烈，可就在曹娥庙中的另外两位村姑——朱娥与诸娥，其烈性完全不亚于曹娥，而且烈性举动更加合乎情理，却只能配享曹娥；也可能因为历代统治者的不断旌显，可是，受旌表者无数，统治者却对曹娥宠渥有加。可见，根本原因不仅在曹娥，也不仅在统治者，而更在于曹娥的孝义、统治者的旌显和民众观念呈现方式的有机结合：曹娥的孝义不但符合统治阶级"神道设教"的要求，更契合底层民众构建地方生活秩序的心理；统治者的旌显未止于向社会广而告之，更重视深入民间、将之转换为民众能够理解、时常接触的日常版本；民众观念在口传和仪式等互动过程中自然呈现，而日常互动即普通百姓的生活常态。凡此种种，构成民众观念存续的独特机理——依日常生活呈现观念。注意这一过程所牵涉的诸多互动关系，如精英与百姓的交流、国家与社会的沟通、传统与现代的勾连，等等，不仅有助于我们理解近代中国社会的一般原则，也使我们真切认识到民众社会的实际运作状态。

　　这样的论题不能仅仅视为对民众生活史实的揭示，更重要的是史学思维方式的更新。眼光向下的社会史致力于凸显普通民众，却常常面临缺乏史料的尴尬。其实并不是没有史料，只是缺乏通常我们习惯的文献资料，却不乏口传史料、仪式史料、图像史料等等；也并非没有文献资料，而是相关文献不是以文本加以呈现的，而可能勒诸碑碣，题于建筑，见于家居；也并非没有文本，只是那些文本散落在民众生活所在地，而不是集中在某个档案馆。总之，它们藏诸百姓日常生活之中。那里是他们创造历史的地方，当然也是史料存在的地方。以"曹娥文化"为案例揭示民众观念的生活存续机理，证明了文化的另一面相：文化是生活的手段。[①] 对于这种文化的研究，舍深究于日常生活无以济事，而在这方面，人类学的擅长可以为民众社会史研究提供方法上的借鉴。不过，这是另当别论的。

---

① ［英］马凌诺斯基：《文化论》，费孝通译，华夏出版社 2002 年版，第 15 页、"译序" 第 2 页。

第 九 章

乡村生活的改进

经过 60 多年的近代递嬗，民初江南已经与前近代社会明显不同。这一变迁承受着外国资本主义经济的强力渗透，历经了民主政体的制度选择，伴随着思想观念的西风东渐，从而在地方社会留下了向着近代目标奋进的踪迹，但在发生上，基本还是一个自然成长的过程。近代中国的社会变迁至 20 世纪 20 年代末 30 年代初出现了严重的问题，其中"足以影响国本的动摇"者莫过于所谓"农村破产"。论及农村破产的原因，时人普遍认为，大概不外乎贫、愚、私、弱四种主要因素，而此四种因素之造成，"无非为帝国主义经济的侵略，地主、土豪、贪官、高利贷者的剥削，和水旱灾荒，风俗恶化，教育幼稚，水利不修，农产物价低落"，等等。[①] 基于这样的认识，一些政治—社会精英高喊着"向田间去"，积极投身于乡村改进事业。[②] 与自然的社会变迁过程不同，乡村改进事业在实施主体所具有的问题应对方略、自觉改变意识、具体路径选择和总体目标追求等方面，都显示出预为设计的计划变迁特征。

在民国乡村改进运动中，涌现出许多令人炫目的实验模式。[③] 这里，我们以其中两类日常共同体为案例，侧重揭示江南乡民生活改进的特色。

① 王洁人、朱孟乐：《善人桥的真面目》，吴县善人桥农村改进委员会印行，1935 年，第 101 页。

② 此项运动的名称当时有不同的称呼，通常有"乡（农）村建设""乡（农）村改进""乡（农）村改造"等。

③ 据郑大华《民国乡村建设运动》（社会科学文献出版社 2000 年版，前言）：参加乡村建设运动的学术团体和教育机构达 600 多个，建立各种实验区 1000 多处。储劲在《五年来的唯亭写真》（《教育与民众》1934 年第 5 卷第 9 期）中曾按照实施改造机关将乡村建设运动分为八种类型、五种方法。

第一节　徐公桥：拯救乡村的日常路径

中华职业教育社从成立之初，就非常重视农村教育。1926 年 5 月，中华职业教育社联合中华教育改进会、中华平民教育促进会、东南大学教育科在昆山开办徐公桥乡村改进试验区，1928 年 4 月由职教社独立承办。① 在黄炎培看来，乡村教育的办法，"最合理论，最切事实的"，无过于"农村划定范围，来办教育和其他改进农村的事业"②。

一　从民族国家到日常共同体

晚清以来，面对日益深重的民族灾难，救亡图存成为最紧迫的时代主题，一群知识人形成"教育救国"之共识："复兴农村为复兴民族之基础。"③ 在中华职业教育社同仁看来，民族危机不只是表现在军事败北、外交失利等政治层面，也反映在平民百姓难以为继的日常生计中："吾国最重要、最困难问题，无过于生计"，尤其是乡民生计；此问题的"根本解决惟有沟通教育与职业"，职教社"认此为救国家救社会唯一方法"④，是为"职教救国"。1926 年前后他们欲由工商业教育进而试办农业教育，但"以中国农村之衰败，而欲致农业教育之有成，事实上有所不能"⑤，于是"特地的转变方向，专从一般农民身上着想，专从一切农村方面用力"⑥。职教社乡村改进事业于此发轫。

中华职教社办事部主任黄炎培认为，乡村教育"最合理论，最切事实的"的办法莫过于"就农村划定范围"来进行。⑦ 1925 年 8 月议定划区试验之法，次年秋与国立东南大学农科、中华教育改进社、中华平民教育促进会合组徐公桥乡村改进试验区。但不久，在万分困难的环境中不得已而停顿。⑧

---

① 陆叔昂：《三周岁之徐公桥》，中华职业教育社刊行，1931 年，第 1 页。
② 黄炎培：《怎样办职业教育》，《教育与职业》1931 年第 127 期。
③ 李宗黄：《考察江宁邹平青岛定县纪实》，正中书局 1935 年版，"自序"第 14 页。
④ 《中华职业教育社组织大纲》，《环球》1917 年第 2 卷第 1 期。
⑤ 姚惠泉：《中华职业教育社之农村事业》，中华职业教育社刊行，1933 年，"总说"第 1 页。
⑥ 江恒源编：《徐公桥》，中华职业教育社刊行，1929 年，第 10 页。
⑦ 黄炎培：《怎样办职业教育》，《教育与职业》1931 年第 127 期。
⑧ 姚惠泉、陈叔昂：《试验六年期满之徐公桥》，中华职业教育社刊行，1934 年，"黄炎培序"第 1、4 页。

至 1928 年复兴，由职教社勠力进行，编成六年计划，预计至 1934 年试验告一段落，移交地方接管。

徐公桥位于江苏省昆山县，南滨吴淞江，东距县内大镇安亭 3 里，交通便利。最初划定的试验区是江南水乡一处典型的日常共同体。中心徐公桥，本为一石桥，始建于元至正年间，[①] 镇以桥名，环桥而起的"极小市集"发展成了徐公桥镇。[②] 桥的东岸躺着一条笔直的长街，桥的西岸横着一条短街，合成一"丁"字形。[③] 镇民 52 户，311 人，[④] 其中商户约 20 家，经营茶馆、杂货、米业、染坊等业，[⑤] "是一个具体而微的小市场"，"足供村民的需求"[⑥]。试验初行时，周边大小村落 28 个，446 户，约 2000 人。[⑦] 村子由小镇向西、向南、向北三个方向散开：

> 一湾一湾的绿水，间着一段一段的田亩，划成一个一个的村落……在每一个住宅旁边，都有一湾绿水，一架板桥，桥面下面泊着小小地（的）船，岸旁植着稀疏的柳。每逢夕阳西下，宿鸟还巢的时候……许多上街购物的村民，亦在此时洋洋得意的驾着扁舟，满载而归。[⑧]

这样一个 500 户左右的水乡网络，由多种经济和社会的生活纽带相互牵连，乡民们彼此熟识而连为一体。

以日常共同体为单位进行改进试验，基于社会整体观："社会是整个的……乡村社会比较简单，不适用分工制，尤须向整个的社会谋全部的改进。"[⑨] 1924 年中华平民教育促进会从城市转入乡村时，会长晏阳初也注

---

① 江恒源编：《徐公桥》，第 7 页。

② 陈叔昂：《三周岁之徐公桥》，中华职业教育社刊行，1931 年，第 11 页。

③ 周浩如：《回转隔别二年的徐公桥》，《教育与职业》1933 年第 8 期。

④ 姚惠泉、陈叔昂：《试验六年期满之徐公桥》，第 15 页。

⑤ 《昆山县徐公桥乡区社会状况调查报告书》（1926 年 7 月），李文海主编：《民国时期社会调查丛编》（2 编·乡村社会卷），福建教育出版社 2009 年版，第 549 页。

⑥ 周浩如：《回转隔别二年的徐公桥》，《教育与职业》1933 年第 8 期。

⑦ 江恒源编：《徐公桥》，第 6 页。按，徐公桥后来的试验区范围扩大，至 1934 年，户口 735 户，人数达 3597 人；见黄炎培《从六年半的徐公桥得到改进乡村的小小经验》，《五六镜》，（上海）生活书店 1935 年版，第 82 页。

⑧ 周浩如：《回转隔别二年的徐公桥》，《教育与职业》1933 年第 8 期。

⑨ 黄炎培：《怎样办职业教育》，《教育与职业》1931 年第 127 期。

意到日常共同体对于改进工作的便利："乡村都是若干家庭聚集的小社会，日常共处，彼此了解，相互间具有强烈家族精神及共同责任意识的维系，这是推行平民教育需要的重要因素。城市环境复杂，人品不齐，这一因素不是缺乏就是非常微弱。"① 其中所谓"小社会"不是抽象人群的统合，而是具象乡民的聚居。以日常共同体为试验单位，职教社还有另外两个实际考虑：第一，试验从一隅开始，即或失败，损失亦不多，故规模不嫌其小；第二，民间团体跟政权机关不同，就"地位和环境来说，是不能扩大，并且不宜扩大"②。

徐公桥试验是职教社乡村改进事业的起始，当时全国从事乡村改进运动的，"也还寥寥，或者可以说绝无仅有"③，所以他们对成功充满期待，希望在徐公桥取得经验后向全国推广。1929 年职教社办事部主任江恒源指出：

> 全国三万五千万农民，假定每二千人为一村，全国当有一十七万五千村，有志救国的同志们，倘能一齐到乡间去，从事于改进工作，把一十七万五千村，在最短期间内，做到"野无旷土，村无游民，人无不学，事无不举"的程度，岂不是一片和亲康乐和平的气象，弥满全国么？到了这样地步，还怕三民主义，不能实现么？求仁不远，爱国有方，同志好友，盍兴乎来！④

从日常共同体开始，以生计教育为中心改进乡村生活，实现民生主义的理想，如果说这样的思路是教育救国，那么，职教社戛戛独辟了一条日常路径，堪称乡村改进的"模范"⑤。这一路径从乡村改进的社会动机到实践主体、而方式方法、而生活理想，具有独特而系统的内涵，需要全面梳理。⑥

---

① 吴相湘：《晏阳初传——为全球乡村改造奋斗六十年》，岳麓书社 2001 年版，第 61 页。

② 黄炎培：《从六年半的徐公桥得到改进乡村的小小经验》，《五六镜》，第 96—97 页。

③ 黄炎培：《从六年半的徐公桥得到改进乡村的小小经验》，《五六镜》，第 89 页。

④ 江恒源编：《徐公桥》，"叙言"第 3 页。

⑤ 李宗黄：《考察江宁邹平青岛定县纪实》，"自序"第 14 页。

⑥ 学术界专门对徐公桥改进试验进行研究的成果很少（仅见朱考金、姚兆余在 2007 年第 4 期《中国农史》上发表的《"富教合一"：徐公桥乡村改进实验初探》），但在关于民国乡村建设运动的研究中大都会涉及此论题，如郑大华的《民国乡村建设运动》（社会科学文献出版社 2000 年版），祝彦的《"救活农村"：民国乡村建设运动回眸》（福建人民出版社 2009 年版），朱考金的《民国时期江苏乡村建设运动研究》（中国三峡出版社 2009 年版）等，这些成果给我们呈现了徐公桥改进试验的大体框架，研究的深入还有赖于在问题意识的导引下进行专门的考察。

二　主客角色的理性定位

徐公桥试验区于 1934 年 7 月 1 日按原定计划移交地方接管。这是职教社"很早注意的结果"①，所以在试验的 6 年里，一直"佐之以农村自治，以谋达到真正自治之目标"。为了将这种自治的"徐公桥之精神"扩大于全县，1933 年夏成立"昆山县自治实验区"②。以自治为目标的徐公桥试验计划决定了职教社的角色扮演，对此，黄炎培明确指出："徐公桥是徐公桥人的徐公桥，我们站在客位上帮助他们建设成功。我们是客卿，是剧场的票友。"③与职教社的定位相对应，徐公桥乡民在改进事业中当然处于主位。不过在试验开始的头三年，职教社对于相应的角色定位并不清晰：改进会"职员努力做事，而当地农民等参加者极少。盖宣传联络太欠工夫，农民等根本上未能了解改进宗旨，认为改进会不过一普通慈善机关，故取袖手旁观态度"。后来，分会先后成立，学校从旁协助，"农民等方觉改进意义之重大，乐于参加，于是事业方有突飞猛进之现象"。改进会据此认为，农村工作者应"先唤起农民自觉，使居主动地位，指导机关处辅导地位"④。因此在 1929 年的《中华职业教育社乡村改进试验实施办法》中，特别强调这样一条原则："一切设施，以本区人为主体"，"期使试验期间终了后，能以当地人才继续举办为度。"⑤ 1932 年底前去徐公桥指导改进工作的张耀曾也曾发表"应从指导工作而注意自动作用"的"卓见"："自己负责，办自己改进之事，才是农村改进之目标。指导奏效之后，当继以注视的态度，试其已否能看定此目标进行。"⑥ 在徐公桥试验中，乡村工作者都会注意到这一原则："大凡建设新村最好由本地人领导，切忌聘请言语不通的外乡人。"⑦

中华职教社所倚重的当地人才主要包括两部分，一是乡间领袖，一是地方干部。"地方有领袖人物，可以协同办理"是选择试验地点的一个重要条件，徐公桥之所以被选中，"尤其难得的，是地方有许多热心公益的

---

① 黄炎培：《从六年半的徐公桥得到改进乡村的小小经验》，《五六镜》，第 91 页。
② 姚惠泉、陈叔昂：《试验六年期满之徐公桥》，第 6、70 页。
③ 黄炎培：《从六年半的徐公桥得到改进乡村的小小经验》，《五六镜》，第 90 页。
④ 姚惠泉、陈叔昂：《试验六年期满之徐公桥》，第 6 页。
⑤ 陈叔昂：《三周岁之徐公桥》，第 5 页。
⑥ 张耀曾：《从指导到自动》，《教育与职业》1933 年第 3 期。
⑦ 凌莘子、徐因时：《参观徐公桥新村记》，《江苏教育通讯》1933 年第 1 卷第 4 期。

领袖，愿意全力进行。"职教社最初人手少，事务太忙，都是"仗着地方诸位领袖，热心帮助，才能使会务进行不懈"。徐公桥乡间领袖最著者当推蔡氏昆仲。兄蔡望之，世居徐公桥镇，曾担任江苏省议会议员，清刚正直，名震一时。1924—1925年齐卢战争期间，他亲率保卫团，持械防御，溃兵屡想来犯，竟不能越雷池一步。[①] 1926年6月职教社在昆山实地调查时，遇到这位"乡望素隆，且勇于任事"[②] 的领袖，请求"把他的家乡徐公桥为试验区"[③]，后来他对于乡村改进事业"无事不予以相当的帮助"。弟蔡蕴之，徐公桥试验时任安亭乡政局局长，"遇事更能为（改进）会帮忙"。职教社"最初敢于放心放手，在这一个地方试办改进事业，可以说完全是因为有蔡先生及其他诸位先生"。徐公桥县立中心小学的校长亦"热心赞助改进事业，遇事皆能合作"[④]。职教社的会所就设于该校。徐公桥镇镇长姓蒋，镇上开有商店，家底颇为殷实，任改进会总务部主任，尽管没有报酬，但他"对于地方改进事业，十分热心"[⑤]。

徐公桥当地人才中的地方干部是着意训练的成果：

> 曷谓培养人才？乡村改进成功，即地方自治成功，地方事，端赖地方人自觉自动自主，若举办一切，处处借材（才）异地，则日久有人亡政息之虑，若重要责任，仅赖少数领袖之主持，则难以推动全局，是以本区委员会之委员，完全以本区人为主，绝不借助于外界大人先生之盛名。更设分会，选举当地农友为干事，练习其办事之精神，青年之严格训练，以储养后起人才。[⑥]

将一部分热心农友吸收到改进分会组织中，"练习其办事之才能"，这是地方人才的培养方式之一，第二种方式是村长谈话会。徐公桥试验区28村，每村有村长一至两人，其人选标准是：能为全村领袖者；热心公益者；具有革新精神者。改进会组织村长谈话会，每两星期一次，届时请名

① 江恒源编：《徐公桥》，第10—13页。
② 《昆山县徐公桥乡区社会状况调查报告书》（1926年7月），李文海主编：《民国时期社会调查丛编》（2编·乡村社会卷），序页。
③ 姚惠泉、陈叔昂：《试验六年期满之徐公桥》，"黄炎培序"第3页。
④ 江恒源编：《徐公桥》，第13页。
⑤ 杨开道：《徐公桥考察纪实》（续），《农业周报》1929年第3期。
⑥ 姚惠泉、陈叔昂：《试验六年期满之徐公桥》，第70页。

人演讲，或讨论进行事宜，以求革新。① 据 1933 年资料，"改进会的办事员已十分之九是本地人"②。

需要指出的是，所谓当地人才，更广泛地产生于自觉意识到乡村改进意义的乡民当中。这是一个潜移默化的心理变化过程，离不开改进会成员日常的身体力行，即黄炎培所提出的对于"从事改进农村者的人格"要求：

> 一般民众怎么样会听你话，跟你跑的呢？你要指挥人家的身，先须取得人家的心。人家厌恶你固然不好，惧怕你也是不行。必得使人家敬你，爱你，信仰你。人家心目中从你的平时和临时一切行为，得到一种确切的认识，以为你为人是绝对可靠的。并且确信你一切行为都是为他们，而不是为你自己，从此要他们怎样，他们便怎样。所谓"君子信而后劳其民"，就是这个道理。若要做到这点，一大半就靠你人格感化。③

1927 年、1929 年黄炎培两赴徐公桥，偶遇村妪，问：为什么新年在"无逸堂"（村内公共礼堂）演戏？答：乡村改进会不许大家新年赌钱，所以请大家看戏；又问：改进会的人干些什么？他们自己赌钱吗？答：他们不赌钱，他们是做好事，劝大家做好人。黄炎培后来还了解到，村里学校教员、改进会干事帮助群众打扫道路，协助清洁卫生工作，给群众留下很好的印象。④ 总之，改进会"自己先做给农民看，到结底农民都自愿来跟随，如筑路哪，造桥哪，都是这样做成功的"⑤。乡间领袖对自己行为的约束，更增强了外来改进者的他助力量。就婚嫁一端，徐公桥中上之家不必说，即贫苦农家，"亦为虚荣心所迷，日趋奢华，不惜举债以争一时之荣"，于是改进会有婚嫁改良会之组织，旨在挽救陋俗，乡间领袖带头"取法"。先前，改进会主席蔡望之为其次子完婚，先后设宴五日，迨 1932 年长女出嫁、1933 年三子结婚、1934 年幼女出嫁，正式宴

---

① 江恒源编：《徐公桥》，第 38 页。
② 凌莘子、徐因时：《参观徐公桥新村记》，《江苏教育通讯》1933 年第 1 卷第 4 期。
③ 黄炎培：《关于农村改进几个小而扼要的问题》，《五六镜》，第 110 页。
④ 黄炎培：《八十年来——黄炎培自述》，文汇出版社 2000 年版，第 119—120 页。
⑤ 陈叔昂：《三周岁之徐公桥》，第 133 页。

客仅一日。① 经过这些努力，乡村改进事业中最让人担忧的地方人才问题，得以基本解决。1931 年职教社农村服务部姚惠泉在日记中写道：

> 子有赤心以供献于农民乎？则至诚所感，从者将风起。子能以身作则，为农民范，利之所在，人将争效之，则人材（才）可无忧也……虽然，农民之信仰，之感情，子应注意取得，实为先决条件焉。②

农民的心理、感情和信仰之所以是乡村改进的"先决条件"，乡村革新理论家傅葆琛洞悉其详：

> 乡村人民虽然贫穷的多，但是并非穷得没有饭吃，不过格外节俭朴素而已。他们常说："人穷志不穷。"他们不大欢迎别人拿"钱""势"来骄傲威吓他们，把他们看做可怜的人来创慈善事业。他们宁可"闭门不纳"，过他们的清闲日子，不肯多找麻烦，来受别人的气。③

根据徐公桥改进事业中的主客角色定位，中华职教社自觉扮演起他助的角色。依据《徐公桥乡村改进会农艺部划区试验场章程》，职教社选择试验区内的农家，"特约合作，以改良农作物"，并与特约农家事先确定各自的权利和义务：倘试验失败，农艺部以普通农家收获量为标准负赔偿之责，倘试验成功，所得利益完全归合作之农民享受；农艺部为特约农家选购良种和肥料，按市价出售予农民使用；特约农家须依照农艺部规定之种植和管理方法进行试验；试验田发生病虫害时，特约农家应即报告农艺部，设法灭除；秋收后农艺部举行农产展览会，特约农家应将农产物送会展览。④ 1931 年 6 月举行麦作展览会一周，前后到会参观之农民 300 余人。⑤ 职教社"为补助农民经济，并为养成农民合作习惯起见"，1928 年初夏拨

①　姚惠泉、陈叔昂：《试验六年期满之徐公桥》，第 23 页。
②　陈叔昂：《三周岁之徐公桥》，第 134 页。
③　傅葆琛：《乡村生活与乡村教育》，江苏省立教育学院研究实验部刊行，1930 年，第 68 页。
④　江恒源编：《徐公桥》，第 65—66 页。
⑤　陈叔昂：《三周岁之徐公桥》，第 44 页。

款 500 元，交由改进会设法组织借贷合作社。① 徐公桥修建桥梁的经费，改进会任 2/10，请求区公所补助 2/10，蔡望之独力捐助 2/10，就地筹集 4/10，于是群相踊跃兴修，交通从此无碍。②

在徐公桥试验中，改进会往往在事业兴起之初采取借拨款项、赔偿损失和物质奖励等方式为其输血，但这些不过是权宜之计，职教社认定，"职业教育机关的惟一的生命"是社会化，③ 相应的，乡村改进者倾力扮演的角色是在社会与乡民之间充当中介人。时人总结徐公桥成功经验时指出，改进会能把徐公桥办好，"一方面果是会里的功劳，另方面是当地人士的功劳。他们不惟经济上予以援助，就是在力量上也有相当的援助……成绩的形成，第一个因子是当地人士的联络了"④。这其实就是黄炎培所注意到的主客位角色意识。江恒源在徐公桥试验六年期满总结时，也特别强调这一角色意识的重要性：

> 农村服务人员……最要紧的，是使他能到各处去贩货，去取方法。比如改良农事罢，一定有一个农学院或农事试验场在他背后，遇有问题发生，便转身去讨教，贩得好货，取得好法，马上回来，就交给农民。推而至于教育的实施，也要有一个研究机关，立在他的背后。如此，则办理改进的先生，便完全站在学术机关和农民两方中间，做一个介绍者。这样一来，高高学府的文化恩惠，可以下及于胼手胝足的农人；而无知无识的农人，也可沐受文明的日光，渐渐提高地位了。⑤

应该说，乡村改进事业中的主客角色定位并不是职教社的独出己见，而且，徐公桥试验初期，因疏于"组织民众，唤起民众，故进步迟慢，后三年则反从前所为，始有如是之均衡成绩"。改进会以其曾经走过的"黑路"告诫正在进行中的乡村改进者，"惟有协助农村，自行为之，始为真

---

① 江恒源编：《徐公桥》，第 103 页。
② 姚惠泉、陈叔昂：《试验六年期满之徐公桥》，第 16 页。
③ 黄炎培：《职业教育机关惟一的生命是怎么》，《教育与职业》1930 年第 113 期。
④ 陈叔昂：《三周岁之徐公桥》，第 133 页。
⑤ 姚惠泉、陈叔昂：《试验六年期满之徐公桥》，"江恒源序"第 4 页。

切，始为彻底"①。也就是说，职教社以其试验的教训和调整后的经验，贡献于整个民国乡村改进运动。依据徐公桥六年试验的经验，时人将主客角色的明确定位勒为乡村改进事业的一条重要原则：

> 农村事业的实行，如以农村以外的人为主体，总是发生隔膜误会，不能成为纯粹社会上的工作。徐公桥的工作，办理的人处辅导地位，而当地人士居领袖地位。所以一切工作均能成为社会生活的一部分，并能引起当地人民对于事业的赞助与努力。这项原则亦可说是任何农村工作者必须遵守的。②

三　生活教育的枢纽地位

20 世纪 20 年代后半期开始的乡村改进运动，虽然各方出发点不同，推行方法各异，主张不一，但他们有一点是共同的：希望乡民能够了解他们所做的工作、实行他们提倡的各种改进事业。但乡民的了解和实行是以其具备"相当的教育程度"和"相当的经济能力"为前提的，换句话说，试验"宁可在农村民众教育程度和经济能力范围之内去做，万不可超过这个范围"③。这两个方面实是开展乡村改进的充分必要条件。徐公桥试验以生活教育为乡村改进的枢纽，富有成效地满足了这两个条件。

黄炎培承认，生活教育的关键地位是不断民主化的时代所造就的。职教社非常清楚，"推广平民教育，要从生计问题上着手"④。在乡村改进中，平民教育其实就是对乡民的生活教育，其中最重要的是生计教育，因为在乡民眼里，生计"怕要占第一位……要是我们没有法子在他们的生活上，尤其是生产上，增加些利益——至少减少些损害，随你讲多少好听的话，全不中用"⑤。于是，生活教育成为徐公桥乡村改进事业"发动的枢组（纽）……教育目标，以经济生产为惟一中心，以组织团体完成公民道德，发扬民族精神，训练保卫能力与技术，为重要目的"⑥。

① 李宗黄：《考察江宁邹平青岛定县纪实》，"自序"第 13 页。
② 姚惠泉、陈叔昂：《试验六年期满之徐公桥》，"何清儒序"第 1 页。
③ 傅葆琛：《乡村生活与乡村教育》，第 201 页。
④ 黄炎培：《我来整理整理职业教育的理论和方法》，《教育与职业》1930 年第 100 期。
⑤ 黄炎培：《与安亭青年合作社谈乡村事业》，《教育与职业》1929 年第 103 期。
⑥ 姚惠泉、陈叔昂：《试验六年期满之徐公桥》，"江恒源序"第 3 页。

徐公桥所实施的生活教育在江恒源的"富教合一"主义中获得高度概括，事实上，六年的徐公桥试验即"本富教合一的一贯精神"① 而进行的。所谓"富教合一"便是一面传授致富的方法，同时教授人生的实用知识，训练道德行为；这种教育"是跟着致富方法走的，是以物质为基本的，不是谈空话，强迫人家不吃饭去做好人的。所谓道德行为，要从穿衣吃饭的行为上评价出来，所谓实用知识，要从利用厚生的效验上，证明出来"②。分析来说，"富"指基于生计的实用知识以及道德行为，而"教"则是获致这些丰富知识和道德的方法，两者在徐公桥试验中"合一"，呈现出辩证而统一的关系。

具体地说，"富教"关系的一面体现为，生活以教育为手段。这里的教育不是传统意义上的识字断句，即狭义的"文字教育"，而是广义的近代教育，在近代乡村主要是生计培训和道德习得，如教导农事、卫生、建设、娱乐，等等，"皆含有给与（予）知识训练道德训练的功效在内"③。近代生活以理性知识的专门学习为要求，与传统社会的经验传承相区别，专业化教育在其中发挥越来越重要的作用。徐公桥乡村改进会认为，农产不能增进，公益无以自谋，就因为乡民智力浅陋。智力何以浅陋呢？就因为他们没有受过适当的教育："一个没有受教育的人，和一个受过教育的人，立在一块，简直可以说是两个世界"；这么说来，再不能怪乡民不明白种种自治事业，也不忍心怪乡民不知道改良一切，唯有"替他设法谋教育"④。来到徐公桥的知识人发现，乡民舂谷、戽水、打稻、罱泥等劳作，"都是用很老的方法，很贵的人工——据说农忙时，每工须大银元五角，平常也要大银元二角五分。工作一天贵一天，而工具和工作方法，都还没有改良"⑤。于是，他们提倡使用新式农具。但是，乡民最初却不明白这些工具的使用方法，需要告诉他们"构造怎样，装置怎样，实地试验给他们看，效用怎样，用口不足，要继之以手，用言不足，要助之以图，因此，农民分明了，高兴采用了，因采用而人工省赚钱多了，同时他又能得着若干的物理学和制造学上的知识，还不是教

---

① 姚惠泉、陈叔昂：《试验六年期满之徐公桥》，第 6 页。
② 江恒源：《"富教合一"主义》，《教育与职业》1930 年第 108 期。
③ 江恒源：《"富教合一"主义》，《教育与职业》1930 年第 108 期。
④ 江恒源编：《徐公桥》，第 49 页。
⑤ 黄炎培：《与安亭青年合作社谈乡村事业》，《教育与职业》1929 年第 103 期。

他致富，又教他科学常识么"①？由此，职教社所秉承的职业教育理念在乡村改进事业中被赋予了近代科学的意义。1929 年黄炎培指出，150 年来的工业革命起主导作用的，就是科学，"最近高唱职业教育的动机，无论中国、外国都起于承认科学。用科学解决，百业有进步；不用科学解决，便无进步……职业教育，直接求百业的进步，间接关系民生国计大问题，并不会在科学以外，别有解决的新方法"②。

近代中国农民昧于科学潮流，墨守成规而不思改良，大大影响生计。据改进会 1928 年的调查，在徐公桥种植的主要农作物中，水稻平均亩产量合米一担二斗，小麦均量一石上下，棉花均量 70 斤左右，依此情形，"农民经济状况，焉得不困难"？从技术推究原因，不外乎：品种之不良；肥料之不足；病虫害之损失；人工之缺乏。其中"人工缺乏"跟农具落后密切相关：徐公桥农家平均每户种田 25 亩，农忙时人工缺乏，"农作物不能得充分栽培，农产减少，此一大原因也"；改进会认为，为弥补人工之缺、改良农产，"非使用改良农具不可"。但农事改良只是改进者的一厢情愿，乡民一般"不能接受他人之指导，故农业机关，每多苦于输入改良新法之困难"③。这也难怪，一群知识分子单靠"书本上学理和方法，当然不易折服劳苦一生的老农"④。于是，改进会希望以科学的事实折服乡民。中央大学农学院、南京金陵大学农科和其他农校之优良品种，颇属不少，改进会给乡民介绍优良种子最多数者，为金大 26 号麦种，其次为苏州改良稻种，以及江阴白籽棉等，"而更注意于本地优良种之提倡推广"；驱除虫害方面，"对于螟虫，则励行掘除稻根，已告绝迹，对于麦作黑穗病，则多用于碳酸铜粉消毒，已减少十之七八"⑤。新式农具方面，"择各村村友有志改良农业之同志，集股购买"⑥。所有这些"大都利用现成"方法。改进会认定，"'利之所在，民尽趋之'，只需把有利的事实，给人家看，不怕人家不照办"⑦。如，在本区试种金陵大学麦种，结果颇佳，跟本地麦

---

① 江恒源：《"富教合一"主义》，《教育与职业》1930 年第 108 期。
② 黄炎培：《我来整理整理职业教育的理论和方法》，《教育与职业》1930 年第 100 期。
③ 江恒源编：《徐公桥》，第 70、73、72 页。
④ 黄炎培：《从六年半的徐公桥得到改进乡村的小小经验》，《五六镜》，第 94 页。
⑤ 姚惠泉、陈叔昂：《试验六年期满之徐公桥》，第 59 页。
⑥ 江恒源编：《徐公桥》，第 73 页。
⑦ 黄炎培：《从六年半的徐公桥得到改进乡村的小小经验》，《五六镜》，第 94—95 页。

种相比，"每亩多收三斗，农民甚为信仰"①。这就是科学的力量，"与其把空话说给人家听，说多次未必相信，不如做给人家看，做一次两次，大家便哄起来了"②。徐公桥试验表明，在乡村改进事业中，当科学的力量转化为实际利益时，生活教育的效验才开始体现。此其一。

其二，生活教育灌注于日常过程。试验开始后的徐公桥一直处于一种改进的氛围中。进入试验区的东境，有一座大王庙，庙壁向东一面写有六行大字："改造农民生活，改良农村组织，发展农民自治，增加农产数量，推广农民教育，改善农民娱乐"；庙壁向南，又写着三句话："改良乡村，是救国的根本计划；打破不良环境；建设新徐公桥。"这是徐公桥改进的宣言。在乡村改进会会所的东西两面竹墙上，若干大黑圈内写着斗大的白字："农村自治，是救国的根本；农产增进，是富国的根本；农民教育，是人类进化的根本。"③ 这被称为徐公桥改进的精神。会所落成时悬挂对联：

> 无旷土，无游民，向一剪淞波影里，小试农桑，乃亦有秋，聊慰治平新梦想！
> 出相望，守相助，喜千家劫火光中，时还耕读，毋忘在莒，请看甲子旧烧痕。④

这是徐公桥的理想生活。乡村改进会从促进乡民的自觉和向上起见，就日常生活的文明行为和健康心理等，参酌当地情形编订《乡村十大信条》，制成标牌悬挂于路旁，每次开会既毕，必有一人就十条诵读一遍，有时且加以简明的解释。据改进会介绍的经验，"凡是能了解十条的人，如再讲授三民主义，便觉得格外容易明白，格外容易吸收"⑤。在徐公桥中心小学念过书的朱耕源，数十年后还记得改进会为他们专门增加的歌谣《好汉歌》："滴自己的汗，吃自己的饭。自己的事，自己干。靠人，靠天，靠祖上，不算是好汉。"⑥ 考虑到乡民一般知识程度，改进会在进行社会教育

---

① 江恒源编：《徐公桥》，第 70 页。
② 黄炎培：《从六年半的徐公桥得到改进乡村的小小经验》，《五六镜》，第 95 页。
③ 江恒源编：《徐公桥》，第 2、15 页。
④ 抱一：《徐公桥晓行》，《教育与职业》1929 年第 103 期。
⑤ 江恒源编：《徐公桥》，第 133 页。
⑥ 朱耕源等：《徐公桥乡村改进区琐记》，昆山政协文史征集委：《昆山文史》第 6 辑，1987 年，第 80 页。

时，着意与日常生活相结合，如通俗演讲，或每月召集附近民众集中进行，或分散定期巡回于各村；分期举办卫生、农事、体育、社会等常识展览；为改良风俗而建立的长寿会"以示尊老敬长"，改良婚嫁会、节省会等"以节靡费"；通俗格言"揭示于要道，使识字者知所警勉"；电影"最为民众所欢迎，影响亦大"①。改进会门外及徐公桥桥头两处设有文字通俗、图文并茂的壁报。在徐公桥西塌的改良茶园里，四壁贴有各种富有教育意义的画报和各种格言，早晨上市的农民来园喝茶时，中心校的教师职员也深入到这里和大家打成一片，作一些关于时事和教育的宣传。② 以上这些"直观教育"（Visual Education）的方法不独在近代中国，就是在当时欧美各地，从事乡民教育者亦甚为注重。这是由乡民文化的特点决定的：

> 在乡下做事，不能只靠一张嘴。你虽然说得"天花乱坠"，恐怕乡下人还是"充耳不闻"。普通的乡下人，是极顽固的。劝导他们，必须善诱，所谓"诱"，不是故意去哄骗他们，乃是要利用他们喜欢的东西和容易明白的事物，去宣传我们的事业。中国的乡村人民，多半是没有受过教育的。希望他们听了就会，是不可能的。所以必得使他们不但有机会听，还有机会看。听不懂的，看了自然可以懂。听人说的不信，亲眼看见总可相信了。③

"富教"关系的另一面体现为，教育以生计为核心。首先，教育以起码的生计满足为必要条件。江恒源强调，讲乡村教育的人当然要以农民生活为对象，而讲到农民生活，便要"先注意到物质一方面，不要把他们一个最根本的问题——'穷'字忘掉"，因此乡村改进的"第一步便当注意农事，以及其他改善生活之事，识字读书，尽可放在第二步"。这并不是说农民读书的事不好，而是说读书"应该在他们物质生活问题，能稍稍解决之后，再去实施"④。这一点，徐公桥改进会深有体会："如是家内没有

---

① 姚惠泉、陈叔昂：《试验六年期满之徐公桥》，第32—34页。
② 阮南田：《徐公桥乡村改进区追述》，昆山政协文史征集委：《昆山文史》第6辑，1987年，第68页。
③ 傅葆琛：《乡村生活与乡村教育》，第72页。
④ 江恒源：《"富教合一"主义》，《教育与职业》1930年第108期。

饭吃，身上没有衣穿，终日啼饥号寒，还能叫他读书么？就是读了书，他们仍是无益……既富而教，其势自顺。无论如何，农民的子女教育费，是要替他们设法打算出来的。"①

其次，教育以不妨碍生计为原则。黄炎培说，从事乡村教育有一句"最要紧的"话是，"万万不可妨害他的农作时间"。在徐公桥，当时60%以上的乡民不识字，学龄儿童仅有1/3能够就学。成人迫于生计，"万不肯在农作时间以内来受教育"，即使儿童，作为"田间助手"，能"挣几文钱，便不肯抛这生产的光阴来受教育"；住在共同体边缘的儿童，让他到中心学校来读书，在"事实上、心理上都不免有些困难"。于是，职教社采用分区的方法、巡回的制度，在较偏僻的地方，指定若干地点，先办露天识字班，唤起他们的兴趣，次以补习的方式使他们获得较系统的知识。② 另外，酌量地方情形，对于年纪大一点的学生，让其半年做工、半年读书；如果因为家庭贫困，要小孩看牛割草，不让他们去读书，"那是万万不可的"③。徐公桥观澜义务教育实验小学为了满足附近5个村落学龄儿童的学习需求，采取了非常灵活的学制：一是全日制，容纳那些家道稍丰、其子女预备将来升学者的家庭需求；二是半日制，容纳那些生计困难、需要儿童协助一些农作的家庭需求；三是时间制，农忙时改变半日制的教学时间，一般在晚上七时点半后上课。④ 这样的学制充分考虑了不同生计状况家庭的儿童教育需求。

生活教育在徐公桥试验中的枢纽地位就是这样。需要明确指出的是，生活教育不仅事关富与教，也包括了民族国家与日常共同体。对此在徐公桥从事改进工作的陈叔昂非常清楚：

> 农民所最感痛苦的，就是一个穷字，农民所感不到急切，而国家因此受其影响的，就是一个愚字。惟穷于是要谋富，惟愚于是要讲教，富与教，实为今日改进农村两件最急要的宝贝，富了，教了，政治的目的，也随之达到了……富与教，二者并行而不可离，此为建设

①　江恒源编：《徐公桥》，第49—50页。
②　黄炎培：《与安亭青年合作社谈乡村事业》，《教育与职业》1929年第103期。
③　江恒源编：《徐公桥》，第50页。
④　陈叔昂：《三周岁之徐公桥》，第109页。

事业的先决问题。①

正是在这一意义上，民族国家与日常共同体构成命运与共的整体，乡村改进也因为救国的形势而显得更加迫切。

四 小康世界的现代设计

改进试验进行仅一年多，徐公桥就声名远播，俨然"全国模范"了。② 慕名而来的参观者每每为徐公桥的改变欣喜不已："孔仲相鲁，夜不闭户，廉叔治蜀，五裤同歌。徐公桥数十方里之内，总是家给人足，风俗敦庞，才可有这样的成绩，倒不是容易的事情呢。"③ 有人留下观后感："我们一向以为桃源是只有向世外去寻求着的，然而到了这里，就在现实的社会里，竟发见了理论实际化的桃源。"④ 陆景宪的《徐公桥：美乡自治也》则描绘了这一桃源世界的整体图景：

> 农村家家能自治，崭新事业成科条：地无旷土游民绝，守望互助苻萑消，茶园先已娱民众，教育不患复无聊。偏处桑麻与鸡犬，好将康乐问刍荛。南朔东西方十里，二十七村共相邀。设会改进立表格，按年程序进行昭，七厘微利合作社，济急堪使田肥饶，农事广场试验□，风景天然四幅描。最好夕阳帆影度，吴淞江映晚来潮。此是乡村新组织，都鄙有章郑国侨，不比桃源空想像，问津无地心徒焦。我爱新村富自治，人无不学乐陶陶。⑤

这是一个怎样的日常世界呢？进而言之，职教社理想中的"自治美乡"是何性质？

这一设计首先显示出浓重的传统社会生活色彩。徐公桥乡村改进会为乡民常常作这样的打算：一个人到了中年以后，仰事俯畜，一年到头，"总要教他能在保持不饥不寒的水平线生活程度以上，还有一些余落，足

---

① 陈叔昂：《农村改进之路》，《教育与职业》1933 年第 2 期。
② 杨开道：《徐公桥考察纪实》，《农业周报》1929 年创刊号。
③ 洪殿扬：《到徐公桥去》，《教育与职业》1930 年第 115 期。
④ 陈叔昂：《三周岁之徐公桥》，第 127 页。
⑤ 陈叔昂：《三周岁之徐公桥》，第 133 页。

以供他子女的教育费，能再有余一些，储蓄起来，以备不时之需，并供酬应娱乐之用，那就更好了"。改进后的徐公桥生活秩序情形也让改进会颇感得意："四百多家……可以说没有一个坏人，虽未必真到'夜不闭户，路不拾遗'的程度，可是已经是家家安居乐业，鸡犬不惊了。"对于这样的徐公桥，参观者蔡泽萍很快做出了自己的判断："吾国耕读旧家风，蔚然复兴。参观之余，知不出三十年，天下之秀才，皆能于读书之余，知为乡村以从事耕农之业，天下之平，可期日而待之矣。"① 徐公桥世界确实很容易使人想到，这正是千百年来中国士大夫的憧憬。这样的理想境界在传统士大夫的笔下曾有过许多相似的表述，比如，小饥不寒、耕读传家、小康之家、王道天地、治平之世、温饱生活、大同世界，等等。江恒源早年确定的乡村教育的最终目的即是："野无旷土、村无游民、人无不学、事无不举；康乐、和亲、安平。"② 1929 年在徐公桥乡村改进会会所落成典礼上，江恒源为会场题写联语云："何处是神仙？千家鸡犬桑麻，别有天地。无人不耕读，一片和亲康乐，莫羡唐虞！"③ 诗意里盎然着一股传统气息。1930 年黄炎培在《徐公桥秋望三绝》中所表达的，也是相似的生活理想：

> 朝携镰月试新禾，晚跨归牛唱踏歌。鸡犬安闲花自在，回头村外乱云多。
>
> 人在诗情画意中，几湾绿水小桥通。秋林云去疏留鹳，补得斜阳一抹红。
>
> 农忙过了读书忙，无逸堂前柳未黄。千古田畴我师事，徐无山色接微芒。④

在这样的小康社会里，徐公桥的传统共同体关系得到改进会的充分肯定。在职教社看来，改进之前的徐公桥生活程度几近小康水平：五口之家只需耕种 20 亩即可谋丰足之生活；民国以来虽说生活成本不断上升，"然

---

① 江恒源编：《徐公桥》，第 48、51、145 页。
② 江恒源编：《徐公桥》，"目录"第 2 页。
③ 江恒源编：《徐公桥》，第 4 页。
④ 黄炎培：《徐公桥秋望三首》（1930 年 10 月），《苞桑集》卷 1，上海开明书店 1946 年版，第 17 页。

一切收入相抵，仍是有利之生产事业"；从贫富差距上看，"当地极贫之户绝无仅有，而多数均系小康之家"①。说到阶级关系，在这里"很可以令人羡慕"：农功开始的时候，地主一定要办些酒菜，邀请租户到家聚餐一次，将要收租的时候，租户也要同样办些酒菜，邀请地主到家聚餐一次。彼此礼尚往来，"不但情感不相隔阂，而且形式方面，也绝对显不出不平等的样子"②。属于同一阶层的乡民之间则"极富于合作互助之精神"：一家有病，则四邻皆来分任看护、延医、购药等事。③ 倘若正值农忙时节，一家主要劳动力生病，他们的邻居一定会争先恐后，合力同心，替他去种去收。这样的情形，在他们看起来，"已成为天经地义，行所当然。受之者固然异常感激，而与之者则并不居功"④。遇婚丧喜庆场合，大家互相帮忙，"不取任何物质之报酬"⑤。共同体中的家庭关系也为改进会所称道。在徐公桥珠翠庵之北，有施姓兄弟，自幼同居，不娶家室，耕田自食。母年老失明，卧床十载，兄弟俩侍奉饮食，洗涤秽物，更番看护，维谨维诚。1926 年母逝，兄弟敬爱，一如母在，同居力耕。"十室之邑必有忠信"，施姓兄弟孝义可讽；改进会函请昆山县政府嘉奖，"以励末俗"⑥。为了保护徐公桥的淳朴民风，来自沪上的"先生们"生怕徐公桥受到上海浮华豪侈风气以及所谓"洋派"的影响，在六年的试验期内，对于"参观上海各种建设的事，虽曾想到，而从来没有做过"⑦。

　　尽管徐公桥共同体充满着传统色彩，然而 20 世纪中华职教社所设计的小康世界并不是所谓"亚细亚生产方式"支配下的村落共同体的简单翻版。作为徐公桥小康世界的设计者之一，黄炎培所信奉的乡村教育理念具有明显的近代性。20 世纪 20 年代末他在整理职业教育理论时指出，"最近时期，所称新教育，他所表现的特色，只有两点：一是科学化，一是平民

---

　　① 《昆山县徐公桥乡区社会状况调查报告书》（1926 年 7 月），李文海主编：《民国时期社会调查丛编》（2 编·乡村社会卷），第 551 页。

　　② 江恒源编：《徐公桥》，第 51—52 页。

　　③ 《昆山县徐公桥乡区社会状况调查报告书》（1926 年 7 月），李文海主编：《民国时期社会调查丛编》（2 编·乡村社会卷），第 553 页。

　　④ 江恒源编：《徐公桥》，第 51 页。

　　⑤ 《昆山县徐公桥乡区社会状况调查报告书》（1926 年 7 月），李文海主编：《民国时期社会调查丛编》（2 编·乡村社会卷），第 553 页。

　　⑥ 陈叔昂：《三周岁之徐公桥》，第 123 页。

　　⑦ 黄炎培：《从六年半的徐公桥得到改进乡村的小小经验》，《五六镜》，第 96 页。

化"，这两个特色与职业教育形成"连锁的形势"，这就是，"一方要用科学解决职业教育问题，一方要用职业教育解决平民问题"。就乡村教育来说，无论是农业问题还是农民问题，都应该"用科学来解决"①。以科学方法解决乡村问题自然将徐公桥小康世界与传统村落共同体区别开来。

在徐公桥试验期满所取得的成绩中，人们看到，建设方面，"路灯通夜光明，电话达于全县"；农事方面，"灌溉、砻谷、打稻、碾米、弹花等用新式机器已见成效"，合作社"正式成立者三所，试办者三所，社员四百六十七人，社股金一千七百八十元"；保安方面，"公共医诊所输预防注射防疫血清者一千八百余人，故现无瘟疫，亦无小孩染天花者"②。除了物质生活的改进外，在徐公桥试验中，最值得注意的是工业生产关系的改变。黄炎培出生于较早产生近代工业的江苏川沙，其姑丈沈肖韵既具传统文化根基，又有新文化的头脑，清末便购回机器，让"全家和亲邻妇女习织"毛巾，学成后"所有织机都赠给招来的女工，不取机价，让她们每一村庄自己联合经营，漂染工场作为公有。这样一来，川沙毛巾工业，大大发展，贫民都变富有了"③。姑丈的思想和行为大大影响了黄炎培。④ 一般人"大抵一说到工，往往着眼较大的工业，而忘却手工"，黄炎培却在手工上大做文章。1931 年就"如何办职业教育"，他指出，有一些手工业，例如花边、发网、织袜、织巾等等，"技能较易修了，家庭亦可从事"，则"别有一种提倡方式"：由传习机构作为此项工艺品的中心机关，"生徒传习毕业，散归家庭，从事工作，或联合若干家庭，转相传习，而由中心机关担任设计图样，指导改进——或散发原料——及其制成，由中心机关担任整理、装潢、销售和其他必要的工作"；至其收益，"最好采用生产合作制度"，"公平支配，依次推广"⑤。改进会在徐公桥提倡家庭工艺，就是按照黄炎培的思路进行的。据 1934 年资料，改进会一方面举行土布展览运动会，改良土布的花色，拟集资创办小规模土布厂，另一方面提供家庭新工艺，训练花边女工 30 人，学习刺绣女工 70 人，"学成后，每月发给

---

① 黄炎培：《我来整理整理职业教育的理论和方法》，《教育与职业》1930 年第 100 期。

② 姚惠泉、陈叔昂：《试验六年期满之徐公桥》，第 67—68 页。

③ 黄炎培：《八十年来——黄炎培自述》，第 45 页。

④ 黄炎培称，姑丈沈肖韵于甲午战争后，"锐然以新知授我后进，兼倡实业。今滨海万家，机声互日夕，皆先生所手创。炎培二一五岁前，寝馈于先生（姑丈）书斋，受教最早，印象亦最深"。见黄炎培《题沈肖韵姑丈毓庆遗像》（1929 年 1 月 25 日），《苞桑集》卷 1，第 13 页。

⑤ 黄炎培：《怎样办职业教育》，《教育与职业》1931 年第 127 期。

材料工作"①。改进会在此扩张了家庭工艺的发展空间，从教习、图样设计、散发原料至销售，这一整套服务不但让散处四乡的农民获得了生计，更重要的是，将独立经营的小农家庭手工业转换成近代工场手工业，后者作为资本主义家庭劳动的一部分，本为工厂（工场）资本家或商人所控制，而乡村改进会移植了这一近代生产关系，并有意识地采用生产合作制度，促使其向更高形式的生产关系发展。

徐公桥的合作制度在 1928 年就开始了。当时改进会发现：

> 一般没有力量的农友们，实在痛苦极了；他们自从插秧以后，天天在田里工作，但是他的结果，仍旧生产力很低，除了纳租和一切开支之外，能余几何？至于推究他的原因，就是没有力量购买肥料，以资农产，终为经济所限制。凡较有力量的农友们，不是受高利借贷，就是押当，或者将小麦粜换，所得价钱，亦为奸商所压低。谈到他们的经济，真所谓"入不敷出"，困难极了。本会既然负了解除农民一切痛苦的责任，就想到用低利借贷的方法来救济一般农友们，使生产力增高。②

于是先后办起了借贷合作社和信用合作社。③ 合作社的创办旨在减轻乡民贫困，抑制阶级剥削，客观地说，其实际效果非常有限。不过，徐公桥的合作实践昭示了一条克服资本主义弊端的可能途径，让包括职教社在内的一部分知识人在从事乡村改进事业时产生了更多思路。徐公桥试验结束后，江恒源对合作制度表现出很高的期望：

> 关于农村经济问题，如避免高利贷，购入廉价种子肥料农具，联合卖出农产品，不致再有人欺凌剥削。结合经营集团农场，采用科学的新方法等等，皆可凭籍合作社之力以解决之。并且团体生活的练习，互助精神的养成，服务德性的增进，皆可于进行合作社时逐渐得之。④

---

① 姚惠泉、陈叔昂：《试验六年期满之徐公桥》，第 61 页。
② 江恒源编：《徐公桥》，第 104 页。
③ 徐公桥信用合作社成立于 1929 年 6 月；见陈叔昂《三周岁之徐公桥》，第 46 页。
④ 姚惠泉、陈叔昂：《试验六年期满之徐公桥》，"江恒源序"第 4 页。

从徐公桥的试验过程不难看出，中华职教社的知识人在初始社会化阶段或许因为受过传统文化的熏陶，对传统中国的社会制度葆有一定程度的留恋，但在时代风潮的洗礼中，经过不断的反思，正在寻找一个切合中国社会实际的关于底层的设计，这样的设计从性质上说应该是现代的。

在与徐公桥同时期的乡村改进运动中，知识人对他们所追求的理想社会或多或少地都有一些设计，而尤以梁漱溟的设计最为系统。在梁氏所追求"乡村文明"世界里，"中国的固有精神""从农业引发工业""农民的合作"等主张，人们在徐公桥也能发现一些踪迹，这说明乡村改进运动不论是在理论上还是在实践中，各模式之间都有不同程度的渗透，当然也反映了他们教育救国的共同追求。

笃信"教育救国"理念的中华职教社试图从职业教育入手，凝聚普通民众的力量，抵抗帝国主义的经济文化渗透。就普通民众而言，"最有力量的，自然是农民阶级，一旦农民阶级能明了帝国主义的可恨，他们一定会起来把帝国主义推翻"[1]。为徐公桥的试验成绩所鼓舞，时人以为，"提高农民生活，是唯一的救国方法"[2]。不过，职教社并非一开始就准备在农民身上下功夫的，它花了近十年的时间才走到了农民中间。回顾这一段心路历程，黄炎培颇为感慨：

> 中国地面是很大的，情形是很复杂的，譬如一所破坏不堪的大住宅，要刷新起来，固然要有人规定刷新的大方针，提出刷新的大计划；也得要人肯从一间一间小屋子里，一个一个壁角里，用笤帚去一道一道的扫，用粉刷去一撇一撇的刷……或者一所大住宅，还有全部刷新的一日。可是下手总得有人先把头脑冷静起来，欲望恬淡起来，从荒凉寂寞中间，干这艰苦卓绝的下层工作。[3]

农村、农业、农民，这是三位一体的工作：在实践主体上针对普通民众，改进空间指向乡村共同体，所要处理的事件集中于日常生活；"国家之强盛在此，民族之出路在此"。[4] 此路以救国为动机，以教育为枢纽，以

---

① 毅：《徐公桥印象记》，《蚂蚁》1934 年总第 21 期。
② 江恒源编：《徐公桥》，第 14 页。
③ 黄炎培：《黄墟的背景》，《黄墟》1930 年第 1 期。
④ 姚惠泉编：《中华职业教育社之农村事业》，"总说"第 1 页。

当地人为主角，以小康生活为目标，从乡村改进的实践主体、方式方法和生活理想诸方面，拓展出一条教育救国的日常路径。就性质来说，黄炎培后来认识到，徐公桥的试验"只能说是改良主义的尝试"①。徐公桥试验只会作这样的尝试；这种必然性从职教社对于共同体结构的认识中略见一斑。徐公桥农家80%系佃户，大多有地而不敷耕作，乃兼租他家之田少许以为补充；职教社认为：

> 此80%，实系小地主而兼充佃户者。至于所谓地主，亦非绝对坐食厚利之资本家，而为田地较多之小农。故除将余剩之田地租出外，自家尚留少许耕作，以自食其力。地主既同系居住本乡之农民，所有收租等事均可亲自经理，无须假手于人，故地主与佃户之间感情极融洽，绝无丝毫阶级间之恶感。②

照此说来，地主和佃户都是农民，或都是地主，没有本质的区别，而且租佃之间洋溢着温情脉脉的日常关系。不从土地所有制而从日常共同体关系认识问题，自然就会沿着乡村小路，孜孜而求日常生活的改进。然而，沿着日常路径进行教育救国事业的徐公桥试验，并不因此而削弱其重要意义：

> 农民的觉悟，不会徒然而生的，要是没有人去领导，恐怕再停几十年，也不会成为事实，所以也可以说，徐公桥改进会，便是负了这重大使命而成立的……在未达理想的社会以前，农村的问题本来是极难解决的，徐公桥乡村改进会可说是解决此问题的初步办法。③

这样的思路已经引起了时人的关注。徐公桥改进事业进行两年后，前来参观的卢广绩写下这样的评语："年来国内有志之士，多从事于政治活动，而能注意到国家基本之农村事业绝少。中华职业教育社诸君，独能有

---

① 黄炎培：《八十年来——黄炎培自述》，第120页。
② 《昆山县徐公桥乡区社会状况调查报告书》（1926年7月），李文海主编：《民国时期社会调查丛编》（2编·乡村社会卷），第551页。
③ 毅：《徐公桥印象记》，《蚂蚁》1934年总第21期。

此远识卓见，令人钦佩之至。"①即使从更长远的眼光看，中华职教社所拓展的乡村日常改进之路，也并非可以越过，即使在社会制度的根本变革完成之后也是如此。或许这是近代知识人的擅长："从职教社所走的道路，也可以看出中国知识分子的所走的道路。"②

第二节　唯亭山：异质文化的调适

在林林总总的乡村改进模式中，由晏阳初在河北定县所进行的实验声名远扬。一般以为，"青年会式"改进实验当然始于定县。然细究之，1926 年在定县进行乡村平民教育实验时，已经离开青年会，而以中华平民教育促进会的名义开展工作。③疑问随之而来：青年会何时介入中国乡村服务？定县实验能说明和代表青年会式吗？最重要的，何为真正的青年会式？事实上，由青年会主导的乡村改进实验以苏州青年会的唯亭山乡村服务处"成立最早（一九二八），工作亦最著成效"④。美国青年会研究者邢军指出，苏州唯亭农村服务处"是青年会独立进行农村服务工作的开始……成为青年会历史上的转折点"⑤。亲历其事的青年会干事唐希贤说，"其时既无成例可援，同工又仅两人……以有限的干事，做此创造的工作"⑥，它"对于整个农村改进事业的贡献，也将留下不可磨灭的一页"⑦，因此，"研究吾国青年会运动的历史的学者，或许需要参考"⑧。基本可以看出，最能说明和代表青年会式乡村改进事业的，并不是河北定县实验，而是苏州唯亭山服务。但至目前，相关课题研究者对唯亭山服务基本仅止

①　陈叔昂：《三周岁之徐公桥》，第 126—127 页。
②　周恩来：《活到老，学到老，改造到老》，中共中央统战部、中共中央文献研究室：《周恩来统一战线文选》，人民出版社 1984 年版，第 356 页。
③　吴相湘：《晏阳初传——为全球乡村改造奋斗六十年》，岳麓书社 2001 年版，第 55 页。
④　男青年会之设立乡村服务区者，有苏州、宁波、杭州、芜湖、重庆、成都等处；女青年会之设立乡村服务区者，有烟台之福山、广东之台山、上海之大场、江宁县之三墅乡等处，其工作多注重在妇女教育及家事手工方面。见余牧人《基督教与中国乡村建设运动》，（上海）广学会，1943 年，第 56 页。
⑤　[美]邢军：《革命之火的洗礼：美国社会福音和中国基督教青年会，1919—1937》，赵晓阳译，上海古籍出版社 2006 年版，第 53 页。
⑥　施中一：《旧农村的新气象》，苏州中华基督教青年会，1933 年，"序言"第 12 页。
⑦　唐希贤：《唯亭山的改进》，《农林新报》1934 年第 11 卷第 20 期。
⑧　施中一：《旧农村的新气象》，"序言"第 12 页。

于片言只语的提及。① 这无论对于青年会史，还是对于近代中国乡村改进运动史，不能不说是缺憾。

当苏州唯亭山被选为"试验改造农村的地点"时，青年会的初衷也与其他"农村改造者"一样，希望在乡村破产的景况下，发现"采何种方法以挽救之"②。不过，初来唯亭山的干事并"没有一定不易的工作程序"，他们抱定，所有工作都要"照着当地的需要来进行"，但"有几条很坚定的信条，和别种机关创办农村事业的思想，不但不同，而且多是相反的"③。也就是说，唯亭山服务事业颇具独特性，而这种独特性，明显地与青年会所秉持的社会福音理念密切相关。作为一份源自西方世界的社会改造思想，社会福音必须经由特定文化环境中的当地人进行地方性演绎，或者说只有"经过中国文化的洗礼"，才能发挥作用。④ 于是，两种异质文化不可避免地相遇了，其间的冲突与调适几乎贯穿了唯亭山服务的整个过程。对于苏州青年会来说，处理社会福音与乡民文化之间的关系，成为唯亭山服务的题中应有之义，也正是其中富有特色的关系方式，使苏州唯亭山服务明显区别于当时其他的乡村改进模式，值得我们专门探讨。

一 异质文化的相遇

中国以农立国，乡村经济之荣枯关乎国计民生。近代以来祸乱相寻，乡村社会愈趋愈下，至 20 世纪 20 年代末 30 年代初，几至崩溃境地，于是朝野协力，共谋改进之道。苏州基督教青年会"秉基督牺牲服务之精神，怀立己立人之志愿，目睹国本之垂危，曷忍坐视。故特尽一份子之责任，

---

① 左芙蓉在《社会福音·社会服务·社会改造》（宗教文化出版社 2005 年版）的"研究回顾"（第 5、11 页）中称，关于中国青年会的历史，大陆学者的探讨"仍多处在初期阶段，其研究大多是广而不专或专而不详，很多问题深入不够"，而国外学者的研究"多集中在 1920 年代以前或者抗战以前，内容主要包括社会福音和青年会的社会改革……对地方青年会或者学校青年会的专门研究重视不够"。可能由于左氏所称的上述原因，苏州青年会在唯亭山的服务即使在几种专门的青年会研究论著中，也只能见到片言只语的提及，比如，邢军的《革命之火的洗礼：美国社会福音和中国基督教青年会，1919—1937》（第 52—53 页），赵晓阳的《基督教青年会在中国：本土和现代的探索》（社会科学文献出版社 2008 年版，第 54 页），刘家峰的《中国基督教乡村建设运动研究（1907—1950）》（博士学位论文，华中师范大学，2001 年，第 74 页；此文误以为唯亭山在无锡）。

② 储劲：《五年来的唯亭山写真》，《教育与民众》1934 年第 5 卷第 9 期。

③ 郑维：《半年农村服务的经验》，《女青年月刊》1929 年第 8 卷第 6 期。

④ 刘廷芳：《为本色教会研究中华民族宗教经验的一个草案》，《真理与生命》1926 年第 1 卷第 7 期。

联络热心服务人士，兴办农村事业……期望三万万农民之生活与能力从此逐渐改进"①。

青年会之乡村服务基于社会福音（Social Gospel）；这种宗教神学 19 世纪下半叶在美国盛行一时。其核心思想是，提倡社会秩序的"基督化"，以上帝的启示改造社会环境，在现实世界建立上帝天国。19 世纪 90 年代社会福音与青年会彼此支撑，随北美"学生志愿海外传教运动"一道降临中国，向中国人展示了经过另一番诠释的基督教面貌，其中最明显的便是，社会福音"由个人私利而注重社会服务"②。在中国青年会看来，"服务社会便是爱国，因为国家是社会组织的，替社会服务，比较心里的空爱，还实在一些"③。社会福音致力于将上帝的慈爱和公义化作实际的社会服务，显示它在中国社会的现实价值。与原初福音所欣赏的"私人道德"不同，社会福音更强调通过社会服务将"私人道德"扩散至整个社会。事实上，"社会服务"这个名词"就是由青年会制造出来的"④。

中国青年会鉴于服务乡民这一事工对于"国家的生命的需要"，决计先从局部地方着手实验，"以图渐次发展"⑤。由此，交通便利、"确可代表一般区域较大的纯粹农村"⑥ 的苏州唯亭山被选为实验区，1928 年 9 月苏州青年会在此设立服务处。唯亭山处于苏（州）昆（山）之中点，西距苏州 15 公里，东距昆山 15 公里，北濒阳澄湖，南横沪宁铁路。青年会的服务范围包含 19 个自然小村，计 500 户，约计 2000 人，面积 3.3 平方公里。

这是一个典型的江南水乡日常共同体。⑦ 它以悬珠集镇为中心，石子街道长 400 多米，分列着书场、米行、鱼行、棉布、南货、药材和棺材等各种店堂，仅茶馆就有十一爿；乡民赖此进行商品交换和社会交往。

①　《实行到乡间去》，苏州中华基督教青年会，1928 年，第 2 页。

②　谢扶雅：《基督教新思潮与中国民族根本思想》，《青年进步》1925 年总第 82 期。

③　《服务社会》，《苏州青年》1922 年第 6 期。

④　参见赵晓阳《基督教青年会在中国：本土和现代的探索》，第 145 页。

⑤　郑维：《唯亭农村工作的试验》，《上海青年》1930 年第 30 卷第 32 期。

⑥　储劲：《五年来的唯亭山写真》，《教育与民众》1934 年第 5 卷第 9 期；郑维：《农村服务区选地原则之商榷》，《农村服务通讯》1935 年第 1 期。

⑦　水乡而有山之名，只因阳澄湖南滨有一名为"夷亭"的"土阜"。夷亭，一名夷陵，故老相传，山为吴王夷昧墓，因名。见沈藻采编撰《元和唯亭志》，徐维新点校，方志出版社 2001 年版，第 33 页。

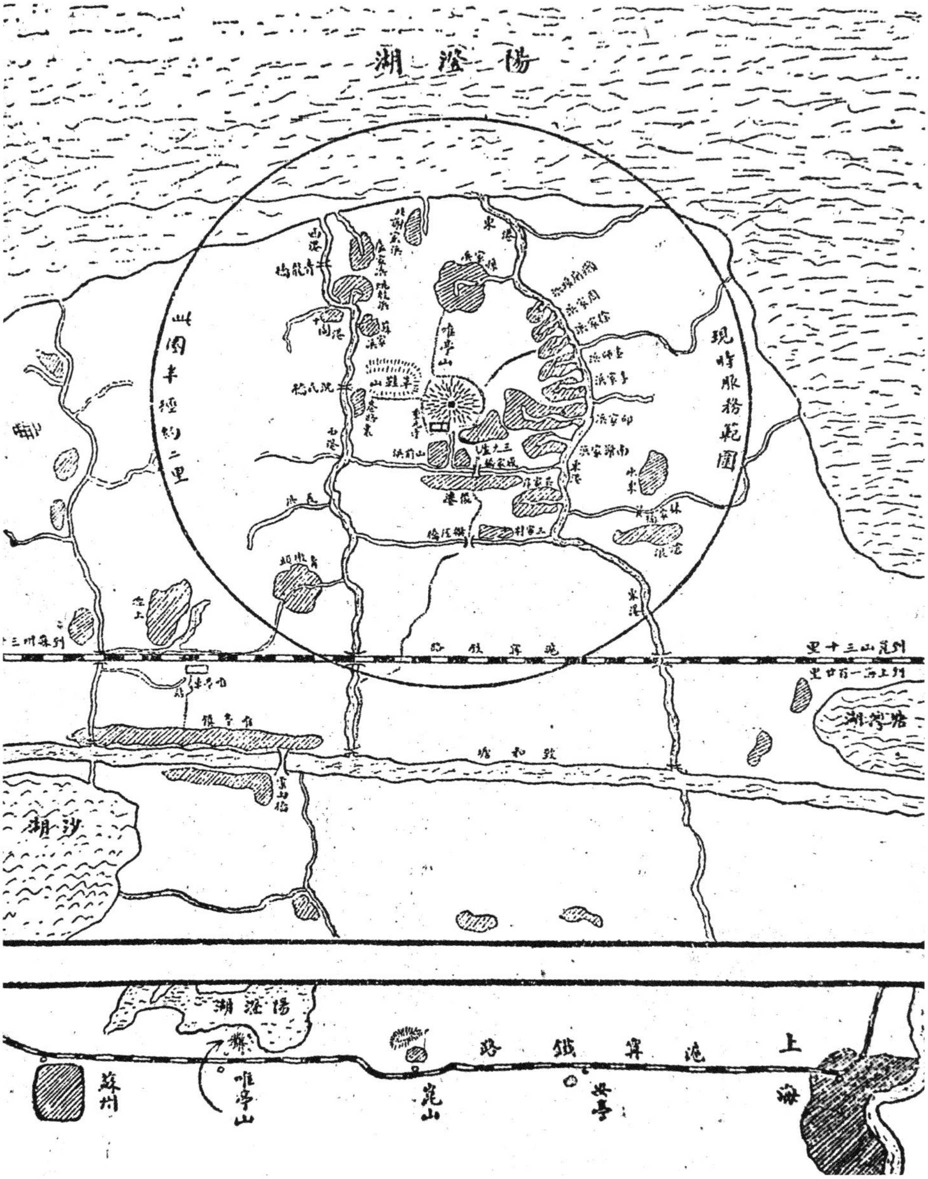

图 9 - 1　唯亭山水乡共同体

资料来源：《实行到乡间去》，苏州中华基督教青年会，1928 年，第 4 页。

青年会来乡服务时，全乡农民占 59%，织缎机户占 32%，道士占 3%，其他占 6%。① 民国年间，挨近镇子的村落擅做"钱粮"（祭祀用品），通过小镇销往他方，"方圆百旦内小有名气"；村民来镇购买生产生活用品，或至街上的茶馆喝茶聊天。② 在以小镇为中心的方圆一公里范围内，乡民们通过经常的互动而彼此熟识。清人周宾《唯亭杂咏》云："风俗犹存古，婚姻半属邻。岁时常馈问，亲串往来频。"③ 反映了太平时代醇浓的共同体关系。

晚清以降，随着国势衰颓，唯亭山共同体渐渐窘迫起来，至 20 世纪 20 年代，生产的低落，累债的深重，地痞的横行，风气的恶劣，知识的幼稚，在在足以表示农村崩溃的过程和现象。④ 江南富庶之区的乡村，尚且岌岌不可终日，全国其他乡村的危机情形则更为惊人。"到民间去"，改进乡村，成为许多仁人志士的共同选择，不过在当时，"为农民的利益而实施的有系统的具体计划却不多见"⑤。鉴于此，苏州青年会一开始的服务计划便非常明确："以促成农民美满生活为宗旨，凡农民生活各部分之不完善而有改进之可能者，皆在工作范围之内。务使一般农民，人格高尚，经济充裕，不但能安居乐业于乡间，且能作国家健全份子。"⑥ 此为服务宗旨；服务大纲也非常清楚：培养高尚人格，灌输实用常识，提倡健康教育，改良社会生活，改善经济状况，⑦ 其中，前四项即青年会素来追求的德、智、体、群"四育"工作目标。

满怀一腔服务热忱，带着系统服务计划的苏州青年会服务者来到了唯亭山。令人始料不及的是，服务干事甫至，村子里便弥漫着一股怪异的气氛：

---

① 储劲：《五年来的唯亭山写真》，《教育与民众》1934 年第 5 卷第 9 期。
② 沈及：《唯亭镇志》，方志出版社 2001 年版，第 70 页。按，唯亭山原有一更大的市镇作为共同体的中心。据 20 世纪 30 年代口传资料（施中一：《旧农村的新气象》，第 121 页），唯亭山乡本来是个大市镇，在清咸丰十年（1860）遭了兵燹才毁灭。当时在唯亭山脚下，完全是热闹的街道，山南木桥块，从前开过面店，所以现在大家还叫它"面店桥"；在邱家浜，北岸"厅场"的旧址是一家大典当；南浜张家在清乾隆、嘉庆年间是一家油坊，油坊老板沈青石是有名的少林门生，当时常挟了黄牛奔驰为戏。
③ 见沈藻采编撰《元和唯亭志》，第 2 页。
④ 施中一：《旧农村的新气象》，第 3 页。
⑤ 郑维：《唯亭农村工作试验》，《上海青年》1930 年第 30 卷第 32 期。
⑥ 《实行到乡间去》，第 6 页。
⑦ 施中一：《旧农村的新气象》，第 22 页。

有人说，我们是来捉少年去当兵的，所以有许多农民都叫他们的小孩子不要和我们接近；我们拍照相的时候，他们都逃避唯恐不及。有人说我们是政府差来的密探，来预备收人头捐的，所以我们凡有什么事问他们，他们大半都不肯回答。又有人说我们是来诱人"吃教"的，或是说我们是侦探，来捉拿烟犯赌犯的。因为有了这种种猜疑，村民对我们的态度就很不自然，我们用尽力量，解释我们下乡服务，是要帮忙改进他们的生活的意思，但他们总不大相信，常常背了我们说："天下那（哪）有这样的好人，吃了饭没事做，白白儿来为别人帮忙呢？其中定有别的缘故呀！"①

这样的经历让唐希贤干事后来一直不能释怀，他意识到社会实验的特殊性所在："乡村社会改进的试验工作，其对象为人，活的人，会变动的，有自由意志的人；而非一般的从事于自然科学的研究者在试验室内所用以为试验的物体可比。"② 其实，这是近代以来世界各地乡村服务者的共同遭遇。从事近现代乡村社会变迁的美国学者指出，在开展指导变迁的过程中，外来服务者首先必须理解当地社会的日常规范。所谓日常规范，即特定社会成员长期形成的稳定的行为模式，它可能促进变迁，也可能阻碍变迁。③ 实在地说，指导变迁毕竟是对一个约定俗成的社会进行"观念的现实干预"，在此过程中，往往因为变迁促进者的疏忽而使计划无法开展，"或许最重要的是，忽略了当地文化的模式"④。青年会需要面对本土化问题，那么，他们将沿循怎样的路径呢？热衷于乡村建设事业的金陵大学马文焕认为，"唯亭山农村服务事业……服务社会，辅导人群之方式，较之巷说街谈，声嘶力竭劝人慕道者，则又别开生面者也"；如此富有特色和成效的改进思路，"不仅为政府机关或私人团体从事于各种事业者所不经见之先例，亦颇足为国内热心乡村建设者之模楷矣"⑤。

---

① 郑维：《半年农村服务的经验》，《女青年月刊》1929 年第 8 卷第 6 期。

② 唐希贤：《对于试验期内乡村改进事业的认识》，《农林新报》1934 年第 11 卷第 1 期。

③ ［美］埃弗里特·M. 罗吉斯等：《乡村社会变迁》，王晓毅等译，浙江人民出版社 1988 年版，第 263—264 页。

④ ［美］克莱德·伍兹：《文化变迁》，施惟达、胡华生译，云南教育出版社 1989 年版，第69—70 页。

⑤ 施中一：《旧农村的新气象》，"序言"，第 4 页。

二 健全人格的生活灌注

近代中国社会的问题究竟在哪里？曰：人的问题；当时许多乡村改造家皆作此论。晏阳初直接称："中国今日的生死问题……根本是人的问题，是构成中国的主人，害了几千年积累而成的很复杂的病"[①]，主要症状表现为愚、贫、弱、私。在青年会看来，此为人格缺陷。所以青年会总干事余日章以"人格救国之主张，号召全国"[②]，人格救国一时成为"青年会运动唯一之宗旨"和"一切努力的集中点"[③]。唯亭山青年会服务者亦自呼应："先将乡村'心理建设'建设好，再图物质上之建设。"[④]

当社会福音影响乡村生活，触及乡民文化时，健全人格受到特别重视；首先是对乡村服务者的人格要求。5年之间，在唯亭山服务的干事前后5人。最初的创办人郑维，美国留学生，1928年9月由上海青年协会派出，经常往来沪苏之间，至唯亭山"事业基础稳固"才离开。唐希贤，金陵农业专科学校毕业生，与郑维合力创办唯亭山服务处。第一年之开拓工作备尝辛苦，遂至病倒，第二年病愈后又来乡工作，直至1932年8月因病离开。"其间唐君屡病屡起，再接再厉之精神，实为不可多得之热心志士。"[⑤]施中一，吴县本地人，肄业于上海复旦大学，自1929年9月起，四年未尝间断服务。黄绍复，苏州东吴大学肄业，1932年10月来唯亭山，两年后因为被奉派去北方襄助农赈而离开。前来应聘的这些干事都抱定一颗真诚服务社会之心。唐希贤与郑维原先并不认识，偶然相遇，就"像两个单恋者，一下子就打得火热了"，唐希贤来乡服务"比原职月薪要少十元，但为事业与试验个人的主张起见，便不顾亲友的訾议即应聘了"[⑥]。郑、唐二人"经验湛深，长驻乡间，日与农民为侣，随机指导，以期增进农民之生活，并引导农民"[⑦]。已经离职的干事们，遇有唯亭山重要集会，仍回乡参加，并继续保存着"和农民热切之情感"[⑧]。施中一干事后来回忆：

---

① 郑大华：《民国乡村建设运动》，第138页。
② 梁小初：《余日章先生对于青年会之贡献》，《同工》1936年总第151期。
③ 韶海：《本杂志十年来之回顾》，《青年进步》1927年总第100册。
④ 《草鞋山畔，盛极一时》，《苏州明报》1929年9月9日第2版。
⑤ 储劲：《五年来的唯亭山写真》，《教育与民众》1934年第5卷第9期。
⑥ 唐希贤：《唯亭山的改进》，《农林新报》1934年第11卷第20期。
⑦ 《苏青年会组农民观光团莅沪》，《申报》1929年3月7日第15版。
⑧ 储劲：《五年来的唯亭山写真》，《教育与民众》1934年第5卷第9期。

前后的同工都是赤诚地相亲爱，宛如手足。各事合作到了最高度；并且富有责任心，因为我们都是志趣相同的结合，大家苦心死干者，只不过求个人理想的实现。我们无时无刻不在用心思想，不论在饭时，睡时，散步时，不论在路上，船中，田间，家里，都以工作为谈话的资料，简直有些"造次必于是，颠沛必于是"了。①

1930 年，从事乡村服务事业的李良鹏见到在唯亭山服务的施中一和陈儒珍，甚为感慨："二君在年轻的时候，竟能抛弃虚荣心，作刻苦工作，真是不可多得的青年。"② 根据苏州唯亭山的服务经验，郑维后来提出的"农村事业干事应具之资格"七条，大部分都是关于人格的：对于改良社会具有坚决之信仰与热忱者；喜爱乡村生活，乐与农民为伍者；对于农村服务具有充分之决心者；生活恬淡，能安于微薄之月薪者；性情活泼，富于创作力与适应性者等。③

青年会服务向以德、智、体、群"四育"培养健全的人格，④ 所谓"育"，无非是用环境来陶铸人们（尤其是青年）的品性。他们认为，"工作乃是一种工具，陶铸好人格，才是最后的目标。"⑤ 在唯亭山，即使是"经济的改善"，服务者们也把它"作为一种建设健全人格的方法"，因为他们坚信："健全的人格实为真正快乐的基础。"刻丝业的提倡"是本着团体精神，谋经济改良，励人格改善的主旨进行着的"⑥。对于学习刻丝手艺的乡民，干事们"供给他们以改良的花样，并推广销路"，但作为"报答"，乡民们须得：讲诚实；发展合作的精神；服务社会当随时随地；节制一切不需要又有害的消费，如吸鸦片、饮酒、赌博、吸纸烟等。倘若乡民不遵守这些规则，服务处便不再管理他们的货物。通过这种约束，意在使乡民体会到："做一个善良而有用的人是值得的。"⑦ 服务干事提倡糊火柴盒不只是为了增加地方收入：贫民因为随时有进款而不致偷鸡摸狗，富

---

① 施中一：《旧农村的新气象》，第 106—107 页。
② 沪江大学青年会：《农村公民教育之一试》，刊行者不详，1930 年，第 4 页。
③ 施中一：《旧农村的新气象》，第 149—150 页。
④ 苏州唯亭山服务于此四育之外，还"特别注意改良经济状况之工作"。见《实行到乡间去》，第 10 页。
⑤ 陈植、张宗象：《青年会的人格教育》，《同工》1933 年总第 119 期。
⑥ 施中一：《旧农村的新气象》，第 35 页。
⑦ 郑维：《唯亭农村工作的试验》，《上海青年》1930 年第 30 卷第 32 期。

者因常年有工可做，不致为烟赌所诱，这样，唯亭山"道德的标准也提高起来了"①。

因此，在苏州唯亭山服务"工作大纲"中，人格培养被置于特别重要的地位，要求干事们"特别随时随事竭力指引"，所谓"人格为人生之大本，犹航海之指南针，火车之轨迹，人若徒有其表，而无人格，则失其所指归，其不臻覆灭者几希矣"。至于具体途径：（1）以爱人如己之精神作人格之模范，服务者当以身作则，使农民受感化而效法；（2）以诚恳之友爱，与农民交往，由友谊之途径，作潜移默化之功；（3）随时讲解人格与物质进步之关系，使农民领悟高尚人格为百福之根基；（4）以相当图画提醒农人处世为人之正道。② 这样的人格以积极干预的姿态进入乡村共同体，陶铸服务对象，消解乡民文化，助其臻至美满生活之境。

了解乡民的人格状态、理解其文化是改进生活的前提。依唯亭山服务者的认识，这必须"亲自住在乡间，做农民阶级圈子中的一份子"，不然，"简直谈不到去改进"乡村生活。③ 1933 年的一个春日，东南大学乡村社会学班的同学来到唯亭山，在巷路村的赵家，他们发现：

> 次媳的两眼病红着，红得怕人，而她们却安之若素……（一家）七个人中，仅两个孩童受小学的教育而已，一切的书报对于他们是完全没用的。心理状态也幼稚，门上，墙上都贴着不少神符，对于调查，当然免不了有点怀疑。特别是谈到经济情形的时候，答语总是吞吞吐吐的……农民的心理犹停滞于十八世纪状态。④

因为这只是一次观光式的观察："在服务处畅谈一番以后……因时间短促，只能每两人到一个村落里去，视察一下"⑤，所知自然有限。

青年会人相信，改善乡民生活的"最（重）要一点，在感化农民之心"⑥，感化的不二法门是诚意。时人认为，在青年会办事，"最要紧的是

---

① 唐希贤、施中一：《唯亭山乡的糊盒副业》，《农林新报》1933 年第 10 卷第 25 期。

② 《实行到乡间去》，第 23 页。

③ 唐希贤：《唯亭山的改进》，《农林新报》1934 年第 11 卷第 20 期。

④ 沈起炜：《唯亭山的一瞥》，《农村经济》1934 年第 1 卷第 5 期。

⑤ 沈起炜：《唯亭山的一瞥》，《农村经济》1934 年第 1 卷第 5 期。

⑥ 《实行到乡间去》，第 9 页。

一个'诚'字"[1]。唯亭山服务者从"根本上承认农民与吾等人格之当尊重，毫无差异"[2]。试图以"最纯洁的友谊和最诚恳的慈心，去感化农民的心，使他们心中受到激动，发生奋斗精神，起来改造环境"[3]。

感化一方面是身教："自己必先具有殷勤诚恳谦虚友爱之服务心而后可，盖即以德化人之道也。"[4] 唐希贤自称"随时随地以身作则的"：

> 我们都不抽香烟；唯亭山副业改进会的公约，也规定不准吸烟。有一次该会会员卢君忽然问我，"唐先生，怎么你们的客人也有许多抽香烟的呢？"我知道他还没有十分知晓吸烟的害处，依旧想要吸；所以就立刻回答他说，"你喜欢学好样呢？还是学坏样呢？"如果我自己也抽烟，我真要无言可答了。我们虽寄居一座大庙里，但却不拜菩萨。唯亭山的少年们比较与我们最为接近，他们读了一点书，又见到我们不拜菩萨，觉得拜菩萨是无意义的，不必要的；于是他们也不拜菩萨了。有时他们的家长要他们来烧香跪拜，他们却仅把香烛往香炉里一掷，就跑出来了。我们并没有劝他们不要拜菩萨，而他们却因知识的增长，与眼见了榜样而不去拜菩萨了。[5]

1933 年春假期间，几位来自金陵农大的同工来唯亭山参观，品尝着软绵绵的白米饭和时鲜油菜，觉得津津有味，唐希贤说，"他们这么做，的确并没有勉强，而暗中对于农民的影响，在工作上实在是很大的"[6]。

感化也需要言传："欲使乡人去邪归真，以个别谈道，以诚恳的态度，解释迷信之非，渐渐引领其明白真理，访问谈道，可以解除与村友之隔膜，而直接发生人与人间的友谊关系。"[7] 乡友们渐渐认青年会服务者们为"自己人"[8] 了。最初来到唯亭山的唐希贤，"和蔼可亲，鞠躬尽瘁地为民服务，同农民交接，几个月中已得农民的欢心"，他病倒后，村民赶到城

---

① 吴耀宗：《青年会的精神革命》，《真理周刊》1924 年第 15 期。

② 《实行到乡间去》，第 9 页。

③ 施中一：《旧农村的新气象》，"序言"第 11 页。

④ 《实行到乡间去》，第 9 页。

⑤ 施中一：《旧农村的新气象》，"序言"第 13 页。

⑥ 唐希贤：《唯亭山的改进》，《农林新报》1934 年第 11 卷第 20 期。

⑦ 李良鹏：《基督教农运的理想和实施》，《言论界》1936 年第 12 卷第 7 期。

⑧ 施中一：《旧农村的新气象》，"序言"第 86 页。

里医院看望他的络绎不绝，郑维为之倍受鼓舞："唐先生的重病……真所谓是祸中得福……我不能精确计算从唐君的病所收的益处是多少；但我知道自从他进医院以后，村民对于我们的工作就渐渐表示同情，这种同情心的发长（展），正像种子在土内的萌芽一样。最近的一个月内，更是发展得厉害。"[①] 这是苏州青年会服务者来唯亭山半年之后发生的变化：

> 疑念尽释。从前他们有种种猜疑，以为我们别有用意，现在他们看见我们住了半年并没有什么不好的举动，又见我们诚心服务，友爱待人，所以这等猜疑都于无形中渐渐的消灭了，村民对我们的感情，也就没有什么隔阂了。

> 赴会人数的增加。从前我们开幻灯演讲等会，每次不过到数十人，一月以前，渐渐增多，最近每次到会者竟有四五百人之多！就是单对他们讲很枯燥的劝勉话，没有什么表演，他们也很愿意聆听了。

> 觉悟卫生的重要。山旁有空地一方，历年为穷人安放尸棺，已积有七十余具了；夏天，尸气熏蒸，臭恶难闻，最为卫生的障碍。我们早就提倡，把棺材搬去或掩埋，可是不曾发生效力。近来再一提倡，他们的反应就大两样了。我们的计划，是要请政府正式拨那块荒地，作为公墓，那（哪）知政府还没有动作，而村民已经在清明节前后，自动的搬去了三十余具……

> 自动欢迎来宾。（1929 年）四月七日余日章博士等十六人，来到唯亭山参观。事前我把余先生的生平，向乡村领袖讲了一遍，他们听见这样重要的人物要来参观，觉得非常荣幸，立刻就准备欢迎。他们原要整治筵席的，但恐怕参观的客人嫌乡下的饭菜不卫生，而我又竭力劝他们千万不要多化（花）钱，他们于是才缩小场面，又买了几色曾经看见我自己吃过的点心，来奉敬佳客，又买了许多花爆来燃放，以表示欢迎。所以当余博士才到唯亭山的时候，乡人扶老携幼，都来欢迎，爆竹之声，响彻遐迩，为唯亭山空前未有之盛举。余博士在饱尝乡间风味而辞别时，他们又用花爆送行。素来不识不知的唯亭山民，忽然觉悟地主的责任自动的团结起来，不惜花费如膏如血的金钱，来欢迎一位德高学博的青年会全国总干事，我们服务的人看见农

民精神上有这种的动机，当然感觉无穷的快乐了。

　　义务服务者的增加。我们初到唯（亭）山的时候，村民对于我们的工作，都取观旁（旁观）的态度。现在却是不论举办什么事工，他们都高高兴兴的来帮忙，如同自己的事一样。其中和我们的感情最浓厚，事事都自动来帮忙的，已经有十余个人，这班人实在是将来工作发展的要素。①

　　两年后唯亭山又改变了多少？郑维觉得这"是很难估计的"，但他能够说出二十个以上的人名来，"这些人都曾彻底的改善了他们的为人之道"，经历了"人格的建立"过程。李君和柳君的例子就很生动：

　　　　从前他木（本）是一个赌博者，鸦片鬼，酒徒，又是游手好闲者，但现在他已改过为善，日间辛苦作工，晚上则勤读不息。又如柳君，他是一个道士的儿子，他常常狂吸烟草，信口谩骂，游荡终日，为害邻里，然而和我们相交年余之后，他却是谦逊有礼，彬彬然如君子，而且很忍耐地学习一种新的行业，在最近的将来，他是很有希望的人。甚至平素很反对我们事工的他的父亲，现在看到他儿子的进步也很觉得快乐。②

　　这些几乎都是无形的改变。其中，少年人格的改变尤为引人注目。唯亭山的少年约二百人，40人加入了"少年进德团"，通过互相策励，他们在人格方面"比较都有改进，有几个人，的确脱离了黑暗而做了新人；有的也受了乡民的器重而能为地方出不少力，做出不少公益的事"③。实际上，20世纪30年代中期当青年会服务结束时，唯亭山的外貌并无多大改观，令人欣慰的是，在精神上"充满着生命的意识，处处表现着一种活力，每个农民的内心，都在燃烧着，追求着美满的生活，整个的农村，已从灰黯的气氛中走上了光明的大道了"④。在服务者看来，没有比乡民"人格的建立"更"有价值的改进"了。

---

①　郑维：《半年农村服务的经验》，《女青年月刊》1929年第8卷第6期。
②　郑维：《唯亭农村工作的试验》，《上海青年》1930年第30卷第32期。
③　《唯亭山概况》，《乡村建设旬刊》1932年第2卷第7、8合期。
④　唐希贤：《唯亭山的改进》，《农林新报》1934年第11卷第20期。

三 乡里领袖的先觉

与苏州青年会同时的许多乡村改造家都强调，在社会变迁过程中须注意激发乡民自身的力量。来到唯亭山的服务者亦深信，乡村改进是"当地的事业，应该当地人来做"，服务者所宜做的，不过是"暗暗地引起他们需要的感觉，鼓励他们奋进的精神，使他们每个人都有潜伏着的力量，去共同努力谋个人家庭及全乡精神的智能的经济的改进"①。问题是，这股力量到底"潜伏"在哪里？

当青年会服务者初到唯亭山的时候，因为天灾人祸的不断摧残和制度环境的压迫，"全乡散漫，一无组织与秩序"，乡民们对"一切都表示消极无望，但侥幸的心理却蔓延滋长得很深很快"，表现出"一种牢不可破的保守的性格和依赖的心理"。总之，这时的唯亭山"呈着幽暗和恐怖"，充满了"一种可畏的悲观而狡黠的空气"②。

面对这样的状态，青年会服务者认为，唯亭山的改进如果"没有乡民底觉醒的因子，只是我们一味去卖力死干，结果就免不了苦闷与失望"③。也就是说，热情的乡村改进者与冷漠的乡民之间存在着沟通障碍。社会学家指出，这种现象表明的是互动双方在信仰、价值观、教育和社会地位等方面的异质性；近代以来世界各地的乡村社会改造家总是"把自己的主要工作放在意见领袖身上"，以便"缩小他们与一般农民的异质性"。所谓"意见领袖"，指特定社会系统内部具有"经常地影响他人的态度和行为的能力"的人。④ 唯亭山服务者显然也注意到了这样的乡村领袖。他们认为，改进乡村"最好能使当地的领袖发动起来做，俾能对症发药，否则城里人跑来做，总觉不能切实要"⑤。

在苏州唯亭山，旧有的乡里领袖有三类。一类是官府代理人，构成一个组织系统：经漕→图董→小领袖→非正式助理人。若干经漕全权负责各图（三图）的田赋征收，在乡里的势力非常大：在官府里是个吏目，在乡间就成了一个"小皇帝"。除催征田赋外，其他举凡乡间一切争讼、户籍

---

① 《唯亭山概况》，《乡村建设旬刊》1932 年第 2 卷第 7、8 合期。
② 施中一：《旧农村的新气象》，第 115、24 页。
③ 施中一：《旧农村的新气象》，第 85 页。
④ ［美］埃弗里特·M. 罗吉斯等：《乡村社会变迁》，第 268—269、264 页。
⑤ 《唯亭山概况》，《乡村建设旬刊》1932 年第 2 卷第 7、8 合期。

调查、田地丈量、田产买卖、家产析分、债务纠葛和婚丧喜庆，等等，无不兼理，"乡民奉之若活佛"。经漕之下有图董，由经漕择聘该图有财有势之长者担任。作为经漕的助理人和代表，图董"上能间接衙门，下能深谙民情"，自然成为乡间的"要人"。小领袖"大都为家计宽裕之发起人自任"，而设法使图董默认，他们主持乡间演戏、钱会、佛事和赛会等活动，"所有的主张和一切调度"，乡民"一样地要绝对服从"。小领袖之下还有各种助理人。① 第二类是"大家富户"。江南乡民的基本家庭观念是"力求子孙繁昌"，"使自己的家庭飞黄腾达"，所以"乡间对于一个出身于大家富户的人比一个德性好、才识高的人要推重得多，信仰得多"。大家富户与官府代理人有时是二位一体的："旧领袖如乡董之类也大都出自大家富户"，他们在完全被时代淘汰之前，"地位都不会动摇，除非他们自暴自弃"②。第三类是耆老："乡民素来视习惯若法律，一切都以相沿的习惯为最后的判断；所以深历世故的老者自然会被全乡所推重。"在这种"简单的，独裁的，不清明的组织"制度下，民众与领袖"相安无事地共同生活着……乡民的一种容忍的心理给养成了。乡间一切的不长进甚且退落的原因，多半肇基于此。因此，在民国成立之后，制度上虽有几度的变更，可是在乡间的心理基础上，未见多大影响"③。

唯亭山服务者能指望的，自然不是这些旧领袖，而是他们"苦心培养起来的精神觉醒的"新领袖。新领袖"不是什么学校的毕业生，或是什么机关养成出来的人才，不是封建制度传统下来的后裔——图董，族长，地主之类，也不是豪富之家，更不是仗势之人"，他们"是从这群众的觉醒中自然地产生出来的。因此，他们能领导着乡民，指挥着群众，去从事各方面的改造；而乡民也在无意识中跟着这般领袖去应付迎面来的问题，去开展理想中的生活"④。

新式乡里领袖具有"一种特殊的长处"：

　　　　横的说来，他们是本地人，一切经历和生活和全乡的乡民相同，因此对于全乡每种情形的一切都是彻底的了解。他们所需要的，就是

---

① 施中一：《旧农村的新气象》，第6—7页。
② 施中一：《旧农村的新气象》，第113—114页。
③ 施中一：《旧农村的新气象》，第7—8页。
④ 施中一：《旧农村的新气象》，第68—70、85页。

全乡所需要的；他们所痛苦的，也就是全乡所痛苦的。明白地说：他们就是乡民；他们和全乡的乡民好象（像）同在一只船上，船覆了他们也有溺死的危险。纵约说来：他们有同情于乡民的慈心；他们有创造的思想；他们有引导群众的能力；最主要的，他们有热烈的情绪和精神。他们没有名利、权势的欲念。他们的出发点是一个"爱"字，全乡改造运动的基础也是这个"爱"字。

这般乡里领袖的产生"很觉奇特"：

> 有的是靠着不辞劳瘁，为公奔波挥汗而产生的；有的是有了切实的建议，受全乡爱戴而由政府委任的；有的是基于他底人格的改进；有的是由于他的演讲的尝试；有的是只不过因为他学会了几件新的游艺，可以说各有各的引人注意，推重的特长。总之，他们并不是一跃而出来的，更不是特别训练了有人委派来做的。他们都是从无意识中产生出来的，十分自然。有时恐怕连乡民也说不出某件事业的领袖是谁；而实际上他们却的确在指挥着一般乡民了。①

青年会干事后来总结道：唯亭山改进事业的创始和推进当然"有许多成因，但是最重要最根本的一点"是"精神觉醒的各种领袖人物"的培育。②不过，"这辈乡里的领袖"并非先知，而是先觉：因为"以他们蛰居乡僻的村中的识见而论，那时对于所谓'改进'的意义，不见得会有怎样充分的了解，而他们却在友谊的立场上，本着坦白肫肫的诚意，具有冒险的精神，起来做了全乡改进的先锋"③。在这里，牵系唯亭山服务者与乡里领袖的纽带是"友谊"。青年会一开始确定的服务方针之一便是，"以友谊为出发点……推进种种革新事业"④。在唯亭山服务了半年之后的干事郑维对此深有体会："农村服务，必须先从感情上进行，竭力与农民联给（结）友谊，引起他们的信仰心，得了他们的信（仰）心以后，各事自然容易进行。"⑤

---

① 施中一：《旧农村的新气象》，第68—70页。
② 施中一：《旧农村的新气象》，第68—70页。
③ 施中一：《旧农村的新气象》，第25页。
④ 《实行到乡间去》，第9页。
⑤ 郑维：《半年农村服务的经验》，《女青年月刊》1929年第8卷第6期。

一旦被确定为领袖，干事们便组织他们去沪锡等地观光，乡里领袖"所得之新智识新精神，实非浅鲜"①，"回乡后能事事革新"②。唯亭山服务事业开展三年之后，苏州青年会颇为得意地宣称，"本乡一切社会事业，完全在当地领袖领导之下进行"。值得注意的是，新领袖的权威既非源于传统，亦非行政的赋予，而是依靠在乡村改进过程中自然产生的"唯亭山之新精神"，在此精神状态下，"领袖的建议大都能受全乡的赞助而通过，全乡产业出入，必有乡长作中人，尤为尊重领袖的表现"③。

在乡里领袖的培育和成长过程中，青少年受到特别的关注。唯亭山服务者"特别注意少年人格之训练，使能养成将来优良之领袖"④。在青年会看来："青年则易于陶融，且富于能力，可为将来改造农民生活之柱石。故本会特别注意于此，各就其性而善诱之。使联络互助以自励，精益求精，务养成良好之农民，而为推行工作之健将。"⑤ 至于老年人，"就算得有改变……没有永久的价值。当然对于他们得保持好感，使事业于推行时不致发生阻力，但是少年和青年是农村里的中坚份（分）子"⑥。

"柱石""健将""中坚"云云，说明乡里领袖在青年会推进乡村改进事业时发挥着举足轻重的作用，然而，青年会的服务不过是乡村改进事业的开始。根据唯亭山服务方针，乡村服务以"引导农民自助互助"作为工作准则，要求他们"自己努力，解决问题，不作赈济式之服务"⑦，如此数年之后，"将事业作一结束，交还本地人士，以试验民众能否接受"。事实上，"在一地试验农村改进事业，预定若干年限，以达理想之目标，世间原无如此容易之事"⑧；移交是必然的。一旦移交，唯亭山的可持续改进力量何在？青年会将唯亭山进一步发展的立乡之本仍然寄托于乡里领袖。

但青年会认为，乡里领袖的最终自立不能仅仅依靠其自身的个人声望，更关键的是，将领袖的成长与团体的组织结合起来，以稳定的机制保障乡村改进的持续推进。"乡村青年社"应运而生。自 1928 年秋青年会开

---

① 《唯亭山农民观光团来沪》，《申报》1929 年 8 月 24 日第 19 版。

② 《唯亭山妇女观光团来沪》，《申报》1930 年 4 月 22 日第 15 版。

③ 《唯亭山概况》，《乡村建设旬刊》1932 年第 2 卷第 7、8 合期。

④ 沪江大学青年会：《农村公民教育之一试》，刊行者不详，1930 年，末页（此页无页码）。

⑤ 《实行到乡间去》，第 9—10 页。

⑥ 唐希贤：《唯亭山的改进》，《农林新报》1934 年第 11 卷第 20 期。

⑦ 沪江大学青年会：《农村公民教育之一试》，末页（此页无页码）。

⑧ 储劲：《五年来的唯亭山写真》，《教育与民众》1934 年第 5 卷第 9 期。

始乡村服务时起，唯亭山先后建立了少年团、读书会、农民协会、自卫团和民众夜校等许多团体，并以团体联席会议作为统一议事机构，接着各团体领袖十余人以团体联席会议为基础，联合发起组织了"乡村服务团"。青年会希望，等"他们中有了能干和能继续他们事业的基本人才之后，青年会便可把农村服务处全部事业，移交他们办理"①。青年会后来提出的更成熟的想法是成立青年社，更强调青年的作用，因为在他们看来，青年就是"乡村社会里的一份子，对于一切乡村里的情形自然十分了解。它能真切地感到缺陷所在；同时它能确实地觉得需要之处，所以它一定能采择最有用的资料，因地、因时的做出最适当的工作来"。青年会干事郑维曾有过这样的设想：

> 迨乎农村人民对于青年会服务员，具有相当之友谊与信仰，对于农村生活之改良，发生相当之了解与愿望，兼有适当之领袖人才时，则可成立一"农村青年社"，俾能切实推行青年会之程序，且使青年会之工作，在该农村中造成一巩固之基础。当农村青年社初成立时，一切事工不能不由青年会干事或服务员为之代谋，但宜将其责任逐渐移于当地之领袖，直至此青年社成为农民自主之事业。②

根据郑维的思路，青年会对青年社应负指导责任。他建议，"将来有当地领袖组织自主机关，继续进行改进工作时"，仍由城市或学校青年会负责；或者在青年社工作"达到相当成绩后，成立乡村青年会"③。看得出，青年会希望一直在乡村改进事业中扮演相对稳定的角色。

四　地方传统的时代更生

近代中国从事乡村建设运动者注意到，有效的乡村服务必须"先找出他们的需要"，否则徒劳无功；④"他们"指接受服务的乡民。对此，青年会干事颇有同感：

---

① 陈济龚：《苏州唯亭山改进农村事业的调查》，《政治评论》1935年总第149号。
② 施中一：《旧农村的新气象》，第145—146页。
③ 施中一：《旧农村的新气象》，第138、149页。
④ 李良鹏：《基督教农运的理想和实施》，《福音光》1936年第12卷第7期。

在农村工作中，最重要的是得到农民的信任，但信任是最不容易得到的，研究起来，信任之由来，大半是能适应农民的需要，所以引起农民的需要是件难而重要的事，而适应其需要是件更难而更重要的事，因为农民对你没有需要，你便没有什么工作可做，有了需要而不能去适应，农民对你便没有信任了。①

优先考虑受者的需要，不作居高临下的施予，这体现了近代性社会服务理念。一旦将乡民的需要作为考虑问题的出发点，事先的服务计划常常不合时宜。沪苏青年会本以德智体群四育宗旨作为"创办农村事业"的依据，进驻唯亭山不久他们就发现，素称富庶的江南乡村居然"食不饱，衣不暖，行不便"。"若衣食不足，则其余各事焉遑顾及乎？"服务者为此制定的服务大纲指出，"四育之外，又必须特别注意改良经济状况之工作，以解其穷困"②。

但救穷不是慈善，服务者所能给予乡民的，不是直接的物质赈济，而是立足于地方生态和人文环境，与他们共同寻找一条达到生计自立的可行路径。在这里，根本的困难在于，青年会与乡民社会之间存在着天然的隔膜：对外来的城市服务者而言，乡村传统是陌生的，而不了解传统，他们所拥有的外部资源则无法加以利用。于是唯亭山的乡村服务围绕着地方传统而展开。

首先，确认乡土工艺在传统生计结构中的独特地位。服务干事唐希贤称：

　　近年来绩麻织夏布的副业一败堕地，于是他们一年之中就有五个月的闲暇，我们于稻麦方面曾做过相当的工作，但是后来因为觉得此事受天时影响极大，有时即使能多一些，辗转结果，还是肥了商人与田主。我们看清了这一点后，就从善用闲暇上找到了糊火柴匣的副业。③

季节性是农事活动的基本特点，"利用余暇来做工作是最合理、也是

---

①　施中一：《唯亭山推广改良小麦之经过》，《农林新报》1931 年第 8 卷第 31 期。
②　《实行到乡间去》，第 10—11 页。
③　施中一：《旧农村的新气象》，"序言"第 14 页。

必然的结果"①，因而有乡土工艺。乡土工艺"在劳力利用上和农业互相配合了来维持农工混合的经济……给在这种经济里生活的人不饥不寒的小康的生活"②。历史上江浙太湖流域富庶的原因之一便是乡村手工艺的发达。③ 在唯亭山附近村落，清前期则有绩苎縤、织夏布、织毛毯、织蓑衣、织缎、纺纱、缫丝、编帘、切纸等许多手工业门类。④ 清人周宾《唯亭咏诗四首》"停耰农抱布，罢饷妇鸣机"，即吟其手工艺之盛。至 20 世纪 30 年代初从事织缎业的机户仍有 78 家，占职业人口的 25.4%。⑤ 19 世纪中叶以来，西方机器工业离间了农工相混的经济配合，"第一个脱栓的齿轮是乡土工业"，跟着"脱栓"的便是与"那传统有机配合所维持的小康生活"⑥。唯亭山织缎业机户以前"营业发达的时候，颇能获利"⑦，20 世纪 20 年代日渐发达的电力织绸剥夺了他们的生计，1933 年机户失业者超过一半。⑧ 如何将乡村经济的齿轮重新归位？服务者认定，关键还在于乡土工艺，在于对乡民来说"适当"的新式工艺。依青年会干事之意，这样的工艺应具备六个特点：资本小，获利快，学会易，随时可停，原料易得，市场稳定。⑨ 糊火柴盒由此成为一个选项。与此同时，服务者发现，刻丝业似乎比糊盒业更为"适当"：因为其特殊的传统技艺，⑩ 能"在小小的一长条上，刻出各种风景，颇堪把玩"⑪，而"机器永久不能竞争"⑫。至于土布织造传统，在机器工业面前早已一败涂地，一般人对它已不抱希

---

① 王子建：《中国土布业之前途》，千家驹：《中国农村经济论文集》，中华书局 1936 年版，第 138 页。

② 费孝通：《乡土重建》，上海观察社 1948 年版，第 82 页。

③ 费孝通：《1936—1938 年留英记》，《芳草天涯——费孝通外访杂文选集》，苏州大学出版社 1994 年版，第 26 页。

④ 沈藻采编撰：《元和唯亭志》，第 38 页。

⑤ 施中一：《旧农村的新气象》，第 130 页。

⑥ 费孝通：《乡土重建》，第 84 页。

⑦ 沈起炜：《唯亭山的一瞥》，《农村经济》1934 年第 1 卷第 5 期。

⑧ 施中一：《旧农村的新气象》，第 131 页。

⑨ "资本小"的要求是，最好完全无须有形的资金；"随时可停"主要指农忙时可以随时停工；原料易得，最好为当地所产。见唐希贤、施中一《唯亭山乡的糊盒副业》，《农林新报》1933 年第 10 卷第 25 期。

⑩ 李涵：《吴地工艺美术》，古吴轩出版社 2007 年版，第 131 页。缂丝又称刻丝、克丝，以生丝为经，熟丝为纬，所谓"能经断纬"：用小梭子织造局部花纹，以经丝贯连通幅作品。有"织中之圣"之称。

⑪ 沈起炜：《唯亭山的一瞥》，《农村经济》1934 年第 1 卷第 5 期。

⑫ 施中一：《旧农村的新气象》，第 34 页。

望，但通过一番调查之后的施中一干事却在唯亭山发现了"经营土布之可能性"和"适当"性：以外部市场论，劳农对土布情有独钟，因而销场广阔；从唯亭山乡情看，过剩劳力可资利用，耕牛可以作为动力。①

事实上，农工混合是一个世界性的历史现象，近代以来，在日益加速的世界一体化形势下，"人们再不能像过去那样，不受其他行业的影响独立地经营自己的行业"，由此，包括乡土工艺在内的乡村非农劳作受到社会变迁研究者的关注。在美国，20世纪30年代后从事这种劳作的农民被称为"部分时间农"。部分时间农在应对外部经济环境的变化上，具有较强的变通性：当工业经济萧条时，他们可以扩大农业的经营规模，反之亦然。② 小农获得的变通性其实决定于乡土工艺的特质。

其次，发扬乡土工艺的技艺传统。一部分传统织缎业仍在进行，1933年唯亭山机工"一天可出六尺，每尺（工费）四角，计算起来，一天也有二元四角的进账"③。面对织缎业的日益败落，服务干事便计划"改织改良土布，以应附近农民需要，而失业织工开一生路"④。织缎业与土布业在技艺上的融通性，是唯亭山服务者选择后者作为替代生计的因素之一："织缎为细工，改行织布，技艺既精，出口必优"，另外，"缎机与布机之构造相同，所用工具亦相仿佛，大约略加更改即可使用"⑤。除土布经营外，为了充分利用织缎业的原有人工与机件，唯亭山服务者还曾有织呢之议。⑥刻丝本是苏州西部一个村庄"很可以赚钱"的"旧工业"，因为"缺乏自外界来的任何灵敏的帮助，这项事业便寿归正寝了"。服务干事经过半年的细心研究及改良，认为"这项工业对于他们（唯亭山农人）为最相宜"，因为农人们"对于丝织很能够熟练，以前曾把它当作他们的副业"，于是"决定使它复活"⑦。

再次，借鉴乡土工艺的生产关系传统。近世以来，一部分小农待在家

①　施中一：《建议在唯亭山乡经营土布之初步计划》，《民生》1933年第2卷第2期。

②　［美］埃弗里特·M. 罗吉斯等：《乡村社会变迁》，第42页。

③　爱群：《在唯亭山的印象》，《消息》（上海）1933年第6卷第8期。

④　《唯亭山农村事业近讯·调查木机业·计划织土布》，《农村新报》1933年第10卷第20期。

⑤　施中一：《建议在唯亭山乡经营土布之初步计划》，《民生》1933年第2卷第2期。

⑥　《机户失业之救济》，《同工》1934年总第130期。

⑦　郑维：《唯亭农村工作的试验》，《上海青年》1930年第30卷第32期。

里，加工从商人或"从企业主那里领来的材料以取得计件工资"①，这种乡土工艺从生产关系性质上说，与旧式独立的小农经济已经完全不同，而被赋予了近代性。

以唯亭山传统织缎业为例，清末，织缎机户大都依附于商家"纱缎庄"："一切材料，都由纱缎庄预备好了，然后发给机户去织，机户则限定日期，织成纱缎，交还纱缎庄"②，领取工资。20 世纪 20 年代末机户们由开设于苏州娄门和齐门一带的 20 多家纱缎庄所支配："机户并不以此为独立经营的手工业，他们的丝是由苏州的主人发下来的。"③ 除了织缎，夏布业"也都操纵在商人、资本家之手"④。这样的支配实际上有利于小农生计。在近代市场经济条件下，销售都是整批的、大规模的，而与零散的、小规模乡土工业存在矛盾，要解决这个矛盾，列宁指出，在小生产者孤立和分化的情况下，"就只有由少数富裕者独揽销售，把销售集中起来"⑤。从这个意义上说，包买主如纱缎庄或工厂主，充任了外部市场与乡土工艺之间的中介，唯亭山服务者注意到，乡民们很需要这种中介。创立于 1920年的刘鸿生火柴厂将生产过程中的糊火柴盒这道工序转移至乡村，成为乡土工业："材料归该厂送到，工价每做一千只，计钱三百九十文。"⑥ 糊盒乡民由此成为受雇于火柴厂的编外员工。服务干事为日后推广计，视村之大小，从每村招一二人为"基本人"，共 13 人，由厂方派员来乡进行训练，再由基本人在自己村中辗转教授，一个多月，已有 40 余人糊起了火柴盒。⑦ 由乡民组成的"副业改进会"进一步提高了乡土工艺的社会化服务水平：一切收货、装置等手续，概由副业改进会管理；服务处只为代销，兼管一部分账目，供给适当之图样。⑧

在唯亭山服务处所拟定的土布经营计划中明确规定，经营之法"依照纱缎业之账房（即纱缎庄）"进行，厂商在乡租屋作为经理处，办理收发

---

① 列宁：《俄国资本主义的发展》，《列宁全集》第 3 卷，人民出版社 1984 年版，第 401 页。
② 包天笑：《钏影楼回忆录》，中国大百科全书出版社 1984 年版，第 112 页。
③ 沈起炜：《唯亭山的一瞥》，《农村经济》1934 年第 1 卷第 5 期。
④ 施中一：《旧农村的新气象》，第 5 页。
⑤ 列宁：《俄国资本主义的发展》，《列宁全集》第 3 卷，第 325 页。
⑥ 储劲：《五年来的唯亭山写真》，《教育与民众》1934 年第 5 卷第 9 期。按，施中一《旧农村的新气象》第 45 页称：刘鸿生火柴厂在唯亭山设有"放匣所"发放糊盒材料。
⑦ 唐希贤、施中一：《唯亭山乡的糊盒副业》，《农林新报》1933 年第 10 卷第 25 期。
⑧ 储劲：《五年来的唯亭山写真》，《教育与民众》1934 年第 5 卷第 9 期。

布纱、指导织工、发给工资等事项。服务干事还制定了合作经营计划：由乡民依照政府条例组成土布生产合作社；由厂商与合作社订立合作经营土布生产契约，载明双方之权利与义务，双方契约年限，及不能履行契约或营私舞弊时之处罚等；由布厂贷以低利资金 2000 元，规定期限及分期偿还办法；由厂商派员常驻乡间协助指导合作事宜；原料由厂照本批售予合作社，于每次交货时将纱价扣除；推销完全由厂商负责；图样及尺寸由厂商供给。[①] 合作经营制度扬弃了乡土工艺的生产关系传统，更具近代性。

综上不难看出，唯亭山乡村改进的基本思路受益于地方传统，但地方传统的价值体现应该在它完成适应外部环境的更生之后。"传统发生变迁是因为它们所属的环境起了变化。传统为了生存下去，就必须……依据其进行导向的那些环境。"[②] 这里的环境即时代。时人指出，乡村改进的适应性"不但指空间的，也是指时间的"[③]，也就是说，适应地方传统只是乡村改进的一方面，另一方面还须使地方传统适应时代；地方传统惟有在与外部环境的互动中完成更生，才能产生价值。而建立起两者的互动关系，对于一直接触外部世界的青年会来说更为擅长。在唯亭山服务处，时常只有一位干事和一位事务员驻乡工作，但"他们仍不觉得太少"，因为他们只是"把自己认作一只渡船，把农友与专家或机关沟通起来……他们的'独数'便成几何级数的变成'多数'"[④]。在青年会的沟通下，沪宁苏等地大、中学生假期里来乡义务服务，[⑤] 机关或学校也与唯亭山展开了广泛的合作：

表 9-1　　　　　唯亭山与苏南地区机关（或学校）的合作

机关（或学校）名称	合作事项	起始年月	所在地通讯处
金陵大学农业推广所	农业电影，改良小麦	1928 年 10 月	南京
博习医院	优待诊疗	1929 年 8 月	苏州
诊疗所	种牛痘	1930 年 4 月	苏州青年会
农具制造所	试用新农具	1930 年 10 月	苏州胥门外

① 施中一：《建议在唯亭山乡经营土布之初步计划》，《民生》1933 年第 2 卷第 2 期。
② ［美］E. 希尔斯：《论传统》，傅铿、吕乐译，上海人民出版社 2009 年版，第 276 页。
③ 傅葆琛：《乡村生活与乡村教育》，江苏省立教育学院研究实验部刊行，1930 年，第 6 页。
④ 唐希贤：《唯亭山的改进》，《农林新报》1934 年第 11 卷第 20 期。
⑤ 施中一：《旧农村的新气象》，第 110—112 页。

续表

机关（或学校）名称	合作事项	起始年月	所在地通讯处
农民银行	信用合作社	1930 年 11 月	常熟；苏州
吴县合作事业指导所	信息合作社	1930 年 11 月	苏州
刘鸿生火柴厂	糊盒工艺	1932 年 12 月	苏州
吴县农业改良场	试用改良稻种	1933 年 5 月	苏州盘门
上海银行农业合作贷款部	农业合作社	1933 年 5 月	上海宁波路
苏州农业学校	试用改良麦种	1933 年 10 月	苏州下津桥

资料来源：施中一：《旧农村的新气象》，第 109—110 页。

地方传统在与外部世界的不断沟通中被赋予了近代意义，这样的变迁还发生在经济生活以外的社会生活方面。其一，卫生习惯的养成。传统上，唯亭山人患病依靠女巫，"数十年来屡受其欺，仍不觉悟"，延医服药者，百无一二；而且讳疾忌医，生了病只称"小毛病"，不肯就医，直至病殁也不认为是病，只当"命该如此"①。来乡服务的义务员发现了改变乡民观念的机会。青年会服务处设在重元寺中，1930 年农历年初，来庙进香的人很多。正在唯亭山的全国协会公民教育干事王鹏云将随身带来的许多卫生常识图画，满贴于庙中的墙壁上，香客们看见五光十色的图画，"莫不动了好奇的心，乐于就问"，义务员则"乘机告诉他们图画的意义，使他们注意预防疾病方法及如何清洁身体，谨慎饮食扫除房屋以及灭蝇、清道等等良好举动"②。至 1934 年，来乡参观的人发现，唯亭山人到苏州博习医院就医的，已不足为怪。"至于喜用新药的农民，也在逐年增加着。"③这种新风气还是服务干事"和蔼而不厌烦的态度和医好了几次外科病的本领所造成的"。1932 年唯亭山西部村落瘟疫炽烈，幸好事前由干事们组织打了防疫针，事后大家又都预备了"十滴水"，大大降低了死亡率，乡民们众口同声地承认，"讲究一点卫生倒（到）底好些"，青年会服务者因此而信心倍增：我们何必空空洞洞去铲除迷信，打倒神像，反而遭了乡民的恶感，只看这件小小的医药工作已大杀了求神延巫的风气，以这相同的

---

① 施中一：《旧农村的新气象》，第 38 页。
② 沪江大学青年会：《农村公民教育之一试》，第 7 页。
③ 陈济龚：《唯亭山改进农村事业的调查》，《京沪沪杭甬铁路日刊》1935 年总第 1206 期。

事实来扩大而充之，何尝不能彻底改造社会。[1]

其二，国家观念的生成。地处吴地的唯亭山乡民喜唱吴歌，但历来"只会唱粗俗的"山歌，对于赞美家乡的歌谣"实在不会唱，就是会唱的也害着羞，不愿唱出声来"[2]。青年会来唯亭山后，每月逢一日或令日佳节，都要组织乡民同乐会。干事们编成爱乡歌数首，让村民在同乐会上欢唱，"以激发其爱乡思想"[3]。有一次同乐会，参加的人突然唱起这爱乡歌，不久便唱遍了全乡，牧牛的，戽水的，拔秧的，罱泥的，都引吭高唱"美哉唯亭山"，有几次他们还在会场上向着许多来宾显示他们唱歌的本领，"全乡精神的振作多少也得力于他们一致的欢唱，别小觑了一个歌曲啊"[4]。1930年年初王鹏云来唯亭山的时候，又带来一首《美哉中华》，"以激发其爱国思想"。义务员们"先唱其歌调，不去教他们"，当乡民"兴趣已极浓厚"，先教他们识字，次教他们歌曲。不到半天工夫，"美哉中华"已能在乡民口中高歌成调了。[5] 1931年九一八事变发生，乡民每夜主动来到服务处，"听时事讲述，痛恨日本人之强暴，和军阀之压迫"，继而一·二八之战起，"农家均捐出年糕点心等，周济被难同胞；并且还有几个少年一度去暗自加入过义勇军，想去执戈杀敌"[6]。1934年人们发现，唯亭山的"淫曲小调，于今不闻了。而爱乡爱人的歌曲，随处可以听到"[7]。

其三，团体观念的培育。培育的基本方式是经常在乡村公共空间进行集会。江南乡间并不缺少这样的公共空间，服务干事所住的重元寺就是。青年会服务者第一眼见到的这座古庙，"尘垢堆积，蔓草丛生，鼠蛇杂处"，并不宜居，但它位于整个唯亭山的"中心地点"，是发展青年会"感化力的理想的场所"，事实上，它不久便成为"村人享受社会生活的公共场所"[8]。这里所谓社会生活，并不仅仅指人员的聚集，更多地意味着聚集起来的乡民通过彼此互动，了解了外部世界，培养起契约精神，建立了平等关系，共谋公共事业。乡村茶馆是另外一个公共空间，在民国江

---

① 施中一：《旧农村的新气象》，第38、40页。
② 施中一：《旧农村的新气象》，第26页。
③ 《实行到乡间去》，第21页。
④ 施中一：《旧农村的新气象》，第27页。
⑤ 沪江大学青年会：《农村公民教育之一试》，第7页。
⑥ 沈起炜：《唯亭山的一瞥》，《农村经济》1934年第1卷第5期。
⑦ 储劲：《五年来的唯亭山写真》，《教育与民众》1934年第5卷第9期。
⑧ 郑维：《唯亭农村工作的试验》，《上海青年》1930年第30卷第32期。

南乡间更为普遍。唯亭山乡人每于闲暇之时，总到茶坊去消遣。服务者便"利用他们好饮茶的习惯"，创办茶园一处，由当地乡民自己主持，干事们则"乘机讲述新闻"[1]，"联络全体村民之精神，而促进团契生活"[2]。本来，"乡民素来不问外事……谈不到社会服务"，自1932年起，"少长都能排除成见"，积极活动了。年初沪战时，乡公所领导乡民组织临时维护会，收容难民，检查客船，招待士兵，协助筑壕，维护治安等，为时三月；平时警钟一鸣，群出救火；其他"领袖与乡民的为公挥汗奔走的事，实不胜枚举"[3]。

五 乡村改进的青年会式

陈序经关于民国乡村改进模式的概括未必完全确切，但其中却包含着一个不争的事实：青年会式乡村改进不但存在而且独树一帜。青年会式乡村改进自然为中华基督教青年会所主导，而苏州青年会开展的唯亭山服务颇具代表性，显示了此种模式的独特性。

青年会式服务将健全人格的灌注作为乡村改进的基石。苏州青年会服务者认为，"帮助农民最要的途径"就是"用潜移默化的方法，来做革心救国的工夫。有了这种基本改造，别的事就都容易举办了"[4]。所谓"革心"，即锻铸乡民健全人格。这里的人格建设已不单是个体灵性的涵养，而更多的是通过共同体人际关系的互勉，进而蔚然而成整体的日常环境。

青年会式服务以朝气蓬勃的乡里领袖作为乡村改进的先锋。这是一个"以青年为主体和主题的运动"[5]，不过，这只是他们"所以联合同志、团结精神"的一种形式，实际上，青年会"群贤毕至，少长咸集"，之所以冠以青年之名，意在显示"有朝气而无暮气"，在"精神上，事业上，常现青春色彩，每觉发荣滋长，陈腐全销……遇事苦干强干，有坚持之操，无枯朽之象"[6]。这样看来，苏州青年会服务者在唯亭山所培育的乡里领袖，未必都年轻，但领袖们对于乡村社会改进的热情又确实洋溢着一股青

---

① 沪江大学青年会：《农村公民教育之一试》，第8页。

② 《实行到乡间去》，第21页。

③ 《唯亭山概况》，《乡村建设旬刊》1932年第2卷第7、8合期。

④ 施中一：《旧农村的新气象》，"序言"第11页。

⑤ 赵晓阳：《基督教青年会在中国：本土和现代的探索》，第1页。

⑥ 赵伯乐：《青年会之顾名思义》，《杭州青年》1935年第18卷第17期。

春朝气；服务者对年轻人的青睐则寄寓了青年会对未来社会的期望。

青年会式服务以宽容之爱驱动乡村改进。社会改进其实就是应对各种社会问题，爱力的运用是他们所崇尚的应对之法。在苏州唯亭山服务之初，西方社会福音与乡民文化之异在两者宽容之爱中被搁置起来，但持续的爱力实际上正在悄悄地消融着传统乡民文化。青年会的一些服务思路如地方传统的扬弃，也得益于这种宽容之爱，并进一步获得了时代更生。

常有论者认为，青年会及其社会改进事业"使人感觉宗教因素太稀薄了"①，所以有这种感觉，除了由于青年会的"某种特殊的旨趣和活动方法"，还应该与青年会的日常指向有关。青年会所"特别关切的是把青年从低落的日常生活中拉出来，使他们改变心志，无条件地皈依"，因而其活动也多与"日常生活发生紧密的连系"②，尤其是当他们投身于乡村改进事业中。青年会直面特定的日常共同体，就必须采取具体的处理日常生活事件的方式，而不是散布抽象的社会福音理念。

在日常生活领域，人们总是"根据相关的经验图式来安排和整理自己的经验"，这样的经验图式具有一种抵御改变的惰性。③ 郑维和唐希贤两位干事初进唯亭山时，看到乡民的面孔"都有些尴尬的神气，苏州人所谓十八个画师都画不出来的神气，对于我们两个人若接若离，各人头脑中都有一个'？'号"④。服务进入第三年，郑维干事高兴地总结："我们和蔼可亲的态度却渐渐消除他们的疑虑。他们一个个的变为我们的朋友。当我们商供居留的处所时，经过了十次的访问，村中的长者们才很高兴地将他们的庙宇借给我们了。"⑤ 近代以来，全世界指导乡村变迁工作者常常抱怨"农民的不合作"，其实是因为他们"对农民缺乏了解"；外来服务者"必须知道他们原来的价值观，他们是如何看待世界和他们周围的社会。简而

---

① 与此相关的问题是基督教乡村改进事业的宗教性，对此学者们存在争议。赵晓阳（《基督教青年会在中国：本土和现代的探索》第 146 页）认为："青年会本土化是以宗教式微为代价的。"这是从青年会的全部事工而言的；邢军（《革命之火的洗礼》第 53 页）更明确的看法专门针对唯亭山服务："他们的事工与福音传教士农村工作最大区别是宗教基本上没有扮演什么角色，一般都认为它们仅是教育、经济和社会事工。"

② 林柏德：《青年会的宗教特质》，《同工》（复刊）1947 年第 2 期。

③ ［匈］阿格妮丝·赫勒：《日常生活》，衣俊卿译，重庆出版社 1990 年版，第 134 页。

④ 唐希贤：《真实的改进》，《民生》1933 年第 2 卷第 4 期。

⑤ 郑维：《唯亭农村工作的试验》，《上海青年》1930 年第 30 卷第 32 期。

言之，必须知道他们的'认知图示'"①，因为图示内含破解乡民文化的密码。从社会福音与乡民文化的关系看，如果说唯亭山服务显示了青年会式乡村改进的独特性，那么其独特性在于，服务者充分意识到民族文化、城乡文化和雅俗文化之间的巨大异质性，顺势利导，以慈爱之心诚服了乡民。这应该是从事日常生活改进的必由之路。

我们承认，日常生活的改进与社会制度的根本变革自然不可同日而语，然而一个基本的事实是，无论哪一种改变，都不是一蹴而就的，特别是前者。在社会制度的革命完成之前，得过且过的消极态度显然是不可取的，从这一意义上，苏州唯亭山服务者对待乡村改进的努力无疑是值得充分肯定的：

> 我们当然要希望世界经济状况早一天恢复，政治早一天清明，战祸、灾害早一天消弭；但是事实上情形没有什么改变，转有更恶劣的趋势，那么难道大家就坐以待毙吗？现在唯亭山已经可以说是抬了头，正在追求着高尚，丰富，愉快的美满生活，从这种心理基础和初步的社会组织努力上去，总要比普通许多昏聩的农村乐观得多。②

当青年会式乡村改进事业的正当性被人们认可后，最让青年会纠结的是如何面对乡民文化，这是由社会福音与乡民文化之间的张力所引起的。如果在缓解这种张力方面青年会对乡村改进有所贡献，那么这就是青年会式的价值所在。客观地说，唯亭山经过五年的改进，"物质上虽少建设，而精神上确见进步"③。苏州唯亭山服务者认为，后者才是"真实的改进"：

> 有汽车路，洋房，花园等物质建设的新村，一般人都爱的，但是这新村的精神，内心，倘使没有物造，依旧是黑暗与无望，这新村是没有生命的啊！搽粉的骷髅，绣花的草枕，爱的人也不少，请问对于我们破产垂亡的中国，究有多少价值呢？④

---

① ［美］埃弗里特·M. 罗吉斯等 《乡村社会变迁》，第 320 页。
② 施中一：《旧农村的新气象》，第 116 页。
③ 《唯亭山乡举行城乡联谊会》，《苏州明报》1933 年 7 月 19 日第 2 版。
④ 唐希贤：《真实的改进》，《民生》1933 年第 2 卷第 4 期。

第 十 章

日常史的凭据

　　问题与史料是相辅相成的。一方面，问题意识以史料的存在为前提，另一方面，问题意识催生了史料。"草根史的资料之所以叫作资料，是因为历史学家问了问题，并且就这个问题处心积虑地来寻找解决的方式而产生的。"① 在这里，柯林武德提醒我们："在科学历史中，任何东西都是证据，都是用来作为证据的；而且没有一个人在他有机会使用它之前，就能知道有什么东西作为证据将会是有用的。"② 总之，史料的天地是非常广阔的，"史料无往而不存在，端在史家凭卓识发现"③。于是，漫画、传说、仪式、歌谣、竹枝词……都进入了我们的视野，以传统文献资料为基础，结合这些史料，近代江南乡民生活的研究得以展开。但很明显，这些史料跟传统史学所崇奉的文献非常不同，不妨称之为"另类史料"。既然另类，就必须做出解释，说明其合理性，或者进行史学本位的转换。这里，我们以江南歌谣、丰子恺的写实漫画和江南知识人的故土记事为例，说明另类史料的价值。

第一节　村妇生活的凭据：吴歌越谣

　　历史的科学性基于生活性，即历史的依据来自于生活的客观事实。不过，历史指向既往，往昔的生活永远不再，史家只能循着历史的印迹重现生活。历史的真实就在于它的"可证实性"；其中至为关键的，是往昔生活的凭据。史家面前必须有凭证；克罗齐说，"谈什么没有凭据的历史就

　　① ［英］霍布斯鲍姆：《论历史》，黄煜文译，中信出版社 2015 年版，第 312 页。
　　② ［英］柯林武德：《历史的观念》，何兆武、张文杰译，商务印书馆 1997 年版，第 386 页。
　　③ 王尔敏：《史学方法》，广西师范大学出版社 2005 年版，第 124 页。

如确认一件事物缺乏得以存在的一个主要条件而又谈论其存在一样，都是瞎说。一种与凭据没有关系的历史是一种不能证实的历史。"① 热衷于精英—政治生活的传统史家因为有皇家起居注录、档案文献资料等作为凭据，自信地认为，历史可以堂皇地跻身社会科学的行列。然而，眼光向下的社会史没有这样的底气，因为偏居一隅的百姓生活没有那些可以依凭的证据。

关注民众生活的顾颉刚找到了一些凭据，不是从档案里，而是在田野；田野里有一种史料叫歌谣，歌谣中有一类"乡村妇女的歌"②，仿佛她们"生活的最亲切的写真"③。但直接作为史料，历史家对于包括歌谣在内的所谓艺术作品，态度还是相当谨慎的："对于非传统史料，不能拿过来就用，必须进行史料学的研究和处理。"④ 在此，我们依据歌谣重构江南村妇生活时，首先得进行史料学的检讨。

一　歌谣的民间性与村妇生活

歌谣关于民间。周作人认为，歌谣这个名称在学术上与"民歌"同义。⑤ 他引英国人弗兰克·基夫顿（Frank Kifdon）的话对民歌进行界说：民歌是生于民间，并且盛行民间，用以表达情绪或抒写事实的歌谣，所以民歌也不妨称之为民谣。由此可以看出，内存于歌谣中的"民"，既指民间，亦即民众：

> "民间"这意义，本是指多数不文的民众；民歌中的情绪与事实，也便是这民众所感的情绪与所知的事实，无非经少数人拈出，大家鉴定颁行罢了。所以民歌的特质，并不偏重在有精彩的技巧与思想，只要能真实表现民间的心情。⑥

① ［意］贝奈戴托·克罗齐：《历史学的理论和实际》，傅任敢译，商务印书馆1997年版，第4页。
② 顾颉刚：《〈吴歌甲集〉自序》，北大歌谣研究会：《歌谣》1925年6月28日。
③ 顾颉刚、吴立模：《苏州唱本叙录》（1921年7月），顾颉刚等辑：《吴歌·吴歌小史》，江苏古籍出版社1999年版，第683—684页。
④ 冯尔康：《中国社会史概论》，高等教育出版社2004年版，第150页。
⑤ 周作人：《歌谣》，钟敬文：《歌谣论集》，上海书店出版社1927年版，第31页。
⑥ 周作人：《中国民歌的价值》，刘复：《瓦釜集》附录，北新书局1926年版，第85页。

明末冯梦龙将之所编江南歌谣"别之为"《山歌》，着意强调的也是其与精英的对立，"言田夫野竖矢口寄兴之所为，荐绅，学士家不道也"①。

歌谣的作者明显地以妇女居多，是典型的民众。从歌谣的口传性上就可以看出，歌谣与女性的关系似乎更密切些：

> 我国的妇女，自少至老，自生至死，几乎是处处受轻视，时时受虐待……文人学士向来是不管闲事的；名卿大儒更是"变本加厉"，"助桀为虐"；于是我们旧式的妇女，乃真成"哑巴吃黄连，有苦说不出"了！多亏妇女还有一副脑筋，一张嘴巴，自己会编几句韵语，唱几首歌谣，将自己所受的苦处描写出来；而我们所以能关于她们的苦处多知道一些，也就"独赖此篇之存"。②

尽管闺阁才女们留下了不少呶呶唧唧的诗文文本，并且受到了学者们的重视，但毫无疑问，比起口传的歌谣来，无论在绝对数量，还是所反映的生活广度，它们都处于劣势。所以刘经庵说，"民众的文艺，尤其是歌谣的一部分，妇女的贡献要占一半，且其中又多是讨论她们本身的问题的——妇女的文学与妇女的问题"。在另一处他直接就说："妇女是歌谣的母亲，歌谣的大师，亦不算太过罢"③。

歌谣的民间性在乡村体现得更充分。"民谣一出来便是属于乡土的东西。有的民谣口传口的互相传着，离开本土很远的，但是所传到的地方都会渐渐的传上这个乡土的风习……这个就是个所谓民谣这东西从头至尾都是乡土的证明。"④ 我们说歌谣与女性关系密切，在某种意义上强调的是其中的乡村妇女。从歌谣本身一面看，徒歌无须乐器伴奏，更容易在实际生活中发生，尤其在乡村。清末民初风靡于上海，苏州坊间的时新小曲《五更相思》，表达了一位少妇对外出生意郎的思念，流播至乡村，乡民们就

---

① 冯梦龙：《叙山歌》，冯梦龙：《山歌》，江苏古籍出版社 2000 年版，序页。按：20 世纪 30 年代，寿生解释，"山歌"的"山"字实在是"山野"的意思，与"山人""野老""村夫"等义相同。见寿生《我所知的山歌的分类》，北大研究院文科研究所歌谣研究会编：《歌谣》1937 年第 2 卷第 32 期。

② 杨世清：《从歌谣看我国妇女的地位》，北大歌谣研究会：《歌谣》1924 年总第 48 号。

③ 刘经庵编：《歌谣与妇女》，上海书店出版社 1925 年版，"自序"，第 4 页。

④ 野口雨情：《"乡土童谣"与"乡土民谣"》，北大研究院文科研究所歌谣研究会编：《歌谣》1936 年第 2 卷第 24 期。

把它变成山歌（徒歌）。相类似者如《劝郎叹五更》《五更十送》和《五更送郎梳妆台》等。① 从吟咏者方面，更明显地看出歌谣与乡村女性的关系。顾颉刚在《吴歌甲集》中将"乡村妇女的歌"与"闺阁妇女的歌"相提并称，实际意味着闺阁歌谣的民间性之淡薄：在形式方面，歌谣给"识字的妇女做了，便接近到诗及弹词上面去；在意义方面，说私情的不及说功名的多，大都希望夫婿以科第得官；或者说自己竭力振顿家事，求得丈夫面上的威光，这种情境，实在是乡村妇女所想不到的"②。这是因为，村妇们"没有受过多大的腐儒们的礼教的熏冶，所以思想较为自由"③。"自由的"村妇赋予了歌谣的民间特色：把民众的感情热烈质朴地表达出来，"赤裸裸的人性，率真的心声，只民歌里有"④。

地方性黏附在民间性之中，体现歌谣的个性。与精英诗歌不同："歌谣是以民众地方为单位的，不是以个人作单位的。所以歌谣的个性，应当从一个地方的人群看起，这一群人的歌不是那一群人的歌，和那曹子建的诗不是杜工部的诗一样……（歌谣）各类的特色和地方的特色，是歌谣的个性。"⑤ 民众生息于地域共同体；特定的共同体生态便为歌谣着上了相应的文化底色：

> 新打大船出大荡，大荡河里好风光。船要风光双支橹，姐要风光结识两个郎。⑥

船、橹、荡、河……这些地域文化符号是江南歌谣生成的风土，而其中最富特色者莫过于方言。方言的本义，包涵着俚调、语句和词字；俚调的地域性不必说，如果将方言"用文字和音标写出来，（也）能表现出这地方的语句词字和别地方有不同样的色彩"⑦。江南歌谣以其方言的独特

---

① 金煦主编：《中国·芦墟山歌集》，上海文艺出版社 2004 年版，第 71 页。
② 顾颉刚：《〈吴歌甲集〉自序》。
③ 刘经庵编：《歌谣与妇女》，第 3—4 页。
④ 李素英：《吴歌的特质》，北大研究院文科研究所歌谣研究会编：《歌谣》1936 年第 2 卷第 2 期。
⑤ 卫景周：《歌谣在诗中的地位》，北大研究所国学门歌谣研究会：《歌谣纪念增刊》1923 年 12 月 17 日。
⑥ 刘复：《瓦釜集》，第 77 页。
⑦ 董作宾：《为方言进一解》，北大歌谣研究会：《歌谣》1924 年 4 月 6 日。

性，更显出与地方的有机联系。1925 年胡适称，"要寻完全独立的吴语文学，我们须向苏州的歌谣里寻去"①。胡适所谓"独立"指的是，口传的鲜活歌谣几乎完全采用方言；芦墟歌手陆阿妹唱《五姑娘》道：

　　　佾末喜欢什介唱，伊末相信几介论，佸要唱五姑娘搭徐阿天格私情事，伊拉两个结识私情受尽折磨吃尽苦。②

有许多歌谣，或许内容和主题非常相似，但方言表达告诉我们，正在流行的歌谣属于某个共同体。

　　歌谣倾向于表现人类质朴本能的行为，从而在表现对象上显示民间性。受弗洛伊德和达尔文学说的影响，朱光潜说，性欲是人类"最强的本能，带有最丰富的情趣，民歌多以男女恋爱为'母题'，也不过因为它比较有趣罢了"③。事实上，在江南歌谣中，数量最多者即是情歌。明陆容《菽园杂记》云："吴、越间好唱山歌，大率多道男女情致而已。"④ 近人顾颉刚在搜集吴歌时亦发现，"乡村女子歌里，情歌最多，亦最好"⑤。精英对这类题材常常躲躲闪闪，率真的乡村人则大肆铺陈，"唯诗坛不列，荐绅学士不道，而歌之权愈轻，歌者之心亦愈浅，今（明代）所盛行者，皆私情耳"⑥。

　　江南歌谣充分表现了乡村私情，但我们不能就此认为，歌谣的"中心思想，专在恋爱"⑦。事实上，历史上遗留下来的歌谣，除情歌外，还有名物歌、劳动歌、仪式歌、谐趣歌、历史歌、时政歌、社会关系歌、传说故事歌等等。如此多的歌谣类属，说明江南歌谣题材之广泛，换言之，江南歌谣的表现对象并不局限于私情。大致而言，凡是近于人类本能的方面，

---

　　① 胡适：《〈吴歌甲集〉序一》，顾颉刚等辑：《吴歌·吴歌小史》，第 11 页。

　　② 姜彬主编：《江南十大民间叙事诗》（长篇吴歌集），上海文艺出版社 1989 年版，第 173 页；按：佾，你们；什介，这样；伊，他（她）；几介，那样；佸，我；搭，和；格，的；伊拉，他（她）们。

　　③ 朱光潜：《性欲"母题"在原始诗歌中的位置》，《歌谣》1936 年第 2 卷第 26 期。

　　④ 陆容：《菽园杂记》卷 1，中华书局 1997 年版，第 11 页。

　　⑤ 刚：《〈吴歈集录〉的序》，北大歌谣研究会：《歌谣》1923 年总第 15 号。按：此处作者"刚"即为"顾颉刚"。

　　⑥ 冯梦龙：《叙山歌》，冯梦龙：《山歌》，江苏古籍出版社 2000 年版。

　　⑦ 周作人：《中国民歌的价值》，刘复：《瓦釜集》附录，北新书局 1926 年版，第 86 页。

诸如衣食住行趣等等，都进入了歌谣。而这些方面，即与社会再生产相对应的"个体再生产"行为，就是社会史所谓的日常生活领域。在这里，歌谣的表现对象成为史学刻画日常生活的指示器：对象所及，即日常生活所向："吃饱穿衣等事是全人类所共有的；所以研究各民族特有的文明，要彻底了解各民族的真际（蒂），非求之于吃饱穿衣等事之外不可。而民歌俗曲，却便是这项最真实扼要的材料。"① 需要我们特别注意的是，歌谣表现的这些本能行为本身"是非历史的"；历史家"对于人们的吃和睡，恋爱，因而也就是满足他们的自然嗜欲的事实并不感兴趣；但感兴趣的是人们用自己的思想所创立的社会习惯，作为使这些嗜欲在其中以习俗和道德所认可的方式而得到满足的一种结构"②。这种结构，歌谣名之曰"风土"，社会史称之为"日常"。

歌谣就这样以民间—民众—乡村—妇女—地方—日常的黏着性展示了村妇的日常世界。这是一种民间姿态，它所黏着的种种维度，正是我们构建"整体"社会史时特别在意的；以歌谣为凭据的江南村妇生活叙述将自然地开启一方社会史的视野。

二　村妇生活的艺术展示

不管歌谣与村妇生活的关系如何密切，史家都不应忽略歌谣的艺术身份。作为艺术，歌谣对村妇生活的表现总是依循着特定的艺术理路。大而言之，主要有两种表现方式：

其一，聚焦生活。法国艺术哲学家丹纳认为，艺术的目的在于彰显事物的主要特征；在给定的社会生活中，事物的主要特征不会主动显现，即使显现也非常不充分，为了使特征支配一切，艺术创造者常常进行必要的加工："特别删节那些遮盖特征的东西，挑出那些表明特征的东西，对于特征变质的部分都加以修正，对于特征消失的部分都加以改造。"③ 从凸显生活特征的角度说，艺术加工就是生活的聚焦。

---

① 刘复：《〈吴歌甲集〉序五》，顾颉刚等辑：《吴歌·吴歌小史》，第31页。
② ［英］柯林武德：《历史的观念》，何兆武、张文杰译，商务印书馆1997年版，第304页。
③ ［法］丹纳：《艺术哲学》，人民文学出版社1963年版，第23—27页。按：丹纳说，哲学家称"主要特征"为本质，所以他们说艺术表现事物的本质。丹纳认为，"本质"是专门（哲学）名词，可以不用，我们只说艺术的目的是表现事物的主要特征，表现事物的某个凸出而显著的属性，某个重要观点，某种主要状态。

　　生活聚焦意味着典型场景的展示。以事件为中心，可称之为片断场景，如男女偷情被猫打断：

　　　　短命瘟猫一声叫，情哥吃惊魂出窍，小阿妹心跳肉匣抖，胜过仔一只八角描龙金边花碗杀生头里地上抛。①

以人物为中心，可称之为个体场景，如相思少女：

　　　　半夜起来纺棉纱，织布做件长大褂，人是衣衫马是鞍，让伲郎哥着仔新衣体体面面到我家。②

　　这些典型场景体现了村妇生活的一般：在现实生活里，个别虽然也是与一般相联系而存在的，但由于种种原因，不能充分地显示一般。典型形象与现实生活形象的区别，就在于通过艺术家对生活的能动反映，使个别集中地体现出一般，从而使生活的本质较之生活本身更为鲜明和强烈地呈现在人们的眼前。③

　　生活聚焦还意味着代表性事物的选择，或称虚构。虚构不是虚假，苏联学者季摩菲耶夫说："虚构不是别的，而是一种媒介或手段，作家凭此选择那对于生活最有代表性的东西。就是说，它主要是作家所选择的材料底综合。"④　如吴江《养媳妇》：

　　　　姆妈娘心肠硬，七岁拨伲做个小梅香，早晨吃口隔夜粥，点心吃口饭泡粥，夜里吃口正当粥，一日吃仔三顿粥，饭订钎子粥打印，小菜碗里做记认，早起夜打铺，柴薪戳伲小屁股。⑤

"梅香"即童养媳，其生存状态的主要特征，借着歌谣所选择的以上这些

---

　　①　马汉民、高福民：《水乡情歌》，古吴轩出版社 2006 年版，第 248 页。按：匣，也；仔，了；杀生头，突然。

　　②　马汉民、高福民：《水乡情歌》，第 216 页。按：伲，我。

　　③　王朝闻主编：《美学概论》，人民出版社 1981 年版，第 167 页。

　　④　［苏］季摩菲耶夫：《文学原理》，查良铮译，平明出版社 1955 年版，第 48 页。

　　⑤　金煦主编：《中国·芦墟山歌集》，第 82 页。按：姆妈，妈妈；拨，让；正当：正式；点心，午饭；饭打钎子粥打印，在饭粥上打上记号；记认，标记。

稀粥、扦子、记认、地铺、柴薪等"代表性的东西"的"综合"，而被洞烛。

此外，生活聚焦意味着对生活多多少少的损益。姑嫂关系是多面的，但出于表现主要特征的需要，许多歌谣极力表现姑嫂勃豀。在张家港河阳一带的"大山歌"中，许多篇都出现了这样的巧合：夜深沉，秋风凉，巧逢大嫂出来张。便叫阿婆来看见，床上一对野鸳鸯。① 嫂嫂将发现的小姑私情大肆张扬，挑拨离间家庭关系，最后导致小姑自杀。相类似的如婆媳牴牾：有媳妇，讲媳妇；无媳妇，讲猪婆。② 难道所有的婆婆都是这样？实际上，这些描述有意损减了姑嫂关系和婆媳关系中的和谐一面。

其二，诉诸情感。面对生活，艺术与历史的处理方式是不同的。艺术"不用大众无法了解的定义，而用易于感受的方式，不但诉诸理智，而且诉诸感官和感情"，从而"把最高级的内容传达给大众"③。诉诸情感在某种意义上可以看作是歌谣因为凸显生活特征的需要而进行的情感渲染。

歌谣渲染情感的手法很多；最常见的是比兴，此所谓诗体。朱熹云：兴者，先言他物以引其所咏之词也。比者，以彼物比此物也。④ 自然界可以为歌谣作比兴的事物不胜枚举；或以天上的星星而兴：

> 天上星多月不明，河里鱼多水弗清，情郎多仔犯事体，油盏火亮只靠一个芯。⑤

或以地上的牌坊而比，如《不要牌坊要丈夫》：

> 开口叫声好婆婆，请你不要把门锁，你一心要把牌坊立，可知寡妇心中苦，牌坊只是石头做，我不要牌坊要丈夫。⑥

---

① 张家港市文联编：《中国河阳山歌集》，华东师范大学出版社 2005 年版，第 280 页。按：河阳一带山歌手将 100—400 句之间的山歌称作"大山歌"；此处引文题为《红菱私情》，与此情节雷同的，如《十别投河》《嫂捉奸》和《东南风起打斜来》等。

② 林宗礼、钱佐元辑：《吴歌已集》，顾颉刚等辑：《吴歌·吴歌小史》，第 476 页。

③ ［法］丹纳：《艺术哲学》，第 31 页。

④ 朱熹：《诗集传·关雎》，上海古籍出版社 1980 年版，第 1 页。

⑤ 马汉民、高福民：《水乡情歌》，第 254 页。

⑥ 张长弓：《试谈杭州歌谣的常用手法及其它》，高福民、金煦主编：《中国·吴歌论坛》，第 474 页。

夸张在情感渲染中也比较普遍。在艺术构思过程中，艺术创造者"努力捕捉那些最为生动和微妙地体现了一般的个别，把它们加以集中和组合，这就具备了在观念中再造出一个通体都活生生地体现了一般的个别的可能性"①。《十个媳妇》将媳妇个体场景加以"集中和组合"，创造了另外一种典型场景，其中有"能上台面"的媳妇：

> 第一房新妇一枝花，人来客去会烧茶；客人未到茶先到，外头传说好人家。

有懒惰媳妇，如：

> 第五房新妇邋遢精，灶上灰尘三寸深；摸着蜣螂当枣子，摸着蜒蚰当海参。

有勤快媳妇：

> 第七房新妇摇棉花，动起手来说空话；三年织出一匹布，东邻西舍把口夸。
> 第八房新妇会绣花，提起花名件件拿；绣出龙来龙戏水，刺出凤来凤穿花。

有孝顺媳妇：

> 第九房新妇起孝心，孝顺公婆敬双亲；保佑公婆年千岁，门前大树好遮荫。②

这样的"集中和组合"其实是夸张：把分散的生活事象集中起来，廓大人物的内心世界，透视某某事件背后隐藏着的真相和含义。③

---

① 王朝闻主编：《美学概论》，第167页。
② 林宗礼、钱佐元辑：《吴歌己集》，顾颉刚等辑：《吴歌·吴歌小史》，第476—477页。
③ 朱彤：《美学与艺术实践》，江苏人民出版社1983年版，第73页。

想象的运用渲染了情感，是一种对现实生活"在观念形态上的再造或创造"①，突出体现了歌谣的艺术性。如：桑树园里凉悠悠，哥妹两人着一头，天做帐子地做床，看看天浪织女对准牛郎腊嗨招招手。② 色彩之浪漫，想象之丰富，敷陈一幅生活的虚像。

在渲染村妇生活情感的过程中，象征起着非常微妙的作用。象征不同于一般的比喻，它具有比一般的比喻更为深广的内容，并且更有概括性。③ 明歌谣《被席》：红绫子被出松江，细心白席在山塘。被盖子郎来郎盖子我，席衬子奴来奴衬子郎。④ 席子和被子之所以成为被象征物，不是因为其本身所具有的日常含义，而是因为其符号意义；但它与"纯粹的符号不同……一旦被提升到审美领域，一个对象就再现，即是说，它变成象征的"，获得了一种"通常为传统所反映和所尊崇的价值"⑤。席子和被子再现的其实是性爱。

江南歌谣中的虚隐，类似于传统绘画中的"虚实相生法"，具有浓厚的艺术色彩："人但知有画处是画，不知无画处皆画，画之空处，全局所关，即虚实相生法。"⑥ 冯梦龙《山歌》中相对含蓄的性事描述常常采用虚隐法，如《老公小》：老公小，弗风流，只同罗帐弗同头，搭宅基，一块好田只吃你弗会种，年年花利别人收。⑦ 看起来是在说小丈夫不解风情，其实虚隐了童养媳与"别人"的偷情。

所有这些情感渲染，都是为了凸显生活的主要特征。聚焦生活，诉诸情感，这是江南歌谣作为艺术自然依循的理路，但它一刻也没有离开过村妇生活，或许可以说，表现生活主要特征，进行情感渲染的过程，也是展示村妇生活的过程。很明显，这样的展示是一种艺术展示；艺术展示从根本上不同于历史再现。

---

① 王朝闻主编：《美学概论》，第 172 页。

② 马汉民、高福民：《水乡情歌》，第 236 页。按：天浪，天上；腊嗨，助词，置于动词前，表状态。

③ 王朝闻主编：《美学概论》，第 192—193 页。

④ 冯梦龙：《山歌》，第 39 页。按：子，同"仔"，着。

⑤ ［匈］阿格妮丝·赫勒：《日常生活》，衣俊卿译，重庆出版社 1990 年版，第 152 页。

⑥ 汤贻汾：《画筌析览》（影印本），嘉庆十九年刻本，南京图书馆藏。

⑦ 冯梦龙：《山歌》，第 37 页。按：宅基，房基；花利，利息。

三　村妇生活的元素提取

经过对歌谣的艺术理路梳理，不难发现，社会史所要展现的实际生活与歌谣世界存在着不小的差异：歌谣"比普通的实际生活更高，更强烈，更有集中性，更典型，更理想，因此就更带普遍性"①。换言之，歌谣对实际生活的"各个部分之间的关系"进行了加工，以"使一个主要特征在各个部分中居于支配地位"②，是为艺术加工。歌谣的艺术加工首先针对实际生活的元素，或删节，或挑选，或修改，或添加，等等，在此基础上，通过不同元素的整合而形成艺术的生活结构；在元素整合中，通过情感的渲染蔚为艺术的生活情状。然而，不管歌谣塑造的生活结构及其情状如何艺术，从根本上说，它们都来源于实际生活的元素。在这一意义上，社会史的往昔生活构建，与歌谣的艺术生活塑造是一致的——既在程序上，更在元素上。只是：歌谣依赖"加工"过的元素，而社会史依赖原生元素。如果我们要使歌谣成为村妇生活的凭据，只有从歌谣的艺术结构及其情状中提取元素，舍此别无他途。

问题是如何提取。在提取过程中碰到的问题可能很具体，但可以确定的基本原则应该有：

首先，析出基本意群，解构原有歌谣。从文本看，组成歌谣的元素单位有字、词、句、意群等；一首歌谣可能包含多个意群，社会史以"基本意群"作为提取单位。所谓"基本意群"，是发挥一定意义功能的意群，它构成歌谣的最小功能单位，而组成意群的更小的元素则不具备这样的功能。这里以江南歌谣《田主来》③说明歌谣元素的提取单位：

整个《田主来》除了一句简单的过渡，由 6 个单位意群组成，每个意群表达相对独立的意义，形成一个意义功能单位。这一单位包含多个元素，但单个元素本身不能形成独立的意义，因而从意义功能上说，这 6 个意群是组成《田主来》的最小单位；是为基本意群。

以基本意群作为歌谣元素的提取单位是历史真实性的必然要求。一方面，社会史的素材单位起码是意群，而组成意群的字、词、句等元素因为

① 毛泽东：《在延安文艺座谈会上的讲话》，《毛泽东选集》，人民出版社 1964 年版，第 818 页。

② ［法］丹纳：《艺术哲学》，第 28 页。

③ 中国科学院江苏分院文学研究所编：《江苏传统歌谣》，江苏文艺出版社 1960 年版，第 47—48 页。按：楦，制鞋时用的模型；这里作动词，"撑"之意。

表 10 - 1　　　　　　　　　　《田主来》意群

意群单位	意 群 内 容	意群意义
基本意群 1	一声田主来，爸爸眉头皱不开；一声田主到，妈妈心头毕卜跳；爸爸忙扫地，妈妈忙上灶。	佃户面对田主紧张
基本意群 2	米在桶，酒在坛，鱼在盆，肉在篮，照例要只鸡。	招待田主的菜单
过渡句	（照例要只鸡），没有怎么办？	
基本意群 3	本来预备两只鸡，一只被贼偷，一只遭狗咬，真正不得了！	农家禽畜的损失方式
基本意群 4	阿二来，和你商量好不好？外婆给你那只老母鸡，养到三年也太老，不如借给我，明年还你一只雄鸡能报晓！妈妈泪一揩，阿二嘴一翘：譬如贼偷和狗咬，凭他榁得大肚饱。别说什么借和还，雄鸿雌鸡都不要。	共同体内部的挪借
基本意群 5	做的饿，不做的饱，世间哪里有公道！	世间观念不公
基本意群 6	妈妈手乱摇：阿二别懊恼，小心田主听见了，明年田脚都难保。	佃户担心田主夺佃

不具有独立意义，不能完整地表达一个行为（事件）或观念，就如《田主来》中的过渡句，无法作为社会史素材；其他 6 个意群以相对完整的意义表达，再现了江南乡村的种种片断：租佃关系（基本意群 1，2，6），物质生活（基本意群 3），借贷方式（基本意群 4），阶级观念（基本意群 5）等，这些片断以实际地域社会生活的不同面相，成为社会史复原村妇生活的凭据。另一方面，只有以歌谣的最小功能单位作为提取对象，才能最大可能地减少歌谣的艺术性，而接近生活的真实。从结构上看，歌谣的艺术性主要不是源自单个的基本意群，而是由多个相互联系的意群经过整合之后产生的"结构效应"，因此，基本意群的艺术性是非常有限的，它的独立意义常常直接来自实际生活，或者就是直接生活的写真。以最小单位进行提取，也就是最大限度地对歌谣进行去艺术化处理。

将基本意群从歌谣整体中析分出来，强调基本意群的独立形态，实际是在解构歌谣，其结果便去除了单个意群叠加的结构效应，包括结构性的艺术意义及其情状。看《田主来》：6 个基本意群本来都有其独立的意义，经过整合，便产生了新的结构性意义，即基本意群 5 所表达的"世间不公"的佃户观念。需要特别提醒的是，作为歌谣结构的一部分，基本意群 5 是一种艺术表达；而作为独立的基本意群，它可以成为社会史叙述的元素。

其次，析出写实元素，滤化艺术情感。与知识精英以精致修辞为追求的诗文不同，民间歌谣对于生活的处理显得拙稚而直白。那么，"村农，田父，狂童，野叟，怨女，旷夫……偶然间顺口唱了几个曲，随便的传出几句话，怎么就会有莫大的价值？这完全是因为他们所唱的并不是滥调，所说的并不是空谈。确切地出于天然，不假人为，真真白白是当时的人情风俗，社会状态，政治的好坏，国家的兴衰，以及天时人事上的种种关系，种种经验，种种道理"①。以两首歌谣为例：（1）摇细纱，织杜布，一天要织三丈五。② （2）豆腐店姐妮儿会赚钱，黄昏浸豆五更牵。雪白笃笃格豆腐撩勒郎篮里，细眉花眼接郎钱。③ 前者描画织棉妇，仅一个意群，直接提取就可作为社会史素材；后者描写豆腐店村姑，可以将其析分为两个基本意群，但这并不妨碍将它们在社会史叙述中前后相连，形如一个意群。类似的歌谣，基本意群十分写实，与其说是析出元素，毋宁是完全提取。

　　与完全提取相对应的是部分提取。部分提取意味着对基本意群中的艺术加工和情感渲染成分保持足够的警惕，截取其中符合生活实际的内容。读到湖州南浔歌谣《大脚》："枕部大脚，一跨跨到盛泽，盛泽姑娘笑煞"④，谁都明白，女人的脚不会大到枕部（农具）那样；尽管南浔与（苏州）盛泽两镇相邻，但再大的脚也无法一步"跨到盛泽"；可以提取的部分就是"笑煞（大脚）"。另，常熟民歌：常熟山头头对东，家家养囡一场空；养到十七八岁到夫家去，漂洋船歇勒得海当中。⑤ 此首歌谣可析分为两个基本意群，从艺术性上可以判断，前一意群中的"常熟山头头对东"不过是起兴，可以剔除；"家家养囡一场空"，明显夸张；前一意群中的"漂洋船歇勒得海当中"是个譬喻，没有实际意义。整个看来，后一意群中的"养到十七八岁到夫家去"，给出了常熟乡村女子的婚龄，值得提取；前一意群中的"养囡一场空"，隐含了男尊女卑的观念，需要抽象。笼统而言，歌谣为渲染情感所运用的比兴、夸张、想象、象征、虚隐等艺术手法都需要在"部分提取"中被过滤。

　　如果说基本意群的抽取是从总体上解构歌谣，那么，写实元素的析出

　　① 李篙：《歌谣谚语注释引言》，北大歌谣研究会：《歌谣》1921 年总第 24 号。
　　② 林宗礼、钱佐元辑：《吴歌己集》，顾颉刚等辑：《吴歌·吴歌小史》，第 455 页。
　　③ 李白英：《江南民间情歌集》，（上海）光华书局 1929 年版，第 59 页。按：牵，牵磨；笃笃，白嫩；姐妮，女子的昵称；勒，在。
　　④ 顾良记录：《浙江歌谣·大脚》，北大研究院文科研究所歌谣研究会编：《歌谣》1936 年第 2 卷第 21 期。
　　⑤ 周正良、陈泳超：《陆瑞英民间故事歌谣集》，学苑出版社 2007 年版，第 362 页。

则是从部分上过滤歌谣，两者服从于同一个目的：去艺术化。当歌谣中的艺术成分被最大限度地去除时，它就逐渐接近实际生活了。

再者，析出中心元素，倾听民众原声。将歌谣作为历史凭据其实是让生活当事人自己讲话：

> 奴家十五不知愁，嫁个丈夫是下流，天天在外赌，夜夜在外游。千苦万恼都不说，只恨婚姻不自由。①

这是村妇的独白，所谓"不知歌谣妙，声势出口心"②。值得注意的是，歌谣中发自村妇"口心"的原声常常不是无奈，而具有明显的反抗精神。私情暴露，女子竟然说：

> 古人说话弗中听，那了一个娇娘只许嫁一个人？若得武则天娘娘改子个大明律，世间啰敢捉奸情。③

从"若得武则天娘娘改子个大明律"等可见，歌谣的具体描述非常艺术，但它表达的观念却很清楚。这种观念的原声，在文本上很可能是一些关键词和关键句，如"（村妇）心里苦""世间啰敢捉奸情"等，这些关键词句是低于意群层次的元素，因为它体现了歌谣所要表达的中心思想，不妨称之为"中心元素"。观念的表达趋于紧凑，即使有些歌谣以一个基本意群表达中心思想，但真正的观念还是在其中的中心元素里。前涉《田主来》的中心思想是通过基本意群5表达的，但实质性的观念是其中的元素："世间哪里有公道！"通过元素表达足矣。

从处理对象上看，获取民众原声，所针对的已经不是作为艺术的歌谣本身，而是歌谣创作者或吟咏者的目的。不管歌谣的艺术性是浓厚还是淡漠，歌谣创作者或吟咏者总是通过诉诸情感，表达某种观念，一种与民间

---

① 江宁自治实验县县政府教育司编印：《江宁歌谣集》，第12页。按：本书未标注时间，根据江宁自治实验县存在的时间可知，印行时间应在1933年下半年至1937年下半年间；1933年2月10日，江苏省政府以"江宁地近首都，国际观瞻所系"为由，将江宁设为自治实验县，作为乡村改良运动的模范县；1937年12月南京沦陷后告终。

② 汪榕培等编译：《吴歌精华》，苏州大学出版社2003年版，第26页。

③ 冯梦龙：《山歌》，第14页。按：那了，怎么；啰敢，哪敢。

性相关联的民众观念，而民众观念正是社会史的主体内容之一。倾听歌谣中的民众原声，在具体手法上是析出中心元素，实际上也是去艺术化：通过从歌谣本身到歌谣创作者或吟咏者的对象转换，实现去艺术化的根本目的。

对歌谣的历史考量，是社会史所要求的去艺术化过程；这是必需的，因为"从艺术作品的冥想中得到的一个时代的幻象总还是不完全的，问题太讨人喜欢，因而未免有误。必须从多种意义上进行修正"①；修正的目标直追生活的真实。

当然谁都清楚，歌谣中的元素不等于真实的生活，元素提取之后，与同性质（歌谣）和不同性质（其他类型素材）的元素进行印证、比对、铺排……才能建构实际的社会史；不过这应该是另外的论题。

四　村妇生活的时代性确认

着意表现日常生活的歌谣常常淡化时间概念，唯其含糊时间，才能表现日常，于是，歌谣的目光总是有意无意地停驻于恒常、循环、稳定的日常事务，比如，作为自然存在物的本能意识、血缘关系、天然情感等等，作为社会存在物的传统习俗、社会经验、生活常识等等，即歌谣特别钟情于日常世界，而日常世界本身缺乏时间的刻度，因此，以歌谣作为凭据建构江南村妇生活，需要我们"给出"时间，确认时代。

从歌谣内容出发确定村妇生活的时代是最基本的方法，是为"内在法"。极个别的歌谣明确给出了时间。以花边女红为例，民初三四年间，江南各地风起云涌，乃花边业全盛时代。此后形势起伏不定，尤其在20世纪30年代，经营花边"已无余利"，常熟村妇"亦视此为鸡肋"②。1937年八一三淞沪抗战爆发，花边出口一时中断。此后情况缺乏资料记载，常熟《花边谣》道：

> 中华民国廿七年，村村巷巷做花边。小白牙齿镶金边，白小布衫黑坎肩。

---

① ［荷兰］约翰·赫伊津哈：《中世纪的衰落》，刘军等译，中国美术学院出版社1997年版，第252页。

② 《常熟·花边业复兴》，《申报》1937年4月23日第7版。

戮骨洋伞当头面，照把车只缴花边。一车车到花边店，老板看见笑颜颜。①

这段歌谣不但弥补了战争年代江南花边业的空白，更重要的，它让我们对于宏观世界变动与乡土社会生活之间的关系，有了更为具体的了解和认识。

内在法面对的歌谣一般又含隐性的时间，毕竟，给出确切时间的歌谣实在太少。语言里常常隐藏着时间。顾颉刚在考察歌谣语言变化规律时发现，三百多年前的吴语和表现语音所用的文字与民初的已经不很相同了。从前的"来"变为"拉"，"要"变为"啥"，"聪"变为"替"，"那间"变为"奈哼"②。换句话说，冯梦龙给我们留下的《山歌》在某种程度上让我们仿佛听到了三百多年前太湖流域的吴侬软语，它们在一代代传承过程中发生的些微变异，不但让我们辨嗅出不同的时代气息，更使我们实际感受到了村妇们在每一时代"亲自"讲话的方式。

有时，事件本身就是时间：哥哥去砌报恩碑，妹妹在家做针线。报恩报的忠王恩，针线做的太平衣。③ 另南京乡村歌谣：生了儿，姓蒋的；生了女，官长的；割了谷，保长的。④ 前者名《报恩歌》，事件发生在常熟，内中"忠王"和"报恩碑"云云，表明那是有关太平天国的；后者能明显地看出，那是有关解放战争的。这种跟时代生活密切相连的歌谣，不少经过了文人的修饰，更多地流行于江南城市，称为时新小调；其中不乏涉及江南村妇生活的："登在乡下住，日脚真难过，拼死拼活做，还要肚皮饿；没有办法想，出来寻工厂，一日一夜十二个钟头做。"⑤ 晚清以来日益严重的农民离村现象就是这样发生的。常熟泗洲调《湖丝阿姐》：左手拿把文明伞，右手还提小饭篮。在路上说说谈谈，哎呀哎呀在路上说说谈谈。⑥ 生动再现了近代来自江南乡村的打工妹生活。时新小调的表达相对整饰，叙事趋于流行，多出现于晚清以后。钱静人在梳理从清乾隆皇帝下江南到

---

① 张家港市文联编：《中国河阳山歌集》，第158页。
② 顾颉刚：《〈山歌〉序》，《顾颉刚民俗学论集》，上海文艺出版社1998年版，第371页。
③ 常熟市文化局、文化馆编：《中国·白茆山歌集》，上海文艺出版社2002年版，第329页。
④ 钱静人：《江苏南部歌谣简论》，江苏人民出版社1953年版，第17页。
⑤ 《纱厂小调》，苏州市文学艺术界联合会：《吴歌新集》（未出版），1979年，第85页。按：登，蹲。
⑥ 张家港市文联编：《中国河阳山歌集》，第185页。

中华人民共和国成立初期的苏南"历史歌（谣）"时，主要的依据就是不同时段歌谣中的事件信息，[①] 不过这样的事件多涉及政治生活。毋庸讳言，与平民百姓相关的事件还是以日常行为居多。

与内在法相对应的"外在法"，通过歌谣存在的环境及其存在方式来判断叙事时代。如常熟河阳山歌《东南风起白洋洋》：东南风起白洋洋，抢亲一只进船浜，桅杆灯点起三盏火，篾台点火亮澄澄。[②] 晚清民国时期，江南城乡的抢亲现象普遍，[③] 歌谣透露了其中的细节。晚清在上海嘉定的徐行、澄桥一带乡村，从事蒲鞋（凉鞋）编织的农民在中间商人控制下从事着资本主义家庭劳动，形成所谓"蒲鞋村"；有歌谣道：

> 拔囡勿拔蒲鞋村，蒲鞋村里磨黄昏，月亮直南还未困，晓星未上催起身……蒲鞋老板发横财，籴米不够买糠菜。[④]

这里，确定"蒲鞋村"的形成过程，理解"蒲鞋老板"（中间商）的剥削方式，比确定歌谣的流行时间重要得多，因为歌谣存在的环境与方式就是时代的标识。

外在法的主要依据是吟唱者，准确地说，是近代吟唱者与歌谣的互动。就歌谣反映村妇生活的状态而言，歌谣的时代性确认最重要的是歌谣的流行时段和流行地域。面对成千上万首歌谣，绝大多数我们都无法追溯它们的起源年代，但可以肯定的是，它们都在近代被不断地传唱，当然其中不少产生于前近代。[⑤]《看星》出现在冯梦龙《山歌》中：小阿奴奴推

---

① 参见钱静人《江苏南部歌谣简论》第三章。

② 张家港市文联编：《中国河阳山歌集》，第60页。按：篾台，用竹篾制作的火把。

③ 参见第六章第一节。

④ 高步阶：《嘉定草织工艺》，上海市嘉定区政协文史委：《嘉定文史资料》第9辑，1994年，第104页。按：拔，嫁女儿。

⑤ 有许多歌谣研究者喜欢追溯歌谣起源的时间；似乎搞清了起源，就可以说明歌谣反映的生活时代。实在地说，绝大多数歌谣都无法追溯其起源，因为歌谣的起源不是一个源头问题，而是一个条件问题：农人在田野间高唱秧歌，渔人在江湖间高唱渔歌，闺女小孩则在房屋中唱歌，游人旅客则在深林旷野唱歌，就都是自然界的音响，以为志喜、遣怒、举哀、示惧、示爱、泄恶、排欲之具，消磨可喜、可怒、可哀、可惧、可爱、可恶、可欲之事情（邵纯熙：《我对于研究歌谣的一点意见》，北大歌谣研究会：《歌谣》1923年总第13号）。歌谣起源原本如此，谁能知道它的起源时间？我们可以知道冯梦龙搜集了哪些山歌，但根本不可能了解它们产生于何时。关键的问题是，就歌谣反映社会生活的状态而言，我们毋须知道歌谣产生的具体时间；我们更关心歌谣流行的时代和地域。

窗只做看个天上星，阿娘就说道结识私情。便是肚里个蛔虫无介得知得快，想阿娘也是过来人。① 而近代村妇吟唱着一首十分相似的歌：

> 小妹妹推窗望星，姆妈一口说我有私情；姆妈为啥都晓得，莫非姆妈也是过来人。②

　　歌谣通过传唱与近代村妇的生活发生了联系。表面看来，这不过是吟唱者对前近代歌谣的重复，实际上，通过重复，歌谣中的泛时情形被转换成近代日常。更关键的意义在于，作为重复者的江南村妇将前近代歌谣当成了描述近代生活情形，抒发自身情感的工具，——前近代歌谣因为在近代遇到了"知音"而得以复活："歌人所唱的那些情感，他自己实际感受着……一个少女，甚至于老妇，若是唱'我的心已是碎了，全都是爱他的原故'的时候，我们可以断定她是脑里真有这种情感或这种记忆。"③ 在这一意义上，歌谣"是那些听着它唱着它的人们的著作；它是每个人的作品，同时不属于任何人……因为一切人全都是它的合法的主人，而没有人可以绝对的把它看成自己私有的东西。那些能够把它唱得很动听的，或是能够欣赏它的内容的人，都可以算是它的主人"④。吴江芦墟著名歌手陆阿妹说，"山歌唱来唱去唱弗淸，各人各唱各人心"⑤。吟唱的村妇都在自说自话。常熟白茆歌手徐二囡有过一段包办婚姻的经历，她向采风者说，"白茆山歌中的句子是（有）道理，写的是真的"，她所唱的就是"自己的经历"⑥。另一位生于清末的白茆歌手陈爱宝，1986 年还清清楚楚地记得 120 句的《快活长工》。山歌描述的是一个小地主的未亡人九娘与勤俭能干的长工汤环之间的爱情故事；陈爱宝年轻守寡，心底里像九娘一样充满着对爱情的渴望。她唱了半个世纪的《快活长工》，汤环就是她聊以自

---

① 冯梦龙：《山歌》，第 10 页。按：做，当做；介，这么。

② 苏州文学艺术界联合会、江苏省民间文学工作者协会苏州分会：《吴歌》，中国民间文艺出版社 1989 年版，第 87 页。

③ 家斌译述：《歌谣的特质》，北大歌谣研究会：《歌谣》1921 年总第 23 号。

④ ［西班牙］卡塔鲁尼亚·卡萨司：《歌谣论》，于道源译，北大研究院文科研究所歌谣研究会编：《歌谣》1936 年第 2 卷第 21 期。

⑤ 马汉民：《漫谈吴歌》，马汉民、高福民：《水乡情歌》，第 352 页。

⑥ 蔡琨、刘建生：《白茆山歌的探索与研究》，高福民、金煦主编：《中国·吴歌论坛》，古吴轩出版社 2005 年版，第 525 页。

慰的梦中情人。① 《快活长工》或许产生于晚清或者更早，但通过陈爱宝老人的演唱，我们有足够的理由认为，它已经属于陈爱宝，属于陈爱宝的那个民国时代。同样，冯梦龙的《山歌》虽说出现于近世或者更早，但它们在近代江南乡村流行，便在流行中获得时代的活力。

第二节　乡民生活的素材：写实画文

在考察近代江南乡民生活时，我们接触到写实性漫画。但包括漫画在内的图像在何种意义上成为生活史素材？需要说明。这不能看作一项单纯的史料辨伪工作，更是通过艺术与历史的跨学科对话，深刻把握日常史特征的过程。以丰子恺漫画及其记事文为对象的考察可以发现：作为江南乡民日常生活的存留方式，写实画文以其独特的艺术话语，呈现了一个时代的日常角色在共同体网络中的生活场景，并让乡民发出自己的声音，揭示了蕴含于底层——日常生活中的社会史意义，贡献了作者自己的理念和观念。通过艺术话语的历史转换，所有这些场景、声音、意义和观念，便构成了乡民生活史的素材。

一　符号—行为意义上的乡民生活

在丰子恺的漫画中，最吸引史学家注意的是"写实漫画"②。1933年春至1938年1月差不多5年的时间里，丰子恺在故乡（浙江桐乡）石门湾度过了一段悠闲的乡居生活。期间，他常常租赁一条"写生画船"，"把自己需用的书籍、器物、衣服、被褥放进船室中，自己坐卧其间。听凭主人摇到哪个市镇靠夜，便上岸去自由写生"③。1934年6月初的一天，写生船停泊在一家小杂货店旁，店边的草地上，停着一副剃头担；丰子恺从船窗里可以望见剃头担的全部，"凝神纵目，眼前的船窗便化为画框，框

---

① 温雪康：《采风纪实》，高福民、金煦主编：《中国·吴歌论坛》，第526—27页。
② "写实漫画"，或称"写实法漫画"，按丰子恺在《漫画的描法》中的定义："漫画家在日常生活见闻中，选取富有意义的现象，把它如实描写，使看者能在小中见大、个中见全。"写实漫画的关键之处是"如实描写"。这个"实"，即是生活真实；丰子恺曾声言："我的画与我的生活相关联，要谈画必须谈生活，谈生活就是谈画。"见丰子恺《谈自己的画》，孙冰编选：《丰子恺艺术随笔》，上海文艺出版社1999年版，第176页。
③ 丰子恺：《肉腿》，《丰子恺文集》第5卷，浙江文艺、浙江教育出版社1992年版，第353页。

中显出一幅现实的图画来"。不一会儿，船主人惊叫："啊，画了一副剃头担！"——《野外理发处》。船主人又告诉他："小杂货店后面的街上有许多花样：捉牙虫的、测字的、旋糖的、还有打拳卖膏药的……我刚才去采豆时从篱笆间望见，花样很多"，建议丰子恺明天去画。① 丰子恺是否听从了船主人的劝说不得而知，但在他的画中有了《西法牙科》《诱惑》等。② 在小杂货店门前，船一连停了三天，丰子恺"每次从船舱的玻璃窗中向岸上眺望，必然看见那小杂货店里有一位中年以上妇女坐在凳子上'打绵线'。后来看得灿熟，不须写生，拿着铅笔便能随时背摹其状"③。于是有了《三娘娘》。一天晚上，写生船停靠的市镇正在举行"新生活运动提灯大会"，喧阗的鼓乐声，"具有一种奇妙的诱惑力，能吸引远近各处的人心"④。在《锣鼓响》中，一小孩拉了老太太要去看热闹；我们也能体会到那种"奇妙的诱惑力"。

1934 年，江南大旱。8 月 15 日，丰子恺坐船去赶火车，"从石门湾到崇德之间，十八里运河的两岸，密接地排列着无数的水车。无数仅穿着一条短裤的农人，正在那里踏水。我的船在其间行进，好像阅兵式里的将军。船主人说，前天有人数过，两岸的水车共计七百五十六架"。舍船登岸，"唯有那活动的肉腿的长长的带模样，只管保留印象在我的脑际"⑤。反映旱灾之年生活的一系列画作便产生了：《云霓》《施粥》《余香》《先吃藤条》《桂花蒸》《乘凉》和《风扇》等。

从丰子恺的记事文，我们发现，他的写实漫画几乎都有其特定的实际生活背景。然而，这样的生活背景，却不能理解成"往昔生活事实"本身。如果以人物为中心，漫画中某个人物的行为，或许在"往昔生活"中有其很确定的生活原型，⑥ 却不能看作"此人"完全的生活实录。丰子恺

① 丰子恺：《野外理发处》，《丰子恺文集》第 5 卷，第 366—367 页。

② 《西法牙科》：一些江湖医生使用麻醉药拔牙，在撑起的大洋伞上打起"西法牙科"的招牌，以招揽客人；抗日战争以前，石门湾一带常有这种"西法牙科"，当地人称之为"大洋伞捉牙齿"或径称"捉牙的"。《诱惑》：旋糖的小贩设摊，很吸引孩子们。

③ 丰子恺：《三娘娘》，《丰子恺文集》第 5 卷，第 368 页。

④ 丰子恺：《鼓乐》，《丰子恺文集》第 5 卷，第 376 页。

⑤ 丰子恺：《肉腿》，《丰子恺文集》第 5 卷，第 356 页。

⑥ 丰子恺长女丰陈宝曾撰文列举她所熟悉的丰子恺漫画中的人物原型，涉及画作 29 幅、人物 17 人；当然"很可能有漏掉的"。丰陈宝：《我所知道的父亲漫画中的人物的原型》，浙江省桐乡市文学艺术界联合会、市文化馆编 《桐乡文艺》（内部刊物，1988 年，下）。

曾"目击一个事实",留下了《去年的先生》:去年小学里当先生的,今年已改做小贩,挑着担子卖水果。因为那时候小学教师待遇太薄,竟有年俸大洋二十元、膳食自理的小学教师。于是小学里的先生不能生活,纷纷改业。无可攀援的,只得做小贩,挑着担子卖水果。① 这位先生是丰子恺目击的那位吗? 是的,但不完全是;他可以是"五爹爹"——丰子恺的一个远房叔父:当小学教师收入太少,口食难度;② 也可以是《村学校的音乐课》(漫画)中拉胡琴的教师;还可以是《记乡村小学所见》中的驼背先生或者校长……所以,"去年的先生"毋宁是那个时代的绝大多数乡村小学的先生们!

丰子恺的"乡村大娘"系列漫画,亦应作如是观。以丰家的"三大妈"为原型,《人造摇线机》记录了大娘们普遍的一项家庭生计:搓线纳鞋底;久雨时节,为家庭成员缝缝补补是大娘们的另一项女红,在《久雨》中,丰子恺让妻子和岳母做了正在从事这项劳作的大娘们的代表;《巷口》和《锣鼓响》中的"李大妈"与其说是丰家帮工,不如看作是许多江南乡绅家庭的帮工;象丰子恺的邻居莫五娘娘那样粗暴地对待自己孩子的大娘,被丰子恺速写在了《感同身受》中;有些大娘很有才干,被丰子恺留在《五娘娘》中:作为生活原型的"五娘娘",是一位乡村塾师的女儿,她会描花、刺绣、剪纸等手艺,精通地方礼仪,有一肚子好听的故事和传说。③ 事实上,以丰子恺的本意,这些画亦非着眼于某个特定人物。《三娘娘》中,"三娘娘"的称呼来自一种假定:"我从她的样子上推想她的名字大约是三娘娘"④,当然也可以称"二娘娘",反正就是打绵线的乡村娘娘们。

写实漫画即使以某个特定时刻的生活状态为描取对象,同样也不过是某一时期常态生活的记录。丰子恺在说明《野外理发处》的诞生过程时说,他所要告诉人们的,是 20 世纪 30 年代初流行于江南乡间的一种时尚:"近来这种剃头担在乡间生意很好,本来出一角小洋上剃头店的人,

---

① 丰子恺:《漫画的描法》,《丰子恺文集》第 4 卷,浙江文艺、浙江教育出版社 1990 年版,第 310 页。

② 丰子恺:《五爹爹》,《丰子恺文集》第 6 卷,浙江文艺、浙江教育出版社 1992 年版,第 682 页。

③ 浙江省桐乡市丰子恺纪念馆:《丰子恺乡土漫画》(内部资料,1996 年),第 143—144 页。

④ 丰子恺:《三娘娘》,《丰子恺文集》第 5 卷,第 368 页。

现在都出十五个铜板坐剃头担了。"①

　　时尚行为长时段地持续出现，久而久之，便沉积为风俗。丰子恺的风俗漫画，没有明确的时空指称，却营造出某种特定情境。千百年来，出嫁的女儿回娘家省亲，就如《归宁》中的情形。七夕日，牛郎织女鹊桥相会的传说，在南朝宗懔的《荆楚岁时记》中就有记载，嗣后代代衍传，而传播的实际情形就如《牵牛织女星》中：夏夜的院子里，母子俩仰望银河，母亲一边摇着蒲扇，一边给儿子叙说："牵牛与织女，是谁先过鹊桥来？"想必有孩子这样发问，这便成为另一幅漫画的题材（《牵牛与织女，是谁先过鹊桥来》）。

　　有些写实漫画所刻画的历史情境具体而实在，但作者所要传达的却不是这个"实在"的信息。《夫妻》中的夫妻，一对老父少妻；据丰子恺子女回忆，民国时代富人家无子嗣，一定要纳妾；当时十八九岁的扬州少女，常常嫁到石门湾富家为妾，年龄甚有悬殊至四五十岁者。② 如此说来，这幅画再写实不过了，但显然，它不是为了说明他们的夫妻关系，而旨在揭露这种关系的病态特征；作者以具体实在的情境，象征社会不平等的抽象意识。

　　当丰子恺生活的时代渐行渐远，他留下的写实漫画便成为那个时代的生活印痕。现在的问题是，这印痕意味着什么？能够称之为历史吗？在传统史学看来，这只能定义为艺术；艺术来源于生活，却非生活本身。丰子恺写实漫画所描述的人物、事件、行为、观念，有着特定的生活背景，却不能视作特定时空中的往昔存在。然而他给我们提供了往昔存在的情境；出现在情境中的，不是某个个体，而是某类角色；发生在情境中的，不是特定的事件，而是常态行为；展示在情境中的，不是即时见闻，而是时代风尚；隐现在情境中的，除了具体实在，还包括"实在"所象征的抽象意识。总之，这些内容不是历史生活片断的单数实录，而是那些片断的复数整合。

　　应该认识到，上述特征的形成，不仅仅取决于漫画的艺术特质，也决定于漫画的生活来源。丰子恺认为，写实漫画"如实描写"的是"日常见闻"。不难发现，这些见闻的"日常生活"具有明显的重复性和恒常性；

---

① 丰子恺：《野外理发处》，《丰子恺文集》第 5 卷，第 367 页。

② 《丰子恺乡土漫画》（内部资料），第 75—76 页。

"复数整合"的写实漫画也反映了日常生活的这一基本特征；惯常状态的生活就是这样。

　　丰子恺无意于成为历史学家，但他依循着艺术和生活的必由之路，走进了历史的天地：将日常生活在历史情境中展现出来；这正是社会史的追求：按照日常生活自身的规律再现往昔面貌。这一思路，跟关注特定人物和特定事件的传统政治史不同。作为历史的新维度，社会史致力于展示普通民众的日常生活；如果说真实是历史学的生命，那么，日常生活史的真实是这样一种真实：日常角色在共同体网络中的互动和流动。翟学伟曾经就两种历史真实进行过分辨：一种是"人物—事件事实"，即何人、在何地、做过何事？或说过何话？另一种是"符号—行为事实"，即一个时代中的人生活在何种文化网络之中，说些什么？做些什么？前者是特指，后者是能指。①"特指历史"的基本素材是文献、实物，而"能指历史"的基本素材不妨扩展到文学艺术品，因为文学艺术品展示的往往是"符号—行为事实"。毫无疑问，"能指历史"不但不排斥文献，而且还应当尽可能地将文学艺术品中的"符号—行为事实"与文献相参照；毕竟，这是不得已而为之，因为传统文献常常不屑于记载"生活琐事"。

二　乡民生活的意义表达

　　底层—日常生活是追求整体性的社会史所特别关注的，由此，乡民进入社会史的视野。但是，充斥乡民生活的大多是微末琐屑，彼此彼此，究竟什么内容值得历史进行考察？丰子恺的选择独具匠心。

　　与社会史一样，写实漫画面临着一个棘手的问题：如何在日常生活见闻中选取"富有意义的现象"②。在丰子恺的眼里，在底层—日常生活中，最富有意义的莫过于弱势群体的艰难处境。有学者注意到，丰子恺的画"仿佛全是清新有味的小品文，包括着下层社会的种种相，他唤起阅者同情于不幸者的遭遇！他不画官僚之类的东西，却不忘在官僚压迫下挣扎的小民的苦难"③。其写实漫画既以底层—日常生活为背景，则所关涉的角色

---

① 翟学伟：《中国社会中的日常权威——关系与权力的历史社会学研究》，社会科学文献出版社 2004 年版，第 56 页。
② 丰子恺：《漫画的描法》，《丰子恺文集》第 4 卷，第 292 页。
③ 季诚性：《子恺先生给我的印象》，钟桂松、叶瑜荪：《写意丰子恺》，浙江文艺出版社 1998 年版，第 7 页。

类别之多和角色外延之广，目非一般学者所能及。以与乡民生活直接相关的"生意人"这一角色为例，丰子恺以广阔的外延来说明他们各自生活的艰难：

表 10 - 2　　　　　　　　　　　丰子恺"生意人"漫画

生意人	艰难处境	漫画名称
卖汤圆者	生意清淡，只好卖掉汤圆担	《大洋一元二角》
卖馄饨的	又大又高的馄饨担子将人"淹没"了	《馄饨担》
卖洋布的	行商步履维艰	《行商》
卖席者	卖席人忧心忡忡	《卖席》
卖藕者	一担藕，很新鲜；卖主手撑着腰，显得很累	《藕》
水果摊贩	小学教师失业卖水果	《去年的先生》
代笔文人	在路旁设"代笔"摊	《阿三夫君如见》
路摊主	一只篮，倚着颓垣；拢着手，姜太公钓鱼	《店》
小吃摊主	路边设一吃摊，老夫妇忙碌不迭	《卖浆》
女摊主	摊主希望能赚几个小钱，给婴儿买条小抱裙	《守得三天生意好……》
卖花女	乡下小姑娘提篮小卖，走街串巷，小补家用	《卖花女》
儿童小贩	该上学的孩子，提篮叫卖，犹如高低二重唱	《叫卖》
提篮小卖老汉	年龄一把，降价出售，拼命叫卖	《拍卖》
算命的盲人	雇一小孩以棍棒为其引路	《向导》
旋糖担主	盯住小孩子的一丁点零用钱	《诱惑》

在丰子恺所描画的种种社会相中，除了苦难和挣扎，常态生活是其常常表现的重要侧面。按照佛教的说法，对于世间生活有"显正"和"斥妄"两途；考察丰子恺的漫画历程，其画作题材有明显的阶段性。作为"斥妄"，他"当面细看社会上的苦痛相、悲惨相、丑恶相、残酷相，而为它写照"。而在此之前，他的画基本上是"显正"之作。先是描写儿童的"人格完整"，接着描写"成人社会的光明的一面"；总之是欣赏的态度。①与"苦难"主题相比，常态生活的表现更有难度；难度在于如何析滤出泅化其中的意义和价值。

---

① 丰子恺：《我的漫画》，《缘缘堂随笔集》，浙江文艺出版社 1983 年版，第 319 页。

日常异化是另一种生活的苦难，只不过它将这种苦难分散至常态生活的细节中，分割进日常生活的分分秒秒之中，成为一种长久的折磨，不但在肉体上，更在精神里。"三大妈"（《人造摇线机》）为纳鞋底要摇多少线？有人算了一笔账：一双布鞋，孩子穿穿只一个月，五个孩子每月要五双鞋，一年要做六十双鞋，再加两个大人的，她除了每天洗衣做饭外，就是搓线纳鞋底；连下雨天穿的钉鞋也是自己做的。① 再看看三娘娘（图 10 - 1）打绵线：

图 10 - 1　三娘娘

一挂一卷，手臂的动作非常辛苦！一挂一卷，费时不到一分钟；假定她每天打绵线八小时，统计起来，她的手臂每天要攀高五六百次。张开五六百次。②

简直如坐针毡！与此相对应的，劳动者休息时如释重负，成为日常异化的另一种表现形式。《冬夜工毕》很写实：两位为丰家舂米的雇工，隆冬之夜，一槌槌将米打白，机械得像"执行动物的机能"，工毕后，丰母一定供热水给他们洗足，让他们美美地睡一宿。③ 劳动的异化达到这种程度，结果，"人（劳动者）只是执行自己的动物机能时，亦即在饮食男女时，至多还在居家打扮等等时，才觉得自己是自由地活动的；而在执行自己的人的机能时，却觉得自己不过是动物"④。

日常生活中的高潮时段，如伴随着自然节律的岁时节令和切割生命历程的人生礼仪，打破了日常时间的均匀流驶状态，赋予其生动和变化的色彩，成为丰子恺关注的生活场景。丰子恺曾为鲁迅的《社戏》插图，其所

① 《丰子恺乡土漫画》（内部资料），第 137 页。
② 丰子恺：《三娘娘》，《丰子恺文集》第 5 卷，第 371 页。
③ 《丰子恺乡土漫画》（内部资料），第 117—118 页。
④ 马克思：《1844 年经济学哲学手稿》，人民出版社 1979 年版，第 48 页。

依据的生活背景当为故乡石门湾。① 抗日战争之前，石门湾附近的八泉乡萧王庙，每年清明前后，都搭台演戏。丰子恺的妹妹"雪雪"家住南深浜，近萧王庙，丰子恺小时一定看过这种戏。② 抗日战争胜利后约两年，丰子恺住杭州里西湖静江路，每至春秋农闲时节，便可看见门口成批的乡下烧香客，往灵隐寺方向而去。这就是《不是急来抱佛脚，为乘农闲去烧香》中的情景。丰子恺认为："乡亲们有这种信仰，农闲时出来逛逛西湖，是借佛游春，也挺有意思。"③ 个中的意思，就是日常生活的意义：打断了异化的日常生活节奏，与麻木、单调的生活决裂，在愉悦的感觉中度过一段时光。《中秋》之夜，月光如水，儿子和媳妇搀扶着老太太，携手孩子，月圆人圆，一派祥和。前有中元节，后有重阳节，或许其间还夹着庙会，直线的日常生活因而跳跃。

有许多进入丰子恺视野中的生活画面，乍一看似乎没有什么特别意义。在《不宠无惊过一生》中，两个村姑，一个提篮，一个担筐，不紧不慢地走向集市去做点小买卖；在《南亩》中，春耕时节，母亲和孩子将饭菜茶水送至田间地头；在《晨兴理荒秽，戴月荷锄归》中，一位老农戴月荷锄而归，在茅屋前迎接他的，是妻儿的笑脸和摆放停当的晚餐；在《张家长，李家短》中，两位村姑一边洗衣，一边闲聊；同样的一幕出现在丰家"缘缘堂"中：我的亲戚老友常至我家闲谈平生，清茶之外，佐以小酌，直到上灯不散。谈话娓娓不倦。——《草草杯盘供语笑，昏昏灯火话平生》。

在这里，丰子恺想要表达的"富有意义"的内容在哪里呢？就在画题里。他"是用文字来点明画意"的。或许有人提出这样的问题：这些近乎本能的、经验式的日常生活行为究竟具有怎样的意义？在回忆"七夕乞巧"时，丰子恺觉得"甚有趣味，古人云：'不为无益之事，何以遣有涯之生'"，趣味就在于此：以"无益之事"，"遣有涯之生"；这样的"事"其实并非无益："遣有涯之生"就是它的益处，它延续了个体生命的存在。从人类社会的整体存在来看，"事情是这样的：以一定的方式进行生产活

---

① 从丰子恺"漫画阿Q"中，可知《社戏》的生活背景："画之背景应是绍兴，离吾乡崇德二三百里。我只经行其地一二次，全未熟悉绍兴风物。故画中背景，或据幼时在崇德所见。"见丰子恺《〈漫画阿Q正传〉初版序言》，孙冰编选：《丰子恺艺术随笔》，第196页。

② 《丰子恺乡土漫画》（内部资料），第199页。

③ 丰陈宝、丰一吟：《爸爸的画》第2卷，华东师范大学出版社2001年版，第144—145页。

动的一定的个人，发生一定的社会关系和政治关系……社会结构和国家经常是从一定个人的生活过程中产生的"①。个体的生存和再生产是社会再生产的前提和基础。

面对社会生活的许多类似片断，艺术家通常选取最具典型意义的部分，作为与其他"类似片断"整合和艺术创作的基础。如何在日常生活中发现"典型意义的片断"？丰子恺追求"小中见大，个中见全"。他曾以诗言志："最喜小中能见大，还求弦外有余音。"②《接婴》描写一贫民抱了婴孩，正要放进育婴堂接婴的大抽斗里去，墙下恰有一只母狗正在哺乳它的一群小狗，"这种画材，都是现成的，不须想象构成……只要你有眼光去选取"③。它是怎样的一种眼光？丰子恺以胡适论绝诗的一段话申论道：这好比向大树干上截取一片横断面，从这薄薄的一片中，可以由年轮看出大树的年龄，因而想象出大树根、干的深大，枝叶的繁茂。这便是所谓的"小中见大""个中见全"；具备这样的眼光确非易事：因为"人生社会的种种问题，往往隐藏在无形中，难得露出形迹来。漫画家要在森罗万象中捉取这种形迹，原是不易多得的"④。唯其不可多得，更需眼光。丰子恺很欣赏唐代诗人王维的眼光："君自故乡来，应知故乡事。来日倚窗前，寒梅着花未？"这首诗，表面上看起来"好像天真烂漫的小孩子讲的零星细事。但并非真个无关大体的零星，却是可以小中见大，个中见全的"⑤。丰子恺的写实漫画处处显示出这种追求。前涉《牵牛织女星》描述的当然不仅仅是某人、某个夏夜，在某庭院，叙说着某个故事，因为在无数个夜晚，无数的长辈在不同的乡村公共空间，讲述着不同的话题。它或许是：

> 　　一个更深夜静的夏天的晚上，母亲赤了膊坐在床前的桌子旁填鞋子底，我戴个红肚兜躺在床里的篾席上，母亲把她小时所见的"鬼压人"的故事讲给我听：据说那时我们地方上来了一群鬼。⑥

　　① 《马克思恩格斯选集》第 1 卷，人民出版社 1972 年版，第 29 页。
　　② 丰华瞻：《〈丰子恺漫画选〉后记》，丰华瞻、戚志蓉编：《丰子恺漫画选》，知识出版社 1982 年版，第 85 页。
　　③ 丰子恺：《漫画的描法》，《丰子恺文集》第 4 卷，第 293 页。按，此画又名《笑涡》。
　　④ 丰子恺：《漫画的描法》，《丰子恺文集》第 4 卷，第 293—295 页。
　　⑤ 丰子恺：《艺术修养基础》，《丰子恺文集》第 4 卷，第 80 页。
　　⑥ 丰子恺：《画鬼》，《丰子恺文集》第 3 卷，浙江文艺、浙江教育出版社 1990 年版，第 388 页。

鬼魂的印象和观念印入了幼小的心灵，也或许是：

> 每逢休日，工毕，或饭余酒后，几个老者会对着某张花纸儿手指口讲，把其中的故事讲给少年们听，叙述中还夹着议论，借此表示他的人生观。①

所谓"花纸儿"，一种传统年画，其内容，有三百六十行、马浪荡、二十四孝、十稀奇，以及各种戏文的某一幕的光景等；还可能是戏文：

> （农民们）不看旧小说，也不看戏考，但他们都懂得戏情。他们的戏剧知识都是由老者讲给少者听，历代传授下来的，夏日，冬夜，岁时伏腊的时节，农家闲话的题材，大部分是戏情。②

图 10 - 2　话桑麻

大团圆的结局，忠孝节义的观念，怪力乱神以及迷信的故事，都是农民兴味浓厚的题材。

特别值得注意的是，个体的日常生存状态一旦被置于特定的共同体之中，便显现出不易察觉的人类学意义。《三眠》中蚕乡的生计方式，《买粽子》中城镇人的交易方式，《归宁》中水乡人的交通方式，《和菜》中菜馆的生意方式，《话桑麻》（图 10 - 2）中蚕乡人的交流方式，《都市之客》中山村人的生存方式……在在都使来自另一种文化氛围中的人感到新鲜乃至惊异。文化样式的多样性在特定共同体生活中得以充分体现。

丰子恺的写实漫画以艺术话语揭

① 丰子恺：《深入民间的艺术》，《丰子恺文集》第 3 卷，第 381 页。
② 丰子恺：《深入民间的艺术》，《丰子恺文集》第 3 卷，第 384 页。

示了蕴含于底层—日常生活中的意义，参照其记事文字将这些话语转换成历史话语是社会史学者的责任。

三　对乡民生活的主位观照

让乡民走到历史的前台，发出自己的声音，是日常生活史书写的又一基本理念。这就要求历史编纂者不是作为历史的旁观者，而是设身处地，以当地人、当事人、当时人的观点来看待事物。人类学家称之为"主位观"①。在人类学家看来，任何共同体世界都是独一无二的，只有从该世界的眼光去观察，才能掌握其文化的真正内涵。

一旦将丰子恺的写实漫画视作社会史素材，我们同时就从中"听"到了来自历史角色的声音。1935 年 4 月下旬的一天，丰子恺乘车游览莫干山，车子半路抛锚，停在"无边的绿野中间的一条黄沙路上"，路边有一座朴陋的茅屋。同车的两位"都市之客"与闲坐在茅屋门口的老妇人攀谈起来：

> "你们这里有几份人家？"
> "就是我们两家。"
> "那么，你们出市很不便，到哪里去买东西呢？"
> "出市要到两三里外的××。但是我们不大要买东西。乡下人有得吃些就算了。"

一会儿，"他们已谈得同旧相识一般"。听着老妇人的话，丰子恺十分感慨："我们一乡之中，这样的人家占大多数。我们一国之中，这样的乡镇又占大多数。我们是在大多数简陋的生活的人中度着啰嗦生活的人。"②"度着啰嗦生活的"丰子恺亲耳听到过着"简陋的生活的人"的不同声音，以此为主题，有了《都会之客》。

丰子恺走进了乡野，无心插柳，开始了"田野工作"。其实，真正意义上的"田野工作"不但要求研究者在相当程度上参与到共同体生活之中，以求近距离地观察，是为"参与观察"；而且要求研究者与研究对象

---

① 参见本书第十一章第三节第二目。
② 丰子恺：《半篇莫干山游记》，《丰子恺文集》第 5 卷，第 484 页。

进行无拘束的、发散性的、自由的交谈，是为"深度访谈"①。作为一位本土研究者，丰子恺与石门湾共同体完全融为一体了："住在乡间，邻人总是熟识的，有的比亲戚更亲切；白天门总是开着的，不断地有人进进出出；有了些事总是大家传说的，风俗习惯总是大家共能的。住在上海完全不然。邻人大都不相识，门镇日严扃着，别家死了人与你全不相干。故住在乡间看似安闲，其实非常忙乱。"②

图 10 – 3　到上海去的！

丰子恺长期生活在江南乡间，熟谙乡民的脾性、心理和声音，尤其熟悉日益向外部世界敞开的江南乡村。"当电灯开得闪亮的特别夜快通车的头等车厢载了正喷雪茄，吃大菜的洋装阔客而通过这些乡村的时候，在乡村人看来正像一朵载着一群活神仙的彩云飞驰而过。由此想见都会真是天堂一般的地方！然而，在他们是可望而不可即的。"③《到上海去的！》（图10 – 3）对乡村人的心理捕捉何其到位：到上海去的！艳羡之情溢于言表，于是，无数的乡下人，丢下锄耙，蜂拥至上海，在梦想中的天堂筑起一片琼楼玉宇，却发现没有自己的栖身一角。两位来自乡下的建筑工人坐在草地上，远远地指着那楼群中的瑶台翘檐："我们所造的！"乡村人就是这样表达的。是自豪？不平？无奈？抑或辛酸？一切都浓缩在《我们所造的！》画中。顺沿着他们的视角，对于近代以来、特别是20世纪30年代前期的"人口离村"现象，我们应当有一个更加人性化的理解。

"言简意繁"是丰子恺漫画创作中的基本原则。④蕴含于漫画中的繁复

①　李亦园：《人类的视野》，上海文艺出版社1996年版，第12页。
②　丰子恺：《谈自己的画》，孙水编选：《丰子恺艺术随笔》，第168页。
③　丰子恺：《都会之音》，《丰子恺文集》第5卷，第458页。
④　丰子恺：《漫画艺术的欣赏》，《丰子恺文集》第3卷，第358页。

意义，有时在丰子恺的纪实散文中有所交代，更多地则通过画题表达画面内容。《守得三天生意好，与尔买条小抱裙》中，一位设摊的妇女抱着赤裸下身的孩子，摊前不见一个买主；女摊主的心理活动就在画题中。其生活窘迫如此！与此类似的另一幅画：一位正在喂蚕的村姑，头扎三角巾，衣衫褴褛，脑海里想象着来年春游的情景，题曰：于蚕匾中窥见明年春游的服装。一幅抱裙，一件新装，这就是终日萦绕于乡村妇女脑际的理想和追求？是的；但传统的史学不想听，也听不到这样的声音，即使听到了，也会认为它们太琐屑，没有进入堂皇历史典章的资格。丰子恺听到了，让它们留了下来。当社会史学者走向底层—日常，身临其境，力求以主位的视角体悟历史角色的心灵时，便会感受到民众声音的亲切和坦白，从而也就不难理解她（他）们的理想了。

有了这样的明确意识，丰子恺尽情地发表他作为一个旁观者的看法。在丰子恺写实漫画中，有两幅画，同一个题材，都以育婴堂为背景。江南乡村育婴堂的"接婴处"是个很特别的地方：在一堵墙上安一个大抽屉，墙外的人将婴儿放进抽屉，由墙内的人开了抽屉接了去收养。《笑涡》里，年轻的父亲准备将亲生骨肉送进抽屉时，"笑涡"荡漾在孩子的脸上；《最后的吻》里，年轻的母亲准备将亲生骨肉送进抽屉时，给了孩子最后的一吻。丰子恺实在不堪这样的场面，便在两幅画面上着意：在育婴堂的墙脚下，一只母狗正给小狗喂奶。这完全是作者借题发挥自己的想法了：一个"人不如狗"的时代和世界！狗是常见的家畜，伴随人左右；丰子恺以非凡的日常洞察力，以狗为背景，创作了一系列漫画，特写人类的"狗性"。《势利的村狗》中：一条狗疯追衣衫褴褛，手拄拐棍的老妪狂吠——狗通了人性！

如果说这些观点还只是泛泛而论，对于打绵线这样的劳作，丰子恺的看法完全建立精细分析的基础上："近来绵绸大贱，每尺只卖一角多钱。据说，照这价钱合算起工资来，像三娘娘这样勤劳地一天扭到晚，所得不到十个铜板……就算她每天赚得十个铜板，她的手臂要攀高五六十次，张五六十次，还要扭五六十通，方得一个铜板的酬报。"如果按照英国工人的工价计算，像三娘娘这样纯熟的技能，这样忍苦的工作，定她每天十个英镑，也不算多！①

---

① 丰子恺：《三娘娘》，《丰子恺文集》第5卷，第370—371页。

丰子恺的这些观点，在当时是一种时论，在今天，便成为一种观念，构成观念史的一部分。这种观念产生的社会背景和丰子恺的角色社会化过程，固然可以专门讨论，但作为历史素材，它们给历史学家认识底层—日常生活提供了另外一种参照。

伴随着社会史研究对象的逐渐明晰，包括漫画在内的图像资料开始进入史家的眼帘；这是一种非传统史料。"对非传统史料，不能拿过来就用，必须进入史料学的研究和处理，以便提高对它的利用质量"①，就如传统史学对待史料的态度一样。但很明显，这种"研究和处理"，不仅仅是一项单纯的史料辨伪工作，更重要的是，它通过艺术与历史的跨学科对话，认真把握社会史的特征，从而回答：图像及其记事文字在何种意义上成为社会史素材。以丰子恺写实漫画为对象的考察，让我们发现：作为往昔生活的存留方式，写实漫画展现了一个时代日常角色在共同体网络中的互动和流动场景，是为"符号—行为事实"；作为艺术话语，写实漫画以独特的方式揭示了蕴含于底层—日常生活中的种种社会史意义；作为共同体认识的基本理念，写实漫画以"主位"的态度理解共同体，留下了历史角色的声音，又从客位的视角去看待共同体，留下了作者自己的观念。这些画文、声音和观念构成了重要的社会史素材。

第三节　乡村文献的生成：故土记事

故土，早年曾经流连的地方，照理城市也在其中；倘若专注于来自乡村的知识人，这故土只能是乡村了。知识人，传统时代里被称为士大夫，或者随口呼之曰文人，在清末—民国 20 世纪以降社会变革的形势下，以其被赋予的思想探索与创造的时代使命而被称为知识分子，且多指其中的人文知识分子。② 而在致力于探究近代乡土世界的社会史学者眼里，这些人就是史料提供者：他们回望故土，载录了一段既往经历，为社会史书写留下了个性化素材。他们中的不少人堪称标准知识分子，但也有许多人或者因为所从事的领域，或者因为所处的地位，或许别有他因，不太适合戴

① 冯尔康：《中国社会史概论》，高等教育出版社 2004 年版，第 150 页。
② 陶东风：《社会转型与当代知识分子》，上海三联书店 1999 年版，第 1—3 页；参见 ［波兰］弗·兹纳涅茨基《知识人的社会角色》第三章《学派与学者：绝对真理的承担者》，郏斌祥译，译林出版社 2000 年版。

这么一顶帽子。既如此，不妨统而目之为知识人——熟稔乡土知识的知识精英。

明中叶以来江南知识精英之多既远过他方，其所留下的文字自然亦多，清末民国故土记事当为一类。① 然而，我们绝不能将它们只当作说明地方状态的一份证据，事实上，知识人的清末民国故土记事不但饱含了一代知识人对于当时底层社会的现代性关怀，透露了外人难以理会的风土经验，同时也渗透了他们观照乡土的独特视角与思维方式，这些现代关怀、风土经验和独特观照，自然构成了江南社会史文献的一部分，无视这种有机构成，不啻丢弃了一份无以替代的历史资源，更为可惜的是放弃了内存其中的某些思想路径，而这样的思想路径有助于我们逼近曾经的乡土世界。明乎此，我们便不能止步于记事文本的简单梳理和编排，还应深入故土记事的生成过程，② 揭示这一社会史文献的实际价值，为社会史研究拓展出一片新的天地。在这片新天地中，史实的既定性和史料的变异性与史家识断力之间的复杂关系，可以获得相对清晰而合理的实证认识。

一　底层社会的现代关怀

既为故土记事，当指知识人离开故土一段时间后的追忆。在此期间，许多知识人经过时代浪潮的洗礼，从少不更事的年轻人成长为知识精英，对各种社会现象形成了自己独立的思考方式，这种思考未必都以思想主张的形式声言于世，但从江南知识人的故土记事中，我们可以明显地觉察其

---

① 这些记事从文体上说，以回忆录居多，另有纪实性叙事、杂记、速写、论说等，比较特殊的如竹枝词、歌谣、图画等，它们大多散落于清末民国以来的报刊、地方文史资料中，有一定知名度者常有结集出版。

② 近些年来，社会史涉及知识人的现代故土记事，基本局限于证据出示的层面，而对于证据本身及其证据提供者的检视，多为随文而生的零星小考。先前的相关成果集中在两个方向：一是文艺理论界对乡土文艺的现代理论研究，二是社会史学者对某些乡土史料类型的去艺术化考量。前者的一般情况可参见余荣虎的《中国现代乡土文学理论流变论》（中国社会科学出版社 2011 年版），其中有学者注意到故土记事的独特价值，如李晓禺的《文学人类学视野下的故乡叙事》（《北京社会科学》2013 年第 1 期）认为，现代乡土叙事对故乡民情风俗的"深描"，使地方性知识上升为具有人类普适性意义的话语。后者涉及的乡土史料类型有歌谣、竹枝词、民间传说甚至漫画等，其中有些学者在对这些史料进行去艺术化过程中注意到故土记事的社会史意义，如小田的《漫画：在何种意义上成为社会史素材》（《近代史研究》2006 年第 1 期）、美国学者洪长泰的《到民间去》（上海文艺出版社 1993 年版）和岳凯华的《歌谣的搜集：五四激进文人民间情怀的表述》（《中国文学研究》2007 年第 2 期）。

中所包含的思想倾向。① 具有不同倾向的知识人常常以迥乎相异的姿态回首曾经的乡土江南。

在文化保守主义者的笔下，传统中国的制度文物和自然清新的乡土气息与资本主义世界恰成鲜明的对比。1916 年出生的金性尧幼年在宁波定海乡间，后来迁居上海，时间一长，便对都市生活啧有烦言，而将自己的理想寄寓于遥远的故地："我并不一定以我的故乡为人间的乐土，然而对于十里洋场的浮滑浑浊与丑恶，我是早已感到厌倦了。我希望有一块灵魂的安息之乡，在那里，有着人生与自然的淳朴、安闲，即使是喝着那清淡的茶，吸着土产的旱烟，我也有我的爱和乐。"金性尧所企羡于故土的，除了物质文明的自然性，还有不同于都市社会的人际关系，因为那里还保留着农业社会的遗风："人民亦率多肫朴无华，所谈不外里井细琐，天际风月，在质直中间分明着天真与亲切。左右邻舍毗连，犹如家人骨肉。"②

金性尧陶醉于醅醅的乡土气息之中，向围城中的市民，款款递送着来自江南乡村的信息，不经意间也流露了一种态度，一种倾向于保守主义的态度。金氏本人未必同意我们的归类，不过有一种态度夹杂于故土记事之中，那是一定的。金性尧说，他坚持文以载道的传统，且自循一道。具体何"道"，他没有明言，但与激进的"革命"之道大异其趣："踏上先烈的血迹，向革命的途中奋进"，固然是道之一面，可是，雨夜的鹃啼，芦塘的雁声，以及终古流淌着的潺潺溪水，何尝非道之另一面？③ 看得出来，金性尧们既厌倦异化的西方文明，亦不欣赏革命之道，而"每喜从其历史演变上着眼，而寻究其渊源宗旨所在"④，希望从故土传统中披沙沥金，别出新途。

与文化保守主义者的忸忸怩怩不一样，马克思主义知识人旗帜鲜明地表明了其文化激进主义的态度。1927 年以后，伴随着马克思主义中国化的历史进程，"作为西方文化的批判者，马克思主义在近代中国表现出其固有的激进、革命的性格"⑤，并超越了一般意义上的激进主义，以革命的激进主义统率写作，而与其他思想流派（如文化保守主义者）恰成泾渭。保

① 高瑞泉：《中国现代精神传统》，东方出版社 1999 年版，第 16 页。
② 文载道：《风土小记》，太平书局 1944 年版，第 90—91、130—131 页。
③ 文载道：《风土小记》，第 115 页。
④ 钱穆：《八十忆双亲·师友杂忆》，生活·读书·新知三联书店 1998 年版，第 52 页。
⑤ 高瑞泉：《中国现代精神传统》，第 24 页。

守主义的故土记事常常因为迷恋于乡土传统，而有所谓"田园"格调。对此，无产阶级革命文艺家徐懋庸毫不留情地加以讥诋："特殊阶级自己饱足爽快了，就想象别的人也一定饱足爽快。所以向来的田园诗人，描写起劳动的农民来，也写成逍遥自在的样子。"①

那么，真实的田园是什么样子呢？以民国江南乡村普遍存在的宗族生活为例，在徐懋庸的故乡浙江上虞县下管镇，徐氏家族的"祭田"收入有多种用途，除了举办祭祀、修葺坟墓和祠堂、修撰家谱和资助教育外，还可以用来搬演戏文和发放补助。三年一次的社戏和每年一次的"花迎"（庙会）轰动全镇。穷人们对于祭田非常感兴趣，一来因为，这在名义上毕竟是自己也有份的"公共财产"，二来每年年终总可以分到一点钱、谷、猪肉，对过年有所补助。对此，徐懋庸敏锐地指出，"祭田对于巩固宗族观念和维护宗族关系，缓和阶级斗争，是起了很大的作用的"②。之所以在下管社会看不到激烈的阶级斗争，是因为"宗族关系在相当程度上掩盖了阶级关系"③。

1919 年五四运动之后一直至民国终结，知识界不断掀起"到民间去"的浪潮。在民间如何"描写农人们的生活状况"？激进主义革命文学家的态度绝不含糊："如若学写实派之主张冷静的观察，完全抛弃主观的描写，那简直是掩耳盗铃自欺欺人的话；至于以到民间去为纯粹取得材料的方法，那更是狗屁不通。"④ 这描述中的"主观"正是他们所要坚守的革命理想。

自由主义思想家对待西方文明的亲昵态度非常显眼，并主要以此区别于其他流派。他们的思想态度与其生活经历密切相关。在为蒋梦麟《西潮》作序时，罗家伦特别介绍作者走出故乡后的生活轨迹："从中国学究的私塾到西洋自由学府，从古老的农村社会到近代的都市文明，从身经满清专制的皇朝到接受革命思想的洗礼，他多年生活在广大的外国人群里面……看遍了覆雨翻云沧海桑田的世局。"⑤ 蒋梦麟来自宁波余姚的蒋村，

---

① 徐懋庸：《对于农村文艺写作的几点意见》，《街头文谈》，（上海）光明书局 1936 年版，第 122 页。

② 徐懋庸：《下管社会》，《徐懋庸选集》第 3 卷，四川人民出版社 1984 年版，第 209 页。

③ 徐懋庸：《下管社会》，《徐懋庸选集》第 3 卷，第 217 页。

④ 香谷：《革命的文学家！到民间去！》，《泰东月刊》1928 年第 1 卷第 5 期。

⑤ 蒋梦麟：《西潮》，"罗家伦序"第 1 页。

他的故土记事就淹没在这《西潮》里。1886 年蒋梦麟出生时，"现代发明的锋芒还没有到达乡村，因而这些乡村也就像五百年前一样的保守、原始、宁静"。但这种环境很快成为历史陈迹。西潮已经开始侵袭蒋村，蒋村在 19 世纪末年蒋梦麟离开之后变化加剧，直至"面目全非"！曾经沧海的蒋梦麟很清楚这一过程发生的动因及其脉络："首由外国品的输入启其端，继由西方思想和兵舰的入侵加速其进程；终将由现代的科学、文明和工业化，完毕其全程。"① 蒋梦麟的自由主义倾向在他对传教士的评价中暴露无遗：

> 基督教传教士曾在无意中把外国货品介绍到中国内地。传教士们不顾艰难险阻，瘴疠瘟疫，甚至生命危险，遍历穷乡僻壤，去拯救不相信上帝的中国人的灵魂。他们足迹所至，随身携带的煤油、洋布、钟表、肥皂等等也就到了内地。一般老百姓似乎对这些东西比对福音更感兴趣。这些舶来品开拓了中国老百姓的眼界，同时也激起了国人对物质文明的向往。

在这一意义上，蒋梦麟认为，传教士在中国现代社会的成长中扮演了非常重要的角色："基督教传教士加上兵舰，终于逼使文弱的、以农为本的古老中国步上现代工商业的道路。"②

　　不是所有的故土记事者都有蒋梦麟如此鲜明的态度，但对于西方文明的作用，一些江南知识人的叙述常常带着类似的思想倾向。让人深味的是，江南乡村在西方文明影响下所发生的诸般变化，在一些江南知识人的记忆中，总是被简化为几个相近的要素如上海、洋货、市镇等，整日地挂在嘴上。吴冠中来自江苏宜兴乡下一个叫棣树港的地方，他对蒋梦麟非常肯定的洋货，印象深刻：

> 从无锡或常州到宜兴县城的轮船都必经棣树港，当啪啪啪的轮船将要靠码头时，码头上便聚了不少看热闹的人，想看下乡来的上海人。上海是天堂吧，到上海帮人家的（当保姆）及做厂的（女工）妇

---

① 蒋梦麟：《西潮》，第 9、19 页。
② 蒋梦麟：《西潮》，第 33 页。

女回乡探亲时都吃得白胖白胖，还带回筒子装的饼干、美女牌葡萄干、美女月份牌。①

保守主义、激进主义和自由主义是我们在阅读故土记事时，对江南知识人的思想倾向所做的大致的学理分类；涉及具体的记事者，这样的归类事实上不可能是纯然的，主观上我们亦无意于强人入派。这其中最为紧要的，不是根据故土记事来判断记事者的思想倾向，而是相反：联系记事者在特定时期的思想倾向性来解读记事。唯其如此，才能清醒地意识到记事文本与活态故里之间的距离和关系。在这里我们所强调的是，作为社会史文献的创造者，不同的江南知识人都会有主观意向贯注其中，从而影响了文献的生成，而要说明这一切，须臾离不开知识人与故土的关系。

首先，知识人的眼界相对广阔，对于故土事件的认识与乡里人不一样。在江南蚕丝产区，曾经畅销欧美的"辑里丝"到20世纪30年代初年急剧衰落。发生这一切的原因，"知道得更少的，自然是农民，而最受到直接的影响的，也是他们"；当地的富绅也是"不了解的"，而"比较地明白蚕丝事业不振的原因，是许多富有的丝商的孩子们，已经在外省的大学校里求学了。一些世界知识，使他们不单明白人造丝的意义代表着一个可怕的经济侵略，还认识了邻国的大陆政策和另一些的殖民政策"②。知识人的认识至少在广度上要全面得多，而乡里人的看法在反映历史场景时则真实得多。两种认识一同留在故土记事中。

其次，知识人的追求相对理性，他们的思想倾向常常包含着与乡里人不同的社会旨趣。王任叔声称，作为关心乡土的知识人，应该以鲜明的阶级立场去认识乡民，但这不够，他寄希望于农民自己"来认识这世界的真面目"，在他看来，这是"更重要的工作"③。王任叔自然更多地带有激进主义的思想倾向。当我们将故土记事中的思想倾向当作社会史文献中的一个有机元素时，就会发现，江南知识人无论带有什么样的思想倾向，往往趋同于现代性意趣。这样的思考都对江南社会史书写有所助益；人为地将它们进行对立，并以范式的名义进行固化，无异于作茧自缚。

① 吴冠中：《沧桑入画》，学林出版社1997年版，第20—23页。
② 徐迟：《一个镇的轮廓》，《徐迟文集》（2），长江文艺出版社1993年版，第170—171页。
③ 王任叔：《深入农民群中》，《青年界》1936年第10卷第1期。按王任叔，1901年生，1926年加入中国共产党。

　　最后，在锻铸知识人思想倾向的诸多因素中，年少时的故土经历极其关键。20 世纪 50 年代中期王任叔反思道，作为"革命战士"，他"总是写农民，是和小时候这段生活有关的"：村民"每在夏秋之夜，为我讲'长毛'故事，为我讲邻县秀才王锡彤造反的故事（宁海县平洋党反教斗争），这些人给我的思想感情的影响，现在分析起来是有决定性作用的"①。钱穆是比较典型的文化保守主义者，② 他自溯其思想渊源时称，此皆"紫翔师在余童年之启迪，有以发之也"。紫翔师是他在无锡荡口镇果育小学时的老师之一，精国学。在那么一个"小市镇上之一小学校中，能网罗如许良师，皆于旧学有深厚基础，于新学能接受融会"。70 年之后的钱穆对这段学习经历念兹在兹："今欲在一乡村再求如此一学校，恐渺茫不可复得矣。"③ 惋惜一个时代，却感恩一方故土。

　　至此可以明白，作为社会史文献，知识人的故土记事包含了双重含义：一则作为乡土江南社会实态的素材，再则是知识人对这一实态的认识。这样的双重含义并非纯粹学理分析的结果，而是知识人自觉的实践意识。茅盾以为，"单有了特殊的风土人情的描写，只不过像看一幅异域的图画，虽能引起我们的惊异，然而给我们的，只是好奇心的餍足。因此在特殊的风土人情而外，应当还有普遍性的与我们共同的对于运命的挣扎。"④ 社会史书写依托"特殊的风土人情"，而其中又包含着"普遍的"对于"运命"的思考，二者虽胶织为一体，却可剥离为两造：在文献生成中它们相互混融，反映了史料天生的主观性；而在社会史书写上又各自独立，体现了史实的既定性。混融？或独立？端凭史家的识断。以这样的文献进行书写，我们便有了两份清末民国江南乡村史：一份是经过历史学者判定的既往社会实态，偏重于乡村社会结构，还有一份江南知识人关于乡土的近代观念史，给地方世界以相应的时代标记；它们二位一体，再现一个真实的乡土江南。

二　风土经验的深度理会

　　眼光向下的社会史时常触及风土。所谓风土，即融汇了自然与人文生

---

　　① 王任叔：《自传》（20 世纪 50 年代中期），唐弢：《迟到的怀念与思考——关于巴人》，浙江文艺出版社 1990 年版，第 279 页。

　　② 高瑞泉：《中国现代精神传统》，第 22 页。

　　③ 钱穆：《八十忆双亲·师友杂忆》，第 52—53 页。

　　④ 茅盾：《关于乡土文学》，《茅盾全集》第 21 卷，人民文学出版社 1991 年版，第 89 页。

态的地方生活环境，依传统而延续，日积月累，衍生出特有意涵，滋养着特别脾性，蔚然而成特定样式，犹似一种"味道"，一时难以为外人所理会。杜衡来自江南水乡，小船几乎是家家必备的生活工具。在外人，咿咿呀呀地摇上几小时出一次门，便"会觉得太气闷"，因为这些外人"没有经验过江南底水乡那种味"，所以杜衡说，"我就是绞尽了脑汁想出一千种说法来形容，也不会叫你明白"①。而有同样经历的钱谷融则心领神会："真正的江南味道，是江南景色与江南风俗人情的统一。要充分领会这种味道之美，必须到江南景色与江南人情的相互映衬中去找寻。"② 知识人算不得外人，他熏染于一方风土，在人生最关键的初始社会化阶段积累了丰富的风土经验，因而有足够的自信在故土记事中对发生于一方风土的事件和人物作出判断。

19 世纪后半叶以降，江南大中城市开始了近代化历程，而作为其腹地的乡村社会所受到的影响则相对滞后，数十年之后直至民国，城乡二元态势已经很明显。乡村社会一方面小心翼翼地守望着一些经久耐用的传统，另一方面发展起应对外部环境变化的特殊方式。处于此一过渡时代，江南知识人发觉，那个曾经熟悉的故土，变得越来越陌生。金性尧感叹："一切风土人情的描绘和领略，非身亲其境者总觉雾里看花，去'真'一箭。"③ 故土记事就是身亲其境的记录：或者是知识人的故土亲历，虽说童騃懵懂，却在后来的岁月中被一再反刍而得以理会；或者是成熟后的还乡，依靠既有的风土经验结合变化的情状进行判断。

谈及故土记事，周作人云，它总是"重在怀旧而非知新"④。知识人最怀恋者莫过于乡村女性，尤其是其母亲；究竟如何理会风土世界中的女性生活？知识人的故土记事为我们掀开了江南风土的隐秘面纱。

首先涉及故土女性在乡村信仰生活中的角色扮演。在江南知识人的故土记事中，常常有一份从童稚时代留下的普遍记忆：神佛鬼怪充斥于乡村世界。这其中存在一种独特的信仰濡化机制。江南知识人指出，那是以乡村女性为轴心的。绍兴东浦的许钦文对于民初儿童时代的生活"多半都已

---

① 杜衡：《怀乡集》，（上海）现代书局 1933 年版，第 52—53 页。

② 钱谷融：《〈江南味道〉序》，苏童等编：《江南味道》，南方出版社 1999 年版，"序"第2 页。

③ 金性尧：《风土小记》，第 110 页。

④ 周作人：《关于竹枝词》，《过去的工作》，河北教育出版社 2002 年版，第 2 页。

忘却，可是关于鬼的事情，还有些记得清楚"：最怕"舍母鬼"。本来只有产妇才会"怕这种鬼来讨替身"，他却分外恐惧。后来明白了，"原是母亲等讲得起劲的缘故。她们一谈到这种鬼，总就出神的显得很害怕；更其是在更深夜静的时候，造成恐怖的空气"①。看起来在讲鬼怪，实际上亦是女性在对孩子灌输共同体的内在意志。德国社会学家滕尼斯认为，从品格特征上说，"妇女们和孩子们属于一个整体，具有相同的精神，相互容易理解"②。也就是说，超自然物在乡间首先流行在女性与孩子之间，然后弥散于整个共同体。

从故土记事可以发现，家庭主妇所承担的"家务"，不仅仅是家务的日常操持，也包括家人患病时的救济。③乡人相信，患病不是鬼的作祟，即为神的惩戒，此时常常由女性出面与它们沟通。丰子恺五、六岁时（1905 年左右），参加故乡（嘉兴）石门湾镇的元帅庙会，看见菩萨喊道："元帅菩萨的眼睛会动的！"第二天他生病了。大家说这是昨天喊了那句话的缘故。母亲连忙到元帅庙里去上香叩头，并且许愿。父亲请医生来看病，吃了一颗丸药就好了，但邻居们说，这不是丸药之功，而是母亲去许愿，菩萨原谅了的原因。后来办了猪头三牲去谢菩萨。④西医虽然医好了丰子恺的病，但他对于致病原因和病愈原因的解释，在乡村社会里是没有市场的。病了，母亲会去许愿；病愈了，要去还愿。许愿—还愿是当时乡村人患病时所要遵循的基本程序，而这一程序基本上是由女性完成的。

其次涉及乡里女性在乡村舆论中的生存状态。"男尊女卑"是人们对传统中国男女关系的基本结论，一般地这样说，自然是成立的；如果要求描述这种关系在日常生活中的实际状态，传统史学大多语焉不详。知识人的故土记事触及江南乡村社会一种歧视女性的特殊方式：这是由乡村舆论施加于女性的，如影随形，以风土的力量给女性以极大的压力。以生育为例，一般乡村育龄妇女视为畏途，最大的担心就是不能给夫家传宗接代。在徐铸成的故乡——江苏宜兴的宜城镇，流行一种说法：一个人去见阎王

---

① 许钦文：《美丽的吊死鬼》，《论语》1936 年总第 92 期。

② ［德］斐迪南·滕尼斯：《共同体与社会》，林荣远译，商务印书馆 1999 年版，第 223 页。

③ 参见赵世瑜《明清以来妇女的宗教活动、闲暇生活与女性亚文化》，郑振满、陈春声主编：《民间信仰与社会空间》，福建人民出版社 2003 年版，第 174 页。

④ 丰子恺：《元帅菩萨》，《丰子恺文集》第 6 卷，浙江文艺、浙江教育出版社 1992 年版，第 758—759 页。

的时候，如果抱着曾孙，可以不下跪；曾孙多的，阎王还会起身相迎；当然，曾孙女不在此例。徐母1906年生了个女孩：

> 曾祖母不时在门外高声叫骂……曾祖父从来对孙媳妇比较慈祥，那时也不断嘀咕："别人都生个男孩，偏偏跟我做对，生个女的。"整天唉声叹气，饭后就关门睡觉，好象受了天大的委曲。①

没有人觉得曾祖母是在无理取闹，也没有人认为曾祖父的"不断嘀咕"是莫名的"委曲"，连母亲本人也觉得这是自己闯下的"大祸"②。75年之后，徐铸成在回忆这段往事的时候，心情颇为复杂。他觉得曾祖母和曾祖父不应受到谴责，那是"封建思想"在作祟。从徐铸成的叙述，我们体悟到所谓"封建思想"的日常表达方式，而正是这种表达才是让村妇最难堪的。

风土对村妇生活的形塑在某种意义上是共同体舆论的作用。在清末民国时期的江南乡村，形形色色的舆论空间遍布乡村社会，而在夏夜最活跃，可以看作是乡村的"公众集会"③。王任叔1920年中师毕业后在宁波任小学教员，一到暑假，便回到奉化大堰镇的乡下，"拣着晚上乘凉的时候，跟乡下人谈家常事情"，并记下来，每一个暑假可以"记下好多东西"。王任叔说，乡村舆论空间"给我的是：叫我深入农民群中，认识中国的农民的悲哀与欢喜的最好机遇"④。

江南知识人轻车熟路，进入了风土世界。他们有在乡的生活经验，可以将其间的"奥秘"传达给外部世界；他们有别乡后的社会历练，可以理性表达故土的日常逻辑，为外部世界架设起理解一方风土的桥梁。费孝通以人类学家的身份叙述故土，对方言在风土世界中的重要性进行过专门的说明："作为一个本地人，就不必再花费时间去学习当地方言。而且同乡的感情使我能够进一步深入到人们的生活中去。"⑤知识人明白，乡言俚语只是进入风土世界的仪门，堂奥在其背后。对此徐懋庸深有体会："农民

---

① 徐铸成：《旧闻杂录补编》，四川人民出版社1983年版，第3页。
② 徐铸成：《旧闻杂录补编》，第4页。
③ 费孝通：《江村经济》，江苏人民出版社1986年版，第14页。
④ 王任叔：《深入农民群中》，《青年界》1936年第10卷第1期。
⑤ 费孝通：《江村经济》，第19页。

是非常广大的群众，农民生活里面所使用的特殊的语言，非常丰富。从他们的特殊的语言里，可以看出他们的特殊的思想方式和一切特殊的意识形态。"① 方言、情感、思想方式、意识形态……所有这些特殊性，镶嵌在风土世界的社会结构和历史情境中，成为知识人理会风土经验所独具的知识结构。

正因为具备这样的知识结构，20 世纪 20 年代刘半农所留下的歌谣记事便显得弥足珍贵。一方面他自己以歌谣的形式叙述乡土江阴，另一方面逗留故乡期间把民间说唱艺人请到家中，"记录了一些宝贵的民间歌谣"，这便有了后来收入《瓦釜集》的《江阴船歌》。② 无论自拟的歌谣，还是载录的船歌，刘半农都最大可能地保留了风土原味。特别在语言运用上，做了"最高等最真挚的一步"，这便是方言，同时包括在故土"还有生命力的"声调。③ 从中不难体会到歌谣式故土记事对风土经验的理会所能达到的非常深度。需要特别指出的是，作为故土记事者，刘半农并未自恃知识权威而对他人尤其是普通民众进行封杀，后者因之获得了发声的机会。在他看来，已然别乡的知识人与依然在乡的普通人两俱解释的权利，各自的体验可以等量齐观。事实上，许多江南知识人都谨慎地留下当地人的说法。这给江南乡土史书写者留下了更多的选择和判断空间。

由此可以理解，作为社会史文献，知识人的故土记事具有多重面相：因为沉浸于风土，它们在文献状貌上不免异常，这反映了史料的地方性；而在社会史书写上我们又可以借助于知识人的理会将之复原至日常，这体现了史实的通约性。异常？或日常？端赖史家的识断。

三 乡村共同体的全盘观照

日常共同体的历史样态不能通过理论的推导而获得，只能依据历史的遗存重新构建。在尝试重现清末民国江南日常共同体活态时，我们发现了故土记事的独特意义。

江南知识人印象中的故土总是一个具象的生活空间，更多的是村落。徐懋庸来自浙东上虞，提起故乡，他立刻声明道："这里的故乡不是指的

---

① 徐懋庸：《对于农村文艺写作的几点意见》，《街头文谈》，第 124 页。
② 徐瑞岳：《刘半农评传》，上海文艺出版社 1990 年版，第 114 页。
③ 刘复：《瓦釜集》，北新书局 1926 年版，"代自叙"第 2—3 页。

绍兴府属，也不是上虞县，只是指我家所在的一个小小的乡镇而言——只包含一姓的小小的村镇"[1]——方山村。那是典型的江南山村。来自湖州乡村的徐迟描述江南水乡道："千里青绿田畴，都是水稻麻桑。竹林深处人家，到处小桥流水，差不多人人都有头等的技术，家家保持着悠久的传统工艺。"[2]

尽管村落是共同体的重要组成部分，但乡民生活无法在村落里获得基本满足。浙江浦阳江上游的萧山谢家村是陈亚先老人的外婆家，"百把户人家，没有一所学校，只有一个私塾；没有一家商店，哪怕小小的摊贩也没有，平时妇女用的针头线脑，除了偶尔穿村走户的货郎担之外，就要到镇子上去买"。镇子叫临浦，离谢家村15华里。[3] 山道弯弯，村与镇之间的距离可能会长些，而在水乡，距离则短些。离宜兴吴冠中家最近的棟树港小镇，仅在一里路开外，街不大，有鱼市、豆腐店、杂货铺、馄饨店、茶馆，人们在路上相遇，互相总要问："上街吗"，指的便是去不去棟树港。[4] 市镇是构成日常共同体的基本元素。在这里，数个村落围绕一镇构成一个完整的生活单元，是为共同体：镇是中心，村落是其腹地；共同体内部存在紧密的生活关系。在江南知识人的故土记事中，共同体的各种生活关系得到了生动演绎。

其一，以血缘纽带为主的村落内部关系。这在江南山村尤其典型。蒋乃镛的湖州长兴杨岭村以一条石砌的小路为界分作两部分：路南不到半里路的树林中，约有六七十家周姓人家聚居在一处，路北约有八九十家蒋姓人家聚居在四里远的山脚下；两村共守一座古旧的石壁庙。[5] 胡兰成的嵊县胡村都姓胡，溪山回环，人家分四处：倪家山、陆家奥、荷花塘、大桥头。他猜测，"叫倪家山陆家奥，想是往昔住过这两姓的人"[6]。萧山谢家村是一个"古老的村庄"，人家都姓谢，凝聚谢姓的祠堂是村里最大的建筑，陈亚先老人说，这是村子的中心：戏台供族人娱乐之用，祠堂后面，左边一座山，右方一个池塘，皆以祠堂命名。[7] 祠堂成为家族

①　徐懋庸：《故乡的事情》，《论语》1936年总第94期。
②　徐迟：《江南小镇》，作家出版社2001年版，第1页。
③　陈亚先：《此生此家》，商务印书馆2010年版，第31—32页。
④　吴冠中：《沧桑入画》，第20页。
⑤　蒋乃镛：《我的往事》，（上海）华美出版社1948年版，第2页。
⑥　胡兰成：《今生今世》，（台北）远行出版社1976年版，第2页。
⑦　陈亚先：《此生此家》，第32、40页。

关系的符号。水乡的家族关系相对松散些，但乡绅在一定程度上维持了家族的运作。无锡钱穆在延祥乡七房桥生活的时候是清末，族中各家，"事无大小，皆来就商于先父，得一言为定……七房桥四围乡间事，几乎皆待先父主断"，父亲"不啻为族长，又兼为乡绅"①。在血缘关系中，他是族长，而在地缘关系中，他是乡绅；在村落这一层级，两者是二位一体的。

其二，以亲缘纽带为主的村际联系。邻村之间相互牵连的场合非常多。庙会正是亲友相聚的时节。来自常州武进乡下的钱谷融回忆说，"外公外婆家和我们家一样，也在农村"，那里每年有庙会"三月节"，"我都要跟随母亲去住几天，看看热闹"②。在柯灵的故乡，绍兴的乡间，演社戏那天家庭主妇"很少有能闲适地去看一会戏的，因为他（她）们得小心张罗，迎接客人的光降"③。

其三，以经济纽带为主的镇与村之间的联系。在吴冠中关于栋树港小镇发展史的追述中，可以发现作为共同体腹地的村落所产生的推力：

> 早先，店铺都集中在河西，河东较冷落，几乎不成街。后来河东要盖新街了，征求股份参加，出了钱便可分一间店面。父亲和母亲天天商议，那时我已有两个弟弟，父亲计算日后我们兄弟分家，一人分三亩来地，如何过日子呢，便下狠心凑钱，借钱，争取预定下一间店面，将来我们兄弟中便可有一人去开店。④

村落推力源自传统中国家族的分蘖趋势及其相应的土地诸子继承惯习。共同体成员以此在镇村之间流动不息，而经济纽带贯穿其中。在江南知识人的故土记事中，这样的经济关系显现出浓郁的地域特色。江南地主多镇居，一般不会与佃户直接接触，但在绍兴乡间，柯灵说，演社戏的时候镇上的地主"也许会趁扫墓的方便，把上坟船停下来看一看戏"，这时候，佃户们"就得赶紧泡一壶茶，送上瓜子花生，乡间土做的黄花果

① 钱穆：《八十忆双亲·师友杂忆》，第10页。
② 钱谷融：《我的母亲》，《散淡人生》，上海教育出版社2001年版，第88页。
③ 柯灵：《故园春》，《柯灵六十年文选（1930—1992）》，上海文艺出版社1993年版，第67页。
④ 吴冠中：《沧桑入画》，第20页。

糕、松花饼；傍晚时再摆开请过祖宗的酒肴，殷勤地留客款待"①。租佃关系的日常维持以这样的方式进行。

以上这些共同体关系，都是在直接互动中实现的。社会史之所以特别关注这样的关系，在很大程度上基于民众—日常—空间的粘连性：普通民众少有惊天动地的伟大业绩，多过着琐碎的日常生活，滋生着多重的日常关系。这样的关系可能在理论上颇显繁复，而在江南知识人的故土记事中它一目了然。生活的叙述总是容易明白的，因为在亲身经历者来说，那不过是曾经的乡里人在叙述家长里短而已。但是，知识人同时还是离乡者，长期别乡他往的经历是一般乡里人所没有的，而这，让他们又能在与外部环境的关系中扩大日常共同体观照的视野。

首先，在与江南其他日常共同体的比较中，知识人得以确定共同体的特色所在。沈圣时先是在苏州东郊的甪直生活，1934 年下半年来到苏州西部的浦庄镇教书，这里同是水乡类型的共同体，但他一下子就感觉到了差别。沈圣时最深刻的印象是"在湖匪抢扰中的居民的恐惶狼狈"；一些小店铺前，一些脸色土黄的乡民还"在谈着狙击湖匪的情况"②。这是太湖流域的土匪，所谓"湖匪"。而在江南周边的山区共同体，则有山匪。浙东四明山的山匪很出名。徐懋庸说，在上虞、余姚、嵊县几个县交界处，抗日战争前"常有土匪出没"③。越剧表演艺术家王文娟的家在四明山脚下，山匪常来骚扰。清末的一年，祖父在匪乱中被"请财神"（绑架），父亲闻讯立即带人赶到匪巢，恳求放回年事已高的祖父，自己甘愿代为人质。匪首被父亲的孝心感动，答应了他的要求。祖父回家后，全家凑了几盒大洋才将父亲赎回。④ 在不同知识人的叙述以及同一知识人的比较中，日常共同体的各自特色及其差异便显现出来，这种差异主要体现在不同类型的共同体之间。

其次，超越日常共同体俯视地域江南，日常共同体的类型更为清晰。曹聚仁的故土记事从整个江南开始讲述他的蒋畈（金华兰溪）。他注意到，浙北、浙西和浙东"说起来虽是同属一个行政体系，实际上绝不相同"，大体可别为三类：位于太湖流域的浙北杭嘉湖和位于钱塘江流域的浙东绍

---

① 柯灵：《故园春》，《柯灵六十年文选（1930—1992）》，第 68 页。
② 沈圣时：《临别浦庄》，《申报》1935 年 1 月 24 日第 17 版。
③ 徐懋庸：《下管社会》，《徐懋庸选集》第 3 卷，第 203 页。
④ 王文娟：《天上掉下个林妹妹——我的越剧人生》，上海文艺出版社 2012 年版，第 4 页。

兴同属水乡，"都是一苇可航"，因此让杭嘉湖"回到太湖流域那里圈子里去……是历史的看法"；宁波沿海滨，属东部岛滩；浙西和浙东的其他地方"都是山岭重叠"，属山区，而流淌于浙西山间的水流其实是钱塘江的上游——新安江和富春江的支脉，发源于黄山，因此，徽州与浙东山区同属一种类型：有一时期，"严州各县属于新安州，和皖南各县合在一起。事实上，徽州各县的生活习惯和严州人相同"。自然生态是确定共同体类型的基础。① 以蒋村的日常经验为基础，结合着对传统社会生活的一般认识，蒋梦麟认为，"更切近事实"的日常共同体其实是"自治的小单位"，个体们"永远是小单位的一部分"②。

最后，在近代世界的纵向坐标系中刻画日常共同体状态，日常共同体因之而有了醒目的时代特征。蚕丝是江南水乡的生命线。1923 年前后，"茧价每担高到一百余元……平常每年单就蚕桑的收入，可在三四百元之上"。一进入 20 世纪 30 年代，"茧价一落千丈，由八十而七十、而六十、而……一年低似一年，终于连最低希望的四十元一担都成了梦想"。知识人清楚地知道，江南乡村日常共同体已经处于近代世界市场体系中，从 20 世纪 20 年代末开始的"世界不景气的巨浪，冲断了他们幼弱的生命线；已往的黄金梦，只是使他们作徒然的憧憬"③。从知识人的故土记事中，我们可以体会南京国民政府前期所谓"十年社会建设"所处的恶劣环境，其中最主要的影响因素是动荡的世界市场和日本帝国主义的侵略，而此时，日常共同体已经无法置身于世界体系之外。日益紧密的外部环境与日常共同体的关系在江南知识人的牧土记事中昭昭在目。

这就是江南知识人展示的日常共同体：首先从共同体内部的要素开始，到要素之间的关联，说明共同体的结构，然后从江南日常共同体的差异，到超越共同体的外部俯视，又在整个传统中国的视野里纵横驰骋，说明共同体与外部环境的关系及其变迁过程，由此构成的全盘观照，自非一般社会史文献所能比拟。但毋庸夸大其词。从事实上说，故土记事中的日常共同体展示存在着很多层次，从要素揭示到全盘观照，一依知识人的叙事需要而定，因而最终的样式呈现往往不是全盘，而是片段。由此需要注

---

① 曹聚仁：《我与我的世界》，上海三联书店 2014 年版，第 40—42 页。
② 蒋梦麟：《西潮》，第 160 页。
③ 念飞：《剧变中的故乡——武进农村》，《东方杂志》1936 年第 33 卷第 6 号。

意，作为社会史文献，知识人的故土记事更多地呈现为碎片，这反映了史料本来的存留方式；而在社会史书写上又可通过文献利用者的解读，勾连为全盘，这体现了史实内在的联通性。碎片？或全盘？端视史家的识断。

故土，构成知识人的生命一角，千百年来一直是他们书写的对象，尤其是文学书写，但在传统时代，这样的书写不免意义单一。以村落书写为例，有学者指出，无论作为中国传统文人精神和生活的归宿地，还是社会现实的缩影，它都具有"某种单一的指向和意义"。也就是说，在这样的叙述中，村庄只是一幅美丽或苦难的画卷，它还"缺少理性目光的打量和发现"。20世纪以来，中国知识人"在现代性焦虑中开始用刚刚获得的现代性目光打量乡村和乡民，在这样一种获得了新的参照系的全新视角下，农民与村庄凸显出了传统中国的各种形貌，于是就成为中国知识分子表达情绪和思考的主要对象"①。故土记事于是获得了崭新的现代意义。

当社会史学者涉足清末民国乡土江南，知识人留下的具有现代意义的故土记事引人注目。作为社会史文献，故土记事所关怀的底层社会，所触及的风土经验，所观照的日常共同体都是社会史特别倾心的面相。如何对待这些面相，社会史学者进行了不同尝试。有从研究范式出发的理论争鸣，有从日常一隅出发的琐屑叙事，前者形成的对立有时在意识形态高度相颉颃，后者形成的叙事样式在史学方法上倍受诟病。究其实，这涉及社会史如何做的根本问题。就我们来说，没有别的办法，还得从文献出发。依循这样的思路，江南知识人的故土记事进入我们的视野。

毋庸讳言的是，一部分故土记事带有程度不同的"文艺"色彩，因此作为严谨的史料使用，还需要进行去文艺化处理，这样的处理从广义上说，亦可视为史学所必需的史料考证的一部分，只是在具体的考证方法上，应该有专门的思考。

从故土记事所涉及的主要面相，我们深受启迪。江南底层社会在知识人现代关怀下所呈现的生活形貌，不但为还原清末民国乡土江南社会提供了珍贵文献，亦且为社会史的价值判断提供了多重参考。不同的价值判断，都是江南社会史书写的资源。如果没有这些主观表达，思想贫乏如我等，未必达到江南知识人的高度，也失去了可以比较和判断的依据。江南知识人对风土世界的日常经验及其内在逻辑的揭示，在社会结构和历史情

---

① 韩春燕：《文字里的村庄》，上海人民出版社2011年版，"导论"，第1页。

境中的深度说明，在整体视野中对日常共同体的独特观照，对我们来说，不仅仅提供了文献利用上的便利，而更是理会一方世界的津梁。

　　总之，作为一手生成的社会史文献，江南知识人的清末民国故土记事以非常个性化的方式，区别于传统时代的文人浪漫书写，不仅在生活素材、历史解释和思维方式等方法层面，更在史实、史料与史家的关系等理论层面，对社会史书写贡献良多。

第十一章

日常史的整体思维

仅从字面上看，日常史就是关于既往日常生活的论述，就如我们已经进行的以近代江南乡民为对象的书写，从劳作生计到婚姻家庭，而休闲娱乐，而地位境遇，而思想观念，等等，诸如此类的日常生活侧面，都囊括在内。如此说来，在历史学的方位中，日常史不过就是从历史事件出发的专门史。但这不是人们习惯的一般制度化意义上的专门史，而是个体生活意义上的专门史，或者从史学书写的角度说，日常史包涵了日常事件、日常空间、日常人物（普通民众）等众多的历史维度，且这些维度之间衍为一种谱系。这些门类仅仅以传统史学的十八般技艺还不能完全处理，其中最为棘手者，如史料的形态、论题的确定、提问的方式、呈现的样式、观察的角度、价值的申说，等等，都需要日常史研究者进行创新性回答。正是在这一意义上，一部分社会史学者借用美国科学史家托马斯·库恩（Thomas Kuhn）的概念，将包括日常史在内的社会史视为一种新范式。范式（paradigm）者，为某类学术共同体所遵循的"一个公认的模型或模式（pattern）"①。很显然，对于本书来说，这是过于高远的目标。我们现在能做的，不过是认识历史学的日常维度以及它们之间的某些自然关联，以期使社会史以整体的面貌呈现出来。这样的目标，或许可以归为日常史的整体思维方式。

第一节　整体史及其历史维度谱系

"整体史"书写是 20 世纪史学革命的重要成果。当 1929 年法国年鉴派

---

① ［美］托马斯·库恩：《科学革命的结构》，金吾伦、胡新和译，北京大学出版社 2003 年版，第 9、21 页。

史家吕西安·费弗尔（L. Febvre）和马克·布洛赫（M. Bloch）创办《经济和社会史年鉴》时，"新史学"开始冠之以"社会史"，而整体性则成为社会史最突出的徽识。两位创始人考虑到"历史的整体"而选定了"社会"一词，并认为，"经济和社会史其实是不存在的，只有作为整体而存在的历史，就其定义而言，历史就是整个社会的历史"①。据此不难看出，整体史其实也可称为"整体社会史"或"社会整体史"，社会是其主词，而整体是其特征；显示了社会史的一种追求。然"整体史"何谓？或问：什么是社会史的整体特征？至今言人人殊，正如众说纷纭的"新史学"和"社会史"一样。反观一个多世纪以来的史学实践，可以发现，尽管已有的社会史研究并非完全同质，但一个明显的趋向是，社会史总是通过各种维度围绕着完善"历史的结构"书写而展开，从而与传统史学相区别。

一　全面关照中的日常要素

"整体史"的革命宣言是所谓"新史学"。1902 年梁启超在《新民丛报》以"新史学"为题，力陈旧史学之弊，揭橥"史界革命"之帜。约略同时稍晚，美国史家鲁滨孙（J. H. Robinson）以同样的标题出版著作，要"脱去从前那种研究历史的限制"，让史学"跟着社会同社会科学同时变更"②。让中外两位史家先后揭竿而起的一个重要理由是旧史学的残缺。在 1922 年初版的《中国历史研究法》中，梁启超明确表达了历史所应具有的整体性："史也者，人类全体或其大多数之共业所构成，故其性质非单独的而社会的也。"③ 鲁滨孙亦称，"历史是一种研究人类过去事业的广泛的学问。"④ 与梁启超同被誉为"中国新史学派领袖"的何炳松 1921 年在翻译鲁氏著作时，非常赞同历史的广泛性，而对残缺不全的旧史学啧有烦言："旧日史学家又有偏重政治史的毛病。实则政治一端哪能概括人类活动的全部呢？此外还有一种专述惊心触目的事实的趋向。其实历史这样东西，并不是小说；而且几件特别的事实，断不能代表人类各种事业的全部。又以为人类是处于一治一乱的循环里面的。历史家对于乱事津津乐

---

① ［法］雅克·勒高夫：《新史学》，［法］J. 勒高夫等主编：《新史学》，姚蒙编译，上海译文出版社 1989 年版，第 6 页。
② ［美］鲁滨孙：《新史学》，何炳松译，广西师范大学出版社 2005 年版，第 12 页。
③ 梁启超：《中国历史研究法》，上海文艺出版社 1999 年版，第 2 页。
④ ［美］鲁滨孙：《新史学》，第 1 页。

道，对于平时轻轻略过。"①

由此可见，旧史学所残缺的是"平时"，即日常。那么，此"日常"究竟指什么呢？梁启超明确指出，历史学应校其人类"活动之总成绩"；"成绩云者，非一个人一事业成功失败之谓，实乃簿录全社会之作业而计其总和……历史上大圣哲、大英雄之出现，大战争、大革命之经过，是其类也。亦有……一社会一时代之共同心理、共同习惯，不能确指其为何时何人所造，而匹夫匹妇日用饮食之活动，皆与有力焉，是其类也。吾所谓总成绩者，即指此两类之总和也。"② 他统摄精英与平民两极，强调历史要素的"总和"。后来尽管他浸渍佛教颇深，认为"史迹是人类自由意志的反影"，但"总和"历史观基本未变；他说"自古及今从没有同铸一型的史迹"，斑斑皆应入史，因为"历史是整个的"③。因为致力于对传统史学的纠偏，社会史更热衷于打开某些史学的冷门。在英国，以社会史名义出现的一些论题都不是"一般历史学家研究的兴趣所在"，诸如贫困、愚昧和疾病等社会问题史，家庭、工作场所和社区中的日常生活史，普通人或工人阶级的历史，与妇女、儿童等相关的私域史，等等。④ 二十多年来的中国社会史也在类似的领域扩张，而这些，在过去似乎是针对"野蛮"群落的人类学论题，像食品、身体、传说、性、仪式、共同体关系……如今在社会史的旗帜下都找到了自身的生发空间。在这一空间中，近代江南乡民生活是我们有意促发的生长点。

很明显地，类如乡民生活这样的要素体现了与传统史学不同的关怀：前者更重视个体意义上的日常生活要素的生产和再生产，如衣食住行、婚丧嫁娶、日常交往等，而后者更关注社会意义上的政治、经济等制度性要素，如国家层面上的经济基础、政治运行和意识形态等；一是个体意义和层次上的"行为—经历"史，一是社会意义和层次上的"过程—结构"史。⑤ 匈牙利哲学家赫勒（A. Heller）指出："没有个体的再生产，任何社会都无法存在"，日常生活就是"那些同时使社会再生产成为可能的个体

---

① ［美］何炳松：《新史学·译者导言》，见鲁滨孙《新史学》，第4—5页。

② 梁启超：《中国历史研究法》，第2—3页。

③ 梁启超：《中国历史研究法》，第153页。

④ ［英］约翰·托什：《史学导论》，吴英译，北京大学出版社2007年版，第112页。

⑤ ［德］于尔根·科卡：《社会史：理论与实践》"社会史既是结构史又是经历史"章，景德祥译，上海人民出版社2006年版。

再生产要素的集合"①。长期以来，我们习惯于从制度性结构的角度理解社会的生产和再生产，而与活动于结构中的主体无涉，但是，按照经典作家的意思，物质资料的生产活动首先表现为日常生活："人们为了能够'创造历史'，必须能够生活。但是为了生活，首先就需要衣、食、住以及其他东西。因此第一个历史活动就是生产满足这些需要的资料，即生产物质生活本身。同时这也是人们仅仅为了能够生活就必须每日每时都要进行的（现在也和几千年前一样）一种历史活动，即一切历史的基本条件。"② 基于此，李泽厚认为，"历史的主要部分本就应是这些衣食住行、日常生活的记录和记述"。所谓"历史本体"，不是某种抽象物体，不是理式、观念、绝对精神、意识形态等等，而只是每个活生生的个体的日常生活本身。③ 当我们将近代乡民生活作为思考对象时，其间的时空坐落、生计劳作、婚姻家庭、休闲教化、信仰观念等等，很自然地进入考察的视野。这些便是全面历史要素中的日常要素。

社会史追求历史要素的全面性，然而，全面不等于所有，亦不同于普遍。数十年来的西方史学特别是社会史，从挑战政治—军事—外交史的统治地位开始，"极大地扩展了它的求学范畴，不再是只有某些事实才有资格入选的领域……一切都变成了历史"④。实际上，对于社会史来说，"一切"只是个目标：任何历史都不可能穷尽所有的要素，最关键的，任何历史都不应该将"一切"作为考察的对象，我们应该放弃"由于不能具有而从未具有过的""普遍史"的想法，因为"普遍史"是指向事物本身的，克罗齐（Crose）斥之为关于"物自体"的幻觉，⑤ 而历史却是对既往事物（即史实）的选择。近人陈衡哲对此有一段很好的意见：

> 历史既是人类全体的传记，他的范围当然很广。拿破仑的事业固然是历史；法兰西乡下的一个穷妇人的生活状况，也何尝不是历史。

① ［匈］阿格妮丝·赫勒：《日常生活》，衣俊卿译，重庆出版社1990年版，第3页。
② 马克思、恩格斯：《费尔巴哈》，《马克思恩格斯选集》第1卷，人民出版社1972年版，第32页。
③ 李泽厚：《历史本体论》，生活·读书·新知三联书店2002年版，第24页。
④ ［法］F. 菲雷：《社会科学方法与"全面的历史"》，陈象溁译，蔡少卿主编：《再现过去：社会史的理论视野》，浙江人民出版社1988年版，第80页。
⑤ ［意］贝奈戴托·克罗齐：《历史学的理论与实际》，傅任敢译，商务印书馆1997年版，第38页。

> 但我们又决不能把所有人类在空间里和时间的一切思想事业，都当作历史看待。我们须在那漫无限制的历史材料里，整理出一个历史来。

在撰写《西洋史》时，她给出的"历史取材的标准"非常值得参考："我们当把文化作为历史的精髓。凡是助进文化，或是妨害文化的重大事迹和势力，都有历史的价值。"①

这里的"文化"几同于人类生活方式。表面上看，这只是在确定标准，甚至在作者本人确实也只是为了确立标准，但是，只要这一标准以人类的生存为中心，它便在理念上具备了一个结构，一个人类社会生活的结构，或简称为社会结构。在社会结构话语中，所谓要素，指的就是社会要素，从属于社会结构，一切与人类生活没有关系，或者尚未发生关系的要素，都是浮云，不在讨论之列；以人类生活为中心而确立的标准，则成了社会结构的边界，社会边界内的要素才是历史要素。

人们或许对某个标准有不同的看法，但标准必须有，否则无以选择史实。如此，整体史的所谓"全面"，应该理解为社会结构要素的充实。很明显，要素贫乏的社会，只能是结构简单的社会——那是人类学和考古学重点考察的对象；面对业已十分复杂的人类社会，历史学自然需要充实要素；进入社会边界内的要素愈多，则社会结构的面目愈清晰，社会史愈趋向全面。作为对传统史学的反动，与个体生活相关的日常要素则是追求整体性的社会史优先选择的方面。

以上其实就是自年鉴派史学而来的一以贯之的思路：

> 年鉴学派所做的就是，尽可能把历史从政治史狭窄的描述中恢复出来，恢复到当时可能是什么样子，所以不再将社会变动的原因仅仅围绕着政治、经济、军事这些在历史上被记载的非常突出的情况，而是考虑到各种各样的因素，这些因素被集合起来，成为全景的、整体的历史。②

证之以后来社会史发展的实际，学者们所"考虑到（的）各种各样的

---

① 陈衡哲：《西洋史》，东方出版社 2007 年版，第 2 页。
② 葛兆光：《思想史研究课堂讲录：视野、角度与方法》，生活·读书·新知三联书店 2005 年版，第 32 页。

因素"明显偏向于日常生活。这也是我们将乡民日常生活作为考察对象的关键理由之一。

二　结构关联中的日常维度

追求整体性的社会史所强调的不仅仅是历史要素的全面，更重要的是诸多要素之间的关系及其方式，所谓结构性关系。究竟怎样的关联？新史学的思路并不一致。在20世纪20年代的梁启超那里，结构性史学被称作"普遍史"：

> 今日所需之史，当分为专门史与普遍史之两途。专门史如法制史、文学史、哲学史、美术史……等等；普遍史即一般之文化史也。治专门史……决非一般史学家所能办到，而必有待于各学之专门家分担责任……普遍史并非由专门史丛集而成。作普遍史者须别具一种通识，超出各专门事项之外而贯穴乎其间。夫然后甲部分与乙部分之关系见，而整个的文化始得而理会也。是故此种事业又当与各种专门学异其范围，而由史学专门家任之。①

梁启超所称"普遍史"，或"一般之文化史"，与后来西方诸种社会史界定中的一种观点——社会的历史（societal history）——非常相似："这种观点认为，政治史、经济史、军事史和其他各种专门史只是研究社会的某一个方面。假如要理解整个社会，那就必须把各种专门史纳入一个单一的框架中去。"对于类似构想的实质，英国学者 J. 布雷维里（Breuilly John）有一个非常深刻的剖示：

> 把历史的不同分支纳入一个单一框架的更有希望的方法是把不同的范围区分开来，分成诸如政治的、经济的、意识形态的，然后把这些不同的层次联系在一起。马克思主义的历史就是这种尝试的最好的例子。韦伯所倡导的传统同样可以导致相同的趋势，尽管两者有着重要的区别……把这种探讨视为社会史或社会的历史的典范是讲不通的，（但）仍然可以假定最终目的是理解"作为一个整体的社会"或一种"社会的模式"，但是这种假定对这些专门史来说并不是实质性

---

① 梁启超：《中国历史研究法》，第43—44页。

的。实质性的问题在于如何规定这些不同的研究范围，然后把它们与各种材料联系起来，并把他们相互联系起来。①

直到今天，试图以社会学意义上的社会关系作为统括历史、进而取代历史的设想，亦不过是布雷维里在这里所分析的，表面上看是为了理解"作为一个整体的社会"，实质上是愤然于传统史学的要素割裂，而致力于建立历史要素之间的结构性关联。

如果社会史的结构仅止于强调历史要素之间的纵横交错关系，那么秉持唯物史观的中国史学对此毫不陌生，因为马克思主义经典作家一再指出这种历史的联系：社会—制度意义上的抽象要素而非个体—日常意义上的具体要素之间的关联；由年鉴学派一脉而来的社会史强调的是后者，另一种结构性关联。

"第三代年鉴学派的核心人物"雅克·勒高夫特别指出，历史应当研究"几十年来人们称之为'结构'的东西"②。这东西是什么呢？他的前辈布罗代尔曾有过解释，"'结构'是指社会上现实与群众之间形成的一种有机的、严密的和相当固定的关系"，其中，"有些结构因长期存在而成为世代相传、连绵不绝的恒在因素"，比如，某些地理格局、生物现实、生产率限度和思想局限等。③ 勒高夫则更强调"精神状态"，或称

① ［英］J. 布雷维里：《何谓社会史》，肖朗译，蔡少卿主编：《再现过去：社会史的理论视野》，第145—146页。

② ［法］雅克·勒高夫：《新史学》，见［法］J. 勒高夫等主编《新史学》，第27页。

③ 从社会史的结构性联系视角可以看到，布罗代尔著名的"长时段"理论，表面上看是关于时间的，其实是关于社会结构的。与一般史家完全不同，在《菲利普二世时代的地中海和地中海世界》（第一版序言，1949年初版，1966年和1979年修订；商务印书馆1996年出版了唐家龙等的译本）中，他首先论述的是"一种几乎静止的历史，——人同他周围环境之间的关系史。这是一种缓慢流逝、缓慢演变、经常出现反复和不断重新开始的周期性历史"。这里的"周围环境"指的是地理环境，接着他补充了"气候变化"——气候变化与地理环境的变迁一样，都属于长期缓慢型的，因而"也是长时段研究的好题材"。到了《十五至十八世纪的物质文明、经济和资本主义》（1979）中，布氏又探讨了1400—1800间长时段的生物性特色。其间，布罗代尔也注意到了思想观念的长时段性："广阔无垠的文化领域也具有相同的稳定性或残存性……吕西安·费弗尔的《拉伯雷和16世纪的非信仰问题》力图说明拉伯雷时代法国人的思维工具，即在拉伯雷以前和以后的长时期内曾左右着生活方式、思想方式和信仰方式的一系列概念，这些概念事先严格地限制了自由思想家的思想探险。"从长时段要素的不断变化中，我们能够明显体会到，长时段与其说涉及时间，不如说更深层地涉及影响社会历史要素的结构。见［法］费尔南·布罗代尔《长时段：历史和社会科学》，顾良等译，衣俊卿主编：《社会历史理论的微观视域》，黑龙江大学出版社、中央编译出版社2011年版，第94页。

"习俗、心态"①。从地理到生物而意识，布罗代尔试图说明它们与"群众"生活的关系状态；以地理限制为例：

> 在几百年内，人们困守一定的气候、植物、动物和文化，以及某种缓慢形成的平衡，脱离开这种平衡，一切都会成为问题。例如在山区，山民有按季节易地放牧的习惯；在沿海地带，海上活动总是集中在某些条件比较优越的地点。城市的建立，道路和贸易的通畅，文明地域的范围，都是惊人地持久和固定。②

这里的"结构"所显示的，已经接近日常生活的关系状态。布罗代尔自称"结构主义者"，作为历史学家，他的结构主义"与在同一名称之下烦扰人类的其他科学的提问法风马牛不相及。它不是把人引向表现为函数的关系的数学抽象，而是引向生命的根源，引向生命所具有的最具体的、最日常的、最坚不可摧的、最不具名的和最人道的事物"③。布氏的这个解释体现了社会史一再强调和实践的两个结构特征：

一是日常要素的关联。在《地中海》中布氏"根据地理观察的框架和脉络仔细寻找了地中海历史的局部的、持久的、不变的、重复的事物……他们之中最重要的、涉及每天的生活的事物"④。即日常要素。从后来的"文化场"概念中，我们能感受到，他对日常要素的关注明显受到了人类学的影响：

> 按人类学家的说法，"文化场"是一所房屋。在这所相当宽敞

---

① ［法］雅克·勒高夫：《新史学》，见［法］J. 勒高夫等主编《新史学》，第35、27页。按，根据葛兆光的勾勒，年鉴学派关注的历史要素侧重点经历了一个变化：从20世纪20年代末至1968年是所谓"从阁楼到地窖"时期，研究的重心从上层的、中心的、精英的政治史、经济史、大事件、大人物，转到社会生活、环境、经济这些看起来很形而下的、普通的东西；1968年以降是所谓"从地窖到阁楼"时期，研究的重心从社会经济转向社会文化，如心理、心态、精神等要素。葛兆光：《思想史研究课堂讲录：视野、角度与方法》，生活·读书·新知三联书店2005年版，第25—26页。

② ［法］费尔南·布罗代尔：《长时段：历史和社会科学》，顾良等译，衣俊卿主编：《社会历史理论的微观视域》，第94页。

③ ［法］费尔南·布罗代尔：《菲利普二世时代的地中海和地中海世界》（下卷）结论，吴模信译，商务印书馆1996年版。

④ ［法］费尔南·布罗代尔：《菲利普二世时代的地中海和地中海世界》（下卷）结论。

（从不过分狭窄）的房屋内，摆着各种各样的"财产"，具有形形色色的文化特征：从房屋的材料和形状到屋面上的尖顶，从当地的方言、烹饪口味到特殊的技术，从信仰或情爱形式到指南针、纸张、印刷术，如此等等。某些文化特征在特定场所的存在、集合和汇聚是构成某种文化的最起码的表现。①

二是稳态的长时段要素。布氏是在构建"长时段"理论中注意到"结构"的，因而他的"所谓结构，实际上就是那些不受急风暴雨（或用汤因比的话说，'急进和猛退'）的影响而长期存在的东西"②。深层的结构稳态，正是"长时段"。因此，结构是在"长时段问题中居首位"的关键词，"为长时段历史指引了方向和提供了……一把钥匙"③。实际上，所谓长时段要素，亦不过是从时间维度出发的日常要素。

整体史所强调的结构性关联要求本书在考察江南乡民生活诸方面时特别注意：与乡民生活相关的这些方面并不孤立的，每一个方面都是一个多棱镜，一个方面都与其他方面存在着具体的实际的关联，此其一；其二，包括自然和人文要素在内的江南生态环境不仅仅是乡民生活的隐约背景，也包括长久而持久作用的深层结构要素，在某些情况下，环境要素甚至是决定性的。这样的决定性，在涉及生活时空、生计模式和社会信仰等论题时体现得尤其明显。当然，考虑到本书的考察时段，我们致力于将以上诸方面在近代大世界与地方共同体的互动关系中进行。

三　新维度谱系的日常性

"新史学"革命起初不过是抱怨旧史学的政治—精英模式，革命一旦开始，不同的天地随之洞开。发展至 20 世纪 70 年代的第三代年鉴学派直抒抱负：历史学不能满足于在这里或那里开辟一些新的视野，它要求史学全部领域的更新，表现整体的历史。④ 结果，鼎成社会史的时间、空间、

---

① ［法］费尔南·布罗代尔：《文明史：过去解释现时》，衣俊卿主编：《社会历史理论的微观视域》，第 117 页。

② ［法］费尔南·布罗代尔：《文明史：过去解释现时》，衣俊卿主编：《社会历史理论的微观视域》，第 123 页。

③ ［法］费尔南·布罗代尔：《长时段：历史和社会科学》，顾良等译，衣俊卿主编：《社会历史理论的微观视域》，第 94 页。

④ ［法］雅克·勒高夫：《新史学》，见 ［法］ J. 勒高夫等主编《新史学》，第 5 页。

人物和事件等历史维度衍生出相应的谱系。① 这样的维度显示出明显的日常性。

勒高夫在说明社会史整体性时说，"这里所要求的历史不仅是政治史、军事史和外交史，而且还是经济史、人口史、技术史和习俗史；不仅是君主和大人物的历史，而且还是所有人的历史；这是结构的历史，而不仅仅是事件的历史；这是有演进的、变革的运动着的历史，不是停滞的、描述性的历史；是有分析的、有说明的历史，而不再是纯叙述性的历史；总之是一种总体的历史。"② 在此，每一维度自成谱系：政治—日常构成事件维度谱系，精英—民众构成人物维度谱系，短时段—长时段构成时间维度谱系，共同体—外部世界构成空间维度谱系，动态—静态构成状态维度谱系，价值判断—述而不作构成态度维度谱系……纲举维度的两端，就衍生出全景式的历史场面，是为整体史。在这一内部历史维度谱系中，地方、乡民和日常生活等要素明显地处于被传统史学忽略的一端，整体史的书写自然要求社会史对它们加以重视。

从历史维度的内部谱系中，我们可以清楚地看出，作为历史维度之一端，传统政治—精英史在历史中所具有的不可或缺、无法取代的地位。从研究领域看，政治史与社会史存在着间接反对关系，所以英国学者特里维廉（G. M. Trevelyan）在《英国社会史》中提出，社会史即为"撇开政治的人民的历史"，但是，"撇开政治"绝不意味着政治史与社会史在历史领域中的对立，而是互补。他所希望做的一切是"公平处理"，复原部分历史，复原那已经被严重忽视的日常生活的历史。对于特里维廉和他的历史同道来说，社会史补充并增补了传统史学。③ 这样的"增补"体现了社会史的整体性追求：通过弥补民众—日常生活事件的缺项，而与精英—政治事件交相辉映，形成历史研究的整体。尽管一些中外社会史学者对政治史一直颇有微词，那不过是在发泄对其垄断地位的不满，在他们看来，推翻垄断而相应地增添日常生活的内容，便显示了社会史的整体性，或者更准确地说，显示了整个历史的整体性。事实上，我们也无法想象在历史事件

---

① 应该强调的是，在史学（主观构建）的意义上，时间、空间、人物和事件等被称为历史的维度，而从客观历史本身的构成来说，它们就是历史的要素。

② ［法］雅克·勒高夫：《新史学》，［法］J. 勒高夫等主编：《新史学》，第19页。

③ ［美］格特鲁德·希梅尔法布：《新旧历史学》，余伟译，新星出版社2007年版，第37页。

维度中缺失政治事件之维，正如日常事件之维的缺失一样。布罗代尔在写完《地中海》的一、二两部分之后，"经过长期犹豫不决"，认为还是不能缺少第三部分，即传统历史热衷的"事件、政治和人"；在他看来，"一部总体历史，的确不能把它自身减缩到只对稳定的结构或者缓慢的发展演变进行研究"，尽管这些研究"提供了人的过去的本质事物……但是，这种本质的事物并不是全部"①。政治—精英与日常—民众维度的融汇，必然带来整体历史的彼此照应，推进史学的更生。行龙立足于社会史，强调民众—日常史研究中应有的精英—政治史照应：

> 社会史研究者，即使以"自下而上"的视角去书写普通民众的历史，也应该关注到那些对大历史发展进程起着决定性影响的精英人物、国家政治、典章制度等方面的作用和在场。这也是追求"总体史"的一种内在体现。②

事实上，在考察近代江南乡民生活时，我们注意到，无论是作为日常生活的突入者，如以江南作为战场的近代战争，还是作为日常生活的间接影响者，如国家政令、意识形态的地方推行，政治—精英都是必须考虑的重要因素。总之，在历史维度内部谱系中，分布于两端的政治与日常维度存在着内在的关联，整体性历史思维应该随时注意这样的关联。

历史维度谱系也出现在不同维度之间；往往牵一维而动他维。茅盾等人曾将 1936 年 5 月 21 日发生在中国的"具有意义"的事件合编成一部"一日史"③。一日意味着一种历史的时间维度极端，笔者发现，其他历史维度随之发生相应的变化：历史人物由社会精英变成普通民众，庞杂的个体扮演着无数的社会角色；历史事件由重大变成日常，重复的琐事敷演为碌碌生活；生活空间由抽象的世界变成具象的共同体，通过众生互动形成历史情境。"一日史"所凸显的维度谱系之间，桴鼓应和，以鲜明的平民史观，区别于传统精英史观。历史维度谱系之间端绪相应，合成整体史。需要辩陈的是，按自然时间的尺度，这里的一日只是历史长河中的瞬时，

---

① ［法］费尔南·布罗代尔：《菲利普二世时代的地中海和地中海世界》（下卷），吴模信译，商务印书馆 1996 年版，第 415 页。
② 行龙：《中国社会史研究向何处去》，《清华大学学报》2010 年第 4 期。
③ 详细内容参见本章第二节。

貌似短时段，但此日太过平常，而与无数个日子几无二致，所以本质上它是一种长时段：是日的事件曾经发生过，还会继续发生，变动缓慢，大多由平民百姓在他们的共同体里经历。如此，长时段—日常—民众—共同体—平民史观……的谱系形成了。看得出来，构成本书的一些关键词，如近代、江南、乡民和日常生活等，作为历史维度在它们之间同样存在谱系。这一谱系体现了社会史的日常性。

事实上，这样的谱系还在伸延。当我们开始关注诸如江南乡民的日常生活时，立即发现史料的缺乏——传统历史编纂很少以它们为记注对象；年鉴学派说，文艺素材可以作为史料，后来的社会史学者将仪式、口传、影像、实迹等非文献资料纳入了史料范围。问题接踵而至：这样的史料需要对其中的虚构、想象等成分进行滤化；如何滤化？传统史学缺少相应的处理手段，而勒高夫提出"尤先与人类学对话"①。因此，在社会史学者那里，跨学科对话显得尤为迫切。这样，非常规史料和跨学科的加入进一步拉长了上述新的历史维度谱系的清单。如果对照另一份清单，社会史的革命性愈加鲜明：短时段—政治事件—大人物—精英史观—抽象空间—常规档案—史学理论……鉴于此，我们在相关章节需要对人类学方法、史料的运用、生活时空等社会史的基本理论问题进行必要的讨论，这些问题不能仅仅看作课题的要素，很大程度上缘于考察对象的特殊性。

第二节　历史维度与整体性：史学视野

着眼于日常—民众—地域—长时段等新历史维度，近代江南乡民的日常世界以整体利益的面貌展现在我们面前。与整体相反对的是所谓"碎片化"。如果史家将历史仅仅进行"原生态"呈现，这是史家的不作为；确乎碎片！止步于这样的呈现，大约是听信了傅斯年的教诲："我们存而不补，这是我们对于材料的态度；我们证而不疏，这是我们处置材料的手段。材料之内使他发见无遗，材料之外我们一点也不越过去说。"不过要注意，在此段话稍前，傅氏也有过松口："两件事实之间，隔着一大段，把它们联络起来的一切设想，自然有些也是多多少少可以容许的。"② 如今

---

① ［法］雅克·勒高夫：《新史学》，见［法］J. 勒高夫等主编《新史学》，第36页。
② 见欧阳哲生主编《傅斯年全集》第3卷，湖南教育出版社2003年版，第10页。

社会史的许多要素之间"隔着一大段"，就需要"它们联络起来"。连缀需要逻辑。王尔敏说，史家收集事实，使孤立散乱之各个片面事实连缀而成完整史实，其所以形成某一件史实，虽有事实作根据，实则必定经过解释以完成连缀编排工作。① 只有经过一番"连缀编排"功夫，"碎片"才变成要素——整体结构中的要素。史学的任务之一便是整理碎片，并使之条理化。

以上各章展示近代江南乡民日常生活的过程，就是我们尝试整理碎片的过程。这里，我们以一部上文提到的"一日史"文本为案例，集中说明日常史应具备的整体思维。

这部文本由著名文学家茅盾组织编辑，所谓"一日"是80多年前的1936年5月21日，农历四月初一。② 这年的4月底5月初，茅盾等11位文化名流，成立了"编辑委员会"，在全国各大报纸登载启事，以发生在即将到来的21日"具有社会和人生意义的事"为选题范围，③ 向全国各阶层人民征文。全国各报纸杂志不断提醒着人们"不要忘记五月二十一日"④。千呼万唤的21日终于到来了，但"一切情形都和平日相仿佛，没有突变，也没有奇迹"⑤。如此平凡的一天，许多人就如河北保定的絮如一样，起先觉得"没有写出的必要"，转而一想，"自己的日常生活，那一天又有奇迹呢？也许正靠这种平凡的情形，才可以表示出这个社会的横断面的一个细胞吧"⑥！

面对这一个个"细胞"，今天的历史学家心情颇为复杂：每一个"细胞"都具备了历史的基本要素，据此完全可以构建历史，但其间的史实却不啻一堆碎片！事情如此奇异，当历史时间被确定为某个日常化的节点时，相关的空间、人物和事件要素便同时发生改变而化为"碎片"！这实际上体现了历史维度之间的谱系：长时段—共同体—民众—日常事件存在

① 王尔敏：《史学方法》，广西师范大学出版社2005年版，第166—168页。
② 为行文简洁，下文除特别注明之处，"21日"皆指1936年5月21日，不赘。
③ 所谓具有社会和人生意义的事，原文称："这事"须有社会意义，或至少可以表见社会上一部分人的生活状况；最少最少亦应当能够和一严重的社会现象作一对比。见茅盾《关于编辑的经过》，茅盾主编：《中国的一日》，第3页。
④ 刘衍：《丝厂工作的一日》，茅盾主编：《中国的一日》第4编，江苏，第40页。
⑤ 诸君：《嘉兴城市之一日》，茅盾主编：《中国的一日》第5编，浙江，第21页。
⑥ 絮如：《五月二十一日》，茅盾主编：《中国的一日》第9编，河北·察哈尔·绥远，第4页。

着对应关系。对此，历史学该如何整理呢？

一　共同体：孤立的与世界的

整理可以从空间维度开始。在传统中国史学视野中，政治史、军事史、外交史，包括社会形态意义上的经济史，其空间单位似乎是不言而喻的，就是中国。理由很简单，从中央政府或者领袖人物嘴里发出的方针政策、部署训令……还能不代表主权国家？然而，充斥《中国的一日》的是普通百姓的日常生活，其人、其事似乎不能代表中国。在这里，历史的空间非常具体，或在某个家庭、某角街坊、某个校园、某地工厂、某个农场、某处军营，甚至在某方牢狱……这些人们直接互动的熟识的生活空间，社会人类学家称之为共同体。当我们收拢视线进入江南，发现，民众生活的典型共同体在乡村，这里是蕴涵着特定人文意义的区位。

首先，这样的共同体坐落于特定的生态环境之中。湖州双林镇，闻名世界的蚕丝之区，地处水乡泽国，"去一个乡村，上一回镇，都得坐快班船或是小轮船，再不，便得自个儿雇一只小船，天天度着那种迟缓松懈的生活"；蚕丝生产因而颇具特色：因为地低潮湿，蚕户人家的蚕全都养在楼上。[1]

太湖流域的双林是江南水乡共同体，而浙江诸暨山村共同体的自然生态别开一面：在层峦叠嶂的山脉之下，有一个小小的村落，叫墅畈坞，村的后面，有一座象鼻山，山上长满梨树。三月里，白色的梨花，陪衬着绿色的叶子，更现出美丽的景色。村的后面，有一条大溪，澄清的溪水，灌溉了全村的田亩，四百多人约有百分之九十务农。[2] 山村共同体生态最易孕育特色产品。鄞县西乡的樟村被包裹在山丛中，堇江"像一条粗线似的划在乡村的中央"。来自太湖水乡的人们会非常熟悉这里的气息：屋弄里，响着丝车声，蚕蛹的腥气跟着茧锅中的蒸气熏着村人的鼻子。令人耳目一新的是，堇江的两边，象大大小小鸭蛋样的石卵滩上，晒着白象牙元宝似的贝母——一种著名的中国药用植物。[3] 这是一方水土的造化。

介于山乡与水乡之间是所谓高地。长江和杭州湾南岸，是高亢的沙质

①　华叔伦：《蚕事通信》，茅盾主编：《中国的一日》第5编，浙江，第27—29页。
②　孙涤尘：《墅畈坞的怪现象》，茅盾主编：《中国的一日》第5编，浙江，第32—33页。
③　杨良瓒：《不能合作的合作社》，茅盾主编：《中国的一日》第5编，浙江，第38—41页。

土，宜于棉花的生长。从浙东四明山余脉南向递次而下，直至杭州湾，便是棉花的大宗出产地。慈北乡村，环抱着潋滟的杜湖，众多支流像玉带东西分布着，灌溉着碧绿如铺着地锦似的千万顷田野。栖息在高地共同体的人们"处于这种优美的环境里，都能安居乐业"①。

原来，作为地域社会整体的江南，既呈现出自然生态的完整性，亦具生态环境的差异性；共同体总是成长于众多自成一统的小环境里，并在与自然的互动中滋生出不同的生产和生活模式。一隅江南尚且如此，遑论偌大中国。包头河西的乡村共同体完全由西北"口外"生态塑造而成。逐耕地而居的农民，有的就把房屋建筑在各自经营的土地上面，迈步出门，便到了田中；从田地里一扭身，又回到家中。田与房联成一块不可分离的地段。人烟稠密的村子叫"营子"，但有的农民于耕地之上，另筑茅庵。每年春耕去住，迨至秋收完毕，便又回到各自的"营子"。营子是农民们的共同体，他们在四周修筑护村堤坝，单这还不够踏实；又有人在一个比较高的地方，鸠工庀材，建筑"灌神庙"——河神就是治水有功的大禹，庙宇规模虽不见得怎样宏大巍峨，可也略具宫殿之微体，在河西一般房屋之中，算是羊群中的骆驼。建庙的目的，完全为了祈祷河神，避免水灾——不是黄河为患，而是山水肆虐。② 成长于特定生态环境中的民间宗教散发出浓郁的共同体意识。

至此，我们应该明白，共同体在历史空间中的凸显，从根本上说，它源自人类存在的天然方式，并以千百万年累积的事实默默地彰显着无可辩驳的自身价值，让历史学者无法漠视。在这里，"长时段"论者对于"恒定的"物质环境的关注与"一日史"中共同体生态的显露，若然合拍。

其次，特定共同体中的人文意义常常条理化为地方性知识。地方性知识应该是"中国知识"的地方表达，对于来自官府的蚕事"巡回指导员"华叔伦来说，湖州双林人的好客行为让他感到特别：

> 我们去了，照例是一碗炒米汤，两枚熟鸡蛋，这点心任你吃不下也得吃点，要不，他们便以为你看不起他们。有时在碰着吃饭的时

① 陈毓恭：《慈北的都神会》，茅盾主编：《中国的一日》第5编，浙江，第37—38页。

② 庞善守：《这一日包头河西的农民》，茅盾主编：《中国的一日》第9编，河北·察哈尔·绥远，第36—38页。

候，那更是客气得不得了，非但让着定要你坐首位，还特地烧出菜来，平常自己不大舍得吃的猪肉和鲜鲜的鲫鱼汤、酒煮虾，都放到你面前来，添饭让菜的赛如在自己家里。

江南早婚习俗由来已久，华氏发现，双林的早婚却与童养媳结合为一体：普通人家养了一男一女，便要把女的与人家去调换一个，或者到育婴堂去抱一个作为养媳；一到 16 岁，便把他们撮在一起成亲。让华氏颇觉有趣的是，双林"养蚕的人全都是男人，女人家都领着小孩不管事，有的还要衔着一枝（支）烟上街去闲逛"①。岂止"有趣"，简直让人感到惊奇：育蚕是太湖蚕乡最普遍的女红，而双林女人"不管事"？

作为一种地方性知识，民间宗教的意义常常不足为外人道也。1936 年 5 月刚刚从"助产学校"毕业的陈涵来到（浙江嘉善）西塘镇医院服务。21 日那天来就诊的病家"触目得很"：不论小孩或成人，有好几个是穿着大红布短衫的。原来，西塘这几天有个庙会，赛的是隋粮王庙里的隋粮王。据说隋粮王十分灵验！附近有人害了病，一面请医生吃药，一面要到隋粮王那边去烧香、求佑、许愿。许过愿的人，会讯前后四日内，都要穿红衣裳，做菩萨的犯人。今天是会讯的第一天，"应做"犯人的还不多见，到四月初三正日，庙门口尽是"红衣犯人"②。

其实，"扮囚还愿"是江南庙会中的普遍行为，只不过在不同的共同体中护佑病家的神灵不同。就在同一天，在慈溪"长约十余里的伟大的都神会"队伍里，"铁索银铛红衣衫裤，装扮旧时囚犯男女共百余人"③。对于共同体来说，这既是游戏，也是信仰，两者的共同之处在于它满足了人们驱病避害的心理。

民间信仰生活中的巫在共同体中仍然是专门性知识。跟先秦时代不同，巫性的产生并非因为知只体系的专门而产生的对于普通百姓的排斥，而来自于充满神秘和神奇色彩的巫的诞生过程。诸暨墅畈坞的象鼻山上，有一座盖起来才半年的神祠，此刻端坐着一位"活菩萨"，许多人对他叩

---

① 华叔伦：《蚕事通信》，茅盾主编：《中国的一日》第 5 编，浙江，第 27—29 页。按，笔者专门研究过江南村落女红，从来没有接触过女人"不管"蚕事的材料；抑或作者误会了？由此可见这种知识的"地方性"。

② 陈涵：《助产日记》，茅盾主编：《中国的一日》第 5 编，浙江，第 21—22 页。

③ 陈毓恭：《慈北的都神会》，茅盾主编：《中国的一日》第 5 编，浙江，第 37—38 页。

头如捣蒜。"活菩萨"名叫土泉，浙江东阳人，长得并不出奇，面黄肌瘦，但大家都在传递："菩萨说他虔心向善，所以三位尊神，附在他的身上说话了。"尊神就供在他身后：中间关公，西边祖师菩萨，右边鹿角大仙。一缕缕香烟，缭绕在他的周围。在如此神秘的氛围中，一位60岁左右的妇人说："关老爷，我的儿子正月出门，现在音信全无，不知在什么地方？""你的儿子不会回来了。"老妇人听了这句话，一串串的泪珠，如黄豆般地掉在地上。①

在民间社会中，神灵似乎更容易附体于女性。在无锡甘露镇，据传两三个月前，有一个年青村妇被菩萨上了身。她像疯妇一样癫狂，替代菩萨唱出许多话来：先是要修葺庙宇，而后必须为菩萨举行开光赛会。"菩萨从村妇的嘴里落出了这两件大事，大事的前因是为了阴界大乱。"② 事实的真实性毋庸置疑。事实上，共同体也很少有人质疑；所谓"迷信"，十分中性和中肯的一种说法，即深信不疑。

最后，特定共同体的人文意义常常在一定公共空间中演示为一种情境。在这些场合，通过人际交流，个体事件转变为公共事件，经由公众的参与，包括评说和干涉，反过来影响个体的行为。一般说来，促惹广泛兴趣的话题总是与共同体成员密切相关的，也许在表面上是非常个体的行为。21日早晨在苏州一村子，人们奔走惊告：佃户王小全今天也要"捉得去了"；金催甲等在茶馆里。人们纷乱地团聚在阿全门口的场上，这一句那一句地对着一只眼差人诉苦恳求，"一只眼"只是摇头，哼咻的嘲笑声使人难过而怒恨。③ 这里上演着阶级暴政的活剧，让每一个与王小全地位和处境相当的共同体成员慨叹命运的悲凉；命运与共成为共同体成员的切实感受。这种感受不是理性抽象的产物，而是情境展示和烘托后的自然生发。

从共同体的实际情形看，所谓公共空间并不囿限于特定场所；方便于公众聚集的茶馆和祠庙是乡土中国最具代表性的公共空间。其中的祠庙，常常在两种场合最易聚集起公众：庙会会汛，人员暴聚，自是议论纷纷；平日里也会在祠庙前议论共同体的"大事"④。

①　孙涤尘：《墅畈坞的怪现象》，茅盾主编：《中国的一日》第5编，浙江，第32—33页。

②　十郎：《菩萨上了身》，茅盾主编：《中国的一日》第4编，江苏，第31页。

③　素人：《催租》，茅盾主编：《中国的一日》第4编，江苏，第26—29页。

④　参见：怀：《柳村的一日》，茅盾主编：《中国的一日》第12编，山西·陕西·甘肃，第9—10页。

乡村公共空间并不是为人们闲话而专设的场所，在共同体，那是一个消闲的所在。没有一定的时间，总有一个约定俗成的时段，人们聚集到一起。既是消闲，心情放松，较少顾忌，思想交锋充分，常常还伴随着体态语言，不经意间表现着内心世界。除非发生"重大的"事件，谈论的话题总是流动不居，但共同体中事无巨细，不断地被梳理；往往有一个主角，不过他（她）左右不了舆论，统一不了思想，但其间形成的话语却影响着共同体成员（包括乡村领袖）的声望。总之，这里不会自成条理。

无数的共同体，连同它们特有的生态世界、地方性知识以及公共空间，在21日被当时、当地、当事人记录了下来，应该认为，它们是非常难得的，因为在这里发生的事情，除非进入私人日记，或者为文学创作积累素材，人们无心记录。只是在茅盾等人的"要求"下，众多共同体片刻有了文本的存留。可叹的是，它们难得进入史学家的视野！即使是作为史学基础的描述都不情愿涉及一个共同体。史学家认为，共同体是人类学的地盘，而且最正宗的共同体应该在印第安部落、太平洋孤岛和非洲世系群中，至于近代乡土中国，那应该是世界性的地域，是"半殖民地半封建"社会的一个角落，如果转向文明社会的人类学家有兴趣，不妨去描述，而我们——以揭示事物互相联系为职志的史学——怎么会拐道如此孤立的王国呢？但历史学家无法回避这样的矛盾：不进入共同体，如何进得了中国呢？中国在哪里？在我看来，不进入共同体，甚至连江南也进入不了；于是我只好进去了。之后的情形在以上陈述中已经出现，可以归入许多学者诟病的所谓"碎片"；"碎片"在共同体描述中具体表现为信息的不对称。21日，海宁硖石镇茧行开秤了。仅仅听茧农们的对话便知道情形不妙：

　　"听说今年的茧价，不是比去年涨起了吗？"
　　"啊！去年，去年茧价，原是着了鬼呀！十二三元的一担茧，原比棉花还贱呀！今年虽然好像涨起了一半，但是每担仍不过二十五块钱，这已算是涨了吗？"

另一个中年的乡人，抢着发泄他的牢骚，接着往下讲："天地良心。我们并不望再有像从前一百多元一担的茧价，和一百多元一百两的丝价，现在只要能够到五十元吧，我们辛苦了一时的，也能得到一点好处。"①

信息不对称使处于共同体中的乡民无法明白茧价涨落的原因。记录共同体情形的张鹤龄显然不是乡民，他能说明："因为我们的出口太坏，以至外国不愿向我们买的缘故。只要我们能够把育蚕改良，使出口优良起来，海外能够畅销了，价格也就会跟着好起来的。"但乡民对于这样的解释，"好像没有听进去，也许是不需要听进去，好像这问题太大了，与他们目前的生活无关"②。

从理论上说，外部经济势力向乡村共同体的渗透已经历时近百年，至20世纪30年代，其强烈程度已经足以让江南共同体中的人们感知这个世界的变化，却无法了解变化的真正原因。

历史需要共同体，不是源自空间理论（研究单元）的创造，因为它们是日常事件发生的地点，是人物活动的具体环境，全盘的中国就是从中抽象而来的。共同体中的知识和情境，被史学作为个案描述，不是为了猎奇，恰恰相反，而是因为它们平凡；如果平凡的共同体让人觉得莫名其妙，那么，这不是共同体自身的奇异，而是史学的误导。总之，个别的共同体应该成为世界的一部分。以此要求近代中国社会史研究者应有的作为：观照中国当置之于全球视野，统揽中国当以考察地域社会为前提，剖析中国当走进地域社会中的共同体。21日上午，在山西太原某个村落，人们向天空一望："友邦"的飞机！人们的心上，都感到铅一样的沉重、压迫。③上海大场镇的天空中这时没有"友邦"的飞机，而在熙熙攘攘的镇市上却有人在发表演说：

> 现在我们与他们谈亲善，讲提携，都是无稽的妄话，直等到我们的国家变为他们的土地，我们同胞成为他们的奴隶，这样才能使敌人停止干戈。我们甘心做亡国奴吗？不，我们要燃起民族革命的火花，不愿做奴隶的同胞，我们站在一条战线，向我们共同的敌人宣战。④

----

① 张鹤龄：《茧市》，茅盾主编：《中国的一日》第5编，浙江，第16—18页。
② 张鹤龄：《茧市》，茅盾主编：《中国的一日》第5编，浙江，第18页。
③ 丽云：《一页日记》，茅盾主编：《中国的一日》第12编，山西·陕西·甘肃，第6—7页。
④ 克伐：《一天的工作》，茅盾主编：《中国的一日》第3编，上海市，第50—52页。

几乎在同一时间，远在甘肃临洮城东的岳麓山巅，礼拜堂里的晓钟铿锵锵，清真寺里的经声喃喃，和着居林中的梵音、禅房里的木鱼声，使这一座古色斑驳的漠地城郭，在当时人类互相荼毒的杀场上，依然奏出一团和平博爱的交响曲。①

世界—中国—地域—共同体，由此构成的历史空间维度谱系，将传统史学熟视无睹的共同体凸显出来。按理说这应该不成问题：在这一空间梯度中，唯有共同体是具体的空间单元，但历史学的描述肯定不能建立在"中国"这一空中楼阁之上，只有经过一番"连缀编排"功夫，共同体中的"碎片"才能与整个中国严丝合缝。这样，无数的共同体处于同一片中国天空之下。抗战全面爆发前夕的中国，不独有江南的呐喊，也有北方的哀叹，还有西北的死寂；全盘中国的面目本来就是这样。

当年，致力于构建"总体史"的布罗代尔写出了《地中海世界》，然而，经验表明，总体史的理想"不可能在像地中海这样的历史舞台上实现。对一个国家而言，它更不具有现实的可行性。如果要把握所有的资料并实现论题的充分整合，那么，研究的地理范围必须大大缩小。因此，自相矛盾地，'总体史'实际上原来是地方史"②；还有，地方史中的共同体。

二　边缘人物与社会角色

在共同体中生活的有社会精英，也有底层百姓，这是一定的。但是，在1936年5月21日的江南共同体中，隐隐约约几乎都是普通民众的身影，不惟江南，地域中国中的所有共同体都不例外。平民既处于社会底层，便以绝对的数量遮掩了精英人物，在共同体中喧闹成一片。我们专注于个中村妇。

村妇属于弱势群体，她们的弱势与所处乡村空间没有必然的关联，但在乡村妇女身上，表现得更为明显。在江南山乡徽州，黟县的一个村落：

　　老咸家在上月初替他的次子娶妇，对方是古筑孙柏元的孙女儿。

---

① 黄剑琴：《远在临洮》，茅盾主编：《中国的一日》第12编，山西·陕西·甘肃，第41—42页。

② ［英］约翰·托什：《史学导论》，第119页。

当然这种婚姻完全是"父母之命媒妁之言"的结合。迎娶进门以后，果然小夫妇的感情不洽，又牵连到婆媳间的不和。原因，据说是为的"姿色不扬，目不识丁和妆奁太薄"。但他们既没有勇气和这种不合理而又不同意的婚姻反抗于先，又不愿向旧礼教投降于后，反而对于横加摧残，好像这是她本身的罪恶；结果在五月二十一日的清晨，新妇竟以不堪生活的冷酷，愤而自缢在床。①

酿成这一幕悲剧的原因，我们历来归之于"封建礼教"，即传统宗法制度，它既以观念的形态，又以组织的势力肆意于底层共同体。徽州有着宗法制度的坚固堡垒。东晋南朝、唐末和两宋之际，一批批北方士族为躲避战乱从中原相继迁入江南。他们首先落脚于中部的太湖流域，继而，一部分就近西迁至边缘山地的徽州。徽州的环境特别有利于宗法制成长。有学者指出，徽州的山是闭锁的，徽州的水却是开放的。随着水的流动，中原士族源源不断地涌入徽州；而山的凝固，却又使中原古老的宗族组织在徽州保存下来。② 明清之际，徽州商帮随着江南商品经济的发达而兴盛起来，他们在其经营活动中与地方宗族势力结成了神圣同盟；宗族组织在徽商的桑梓之地不仅没有松弛，反而更为巩固。③ 如此说来，黟县村妇成为"大家庭中的冤鬼"便毫不奇怪了。但"在这封建笼罩下的徽州妇女的生活是没有人注意的，因此伊们仍是抱着守旧的观念"④。需要强调的是，宗法制度并非徽州的特产；它在传统中国普遍存在。当它与男尊女卑、买卖婚姻、政治权力等因素合为一体时，忍气吞声、不堪忍受、一死了之，似乎成了许多村妇的宿命。就在同一天，山西寿阳，一位二十多岁的村妇也自杀了，与黟县的情况非常相像："平素婆婆、丈夫就瞧不起人家"；更相似的是两起村妇自杀事件发生后的处理方式：闹丧。南方的黟县，乡间旧俗，凡是出嫁女儿不幸而自杀在夫家的，不论怎样，母族是要派人去讲理的；到了该村，必须要新郎在轿前跪接，乘机就痛打他一顿；面对汹汹而

---

① 叶步潜：《大家庭中的冤鬼》，茅盾主编：《中国的一日》第6编，江西·安徽，第37—39页。

② 唐力行等：《苏州与徽州——16—20世纪两地互动与社会变迁的比较研究》，商务印书馆2007年版，第49页。

③ 唐力行：《明清以来徽州区域社会经济研究》，安徽大学出版社1999年版，第3页。

④ 方正：《徽州妇女的生活》，《申报》1936年6月13日第19版。

来的母族，新郎害怕被辱，已经躲开。① 北方的寿阳，人们在议论："听说那冤鬼已经整整在她娘家闹过五天了，喊着要娘家给她报怨消恨。"②

"闹丧"实际上是两个家族间的较量：在黟县方面："男方损失了千余元，受了一肚子闷气，女方送了一条命，费了一场唇舌。"③ 家族较量的初衷无非是为了维持双方势力的平衡，或者显示家族的力量，而不是、当然也无助于提高妇女地位。质言之，宗法所维护的只能是夫权和家族组织，而不可能是女权和妇女个体。这是宗法制度给妇女设下的恢恢罗网。由此可以明白，边缘人物是被共同体意识所"边缘"的，而共同体意识是中国意识的特殊体现，宗法精神为其一。

其二，与宗法制度针对女性的专门欺压不同，民间信仰是笼罩大众全体的，不过，弱势的村妇有着比男子更多的心理诉求。21 日是江苏太仓璜泾镇"猛将（庙）会"赛会的日子，赛会前一夜，信佛老太，例必到庙诵经，直到天明才止，是为"宿夜"。正日下午四点光景的庙里：

> 坐着的老太，一共有三十多桌，每桌八位，已是三百多位，同时三百多张嘴（外加立的不算），一起念着南无阿弥陀佛。她们到庙里，都是自己带了夜饭来的，所以那时候，有的在念经，有的正在用饭，冷饭滚水淘，下饭炒蚕豆；桌子上，佛经、佛珠、蚕豆、泡饭……天气很热，人多屋小，外加香烟的熏蒸，有几个老太，已发昏了……一个老太已被迫停止最重要的念经工作了，有几位同伴，正在给他刮痧，说是她的痧，非常利（厉）害！可是那个老太，却气喘地偏说不妨事。④

为了表示对神灵的虔诚，村妇们在这"神圣"的时刻出手尤其大方。无锡甘露"全镇户户家家"，赴烈帝庙佛会的"老太太和娘娘们，乡村里的老农妇，放开了吝啬的手，为自私的求佑祝福，化去了几百文钱"⑤。当

---

①　叶步潜：《大家庭中的冤鬼》，茅盾主编：《中国的一日》第 6 编，江西·安徽，第 37—39 页。

②　洽民：《出殡》，茅盾主编：《中国的一日》第 12 编，山西·陕西·甘肃，第 17—20 页。

③　叶步潜：《大家庭中的冤鬼》，茅盾主编：《中国的一日》第 6 编，江西·安徽，第 37—39 页。

④　严洗尘：《五月廿一的太仓》，茅盾主编：《中国的一日》第 4 编，江苏，第 68 页。

⑤　十郎：《菩萨上了身》，茅盾主编：《中国的一日》第 4 编，江苏，第 31 页。

日，郑州南关孤儿桥一年一度有所谓"眼光庙会"：

> 赶会的人大都由农村中来的，尤以妇女特别多些，她们的目的是为了给"眼光爷"烧香而来的。这些老太婆平日虽是异常俭省，一提了"神"，便不吝啬了。她们施钱的很多。在席棚口，放着个大瓦盆，里边盛着仙"水"。她们都抢着去醮（蘸）水来洗眼。①

在庙会生活中，村妇扮演着非常主动的角色。表面上，她将大量金钱（相对于村妇家庭来说）抛掷出去，是受动者，但她从集体信仰活动中获得了力量，因为这样的力量来源于社会，获得了共同体的认同。而且，由于这种力量的发散性和开放性，一部分村妇获得了甚至比男性更为强大的力量。许多女巫所借助的就是这种力量。在江南，不少在庙会中被菩萨上过身的村妇，现在都变成了女巫，并以此掌握和垄断了一种"地方性知识"。一旦获得这样的特权，她便在共同体中取得了相应的声望，其中有人"吃菩萨，着（穿）菩萨，靠了菩萨过一辈子"②。在女巫活动的场合，人们常常忽视她们的女性身份，而只感觉到她的力量。21 日在山西忻县一个小村落：

> 一个结婚不久的女子，睡在床上呻吟着，许多人围着一个巫婆，说是请来给女子医治病的。巫婆是邻村的老妪，坐在床头的凳上，有声有调的歌唱起来。病人呻吟的声音，他们一些也听不着，他们只侧耳听老妪的胡叫。他们听出她说她的病是着了魔的。接着她说要治她的病，有她的门前的树皮煎下的汁和着符纸灰喝了自会好的。于是他们有的忙着张罗树皮去了，有的请老妪画符咒。③

这就是民间信仰在共同体世界中的作用方式，它让村妇获得了专门的表现机会、表现空间和表现手段。深而思之，这一情形的出现跟信仰资源

---

① 石砶：《郑州的眼光庙会》，茅盾主编：《中国的一日》第 11 编，山东·河南，第 53—54 页。

② 十郎：《菩萨上了身》，茅盾主编：《中国的一日》第 4 编，江苏，第 31 页。

③ 梁增祥：《一幅交织成的可怕图画》，茅盾主编：《中国的一日》第 12 编，山西·陕西·甘肃，第 10—11 页。

的特殊性有关。与其他社会资源明显不同的是，信仰依托于彼岸世界的无形资源，而一些权势者热衷于追求此岸世界，常常将彼岸世界的无形资源让渡给卑微者，至少乐意与他们共享。实际上，无形资源并不纯粹是画饼，只要它为人所掌控，不经意间，卑微如村妇一流亦会介于其中，同样可以在此岸世界发挥作用。

其三，经济资源常常决定着社会角色的扮相。这是 21 日傍晚，南京停驴场旁的一幅写真：

> 一个女人约莫四十左右，黑黑的头发留着髻儿，穿着一身老布褂儿，补上了无数的补钉；穿着一双草鞋是那样粗气。脸上显着菜黄色。

另一个女孩子，应该是那个女人的女儿；一会儿，来了两位要雇驴的：

> "喂！到马群几钱？"江南人的口气打着"官腔"。
> "三毛一个！"她们在忧郁的脸上露出了一些喜色。
> "瞎说！一毛！"
> "天黑咧？七里路呢！"
> "瞎说！我们骑惯的！"声音里有无限的威风，老资格的样子表现得十足。

一番讨价还价之后，驴上路了，母女俩跟在后面跑；两个灰色的影子渐行渐远。①

金钱的魔力在日常生活中就是这样发挥作用的："钱袋的鼓瘪"决定了个体的仪表、言语和行为，从而有不同的角色表演，相异的风度：或者"无限的威风"如雇驴人，或者一团忧郁如母女俩。

村妇不是一个自然的整体，她们是异质的，她们的角色扮演也不是注定就忧郁的。安徽广德的汪板奶奶从田里回来，向儿子说道："老魏的麦子不要他割"，一屁股坐在小靠椅上，把铁钉椎样的小脚拉开来，"他去年的行租还没有上齐，田今年也不给他种了"②。

---

① 徐云震：《在乡村》，茅盾主编：《中国的一日》第 2 编，南京市，第 28—29 页。
② 辛明：《在皖南一小村》，茅盾主编：《中国的一日》第 6 编，江西·安徽，第 22—24 页。

"铁钉椎样的小脚"毫不损减地主婆"无限的威风",在这里,土地是这位"乡村妇女"说话的资本。面临着即将失去的土地,无锡的周大老太仿佛到了末日。据乡长传达的"上头的"法令,近期修筑"国防大路","预备着打××人用",需要征用她家的田;她不干了:

> "我一共只有这七分二厘半饭米田,要逢到大熟年才够娘儿俩个吃半年的,现在索性统统给筑路筑掉了,叫我们靠什么去过活?"
>
> "那有什么办法呢,动着田的又不是你一家,也不是乡长害你们的。"
>
> "我什么都不管,我只晓得找饭吃;你们真要动我这七分二厘半田,我就撞死在这大树吧!"

周大老太抱紧了头大哭起来,同时把头向前一冲,真的要向沿河的大树上撞。① 什么国防建设,什么民族利益,在她眼里,只有七分二厘半田;土地所有权就是她"找饭吃"的依据。在乡村共同体中,生产资料所有制就是如此朴素和现实:失去土地就意味着自耕农地位的丧失,沦为佃农,就意味着要与地主建立新的租佃关系,从而改变一个家庭在共同体中的地位和声望。

客观地说,中国学术界是重视普通民众的重要历史作用的,可是,当历史学家撰写民众史时便犯了难:谁堪当普通民众的代表?谁可以进入历史?没有了标准。百姓就表明众多,说明彼此相当,意味着平凡,不像在精英人物那里,很容易给他们排出个座次。既然没有等差,"幸运地"进入历史的人便十分偶然。那么多的村妇出现在《中国的一日》中,姓名都不全,如果她们可以随意为社会史所编纂,社会史岂不成了收容所?这似乎是"碎片化史学"的特征:在人物编纂上的严重个体化!但深究之下发现,个体化其实不是"碎片化"论者的批判对象,因为在精英人物传记中,哪一位不是以个体面目出现的?那不要紧,因为他们是精英,精英的阅历和经历与大历史相关联;他们是特殊的个体,他们与过着日常生活的普通民众不可同日而语。因此,问题的实质在于,所谓人物的"碎片化",与其因为个体化,毋宁因为边缘化,边缘人物的个体化。多斯(Francois

---

① 沈天羽:《筑路速写》,茅盾主编:《中国的一日》第4编,江苏,第47—49页。

Dosse）在批评年鉴学派第三代史学研究者时，通过 P. 诺拉（P. Nora）的话表达了他的失望："全面历史的观念今天成了问题……我们面临的史学是破碎的和包罗万象的，并受到不可抗拒的好奇心的驱使。"多斯抱怨，如今热衷于专题史的社会史学者，"放弃了史学论说的广泛性，代之以众多受权力排斥的研究对象的特殊性"。在他看来，这样的特殊性在人物选择上的表现为对于边缘人物的偏好，如精神病人、儿童、巫师等。[①] 如果说这就是历史人物的碎片化，那么，我们关注的乡村妇女似乎也有这样的嫌疑。但是，我们可以申辩的理由一仍前论，史料不是史学，作为史料的历史总是碎片，而史学的任务之一便是整理碎片，并使之条理化。在这里，至少有两种视角（或称方法）值得重视。

阶级的日常表现是视角之一。阶级是个层级概念，表上下层之分。社会科学家一般将不同层级的成员抽象为社会集团，以集体来取代个体。阶级及其阶级斗争的理论之所以长期以来为我国学术界所青睐，除意识形态的原因之外，学理上的考虑恐亦有关系：阶级的集体抽象性有利于整理和说明特定社会中林林总总之个体行为。就此而论，不论社会精英还是普通民众，应该都是适用的：既然通过阶级可以透视某个大人物行为的因果，那么，小人物——如佚名的乡民——的行为，同样可以说明其合理性，不管从表面上看，这行为显得多么怪异。两者不妨都可视之为对于个体行为的碎片整理。

但是，阶级的概念存在着争议。最为经典的争议发生在德国两位现代学者之间，集中于阶级判断的依据。卡尔·马克思的"阶级"由李达简明地概括为：阶级者，社会的生产历程之结果，由生产条件产生而出，因生产手段之分配，及社会人员被分配于生产历程中所构成之社会的系统而生者也。[②] 马克斯·韦伯的"阶级"由美国学者戴维·波普诺用作过某些修正的术语这样表达：社会分层的三个关键维度为财富和收入（经济地位）、权力（政治地位）和声望（社会地位）。[③]

经典理论家强调"生产手段之分配"对于确定阶级的根本性作用。在

[①]　［法］弗朗索瓦·多斯：《碎片化的历史学——从〈年鉴〉到"新史学"》，马胜利译，北京大学出版社 2008 年版，第 167—174 页。

[②]　李达：《现代社会学》，武汉大学出版社 2007 年版，第 116 页。

[③]　［美］戴维·波普诺：《社会学》，李强等译，中国人民大学出版社 1999 年版，第 239 页。按：相对于韦伯的"阶级"原论，波普诺的这一概括在一般社会学理论中更流行。

经济资源影响乡民社会地位的过程中，我们很明显地体会到这样的作用。汪板奶奶和周大老太之不同，其实是她们与土地的所有关系不同。这当然不止于韦伯所谓的"收入和分配"的意义。韦伯的"权力"与社会地位之关系，在《中国的一日》从宗法制度在共同体的作用方式中，我们已经感受到他的理论说服力；韦伯的"声望"与社会地位之关系，我们在对民间信仰影响力的揭示中能够利用他的理论合理性。尽管卡尔·马克思和马克斯·韦伯在整个社会理论体系上存在着本质的不同，但在说明阶级分层的影响因素时，韦伯思想完全可以作为马克思主义的补充，并且可以在具体问题的说明中得到整合。

需要引起注意的是，阶级虽然是个集体概念，但在日常生活中，阶级的差别却是通过特定社会角色的扮演得以展现的。5 月 21 日在江南有两处典型的角色表演。一处在江苏宜兴的"开河"工地：

> 这里就分着两种工作：抬泥和铲泥……在这里工作的壮年人的数目，只有合全镇的五分之二。约有二百多人，里面大都是学徒、伙计以及别的苦力们；之外还有许多是从乡里赶来的。我认为奇怪的，里面竟有五十多岁的年老人，及褴褛的妇人。
>
> 同时，我望见小桥上站着了许多看开河的大先生们——托着鸟笼的是蒋大先生，抱着孩子的是庆和银楼的老板，戴着眼镜在和一个女人说笑的是徐爷……①

社会学家指出，如果要对一个人的地位作用做出正确的判断，除了依据公认的划分等级的序列，还必须有一些可广泛理解的符号，以便让我们评估一个陌生人的地位水平。②"妇人"衣装的褴褛，与蒋大先生的鸟笼、徐爷的眼镜和"说笑"……在在体现出他们的悬殊地位。社会史学者要描述阶级的实际表现过程离不开相应的日常表现，而不必嘘之为"碎片"。当然我们不必拒绝抽象的理论思考；就在阶级的日常表现正在进行之时，南京的陈独秀写道：

---

① 鲍雨：《一页日记》，茅盾主编：《中国的一日》第 4 编，江苏，第 70—71 页。

② ［美］戴维·波普诺：《社会学》，第 243 页。

在阶级的社会里，一个国际主义者的头脑中所谓世界，只有两个横断的世界，没有整个旳世界。在这两个横断的世界之斗争中，若有人企图把所谓整个的世界这一抽象观念，来掩盖两个横断的世界之存在而和缓其斗争，这是反动的观点；若有人把整个的世界纵断成不相依赖的无数世界，幻想在纵断的各别世界中，完成人类的理想，而不把国际间两个横断的世界之斗争看成各别的纵断世界中斗争胜利之锁钥，这也是反动的观点。在一个国家中，也是这样……这两个或两个以上横断的社会，利害不同，取舍各异。[①]

这些论断，同样是社会史学者应该聆听的；不为别的，仅就为整理历史的碎片也是需要的。

另一个视角是角色类属。社会史学者不能欺骗自己的眼睛，因为在21日这个平常日子里，无数的普通民众被记录在案，随之而来的乡村妇女进入我们的视野，但绝大多数材料所反映的并不是她们之间的阶级差异，而是其角色类属；角色类属似乎也免不了"碎片化"之讥。单以职业角色而言，我们传述最多的是农妇，实际上，江南农妇的外延就有蚕农、菜农、稻农、棉农、河工……之分，更值得注意的是，江南村妇兼作各种（手）工业，于是，她还可以是工人。住在松江"省农场"附近的村妇，既是近代资本主义家庭劳动中的雇工，又是工厂里的雇工，还是近代农场的雇工。身份既为女工，村妇便与其他女工颇为相像，城乡的区别，地域的不同，只是以更多的外延丰富了女工的内涵。正如出现在松江"省农场"的村妇，当太阳在东方升起的时候，云南石屏西门外就站着一大群衣衫褴褛的女人。她们是预备替人家栽秧去的，一面嚼着饭，一面在和雇主们争论着工钱，声音就像叽叽喳喳的麻雀。[②]

晚清以降，随着农业经济的日益商品化，乡村中的资本主义因素不断滋长，松江农场的商人、官僚，云南石屏的经营者便将乡村妇女作为榨取剩余价值的对象，把她们从农妇转换成女工。乡村女工角色的任何延展，都会造成其类属的繁杂，这颇似"碎片"，但在理性的眼光里整齐有序：

---

　　① 陈独秀：《中国的一日》，茅盾主编：《中国的一日》第2编，南京市，第31—32页。

　　② 李乔：《石屏的五·二一》，茅盾主编：《中国的一日》第14编，广西·贵州·云南·四川，第22页。

因为生产的性质决定于生产关系性质，而生产在这里通过生活角色的扮演动态体现出来。

三 日常事件与时代特征

如果我们有意将《中国的一日》中发生于江南的事件作为史料，那么，出现于日常生活中的绝大部分事件太琐碎了，似乎也脱不了碎片化的嫌疑。需要与共同体和边缘人物进行同步整理的是日常事件。

南京是国民政府的首都所在地，上海有闻名于世的十里洋场，苏杭号称"人间天堂"，在一般人的想象里，这里整日里都会发生意义非凡的大事件，但事实是，那天真就没有所谓"大事"。以在江南影响很大的《申报》为例，有"（日本）田代召各将校宣示日军部意旨""殷（汝耕）逆秘密到（天）津""中央祭胡代表居正孙科等抵港""禁止各（铁）路员工运毒，铁（道）输联保连坐""陕北残'匪'（单引号为笔者所加）重兵三面包围"等。①

类似的新闻如果勉强算作"大事"而在日后的历史著作中被提到，该是十分偶然的。因为按照传统的标准，21 日产生的"要闻"实在说不上重要，更有甚者，《中国的一日》中的人们连"要闻"都不关心。湖北宜昌的大街小巷、茶社、学校、机关，所有人的谈话，并不是"中国的问题"和"胡汉民先生死后的哀荣"；因为他们的嘴巴与脑袋都忙于闹得满城风雨的"毒药针"事件上了。据说，贵州、重庆等地，亦出现各色装扮者趁人不备，用毒针刺人。一时间，小学生要人接送，大街上你防着我，我防着你，人人自危。②

看得出来，在民国时代的共同体中，人们关心的是与个体生活密切相关的事件，因为类似事件为共同体所共有，相关成员便将之纳入私人领域，而成为个体事件。这样的事件由于它与无数的个体直接发生关系，表现得无比琐细。完全个体性的事件更加琐细，如家庭矛盾等；在人们的心目中，它们无足轻重，因而无须诉诸官府公权力。在徽州，一些距离县城较远的村镇，除了谋财害命等重大案件，一定要到县里或省里去告发、诉讼以外，一些细琐的事情则在村里处理，此所谓"见公局"。审理这些

---

① 《申报》1936 年 5 月 22 日第 3、4 版。
② 郭自铭：《宜昌速写》，茅盾主编：《中国的一日》第 7 编，湖北·湖南，第 20—21 页。

"细琐的事情"的人，大抵是"稍有名望而为村人所敬仰"的乡绅。[①] 日常事件的琐细是由事件本身的个体化性质所决定的。

日常事件的基础是生计，为生计而奔波构成日常生活的主要内容。生计是如此重要，以至于赫勒说，"日常活动的所有其他样式正是以工作为中心和重心"[②]。以江南蚕桑女红为例，与此相关的习俗依次这样展开：在蚕乡，养蚕女子被称为"蚕娘"。在著名的《春蚕》中，茅盾介绍，谷雨前，蚕娘将蚕种贴肉搵着"窝种"，约三四天后，蚕蚁孵出。从"窝种"开始，稻场上和小溪边顿时少了那些女人们的踪迹；一个"戒严令"也在无形中颁布了；乡农们即使平日是最好的，也不往来；客人来冲了蚕神不是玩的！他们至多在稻场上低声交谈一二句就走开，这是个"神圣"的季节。[③] 丰子恺漫画《三眠》中的情形是十分写实的：三眠时节，蚕宝宝食量大增，深夜里必须掌灯喂叶，村妇们无法睡上一个完整的觉。"沙、沙"的蚕食声，让她们"于蚕匾中窥见明年春游的服装"（同名漫画）。[④] 在海宁，旧时嫁妆中，必定要有一对小桑树，连根带泥，一到夫家就当场种下去。[⑤] 习俗形成生活的惯例，重要的惯例都与蚕桑相关，"人的大部分关系是在工作中并为工作所凝固；婚姻的缔结着眼于工作，而孩子的养育则是为了继续这一工作；道德以工作为中心，甚至绝大多数节假日也以某种方式与工作相联"[⑥]。习俗以蚕桑为介质丛结而生，异常复杂，我们一般"认为它是最为平凡的行为"，"不把风俗视为任何重大事件的起因"，但正如一项国家制度对于整个社会的作用一样，"风俗在人类经验和信仰中起着的那种占支配地位的角色"[⑦]，支配的基础是生存本能这一自然主义因素。

同时起作用的另外一种自然主义因素是地缘共同体。在近代江南乡村，处于偏仄共同体中的百姓，无法准确了解外部世界信息，对经济形势的判断常常带有不确定性。从当天中午乡长妻子与邻舍婶婶的谈话中，可以发现，正是这种不确定性丰富了生计的细节："我们的本地种倒已老了，

① 叶仁鸿：《见公局》，茅盾主编：《中国的一日》第 6 编，江西·安徽，第 21—22 页。

② ［匈］阿格妮丝·赫勒：《日常生活》，第 68 页。

③ 茅盾：《春蚕》，《现代》1932 年第 2 卷第 1 期。

④ 浙江省桐乡市丰子恺纪念馆：《丰子恺乡土漫画》（内部资料，1996 年），第 159—160 页。

⑤ 顾希佳：《东南蚕桑文化》，中国民间文艺出版社 1991 年版，第 176、180 页。

⑥ ［匈］阿格妮丝·赫勒：《日常生活》，第 68—69 页。

⑦ ［美］露丝·本尼迪克：《文化模式》，华夏出版社 1987 年版，第 1—2 页。

东洋种也快老了，叶价听说又涨了些。"邻舍婶婶带着胜利的神色对乡长妻子说。乡长妻子疑惑地问道：

> "真的么！涨多少呢？"
> "可不是么！昨天嘉芳叔租来的一担桑叶要三元，我们昨天由石壁山租来的倒还只二元，阿兔婶他们的三眠东洋种已弃掉了，其实照去年的茧价和丝价，吃三元一担的租叶，的确不合算呢！"①

晚清以降，江南地域社会被逐渐纳入世界资本主义市场体系，村落女红因此被赋予了近代性，但是，在遥远的外部世界与共同体之间，存在着无数的中介环节，共同体依然被隔绝于外部世界。由于信息不对称，处于共同体中的乡村妇女面对变幻莫测的市场形势，异常焦虑，进退失措，这样的心态和行为也包括在江南百姓的生计谋划中。事实上，20 世纪 30 年代中期世界市场云谲波诡，自然不是偏居一隅的农民所能准确判断的，但为了生存的江南农民又必须应对外部市场环境，在忙乱的生计中存在丰富的细节，而丰富的生计细节存在于不同的生计方式之中。不同的历史学家引用以上史料所要说明的问题可能很不相同，但就史料本身来说，它关乎底层百姓的日常生计，并且通过实际的情境展露了细节；无数独特的生计细节便丰富无比。

日常生活常常表现为同一平面上的均匀流逝和循环运动，给人以恒常和凝固的印象。历史（无论是事实本身，还是作为一门学科）是跟时间的变动相联系的，而恒常和凝固与此相背。于是，社会史学者避开循环，专注于带有间断性的日常事件。

间断性事件源于共同体安排，主要是"通过性礼仪"（rites of passage）②、节日，包括庙会、节场等。21 日，四月初一，是中国农历节气的小满日。在吴江盛泽，历年遗传下来的风俗，此日镇上几百家丝行，共同

---

① 李伯康：《农村杂记》，茅盾主编：《中国的一日》第 5 编，浙江，第 31—32 页。
② 通过性礼仪，也称"生命礼仪"，指个人生命中的若干重要阶段相关的仪式，以此帮助个人度过生命中的一些重要关头，比如出生、青春期、结婚、为人父母、跳入更高阶层、职业专业化以及死亡等。见［美］威廉·A. 哈维兰《文化人类学》，上海社会科学院出版社 2006 年版，第 390、404 页。

出资演神戏一天。① 河南滑县的小满节，照例要举行一个"小满会"，因为麦子快要熟了，农人们要购买一点应用的家具。② 北京门头沟煤窑"远近接连不断"的爆竹声告诉人们：今天是祭窑的日子。③ 21 日，是"主"升天的纪念日，在皖南湾沚小镇人心目中，在这"特殊的"日子，"大家要来祝祷的"④。总之，共同体中的人们认为，四月初一日"不是一个寻常之日"⑤。

　　需要提醒的是，四月初一日只是一年中的"间断日"之一，类似的"间断日"绝不仅仅是一般民俗著作中提到的几个节令，也不仅仅是共同体中的公共事件，因为共同体成员总是倾向于将个体性的行为"扩大化"，扩展为公共事件，最典型的，本来个体性强烈的"通过性礼仪"，往往会以各种理由，通过各种途径，与整个共同体发生关系，从而演变为公共事件。事实上，人们也乐于接受这样的理由，甚至创造各种理由，实现公共性。这些间断性事件一旦成为公共事件，便在年复一年的不断循环中衍生为俗例，内化为人们的共同体意识，教条化为"常理"，制约人们的行为。有悖常理者便有损其声望。甘肃兰州城南五里的五泉（山）寺庙会，四月初一，各地人不约而同地"到五泉山去"。听说兰州人无论怎样穷，到庙会的时节，也要去穷逛一番；倘若不去，人家背后就得说，"他或她今年五泉山都不能去了！"⑥ 简直在诅咒了！间断性事件至此已经成为共同体成员的必须和必然了。

　　那么，与循环性相对待的间断性是否就消除了琐细从而收拾起碎片了呢？就事实本身来说，没有。因为在日常生活中，间断性事件也不过是按照传统的理所当然的规则所进行的多次实践，因为重复，它们越发地属于共同体，而产生与外界的隔膜。在原生态上，它们仍然是碎片。

　　个体性，生计性，间断性……在在表明日常事件的琐细；紧接着的问题是，社会史如果认定日常事件的意义，那么必须作出关于"事件的意

　　① 于秋：《盛泽的"小满戏"》，茅盾主编：《中国的一日》第 4 编，江苏，第 40 页。
　　② 陈雨门：《也是放赈》，茅盾主编：《中国的一日》第 11 编，山东·河南，第 49—50 页。
　　③ 郝维佩：《门头沟的五·二一》，茅盾主编：《中国的一日》第 8 编，北平·天津，第 36—37 页。
　　④ 杨筠：《在湾沚镇》，茅盾主编：《中国的一日》第 6 编，江西·安徽，第 18—19 页。
　　⑤ 树鑫：《小巫童》，茅盾主编：《中国的一日》第 6 编，江西·安徽，第 34—35 页。
　　⑥ 钱菊林：《庙会杂景》，茅盾主编：《中国的一日》第 12 编，山西·陕西·甘肃，第 39 页。

义"以及"叙述如何体现意义"的说明。

天地间已经发生的事实如恒河沙数，"安能事事物物而记之？历史不过举事实之有关系者而记其一二尔"①。所谓"有关系者"，王尔敏更明确地指认为"对人群有较大之影响者"②。日本学者浮田和民则认为，应是"能生长能发达能进化的事实，在能联络过去、现在、将来之事实。质而言之，则历史者非孤立之事实也，与他事实有关系者也；非单独之事实也，能孳生之他事实者也"③，即横向上"与他事实有关系"，纵向上"能孳生之他事实"。其实，浮田和民强调的也是事件"对人群的影响"：前人对后人之影响；人群之间的互相影响。就影响而言，唯物史观已经明确揭示了日常事件的意义。④

关于日常事件的意义，一般的理论抽象不能代替具体的历史叙述。在日常事件的描述和阐释中，如果仅就日常论日常，或者说，仅在共同体里、在民众之中、在琐事间关注先前对后来的纵向影响，不免坐井观天，陷入碎片堆积之中。所以，从碎片中抽身而出的不二门径在于对日常事件进行高屋建瓴的把握：在社会整体结构中，将日常事件与非常事件相对待，重视事件之间的互动过程。这里的"非常"指的是宏观的非日常事件，即通常意义上的重大历史事件，这样的事件多以划分历史进程的政治事件为多，从而呈现出清晰的时代特征。应该说，权力更替，战争状态，伟人的决策，外交的交涉……重大政治事件不但或深或浅，或快或慢地改变着日常生活，而且日常生活也同时发展出一系列应对策略，以其具体生活状态反映重大历史事件，从而体现时代特征。实际上，日常事件体现时代特征的过程，也将自身系统化，把大部分日常碎片整合进特定时代的社会整体中，具体的互动研究还有许多值得探讨之处，但在日常—非常事件谱系中把握日常，则是一个基本的原则。

四　"一日史"的整体意义

按照传统眼光，对于史学来说，《中国的一日》实在说不上珍贵：80多年前事儿，太近了，没有朦胧感，不如先秦；一本记事集，太普通了，

---

① ［日］浮田和民：《史学通论》，李浩生等译，华东师范大学出版社2007年版，第53页。
② 王尔敏：《史学方法》，广西师范大学出版社2005年版，第138页。
③ ［日］浮田和民：《史学通论》，第61页。
④ 参见本章第一节。

没有神秘感，比不上档案；作者各色人等，太浅了，没有高深感，不像外文……然而它视角独特，仅限于 21 日——一般人认为它构不成一个历史时段，更令人深味的是，一旦视之为一个历史时段，其间不同的往事彰显出本来的意义，聚合成整体社会，显现出"祖国的全般的真面目"：

> 真的，这里是什么都有的：富有者的荒淫享乐，饥饿线上挣扎的大众，献身民族革命的志士，落后麻木的阶层，宗教迷信的猖獗，公务员的腐化，土劣的横暴，女性的被压迫，小市民知识分子的彷徨，"受难者"的痛苦及其精神上的不屈服……真的！从都市的大街和小巷，高楼和草棚，从小城镇的冷落仄隘的市廛，从农村的断垣破屋，从学校，从失业者的公寓，从军营，从监狱，从公司公署，从工厂，从市场，从小商店，从家法森严的旧家庭——从中国的每一角落，发出了悲壮的呐喊，沉痛的声诉，辛辣的诅咒，含泪的微笑，抑制着的然而沸涌的热情，醉生梦死者的呓语，宗教徒的欺骗，全无心肝者的狞笑！这是现中国一日的然而也不仅限于此一日的奇瑰的交响乐！①

整体史不就是交响乐吗？这一整体乐章，在主体上偶有大人物的侧影，更多的是小人物的身姿，这让我们意识到历史主体要素之间存在着一个精英—民众谱系，其间有富有者、土劣、知识人、公务员、志士，也有大众、女性、麻木者、受难者……在空间格局上，虽有抽象中国的"鸟瞰"，更广的是实际栖居的共同体，这让我们意识到历史空间要素之间存在着一个全盘—共同体谱系，其间有都市、小城镇、乡村，也有街巷、市廛、公寓、军营、监狱、公署、工厂、家庭……在社会行为上，涉及事关国家民族命运的重大事件，但基本上是细枝末节的小事，这让我们意识到历史事件要素之间存在着一个非常—日常谱系，其间有呐喊、声诉、欺骗、狞笑、诅咒、呓语、微笑、热情……我们专注其中的民众、共同体和日常，是因为它们曾经被认为"缺乏意义"而忽略，而忽略就意味着整体的残缺；整体的社会史不可或缺了民众、共同体和日常等历史的新维度，它们与精英、全盘和非常等传统维度构成整体史。

---

① 茅盾：《关于编辑的经过》，茅盾主编：《中国的一日》，第 6—7 页。

同样重要的是，整体的社会史也不应是"碎片化"的。历史学是一门析分和展现的学科，任何一种展现都是作为分析员的史家为了突出人类生活的某些经验和某些属性而进行的抽象，并将之置于历史的中心，而将其他的经验和属性置于历史的边缘，作为背景。事实本没有边缘与中心之分，进行这种区分的是历史学，所谓"边缘"是历史认识的产物；倘若传统史学认定社群民众的日常生活属于边缘地带，那么，有意矫枉的社会史将之置于历史的中心。然而，中心离不开背景：正如宏观社会层面上的事件不能没有微观民众日常生活的具体说明和反映一样，民众日常生活同样不能缺少宏观社会事件的框架："进行整体思考，就是将部分放到整体中来理解，设法掌握更大的背景和框架——在这一背景与框架内人们会有各种表现和体验。"①"碎片"因而有了位置。

值得注意的是，整体史的构建当然不是通过简单的特写—背景的转换所能济事。伴随着特写对象的改变，就必须有"做事的方式"的改变。比如，面对蜂拥而来的民众生活碎片，选择其中的什么进行提问？怎样提问？接着，解释什么？怎么解释？最后，进行怎样的价值判断？等等。一系列的事情，没有旧章可循。新的史学叙述需要创新，这有难度；还是难在整体：在新的历史维度谱系中包括了相应的史观、知识结构、方法论……它们同样是整体史的应有之义。因此，"一日史"既说明了社会史的日常意义，更表明了它所包含的整体意义。

第三节　历史维度与整体性：人类学视野

依据各自的研究对象，不同的学科在研究方法上形成了自身传统。单就掌握资料的手段而言，许多自然科学门类，主要通过实验来获取，人文社会科学则多从文献资料中征引，而以史学为最。不过，人类学似乎有些特别：其素材的搜集主要通过田野工作（field work）来进行。田野工作当然不止于资料的搜集，而主要是一种实践单位以及由此而生的认识工具。田野的地位如此重要，"日益成为人类学传统惟一用于区分人类学与其他学科的组成要素"，在重新思考人类学与其他学科的边界，以致研究它们

---

① ［美］詹姆斯·皮科克：《人类学透镜》，汪丽华译，北京大学出版社2009年版，第20页。

的内容时不能不面对田野这个概念。① 人类学家偏爱乡下，因此更愿意把自己所研究的叫作阡陌分明的"田野"，而不是边界含混的"实地"②。人类学实践的单位被称为田野，他们所做的也就是所谓田野工作。如今，人类学特别关注乡土社会的日常生活，更重要的是，它葆有一如既往的平民特色。这样一些特色，在其基本点上，与当代社会史的学术倾向性非常接近，从而更便于与社会史进行跨学科对话。

一　泛中国与共同体中国

历史特别关注时间，对空间维度素来含糊。在古今中外汗牛充栋的史学论著中，冠以民族—国家的叙述大多是个虚幻的概念，没有多少人较真其空间所指，是个泛指。汪荣祖认为，这样的"地方史尚未能表达地方史观，或对国史提出地方的看法，甚至仍以中央史观来研究地方史"；这样的地方史叙述，"长期被置于一个以抽象的中国为中心的框架内，也是导致许多具有本土性的知识点点滴滴地流失，或至少被忽略或曲解的原因"③。而英、法学者的所谓地方史，"多指城乡史，甚至是社区史"④。

与大多数学科不同，人类学家把社会文化的差异视为研究前提，沿着他们的视线，多姿多彩的生活在各个层次的空间中得到淋漓尽致的展现；"田野"原本就带有浓烈的空间底色。

最初，人类学家并没有说一定要去哪儿才能实现自己的学术目标，只是一般地感觉，那应该是异域，但后来发现，他们的田野似乎有了一个约定俗成。首先，那是一个与"家乡"不同的地方：研究者的"家乡"被认为是文化雷同之地，不易察出差异，因而不适合做人类学的研究；最好是国外，对于西方学者来说，太平洋上的群岛、非洲的部落，亚马逊丛林……在这些与世隔绝的社区做田野更符合人类学的原型。不难看出，人类学专注的空间具有等级性，而这一特征是以特定空间与研究者之间的距离远近为标准的：越是不熟悉的、越是异样的、越是他乡的、越是文化简

---

① ［美］古塔、弗格森：《学科与实践：作为地点、方法和场所的人类学"田野"》，［美］古塔、弗格森：《人类学定位：田野科学的界限与基础》，骆建建等译，华夏出版社 2005 年版，第 3 页。

② 潘蛟：《田野调查：调查与问题》，《民族研究》2002 年第 5 期。

③ 参见程美宝《地方史、地方性、地方性知识——走出梁启超的新史学片想》，杨念群等主编：《新史学》，中国人民大学出版社 2003 年版，第 687 页。

④ 汪荣祖：《史学九章》，生活·读书·新知三联书店 2006 年版，第 116 页。

单的社会，越受到人类学者的青睐。说到底，那些地方之所以受到重视，是因为那是"异类"所在地，所谓"他者"，形象地传达了研究者与被研究者之间的疏离感。

其次，人类学专注于可以直接互动的空间。在这样的范围里，人们之间存在着亲密的、面对面的交往和合作关系。很明显，这只能是规模较小的空间。所以，人类学总是倾向于认为，田野最合适的地点是那些小型社区，这种观点基于文化和社会结构在小型社区可以最好地被观察的信念。①

当社会史的眼光转向底层，人类学家便将其视为基本研究单位的社区，推荐给了历史家。1935 年，英国结构功能主义大师拉德克里夫 – 布朗（A. R. R-Brown）来到中国，他特别指出，对于（复杂文明的）中国社会，可以尝试功能主义方法：最好择定一个小社区，应用如人类学家考察初民社会的方法而考察这社区。像中国，最好从"户"的研究开始。② 仅仅从时间维度上说，当时人类学研究的内容就是民国史的一部分；为什么民国史研究也要关注社区？原因可能会很多，但这是肯定的：社区的历史是具体的直接交往的历史，而不是抽象的间接牵扯的历史。由此，我们可以明白，社会史为什么特别强调"身体在场"。常态的身体在场，只能在社区中实现。这一点，英国学者吉登斯（A. Giddens）给了我们一个历史社会学的解释：

> 在所有的文化中，仅仅在几百年前，具有较高在场可得性的社区还都是由彼此身体密切接近的个人构成的聚集体。导致这种较高的在场可得性的原因有这么三点：行动者的肉体存在；他在各种日常活动的绵延构成的轨迹中的身体活动所受到的限制；空间的物理性质。在这种情况下，沟通媒介也就相当于交通媒介。即使采用了快马、船只和长距离强行军等方式，空间上的长距离总还是意味着时间上的长距离。③

---

① ［美］德思·策尼：《定位过去》，［美］古塔、弗格森：《人类学定位：田野科学的界限与基础》，骆建建等译，华夏出版社 2005 年版，第 73 页。

② ［英］拉德克里夫 – 布朗：《社会人类学方法》，华夏出版社 2002 年版，第 182 页。

③ ［英］安东尼·吉登斯：《社会的构成：结构化理论大纲》，李康、李猛译，生活·读书·新知三联书店 1998 年版，第 211 页；其中，"身体活动所受到的限制"指：人的身体的不可分性、"向死而生"的自然生命规律、时空的容纳能力、完成任务的时间绵延性等。因此，身体在场的首属空间仍然是传统社会（当然也区域中国社会）绝大多数人活动的具体空间。

　　这就是历史社区，史学家当然也可以去；当代史学者尤其有可能。可是，大多数历史学者能去的其实是一个去历史化的物理空间。那么，我们为何还要坚持进入田野呢？简单地说，田野是激发历史学家想象力的空间："我们在衡量自己解释的说服力时所必须依据的，不是大量未经阐释的原始材料，不是极其浅薄的描述，而是把我们带去接触陌生人生活的科学想象力。"① 想象力也是史家应当具备的一种能力，"历史想象并不是一触即发的，它要靠很多的条件"，要有引发想象力的媒介，其中之一是物证的刺激。② 田野当为一种物证。这样，历史学家尽管去吧，去田野面对社区，自然地进入一个有限的空间；但无论如何不能首先在书斋里纠缠于社区的概念。因为在理论上，人类学的社区富有弹性，此其三。

　　社区的弹性在"社区"概念的发明者斐迪南·滕尼斯那里就是存在的：可以是一个家庭、一个望族、一个部族，也可以是一个邻里、一个村庄、一个市镇。③ 前者侧重于社会关系空间的规模，后者侧重于物理空间的规模；无论哪种情况，它们都可以向外延伸。费孝通在不同的场合曾经就两种延伸分别进行过分析；前者的延伸，以社区内的"分子"（个人）为核心：

> 　　社区是通过社会关系结合起来的群体，在这种人文世界里谋取生活的个人已不是空间上的一个点，而是不断在扩大中的一堆堆集体的成员，就是在幅员可伸可缩的一堆堆集体中游离的分子。④

　　而物理空间规模的拓展以社区节点为中心，表现为社区腹地的膨胀，超过市镇层级时，社区的概念常常被区域所取代；从经济成长的过程看就是：

> 　　社会发展到了小农经济阶段，若干以亲属为基础形成的农户，聚

---

　　① ［美］克利福德·格尔兹：《文化的解释》，纳日碧力戈等译，上海人民出版社1999年版，第18页。

　　② 杜维运：《史学方法论》，北京大学出版社2006年版，第154页。

　　③ ［德］斐迪南·滕尼斯：《共同体与社会》，商务印书馆1999年版，第75—76页，这里的"市镇"，原文用的是"城市"："从外表上看，它无非是一个大的村庄、众多相邻的村庄或者由一个围墙环绕的村庄"；意指市镇。

　　④ 费孝通：《重读〈江村经济〉序言》，《北京大学学报》1996年第4期。

居在一地形成了村落，进行类似的采集、农耕和副业的生产活动，互通有无的交易还是极为有限的。社会分工的发展，使各村各户有了交换不同产品的需要，于是发生了日出而集、日入而散、"日中为市"的临时市场，也就是至今在我们内地还可以看到的赶场或赶集。又经过了一段历程，才发生作为农副产品集散和销售工业制造品中心的市镇，它们各自拥有为其服务的若干农村，在我家乡（按：江苏吴江）称作乡脚，即市镇的腹地。经济继续发展，有些市镇上升为城市，有些小城市上升为中、大城市，直到特大城市。①

如果是身体在场的直接联系，经济关系也好，社会关系也好，市镇及其腹地构成的"市镇社会"应该是传统中国人常态的生活空间，超过了这个空间，要么是偶发的，要么是抽象的。所以，区域社会史的考察，应以社区史的考察作为基础。美国学者施坚雅指出，"小农的实际活动范围，并是不是狭隘的村落，而是一个基层集市所及的整个地区"②。

其四，整体性。作为功能学派的两位大师，马林诺夫斯基与布朗虽说在功能意义的理解等方面有差异，但都承认社区的整体性。以理论见长的布朗说，特定社区生活的各个方面，"均系密切地相互关联着，或为一个统一的整体，或体系中的部分"③。擅长于田野观测的马林诺夫斯基强调，"这些方面是如此错综复杂，以至不把所有方面考虑进来就不可能理解其中的一个方面"④，所以他"力辟历史学派对于文化断章取义之惯技，而主张在一具体社区作全盘精密之实地观察"，基本理由就是："从生活本身来认识文化之意义及生活之有其整体性，在研究方法上，自必从文化之整体入手。"⑤

社区的整体性一方面让我们认识到社会史的社区个案解剖意义，从而缓解"鸡毛蒜皮的小事"被质疑所带来的压力，另一方面，促使我们反思传统史学的所谓整体性。史学研究中曾有这样一种做法：从各个不同地方

---

① 费孝通：《从实求知录》，北京大学出版社 1998 年版，第 214 页。

② ［美］黄宗智：《华北的小农经济与社会变迁》，中华书局 1986 年版，第 22 页。

③ ［英］拉德克里夫－布朗：《社会人类学方法》，第 181 页。

④ ［英］马凌诺斯基：《西太平洋的航海者》，梁永佳、李绍明译，华夏出版社 2001 年版，第 2 页。

⑤ 费孝通：《〈文化论〉译序》，［英］马凌诺斯基：《文化论》，费孝通译，华夏出版社 2002 年版。

断章取义地摘取一些"要素'，冠以"中国"或更大范围的字样，似乎就建立了某种要素之间的历史联系，表面看起来颇成一体；但那是一个虚拟的整体、抽象的整体。对于"社区整体"怀有自觉意识的人类学家不能容忍这种做法。英国人类学家弗雷泽（J. G. Frazer）曾经被同行讥讽道："如《金枝》那种文化研究及通常的比较民族学论著，都是对特质的分析性讨论并且忽视了文化整合的所有方面。婚配或死亡习俗是根据从极不相同的文化中不加区别地选择出来的细小行为予以论证的，这种讨论建造了一个机械的弗兰肯斯泰因式的庞然怪物：斐济的右眼；欧洲的左眼；一只腿来自火地岛；另一只腿来自塔希提；所有的手指，脚趾也来自不同的地区。"① 在历史学面前，人类学简直是小巫见大巫了。事实上，在传统社会中，民族—国家更多地体现为意识形态意义上的思想共同体，而非实体的存在（社区），而意识形态共同体作为一般思想意识的集合，常常通过曲折的途径映射于实际社区中，它的一般性需要从特殊社区的亚文化中抽象出来，而不能将亚文化群体中某个要素直接当作宏大的意识形态共同体的要素，随意捏合成一个整体怪物。由此可以看出，实态社区案例的剖析理应成为一个基础；以展示社会生活实态为基本职志的社会史必须夯实这一基础。

在自成一体的地域社会中，共同体构成地域的要素。关于地域中国的整体性，美国学者施坚雅从城市节点和经济要素联结的角度，日本学者斯波义信从"地文—生态"的角度，中国学者李伯重整合、完善了美日学者的看法，论述了江南地域社会的完整性。② "地域完整性"的结论是无可置疑的；从人类学对生态环境的特殊亲近感看，"地文—生态"的分析尤其得当。不过，注意到这一视角的国内外学者，还未将"地文—生态"原则贯彻到底、从实际出发看待区域江南的完整性。这一印象来自于笔者在江南社会研究中常常面临的地域史料取舍的矛盾。比如，徽州山村与浙西山村在许多方面非常相像，却被排斥于江南之外；浙东"三北"的余姚等地盛产棉花，与同样盛产棉花的濒临长江的江苏的江阴、常熟等地有什么内在联系吗？在江南研究中，许多人抛弃了绍兴，可是谁能无视它的许多文

---

① ［美］露丝·本尼迪克：《文化模式》，华夏出版社 1987 年版，第 38 页。
② 李伯重：《多视角看江南经济史（1250—1850）》附录"江南地区之界定"，生活·读书·新知三联书店 2003 年版。

化要素与太湖水乡是那样的相似？谁敢说绍兴不是江南水乡，难道它是自成一格的？实际上，无论徽州山村，还是浙东"三北"，或者绍兴，它们就是江南，与江南的其他部分构成一个完整的地域社会；而它的完整性就是以自然生态为基础的。在完整的地域社会中，山村、水乡和岛滩等不同类型的共同体以地势的形式呈现出来。考虑到地域江南的生态类型，共同体史的研究，自然应选取不同类型的共同体作为样本，以体现地域社会的整体性。

综上，我们在人类学的视野中更加明白地域社会史研究的重要意义，但这种意义不能简单认为社会史由此被赋予了空间，更重要的是，通过跨学科的沟通，我们赋予这样的空间以更加具体的内涵，并充分意识到地域社会中共同体的社会史意义，以及共同体不同类型对于地域社会完整性的价值。这样，在空间维度上将泛中国概念转换成地域中国、生活中国；它们一同构成整体中国。

二　中心事件与地方事件

与田野地点的选择相一致，主流人类学的研究内容也存在着潜在的等级性：越是地方的事件地位越高。所以，人类学家常常把他们自己描述为"地方"专家：关注地方权威，而忽略国家或者世界政治；热衷于家庭经济生活，而忽略国际金融。为此，他们需要在一个共同体长期地参与观察，深度了解生活在其中的普通人的日常事务，强调对文化模式进行辨识和分类，包括：社会组织的整体性原则、惯习实践、口述传统、身体法规、规则和禁忌系统——一句话，理解那些经得起时间检验的现象。[①]

在这一点上，它与史学的兴趣明显不同。史学家们习惯于关注对历史产生重大影响的所谓中心事件，对于地方性事件，特别是地方琐事，他们本能地怀疑它们的价值。对此，人类学不以为然。格尔兹将"地方小事"置于整个社会环境中进行辩护：

典型的人类学方法，是通过极其广泛地了解鸡毛蒜皮的小事，来着手进行这种广泛的阐释和比较抽象的分析。人类学家所面对的宏大

---

① ［美］马尔基：《新闻与文化：瞬间现象与田野传统》，［美］古塔、弗格森：《人类学定位：田野科学的界限与基础》，华夏出版社 2005 年版，第 92 页。

现实，和其他人——历史学家、经济学家、政治学家、社会学家等——在更加决定性的环境中面对的宏大现实相同：权力、变化、信仰、压迫、工作、热情、权威、美感、暴力、爱、威信；但是人类学家面对这些现实的时候，置身偏僻乡里……这些司空见惯的人间常事，"那些让我们全都感到害怕的大话"在如此朴实无华的脉络中以朴实无华的形式表现出来。但这恰恰是优势所在。①

什么对历史的影响更大些：大事，还是小事？在历史的因果关系上，人类学家与历史学家的分歧其实并不存在。布罗代尔对于历史时段的区分有助于我们认识两者的不同：前者强调长时段中历史的深海暗流，而后者高度关注短时段，"一种短促和动荡的历史"，是历史的"潮汐在其强有力的运动中激起的波涛"②。在布罗代尔看来，"暗流"和"波涛"共同构成了历史的海洋，构成总体的历史，亦即所谓社会史。由此看来，存在于地域社会中的"鸡毛蒜皮的小事"对于社会史来说同样重要。这是社会史意义上的地域研究很重要的一个尺度。

值得注意的是，在田野工作中，以及在"民族志"写作中，人类学家总是"倾向于寻找那些反复发生的、持久的、长时期存在的形式"，捕捉"某种让人看起来在时间上具有某种程度的稳定性的东西"，而不是随意撞上的"小事"。这种诉求似乎在具有完整结构的地方社会中更容易实现，因此，人类学家总是"希望所研究的对象不仅仅是在偶然环境下随意聚集在一起的一群陌生人，而是希望他们组成一个更为持久、稳定、通常地方化的社区"③。如果社会史看重"小事"，同样应该深入共同体世界，微观日常生活；如此，社会史学者在档案文献中也应该注意这样的"小事"以及"小事"存在的地方环境。从这个意义上看，地域社会研究成为构建新兴社会史的不二法门。事实上，传统中国社会的特征也要求我们这样做；一方面，两三千年以前便粗略地形成了的生活模式，直到民国时代，"还大部分地在民间传承着……大略仍然保存着昔日的形影。它的主调没有根

---

① ［美］克利福德·格尔兹：《文化的解释》，第24页。
② ［法］费尔南·布罗代尔：《菲利普二世时代的地中海和地中海世界》序，商务印书馆1996年版。
③ ［美］马尔基：《新闻与文化：瞬间现象与田野传统》，［美］古塔、弗格森：《人类学定位：田野科学的界限与基础》，华夏出版社2005年版，第93页。

本的变动……在旷远的时间、空间等上面保持着一种关联的线索"——明显地具有结构性；但另一方面，"民俗的生活模式不是抽象的、呆板的、单纯的东西。它是具体的，是活动的，是复杂的。它因时、因地、因人而异"——明显地具有地方性。① 结构性与地方性就这样胶着为一体。

对于事件所内含的意义，传统史学提供的常常是一种纵向因果关系的说明，而人类学，尤其是功能派人类学，倾向于在事件发生的横向结构中进行阐释。缘于对特定研究对象和地点的讲究，这样的阐释便成为一种所谓的对于地方性知识的解读：

> 人类学知识体系的建构或许比其他任何学科都更依赖于地域专业化，学科中许多核心概念和争议都是在地域上有限的社区内产生的……人类学家通过长期居住在"田野点"来学习评议地方性知识。地方性知识就这样被纳入人类学的研究。②

地方性知识之所以是地方的，因为它从属于这类知识存在的特殊空间，许多人类学将之喻为一张"由他们自己编织的意义之网"；知识的意义需要在那里获得解释："将他们置于他们自身的日常状态之中，使他们不再晦涩难解。"③ 在这里，人类学强烈暗示，历史学应该"尊重过去人们的文化，并乐于通过他们的眼睛来观察世界"④。受此影响，一些社会史学者特别注意到研究者"自身所处文化与他研究对象所处文化之间的距离"⑤，并有意识地从当时人、当地人、当事人的角度观察问题，所谓"主位观"⑥。在人类学中它有许多相似的表达，如"从角色观点看问题""从文化持有

---

① 钟敬文：《民众生活模式与民众教育》，《钟敬文文集》（民俗学卷），安徽教育出版社2002年版，第559页。

② ［美］古塔、弗格森：《学科与实践：作为地点、方法和场所的人类学"田野"》，［美］古塔、弗格森：《人类学定位：田野科学的界限与基础》，第10页。

③ ［美］克利福德·格尔兹：《文化的解释》，第16页。

④ ［英］约翰·托什：《史学导论》，第251页。

⑤ ［法］安德烈·比尔吉埃尔：《历史人类学》，［法］J. 勒高夫等主编：《新史学》，第237页。

⑥ 主位观（emic approach）和客位观（etic approach）是观察文化的两种不同方法，前者指研究者努力习得被研究者所具有的地方性知识和世界观，置于被研究者的立场上，去了解、理解和研究问题，它强调能用本地人的观点来理解当地人的文化，而后者是以研究者本身的立场为出发点来理解文化。麻国庆：《走进他者的世界》，学苑出版社2001年版，第34页。

者的立场观测事件""他者的看法"等等，是为"方位感"。人类学家批评，在许多社会科学研究中，缺失的正是这种方位感；他们认为，"知识不可避免地具有'有关某处'和'来自某处'的特性，知识者的特定方位（location）和生活经历在某种程度上对于知识的产生类型是重要的"①。

需要明确的是，人类学并不一味依赖主位观和地方性知识，而是认为，从主位和客位（研究者）"两种角度都可以作出科学、客观的评价"②。如此看来，人类学并没有放弃研究者的裁量，它只是更加重视在裁量过程中被裁量者的权利。注意到这一点，社会史没有理由放弃富有特色的价值考量，而且，因为掌握了确定"知识者的特定方位"的行之有效的"主位观"，而获得了更多的认识往昔的维度。正是这些维度的进入以及与旧维度的融通，更新了传统史学，产生了整体的社会史。

应该说，传统史学并不忽视"知识者的特定方位"。精密的中国史料考证学，总是提醒人们注意史料"创造者"的身份、产生史料的环境，西方近代史学家常常谈及"投射""同情""移情"等，都是理解历史的方法。③ 但是，所有这些理解，并不强调史学家与"知识创造者"在一定历史时空内的视角一致性，从而重视"知识创造者"自身的看法，并检视这种看法的存在理由和历史合理性。与人类学家明显不同的是，"考证史料时，史学家像法官……根据广泛搜集的证据以下考证的结论"④。地方性知识在史学家那里仅是被拷问的对象，当地人永远成不了历史的主角。当我们意识到社区—地域是社会史不可或缺的空间维度时，地方性知识应该得到应有的尊重。

在人类学的影响下，一些历史学者将目光投向日常生活领域，专注于普遍民众的日常事件，因为那是主位观的所在。然而客位观之获得却不能止步于此，而只有进入宏阔的社会结构之中。唯其如此，微观写作才能体现普遍价值，从而触及人类生活的普遍意义。

在这里，政治精英与普通百姓，政治事件与日常行为，与之相对应的，还有中心事件与地方事件，它们之间的界限，当然可以看作明晰新旧

---

① ［美］古塔、弗格森：《学科与实践：作为地点、方法和场所的人类学"田野"》，［美］古塔、弗格森：《人类学定位：田野科学的界限与基础》，第43页。
② ［美］马文·哈里斯：《文化人类学》，李培荣等译，东方出版社1988年版，第16页。
③ 杜维运：《史学方法论》，第125—126、145—146页。
④ 杜维运：《史学方法论》，第119页。

史学的泾渭，但同时，两者融汇于整体社会史之河。

三　从日常共同体到世界

在社会史的书写中，选择"首先与地理学对话"① 的年鉴学派，指引着社会史走向地方社会。布罗代尔的"经济世界"，"只涉及世界的一个局部，它在经济上独立、基本能自给自足，内部的联系和交流赋予它某种有机的整体性"。选取局部地域为研究对象的方便就在这儿："同时涉及到历史的全部实在，涉及到整体的所有组成部分：国家、社会、文化、经济等等。"16 世纪的地中海恰是这样"一个单独的天地，一个整体"的世界。②然而，布氏的经验表明，整体史的理想不可能在像地中海这样巨大的历史舞台上实现，布罗代尔意识到："必须把这个地域分小，分析它们的不同和差异，画出轴线和'分水岭'……但太平洋规模太大，不便于我们去分析，即使比它小一点的例子也不容易着手。值得注意的是，每个文化场始终包括几个社会或社会集团。因此，我再说一遍，必须尽可能地注意最小的文化单位。"③ 于是，"地中海区域最终也局限在法国南部的蒙塔尤"④，成就了法国史家勒华拉杜里的《蒙塔尤》（1975）这样的社会史典范之作：以中世纪时法国南部奥克西坦尼的一个小山村作为考察对象，"试图把构成和表现 14 世纪初蒙塔尤社区生活的各种参数一一揭示出来"⑤。它"并不局限于经济领域，而是在一个总体结构中把一种总体历史的各不同层次结合起来"⑥。勒氏相信，共同体微观世界是当时整个法国社会的一个缩影。该书扉页所引《奥义书》上的一段文字表明，它与人类学的路数是一致的：通过一团泥便可以了解所有泥制品，其变化只是名称而已，只有

① ［法］费尔南·布罗代尔：《文明史：过去解释现时》，衣俊卿主编：《社会历史理论的微观视域》，第 120 页。

② ［法］费尔南·布罗代尔：《十五至十八世纪的物质文明、经济和资本主义》第 3 卷，施康强、顾良译，生活·读书·新知三联书店 1992 年版，第 1—2 页。

③ ［法］费尔南·布罗代尔：《文明史：过去解释现时》，衣俊卿主编：《社会历史理论的微观视域》，第 118 页。

④ ［法］米歇尔·伏惟尔：《历史学和长时段》，［法］J. 勒高夫等主编：《新史学》，第 135 页。

⑤ ［法］埃马纽埃尔·勒华拉杜里：《蒙塔尤：1294—1324 年奥克西坦尼的一个山村》，许明龙、马胜利译，商务印书馆 2007 年版，第 2 页。

⑥ ［法］米歇尔·伏惟尔：《历史学和长时段》，［法］J. 勒高夫等主编：《新史学》，第 139 页。

人们所称的"泥"是真实的。

人类学热衷于共同体写作，并以此显示出独特性。而恰恰是这一方法使其备受责难，其中最大的责难是：依据共同体观察展示的地方场景究竟具有多少普遍价值？当它将结构复杂的文明社会纳入自己的写作范围内之后，就必须回答：微观共同体究竟在多大程度上代表宏大社会？当人类学"历史化"之后，又需要回答：共同体日常生活与宏观社会事件存在着怎样的关联？简言之，小地方与大社会是个什么关系？

人类学家意识到这些问题，并且坦言：

> 如何走向宏大的民族文化景观、时代、大陆或文明，这个问题是难以通过含含糊糊地褒扬具体实在和朴实无华，就能轻易绕过去的。对于一个诞生于印第安部落、太平洋群岛和非洲世系群、后来变得雄心勃勃的学科来说，这成了一个主要的方法论问题，并且大多处理得不好。

一般地说，人类学家用来使自己"从地方真理转向普通视角"的做法是一种关于预设的辩白：小地方是大社会的缩影，所谓"社会缩影论"①。对此，格尔兹的自省击中要害：

> 认为可以在所谓"典型的"小镇或乡村中找到民族社会、文明、大宗教或任何总括和简化现象的精髓这样一种观点，显然是无意义的谬见。我们在小镇和乡村里获知的是（很遗憾）小镇或乡村生活……它们并不因为这样一种以小见大的预设而具有重要性。②

是的，问题并不会因为事先的预设而消失，特别是将原型共同体研究法应用于中国社会时，问题愈加显露。首先，作为结构复杂的"文明社会"，中国与现代遗存的初民社会存在着深刻的差异；其次，作为世界体系的一分子，近几个世纪以来，中国经历了与西方几乎同步的变化。对于

---

① 所谓"社会缩影论"认为，可以在所谓"典型的"小镇或乡村中找到民族社会、文明、大宗教或任何总括和简化现象的精髓。见［美］克利福德·格尔兹《文化的解释》，纳日碧力戈等译，上海人民出版社1999年版，第24—25页。

② ［美］克利福德·格尔兹：《文化的解释》，第25页。

这样的社会，似乎难以用部分代表整体，尽管某一共同体是整体中国的一部分。社会缩影论面临着困境。如果历史学认为人类学的共同体观察法有其可取之处，那么，我们与人类学一起思考。

社会史的共同体考察是必要的，但不是它的全部。蒋村日常史留在蒋梦麟的《西潮》中。这是一部以个人经历为线索的叙述，但当那些心目中的景象一一展布在纸上时，他觉得那"有点像自传，有点像回忆录，有点像近代史"[①]。看得出，在蒋梦麟的潜意识里，个体生活历程隐约着整个社会大历史，同样地，蒋村的日常生活亦可看成整体中国社会生活的缩影：

> 中国有成千上万这样的村落，因为地形或气候的关系，村庄大小和生活习惯可能稍有不同，但是使他们聚居一起的传统、家族关系，和行业却大致相同。共同的文字、共同的生活理想、共同的文化和共同的科举制度则使整个国家结为一体而成为大家所知道的中华帝国。[②]

从民族一统性和抽象意义上不妨作如是观，然而，缩微的场景究竟替代不了繁复的地方生活，鲜活的历史不会在全息图里，而只能在各地生活的细节中。在这一点上，蒋梦麟与一部分偏执于社会缩影法的人类学家明显不同，他不过试图在宏阔的"西潮"背景中把握个体与共同体的命运。当费孝通的《江村经济》发表之初，就有人指出："解剖这么一个小小的农村，怎样戴得上《中国农民生活》这顶大帽子？"费孝通认为："这样的批评是可以的，因为显而易见的，中国有千千万万个农村，哪一个够得上能代表中国的典型资格呢？可是人对事物的认识，总是从具体、个别、局部开始的。"[③] 局部与整体的矛盾在实际的调查研究中表现得非常突出："事实上没有可能用对全中国每一个农村都进行调查的方法去达到了解中国农村全貌的目的。这不是现实的方法。"[④] 费孝通以其数十年的社会人类学实践最终了找到一条"现实的方法"：

> 我们能对一个具体的社区，解剖清楚它社会结构里各方面的内部

① 蒋梦麟：《西潮》，第7页。
② 蒋梦麟：《西潮》，第9页。
③ 费孝通、张之毅：《云南三村》，社会科学文献出版社2000年版，第6页。
④ 费孝通：《社会调查自白》，知识出版社1985年版，第30页。

联系，再查清楚产生这个结构的条件，可以说有如了解了一只"麻雀"的五脏六腑和生理循环运作，有了一个具体的标本。然后再去以观察条件相同和条件不同的其他社区，和已有的这个标本作比较，把相同和相近的归在一起，把它们和不同的和相远的区别开来。这样就出现了不同的类型或模式了。这也可以称之为类型比较法。应用类型比较法，我们可以逐步地扩大实地观察的范围，按着已有类型去寻找不同的具体社区，进行比较分析，逐步识别出中国农村的各种类型。也就由一点到多点，由多点到更大的面，由局部接近全体……这样积以时日，即使我们不可能一下认识清楚千千万万的中国农村，但是可以逐步增加我们对不同类型的农村的知识，步步综合，接近认识中国农村的基本面貌。①

点→多点→面→全面，即一类型社区→多类型社区→地域→中国，从费孝通走过的社会人类学轨迹，我们得到启示：社会史的地方考察也完全可以依循上述路径，而且，以再现实际社会历史场景为基本职志的社会史，面对具体的共同体历史更应不厌其多而繁。从费孝通的"类型比较法"不难看出，其中最为关键之处在于"类型"的确认。正是类型的发现，使其与自然科学的随机抽样大异其趣：

> 统计学上的方法是随机抽样，依靠机率的原理在整体中取样，那是根据被研究的对象中局部的变异是出于机率的假定。可是社会现象却没有这样简单。我认为在采取抽样方法来作定量分析之前，必须先走一步分别类型的定性分析。那就是说只有同一类型的事物中才能适用随机抽样的方法。定量应以定性为前提。②

同样地，江南社会史研究也"必须先走一步分别类型的定性分析"，至于哪些类型，则是再顺理成章不过的，那就是，依据自然生态环境的不同而厘定的四种基本类型：中心水乡、边缘山丘和东部岛滩，即江南社会的三种生活形态。

---

① 费孝通、张之毅：《云南三村》，社会科学文献出版社2000年版，第6—7页。
② 费孝通：《社会调查自白》，第30页。

　　确定了共同体—地域在整体史中的地位，还有一个需要解决的问题：专门的共同体—地域史叙述如何体现大社会？也就是说，某人在地方除了研究地方，也可以立足于一个地方性的田野点来研究非地方性的现象。据人类学的综述，数十年来共同体研究的发展所表现出来的演进线路，"避免人类学者把社区看成自我封闭的体系，把社区（共同体）置于社会大场域中，注视国家与社会的关系，历史与现实的关系"①。这种叙述视角被称为"国家—社会互动模式"。原则性的列举，比如在对共同体横向结构的分析中，强调在共同体中展示地方性文化—权力网络与超地方性的行政细胞网络的连接点，重视"自上而下"的社会"大传统"在民间被重新阐释和意义改造现象；在对共同体纵向变迁的梳理中，用一种宏观的历时性的社会转型理论作为共同体变迁的"断代"工具，② 以国家—社会力量的消长反映共同体的历史变迁，而以这些变迁显现共同体结构的地域差异，关注传统中国社会变迁过程中的变动缓慢的泛时性社会现象。③

　　在社会史学界，也有学者具体进行过这方面的实践。比如，唐力行曾经以活跃于江南的徽商为对象，勾画出他们在江南的中心苏州以及江南市镇形成的一个由行商、坐贾与海商所构成的商业网络，经济和社会的关系便在此网络中相互牵引而动：中心城市的互动带动平原与山地、江南与大海的互动、中国与海外的互动。以主体在地域网络内外的互动为线索，清楚地揭示了近世以来江南地域社会的革命性变迁，所谓"资本主义萌芽"便孕育其中。④ 对于江南市镇的资本主义萌芽，学者们早就关注过，徽商的活动也是徽学研究者探讨的重点问题之一，然而，笔者以为，只有将几者联系起来，立足于市镇共同体，同时将这些关系置于一个广阔的时空中，按图索骥，才能清楚说明徽商的经营与苏州市镇资本主义萌芽的关系。

　　社会史学者当然更重视共同体—地域的时代变异。蒋梦麟发现，清末

---

　　① 王铭铭：《社会人类学与中国研究》，生活·读书·新知三联书店1997年版，第58页。
　　② 诸如英国的盖尔纳（E. Gellner）的"民族主义"和吉登斯（A. Giddens）的"民族—国家"理论，参见［英］厄内斯特·盖尔纳的《民族与民族主义》（韩红译，中央编译出版社2002年）和［英］安东尼·吉登斯的《民族—国家与暴力》（生活·读书·新知三联书店1998年版）。
　　③ 王铭铭：《社会人类学与中国研究》，第51—60页。
　　④ 参见唐力行《明清以来徽州区域社会经济研究》第二编第四章，安徽大学出版社1999年版。

民初年间蒋村的日常生活渐渐洋气起来，尤其在物质生活方面：

> 有人从上海带来了几盒火柴。大人们对这种简便的取火方法非常高兴。小孩们也很开心，在黑暗的角落，手上火柴一擦，就可以发出萤火虫一样的光亮。火柴在当时叫"自来火"，因为一擦就着；也叫"洋火"，因为它是从外洋运进来的……美孚洋行是把中国从"黑暗时代"导引到现代文明的执炬者。大家买火柴、时钟是出于好奇，买煤油却由于生活上的必要。但事情并不到此为止。煤油既然成为必需品，那么，取代信差的电报以及取代舢舨和帆船的轮船又何尝不是必需品呢？依此类推，必需的东西也就愈来愈多。①

这洋气就是西潮；位于潮头的洋货"先是破坏了蒋村以及其他村庄的和平和安宁，最后终于震撼了全中国"②。蒋梦麟意识到，西潮冲击从而引发的共同体变迁似乎形成了一个地理梯度；在这一递度中，蒋村首先直面西潮，很明显地与其所处的区位密切相关：西洋潮流不肯限于几个通商口岸里。这潮流先冲击着附近的地区，然后循着河道和公路向外伸展。五个商埠附近的，以及交通线附近的村镇首先被冲倒。③

伴随着交通方式的现代变迁，蒋村与现代城市之间的联系日益频繁。蒋梦麟亲历了这一变化过程：

> 父亲把我送到离村约四十里的绍兴府去进中西学堂，我的两位哥哥则已先我一年入学。我们是乘条又小又窄的河船去的。小船的一边是一柄长桨，是利用脚力来划的，另一边则是一柄用手操纵的短桨，作用等于船舵。④

这是清末的 1897 年；1903 年蒋梦麟参加郡试，要至绍兴去。那时渡过钱塘江可不是一件容易的事儿：

---

① 蒋梦麟：《西潮》，第 32—33 页。
② 蒋梦麟：《西潮》，第 33 页。
③ 蒋梦麟：《西潮》，第 10 页。
④ 蒋梦麟：《西潮》，第 37 页。

　　渡船码头离岸约有一里路，我小心翼翼地踏上吱吱作响的木板通过一条便桥到达码头。渡船上有好几把笨重的木桨，风向对时也偶然张起帆篷。船行很慢，同时是逆水行驶，所以整整化（花）了两个小时才渡过钱塘江。①

但到了民初1917年他从美国回来时，情况大大地变了：

　　从村子到火车站，大约有三里路……我步行至车站以后就搭了一列火车到曹娥江边……从此到杭州的一大段空隙由轮船来衔接，多数旅客都愿意乘轮船，因为橹船太慢，大家不愿意乘坐，所以旧式小船的生意非常清淡。傍晚时到达钱塘江边，再由小火轮渡过钱塘江，只花二十分钟。我中学时代的橹摇的渡船已经不见了。②

　　至此人们发现，蒋村已经置身于一个相当现代的世界里。跟一般村人不同，作为学者的蒋梦麟清楚地意识到，共同体生活的现代变迁应该从19世纪40年代开始算起：

　　一八四二年的中英条约同时规定中国的五个沿海城市开放为商埠……大批西方商品随着潮涌而至。这五个商埠以差不多相似的距离散布在比较繁盛的中国南半部。为中国造成了与外来势力接触的新边疆。过去中国只有北方和西北那样的内陆边疆，现在中国的地图起了变化，这转变正是中国历史的转折点。③

　　西潮的冲击，一方面"造成与外来势力接触的新边疆"，江南首当其冲，以一个"新边疆"的姿态，从"地域性的世界"渐次转换为"世界性的地域"④，而就传统中国来说，它因为新边疆的出现成为更广阔的现代世界的一部分。然而我们要说，鸦片战争构成中国历史的近代"转折点"，更多地体现宏观政治—外交的意义上。揆诸"新边疆"的实际生活

---

① 蒋梦麟：《西潮》，第49页。
② 蒋梦麟：《西潮》，第98页。
③ 蒋梦麟：《西潮》，第6页。
④ 参见王国斌《区域性世界与世界性区域》，《史林》2005年第5期。

情形，转折后的显著变化发生在数十年之后。蒋梦麟回忆，一直到 19 世纪 80 年代中法战争的"不败而败"，蒋村仍然"懵然不觉"："西南边疆的战争隔得太远了，它们不过是浩瀚的海洋上的一阵泡沫。乡村里的人更毫不关心，他们一向与外界隔绝，谈狐说鬼的故事比这些军国大事更能引起他们的兴趣。"蒋梦麟注意到，"村里的人讲起太平天国革命的故事时，却比谈当前国家大事起劲多了……村里的人只有偶然才提到近年来的国际战争，而且漠不关心"。也就是说，直到这时，蒋村的整体世界仍然是传统中国：

> 现代发明的锋芒还没有到达乡村，因而这些乡村也就像五百年前一样的保守、原始、宁静。但是乡下人却并不闲，农人忙着耕耘、播种、收获；渔人得在运河里撒网捕鱼；女人得纺织缝补；商人忙着买卖；工匠忙着制作精巧的成品；读书人则高声朗诵，默记四书五经，然后参加科举。①

然而，转折毕竟已经开始，西潮继续拍打着江南海岸，并顺着杭州湾一直向内灌注，日夜不停地侵蚀着共同体。蒋村在 19 世纪末年蒋梦麟离开之后变化加剧，直至"简直面目全非"！象蒋村一样，江南许多共同体此时已经置身于一个更广阔的整体世界之中。这是一个包括西方资本主义国家在内的现代世界，最早迎面西潮的通商口岸城市成为沟通传统与现代世界的桥梁。通过这样的沟通，江南中心城市牵引周边的共同体进入一个扩大了的整体世界。② 蒋村的区位随着外部整体世界的扩大发生了转换：从"共同体—传统中国"变成"共同体—近代世界"，伴随着这种转换而来的便是日常生活的现代变迁，"安定地在那里生活了五百多年"③ 的江南"无数的"蒋村，再也无法保持日常生活的传统样式。

19 世纪 40 年代中叶以降，江南共同体的日常生活嬗变，依其与整体

---

① 蒋梦麟：《西潮》，第 8—9 页。

② 徐铸成在谈到上海《申报》对周边乡村的深刻影响时说："中国之有现代报纸，大家知道，是始于上海的《申报》……在我的童年时代，江南一带的穷乡僻壤，也只知有《申报》和《新闻报》。经常可以听到这样的话，'拿张申报纸来包包'，'这个窗户透风了，快找张新闻报来糊糊。'它们已经成为报纸的代名词了。可见……它们的影响的确是深广的。"见徐铸成《谈〈申报〉》，《旧闻杂记》，四川人民出版社 1981 年版，第 169 页。

③ 蒋梦麟：《西潮》，第 13 页。

世界的区位递度不同先后展开。上海及其附近的松（江）太（仓）乡村，棉纺织女红向称发达，但随着1843年上海开埠，"洋布充斥，而女红之利减矣"①。更接近宁波的蒋村，日常生活的变动要到清末才比较明显。上海和宁波都是最早开埠的通商口岸，作为"与外来势力接触的新边疆"，它们与世界资本主义市场连成一片，形成近代意义上的整体世界；江南共同体的日常生活在新的整体世界中开始变化，但由于不同共同体与整体世界的区位关系存在一些差异，其日常变动的程度亦稍有不同。蒋梦麟意识到，蒋村共同体略显滞后的日常变动与其在近代整体世界中的区位关系存在着一定的关联："蒋村离宁波不远，但宁波始终未发展为重要的商埠，因为上海迅速发展为世界大商埠之一，使宁波黯然无光。"② 受此影响，紧靠上海的乡村社会，其日常生活的变动明显地快于江南其他地方。比如，上海杨树浦一村庄1928年便开始使用电力碾米机器，"附近各户口，凡有稻须去皮者，皆携就此机器，工作费时无多，每担出洋2角。至于以前，则此项工作，系用旧式农具，并用人工"③。在这里已经成为过去时的"旧式农具"，在江南许多地方当时还在普遍使用。与蒋村一（杭州）湾之隔的桐乡石门湾，是丰子恺的故乡，他的1934年《冬夜工毕》便是这一"旧式农具"使用的写实作品，农人叫它"石臼"，丰家的十多亩稻谷，由两个雇工用石槌你一下、我一下地在臼里"打白"。④ 这是前工业时代日常劳作方式。

　　需要注意的是，导致共同体在整体世界中的不同变化速率的，不完全是共同体与某个中心城市的距离远近，共同体本身的自然生态及其人文环境因素其实也很关键。龙门坑东距杭州不过数十里之遥，已经是低山丘陵区：

　　　　居民二百余家，十分之六是葛姓，村中一溪，断桥错落，居民小舍，就在溪水桥头，山坡岩下，排列分配得极匀极美。村的三面，尽

　　① 博润等修，姚光发等纂：《松江县续志》卷5"风俗"；清光绪十年（1884）刻本。
　　② 蒋梦麟：《西潮》，第92页。
　　③ H. D. Lanmson：《工业化对于农村生活之影响——上海杨树浦四村五十农家之调查》，何学尼译，《社会半月刊》1934年第1卷，第1—5期。
　　④ 丰子恺：《冬夜工毕》，（浙江省）桐乡市丰子恺纪念馆：《丰子恺乡土漫画》（内部资料）1996年，第118页。

是高山，山的四面，就是万紫千红的映山红和紫藤花。自白龙潭下流出来的溪水，可以灌田，可以助势，所以水堆磨坊，随处都是。居民于种茶种稻之外，并且也利用水势，兼营纸业……村中的蛟龙庙（或作娇龙庙）里的一区小学儿童的歌声，更加要使你想到没有外国势力侵入，生活竞争不像现在那么激烈的羲皇以上的时代去。①

此情此景，令 1935 年春季来到这里的郁达夫十分惊异："小和山下蛟龙庙，聚族安居二百家，好是阳春三月暮，沿途开遍紫藤花。"② 这真是一个"外人不识，村人不知，武陵渔夫，也不曾到过的一座世外的桃源"！地近杭州的龙门坑共同体如此，处于江南边缘的其他山村情形也就可以想见了。

已经转向文明社会研究的人类学，将上述在西方社会影响下的地方（共同体）变迁递度，称为文化堕距（culture lag）。③ 文化堕距主要是就文化的组成要素而言的；事实上，文化变迁的空间状态亦与文化要素的变迁规律相类似，对此，人类学有过比较系统的提炼。林耀华指出："要知道西化影响的成分，就得择定受着西化影响程度高低不同的社区分头考察，按步研究。"④ 另一位美国人类学家罗伯特·雷德菲尔德（R. Redfield）的田野实践对我们有更直接的启迪。他在墨西哥尤卡坦州选择了四个规模和复杂程度不一的共同体，它们从海滨的梅里达城到内地的偏僻山村，形成了一个地理连续体，连续体的一端是封闭、同质的社会，另一端是变动、异质的社会，通过区别和比较来说明乡村社会与都市社会发生接触并受其影响时所发生的一切。这被称为"城乡连续体"（folk-urban continuum）研究。克来德·伍兹（C. Woods）认为，如果谨慎地使用这一概念，它对社会变迁也能给予理论和方法的指导，而且也的确产生了某些有益的成果。⑤

---

① 郁达夫：《达夫游记》，（上海）文学创造社 1936 年版，第 118 页。

② 郁达夫：《达夫游记》，第 119 页。

③ ［美］威廉·奥格本：《社会变迁：关于文化和先天的本质》，浙江人民出版社 1989 年版，第 106—107 页。

④ 林耀华：《从人类学的观点考察中国宗族乡村》，凌纯声、林耀华等：《20 世纪中国人类学研究方法与方法论》，民族出版社 2004 年版，第 86—87 页。

⑤ ［美］克来德·伍兹：《文化变迁》，施惟达、胡华生译，云南教育出版社 1989 年版，第 89—91 页。

数十年来的人类学转向当然有利于自身的发展，但其包括"历史化"在内的种种变向，事实上也为历史学的人类学借鉴、从而为日常史的理论建树提供了思路。这样的理论建树，自然应该在整个人文社会科学的发展脉络中获得灵感和思路。在这里，人类学尤其值得重视。这是社会史实践所昭示的当代史学发展的一个重要趋势："历史学家首先应当面向人类学和社会学去寻找新方向是毫不足怪的。在所有社会科学中，社会学和人类学在观点上与历史学最为接近。"①

基于以上思考，约翰·托什（John Tosh）的话使我们倍感关切："研究的方向绝不能由加在特定历史学家身上的标签决定"——或者政治史家，或者经济史家、文化史家、社会史家；"也不能由所选择资料体系的特征决定"——是互相联系的？抑或是碎片的？而"应由一个特定历史问题的研究需要来决定"，唯其如此，才能"终结条块分割研究的不利局面"②。解决日常史问题，显然有这样的需要，确实也在某些方面满足了要求：让社会史实现了从共同体到世界的有效勾连，并构建起一幅整体世界的图景。

四　乡民生活叙述的历史本位

需要特意指出的是，田野工作在这里已经从属于社会史。我们坚持，跨学科的对话必须立足于学科本身，否则，各学科就会在对话中失去自身的学科特色，而没有特色便难以深入。这里略微提及几个重要方面稍做说明。

一个方面是历史学的文献特色。史学的素材有许多类型，但毫无疑问，文献是其最重要的素材，这是史学赖以安身立命的基础，所谓"史学即史料学"强调的便是这一基础。伴随着社会史的兴盛，人类学的口传、物质文化等另类史料进入史家的视野。在跨学科的对话过程中，历史学常常落得"不专业"的指责。进入田野的历史学者大都仍然重视传统文献以外的材料，如散落在民间账簿、书信、碑刻、口述等等。他们的发现其中遗存着不少关于老百姓生活的历史。③看到社会史学者所热衷

---

① ［英］杰弗里·巴勒克拉夫：《当代史学主要趋势》，杨豫译，上海译文出版社1987年版，第76页。

② ［英］约翰·托什：《史学导论》，第118页。

③ 张小也：《人文学者的工作坊》，《中华读书报》2002年5月22日第17版。

的"货色"，有些人类学家讥笑说：那不是真正的田野。① 对此，史学的态度是明确的，日常史借鉴田野工作法，只是为我所用，本来就不想放弃、当然也不应该放弃它重视文献的学科特色，"正因为有文献的介入，口述历史才有可能从其他的口述传统中分离出来而别具一格。换句话说，将文献与口述相结合的口述史，是区别于人类学、民俗学的口述传统的主要特征"②。

　　进入田野的史学工作者，即便发现不了文献，也不是枉费心机的。时间和空间是历史最重要的两个维度，它们之间的辩证关系在一些历史人类学者的心目中有着别样的感受："对于历史的时间，人们不能直接感受到，只能间接地从文献中认识，但是对于历史的空间，人们有可能直接感受，办法就是置身于那个空间当中。尽管大多数地方现在早已不是历史上的样子，但研究者仍然可以在某种程度上获得对历史的感悟。因此，为了直接体验空间的历史，他们就亲自到文献中所记载的那些地方去做田野调查，于是，那些文献上死的历史就变得鲜活生动了，有些无法理解其含义的内容也变得明白具体了。"③ 社会史的"意义"在田野里苏醒了。

　　另一方面涉及历史共同体。人类学既已立志于研究一个社会中底层普通人的日常生活，便将共同体作为该学科的基本观照空间。受此启发，日常生活史亦将目光投注于历史共同体。社会史瞩目于共同体，除了史学观念的因素外，还涉及历史研究的基本思路。史学家声称，历史研究的目的之一是探究社会历史发展的规律；而要达到这一目的，基本的工作程序应

---

　　① 普通民众没有进入"历史"的野心，但他们不乏倾诉的冲动；倾诉的形式之一就是文字，但他们根本没把这些东西当史料。2001 年 8 月，我来到浙江安吉的一个山村，见闻之余，碰到一位老支书（1936 年生），询问起文献资料，他说，"文革"时全毁了！但在交谈的过程中，我发现，遇有记忆模糊之事，他总爱到卧室里去翻一叠信笺；我提出"看看"的要求，他说，"瞎涂涂的，你们搞历史的没用"——原来，那是一本回忆录：《人生轶事——我的回忆》，询之再三，还有一本：《××（村）民间故事》。谁能说这不是史料呢？应该说，对于民间文献的重视也是人类学"田野工作"的组成部分。关注变迁的人类学——历史人类学，对于民间文献同样充满着热情。美国耶鲁大学人类学教授萧凤霞（Helen Siu）在研究 19 世纪珠江三角洲地区"不落夫家"的婚俗时，就使用了一些常被传统历史学者忽视的史料，如札记、传记、民间抄本等，作者认为，官方的历史常常忽略那些无权无势、无法参与公众生活的人。通过利用这些"非常规"史料，与田野志相结合，可以发现非正式社会经验中的许多细节。而王铭铭称这样的田野工作为"文献里的田野工作"。见萧凤霞《妇女何在？》，《中国社会科学季刊》（香港）1996 年春季卷；王铭铭：《人类学是什么？》，北京大学出版社 2002 年版，第 63—64 页。

　　② 定宜庄：《口述历史与口述传统》，《广西民族学院学报》2003 年第 3 期。

　　③ 张小也：《人文学者的工作坊》，《中华读书报》2002 年 5 月 22 日第 17 版。

该是：在一个相对稳定的时段内，对某一社会不同共同体的生活状态进行比较、归纳，以发现整个社会的生活状态共性，[1] 继而，将不同时段的社会生活状态进行比较，以发现前后社会生活状态的异同；这样一个在相当长的历史时期内的动态脉络，就是所谓的社会历史规律。显然，这一程序的前半段强调空间性，后半段重视时间性。不管我们有没有寻求历史发展规律的企图，可以肯定的是，重构某个时段内的共同体生活图景，总是历史学家最起码的职责。

最后关于地方性知识。地方世界，尤其是共同体中的意义只在一定空间内适效，逾此，便可能完全不同。田野中的人类学家对此深有体会："土著人服从部落准则的威力和命令，但他们并不理解它们，正如他们服从自己的本能和冲动，却列不出任何一条心理学法则一样。土著人制度的规律，是一种传统的精神力量与物质环境相互作用的自然结果。正如任何一个现代组织（国家或教会或军队）的低级成员，只是属于和在于这个组织，对于导致整个组织的整体运行机制却不得而知，更不用说对其机制进行描述了。"[2] 而社会史索解的意义是多层面的，地方性知识仅是其中之一。作为地方世界的环境，宏观社会结构的运作如何影响地方世界的意义形成，则无法指望在共同体内部获得解释。在这里，传统历史学的宏观视野让历史学者得心应手。宏观与微观的互济本来就存在于社会史的整体性之中。

从本研究可以看出，乡民生活的叙述从跨学科的借鉴中得益良多。但在笔者看来，在承认学科分野具有合理性的前提下，跨学科之间的对话主要是为了凸显自身的特色，而不是否认学科之间的差别。唯其如此，学科才有存在的理由，学术研究才有可能深化。史学的跨学科借鉴也不应该例外。当历史学进行人类学借鉴时，一些人类学学者以专家自居，批评历史学："从几个毫无联系的人类学流派中借用方法，而没有将自己置于某一特定的学科（人类学）之中，由于没有经过坚实的理论训练，这种借鉴会陷入经验主义、机会主义或纯业余性质的歧途中。"对此，汤普逊并没有因为历史学的"业余"而自惭形秽，而是旗帜鲜明地告诫学界："对我们来说，人类学的冲击主要体现在找出新问题，用新方法看待

---

[1]　在文化的意义上，"不同社群的生活状态"是亚文化，而"生活状态共性"被为主文化。
[2]　［英］马凌诺斯基：《西太平洋的航海者》，第 8 页。

旧问题，强调权力、控制和领导权的象征性表达方式，而不是建立模式。"① 汤普逊所捍卫的不仅是史学，而是所有学科。在跨学科的对话中，只有坚持学科本位的立场，才能在学科借鉴中发挥本学科的优势，而不致迷失自我。

---

① ［英］汤普森：《民俗学、人类学与社会史》，蔡少卿：《再现过去：社会史的理论视野》，第 184—185 页。

后　　记

　　这是国家社会科学基金项目《近代江南乡民日常生活研究》（11BZS073）的结项成果，现在以《风土与时运：江南乡民的日常世界》为名出版。最初项目申报的时候，就觉得应该是这样的标题，但通观历来的项目名称，似乎有一个套路，只能称作"什么什么研究"，我不敢出格，也搞了个"研究"。这从主题上应该被认为不明确的。改为现在的标题，自然是希望主题更鲜明一些，使读者能够明白我的心思：在一方风土社会与整体近代文明的交集中观照江南乡民的日常生活。

　　"风土"一词屡见于中国古书，语义复杂，完全不是顾名即可得义的，不过在实际使用的过程中，其倾向性还是非常明显的。首先是地方特征，多指向具象的共同体；其次是人物特征，多指为普通百姓；再者是事件特征，多指涉日常生活；更关键的是其内涵特征，将自然与人文绾为一体；近人使用"风土"时，往往又附着有稳定的长时段意象。所有这些意义的聚合体，与我们所考察的江南乡民日常世界正相仿佛。这样的风土世界在近代文明时势中有着怎样的遭际、应对和流转，即所谓"时运"，成为我们重点思考的内容。解析风土，人类学最擅长；纵论时运，是历史学的本分。以"风土与时运"为题，非人类学与历史学的互济不为功。特此解题。

　　该项目2011年7月立项，拖拖拉拉，一直到2016年底才完成，实在也不能再拖了。实际上，从结项到如今出版，又过去了两年。凡九年。九年写一本书，让我颇觉紧张。

　　这是我第一次做国家项目，没有经验，也不太了解别人是怎么做的，我只知道在项目《申报书》中的"预期成果"一栏，要求最后完成一本"专著"。如何完成一本专著？我是自说自话的：析分来讲，其中的主要部分应有专门研究；整体地说，部分之间需要整合，自洽逻辑，形成一个意义结构。基于以上理解，作为专门研究的阶段性成果，我发表了 18 篇论文（见下表）；从 2016 年初开始，花了近一年的时间，对研究思路、内在逻辑和研究方法进行整体思考，以整合前期的专门研究成果，这项工作最后形成一篇论文（《对"历史人类学"及其问题的检讨》），发表于 2018 年第 1 期的《南国学刊》。

序号	成果名称	发表刊物及时间	备注	与本书主要对应章节
1	乡村共同体关系的传统构建	《民族艺术》2011 年第 3 期	项目审批阶段，未注明项目成果	第 5 章第 1 节
2	近代歌谣：江南村妇生活的凭据	《江苏社会科学》2011 年第 4 期	项目审批阶段，未注明项目成果	第 10 章第 1 节
3	民众思想史的文艺支撑	《民族艺术》2012 年第 3 期		第 8 章第 1 节
4	日常史所谓"地方"	《中国社会历史评论》2012 年卷		第 5 章第 2 节
5	论社会史的整体性	《河北学刊》2012 年第 5 期		第 11 章第 1 节
6	近代江南村妇的日常空间	《清华大学学报》2013 年第 2 期		第 2 章第 3 节
7	论民众观念的日常存续	《历史研究》2013 年第 4 期		第 8 章第 2 节
8	论江南乡村女巫的近代境遇	《近代史研究》2014 年第 5 期		第 4 章第 2 节
9	论平民女性的日常地位	《北京社会科学》2015 年第 2 期	两人合著，第一作者	第 4 章第 1 节
10	江南社会史研究中的东海类型	《江苏社会科学》2015 年第 5 期		第 2 章第 2 节
11	论城市史的书写	《苏州大学学报》2015 年第 5 期		第 1 章第 1 节
12	论江南知识人的清末民国故土记事	《史学理论研究》2016 年第 3 期		第 10 章第 3 节
13	论近代孀妇的乡居环境	《史林》2016 年第 6 期		第 6 章第 2 节
14	教育救国的日常路径	《中国农史》2017 年第 1 期	两人合著，第一作者	第 9 章第 1 节

续表

序号	成果名称	发表刊物及时间	备注	与本书主要对应章节
15	论租佃关系的日常性状	《近代史研究》2018 年第 1 期		第 5 章第 3 节
16	对"历史人类学"及其问题的检讨	《南国学术》2018 年第 1 期		第 1 章第 2 节；第 11 章第 3 节
17	论江南乡村社会的艺术化育	《河北学刊》2018 年第 2 期	结项材料上报，未注为项目成果；两人合著，第二作者	第 7 章第 3 节
18	社会福音与乡土中国传统	《江南社会历史评论》2020 年总第 16 期	结项材料已上报，未注为该项目成果	第 9 章第 2 节

总之我觉得，做项目，出版书，活该如此！

小田

2020 年 7 月 26 日